"十三五"江苏省高等学校重点教材（2020-1-077）
工业工程专业新形态系列教材

U0798101

# 项目管理

## （第四版）

张 卓 等 编著

科学出版社
北京

## 内 容 简 介

本书是在第三版的基础上，依据项目管理学科发展的最新要求，由多位项目管理教师根据自己的研究和实践编写而成，是当前较为系统地介绍项目管理知识体系发展和最新实践的教材。本书以项目管理知识体系和项目管理过程为主线，系统地介绍了项目构思与项目启动、项目论证与评估、项目规划与计划、项目实施与控制、项目收尾与后评价、项目组织与沟通、项目风险管理、战略性项目管理、项目信息管理等方面的理论进展和最新应用，此外，考虑新基建和发展数字经济的新需要，新增了“ICT 项目管理”和“公共项目管理”两章内容。为便于读者学习，本书在每一章都设有本章提要、案例导入、本章小结、复习思考、能力测试、自主学习等内容，以便读者深入思考、巩固知识要点、检测能力发展等。

本书可以作为管理类、经济类专业的本科生、研究生，工科各专业的本科生的课程教材；也可以作为从事各类项目管理从业人员的参考用书。

**图书在版编目（CIP）数据**

项目管理 / 张卓等编著. —4 版. —北京：科学出版社，2024.6

“十三五”江苏省高等学校重点教材. 工业工程专业新形态系列教材

ISBN 978-7-03-071766-5

Ⅰ. ①项… Ⅱ. ①张… Ⅲ. ①项目管理-高等学校-教材 Ⅳ. ①F224.5

中国版本图书馆 CIP 数据核字（2022）第 037270 号

责任编辑：郝 悦 / 责任校对：贾娜娜

责任印制：张 伟 / 封面设计：蓝正设计

科学出版社 出版

北京东黄城根北街 16 号

邮政编码：100717

http://www.sciencep.com

天津市新科印刷有限公司印刷

科学出版社发行 各地新华书店经销

*

2005 年 9 月第 一 版 开本：787 × 1092 1/16

2009 年 12 月第 二 版 印张：27 1/4

2017 年 5 月第 三 版 字数：646 000

2024 年 6 月第 四 版 2024 年 6 月第二十二次印刷

**定价：68.00 元**

（如有印装质量问题，我社负责调换）

# 《项目管理（第四版）》教材编委会

# 总　序

党的二十大擘画了以中国式现代化推进中华民族伟大复兴的宏伟蓝图。中国式现代化道路是立足于中国国情和时代特征的新道路，对中国特色管理理论和实践创新也提出了时代要求。工业工程作为一门帮助提升产品、工程与服务质量，提升管理水平与效能，降低运营成本，实现绿色发展的交叉学科，正在与我国不同的行业紧密结合，推动产业部门提档升级，在我国现代化进程中日益扮演重要的角色。

根据教育部高等学校教学指导委员会所制定的《普通高等学校本科专业类教学质量国家标准》中的定义，工业工程（industrial engineering，IE）类专业是“应用自然科学与社会科学知识，特别是应用工程科学与管理科学中系统分析、规划、优化、设计、控制和评价等手段，解决生产与服务等系统的效率、质量、成本及环境友好等管理与工程综合性问题的理论和方法体系，具有系统性、交叉性、人本性与创新性等特征，适用于国民经济多种产业，在社会与经济发展中起着重要的积极推动作用，亦可称为产业工程”。

我校工业工程专业办学历史较长，是全国工业工程专业发起高校之一。1985 年，在管理工程专业下设置了工业工程专业方向招收本科生。1995 年，经国务院学位委员会办公室批准设立了工业工程硕士点，这是江苏省高校中唯一的工业工程硕士点。1998 年教育部调整本科专业目录后，便直接以工业工程专业名称面向全国招收本科生。1999 年经国务院学位委员会办公室批准获得了工业工程领域工程硕士专业学位授予权，是国内最早获得该专业学位授予权的高校之一。2000 年，工业工程成为管理科学与工程一级学科博士点的主要研究方向，至此，工业工程在我校形成了从本科至博士后完整的人才培养体系。

围绕工业工程专业人才的培养，我校建成了两个国家级人才培养模式创新实验区。2005 年，工业工程专业被评为江苏省工业工程领域首批建设的品牌专业；2012 年，该专业被评为江苏省工业工程领域首批唯一建设的重点专业类，同年，被评为工业和信息化部工业工程领域首批唯一建设的重点专业；2015 年，列入江苏省高校品牌专业建设工程进行重点建设。2019 年入选国家首批一流本科专业建设点。2011～2015 年由中国统计出版社出版的《挑大学选专业——高考志愿填报指南》将我校工业工程专业与清华大学、上海交通大学的工业工程专业同列前三甲。我校工业工程专业自成立以来，在成长中不断进步、逐渐成熟。经过多年探索，建成工业工程创新人才培养的“三链”（教学资源保障链、实习实践保障链、能力拓展保障链）体系，形成了“工-管-理”高度交叉、两化深度融合的创新人才培养新模式，先后获得了一项国家级教学成果奖二等奖，三项江苏省教学成果奖（高等教育类）一等奖，建成了一个国家级教学团队、一个工业和信息化部研究型教学创新团队、两个省级创新团队。我校是江苏省机械工程学会工业工程分会的理事长单位，还是教育部高等学校工业工程类专业教学指导委员会副主任委员单位、教育部首批虚拟教研室“江苏省工业工程虚拟教研室”牵头单位、华东地区工业工程教学研讨会发起单位之一。

加强教学资源建设是我院工业工程专业建设的重要抓手之一。我们提出以教材作为教学资源建设的切入点，以教材建设牵引基层教学组织能力提升。为此，我们积极打造特色化精品教材，2005 年与科学出版社共同策划，在全国范围最早推出了工业工程专业系列教材，并被众多高校选用，多数教材数次印刷，受到师生好评。2014 年，我们又与电子工业出版社合作出版了 12 本工业工程领域工程硕士学位系列教材，这是我国工业工程领域工程硕士的首套系列教材。迄今为止，共有九部教材入选普通高等教育“十一五”国家级规划教材，四部教材入选“十二五”普通高等教育本科国家级规划教材，三部教材入选工业和信息化部“十二五”规划教材，八部教材入选“十三五”江苏省高等学校重点教材，两部教材入选工业和信息化部“十四五”规划教材。一批优秀教材的出版为工业工程人才培养质量的不断提高奠定了坚实的基础。

物联网、大数据、云计算、人工智能的快速发展，对高校教育教学改革提出了新的要求，线下与线上教学的结合、慕课与翻转课堂的广泛使用，对教材的内容与形式也提出了新的挑战，这次对系列教材进行整体修订，充分考虑了这种需求的变化，参照《工业工程类专业教学质量国家标准》对工业工程基础课程与专业课程的要求，同时融入了作者近年来取得的教学改革成果，强化教材的育人功能和教材内容的前沿性。在修订过程中，我们以立德树人根本任务为中心，一方面继续保持系列教材简明扼要、深入浅出、通俗易懂、易于自学的特点；另一方面我们在教材中融入了更多的课程思政元素，并力求通过数字化技术融入丰富的辅助学习素材，同时力邀领域内有着丰富管理工作经验的人员参与教材的修订完善，强化教材的实践性和时代性，不断提升教材质量，以履行读者至上的承诺。

在教材的出版与使用过程中，许多同行通过会议、邮件、电话、微信等多种方式给予我们支持与鼓励，无私地给出了许多富有建设性的反馈意见与建议，对此我们深表感谢！我们殷切希望广大读者在使用中继续帮助我们不断改进提升。

系列教材的再版得到了南京航空航天大学教务处和江苏省高校品牌专业建设工程专项资金的资助，在此，诚致谢意！同时也特别感谢科学出版社的大力支持，他们是我们这套系列教材产生和不断完善的见证者，他们精益求精的态度和与时俱进的精神正是工业工程专业所崇尚的最宝贵的品质。

周德群
教育部高等学校工业工程类专业教学指导委员会副主任委员
国家级高层次人才
南京航空航天大学经济与管理学院院长、教授、博士生导师
2023 年 2 月

# 第四版前言

党的二十大报告指出："我们要坚持教育优先发展、科技自立自强、人才引领驱动，加快建设教育强国、科技强国、人才强国，坚持为党育人、为国育才，全面提高人才自主培养质量，着力造就拔尖创新人才，聚天下英才而用之。"[①]教材是教学内容的主要载体，是教学的重要依据，是培养人才的重要保障。在优秀教材的编写道路上，我们一直在努力。

近年来，我国的项目管理实践取得了巨大成就。天问一号成功着陆火星，"祝融号"火星车巡视探测火星地表，港珠澳大桥顺利通车，C919 大型客机首架交付，北京冬奥会顺利举办……这些成果的取得，离不开项目管理理论的运用，也对项目管理理论的进一步发展做出了应有的贡献。项目和项目管理正在改变一个国家的实力，影响一个地区的发展，决定一个企业的成长，成就一个人的职业道路。项目正在成为我们生活的一部分。

本书是一本从管理角度介绍项目管理知识体系及其最新实践的教科书，主要为大学本科生和研究生学习项目管理所用。项目管理专业人员如果阅读本书，相信也会有所收获。本书还可以作为各类组织培训项目管理人员的教材。

本书前三版出版之后，得到了同行和学者的认可，其发行量在同类教材中当属优秀。第四版力求借鉴前三版的得失，融入国内外项目管理理论和实践的最新成果，以便更好地满足教师教学、学生学习以及专业人员实践的需要。

全书共有 12 章，其内容以项目管理过程为主线进行编写，同时包含了项目管理知识体系中的重要组成部分。为便于教学，在每一章开篇安排了"本章提要"和"案例导入"；每章之后都安排了"本章小结""复习思考""能力测试""自主学习"等内容，以帮助读者加深对本章内容的领会，巩固所学，拓展思维，提升能力。

本书由南京航空航天大学经济与管理学院、金城学院和安徽工业大学的八位教师共同完成。第 1 章、第 12 章由张卓编写，第 2 章由孙颖、张卓编写，第 3 章由仇艺臻、张卓编写，第 4 章、第 8 章由陈洪转编写，第 5 章、第 9 章由楚岩枫编写，第 6 章由王建玲编写，第 7 章由刘文龙、张卓编写，第 10 章由沈洋编写，第 11 章由张卓、沈洋编写。全书由张卓主审。魏杉汀、张海锋、张宁、郭丽静、宋璐瑶、闫飞、武晓龙、肖梦、高

---

① 《习近平：高举中国特色社会主义伟大旗帜 为全面建设社会主义现代化国家而团结奋斗——在中国共产党第二十次全国代表大会上的报告》，https://www.gov.cn/xinwen/2022-10/25/content_5721685.htm，2022 年 10 月 25 日。

亚钢、李王杰、丁姿予、杭震宇、邓天璐等同学也参与了编写工作，在此表示衷心感谢！

为适应信息通信技术的发展和新基建项目管理的需要，本书还着重修订了“第 11 章 ICT 项目管理”，并新增了“第 12 章公共项目管理”的内容。

本书力求理论联系实际，注重项目管理知识的系统性与项目管理实践的操作性相结合，以能力为导向，从项目生命周期、项目管理知识领域、项目管理能力基线三个维度构建基于“时间–知识–能力”的教学内容体系，以便读者学习和理解。

项目管理是一门快速发展中的学科，可供参考的资料海量增长，编写中难免挂一漏万，加之作者水平所限，本书难免存在不足之处，敬请广大读者和同仁提出宝贵意见，以便今后改进。

张　卓

2024 年 3 月于南京

# 目 录

# 第1章

# 项目管理概述

## ➢ 本章提要

在本章中，您将学习到以下主要内容：

1. 项目的概念、特征、类型及其相关方；
2. 项目管理的概念、特点、系统及其约束条件；
3. 项目管理的类型和模式；
4. 项目生命周期和项目管理过程；
5. 项目管理知识体系；
6. 项目管理专业资质认证；
7. 项目管理成熟度模型；
8. 项目管理理论发展与新兴实践。

## ➢ 案例导入

### 中国的火星探测任务

火星是太阳系八大行星之一。除了金星以外，火星是距离地球最近的行星。地球与火星的距离在冲日期间会达到极近值，最近大约为6000万千米，最远可达约1亿千米。这意味着人类可以用较少的花费将探测器送往火星，因此火星成为除地球之外人类了解最多的行星，已经有超过30枚探测器到达过火星，对火星进行了详细考察。人类对于火星探测的兴趣还在于它是太阳系中最近似地球的天体：火星有着类似地球的四季交替；它的自转周期为24小时37分，这使得火星上的一天几乎和地球上的一样长。

2016年1月11日，中国火星探测任务正式立项。该任务计划在2020年左右发射一颗火星探测卫星。2020年4月24日，中国行星探测任务被命名为“天问系列”，首次火星探测任务的航天器被命名为“天问一号”。同年7月23日12时41分，“天问一号”探测器由长征五号遥四运载火箭托举，在中国文昌航天发射场点火升空。2021年3月4日，国家航天局发布3幅由“天问一号”探测器拍摄的高清火星影像图。2021年5月15日7

时18分，“天问一号”着陆巡视器成功着陆于火星乌托邦平原南部预定地点。2021年5月22日10时40分，中国首辆火星车“祝融号”安全驶离着陆平台，到达火星表面，开始执行火星探测任务。

2021年6月12日，国家航天局举办新闻发布会，介绍中国首次火星探测任务情况。在中国航天史上，“天问一号”任务实现了6个首次：一是首次实现地火转移轨道探测器发射；二是首次实现行星际飞行；三是首次实现地外行星软着陆；四是首次实现地外行星表面巡视探测；五是首次实现4亿千米距离的测控通信；六是首次获取第一手的火星科学数据。在世界航天史上，“天问一号”不仅在火星上首次留下中国人的印迹，而且首次成功实现了通过一次任务完成火星环绕、着陆和巡视三大目标，充分展现了中国航天人的智慧，标志着我国在行星探测领域跨入世界先进行列。

## 1.1 项目

### 1.1.1 项目的概念

1. 什么是项目

项目（project）就是在既定资源、技术经济要求和时间约束下，通过有序的组织，为实现一系列特定目标的独特并相互关联工作的总称。

美国项目管理协会（Project Management Institute，PMI）对项目的定义是：为创造一种独特产品、服务或成果而进行的暂时性工作。国家标准GB/T 23691—2009《项目管理 术语》对项目的定义是:“创造独特产品或提供独特服务的,有起止时间的努力过程。”

可见，项目是一个有待完成的、暂时性的任务，有特定的环境和目标；在一定的组织、有限的资源和规定的时间内完成；满足一定的性能、质量、数量等一系列技术经济指标要求。

项目的定义包含了三层含义：第一，项目是一项有待完成的特定任务；第二，完成这项任务受到组织、资源和时间的限制；第三，这项任务的完成有一个或一组特定目标要求。

2. 项目的构成要素

一般，项目由以下五个要素构成。

（1）项目范围（project scope），即项目要完成的临时性任务，这项任务由一系列相互关联的工作组成，包括产品范围和过程范围等。项目范围形成一个项目的边界。

（2）项目组织（project organization），即项目的组织形式，包括组织机构设置、职责、管理机制和相互关系等。

（3）项目质量（project quality），即项目任务完成所需要达到的一组固有特性满足要求的程度。

（4）项目费用成本（project cost），包括项目投资、运行费用等在内的整个寿命周期内的所有现金流出。

（5）项目进度（project schedule），即项目的时间安排，包括开始时间和结束时间等。

在上述五个要素中，项目范围和项目组织是基本要素，而项目质量、项目费用成本、项目进度是项目的约束要素，它们依附基本要素而存在，可以在一定范围内变动。

### 1.1.2　项目的基本特征

项目是人类的基本活动之一。与其他组织活动相比较，项目具有以下基本特征。

1. 目的性

项目开发是为了实现一个或一组特定的目标。任何项目都具有特定的目的性，并通过明确的项目目标表现出来。项目目标一般由成果性目标和约束性目标组成。成果性目标是项目的最终目标，在项目实施中体现为功能性要求或过程要求，是项目全过程的主导目标；约束性目标又称限制条件，是指限制项目实施的客观条件和人为约束，是项目实施过程管理的主要目标。

2. 独特性

项目是由一系列一次性任务组成，一旦任务完成，项目便终止，这意味着每一个项目都具有特殊性，主要表现在目标、环境、条件、组织、过程等诸多方面。不存在两个完全相同的项目。

3. 关联性

项目的关联性主要表现在两个方面：一是目标关联性，即项目的主要目标，如功效、费用和时间之间存在着紧密的联系；二是实施活动的相互依赖性，即项目内部所包含的活动之间，以及项目活动和组织其他活动之间存在着相互关联、相互作用，必须统筹安排，相互协作，才能高质高效地完成项目任务。

4. 冲突性

在项目的生命周期中总是充满冲突。在设计阶段，常常需要在性能、经费和时间等多维目标上进行权衡；在实施阶段，常常面临各种变更与资源竞争；在结束阶段，项目各方常会对项目评价产生异议。此外，项目组织内部和外部的冲突贯穿项目始终。一个项目的完成过程就是解决矛盾和冲突的过程，需要项目管理者具有高超的解决冲突的能力。

5. 临时性

项目是一次性的活动，其所依赖的组织也具有临时性的特点。项目组织是根据项目需要所建立起来的专门性机构，当项目结束时自然消亡。此外，项目组织中的成员在项目的执行过程中还可能会不断发生变化。可见，项目组织从人员构成到组织形态都具有临时性。

6. 生命周期性

任何项目都会有开始时间和结束时间，一般要经历开始、组织与准备、执行、结束四个阶段，这样一个过程称为项目的生命周期。项目生命周期的不同阶段表现为明显的规律性，如项目在概念阶段进展比较缓慢，资源投入较少，在开发实施阶段进展较快，资源投入较多，在结束阶段进展又趋于缓慢等。

7. 结果不可逆性

项目实施是一个动态的过程，具有较大的不确定性。项目过程的各个阶段的各种因素的复杂作用导致了项目执行存在各种风险，项目结果往往难以预料且无法逆转。例如，一栋建筑物在设计阶段所产生的问题往往难以通过施工过程加以弥补，必将给以后的使用带来影响。如要改变结果，往往需要追加另一个项目。

### 1.1.3 项目的类型

项目可以按照不同的原则来进行分类。从管理层次上分，有宏观项目、中观项目和微观项目；从类别上分，有工程项目和非工程项目；从行业领域分，有建筑项目、制造项目、农业项目、金融项目等；从性质上分，有科学研究、产品开发、研制试制、技术改造、招商引资、风险投资、转包生产、组织活动等。每一类项目都有自身的特点和管理规律。

从微观管理视角看，一个组织的项目可以分为以下三类。

（1）项目，即为创造独特的产品、服务或成果而进行的临时性工作。

（2）项目集（program），又称为项目群，即一系列相互关联的、被协调管理的项目。

（3）项目组合（project portfolio），即为实现战略目标而组合在一起的项目、项目集的集合。

项目、项目集和项目组合的关系如图 1.1 所示。

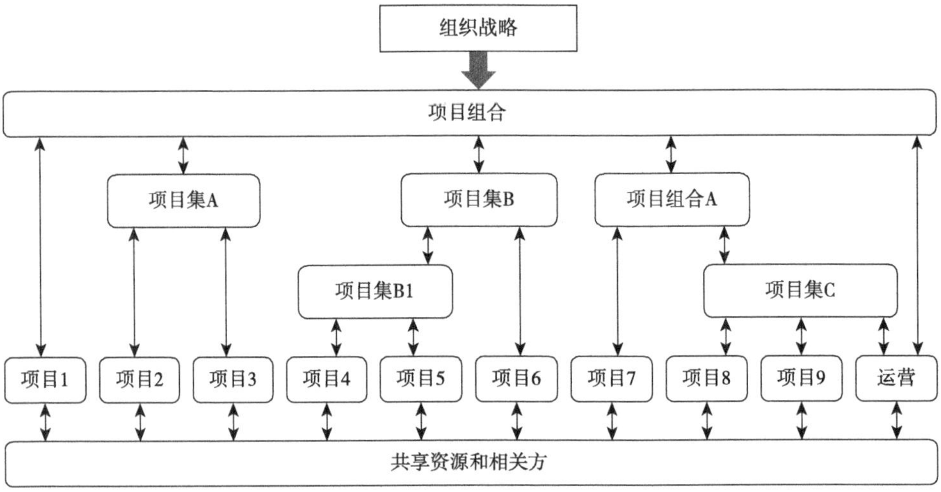


图 1.1 项目、项目集与项目组合的关系

### 1.1.4 项目相关方

项目相关方（project stakeholders），又称为项目干系人、项目利益相关者，是指参与项目的各方以及受项目影响的个人或组织。

通常，项目相关方的数量与项目大小和复杂程度有关。简单小型的项目相关方较少，而大型复杂的项目相关方众多。一个大型投资工程项目可能包含客户、投资方、贷款方、设计方、承建方、监理公司、供应商、咨询顾问方等直接相关方，也包括受到项目间接影响的项目用户、政府部门、社会公众、新闻媒体、合作伙伴等。

项目相关方可以分为内部相关方和外部相关方。

1. 内部相关方

（1）发起人（sponsor），即为项目、项目集或项目组合提供资源和支持，并负责为成功创造条件的个人或组织。

（2）资源经理（resource manager），即具有管理一项或多项资源权限的个人。常见的项目资源有人力资源、财务资源、物质资源和信息资源等。

（3）项目管理办公室（project management office，PMO），即对与项目相关的治理过程进行标准化，并促进资源、方法、工具和技术共享的一种管理机构。

（4）项目组合指导委员会（portfolio management committee），即为实现组织的战略的目标而对一个或多个项目组合进行集中管理的领导机构。

（5）项目集经理（program manager），即对包含本项目在内的项目集进行管理的个人。

（6）其他项目的项目经理（other project managers），即其他项目的管理者。

（7）项目团队成员（project team members），即本项目团队所包含的成员个体。

2. 外部相关方

（1）客户（customer），又被称为项目业主，指使用项目成果的个人或组织。

（2）最终用户（final users），即项目产品的使用者或者购买者。

（3）供应商（supplier），即负责承担项目所需要的材料、设备、服务及其他供应任务的个人或组织。

（4）股东（shareholders），即公司或项目的出资人或投资者。

（5）监管机构（regulatory agencies），即按照法律法规对项目实施履行监管职责的部门。常见的项目监管部门包括项目审批部门、安全监管部门、环保部门等。

（6）竞争者（competitors），即提供同类产品或服务的组织与个体。

此外，其他的外部相关方还包括投资方、贷款方、监理公司、政府部门、社会公众等。

不同相关者的需求和期望各不相同。项目管理者应准确识别相关者，了解他们的需求和期望，并有针对性地实现项目各方的利益最大化。

## 1.2　项目管理

项目管理（project management）是伴随着人类生产活动的复杂化和社会进步而逐渐形成的管理科学的重要分支。20 世纪 70 年代以来，项目管理理论为大型复杂项目的实施提供了有力的支撑，其自身的理论与方法体系也得到了迅速的发展。随着市场需求多元化日趋明显，科学技术发展日新月异，国际化竞争愈演愈烈，项目已经成为各类组织运行的核心模式。因此，项目管理理论和方法显得尤为重要。

### 1.2.1 项目管理的概念

1. 项目管理的定义

项目管理的本意是“对项目进行的管理”，包括两个方面的含义：项目管理属于管理的范畴；项目管理的对象是项目。

项目管理就是以项目为对象的系统管理方法，它通过一个专门的临时性的柔性组织，对项目进行高效率的计划、组织、领导和控制，以实现项目全过程的动态管理和项目目标的综合协调与优化。

项目管理的主要内容有：整合管理、范围管理、时间管理、费用管理、质量管理、资源管理、风险管理、沟通管理、采购与合同管理和相关方管理等。

从以上项目管理的定义，我们可以清楚地看出以下内容。

（1）项目管理的对象是各种类型的项目。

（2）项目管理需要一个专门的组织实施，这个组织具有临时性、柔性化的显著特点。

（3）项目管理遵循一般管理的过程性特点，包含计划、组织、领导和控制四大职能。

（4）项目管理具有全过程动态管理的特征。它贯穿于项目的全生命周期，通过不断地进行资源配置和协调，使项目过程处于优化运行状态，努力产生最佳效果。

（5）项目管理的核心是综合协调与优化。项目管理需要综合协调好范围、时间、费用、质量等约束性目标，确保实现一个特定的成果性目标，其管理本质是多维目标优化。

随着项目及其管理实践的发展，项目管理的内涵得到较大的充实和发展。如今，项目管理已经发展成为一种新的管理方式、一门新的管理学科。从学科性质上看，项目管理是介于自然科学和社会科学之间的一门特殊的交叉学科。

2. 项目管理的维度

通常，项目管理工作围绕项目任务而展开，主要包括项目计划、项目组织、项目进度、项目费用、项目质量、项目风险、项目沟通、项目采购等诸多方面。抽象来看，项目管理的内容可以归结为以下三个维度。

（1）时间维，即把项目按生命周期划分为若干阶段，从而进行阶段管理。

（2）知识维，即针对项目生命周期不同阶段的特点和知识构成，采用和研究不同的管理技术方法。

（3）保障维，即对确保项目有效开展的人、财、物、技术、信息等资源进行管理。

### 1.2.2 项目管理的特点

与一般管理相比较，项目管理的最大特点是注重整合管理，并且有严格的时间期限。项目管理必须通过一定的过程，综合进度、成本和质量等要求，在确定的期限内完成项目任务。项目管理的特点主要表现为以下几个方面。

1. 对象的特殊性

项目管理的对象是项目或可以当作项目来处理的运作。鉴于项目管理的科学性和高效性，有时人们会将运作中的某些过程分离出来，运用项目管理方法来提高过程效率。

2. 内容的创新性

每一个项目都是针对一项新的任务，需要使用新的技术、新的人员和新的方法。项目管理就是在继承前人经验的基础上，综合运用多学科创新成果，来完成项目任务、达成项目目标的。

3. 管理的系统性

项目是一个系统，因而其管理可以依据系统论原理，将项目系统分解为多层次的目标和任务责任单元，以便分工协作，实施协同管理，高效达成目标。项目管理强调对项目生命周期全过程的管理，注重局部与整体、阶段与全过程的协调，从而促进整体有效性的提升。

4. 组织的临时性

项目的一次性决定了项目组织的临时性，而项目的高度不确定性和冲突性需要项目组织具有高度的柔性，以适应内外环境的不断变化，确保项目总体目标的实现。鉴于此，项目管理通常采用基于团队的项目经理（project manager）负责制，即在项目经理全权负责下，项目团队成员分工协作，通过各自目标的实现共同完成项目总体目标。

5. 方法的开放性

项目管理采用先进的管理理论和方法，如采用目标管理、全面质量管理、价值工程、技术经济分析等理论和方法控制项目目标；采用网络图（network chart）编制进度计划；采用先进高效的计算机信息管理系统进行项目管理等。项目管理方法随着科学技术和管理理论的不断发展而不断丰富。

6. 环境的重要性

从内部环境看，项目管理需要营造一个利于组织和团队成员分工合作、和谐发展的环境。从外部环境看，项目的实现与各利益相关者乃至国家宏观环境息息相关。项目管理的要点就是创造和保持一种使项目顺利进行的内外环境。

### 1.2.3　项目管理系统

项目管理是一项系统工程。项目管理系统包含技术系统、组织系统和环境系统等三个子系统，它们共同作用，形成了项目管理的特定系统（图 1.2）。

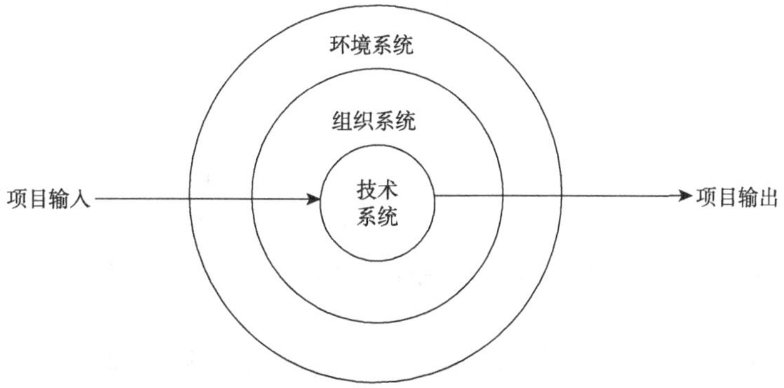


图 1.2　项目管理系统

1. 技术系统

技术系统包含实施项目的基本技术，如计划技术、施工技术、控制技术、试验技术等，是项目实施的技术基础。通常，技术系统的管理趋向于标准化和常规化，管理者通常实施程式化决策，并以任务为导向实施管理，其核心是控制技术不确定性。

2. 组织系统

组织系统是指对技术系统的整合方式，如职能式组织、矩阵式组织、项目式组织等，是项目管理的核心。组织系统的管理工作主要是协调项目各职能的相互关系，确保各项技术活动的输入和过程，并对其输出进行有效的控制。项目的组织系统是项目内部人的系统性安排，包括组织结构、职责与权限、工作流程、相互关系等。

从组织层面看，项目管理主要是针对组织的所有项目进行管理，其组织系统包括总体项目管理当局和具体项目管理者。任何具体的项目管理工作都要遵循组织的总体目标、制度规范和管理程序。这需要项目管理者针对不同项目的内外环境明确项目目标，制定适合于项目运行的组织制度和工作程序，确保项目满足客户需求。

3. 环境系统

项目管理是一个开放的系统，必然受到外部环境的影响。通常，项目管理所面临的环境包括政治，经济，社会，法律，自然，技术，项目基础设施、交通运输和通信条件，利益相关者等方面。

二维码 1-1：项目管理环境系统

### 1.2.4 项目管理的约束条件

任何项目都会在范围、时间及成本三个方面受到约束，即项目管理的三重约束。

1. 项目范围约束

项目范围规定了项目的任务是什么。项目管理必须首先搞清楚项目的利益核心，明确把握项目发起人期望通过项目获得什么样的产品或服务。对于项目范围的管理，容易忽视项目的商业目标，而偏向技术目标，最终导致项目结果与项目干系人期望值之间的差异。

项目范围可能会随着项目的进展而发生变化，从而与时间和成本等约束条件产生冲突。因此管理项目范围的核心是根据项目目标做好项目范围的变更管理，既要避免无原则的范围变更，也要根据时间与成本的约束，在取得项目干系人一致意见的情况下，按照合理的程序变更项目范围。

2. 项目时间约束

时间约束就是规定项目需要在多长时间内完成，由此形成了对项目的进度安排，以及对项目活动时间上的要求。当实际进度与计划之间发生差异时，需要重新调整项目各项活动历时，以保证项目按期完成，或者通过调整项目工期，以保证各项活动的时间与质量。

管理时间约束时，一方面要研究项目范围变化对项目时间的影响，另一方面要研究项目历时变化对项目成本产生的影响，及时跟踪项目进展，通过对实际项目进展情况的分析，提供给项目干系人一个准确的报告。

3. 项目成本约束

项目成本约束就是规定完成项目需要花多少钱。项目成本一般以资金花费来计量，但也可以根据项目特点，采用特定计量单位来表示。管理成本约束的关键是通过成本核算，让项目干系人了解在特定成本约束下，所能完成的项目范围及时间要求，以及当项目范围与时间发生变化时成本变化的情况，以决定是否变更项目范围，改变项目进度，或者扩大项目投资。

项目的独特性和项目系统的开放性，使得多数项目很难完全按照预期的范围、时间和成本三大约束条件完成既定的项目任务，达成预期目标。这就需要项目管理者准确把握项目范围、时间和成本三者之间相互制约的关系，科学配置项目资源，有效管控项目变更，尽可能地实现项目干系人的期望，获得项目的最大收益。

### 1.2.5 项目管理类型

1. 项目管理的层次

项目既可以是一个特定的项目，也可以是一群或一组项目。因此项目管理可以依据组织层次划分为不同的层次，各层次项目管理的内容及特点各不相同。

1）宏观项目管理

宏观项目管理是指在国家和全社会层面上对项目群的管理，其主要目标是协调项目与社会经济环境的关系，确保国家或社会的可持续发展。宏观项目管理涉及各类项目的投资战略、投资政策和投资计划的制定，各类项目的协调与规划、安排、审批等。

2）中观项目管理

中观项目管理是指部门性或行业性机构对同类项目的管理，如建筑业、化工业、冶金业、航空工业、交通运输业等。中观项目管理涉及相关部门或行业的投资战略、投资政策和投资规划，项目布局和优先顺序，项目的规划、安排、审批和验收等。

3）微观项目管理

微观项目管理是指具体的组织（如企业）对其项目的管理活动，包括对其所实施的所有项目的管理，即项目群管理，以及对具体某一个项目的管理两个方面。

对于一个特定项目而言，项目管理可以分为三个层次：高层管理、中层管理和基层管理。高层管理着重与政府、业主、承包商、竞争对手等各方面进行沟通，负责项目的重大决策；中层管理着重协调项目的内外事务，监控项目质量、进度和成本等，是项目技术与管理的核心；基层管理则主要负责项目具体工作任务的分配、执行、监督、控制等。

2. 项目管理主体

通常，微观项目管理的主体包括项目业主、项目设计单位、施工单位、项目监理单位，以及与项目有关的其他相关者，如设备、材料供应商，相关工程咨询机构，政府主管机构，甚至受到项目影响的居民和单位等。这些不同的项目管理主体，根据自己不同的管理目标和管理标准，采取不同的管理方法，对不同的项目内容实施管理。可以说，项目的最终成果是不同项目管理主体共同作用的结果。

### 1.2.6 项目管理模式

通常，项目管理有内部自建和外部承包两种模式。其中，内部自建主要由项目投资方（业主）组建项目管理团队，负责项目建设的所有事宜。例如，企业内部的新产品开发项目，其管理核心是组建一个跨部门的集成项目管理团队（integrated project management team，IPMT），有时也称为集成产品开发团队（integrated product team，IPT）。

外部承包是一种委托外部完成全部或部分项目工作的管理模式，主要有以下常用模式。

1. 设计–招标–建造模式

设计–招标–建造（design-bid-build，DBB）模式是一种最传统的工程项目管理模式。世界银行、亚洲开发银行贷款项目及以国际咨询工程师联合会（Fédération Internationale Des Ingénieurs Conseils，FIDIC）合同条件为依据的项目多采用这种模式。它强调工程项目必须按照设计、招标、建造的顺序方式进行，只有一个阶段结束后另一个阶段才能开始。我国第一个世界银行贷款项目——鲁布革水电站工程实行的就是这种模式。

DBB 模式的优点是通用性强，可自由选择咨询、设计、监理方，标准化的合同条款有利于合同管理、风险管理和减少投资等。其缺点是工程项目周期长、业主管理费用较高、前期投入大、变更时容易引起较多索赔等。

2. 建设–管理模式

建设–管理（construction-management，CM）模式，又称阶段发包方式，就是从开始阶段就雇用有经验的项目建设与管理单位参与到项目实施过程中来，以便为设计人员提供建设方面的建议且随后负责管理建设过程。它采取分阶段发包，由业主、CM 单位和设计单位组成一个联合小组，共同负责组织和管理工程的规划、设计和施工，CM 单位负责项目监督、协调及管理工作，在施工阶段定期与承包商会晤，对成本、质量和进度进行监督，并预测、监控成本和进度的变化。

CM 模式于 20 世纪 60 年代发源于美国。其最大优点是可以缩短工程从规划、设计到竣工的周期，节约建设投资，减少投资风险，可以较早地取得收益。

3. 设计–建造模式

设计–建造模式（design-build method，DBM）是在项目原则确定后选定唯一的负责项目设计–建造承包商，完成项目从设计到建造工作的管理模式。此时，设计–建造承包商不但对设计阶段的成本负责，而且可用竞争性招标的方式选择分包商或使用本公司的专业人员自行完成项目建设任务。在这种方式下，业主首先选择一家专业咨询机构代替业主研究、拟定拟建项目的基本要求，并授权其作为业主代表与设计–建造承包商联系。

4. 建造–运营–转让模式

建造–运营–转让（build-operate-transfer，BOT）模式是 20 世纪 80 年代在国外兴起的一种将政府基础设施建设项目依靠私人资本融资、建造的项目管理方式。它可以在不增加国家外债负担的情况下解决基础设施不足和建设资金不足的问题。

BOT 模式的特点是：政府开放本国基础设施建设和运营市场，授权项目公司负责筹资和组织建设，建成后负责运营及偿还贷款，协议期满后，再无偿移交给政府。此时，项目发起人必须具备很强的经济实力，一般由大财团承担。对项目发起人的资格预审及招投标程序是 BOT 模式成败的关键。

5. 项目承包模式

项目承包模式，又称项目管理承包（project management contractor，PMC）模式，就是项目业主聘请专业的项目管理公司，代表业主对项目全过程或若干阶段进行管理和服务的一种项目管理模式。由于项目承包商在项目的设计、采购、施工、调试等阶段的参与程度和职责范围不同，PMC 模式可分为以下三种基本应用模式。

（1）业主选择设计单位、施工承包商、供货商，并与之签订设计合同、施工合同和供货合同，委托项目承包商进行工程项目管理。

（2）业主与项目承包商签订项目管理合同，业主通过指定或招标方式选择设计单位、施工承包商、供货商（或其中的部分），由项目承包商与之分别签订设计合同、施工合同和供货合同。

（3）业主与项目承包商签订项目管理合同，由项目承包商自主选择施工承包商和供货商并签订施工合同和供货合同，但不负责设计工作。

6. 设计–采购–建造模式

设计–采购–建造（engineering-procurement-construction，EPC）模式，在我国又称为“工程总承包”模式，是指业主明确投资意图和要求，聘用 EPC 承包商完成项目所有设计、采购与建造工作的一种项目管理模式。其中，承包商承担设计风险、自然力风险、不可预见的困难等大部分风险，一般采用总价合同。

EPC 模式的特点是业主较少参与项目管理，承包商承担了项目建设的大部分风险。此时，业主项目管理的重点是项目竣工验收。

7. 合伙模式

合伙（partnering）模式是指项目业主与建设各方共同制定项目目标、分担项目费用和风险的一种项目管理模式。它要求业主与参建各方在相互信任、资源共享的基础上达成一种短期或长期的协议，通过建立工作小组相互合作、及时沟通，共同解决项目建设过程中出现的问题，保证参与各方目标和利益的实现。

合伙模式的关键是合伙协议。它不仅是业主与参建单位之间的双方协议，还是项目参与各方的共同协议，包括业主、总包商、分包商、设计单位、咨询单位、主要的材料设备供应单位等。合伙协议主要围绕建设项目的进度、成本、质量目标，以及变更管理、争议和索赔管理、安全管理、信息沟通和管理、公共关系等问题做出相应的规定。

当合伙模式发生在政府与私营业主之间时，即形成政府和社会资本合作（public-private partnership，PPP）模式。它是指政府（public）与私人（private）之间，以提供产品和服务为出发点，达成特许权协议，形成“利益共享、风险共担、全程合作”的伙伴合作关系，使得合作各方达到比单独行动更为有利的预期结果：一方面使政府的财政支出更少；另一方面使企业的投资风险更小。

二维码 1-2：PPP 模式

PPP 是公共基础设施建设中的一种新兴的项目运作模式。在该模式下，鼓励私营企业、民营资本与政府进行合作，参与公共基础设施的建设，以解决政府公共投资不足的问题。我国于20世纪90年代中叶尝试PPP模式，到2014年前后进入规范化快速发展阶段。截至2021年1月底，国家发展和改革委员会PPP项目库中累计项目数为13 359个，总投资193 758.37亿元，主要投资领域为城市基础设施、环保、社会事业、农林水利、交通运输等。

## 1.3 项目生命周期与项目管理过程

现代项目管理理论认为任何项目都由两个过程构成：项目实现过程和项目管理过程。项目管理过程就是依据项目实现过程的阶段性开展管理活动的过程，其目的就是保障项目产出物（成果）的生成和项目目标的实现。

### 1.3.1 项目生命周期

#### 1. 项目生命周期的概念

项目是一个随时间而变化的动态系统。像所有生命有机体都会经历出生、成长、成熟、衰老和死亡这种明显的生命周期一样，项目也具有一定的生命周期性。

项目生命周期指项目从开始到完成所经历的一系列阶段。项目阶段是一组具有逻辑关系的项目行动的集合，通常以一个或多个可交付成果的完成作为结束。这些阶段之间可能是顺序、迭代或交叠的关系。项目阶段的名称、数量和持续时间取决于参与项目的一个或多个组织的管理与控制需要、项目本身的特征及其所在的应用领域。阶段都有时限，有一个起始点、结束点或控制点。在控制点，需要根据当前环境，重新检查项目章程和商业文件，并把项目绩效与项目管理计划进行比较，以确定项目是否应该变更、终止或按计划继续。

项目生命周期会受组织、行业、开发方法或所用技术的独特性质的影响。虽然每个项目都有起点和终点，但具体的可交付成果及工作会因项目的不同而有很大差异。不论项目涉及的具体工作是什么，生命周期都可以为管理项目提供基本框架。

#### 2. 项目生命周期的主要阶段

各个项目虽规模及复杂程度各不相同，但典型项目都呈现下列项目生命周期结构（图1.3）。

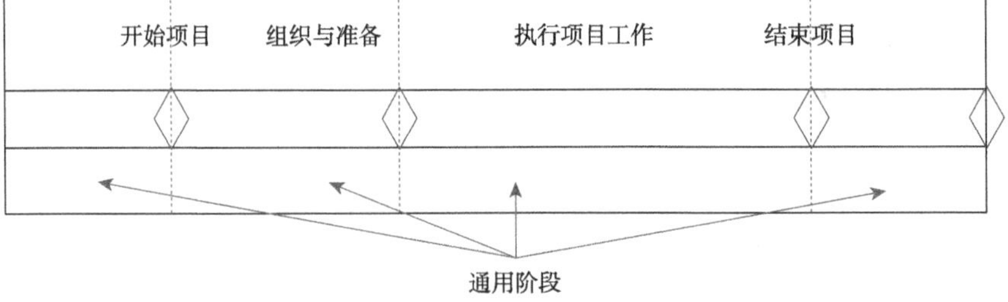


图1.3 项目生命周期的通用结构

值得注意的是，由于项目对象不同，其阶段的划分和定义也会有所区别。例如，产品的生命周期可以划分为研究与开发、引入市场、成长、成熟、衰退等阶段；大型系统项目的生命周期分为概念定义与可行性研究、设计、生产试制、定型与投入运行、处置（报废或作为他用）等阶段；世界银行贷款项目的生命周期则分为项目选定、项目准备、项目评估、项目谈判、项目实施、项目后评价等阶段。但是可以肯定的是，不论怎样划分项目的阶段，都要对项目完成和限制的条件进行明确的规定，以便于对项目的完成情况进行审查。

3. 项目生命周期的一般特征

通用的项目生命周期结构一般具有以下特征（图 1.4）。

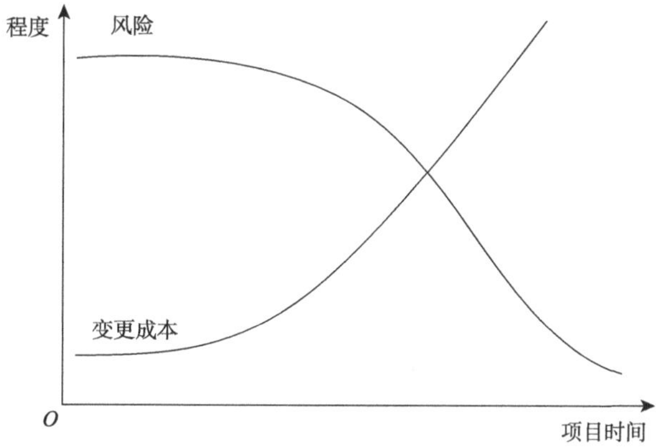


图 1.4　项目生命周期结构中变量的变化

（1）成本与人力投入在开始时较低，在工作执行期间逐渐增加，并在项目快要结束时迅速回落。

（2）项目开始时风险最大，在项目的整个生命周期中，随着决策的制定与可交付成果的验收，风险会逐步降低。

（3）在不显著影响成本和进度的前提下，相关方改变项目产品最终特性的能力在项目开始时最大，并随项目进展而减弱。图 1.4 表明，做出变更或纠正错误的成本，通常会随着项目越来越接近完成而显著增高。

### 1.3.2　项目管理过程

1. 项目管理的一般过程

对应于项目的生命周期，项目管理过程包括启动、规划、执行、监控与收尾五大过程。

1）项目启动

项目启动（project initiating）过程就是一个新的项目识别与开始的过程。它是决定是否投资，以及投资什么项目的关键阶段。重视项目启动过程，是保证项目成功的首要步骤。

项目启动过程的最主要内容是进行项目的可行性研究与分析。该项工作要以商业目标为核心，而不是以技术为核心。无论是领导关注，还是项目宗旨，都应围绕明确的商业目标，以实现商业预期利润分析为重点，并提供科学合理的评价方法，以便未来能对其进行评估。

2）项目规划

项目规划（project planning）过程是项目管理过程中非常重要的一个过程。该过程通过对项目的范围、任务分解、资源分析等制订一个科学的计划，使项目团队的工作能够有序开展。项目规划是项目执行的基本参照。在项目执行过程中，项目团队通过执行并依据内外环境变化不断修订与完善项目计划，达到实现项目目标的最终目的。

在项目的不同知识领域有不同的计划，应根据实际项目情况，编制不同的计划。其中项目计划、范围说明书、工作分解结构（work breakdown structure，WBS）、活动清单、网络图、进度计划、资源计划、成本估计、质量计划、风险计划、沟通计划、采购计划等，是项目计划过程常见的输出。

3）项目执行

项目执行（project executing）过程一般指项目主体内容的执行过程，但实施包括项目的前期工作，因此不仅要在具体实施过程中注意范围变更、记录项目信息、鼓励项目团队努力完成任务，还要在启动与收尾过程中，强调实施的重点内容，如正式验收项目范围等。

在项目实施中，重要的工作是项目信息沟通，即及时提交项目进展信息。以项目报告的方式定期汇报项目进度，有利于开展项目控制，为保证项目质量提供了手段。

4）项目监控

项目监控（project monitoring and controlling）过程是指跟踪、审查和调整项目进展与绩效，识别必要的计划变更并启动相应变更的过程，包括控制项目进度、质量、成本、安全、资源、变更、采购，监督沟通、风险、相关方参与等。它是保证项目朝着其目标方向前进的重要过程，也是及时发现偏差并采取纠正措施，使项目朝着正确的方向发展的过程。

控制可以使实际进展符合计划，也可以修改计划使之更切合现状。修改计划的前提是项目符合期望的目标。项目监控的重点是范围变更、质量标准、状态报告及风险应对等。

5）项目收尾

项目收尾（project closing）过程是指正式完成或结束项目、项目阶段或合同所执行的过程。一个正式而有效的收尾过程，不仅是对当前项目形成完整文档，对项目干系人的交代，更是以后项目工作的重要财富。

项目收尾包括对最终产品进行验收、形成项目档案、吸取教训等。项目收尾的形式可以根据项目的大小自由决定，如可以通过召开发布会、表彰会、公布绩效评估等手段来进行。一旦确定项目收尾的形式，就要明确收尾任务，进而达到理想效果。

### 2. 项目管理过程的基本特点

项目管理过程不同阶段的工作特点如图 1.5 和表 1.1 所示。

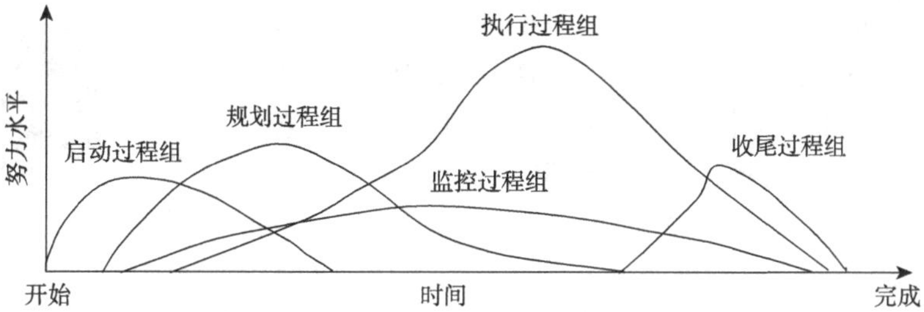


图 1.5　项目管理过程

**表 1.1　项目管理不同阶段的工作特征**

| 项目 | 启动 | 规划 | 执行 | 监控 | 收尾 |
|---|---|---|---|---|---|
| 资源投入 | 低 | 较低 | 高 | 较低 | 低 |
| 经历时间 | 短 | 较短 | 长 | 长 | 较短 |
| 工作量 | 小 | 较小 | 大 | 较小 | 小 |
| 工作特性 | 智力劳动为主 | 智力劳动为主 | 体力与智力劳动并存 | 智力劳动为主 | 智力劳动为主 |
| 风险大小 | 大 | 较大 | 较大 | 较小 | 小 |

## 1.4　项目管理知识体系

### 1.4.1　项目管理知识体系概述

项目管理知识体系的概念首先由 PMI（Project Management Institute，美国项目管理学会）提出。PMI 于 1981 年开始进行“项目管理标准”的开发，于 1987 年提交了题为《项目管理知识体系》（Project management body of knowledge，PMBOK）的研究报告，并于 1996 年发布了首个《项目管理知识体系指南》（*A Guide to the Project Management Body of Knowledge*），该指南于 2000 年、2004 年、2008 年、2013 年和 2017 年先后进行了五次修订。PMBOK 以项目生命周期的四个阶段为主线，针对项目启动、规划、执行、监控和收尾五个过程组，把项目管理知识划分为项目整合管理、范围管理、进度管理、成本管理、质量管理、资源管理、沟通管理、风险管理、采购管理、项目相关方管理等十个领域，每一个领域都从输入、技术与工具、输出三个方面阐述其知识构成。

二维码 1-3：美国项目管理学会

另外，国际项目管理协会（International Project Management Association，IPMA）从 1987 年开始进行“项目管理人员能力基准”的研究，并于 1999 年正式推出了国际项目管理能力基线（IPMA competence baseline，ICB）。IPMA 于 2006 年推出 ICB 第三版；2011 年 6 月推出项目管理顾问的能力基线（IPMA competence baseline for consultant，

ICBC）；2013 年 11 月推出面向组织的能力基线（IPMA competence baseline for organization，ICBO）。ICB 把个人能力划分为 42 个要素，其中 28 个核心要素，14 个附加要素，还包括个人要素的八大特征和总体印象的十个方面。

二维码 1-4：国际项目管理协会

基于以上两个标准和 ISO 10006（《质量管理——项目管理质量指南》），为建立适合我国国情的项目管理知识体系，形成我国项目管理学科和专业的基础，我国于 2001 年正式推出中国项目管理知识体系文件——《中国项目管理知识体系》（Chinese-project management body of knowledge，C-PMBOK）。2006 年 10 月，《中国项目管理知识体系》推出第二版（表 1.2）。2010 年 12 月 21 日，由中国经济创新发展联盟（China Economy Innovation & Development League，CEL）和中项技工程技术研究院等单位联合研制的《中国项目管理知识体系》1.0 版本（CPMBOK1.0）在北京正式发布。该体系是我国第二套、世界第五套完整的项目管理知识体系，该体系以"时间和发展"为核心主线，采用"立体（三维、四维）项目管理"系统，提出"项目空间结构""项目空间设计""项目管理高度层级""项目所有权""项目边界"等新概念。

**表 1.2 中国项目管理知识体系框架**

| 知识模块 | 知识子模块 | | | |
|---|---|---|---|---|
| 2 项目与项目管理 | 2.1 项目 | | | |
| | 2.2 项目管理 | | | |
| 3 概念阶段 | 3.1 一般机会研究 | 3.3 方案策划 | 3.5 详细可行性研究 | 3.7 商业计划书的编写 |
| | 3.2 特定项目机会研究 | 3.4 初步可行性研究 | 3.6 项目评估 | |
| 4 规划阶段 | 4.1 项目背景描述 | 4.5 工作分解 | 4.9 资源计划 | 4.13 质量保证 |
| | 4.2 目标确定 | 4.6 工作排序 | 4.10 费用估计 | |
| | 4.3 范围规划 | 4.7 工作延续时间估计 | 4.11 费用预算 | |
| | 4.4 范围定义 | 4.8 进度安排 | 4.12 质量计划 | |
| 5 实施阶段 | 5.1 采购规划 | 5.5 实施计划 | 5.9 费用控制 | 5.13 生产要素管理 |
| | 5.2 招标采购的实施 | 5.6 安全计划 | 5.10 质量控制 | 5.14 现场管理与环境保护 |
| | 5.3 合同管理基础 | 5.7 项目进展报告 | 5.11 安全控制 | |
| | 5.4 合同履行和收尾 | 5.8 进度控制 | 5.12 范围变更管理 | |
| 6 收尾阶段 | 6.1 范围确认 | 6.3 费用决算与审计 | 6.5 项目交接与清算 | 6.7 项目后评价 |
| | 6.2 质量验收 | 6.4 项目资料与验收 | 6.6 项目审计 | |
| 7 共性知识 | 7.1 项目管理组织形式 | 7.7 企业项目管理 | 7.13 讯息分发 | 7.19 风险监控 |
| | 7.2 项目办公室 | 7.8 企业项目管理组织设计 | 7.14 风险管理规划 | 7.20 信息管理 |
| | 7.3 项目经理 | 7.9 组织规划 | 7.15 风险识别 | 7.21 项目监理 |
| | 7.4 多项目管理 | 7.10 团队建设 | 7.16 风险评估 | 7.22 行政监督 |
| | 7.5 目标管理与业务过程 | 7.11 冲突管理 | 7.17 风险量化 | 7.23 新经济项目管理 |
| | 7.6 绩效评价与人员激励 | 7.12 沟通规划 | 7.18 风险应对计划 | 7.24 法律法规 |

续表

| 知识模块 | 知识子模块 | | | |
|---|---|---|---|---|
| 8 方法和工具 | 8.1 要素分层法 | 8.7 不确定性分析 | 8.13 责任矩阵 | 8.19 质量控制的数理统计方法 |
| | 8.2 方案比较法 | 8.8 环境影响评价 | 8.14 网络计划技术 | 8.20 挣值法 |
| | 8.3 资金的时间价值 | 8.9 项目融资 | 8.15 甘特图（Gantt chart） | 8.21 有无比较法 |
| | 8.4 评价指标体系 | 8.10 模拟技术 | 8.16 资源费用曲线 | |
| | 8.5 项目财务评价 | 8.11 里程碑计划 | 8.17 质量技术文件 | |
| | 8.6 国民经济评价方法 | 8.12 WBS | 8.18 并行工程 | |

## 1.4.2　项目管理知识体系的基本构成

项目管理知识体系的基本构成可以概括为多个主体、三个层次、四个阶段、五个过程组、十大领域、四十九个子过程。

1. 多个主体

如前所述，项目相关方既包括内部的项目发起人、项目管理办公室、项目经理、项目团队成员等，也包括外部的客户、用户、供应商、股东、监管机构、社区等。他们对于项目的管理的内容各不相同。例如，业主，即客户或项目委托人，一般对项目的管理主要是寻找和选择合适的承运商，以及对项目进行验收等；承约商，即项目的承建方或被委托人，在整个项目管理过程中始终起着主导作用；监理，即由业主委托的负责监督和管理项目实施的机构，对项目实施的质量和进度负有管理责任；项目经理则是直接负责项目运行的个人，对项目规划、计划、组织、实施及结果负有最重要和最直接的责任。

2. 三个层次

（1）项目管理，即对具体项目的管理。

（2）项目集管理，即组织对其所实施的所有项目的管理。

（3）项目组合管理，即国家对项目的宏观管理。

3. 四个阶段

项目生命周期包含开始项目、组织与准备、执行项目工作、结束项目等四个阶段。具体见 1.5 节。

4. 五个过程组

对应于项目生命周期的四个阶段，项目管理通常可以分为五个过程组：启动、规划、执行、监控、收尾。具体见 1.5 节。

5. 十大领域

项目管理知识领域是管理各种项目时需普遍使用的专业知识领域。每个知识领域都是项目管理中的一个特定主题，以及与该主题相关的一组过程。具体包括以下内容。

（1）项目整合管理（project integration management），包括为识别、定义、组合、统一和协调各项目管理过程组的各种过程和活动而开展的过程和活动。

（2）项目范围管理（project scope management），包括确保项目做且只做所需的全部工作，以成功完成项目的各个过程。其核心在于定义和控制项目相关活动（activity）。

（3）项目进度管理（project schedule management），包括为管理项目按时完成所需的各个过程。其核心是制订、实施和控制项目进度规划，确保项目目标的有效实现。

（4）项目成本管理（project cost management），包括为使项目在批准的预算内完成而对成本进行规划、估算、预算、融资、筹资、管理和控制的各个过程。

（5）项目质量管理（project quality management），包括把组织的质量政策应用于规划、管理、控制项目和产品质量要求，以满足相关方期望的各个过程。此外，它还以执行组织的名义支持过程的持续改进活动。

（6）项目资源管理（project resource management），包括识别、获取和管理所需资源以成功完成项目的各个过程，以确保项目团队在正确的时间和地点使用正确的资源。

（7）项目沟通管理（project communication management），包括为确保项目信息及时恰当地规划、收集、生成、发布、存储、检索、管理、控制、监督、处置所需的各个过程。

（8）项目风险管理（project risk management），包括规划风险管理、识别风险、开展风险分析、规划和实施风险应对、监督风险等多个过程。其目标在于提高项目成功率。

（9）项目采购管理（project procurement management），包括从项目团队外部采购或获取所需产品、服务或成果的各个过程。

（10）项目相关方管理（project related party management），包括识别影响项目或受项目影响的人员、群体或组织，分析相关方对项目的期望和影响，制定合适的管理策略来有效调动相关方参与项目决策和执行的过程。

6. 四十九个子过程

四十九个子过程如表 1.3 所示。

**表 1.3　项目管理过程与知识领域**

| 知识领域 | 管理过程 | | | | |
|---|---|---|---|---|---|
| | 启动过程组 | 规划过程组 | 执行过程组 | 监控过程组 | 收尾过程组 |
| 4.整合管理 | 4.1 制定项目章程 | 4.2 制订项目管理计划 | 4.3 指导/管理项目工作<br>4.4 管理项目知识 | 4.5 监控项目工作<br>4.6 实施整体变更控制 | 4.7 结束项目或阶段 |
| 5.范围管理 | | 5.1 规划范围管理<br>5.2 收集需求<br>5.3 定义范围<br>5.4 创建 WBS | | 5.5 确认范围<br>5.6 控制范围 | |
| 6.进度管理 | | 6.1 规划进度管理<br>6.2 定义活动<br>6.3 排列活动顺序<br>6.4 估算活动持续时间<br>6.5 制订季度计划 | | 6.6 控制进度 | |
| 7.成本管理 | | 7.1 规划成本管理<br>7.2 估算成本<br>7.3 制定预算 | | 7.4 控制成本 | |
| 8.质量管理 | | 8.1 规划质量管理 | 8.2 管理质量 | 8.3 控制质量 | |
| 9.资源管理 | | 9.1 规划资源管理<br>9.2 估算活动资源 | 9.3 获取资源<br>9.4 建设团队<br>9.5 管理团队 | 9.6 控制资源 | |

续表

| 知识领域 | 管理过程 | | | | |
|---|---|---|---|---|---|
| | 启动过程组 | 规划过程组 | 执行过程组 | 监控过程组 | 收尾过程组 |
| 10.沟通管理 | | 10.1 规划沟通管理 | 10.2 管理沟通 | 10.3 监督沟通 | |
| 11.风险管理 | | 11.1 规划风险管理<br>11.2 识别风险<br>11.3 实施定性风险分析<br>11.4 实施定量风险分析<br>11.5 规划风险应对 | 11.6 实施风险应对 | 11.7 监控风险 | |
| 12.采购管理 | | 12.1 规划采购管理 | 12.2 实施采购 | 12.3 控制采购 | |
| 13.相关方管理 | 13.1 识别相关方 | 13.2 规划相关方参与 | 13.3 管理相关方参与 | 13.4 监督相关方参与 | |

资料来源：依据《项目管理知识体系指南》（第六版）编制

### 1.4.3　项目管理专业资质认证

项目管理证书体系伴随着项目管理科学体系的发展和应用的需要应运而生。人类通过对项目管理理论与应用知识的研究，逐渐建立了项目管理学科体系，即项目管理知识体系。在项目管理实践中，这一知识体系逐渐演化成为项目管理应用标准，促进了项目管理知识体系教育和培训的发展。

为了证明项目管理从业人员和组织的能力及资质，项目管理专业证书应运而生。本节将主要介绍在我国影响较为广泛的 PMI 的项目管理专业人员（project management professional，PMP）认证、IPMA 提出的国际项目管理专业认证（international project manager professional，IPMP），以及我国项目管理体系认证。

1. PMP 认证

PMP 认证制度始于 1984 年，并于 1991 年正式推广。1999 年，中国国际人才交流基金会（原中国国际人才交流基金会与原国家外国专家局培训中心整合而成）和 PMI 合作将 PMP 认证引入中国。根据《中国项目管理二十年发展报告：1999—2019》，截至 2019 年 9 月，全国累计报考 PMP 认证的人数近 60 万人，通过认证人数约 42 万人，有效持证人数约 30 万人，占全球 PMP 持证总量的 1/3，位列全球第 2 位，成为除美国之外 PMP 持证人数最多的国家。

PMP 认证的基础是美国的 PMBOK，其知识体系包括十大知识领域，申请者必须通过两种形式的考核。①项目管理经历审查。申请者必须具有学士学位或同等大学学历，并且拥有 3 年以上、4500 小时以上的项目管理经历；考试者如不具备学士学位或同等大学学历，但持有中学或同等中学学历证书，需要至少具有 7500 小时的项目管理经历。②笔试考核。主要针对 PMI 的 PMBOK 中的十大知识模块进行书面考核，共有 200 道选择题，申请者必须至少答对其中的 131/106 道题，即在 200 道题中答对 131 道，或在除去 25 道随机题后剩余 175 道题中答对 106 道，才能通过考试。

在 PMP 认证基础上，PMI 和国家外国专家局又联合推出了项目管理助理师（certificated associate in project management，CAPM）、敏捷认证（agile certified practitioner，ACP）、

项目集管理专业人士认证（program management professional，PGMP）、商业分析师（professional in business analysis，PBA）等认证项目。

2. IPMA 认证体系

IPMA 认证体系由面向个体的四级证书体系（individual competence baseline，ICB 4）、面向卓越项目的证书体系（project excellence baseline®，PEB）、面向组织的证书体系（organisational competence baseline®，OCB），以及面向项目管理顾问、培训师和教练的证书体系（competence baseline for coaches，trainers and consultants，ICB4 CCT）构成。其中，面向个体的四级证书体系是 IPMA 认证体系的核心，主要依据 IPMA 能力基线 ICB，目前全球约 30 万专业人员获得了这类证书。

1）面向个体的四级证书体系

面向专业人员个体的 IPMA 证书体系包含四个层次：Level A 项目总监/主任（project director）、Level B 资深项目经理（senior project manager）、Level C 项目经理和 Level D 项目管理助理（project management associate）。2015 年出版的 ICB Version4 标准（ICB4）是一种能力考核标准，包括观念（perspective）、人际（people）、实践（practice）三个维度。其中，观念包含 5 个要素，人际包含 10 个要素，实践包含 14 个要素，并从项目、项目群、项目组合三个层次确立各要素的关键能力指标共计 378 个。具体如表 1.4 所示。

**表 1.4 项目管理能力要素**

| 维度 | 项目管理（指标数） | 项目群管理（指标数） | 项目组合管理（指标数） |
|---|---|---|---|
| 观念 | 4.3.1 战略（5） | 5.3.1 战略（5） | 6.3.1 战略（5） |
| | 4.3.2 治理、结构和流程（7） | 5.3.2 治理、结构和流程（7） | 6.3.2 治理、结构和流程（5） |
| | 4.3.3 守则、标准和制度（6） | 5.3.3 守则、标准和制度（6） | 6.3.3 守则、标准和制度（6） |
| | 4.3.4 权力和利益（3） | 5.3.4 权力和利益（3） | 6.3.4 权力和利益（3） |
| | 4.3.5 文化和价值观（3） | 5.3.5 文化和价值观（3） | 6.3.5 文化和价值观（3） |
| 人际 | 4.4.1 自我反省和自我管理（5） | 5.4.1 自我反省和自我管理（5） | 6.4.1 自我反省和自我管理（5） |
| | 4.4.2 个人诚实与可靠（5） | 5.4.2 个人诚实与可靠（5） | 6.4.2 个人诚实与可靠（5） |
| | 4.4.3 人际交流（5） | 5.4.3 人际交流（5） | 6.4.3 人际交流（5） |
| | 4.4.4 关系和约定（5） | 5.4.4 关系和约定（5） | 6.4.4 关系和约定（5） |
| | 4.4.5 领导力（5） | 5.4.5 领导力（5） | 6.4.5 领导力（5） |
| | 4.4.6 团队工作（5） | 5.4.6 团队工作（5） | 6.4.6 团队工作（5） |
| | 4.4.7 冲突和危机（4） | 5.4.7 冲突和危机（4） | 6.4.7 冲突和危机（4） |
| | 4.4.8 智慧（5） | 5.4.8 智慧（5） | 6.4.8 智慧（5） |
| | 4.4.9 协商（5） | 5.4.9 协商（5） | 6.4.9 协商（5） |
| | 4.4.10 结果导向（5） | 5.4.10 结果导向（5） | 6.4.10 结果导向（5） |
| 实践 | 4.5.1 项目设计（5） | 5.5.1 项目群设计（8） | 6.5.1 项目组合设计（2） |
| | 4.5.2 要求和目标（3） | 5.5.2 收益和目标（5） | 6.5.2 收益和目标（1） |
| | 4.5.3 范围（4） | 5.5.3 范围（4） | 6.5.3 范围（2） |
| | 4.5.4 时间（5） | 5.5.4 时间（3） | 6.5.4 时间（1） |
| | 4.5.5 组织和信息（4） | 5.5.5 组织和信息（4） | 6.5.5 组织和信息（4） |
| | 4.5.6 质量（5） | 5.5.6 质量（2） | 6.5.6 质量（1） |

续表

| 维度 | 项目管理（指标数） | 项目群管理（指标数） | 项目组合管理（指标数） |
|---|---|---|---|
| 实践 | 4.5.7 财务（5） | 5.5.7 财务（5） | 6.5.7 财务（2） |
| | 4.5.8 资源（5） | 5.5.8 资源（5） | 6.5.8 资源（3） |
| | 4.5.9 采购（4） | 5.5.9 采购（3） | 6.5.9 采购（1） |
| | 4.5.10 计划和控制（6） | 5.5.10 计划和控制（5） | 6.5.10 计划和控制（3） |
| | 4.5.11 风险和机会（5） | 5.5.11 风险和机会（5） | 6.5.11 风险和机会（5） |
| | 4.5.12 相关方（5） | 5.5.12 相关方（5） | 6.5.12 相关方（5） |
| | 4.5.13 变革和转型（4） | 5.5.13 变革和转型（4） | 6.5.13 变革和转型（3） |
| | | 5.5.14 选择和平衡（4） | 6.5.14 选择和平衡（6） |

资料来源：依据 *Individual Competence Baseline for Project，Program & Portfolio Management*（Version 4）编制

2）IPMA 全球项目卓越奖

IPMA 全球项目卓越奖（IPMA global project excellence awards）是基于 IPMA 项目卓越基线（IPMA project excellence baseline）所设立的一类证书体系，从卓越基础、卓越强化、卓越表现三个维度进行度量。其中，卓越基础包含人与目的，卓越表现指项目结果，卓越强化包含过程与资源。IPMA 全球项目卓越奖下设若干子类别。自 2002 年以来，全球有 150 多个项目获奖，我国北京大兴国际机场也获得了 2020 年度 IPMA 全球项目卓越金奖（大型项目类）。

此外，依据 IPMA 个人能力基线敏捷世界参考指南（IPMA reference guide ICB4 in an agile world），IPMA 还设立了“全球个人奖”（IPMA global individual awards），用以表彰在项目管理领域做出突出成就的人士。

表 1.5 显示了 IPMA 全球项目卓越奖的评审要点。

**表 1.5　IPMA 全球项目卓越奖评审要点**

| A. 人与目的（people & purpose） | B.2 其他关键过程与资源管理 |
|---|---|
| A.1 领导与价值观 | C. 项目结果（project results） |
| A.1a 卓越角色模型 | C.1. 客户满意 |
| A.1b 关心项目相关者 | C.1a 顾客感知 |
| A.1c 面向项目目标和适应变化 | C.1b 客户满意度指标 |
| A.2 目标与战略 | C.2 项目团队满意 |
| A.2a 管理相关者需求、期望和要求 | C.2a 团队感知 |
| A.2b 开发和实现项目目标 | C.2b 团队满意度指标 |
| A.2c 开发和实现项目战略 | C.3 其他相关者满意 |
| A.3 项目团队、伙伴和供应商 | C.3a 其他相关者感知 |
| A.3a 识别和发展能力 | C.3b 其他相关者满意度指标 |
| A.3b 承认成就和授权 | C.4 项目结果及其环境影响 |
| A.3c 合作与沟通 | C.4a. 实现预定项目目标 |
| B. 过程与资源（processes & resources） | C.4b 实现项目之外的目标 |
| B.1 项目管理过程与资源 | C.4c 项目业绩 |

3）IPMA 培训者、教练和顾问证书体系

对于有志于成为项目管理教育者或顾问的人士，IPMA 还提供了一类特殊的认证体系——IPMA 项目管理培训师、教练和顾问证书。其中，项目管理培训师认证主要依据项目管理培训师能力基线（IPMA individual competence baseline for trainers），提供三级证书：Level A 注册项目管理培训总监；Level B 注册项目管理高级培训师；Level C 注册项目管理培训师。项目管理顾问和教练认证主要依据项目管理顾问、教练和培训师个人能力基线参考指南（individual competence baseline for consultants，coaches and trainers），同样提供三级证书：Level A 注册项目管理顾问和教练总监；Level B 注册项目管理高级顾问和教练；Level C 注册项目管理顾问和教练。

4）面向组织的项目管理证书体系

面向组织的项目管理证书体系又称为 IPMA 三角认证（IPMA Delta®），从个体、项目和组织三个层次检视组织的项目管理能力，因此不仅基于组织能力基线（IPMA OCB），还基于 ICB，其认证分为两个阶段：第一阶段，由选定的个体、项目或项目集的客户团队进行内部评价；第二阶段，评审者依据能力基线标准，通过面谈、文件审核等现场检查手段，对组织的项目管理能力进行评价，评价结果按照项目管理成熟度模型（见本章 1.4.4 节）分为五个层次：初级、定义级、标准级、管理级、优化级（表 1.6）。

**表 1.6 面向组织的项目管理证书等级**

| 层次 | 描述 |
| --- | --- |
| 初级 | 项目管理成果在个人层次。组织中个体执行良好，但业绩纯属偶然 |
| 定义级 | 局部的项目管理标准、结构和流程，并部分运用于组织中 |
| 标准级 | 完备的项目管理标准、结构和流程，并大多运用于组织中 |
| 管理级 | 完备的项目管理标准、结构和流程，并完全运用于组织中；管理行为主动受控 |
| 优化级 | 完备的项目管理标准、结构和流程，并完全运用于组织中，管理行为主动受控，并持续发展 |

组织项目管理能力基线拥有 18 个能力要素，分属五个组别：项目（集、组合）治理、管理、组织联系、资源、个体能力，其系统图如图 1.6 所示。

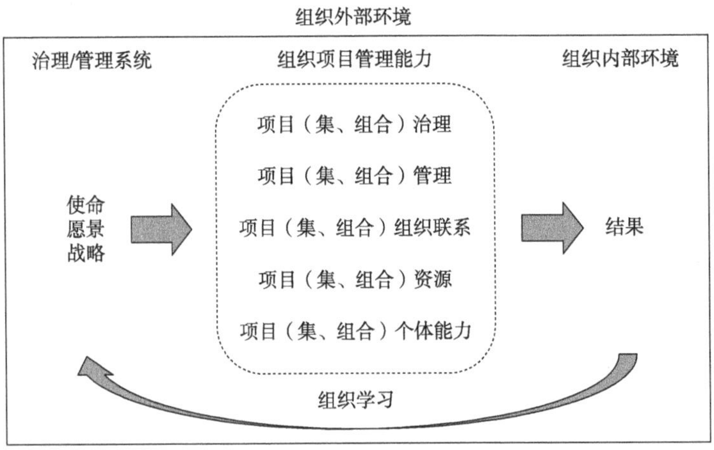


图 1.6 组织项目管理能力基线系统图

3. PMRC 和中国的项目管理专业资质认证

1996 年，PMRC（Project Management Research Committee，China，中国项目管理研究委员会）代表中国加入 IPMA，并与 IPMA 签订了全面合作协议，开始研究在中国推进国际项目管理专业资质认证工作。1999 年与 IPMA 签订了 IPMP 证书推广协议，正式启动我国的“国际项目管理专业资质认证制度”。2000 年 7 月推出中国项目管理知识体系。2001 年 7 月正式在全国推广国际项目管理专业资质认证。目前，中国的国际项目管理专业资质认证已经得到数十个国家的项目管理专业组织的认可。

### 1.4.4　项目管理成熟度模型

1. 项目管理成熟度概念

项目管理成熟度是指一个组织所具有的按照预定目标和条件成功地、可靠地实施项目的能力。严格地讲，项目管理成熟度应该指的是项目管理过程的成熟度。

项目管理成熟度模型作为一种全新的理念，为组织项目管理水平的提高提供了一个评估与改进的框架。它基于项目管理过程，把组织的项目管理水平从混乱到规范再到优化的提升用阶梯式的进化过程描述出来，利于组织识别改进机会、发现提高项目管理水平的途径和方法，使其项目管理能力持续提高。

通常，项目管理成熟度模型有以下三个基本组成部分。

（1）项目管理能力评估方法。

（2）项目管理能力评估结果。

（3）项目管理能力提升顺序。

2. 常见的项目管理成熟度模型

自美国卡内基·梅隆大学软件工程研究所（Software Engineering Institute，SEI）提出了软件过程成熟度模型（capacity maturity model，CMM）（详见 11.3.1 节）后，各类成熟度模型总数超过了 30 种。其中以 PMI 从组织级项目管理层面提出的组织项目管理成熟度模型（organization project management maturity model，OPM3）、著名项目管理专家哈罗德·科兹纳（Harold Kerzner）博士提出的项目管理成熟度模型 K-PMMM（Kerzner's project management maturity model）等最为有名。

1）OPM3

1998 年，PMI 开始启动项目管理成熟度模型研究计划，由约翰·斯雷科特（John Schlichter）担任计划的主管，并在全球招募了来自包括中国在内的 35 个不同国家、不同行业的 800 余位专业人员参与，于 2003 年 12 月推出了 OPM3。

与 CMM 不同，OPM3 是一个三维的模型，第一维是成熟度的四个梯级，包括标准化级（standardizing）、可测量级（measuring）、可控制级（controlling）、持续改进级（continuously improving）；第二维是项目管理的十大领域和五个基本过程；第三维是组织项目管理的三个版图层次，包括单个项目管理（project management）、项目组合管理（program portfolio management）和项目投资组合管理（portfolio management）。

2）K-PMMM 模型

K-PMMM 模型由美国著名项目管理专家 Harold Kerzner 博士于 2001 年提出，包括以下五个层级。

（1）通用术语（common language）：在组织的各层次、各部门使用共同的项目管理术语。

（2）通用过程（common processes）：在一个项目上成功应用的管理过程，可重复用于其他项目。

（3）单一方法（singular methodology）：组织认识到了把其所有方法结合成一个单一方法所产生的协同效应，其核心就是项目管理，并用项目管理来综合全面质量管理（total quality management，TQM）、风险管理、变革管理、协调设计等各种管理方法。

（4）基准比较（benchmarking）：组织认识到，为了保持竞争优势，过程改进是必要的，将自己与其他企业及其管理因素进行比较，提取比较信息，并用项目办公室来支持这些工作。

（5）持续改进（continuous improvement）：从基准比较中获得信息，建立经验学习文档，组织经验交流，在项目办公室的指导下改进项目管理战略规划。

以上每个层次都有评估方法和评估题目，通过综合评估可以得到组织项目管理成熟度的层级，分析不足和制定改进措施，确定是否进入下一梯级。

## 1.5 项目管理理论发展与新兴实践

现代项目管理理论起源于第二次世界大战，发展于20世纪70年代。它以具体项目的管理为研究对象，通过定性、定量相结合的方法，将一些先进的管理理念和方法引入日常的项目管理中，极大地提高了项目管理的效率。经过半个世纪的发展，项目管理理论已经成为一门较为成熟的学科，形成了系统的理论基础和方法体系，在管理实践中发挥了重要的作用。

### 1.5.1 项目管理理论的发展

项目管理理论的发展经历了漫长的历程。潜意识的项目管理自远古时代就开始产生，后经过大量的项目实践逐渐形成了现代项目管理的科学体系。项目管理理论的发展大致经历了潜意识的项目管理、传统项目管理和现代项目管理三个阶段。

1. 潜意识的项目管理阶段

这一阶段从远古开始一直到20世纪30年代。人们在生产和生活实践中无意识地运用项目的模式，创造了人类文明的许多奇迹。

人类早期的项目可以追溯到数千年以前，如埃及的金字塔，古罗马的尼姆水道桥，中国的万里长城、都江堰等，都是先人项目管理实践的典范，代表了人类智慧的结晶。但是直到20世纪初，人类管理项目的思想还是非系统性的，没有形成清晰的理论、技术和方法，而主要是依靠个别人的天赋和才能。此时的项目管理是凭经验，而非科学。

2. 传统项目管理阶段

20 世纪初，随着科学技术的发展和生产活动规模的不断扩大，人们开始探索管理项目的科学方法。1917 年，亨利·甘特（Henry Gantt）发明了甘特图［又名横道图、条状图（bar chart）］。甘特图简单直观，至今仍被广泛应用于项目进度管理中。但是甘特图在展示大型复杂项目各项工作和环节之间的逻辑关系方面具有很大局限性。因此，卡尔·阿丹密基（Karol Adamiecki）于 1931 年研制出协调图以克服上述缺陷，但没有得到足够的重视和承认。

二维码 1-5：甘特图

二维码 1-6：协调图

随后，大型工程项目和军事项目中广泛采用了里程碑技术。里程碑技术的应用虽然没有从根本上解决复杂项目的诸多管理问题，但为日后网络概念的产生充当了重要的媒介。

二维码 1-7：里程碑技术

自 20 世纪 40 年代中期至 60 年代，项目管理主要应用于发达国家的国防工程建设和民用工程建设，主要致力于项目的预算、规划、控制等，在方法上借用了一些运营管理的技术，但其应用范围尚不够广泛。1957 年，美国杜邦公司将关键路线法（critical path method，CPM）应用于化工项目，不仅大大缩短了建设工期，而且节约投资 10%左右。1958 年，美国海军部开发北极星号潜艇的导弹，研制出计划评审技术（program evaluation and review technique，PERT），顺利解决了涉及 48 个州的 200 多个主要承包商和 11 000 多家企业的组织、协调问题，不仅节约了大量投资，而且还缩短工期两年左右（缩短工期约 25%）。1962 年，美国国防部发文规定，凡承包有关工程的单位都需要采用这种方法来安排计划。美国政府也明确要求所有政府项目的承包商必须提交一份详尽的 PERT 网络计划，以保证项目进度和质量。20 世纪 60 年代，耗资 400 亿美元、涉及两万多家企业的阿波罗登月计划，也是运用 PERT 进行计划和管理的。

二维码 1-8：关键路线法

二维码 1-9：计划评审技术

20 世纪 70 年代，为解决 PERT 仅仅考虑时间不确定问题的局限性，G. L. 穆勒（G. L. Moeller）等发明了风险评审技术（venture evaluation and review technique，VERT），并不断完善。该技术是以项目系统为对象、以随机网络仿真为手段的项目风险定量分析技术，其所涉及的风险包括进度、费用和性能等，大大提高了项目风险管理水平。此外，A. A. B. 普利茨克尔（A. A. B. Prisker）等于 20 世纪 60 年代发明的图示评审技术（graphical evaluation and review technique，GERT）也在随后被广泛应用于项目风险评价之中。网络计划技术的发展具体如表 1.7 所示。

二维码 1-10：风险评审技术

表 1.7 网络计划技术的发展

| 年份 | 名称 | 发明人 | 解决的主要问题 |
|---|---|---|---|
| 1966 | 图示评审技术 | A. A. B. Prisker，W. W. Happ，G. E. Whitehouse | 综合应用流线图理论和随机函数求随机解，增加了随机适应性 |
| 1970 | 计算机程序模拟技术（MATHNET、RISCA、STATNET、SOLVNET 等） | 美国陆军 | 运用计算机程序进行网络模拟，解决网络分析问题，并进行风险系统费用分析等 |
| 1972 | 风险评审技术 | G. L. Moeller | 在网络节点（node）逻辑和数学关系式的处理上有较强的适应性，能统筹考虑时间、费用、性能的问题，并给予三者同等的处理层次 |
| 1979 | 风险评审技术-2 | G. L. Moeller | 依据风险评审技术和 TRACENET，强化了风险评审技术的功能 |
| 1981 | 风险评审技术-3 | G. L. Moeller，L. A. Digman | 不仅能分析完成计划的进度，显示各项成果的范围、性能和费用水平，而且能突出显示关键最优路线，提供成功的可能性和失败的风险度 |

从 20 世纪 60 年代起，项目管理的应用领域迅速扩大，人们对项目管理产生了浓厚的兴趣，国际性项目管理组织开始兴起，其中最著名的是两大国际性项目管理协会：1965 年成立的以欧洲国家为主的 IPMA 和 1969 年成立的以美洲国家为首的 PMI。以此为基础，各国也相继成立了项目管理协会，为推动项目管理理论发展发挥了积极的作用。

3. 现代项目管理阶段

20 世纪 80 年代后，项目管理进入新的阶段。这一阶段，随着应用环境的变化和项目实践的不断丰富，项目活动日益扩大，数量急剧增加，结构日趋复杂，团队规模壮大，相关利益者冲突频繁，降低成本的压力和求新求异的压力交织上升，传统的项目管理理论不再能够承载项目管理实践的需求，项目各方开始重点关注项目管理的新理论、新方法，并投入大量人力、物力去研究和认识项目管理原理，开发和使用项目管理新技术、新方法。特别是进入 20 世纪 90 年代以后，随着信息系统工程、网络工程、软件工程、大型建设工程以及高科技研发项目等项目管理新领域的出现，项目管理在理论和方法等方面不断发展。同时，学者和项目管理人员密切合作，通过不断总结项目管理的经验和教训，开发出一系列具体的项目管理方法和技术，项目管理理论得到迅速的发展。

今天，项目已经成为社会创造物质财富、精神财富和社会福利的主要生产方式，项目管理也成为发展最快、应用最广的管理领域之一。项目管理由最初的航空、航天、国防、化工、建筑等部门，广泛普及到了国民经济和企业活动的方方面面。项目管理发展至今，已经成为一门科学、一个职业、一种思想。

1）一门科学

项目管理在理论和方法上正逐步把系统理论、组织理论、经济学、管理学、行为科学、心理学、计算机科学、信息科学等学科的理论与方法同项目管理实践结合起来，发展成为一门较为完整的独立的学科体系。

2）一个职业

随着项目及项目管理的广泛应用，项目管理专业人员队伍不断扩大。另外，随着项目管理专业资质认证制度的出现，项目管理职业经理人队伍也在不断壮大。《财富》杂志认为"项目管理将成为 21 世纪最具前景的黄金职业"。PMI 发布的《项目管理就业增长与人才缺口报告（2017—2027）》认为，到 2027 年，中国的项目管理职位空缺将达 4600 万个。

3）一种思想

随着经济全球化步伐的加快和市场竞争的日益加剧，企业管理面临从批量生产向大规模定制的变革。项目管理更加注重人的因素、注重顾客需求、注重市场响应、注重组织适应性、注重各种知识的整合管理的特征显示了强大的优越性，项目管理正在成为企业应对日益变化的环境的一种组织方式、管理方式和思想方法。以战略为指引，以项目管理为核心的新的管理体系正在逐步显现。项目管理已经成为企业成功的重要驱动力。

项目管理科学的发展历程参见图 1.7。

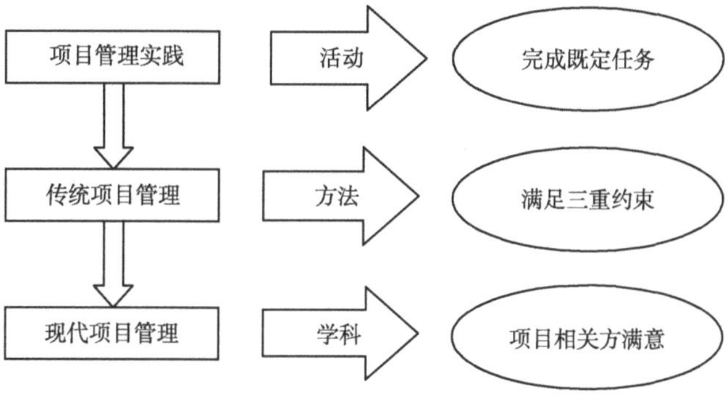


图 1.7　项目管理的发展

## 1.5.2　我国项目管理理论与发展

项目作为有组织的人类活动方式之一，对于人类社会进步一直发挥着重要的作用。中国作为世界文明古国，在整个发展历史上有许多举世瞩目的项目，如秦始皇统一中国后对长城的修筑、战国时期李冰父子设计修建的都江堰水利工程、北宋真宗年间皇城修复的丁谓工程、河北的赵州桥、北京的故宫等都是中华民族历史上运作大型复杂项目的范例。即使从今天的角度来看，这些项目都堪称是人类历史上经典的大型项目。

从学科体系看，我国项目管理起步较晚。20 世纪 60 年代，著名数学家华罗庚教授推广统筹法，是我国现代项目管理理论应用的起始阶段。20 世纪 60 年代在研制第一代战略系统时，引进网络计划技术 PERT、规划计划预算系统（planning-programming-budgeting system，PPBS）、WBS 等项目管理技术，并结合我国国情建立了一套组织管理理论，如总体设计部、两条指挥线等。

20 世纪 70 年代，我国通过引进全寿命周期（full life cycle，FLC）概念，派生出生命周期成本（life cycle cost，LCC）管理、一体化后勤管理（total logistic support，TLS）、决策点控制（milestone control）等理论，使得我国对项目管理理论与实践进入了一个新的时期。

20 世纪 80 年代，随着我国改革开放，通过世界银行贷款项目，如 1984 年鲁布革水电站项目，开始在较为广泛的领域实行项目管理，并创建了中国国际工程咨询公司。随后又推行项目法人责任制、建设监理制和招标制等，对项目管理发展起了很大促进作用。

1991 年，中国优选法统筹法与经济数学研究会项目管理研究委员会（Project Management Research Committee，PMRC）成立。该学会是著名数学家华罗庚先生创立的中国优选法统筹法与经济数学研究会旗下的全国性项目管理专业委员会，代表中国加入 IPMA 并参与其活动。

从华罗庚引进统筹法以来的 60 年间，中国项目管理无论在学科体系上，还是在实践应用上都取得了突飞猛进的发展。归纳起来，主要表现在如下几个方面。

1. 项目管理学科体系走向成熟

在项目管理实践中，人们需要用到范围管理、时间管理、费用管理、质量管理、人力资源管理、沟通管理、风险管理、采购管理及综合管理等项目管理知识，逐步形成了项目管理知识体系。1987 年，PMI 公布了全球第一个项目管理知识体系 PMBOK，随后进行了多次完善。IPMA 在 1999 年正式推出了 ICB。

在此基础上，PMRC 建立了适合我国国情的 C-PMBOK。该项工作始于 1993 年，1994 年由 PMRC 常务副主任、西北工业大学钱福培教授领衔向国家自然科学基金委员会提出申请，并获批承担我国项目管理知识体系结构的分析与研究。同时，PMRC 成立了专家小组负责起草 C-PMBOK，于 2001 年正式推出了《中国项目管理知识体系》，并建立了符合中国国情的《国际项目管理专业资质认证标准》（China-national competence baseline，C-NCB），标志着中国项目管理学科体系走向成熟。

C-PMBOK 的突出特点是以生命周期为主线，以模块化的形式来描述项目管理所涉及的主要工作及其知识领域。基于这一编写思路，C-PMBOK 将项目管理的知识领域共分为 88 个模块。C-PMBOK 模块结构的特点，使其具有了各种知识组合的可能性，特别是对于结合行业领域和特殊项目管理领域知识体系的构架非常实用。

2. 项目管理应用领域多元发展

建筑工程和国防工程是我国最早应用项目管理的行业领域。然而随着科技的发展、市场竞争的日趋激烈，项目管理的应用已经渗透到各行各业，软件、信息、机械、文化、石化、钢铁等各种领域的企业更多地采用了项目管理的管理模式。项目的概念有了新的含义。一切皆项目，按项目进行管理成为各类企业和各行各业发展的共识。

3. 项目管理走向规范和职业

在全球化的大环境中，中国项目管理一方面必须遵守通用的国际项目管理规范，如国际承包中必须遵守的 FIDIC 条款及各种通用的项目管理模式；另一方面，中国项目管理的应用也促使政府出台相应的制度和规范，如住房和城乡建设部关于项目经理资质的要求以及关于建设工程项目管理规范的颁布等，都是规范化和制度化的体现。不同的行业领域都相应地出台了项目管理规范，招投标法规的实施大大促进了中国项目管理的规范化发展。

项目管理的规范化也催生了项目管理职业化教育和发展。通常，一个项目经理的培养要花 5～10 年的时间，甚至需要付出昂贵的代价后，才能成为一个合格的管理者。基于这一现实及项目对企业发展的重要性，项目管理的非学历教育走在了学历教育的前头，以项目管理证书教育为主。同时，教育部的学历教育中，也设计了从大专到研究生层次的项目管理教育项目，许多大学开展了项目管理大专、本科、硕士教育和项目管理方向的博士研究生教育。

### 1.5.3　项目管理的新兴实践

近年来，项目管理理论和实践发展迅速，特别是在多层次项目管理、项目管理十大领域、项目管理方法论等方面有了较大的发展。

1. 项目集管理、项目组合管理和战略性项目管理

随着项目管理的广泛应用，组织面临同时管理多个项目、实施多项目组合管理的问题。因此，许多项目管理研究者和实践者开始关注多项目协同管理的问题，即项目集管理问题和项目组合管理问题。

1）项目集管理

项目集又称为项目群，是指若干具有内在联系的项目。为了实现总体利益的增加，有必要对其采取统一协调管理。

项目集管理是指为了实现组织的战略目标和利益，而对一组项目（项目集）进行的统一协调管理。

项目集管理以一般项目管理理论为核心和基础，突出在战略目标指导之下的多项目之间的集成管理、协同管理等。而由于项目集的多重性、高度复杂性和不确定性，协同管理、风险管理在项目集管理中占据相当重要的地位。

项目集管理的重点是实现项目集内各项目之间在全生命周期、管理要素和组织的集成化管理。

（1）全生命周期集成，即将项目集中各项目的实施从决策、设计、施工、运营到后期评价各阶段、各环节通过充分地交流、协同集成为一个整体。

（2）管理要素集成，即将项目集中各项目管理领域，特别是项目资源，进行通盘规划和考虑，通过集成化管理达到对整个项目集的全局优化。

（3）组织集成，即在项目集中各项目组织体系之间形成集成，破除各自为政，实现资源共享或互补，创造协同机会，提高整体效益和项目管理水平。实践中，建立统一的项目（集）管理办公室是常用的组织集成方法。项目集管理对于组织发展具有战略意义。

2）项目组合管理

项目组合是指由某一特定组织机构发起或管理的一组项目，这些项目之间不存在逻辑上的必然联系，但存在对于特定资源的竞争关系。

项目组合管理就是对特定的项目组合的管理，是在可利用的资源和组织战略指导下，进行多个项目或项目集投资的选择和支持，其目的是确保组织战略目标的实现，提升组

织整体效益。

项目组合管理超越了传统项目管理的边界，在项目和组织战略之间建立起桥梁，使项目实施和组织战略结合起来。

与传统项目管理相比较，项目组合管理的特点如表 1.8 所示。

**表 1.8 项目组合管理的特点**

| 比较项 | 项目组合管理 | 传统项目管理 |
|---|---|---|
| 管理目标 | 项目选择和优化 | 项目完成交付 |
| 管理范围 | 组织整体所有项目 | 单个项目或项目集 |
| 管理方式 | 自上而下、战略性 | 自下而上、战术性 |
| 管理周期 | 长期性 | 项目生命周期 |
| 决策层次 | 组织级管理者 | 项目经理、资源经理 |
| 主要干系人 | 高管、财务经理、股东 | 项目发起人、项目经理、项目客户 |
| 管理内容 | 项目组合范围定义、项目分析选择、项目组合分析、动态组合管理 | 项目十大领域管理 |

3）战略性项目管理

战略性项目管理（strategic project management）是项目管理的新理念，它是服务于组织战略的项目管理方法，并要求组织从高层到基层每位员工的参与，在全方位的项目管理信息系统支持下，利用系统思维方法去解决组织范围内的项目管理问题，使组织战略与项目管理的理念、方法等融入其文化之中。

可见，战略性项目管理是基于组织战略视角，以系统的观点，构建组织范围内的项目管理体系，即从组织整体战略出发来分析、识别、评价其所有项目并实施相应的管理策略。

战略性项目管理的特点如下。

（1）系统性。不是从个体、局部研究项目管理问题，而是基于战略视角来研究组织内项目管理活动的系统集成，提出战略性项目管理概念，并对其内容和特点进行研究。

（2）战略性。将战略管理思想与方法应用于项目管理，利用系统及系统工程方法进行组织范围内所有项目管理活动的集成，建立以战略目标为导向的，包括项目管理目标、管理组织、系统方法、信息系统及组织文化的管理体系。

（3）集成性。将集成创新的思想引入项目管理体系，在管理重点上注重整体、集成、协同和风险，并对组织项目进行结构化分析与管理。

战略性项目管理体系包括六个要素，即战略目标、组织体系、信息系统、系统方法、组织文化、组织生态。

战略性项目管理的内容见第 9 章。

2. 项目管理领域的新兴实践

随着项目管理在各行各业的广泛应用，项目管理领域也迅速扩展，从最早的范围、时间、成本，扩展到今天的十大领域。近年来，项目管理十大领域的管理实践有了新的进展。具体见表 1.9。

**表 1.9　项目管理十大领域的发展与新兴实践**

| 领域 | 发展与新兴实践 | 领域 | 发展与新兴实践 |
|---|---|---|---|
| 项目整合管理 | 1）使用自动化工具 | 项目资源管理 | 1）采用多种资源管理工具 |
| | 2）使用可视化管理工具 | | 2）提升项目经理情商 |
| | 3）项目知识管理 | | 3）建立自组织团队 |
| | 4）强化项目经理责任 | 项目沟通管理 | 1）将相关方纳入项目评审范围 |
| | 5）采用混合型方法 | | 2）组织相关方参加项目会议 |
| 项目范围管理 | 1）运用商业分析定义、管理和控制需求 | | 3）使用社交工具 |
| | 2）商业分析外包与合作 | | 4）采用多面性沟通方法 |
| 项目进度管理 | 1）具有未完成项的迭代型进度计划 | 项目风险管理 | 重视识别并管理非事件类风险，包括变异性风险和模糊性风险 |
| | 2）按需管理进度计划 | 项目采购管理 | 1）改进管理工具，使用在线采购平台和信息管理工具 |
| 项目成本管理 | 挣得进度理论 | | 2）采用更先进的管理方法 |
| 项目质量管理 | 1）客户满意 | | 3）变更中的合同管理 |
| | 2）持续改进 | 项目相关方管理 | 1）识别所有项目相关方 |
| | 3）管理层责任 | | 2）全员引导相关方参与 |
| | 4）与供应商的互利关系 | | 3）建立相关方社区 |
| | | | 4）应用共创理念与相关方建立合作关系，并关注相关方参与有效程度和价值 |

3. 项目管理方法论的发展

从整体上看，项目管理方法论的核心主要包含以下三个方面。

1）阶段化管理

阶段化管理是项目管理的基本方法，其核心是将项目的生命周期（即项目运行的全过程）分为若干个阶段，再根据不同阶段的不同特点进行针对性的管理。在阶段性管理中，还可以将阶段进一步分为子阶段，其管理方法更具体、更具有针对性。

在管理实践中，项目管理过程可以划分为启动、规划、执行、监控、收尾五个过程组。每一个过程组又可划分为更细的管理过程。

2）量化管理

量化管理的目的是提高项目管理的效率和有效性，其主要思想是针对影响项目成功的因素制定指标、收集数据、分析数据，从而完成对项目的控制和优化。量化管理方法主要通过数据说明问题、解释问题、找出问题产生的根本原因，然后解决问题。通过量化管理，可以更精确地预估工作量、所需资源（人力、物力等），更好地控制项目的成本、进度、质量等。

量化管理需要在项目实施前确定度量的指标，并借助数据库、项目管理信息系统等获取数据、分析数据、得出结论、优化措施。

3）优化管理

优化管理是建立在阶段化管理和量化管理基础之上，获得项目管理的持续性改进的项目管理方法。它通过分析项目每部分所蕴含的知识，不断吸取教训、总结经验，将知识和实践更好地融合在一起，从而对项目计划、实施方法等进行优化，获得项目的最佳效益。优化管理需要知识和经验的不断积累，是一个不断分析、总结的过程，是持续的进步过程。

无论是教训还是经验，都具有一定的时效性，即不同阶段的经验不能混淆。例如，计划阶段的经验对下一个项目的计划阶段有很大的参考价值，但对其实施阶段不一定有意义。又如，某个阶段的工作管理做得好，项目进展顺利，就应该使这一阶段的管理经验和知识更好地发挥成效，而后一阶段管理工作没做好，就要了解这一阶段不成功的原因。因此，阶段性的分析有利于进一步优化项目管理。但项目管理仅仅靠项目总结或阶段性总结是不够的，还需要依赖一些方法、手段和工具，这在很大程度上要依靠量化管理，即阶段化管理和量化管理是优化管理的基础。

## ➤ 本章小结

1. 项目及其特征。项目就是在既定资源、技术经济要求和时间约束下，通过有序的组织，为实现一系列特定目标的独特并相互关联工作的总称。项目的基本特征：目的性、独特性、关联性、冲突性、临时性、生命周期性和结果不可逆性。

2. 项目管理及其特点。项目管理就是以项目为对象的系统管理方法，它通过一个专门的临时性的柔性组织，对项目进行高效率的计划、组织、领导和控制，以实现项目全过程的动态管理和项目目标的综合协调与优化。项目管理具有对象特殊性、内容创新性、管理系统性、组织临时性、方法开放性、环境重要性等特点。

3. 项目管理系统及其关键要素。项目管理系统包含技术系统、组织系统和环境系统等三个子系统，其中技术系统是项目实施的技术基础，组织系统是项目管理的核心，环境系统是项目运行和管理的条件。技术系统包含实施项目的基本技术；组织系统包含项目内部人的系统性安排；环境系统包含影响项目的政治，经济，社会，法律，自然，技术，项目基础设施、交通运输和通信条件，利益相关者等因素。

4. 项目管理类型与项目管理模式。项目管理类型包含宏观、中观和微观三个层次。其中微观层次的项目管理从组织视角关注项目、项目集和项目组合管理。常见的项目管理模式有DBB、CM、DBM、BOT、PMC、EPC和合伙模式，而PPP是近年来兴起的公私合伙的项目管理模式。

5. 项目生命周期与项目管理过程。项目的生命周期性主要体现每个项目都要经历从开始到结束的时间过程，通常包含开始项目、组织与准备、执行项目工作、结束项目四个阶段。基于项目的阶段性，项目管理包含启动、规划、执行、监控、收尾等五个过程组。

6. 项目管理知识体系。项目管理知识体系以项目生命周期为主线，主要包括多个主体（项目相关者）、三个层次（项目、项目集、项目组合）、四个阶段（开始、组织与准备、执行、结束）、五个过程组（启动、规划、执行、监控、收尾），与十大领域（整合管理、范围管理、进度管理、成本管理、质量管理、资源管理、沟通管理、风险管理、采购管理、相关方管理）结合，形成四十九个子过程（要素）。

7. 项目管理成熟度模型。项目管理成熟度模型基于项目管理过程，把组织的项目管理水平从混乱到规范再到优化的提升用阶梯式的进化过程描述出来，以利于组织识别改进机会，发现提高项目管理水平的途径和方法，使其项目管理能力持续提高。通常，项目管理成熟度模型有以下三个基本组成部分：项目管理能力评估方法、项目管理能力评估结果、项目管理能力提升顺序。常见的项目管理成熟度模型有 CMM、OPM3 和 K-PMMM 等。

8. 项目管理理论发展。项目管理理论的发展大致经历了潜意识的项目管理、传统项目管理和现代项目管理三个阶段。潜意识的项目管理阶段主要凭经验；传统项目管理依靠科学的系统方法，其主要任务是强调项目的执行；现代项目管理理论则已发展成为一门科学和一种管理思想。

9. 项目管理的新兴实践。项目管理的新兴实践主要体现在项目范畴的扩展、项目管理知识体系十大领域和项目管理方法论等方面。项目管理的范畴已经从单一项目管理扩展到项目集管理、项目组合管理上，并成为组织战略管理的重要组成部分。敏捷环境下的项目管理在管理工具和技术方面都有了巨大发展。而项目管理方法论的主要特点是阶段化管理、量化管理和优化管理。

## ➤ 复习思考

1. 什么是项目？项目有哪些构成要素？项目的基本特征是什么？

2. 请在大众媒体上查找与项目有关的实例，并列出当前热点话题与项目之间的关系清单；列出非项目活动的清单，分析它们与项目活动的主要区别是什么？

3. 什么是项目集？其与项目的关系是什么？

4. 什么是项目组合？其与单一项目、项目集的关系是什么？

5. 项目主要相关方有哪些？他们分别是如何影响项目的？

6. 什么是项目管理？其主要特点是什么？为什么项目管理比传统的管理和组织方式更能适应项目环境？

7. 请阐述在宏观层面、行业层面和企业层面，管理者是如何来管理不同项目的？他们管理项目的目的和重点有何不同？

8. 项目管理系统包含哪些子系统？它们分别起到怎样的管理作用？相互之间的关系如何？

9. 项目管理的主要模式有哪些？各自有怎样的特点？

10. 项目生命周期包含哪些阶段？各阶段的主要内容及特点是什么？

11. 项目管理过程包含哪些过程组？各个过程组又包含哪些子过程？

12. 什么是项目管理知识体系？当前全球有哪些主流的项目管理知识体系？各自有什么特点？

13. 什么是 PMP 认证？它由哪些部分组成？其证书的特点是什么？

14. 什么是 IPMA 认证？它由哪些部分组成？各自的特点是什么？

15. 什么是项目管理成熟度模型？其作用是什么？有哪些常见的项目管理成熟度模型？它们各有什么不同和联系？

16. 项目管理的发展经历了哪些阶段？它们各自的特点是什么？

17. 请分析一般项目管理、项目集管理、项目组合管理的联系与区别。

18. 项目管理方法论有怎样的特点?

## ➤ 能力测试

一、判断题

1. 项目管理的目标是按时完成任务。( )

2. 尽管每个项目不一样，但鉴于项目生命周期的普遍性，项目管理过程具有普遍的参考性。( )

3. 项目是为了完成某一独特的产品、服务或任务所做的一次性努力。( )

4. 每一个项目阶段的结束通常以某种可交付成果为标志。( )

5. 项目的生命周期可以归纳为四个阶段，这种划分通常是固定不变的。( )

6. 可交付成果必须是可以测度的、可以验证的事项或结果，它可以是有形的，也可以是无形的。( )

7. 在项目启动阶段，其风险和不确定性最高。( )

8. 在项目启动和项目收尾这两个阶段中，人力资源的投入一般都比较少。( )

9. 项目集是指一群相互关联的项目的集合。( )

10. 项目组合管理是指对若干项目和项目集的管理。( )

二、单项选择题

1. 以下各项都是项目的特点，除了（　）。

A. 独特性　B. 关联性　C. 重复性　D. 冲突性

2. 随着项目生命周期的进展，资源的投入（　）。

A. 逐渐变大　B. 逐渐变小　C. 先变大再变小　D. 先变小再变大

3. 确定项目的可行性是在下列哪个项目过程中完成的（　）。

A. 项目启动　B. 项目规划　C. 项目执行　D. 项目收尾

4. 项目成本主要用于（　）。

A. 项目规划编制　B. 项目执行与控制　C. 项目收尾　D. 项目沟通

5. 项目是（　）。

A. 一个实施相应工作范围的计划

B. 一组以协作方式管理、获得一个期望结果的主意

C. 为创立独特的产品或服务所承担的临时任务

D. 必须在规定的时间、费用和资源等约束条件下完成的一次性任务

6. 项目区别于其他任务（运作）的最基本特征是（　）。

A. 目标明确性　B. 一次性　C. 整体性　D. 依赖性

7. 下面对项目相关者的描述，哪项是错误的（　）。

A. 积极参与项目或其利益因项目的实施或完成而受到影响的个人和组织

B. 同时会对项目的目标和结果施加影响

C. 项目管理团队需清楚识别利益相关者，确定他们的要求与期望

D. 项目相关者对项目的影响通常都是消极的

8. 项目管理成熟度模型是指一个（　）具有按照一定的目标和条件成功地、可靠地实施项目的能力。

A. 项目　B. 组织　C. 项目经理　D. 项目团队

9. 项目的“一次性”的含义是指（　）。

A. 项目的持续时间短　B. 项目有确定的开始和结束时间

C. 项目将在未来的一个不确定时间结束　D. 项目可以在任何时候取消

10. 应对项目可交付成果负主要责任的是（　）。

A. 质量经理　B. 项目经理　C. 高级管理层　D. 项目团队成员

三、多项选择题

1. 下列属于项目的实例是（　）。

A. 举办一场婚礼　B. 开发一种新的计算机软件系统

C. 提供金融服务　D. 管理一个公司

2. 日常运作与项目的区别在于（　）。

A. 管理方法　B. 责任人　C. 组织机构　D. 收益大小

3. 项目当事人应该包括（　）。

A. 项目经理　B. 客户　C. 供货商　D. 项目发起人

4. 项目管理的特点包括（　）。

A. 系统性　B. 创新性　C. 自发性　D. 随机性

5. 项目的可行性研究包括（　）。

A. 技术可行性　B. 财务可行性　C. 对环境的影响　D. 社会经济效益

6. 以下属于项目管理过程组的有（　）。

A. 启动过程组　B. 规划过程组　C. 实施过程组　D. 收尾过程组

7. 以下反映项目管理特点的描述是（　）。

A. 以项目为对象的系统管理方法

B. 通过一个专门的临时性柔性组织，对项目进行高效的计划、组织、领导和控制

C. 动态管理项目全过程

D. 实现项目目标的综合协调和优化

8. 项目管理方法论的主要特点是（　）。

A. 阶段化管理　B. 量化管理　C. 优化管理　D. 职能管理

9. 下列属于项目生命周期的阶段是（　）。

A. 项目启动　B. 项目组织与准备　C. 项目实施　D. 项目收尾

10. 项目集管理的重点是实现项目之间的集成化管理，主要包括（　）。

A. 全生命周期集成　B. 管理要素集成　C. 组织集成　D. 跨项目集集成

## ➢ 自主学习

### 创业点心公司

随着“大众创业，万众创新”的号召不断深入人心，你和你的同学准备在校园里开

一个点心公司，为夜晚上课和自习的学生提供新鲜的面包。在创业之前，你需要仔细思考公司的商业模式，分析业务流程，确定产品价格，估计生产能力，预测可能的收益。

1. 商业模式的确立

在创业领域，商业模式是指创业者的商业创意，即满足需求、获得收益的方式。为明确商业模式，你首先需要了解市场需求。为此，你对校园的需求进行了调查分析。

目前，你所在的大学校区共有 18 000 名师生员工，其中约 1000 名教职员工。教职员工中大约 10%晚间有教学或者其他工作；70%的学生晚间自主学习。他们在工作后或者自习期间有补充食物的需求。通过调查问卷得知，被调查对象约 50%有这样的需要，并且更加愿意尝试一些富有特色的点心。

根据以上调查，你和同学产生了这样的一个商业创意：为师生员工提供绝对新鲜而富有特色的点心。这意味着你不可能把点心事先做好然后售卖，而要等待客户用电话或网络预订点心，并在一小时以内制作和包装好，以备客户提取。

与目前点心店的竞争产品相比，你的点心有以下特点：一是完全新鲜，即在接到预订后，才能开始点心制作；二是满足客户特殊需求。为此，你必须准备各种配料以供客户选择。

总之，你们的商业模式是提供新鲜和独特的点心，利用每晚的时间售卖获取收益。

2. 生产流程分析

点心制作主要经历和面、装盘、设置烤箱、烤制、冷却、打包、收钱找零等过程。经过仔细分析，将面粉配料放入食物处理机内混合（最多三份，每份四个）需要 6 分钟；用勺子将混合好的面粉盛入烤盘中需要 2 分钟；将烤盘放入烤箱内并设置烤箱需要 1 分钟；烤制点心需要 9 分钟；烤制后将烤盘取出并冷却需要 5 分钟；将点心装盒打包需要 2 分钟；收钱找零需要 1 分钟。

3. 资源与产能分析

你设想公司将注册在校园的创业园内，并受大学生创业的各项政策支持。目前，学校已给予了设备和门面租金、水电的支持。

（1）设备。目前拥有一个食物处理机、一个烤箱、几个烤盘和勺子。烤箱每次只能放一个烤盘，一个烤盘一次只能放一份点心。

（2）租金及水电费。按月包干，每月 550 元。

4. 成本分析

假设设备折旧忽略不计，点心制作的成本大致包含原材料及辅料费、租金和制作水电费、人工费等。经过市场调查得知，面粉及配料成本每份 6 元，每份包装成本 1 元，学生劳动力成本还有待准确估计。

公司成立之初，你们只有 2 人（你和同学），每天晚上的工作时间为 4 小时。为估算方便，假设售卖方式以份为单位。你需要回答以下问题。

1. 项目的特征是什么？上述案例是一个项目吗？

2. 制作一份点心、完成一次交易的时间最短是多少？

3. 你们的点心店每晚上最多做多少份点心？

4. 你和你的同学如何分工和计酬？

5. 每一份点心的成本和售价如何确定？

6. 如果有人购买 2 份、3 份是否可以打折？如果可以，打几折不会影响单份制作并售卖的收益？

7. 未来发展如何才能提高产能、生产效率和收益？

# 第2章

# 项目构思与项目启动

## ➤ 本章提要

在本章中，您将学习到以下主要内容：

1. 需求的产生与需求识别；
2. 需求建议书的概念及内容；
3. 项目识别的概念；
4. 项目构思的内涵、过程和方法；
5. 项目选定的过程；
6. 项目申请书的内容和编写方法；
7. 项目发起和项目发起人；
8. 项目核准和项目立项；
9. 项目启动程序及其主要工作。

## ➤ 案例导入

### Space X 的“猎鹰 9”火箭

美国当地时间 2015 年 12 月 21 日晚，“科学狂人”、美国著名企业家埃隆·马斯克（Elon Musk）创办的太空探索技术公司（Space X）发射的“猎鹰 9”（Falcon 9）火箭在佛罗里达州卡纳维拉尔角成功实现第一节火箭软着陆，从而开创了火箭从太空直接垂直回收的历史。2017 年 3 月 30 日，Space X 首次利用回收的“二手”火箭成功发射卫星。可回收火箭技术对于人类研制出可重复使用的火箭具有重要意义，使得人类未来向其他星球实现大规模移民迈出了重要一步。

根据 Space X 官网的描述，“猎鹰 9”火箭是一款由 Space X 设计和制造的、用于实施安全可靠地进入地球轨道及以外的载人载物航天运输、可重复使用的两阶段火箭。它是第一款轨道级可重复使用的火箭。这使得 Space X 公司可以重复使用火箭中最为昂贵的部分，实现人类以较低成本进入太空的愿望。

埃隆・马斯克曾透露，制造“猎鹰 9”火箭的成本大约是 6000 万美元，而火箭燃料的成本约为 20 万美元。如果火箭可重复发射，那么就和固定资产的投资一样，只需要支付维护成本、补充燃料就可以继续执行任务。这大约是同类传统火箭发射费用的 1/2～1/3，是可重复使用的航天飞机单次飞行费用的 1/5～1/10。

从维护返修来看，“猎鹰 9”的结构要比航天飞机简单得多。尽管火箭发射都必须经历严苛的环境，外界温度变化在−250～1000 摄氏度，此外火箭本身还要经受升空时巨大的压力。一枚“猎鹰 9”如果要再一次射入太空，其翻修成本大约在 50 万美元。而美国曾经拥有的五架航天飞机中，有两架在执行任务时发生爆炸解体，14 名宇航员因此丧生。

可回收火箭技术的关键在于飞行（着陆）姿态控制、火箭发动机推力可调、高强度耐久性轻质复合材料应用、箭体可维修技术等。

## 2.1　项目构思

### 2.1.1　需求识别

1. 需求的产生

项目来源于社会经济生活中的各种需求和有待解决的问题。项目的产生受各种需求的驱使，需求是项目产生的基本前提。例如，企业新产品开发项目主要是受市场最新需求的驱使；“西气东输”项目主要是满足东部当前和未来的能源短缺；家庭装修项目则主要是出于家庭改善居住条件的需要。随着社会经济的发展，人民生活水平不断提高，需求呈现多样化趋势。为了满足人们日益增长的多样化需求，越来越多的项目便应运而生。

通常，需求可以划分为公共需求和私人需求。前者需要依靠公共项目的投资予以解决，后者则一般由私人主体进行投资加以解决。

1）公共需求和公共项目

公共需求是指公共部门（主要是政府、非营利性组织）以公共物品形式来满足的共有需求。公共物品具有两个主要特征：非排他性和非竞争性。

非排他性是指每一个人在使用公共物品时都是一个免费搭车人（free rider）。例如，公共场所的免费电梯、市政公路、免费公园、城市绿化等。

非竞争性是指增加消费一个单位商品时社会所需要增加的成本为零，或者每增加一个消费者的消费时，社会所需要增加的成本为零。商品的竞争性与消费商品所增加的成本有关。通常，当人们增加消费一个单位商品时，生产者就需要增加一个单位的成本。公共物品则不具备这种特性。例如，电视台发布天气预报的成本与观众的多少关系不大。

公共项目起源于公共需求。公共项目又称为公共工程或公用事业项目，主要是指由政府为社会、国家和公众利益而投资兴办的非营利性项目，包括交通运输、邮电、水利等生产性基础设施建设项目；教育、科学、卫生、体育、气象等社会性基础设施建设项目；城市交通、能源动力、城市绿化项目等。

随着人类经济社会发展，人们对公共物品的需求呈现出明显的增长趋势，因而社会对公共项目的投资力度也日益加大。在我国，公共项目由过去的政府统一投资和管理逐步转变为政府、社会团体、企业乃至私人等多元投资和管理方式，但政府仍然发挥着主导作用。

2）私人需求和私人项目

私人需求的主体主要是个人、家庭、社会团体、组织、企业、事业单位等。私人需求大量存在，小到举行一次私人聚会，大到投资一家公司、组建一个企业集团，其目的、规模和成本开支各不相同。通常，私人需求通过私人投资项目来满足，项目产出具有明显的排他性和竞争性。

2. 需求的识别

需求识别（requirement identification）是项目概念阶段首要的工作（图 2.1）。需求识别始于需求、问题或机会的产生，结束于项目需求建议书的发布。通常，需求识别的主体是客户，其目的是使自己所期望的目标能以更好的方法实现。客户的需求越明确，服务方把握客户意图越准确，项目规划的质量越高。

需求识别是一个过程，需求产生之时就是开始识别需求之时。一般，需求识别包含提出需求、确认需求、表达需求、建立功能需求和表达技术需求等几个阶段，如图 2.1 所示。

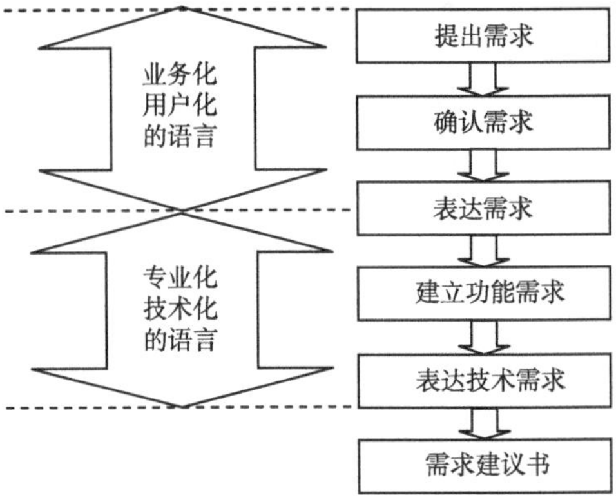


图 2.1　需求识别的过程

需求识别回答项目做什么的问题，是关于产品（服务）属性的描述。需求识别是一个过程，需求产生之时就是开始识别需求之时。从客户方萌发念头到需求的准确描述需要一个认识不断清晰的过程。这一过程需要收集信息和资料，进行调查与研究，从而最终确定到底需要用什么样的一种产品、一项服务来满足特定需求。它始于业务化和用户化的概念描述，终于专业化和技术化的需求描述。

例如，一个家庭装修房屋时最初只是一个模糊的概念，装修风格、使用材料、达成功能、所需花费等都不甚清晰。为明确需要，该家庭需要收集相关信息，进行调查研究，并积极与装修公司接触，逐步识别自己的需求，决定装修预算、确定装修风格、采购相应物资等。最后，把自己所确定的想法、要求以及费用支出等明确地写成需求建议书（request for proposal，RFP）。

需求识别对于项目管理非常重要。准确地识别需求可以为承约商把握需求、提出满足需求的项目建议书奠定坚实的基础。

3. 需求建议书

需求建议书是从客户的角度出发，全面、详细地向承约商或项目团队描述其已经识别的、确定的需求，以及为满足这些需求应做的准备工作。一份高质量的需求建议书能够让承约商或项目团队完全了解客户的需要，从而准确把握客户所预期的产品或服务的内容和形式，以及对项目的要求、期望的目标、客户的供应条款、付款方式、契约形式、项目时间等。然后，承约商或项目团队据此进行项目识别、项目构思，编写出一份让客户满意的项目申请书。

例如，上述房屋装修的例子中，客户仅仅向承约商或项目团队提出房屋装修的申请是不够的。房屋装修只是客户的一种意愿，并不能使承约商或项目团队清楚地了解客户的具体要求，如客户所希望实现的房屋功能、整体风格、费用预算等。这样承约商或项目团队就不能提供一份详细的项目申请书和项目规划。因此，需求建议书应当尽可能明确、详细和全面。

通常，一份完善的需求建议书应包含以下内容。

（1）工作表述。工作表述应说明项目的工作范围，概括客户要求承约商或项目团队执行的主要任务或工作单元。

（2）客户要求，即客户需要承约商或项目团队通过执行项目提供令人满意的交付物。

（3）交付物。对交付物的详细说明包括数量、大小、颜色、重量、速度等物理参数和操作参数。

（4）提供条款。提供条款包括客户向承约商或项目团队提供有关产品或服务的详细资料，以及在此基础上的统计资料等。

（5）需求确认。需求建议书不是对客户需求的最后确认，最后的确认一般在对承约商或项目团队提出的方案进行评估之后。

（6）合同类型。合同必须以一个商定的价格，给提供满足要求的承约商或项目团队付款。

（7）到期日。规定承约商或项目团队交付项目申请书的最终日期。

（8）时间进度表。时间进度表包括客户确定承约商或项目团队的日期、项目完成的期限和所有交付物提供给客户的限期等。

（9）付款方式。付款方式规定客户以何种方式付款给承约商或项目团队，如分期付款、一次性付款或其他方式等。

（10）评价标准。项目实施的最终目的是使客户满意，因此客户对交付物的评价标准是需求建议书的重要内容。

（11）申请内容。承约商或项目团队的项目申请书至少要包括以下的内容。

二维码 2-1：项目申请书

（a）方法。承约商或项目团队在清晰地理解需求建议书、客户预期要求的基础上，对项目实施方法进行详细说明，包括对每一个任务及其完成方式的详细描述。

（b）交付物，即承约商或项目团队对要提供的交付物的详细描述。

（c）进度计划。列出条形图或网络图表，列出每周要执行的详细任务的时间表，以便在要求期限内完成项目。

（d）经验。简要叙述承约商或项目团队近期内所完成的相似的项目，包括客户姓名、地址和电话号码等。

（e）人事安排。列出项目组人员的名单和详细的简历，以及在类似项目中的成功经历。

（f）成本。说明总的固定成本，并通过详细的工作时间分解和每个被指派于项目的员工的小时成本费用来验证。此外，所有直接费用也应逐条列出。

（12）投标事项。大型项目多采用招标方式选择承约商或项目团队。一般是从若干个投标方案或项目申请书中进行选优，因此需要在需求建议书中说明有关招标的事宜。

（13）投标方案的评价标准，即评价投标方案或项目申请书的方法和指标体系。评价项目申请书的常用指标包括方法、技术力量、技术方案、项目经验、成本、进度计划等，一般采用加权综合评价的方法，即将各项指标的评价值乘以权重求和得出。

（14）资金总量。在需求建议书中，客户往往不愿意透露其预计的资金投入，但有时也会告诉承约商或项目团队其基本预算，以帮助其提交与资金水平相适应的申请书，提高在项目准备阶段的工作效率。

下面是一份“A 大学教学办公楼建设项目的需求建议书”样本。

**A 大学教学办公楼建设项目的需求建议书**

需求单位：A 大学向具有住房和城乡建设部建筑一级认证企业的承约商征求教学办公大楼建设。
项目目标：建筑面积 12 000 平方米，高六层框架结构的教学办公大楼。

1. 工作表述

承约商将执行下面任务。

（1）地基处理。

（2）主体框架工程建设。

（3）设备、仪器安装。

（4）装饰装修工程。

2. 要求

承约商应根据国家标准和行业规范组织施工，须负责过类似项目的组织管理工作。

3. 交付物

（1）符合国家建设标准的教学办公大楼。

（2）竣工图纸、结算决算材料及相关档案资料。

（3）提供施工组织计划和施工方案。

4. A 大学提供的条款

A 大学将向承约商提供办公大楼的总体设计图及施工蓝图（一般为八套）。

5. 需求方法

承约商在大楼施工之前，必须获得 A 大学对施工方案及施工进度安排的认可。

6. 合同类型

合同必须以一个商定的价格（总价合同或综合单价合同），给提供满足需求建议书要求工作的承约商付款，采用交钥匙工程的管理模式。

7. 到期日

承约商必须最迟在 2005 年 9 月 28 日前向 A 大学提交五份项目建议书。

8. 时间表

A 大学希望在 2005 年 12 月 30 日前选中一家承约商。项目需要完成的工期是 12 个月，从 2006 年 1 月 1 日到 12 月 31 日，所有的交付物必须于 2006 年 12 月 31 日前提供给 A 大学。

9. 付款方式

当合同签订之后，预付工程总款额的 20%；当项目完成了 1/2 时，再付工程总款额的 40%；当项目完成之后，并经政府质监安监部门和 A 大学验收合格，所有支付物均已移交后，支付工程总款额的 37%，剩余的工程总款额的 3%作为工程质量保证金，两年后验收合格一次性无息付清。

10. 申请书内容

承约商的申请书至少必须包括如下内容。

（1）方法。承约商能清晰地理解需求建议书，理解什么是被期望达到的要求。而且要详细描述承约商领导项目的方法，要求对每个任务进行详细描述以及任务如何完成的详细描述。

（2）交付物。承约商要提供关于交付物的详细描述。

（3）进度计划。列出甘特图或网络图表，列出每月要执行的详细任务时间表。以便在要求的项目完成日期内能够完成项目。

（4）经验。叙述一下承约商最近已经执行的项目，包括客户名称、地址和电话号码。

（5）人事安排。列出将被指定为项目主要负责人的姓名和详细简历，以及他们在类似项目中的成绩。

（6）成本。必须说明总成本构成，并提供一份项目的预算清单。必须说明总固定成本，并通过一份详细的工作时间分解和每个被指派于项目的员工的小时成本费用来验证，此外所有的直接费用也应逐项列出。

11. 申请书评价标准

A 大学将按照以下的标准来评价所有承约商的申请书。

（1）方案（30%）。承约商提出的大楼建设方案。

（2）经验（30%）。被指定执行此项目的承约商和主要负责人执行类似项目的经验。

（3）成本（30%）。承约商申请书中所列成本支出的合理性。

（4）进度计划（10%）。为了要在项目完成日期内或之前完成项目，承约商应提供施工计划安排，并进行详细全面的说明。

### 2.1.2　项目识别

1. 项目识别的概念

当客户向承约商或项目团队发送需求建议书之后，项目识别过程就开始了。尽管需求建议书已明确地表达了客户的需求和目标，但实现这些需求和目标的途径或方式可能不止一个，即满足客户的特定需求常常可以通过不同的项目来实现。例如，解决家庭洗浴需求时，可能的备选项目有安装电热水器、安装太阳能装置、安装燃气热水装置等。

项目识别就是针对客户已识别的需求，承约商或项目团队从备选项目方案中选择出一种最能够满足客户需求的方案的过程。项目识别与需求识别的本质区别是两者的行为主体不同，前者的行为主体是承约商或项目团队，后者的行为主体是客户。

2. 项目识别的要求

在项目识别中，应注意以下问题。

（1）以满足客户需求为目标。承约商或项目团队的工作都应以客户为中心，任何项目方案的确定都要以满足客户需求为前提。

（2）充分考虑项目技术经济性。一是项目方案在技术上满足客户需求的程度；二是满足项目预算约束的程度；三是项目建成之后的运行成本。

（3）密切关注相关环境条件。承约商或项目团队应有针对性地进行项目环境研究，有效识别对项目产生影响的环境因素，如市场供需、法律要求、科技进步、地理气候、自然资源、交通运输、能力约束等。脱离这些环境条件，可能会给项目带来巨大的风险。

在大多数情况下，需求识别和项目识别是一个交互的过程。客户往往在产生需求之初就和承约商接触联系，他们向承约商了解各种备选方案的优缺点及其技术经济性，逐步完善自己的需求。承约商或项目团队在帮助客户识别需求的同时，也逐步使自己准确地把握客户需求，有针对性地提出满足需求的解决方案，从而在众多参与竞争的承约商或项目团队中脱颖而出。

### 2.1.3 项目构思的内涵、过程和方法

1. 项目构思的内涵

1）项目构思的定义

构思，又称创意，是指为满足一种新需求、实现一项新目标所作的设想。当客户识别了需求并向承约商或项目团队提交了需求建议书后，承约商或项目团队就进入了项目构思阶段。项目构思又称为项目创意，是指对拟建项目的目标、功能、范围以及项目涉及的各主要因素和大体轮廓的设想与初步界定，即承约商或项目团队为了满足客户的需求，在需求建议书所规定的条件下，为实现客户预定目标所作的项目设想。

2）项目构思的特点

（1）项目构思是一个全面性的思维过程。通过该过程，承约商或项目团队对未来项目的目标、功能、范围及其所涉及的主要因素和大体轮廓进行设想与初步界定。

（2）项目构思是一个创造性的探索过程。它通过对各种可能的项目方案的调查研究、对比分析、综合判断，提出富有创新性的项目建议，需要构思者的激情和灵感。例如，近些年来全国各地出现了多座玻璃桥梁，以满足人们寻求刺激的需求，也获得了不错的经济回报。

（3）项目构思是一个前瞻性的规划过程。其中，客户需求是项目构思的方向，客户满意是项目构思的关键。项目构思为未来项目规划奠定了基础。

3）项目构思的内容

项目构思主要包括以下四个方面的内容。

（1）项目的定义和定位。其包括项目的性质、用途和基本内容；项目的建设规模、建设水准；项目在社会经济发展中的地位、作用和影响力，并进行项目定位依据、必要性和可能性分析。

（2）项目的系统构成。其包括系统的总体功能，系统内部各单项工程、单位工程的

构成、各自作用和相互联系，内部系统与外部系统的协调、协作和配套的策划思路及方案的可行性分析。

（3）项目目标系统。其包括项目的质量标准、投资估算、建设工期的论证分析。应充分考虑并权衡项目相关者对项目的期望和需求。确定项目的质量目标、造价目标和进度目标是项目管理的前提。

（4）其他。与项目实施及运行有关的重要环节策划，均可列入项目构思策划范畴。

具体来讲，项目构思包括：①项目的投资背景及意义；②项目投资方向和目标；③项目投资的功能及价值；④项目的市场前景及开发的潜力；⑤项目建设环境和辅助配套条件；⑥项目的成本及资源约束；⑦项目所涉及的技术及工艺；⑧项目资金的筹措及调配计划；⑨项目运营后预期的经济效益；⑩项目运营后社会、经济、环境的整体效益；⑪项目投资的风险及化解方法；⑫项目的实施及其管理。

2. 项目构思的过程

项目构思是一种创造性的探索过程，通常分为三个阶段：准备阶段、酝酿阶段和完善阶段。

1）准备阶段

准备阶段，即对项目构思进行一系列准备工作的时期。该阶段的工作一般包括四个方面：一是确定项目构思的性质和范围；二是通过详细的调查，收集项目构思所需的资料和信息；三是初步整理收集来的资料和信息；四是研究资料和信息，通过分类、组合、演绎、归纳、分析等多种方法，找出有用的信息资源。

2）酝酿阶段

酝酿阶段，即孕育项目创意的时期，一般包括潜伏、创意出现、构思诞生三个过程。潜伏过程就是把所获得的资料和信息与需要进行构思的项目联系起来，进行全面系统的比较分析。创意出现就是在大量的思维过程中产生与项目相关的一些独特想法，但这些想法还处于雏形阶段，是不完全、不成熟或不全面的想法或构思，是项目构思者意识活动中逻辑思维和非逻辑思维交互的一种结果。构思诞生就是经过项目构思者多次、多种创意的出现和反复思考，形成项目的初步轮廓，并通过语言、文字、图形等可记录的方式明确表现出来的结果。

酝酿阶段是进一步形成项目构思的切入点，也是整个项目规划的基础。该阶段的核心是能否产生独特的创意，这往往会成为决定整个项目未来蓝图的关键。

3）完善阶段

完善阶段，即项目构思从诞生到完善的过程，包括发展、评估、定型三个阶段。发展是对诞生的构思进行进一步分析设计，对构思内涵和外延进行进一步补充完善的活动。评估是对诞生的项目构思进行分析评价或者是对多个构思方案进行比较筛选的活动。定型是在发展和评估的基础上对项目构思作进一步完善，以达到客户满意、经济有效、资源具备、成本合理，并把项目构思细化为可操作的项目方案。

项目构思是一个渐进的发展过程。在这一过程中，问题被逐一解决，缺陷被逐步改进，直到产生令人满意的项目方案为止。只有认真对待每一个阶段的工作，才能为一个卓越的项目奠定坚实基础。

3. 项目构思的方法

项目构思是一种创造性的思维活动，没有固定的方法、模式可循，需要针对具体的项目进行具体的分析。常用的项目构思方法如下。

1）发散方法

发散思维方法一般从某一问题或需求出发，充分展开想象，在比较、相似/相近、逆向、多维度等联想中充分扩展思维，从而形成由此及彼的多个创新的项目构思。

二维码 2-2：发散思维

（1）比较分析法。通过对已经掌握或熟悉的项目进行横向或纵向的比较分析，从而发现新的项目机会的思维方法。这种方法需要对项目进行内涵和外延的深入思考和研究，因而需要掌握大量的信息和资料，同时还需要项目策划者具有一定的思维深度。例如，企业大量的创新项目、创业计划的诞生源自 SWOT［strengths（优势），weaknesses（劣势），opportunities（机会），threats（威胁）］分析，其中对自身优势、劣势的分析，就属于一种比较分析。创新创业项目的比较分析就是找到一种比市场竞争对手更优的技术、产品和业务，然后加以发展。这些都属于项目构思的范畴。

二维码 2-3：SWOT 分析

（2）相似/相近法。利用相似性原理或相近法则，通过观察成功的、具有可比性的项目案例，形成本项目的构思方案。例如，当今不少产品采用仿生设计：飞机采用了鸟的仿生、潜艇采用了鱼的仿生，其他的仿生设计如智能机器人、雷达、声呐、人工脏器、自动控制器、自动导航器等。

（3）逆向思维法。顾名思义，就是反顺向思维，往往能够独辟蹊径，获得意外的效果。例如，商品的传统定价方法是以质定价，有一家企业生产出口羊毛衫，质量不错但价格低廉，销路却不好，原因在于一种便宜无好货的思维定式。于是该企业改变定价策略，通过较高的价格，形成高质高价的营销效果，结果销路大增，赢得了良好的经济效益。

（4）立体思维法。从一点联想到多点，形成多维度平行思考空间，进而形成项目构思的方法。例如，美国纽约港口的自由女神像翻新时形成了约 200 吨废料，项目建设者巧妙地将废铜皮铸成纪念币，把废铅、废铝做成纪念尺，把水泥碎块、朽木装进透明小盒作为纪念品供人选购，从而变废为宝，从一堆垃圾中获得了良好的经济效益。

2）综合方法

综合是一种聚合思维的方法。与发散思维方向相反，综合方法是将创新思维从多个维度向某个中心点集中，其基本功能是抽象、概括和判断。它具有去粗取精、去伪存真、提纲挈领、收拢梳理、正本清源的作用，可以使项目构思逐渐清晰，本质渐渐显现，最终在一点上取得突破。例如，2001 年 9 月 11 日发生在纽约世界贸易中心的一系列恐怖袭击，造成了世界贸易中心 1 号楼和 2 号楼的倒塌，2996 人（含恐怖分子 19 人）遇难。之后，纽约市政府启动重建计划，征集了来自 63 个国家的 5000 余份设计方案，并最终综合成为包括国家纪念馆、国家纪念广场和国家博物馆在内的重建方案。其中，国家纪念馆依托原世贸中心废墟所形成的 6 米深的大坑建设了两座 4000 平方米的方形水池并镌刻了“9·11”事件遇难者的姓名，以寄托对逝者的哀思；国家纪念广场综合了以色列设计师迈克尔·阿拉德的“倒影缺失”设计方案和设计师彼得·沃克景观设计方案；国家博物馆则通过多媒体、档案、叙述、文物等展现真实的“911”事件，纪念在“9·11”事件和 1993 年世贸中心爆炸案中的遇难者。

二维码 2-4：聚合思维

对于项目而言，常用的综合方法主要包括项目组合法和项目复合法两种。项目组合法就是把两个或两个以上的项目相加，形成新的项目。项目复合法就是将两个或两个以上的项目，根据需求复合成一个新的项目。项目组合法与项目复合法的不同之处如表 2.1 所示。

**表 2.1　项目组合法与项目复合法的区别**

| 方法 | 特点 | 举例 |
|---|---|---|
| 项目组合法 | 组合后的项目仍然基本保留原有项目各自的性质 | 如组合家具、组合音箱、组合机床等，各自原有性质保留，组合后产生功能更为完善、具有更大价值的新产品 |
| 项目复合法 | 复合后的项目产生与原有项目性质不同的新功能 | 如高效复合化肥、杂交水稻、混合动力装置等，复合后原有的物理化学性质发生变化，成为一种新产品 |

3）集体创造法

集体创造法，顾名思义就是集思广益，通过集体的力量共同提出项目构思。一个成功的项目构思所涉及的问题、因素、领域众多，需要大量的信息、丰富的知识和多层次的思维，这往往是一个人很难胜任的。只有发挥集体的力量，才能获得完善的项目构思方案。

集体创造法一般有以下四种方法：头脑风暴法、逆向头脑风暴法、多学科方法、集体问卷法。

二维码 2-5：头脑风暴法　　二维码 2-6：逆向头脑风暴法

二维码 2-7：多学科方法　　二维码 2-8：集体问卷法

## 2.1.4　项目选定

项目选定就是从已形成的备选项目方案中选择经济效益好、切实可行的、最能够满足客户需要的方案。评价项目方案的标准主要有收益、成本、风险、时间、可行性和客户满意度等。项目选定包括机会研究、项目选择和完成项目申请书等工作。

项目选定是项目可行性研究的过程，其主要目的就是对拟实施项目在满足需求上是否有效（适用性），在技术上是否可行（可行性），在经济上是否有利可图（营利性）进行综合分析和全面科学评价，从而选出最优方案。

可行性研究（feasibility study）一般分为机会研究（opportunity study）、初步可行性研究、详细可行性研究、决策和评价报告等阶段。其中，机会研究是可行性研究的第一步。

1. 机会研究

机会研究是项目可行性研究的起始阶段，通常发生在项目识别和构思阶段。它通过对自然资源、社会和市场的调查和预测来确定项目，选择最有利的项目投资机会。机会研究可以分为一般机会研究和项目机会研究。

（1）一般机会研究。一般机会研究是对影响项目的一般要素进行全方位搜索与分析的过程，主要包括区域研究、行业研究和资源研究等，具体见第 3 章的内容。

（2）项目机会研究。通过一般机会研究初步筛选投资方向和投资机会后，需要进行具体项目投资机会的研究，主要包括对项目的背景、市场需求、资源条件、发展趋势以及需要的投入和可能的产出等方面进行准备性的调查、研究和分析。

机会研究可以由项目识别者自己实施，也可以委托他人或者双方合作来完成。

2. 项目选择

特定的需求可以由多种不同的项目来满足。例如，解决城市交通拥挤的问题可以通过扩建道路、发展地铁、建设高架轨道交通等项目来完成。当个人或组织识别了多个项目而可利用资源有限时，必须要对拟实施的项目及其方案进行选择。

1）项目选择的原则

（1）符合发展战略。战略是通过项目来实施的，每一个项目都应和组织战略形成明确的联系，围绕组织战略开展项目建设，力求使每个项目都对组织战略实现做出贡献。

（2）考虑资源约束。项目建议来源于各种需求和问题，其实施很可能超出组织可利用资源所允许的范畴。如果无法改变资源约束，就必须在其许可的范围内选择项目，力求达到资源和项目的平衡。

（3）优化项目组合。项目选择是一个不断优化的决策过程，需要综合考虑各项目方案的收益与风险、项目联系、组织战略和可利用资源等多种因素，选择最适合的项目组合，使其整体绩效和价值最大化。

2）项目方案选择

项目方案选择是指对一个单独的项目的若干个方案进行选择。

（1）判断项目必要性。任何项目均反映某种需求或者解决某个（些）问题。对于项目必要性的判断首先在于其是否遵循组织战略、满足客观需求、解决实际问题。一个项目在满足需求和解决问题上的价值越高、时间越紧迫，其必要性就越高。

（2）研究项目可行性。必要并不代表可行。通常，私有项目可行性表现为：市场需要、技术可行、财务盈利。对于一些大型项目还要分析其对国民经济、自然环境和国防安全等方面的影响。只有通过可行性论证的方案才能进入下一阶段的比选。

（3）可行方案的比选。对于上述所有可行方案的比较和选定主要依据效益最大、效率最高、风险最小等原则，但常常是鱼与熊掌不可兼得。项目方案的比选往往需要综合考虑多种因素，采用多维度综合评价方法来辅助决策。

二维码 2-9：综合评价法

3）项目组合选择

项目组合选择是指对一系列项目的可行方案进行选择，属于项目组合管理的范畴。通常，在所有项目经历了必要性判断、可行性研究和方案比选之后，由于受到资源的约束，组织不得不在这些项目中寻找最优的组合，以获得最大的整体绩效。项目组合选择包括如下内容。

（1）评定项目优先级。从组织战略出发，在特定资源约束条件下，依据各项目对组织的贡献和必要程度，评定实施项目的优先等级。常用的方法有：期望商业价值法、动态定制等级列表法、项目组对比矩阵和加权多重要素评价矩阵等。其中以加权多重要素评价矩阵最为常用。

二维码 2-10：加权多重要素评价矩阵

（2）选定项目组合。决策者综合考虑各项目的优先级、组织可用资源、项目风险、项目之间的依赖性等诸多因素，决定接受或拒绝哪些项目建议。项目组合的决策准则和选定结果应告知项目相关方，以便各项目在未来进一步改进。项目组合决策应建立合法的标准程序，尽量避免经验决策。

3. 完成项目申请书

在仔细研究需求建议书、进行项目识别并选定项目方案之后，承约商或项目团队需要对是否投标进行选择。选择时应充分考虑项目与本组织任务的一致性、扩展业务的机会、面临的竞争与风险、各种资源的可得性和客户声誉等因素。如果决定投标，则需要精心准备一份项目申请书。

项目申请书在招标条件下又称为投标书，它是一份向客户宣传自己能胜任项目的营销性文件。准备一份富有竞争力的项目申请书的要点是：准确理解和把握客户需求，能执行所申请的项目，证明自己是最佳承约商或最佳项目团队，能在规定的预算和进度计划约束下完成项目，能使客户价值最大化和实现客户满意。

项目申请书一般包含技术、管理和成本三个部分的内容。

1）技术部分

技术部分的目的是使客户相信承约商或项目团队理解客户需求或问题，并能够提供风险最低且收益最大的解决方案。该部分的内容应包括：理解需求或问题、提出方法或解决方案、描述客户收益等。

2）管理部分

管理部分的目的是使客户确信承约商或项目团队能够很好地完成项目所提出的任务，并获得预期效果。该部分的内容应包括：工作任务描述、交付物、项目进度计划、项目组织、相关经验、设备和工具等。

3）成本部分

成本部分的目的是使客户确信承约商或项目团队提出的项目价格是现实的、合理的。通常，项目成本包括：劳动力成本、原材料成本、分包商和顾问费用、设备设施租金、差旅费、文件费用、企业管理费、物价上涨、意外开支准备金、赏金或利润等。在确定项目定价时，既要充分考虑成本预算的可信度和风险，又要考虑客户的预算和可能面临的价格竞争。

## 2.2　项目启动

承约商或项目团队中标之后，客户需求已由一个模糊的目标变成一个具体的可以执行的项目方案。随后的工作就是通过项目规划、项目执行来实现这个既定方案。在这之前还需要做如下的准备工作，以便使项目真正启动起来。

### 2.2.1 项目发起

项目选定之后，还要有一个发起过程，才能使项目正式运转起来。项目发起，就是让项目利益相关方认识到项目的必要性，使其根据自己的义务投入人力、物力、财力等的过程。项目发起过程通常也需要投入各种资源。

项目发起人可以是项目客户或承约商，也可以是其他项目利益相关者；可以来自政府，也可以来自民间。例如，长江三峡水利枢纽工程的发起人是国务院，京九铁路的发起人是铁道部，而北京恒基中心房地产开发项目的发起人是香港恒基兆业地产集团。

在许多情况下，项目发起人自己并不实施项目，而是将其委托给他人。这时候项目发起人就是项目委托人，即把项目交给项目团队的个人或组织。项目委托人可以来自项目所在组织的内部，也可以来自外部。

有时一些小型项目，特别是民间项目，没有正式的、单独的发起过程。例如，民营企业内部职工自发组成产品开发小组进行新产品研制项目或工艺改进项目等，一般没有正式的发起过程。

现代大中型项目，特别是一些建设工程项目，由于技术复杂、项目周期长、投入资金巨大、需要大量人力物力，单靠项目发起单位一家之力无法完成。此时，项目发起就是该单位宣传、说服和动员社会上的有关力量积极参与、给予支持的一种活动。在发起一个项目、寻求他人支持时，通常要有书面材料交给潜在的支持者或参与者，使其明白项目的必要性和可能性，这种书面材料称为项目发起文件。

### 2.2.2 项目核准和立项

一般小型项目，特别是私人项目，只要合法、可行，不必经过有关部门的批准就可以实施，但是对于一些大型项目，特别是需要由政府投资的公益性项目和基础性项目，或者需要消耗较大资源（水电气、其他特殊资源等）、可能产生较大排放等的项目，还需要申报到有关部门进行审查批准之后才能启动。例如，建设项目要遵循基本建设程序；对环境产生不利影响的项目则要经过环境保护部门的审查批准等。这种由项目实施组织最高决策者或主管部门正式承认项目的必要性，并把完成项目所需的全部权力交给项目管理团队的过程称为项目核准。

当项目的实施关系到当地或整个国民经济和社会发展时，特别是一些重要的科学研究项目、大中型建设投资项目、环境保护项目等，需要上报到相应各级政府的发展和改革委员会审批，重大项目还需要报国务院审批，通过之后列入当地或国家的社会经济发展规划或基本建设规划中，这一过程称为项目立项。

### 2.2.3 项目启动的条件和过程

项目启动是让项目参与者正式承认该项目应当进入下一阶段的过程。项目启动的目的是使项目参与者积极行动起来，根据自己的义务投入人力、物力、财力、信息或努力。通常，项目启动表现为项目经理组建项目团队，并开始执行项目具体工作。

1. 项目启动条件

项目启动应至少满足以下条件。

（1）项目进行了充分的可行性研究，并且结果表明项目可行。

（2）项目申请书得到了上级有关部门的核准或立项。

（3）项目各项要求得到明确和理解。

（4）所需资源配置基本就绪。

2. 项目启动过程

1）项目启动的目标

（1）在已确认的项目范围基础上明确项目的整体框架。

（2）成立项目组织，并将其融入项目所在单位。

（3）形成项目的决策机制。

（4）建立项目的沟通机制（包括项目与单位、项目之间、项目和环境等）。

（5）形成管理项目复杂性和动态性的合适计划。

（6）逐步形成项目的特定文化。

2）项目启动的阶段

项目启动过程分为四个阶段：计划、准备、实施和后续工作。

（1）计划。其核心工作是任命项目经理和选择项目核心团队。项目经理在接受委托或委任时，需要明确四件事情，即资金、权限、要求和时间。一是明确委托人有无足够的资金用于项目，并支付项目经理和项目团队成员的工资；二是查明委托人有无足够的权限保证项目的顺利进行，以及委托人授予项目经理的权限是否能够保证项目的顺利实施；三是要明确委托人对项目、项目经理和项目团队的具体要求；四是要正式确定项目的启动时间和完成时间，以及在时间上的奖惩措施。只有选定了项目经理，明确其职责，才能进行项目启动。

（2）准备。其核心任务是获得项目建设许可证。项目许可证书就是正式承认项目的文件，通常由项目实施组织的高层管理者或者项目的主管部门颁发。项目许可证书赋予了项目经理或项目管理班子将资源用于项目活动的权力。例如，国务院 1984 年 4 月以国函〔1984〕57 号文原则批准了长江流域规划办公室 1983 年编报的《150 米方案三峡水利枢纽可行性研究报告》，又于 1984 年 4 月底颁发了 43 号文件《关于开展三峡工程筹备工作的通知》，这两个文件就是长江三峡水利枢纽工程的项目许可证书。后一个文件要求成立长江三峡工程开发总公司，作为三峡工程建设的建设单位（总甲方），并负责工程投产后水电站的经营管理。根据这两个文件，三峡工程施工准备工作于 1984 年正式开始。

（3）实施。其核心任务是项目启动交流和信息发布。应把项目启动的信息有效地发布给项目利益相关方，并对项目实施进行有效的沟通。同时，项目团队，特别是项目核心团队，要对项目宗旨、基本目标、初步安排等做到心中有数，明确具体职责。有时，一些项目还需要有一个正式的项目启动仪式，让公众了解到项目的正式开始。只有项目正式启动，有关项目的账户才正式起用，一切与项目有关的资源调配才合法有效。

（4）后续工作。后续工作指项目启动后紧接着需要开展的工作，其核心是完成项目启动相关文件资料的整理；与项目发起人签署有关项目运作的文件，获得承诺的授权；颁布项目管理文件，如项目管理手册等。有时，一些项目还需要进行广泛的宣传和营销，以便其利益相关者及时了解项目的意义和进展。

二维码 2-11：项目管理手册

正式的项目启动过程如表 2.2 所示。

**表 2.2　项目启动过程和职责分配**

| 活动 | 项目业主/内部发起人 | 项目经理 | 项目核心团队 | 项目团队 | 项目团队成员 | 项目顾问 | 外部利益相关者 | 项目文件 |
|---|---|---|---|---|---|---|---|---|
| 1. 计划项目启动 | | | | | | | | |
| 任命项目经理和选择项目核心团队 | R | | | | | | | |
| 检查项目任务和项目前阶段结果 | | | R | | | | | |
| 选择交流方式 | | | R | | | | | |
| 选择项目组成员 | | | R | | | | | |
| 确定项目文件方法和形式 | | | R | | | | | |
| 接受项目任务 | C | R | | | | | | （1） |
| 2. 准备项目启动 | | | | | | | | |
| 雇用项目顾问（可选） | | | R | | | | | |
| 准备项目启动的交流活动 | | | R | | | C | | |
| 邀请参加者 | | R | | | | | | |
| 获得项目建设许可证 | C | | R | | | C | | |
| 制订项目启动计划、组织和宣传草案 | | | R | | C | C | C | |
| 完成项目启动的交流文件 | | | R | | C | C | C | |
| 3. 实施项目启动 | | | | | | | | |
| 分发项目启动文件 | | R | | | | | | |
| 实施项目启动交流 | C | | | R | | C | C | |
| 签发项目启动文件 | R | C | | | | | | |
| 4. 项目启动后续工作 | | | | | | | | |
| 完成项目启动过程文件 | | | R | | | C | | |
| 与项目业主签署有关协议 | C | R | | | | | | （2） |
| 项目营销和宣传 | C | | | | R | C | C | |
| 分发项目管理文件 | C | R | | | | | C | |

注：R 表示负责人，C 表示合作者，（1）表示项目经理接受项目发起人的任务，（2）表示就项目管理文件和项目启动与项目发起人达成一致

## ➢ 本章小结

1. 需求的产生与需求识别。需求是项目产生的基本前提，可划分为公共需求和私人需求。公共需求是指公共部门（主要是政府、非营利性组织）以公共物品形式来满足的共有需求，具有非排他性和非竞争性等特点，一般用公共项目来加以满足。私人需求是

指个人、家庭、社会团体、组织、企业、事业单位等的需求，一般用私人项目来加以满足。需求识别是项目概念阶段首要的工作，它从识别需求、问题和机会开始，以需求建议书的发布作为结束。

2. 需求建议书的概念及内容。需求建议书是从客户的角度全面、详细地向承约商或项目团队描述其已经识别的、确定的需求，以及为满足这些需求应做的准备工作。一份完善的需求建议书应该包含：工作表述、客户要求、交付物、提供条款、需求确认、合同类型、到期日、时间进度表、付款方式、评价标准、申请内容、投标事项、投标方案评价标准、资金总量等内容。

3. 项目识别的概念。项目识别是针对客户已识别的需求，承约商或项目团队从备选项目方案中选择出一种最能够满足客户需求的方案的过程。项目识别与需求识别的行为主体不同，项目识别的行为主体是承约商或项目团队，而需求识别的行为主体是客户。

4. 项目构思的含义、过程和方法。项目构思又称为项目创意，是承约商或项目团队为了满足客户的需求，在需求建议书所规定的条件下，为实现客户预定目标所作的项目设想。项目构思是一个渐进的发展过程，一般包含准备、酝酿和完善三个阶段。项目构思是一种创造性的思维活动。常用的项目构思方法有发散方法、综合方法和集体创造法等。

5. 项目选定的过程。项目选定就是从已形成的备选项目方案中选择经济效益好、切实可行的、最能够满足客户需要的方案。评价项目方案的标准主要有收益、成本、风险、时间、可行性和客户满意度等。项目选定包括机会研究、项目选择和完成项目申请书等工作。对于单个项目而言，项目选择需要经历必要性研究、可行性研究和方案比选三个阶段。而项目组合选择则要在上述过程的基础上进行项目优先级评定和项目组合选定等工作，其目的是实现项目组合整体效益和效率最优。

6. 项目申请书的内容和编写方法。项目申请书一般包含三个部分的内容，即技术、管理和成本。项目申请书在招标条件下又称为投标书，它是一份向客户宣传自己能胜任项目的营销性文件。准备一份富有竞争力的项目申请书的要点是：准确理解和把握客户需求，能执行所申请的项目，证明自己是最佳承约商或最佳项目团队，能在规定的预算和进度计划约束下完成项目，能使客户价值最大化和实现客户满意。

7. 项目发起和项目发起人。项目发起，就是让项目利益相关方认识到项目的必要性，使其根据自己的义务投入人力、物力、财力等的过程。项目发起人可以是项目客户或承约商，也可以是其他项目利益相关者。在许多情况下，项目发起人自己并不实施项目，而是将其委托给他人。这时候项目发起人就是项目委托人，即把项目交给项目团队的个人或组织。

8. 项目核准和项目立项。项目核准是由项目实施组织最高决策者或主管部门正式承认项目的必要性，并把完成项目所需的全部权力交给项目管理团队的过程。项目立项是项目经地方或中央政府审批，并列入当地或国家的社会经济发展规划或基本建设规划的过程，一般用于大型项目。

9. 项目启动程序及其主要工作。项目启动就是项目经理组建项目团队，并开始执行项目具体工作的过程，分为计划、准备、实施和后续工作四个阶段。此时，项目经理需要明确四件事情，即资金、权限、要求和时间。在资金方面，明确委托人有无足够的资金用于项目，并支付项目经理和项目团队成员的工资；在权限方面，查明委托人有无足够的权限保证项目的顺利进行，以及委托人授予项目经理的权限是否能够保证项目的顺利实施；在要求方面，明确委托人对项目、项目经理和项目团队的具体要求；在时间方面，正式确定项目的启动时间和完成时间，以及在时间上的奖惩措施。

## ➤ 复习思考

1. 项目需求是如何产生的？如何识别这些需求？请描述你在日常生活中识别需求的情境。

2. 项目目标是什么？如何确定项目目标？

3. 项目是如何开始的？请描述其过程。

4. 为什么做一份全面而详细的需求建议书是重要的？它至少应该包含什么内容？

5. 为什么客户要在需求建议书中给予承约商指示，指导他们按照标准的格式提交项目申请书？

6. 什么是项目识别？在识别项目时应该注意哪些问题？

7. 什么是项目构思？项目构思的主要方法有哪些？各自有什么特点？

8. 项目申请书由谁来完成？其主要作用是什么？其主要包含哪些内容？

9. 项目启动需要经过哪些程序？什么样的项目需要经过项目核准和立项？

10. 如何评价项目申请书？以下三个项目申请书的评价标准如表 2.3 所示，其采用了三级评分法（3=优，2=一般，1=差）。请在这三个项目申请书中做出选择。

**表 2.3 项目申请书评分标准**

| 标准 | 权重 | 项目申请书 1 | 项目申请书 2 | 项目申请书 3 |
|---|---|---|---|---|
| 质量指标 | 0.25 | 2 | 1 | 3 |
| 成本指标 | 0.20 | 3 | 2 | 1 |
| 项目计划 | 0.20 | 3 | 3 | 1 |
| 项目组织 | 0.15 | 2 | 3 | 3 |
| 成功可能性 | 0.10 | 2 | 2 | 3 |
| 承约商信誉 | 0.10 | 3 | 2 | 3 |

## ➤ 能力测试

一、判断题

1. 项目的需求建议书可以由客户或者承约商制定并发布。(　)

2. 项目申请书可以由客户或者承约商制定并发布。(　)

3. 需求识别是一个从专业到商务的过程，即识别专业技术的具体商务应用。(　)

4. 项目构思以项目需求建议书为依据，构思满足需求的具体方案。(　)

5. 在大多数情况下，项目发起人就是项目委托人。(　)

6. 项目核准是由组织最高决策者或主管部门正式承认项目的必要性，并把完成项目所需的全部权力交给项目管理团队的过程。(　)

7. 项目立项是指项目经过组织决策者和政府有关部门的批准，并列入项目实施组织或政府建设计划的过程。所有项目都需要经过立项过程。(　)

8. 项目启动表现为项目经理组建项目团队，并开始执行项目具体工作。(　)

9. 项目管理手册是项目启动过程的重要成果文件。(　)

10. 所有项目都需要一个正式的项目启动过程。(　)

二、单项选择题

1. 某一建设项目的决策以该项目的（　　）被批准为标志。

A. 设计任务书　B. 项目申请书　C. 可行性研究报告　D. 初步设计

2. 通常，项目构思的方法包含发散思维法、聚合思维法和（　　）。

A. 比较分析法　B. 逆向思维法　C. 创新思维法　D. 集体创造法

3. 项目论证一般分为机会研究、初步可行性研究和详细可行性研究三个阶段。以下叙述中（　　）是正确的。

A. 机会研究的内容为项目是否有生命力，能否盈利

B. 详细可行性研究是要寻求投资机会，鉴别投资方向

C. 初步可行性研究阶段在多方案比较的基础上选择出最优方案

D. 项目论证是确定项目是否实施的前提

4. 项目申请书的内容不包括（　　）。

A. 技术方案　B. 管理措施　C. 成本估算　D. 项目评价标准

5. 项目启动阶段最常见的问题不包括（　　）。

A. 需求沟通不够　　B. 成本核算偏差过大

C. 过于乐观地分析项目可行性　D. 项目成员选择不合理

6. 需求建议书中有关项目申请的主要内容包括方法、交付物、进度计划、经验、成本和（　　）等。

A. 项目团队　B. 管理措施　C. 技术方案　D. 客户供应条款

7. 项目构思中，集体创造法主要包括多学科方法、集体问卷法和（　　）等。

A. 头脑风暴法　B. 相似法　C. 组合法　D. 会议法

8. 项目机会研究可以分为一般机会研究和（　　）。

A. 宏观机会研究　B. 中观机会研究　C. 微观机会研究　D. 项目机会研究

9. 项目启动过程分为计划、准备、实施和（　　）四个阶段。

A. 售后　B. 后续工作　C.评价　D. 审核

10. 项目启动条件不包括（　　）。

A. 项目进行了充分的可行性研究，并且结果表明项目可行

B. 项目申请书得到了上级有关部门的核准

C. 项目各项要求得到明确和理解

D. 项目管理计划得到批准

三、多项选择题

1. 下列表述正确的是（　　）。

A. 项目识别是以承约商为主体的一种行为

B. 需求识别是以客户为主体的一种行为
C. 项目识别是以客户为主体的一种行为
D. 需求识别是以承约商为主体的一种行为
2. 需求建议书的主要内容包括（　　）。
A. 项目工作陈述　B. 对项目的具体要求　C. 客户供应条款　D. 客户付款方式
3. 项目申请书的管理部分主要内容包含工作任务描述、项目交付物和（　　）。
A. 项目进度计划　B. 项目组织与相关经验　C. 项目技术方案　D. 成本预算
4. 项目启动的标志一般包括（　　）。
A. 可行性报告的提交　B. 项目经理的任命
C. 组建项目团队　D. 项目章程的颁发
5. 项目构思中，发散思维方法主要有（　　）。
A. 相似/相近法　B. 逆向思维法　C. 顺向思维法　D. 立体思维法
6. 项目构思的过程主要包含（　　）等阶段。
A. 准备　B. 酝酿　C. 完善　D. 评估
7. 项目发起人可能包括（　　）。
A. 项目团队　B. 项目承约商　C. 项目委托人　D. 项目监理方
8. 在项目启动阶段，项目经理在接受委托或委任时，需要明确的事情包括（　　）。
A. 明确委托人有无足够的资金用于项目，并支付项目经理和项目团队成员的工资
B. 明确委托人的权限及其授予项目经理的权限是否能够保证项目的顺利实施
C. 明确委托人对项目、项目经理和项目团队的具体要求
D. 明确项目的启动时间和完成时间，以及在时间上的奖惩措施
9. 项目申请书技术部分的内容应包括（　　）。
A. 理解需求或问题　B. 提出技术解决方案
C. 阐述客户收益　D. 识别技术风险
10. 评价项目方案的标准主要有时间进度和（　　）等。
A. 项目收益　B. 项目成本　C. 项目可行性及风险　D. 客户满意度

## ➢ 自主学习

### 管理信息系统建设的承包商选择

卓越物流公司是一家新兴的现代物流公司。随着业务量的迅速增大，公司决定建设一套现代化的物流管理信息系统，以便更好地为客户服务。该系统能够对公司处理的物流过程进行实时管理，包括收件、发件、库存、运输、到件通知、取件、售后反馈等全过程。由于项目的复杂性，公司决定采用招标的方式来选定外部承包商负责系统建设。

为此，公司成立了项目小组，撰写并发布了项目的需求建议书，并规定从技术方案、工程报价、项目组织与管理、满足成本进度目标的可能性、承包商经验与声誉等方面对投标书进行评价，从而选定综合最优的承包商。其中，技术方案应能够稳定地

满足需求建议书中所规定的主要技术性能；工程报价应不超过公司规定的底线价格 180 万元；项目组织与管理则从承包商项目组构成和项目管理计划书等方面来进行评价；满足成本进度目标的可能性则是通过项目风险管理措施及其可行性方面来进行评价；承包商的经验与声誉从投标者过去的项目管理经验、负责项目的相似性、客户满意度等方面来进行评价。

公司邀请了包括技术专家、项目管理专家、风险管理专家、财务专家、信息管理部门经理等在内的内外部专家组成了评标小组，并依据需求建议书的原则规定，制定评价的具体标准如下。

（1）对于每一个评标项采用 5 级量表，具体如表 2.4 所示。

**表 2.4 项目申请书评分表**

| 评标项 | 1 | 2 | 3 | 4 | 5 |
|---|---|---|---|---|---|
| 技术方案 | 差 | 较差 | 一般 | 较好 | 优秀 |
| 工程报价/万元 | >180 | 160～180 | 140～160 | 120～140 | <120 |
| 项目组织与管理 | 差 | 较差 | 一般 | 较好 | 优秀 |
| 满足成本进度目标的可能性 | 差 | 较差 | 一般 | 较好 | 优秀 |
| 承包商的经验与声誉 | 差 | 较差 | 一般 | 较好 | 优秀 |

（2）对于每一级量表，给出评价标准的具体描述（略）。

（3）采用加权平均法进行综合评价，每一个评标项的权重如表 2.5 所示。

**表 2.5 项目申请书评分标准权重设置**

| 评标项 | 权重 |
|---|---|
| 技术方案 | 0.30 |
| 工程报价/万元 | 0.25 |
| 项目组织与管理 | 0.20 |
| 满足成本进度目标的可能性 | 0.10 |
| 承包商的经验与声誉 | 0.15 |

在规定时间内，共有三家公司投标。经过开标、对标书的评价，以及现场答辩质询，专家们对三家公司的评分如表 2.6 所示。

**表 2.6 投标公司评分情况**

| 评标项 | 甲公司 | 乙公司 | 丙公司 |
|---|---|---|---|
| 技术方案 | 4 | 3 | 5 |
| 工程报价/万元 | 5 | 5 | 2 |
| 项目组织与管理 | 5 | 3 | 5 |
| 满足成本进度目标的可能性 | 4 | 4 | 4 |
| 承包商的经验与声誉 | 4 | 4 | 5 |

问题：

1. 按照评标规范和评价标准，哪一家公司应该入选？
2. 上述评价方法可能会产生什么问题？如何解决？
3. 上述评价方法的有效实施还需要解决什么具体问题？

# 第3章

# 项目论证与评估

## ➢ 本章提要

在本章中，您将学习到以下主要内容：

1. 项目论证和项目评估的基本概念及作用；
2. 项目论证与评估的一般程序；
3. 项目机会研究的目的、内容、方法和结果；
4. 项目初步可行性研究和辅助（功能）研究的目的和内容；
5. 项目可行性研究的内涵、原则、作用和主要内容；
6. 项目可行性研究报告的一般体例；
7. 项目评估的作用、内容和报告形式；
8. 项目环境影响评价的主要内容和报告形式。

## ➢ 案例导入

### 柏林–勃兰登堡机场的建设

德国柏林–勃兰登堡机场于2006年9月破土动工，最初计划于2012年5月全面启用。2012年5月，柏林新机场临时宣布将启用日期推迟到6月，后又宣布推迟到当年10月。有趣的是由于电脑控制系统过于复杂，工作人员在第一次试用设备打开灯后却不知道如何把灯关上，于是几千盏灯就一直亮着。

2013年1月，新机场的落成典礼再次被推迟，原因是新机场有超过两万处不符合规定的地方：线路管道铺设不达标，登机办理台数量过少，行李传送带数量不够，制冷设备功率太低，机坪跑道若两架飞机并排起飞，可能出现空中冲撞等危险事故，噪声污染治理要重新设计等。

一转眼到了2015年，工程师又发现了一个更大的问题，机场的屋顶太重，三年前在屋顶上安装的烟道气引风机超过了屋顶承重的安全限度。而为解决机场快轨的轨道防锈问题，柏林市不得不每天启动一列空载列车运行一个来回。德国联邦议院交通事务委员会负责人马丁·布尔克特表示，新机场恐怕最快要在2017年才能完工。工期的一再延迟使得工程费用不断追加。起初25亿欧元的预算至此已增加到50亿欧元。有媒体估算，最终机场建成要耗资80亿欧元。

新机场“难产”也让不少合作单位遭受损失。一些航空公司早已按最初启用日期提前售票；为机场提供服务的餐饮、交通、清洁等公司也处于“待业状态”……一些机构和企业已提出赔偿要求，甚至连给机场项目拨款3000万欧元赞助的欧盟委员会也考虑要求德方如数偿还。

2017年，柏林-勃兰登堡机场2040年总体规划发布，机场将逐步扩建至拥有5座航站楼、1座卫星厅。

2019年7月30日，柏林-勃兰登堡机场T2航站楼封顶，并确定机场拟于2020年10月31日投入运营。

2020年10月25日，柏林舍讷费尔德机场正式并入柏林-勃兰登堡机场，10月31日，柏林-勃兰登堡机场T1、T2航站楼投入使用，标志着机场正式启用。

## 3.1 项目论证与评估概述

### 3.1.1 项目论证与评估的概念

1. 项目论证

为确保项目成功，任何项目投资与建设都要建立在科学的项目论证基础上。项目论证（project study）是指对拟实施项目技术上的先进性、适用性，经济上的合理性、营利性，建设或实施上的可能性、风险性进行全面科学的综合分析，为项目决策提供客观依据的一种技术经济研究活动过程。

项目论证应该围绕着市场需求、工艺技术、财务经济、社会环境影响等四个方面展开分析和论证，其中，市场是基础，技术是手段，财务经济是核心，社会环境是前提。

2. 项目评估

项目评估（project evaluation）是指在项目论证的基础上，从项目对组织、社会贡献的各个角度对拟建项目进行全面的经济、技术论证和评价，并给出评价结果的过程。项目评估是项目投资管理的重要一环，其目的是审查项目论证结果的可靠性、真实性和客观性，为组织的融资决策、银行的贷款决策以及行政主管部门的审批决策等提供科学依据。

项目论证是从宏观到微观逐步深入研究的过程，而项目评估则是将微观问题再拿到宏观中去权衡的过程。因此，项目评估可以看作项目论证的延伸，是比项目论证更高级的阶段。与项目论证相比，项目评估工作要求的知识更丰富，其结论更具权威性。此外，项目论证与项目评估在内容、方法等方面都有所不同。

项目评估不仅是项目决策者评判项目的过程，也是项目方案完善的过程。通过评估，项目可能被否定，也可能在修改、补充、完善后被肯定。可见，项目评估是确保项目成功的重要管理工作。

### 3.1.2　项目论证与评估的作用

任何项目都可能有多种方案可供选择，不同的方案又可能产生出不同的效果。同时，未来环境的不确定性也使得同一方案在不同的环境状态下可能产生出不同的结果。为了从多种可供选择的方案中选出最接近决策者目标，或使投资人的投资效果最大化的方案，就需要对这些方案进行分析、评价，预测其可能产生的各种后果。

项目论证与评估的作用主要体现在以下几个方面。

（1）为项目是否实施提供依据。现代项目管理过程中，项目是否实施，决策的主要依据来自项目论证与评估的结论。它不仅能为减少或避免项目决策失误提供保证，而且能改善项目决策优化的结果。

（2）为项目筹措资金提供依据。投资人或金融机构在决定是否向项目投资或贷款的时候，首先要研究项目财务分析和国民经济分析的数据，审查项目论证与评估过程是否科学，判断项目在实施后是否具有足够的盈利能力和还贷能力。

（3）是项目编制计划、设计、采购、施工及机构设置、资源配置的依据。项目论证与评估的重要内容就是分析项目规模、技术方案、实施进程、资源配置等，这将为项目在启动阶段编制进度计划、资源计划、费用计划、质量计划、组织规划、采购计划和实施过程要求等提供明确的依据。

（4）是防范风险、提高项目效率的重要保证。项目论证与评估还对项目的不确定性进行分析评价，为项目在实施过程中如何最大限度地规避风险、提高执行效率提供了依据。

### 3.1.3　项目论证与评估的主要内容

1. 项目论证的主要内容

项目论证一般分为机会研究、初步可行性研究和详细可行性研究三个阶段。其中，机会研究阶段主要是寻求投资机会，鉴别投资方向；初步可行性研究阶段主要是初步判断项目是否有生命力，能否盈利；详细可行性研究则是详细技术经济论证，在多方案比较的基础上选择出最优方案。

2. 项目评估的主要内容

项目评估的内容主要包括：审查项目建设发展的必要性、建设条件、技术评估、财务评估、社会效益评估、风险与不确定性评估、环境影响评估等。

### 3.1.4　项目论证与评估的一般程序

项目论证与评估是一个连续的过程，它包括问题提出、制定目标、拟订方案、分析评价、方案比选、选定方案等，通常包含以下七个主要步骤。

1. 启动

启动阶段的主要任务是要明确问题，包括弄清项目论证的范围与界限，投资人、业主或相应的代理人的目标等。

2. 调查研究

调查研究阶段的主要任务是根据项目论证范围和目标，收集和分析相关信息和资料。调查研究应包括项目的各个方面，如市场需求和机会、产品定位与生产规模、技术选择与设备选择、资源供应情况、社会环境影响等，可采用实地调查或资料分析等多种方法。要尽可能多地掌握资料，对关键性问题或不确定问题进行系统、深入而详尽的分析研究。

3. 拟订方案

拟订方案阶段的主要工作是拟订多种可行的、能够相互替代的项目方案，然后进行分析和比较。达成项目目标通常会有多种方法或途径，从而形成了多种可行的、能够相互代替的技术或投资方案。该阶段是项目论证与评估的一步关键工作。理论上，应尽可能拟订出所有可行方案。现实中，由于受认知、时间、成本等约束，所拟订的可行方案数量是有限的。

4. 方案评估

方案评估阶段主要分析各个可行方案在技术上、经济上、建设条件上的优势和局限。通过计算分析各方案的各种技术经济指标，如投资费用、经营费用、预期收益、投资回收期、投资收益率等，对方案进行敏感性分析、风险分析等，比较、分析和评价各个方案的可行性和优劣，最后根据评价结果选择一个最满意合理的方案。

5. 深入论证

对选出的最满意方案开展进一步的详细全面论证，包括进一步的市场分析、工艺流程分析、项目选址及服务设施分析、劳动力及培训、组织与经营管理、现金流量及财务分析、国民经济分析、社会环境影响分析等。

6. 编制报告

编制报告阶段一般需要编制项目论证报告、环境影响报告和采购方式审批报告等。通常，这些报告的内容与格式都有特定的要求。这些报告将有助于投资人进行科学决策。

7. 编制计划

编制计划阶段的主要任务是编制资金筹措计划和项目实施进度计划。项目的资金筹措在方案评估阶段已做过详细考查，但其中一些潜在的项目资金需求会在贷款者进行可行性研究时显现出来，而实施中的期限和条件的改变也会导致资金计划发生改变。这些都应根据项目评价报告的财务分析做出相应的调整，以保证项目可以根据协议的实施进度及预算进行。

以上只是进行项目论证与评估的一般程序，但不是唯一程序。在实际工作中，根据所研究问题的性质、条件、方法的不同，也可采用其他适宜的程序。

## 3.2 项目机会研究

项目机会研究也称投资机会鉴别，是进行可行性研究之前的准备性调查研究，也是为寻求有价值的投资机会而对项目的有关背景、投资条件、市场状况等所进行的初步调查研究和分析预测的活动，包括一般机会研究和特定项目机会研究。

### 3.2.1　一般机会研究

一般机会研究是研究项目机会选择的最初阶段，是项目投资者或经营者通过掌握大量信息，并经分析比较，从错综纷繁的环境中鉴别发展机会，最终形成确切的项目发展方向或投资领域的过程。一般机会研究的结果是形成项目意向。

按照联合国工业发展组织推荐的纲要，一般机会研究通常需要进行区域研究、行业研究和资源研究等。

1. 一般机会研究的主要内容

一般机会研究是一种全方位的搜索过程，需要大量的信息数据的收集、整理和分析，具体如下。

（1）区域研究。通过调查分析地区的基本特征、人口及人均收入、地区产业结构、经济发展趋势、地区进出口结构等状况，研究、寻找在某一特定地区内的投资机会。

（2）行业研究。通过分析行业在国民经济部门的地位和作用、行业特征、经营者或投资者所处行业的地位作用、行业整体增长情况、行业能否做出扩展等，进行项目的方向性选择。

（3）资源研究。旨在分析由于自然资源的开发和综合利用而出现的投资机会，通过分析资源储量及其分布、可利用程度、已利用状况、利用的限制条件等信息，寻找项目机会。

2. 一般机会研究的依据

一般机会研究所作的区域、行业、资源三个方面的研究需要有下列信息及数据的支持。

（1）区域经济发展现状及趋势。

（2）区域社会发展现状及预测。

（3）区域资源状况及数量趋势。

（4）产业结构现状及发展趋势。

（5）有关法律法规。

（6）行业发展情况及增长率。

（7）进出口结构及趋势分析等。

3. 一般机会研究的方法

一般机会研究的方法主要是要素分层法。它将一般机会研究所涉及的各个方面的要素列出并区分类别，对各要素的重要程度给出权重，并通过评分的方法找出关键要素，确立项目方向。具体如表 3.1 所示。

二维码 3-1：要素分层法

表 3.1 要素分层矩阵示意表

| | 项目机会 | 得分 | 项目问题 | 得分 |
|---|---|---|---|---|
| 外部 | 1.<br>2.<br>3.<br>⋮ | | 1.<br>2.<br>3.<br>⋮ | |
| | 优势 | | 劣势 | |
| 内部 | 1.<br>2.<br>3.<br>⋮ | | 1.<br>2.<br>3.<br>⋮ | |
| 得分合计 | | | | |

4. 一般机会研究的结果

一般机会研究的结果是机会研究报告，该报告为决策者提出可供选择的项目发展方向或投资的基本方向。根据一般机会研究的结论，当某项目有投资条件时，就可进行具体机会研究，即具体研究某一项目得以实施的可能性，将项目设想转变为投资建议。

### 3.2.2 特定项目机会研究

1. 特定项目机会研究的概念

特定项目机会研究是在一般机会研究确定了项目发展方向或投资领域后，对特定项目发展方向或投资领域做进一步的调查研究，形成概括的项目提案或项目建议的过程。与一般机会研究相比较，特定项目机会研究更加深入和具体。

2. 特定项目机会研究的主要内容

1）市场研究

在特定项目方向或投资领域，市场调查和预测应包括需求和供应两个方面。例如，我国实施大型客机研发项目，就需要分析大型客机制造业的发展概况、供需关系、发展趋势等。与可行性研究阶段不同，项目机会研究阶段的市场研究不需要详细分析市场与项目规模的关系，而是从宏观角度把握市场的总体走势及动态。

2）项目外部环境分析

项目外部环境分析，即需要研究除市场之外的其他与项目意向有关的外部环境，如国家政策鼓励与限制（包括税收政策、金融政策等）、宏观资金供给、进出口状况及有关政策、相关技术发展总体趋向等。

3）承办者优劣势分析

承办者优劣势分析，即分析承办者在选定的项目意向上有哪些优势、哪些劣势，劣势能否转化为优势等；也可以通过寻找投资或发展机会和问题的方式，针对将问题转化为机会的途径进行优劣势的评价。

3. 特定项目机会研究的方法和结果

特定项目机会研究主要采用要素分层法，但是在要素设置上更具体、更明确。

特定项目机会研究为决策者提供具体项目建议或投资提案，同时提出粗略的比较优选和项目论证的依据，其结果是机会研究报告。

# 3.3　项目可行性研究

## 3.3.1　可行性研究概述

1. 可行性研究的概念

项目可行性研究是在项目决策前对其有关的工程、技术、经济、风险等各方面条件和情况进行详尽、全面的调查研究和系统分析，对各种可能的项目方案和技术方案进行详细的比较论证，并对项目建成后的经济效益、国民经济和社会效益、风险和不确定性、环境影响等进行预测和评价的一种科学分析过程和方法，是项目进行评估和决策的依据。

如表 3.2 所示，可行性研究可以分为初步可行性研究、详细可行性研究两个阶段。对于中小型项目而言，由于调查研究和分析判断过程不太复杂，可以直接进行详细可行性研究。对于大型、复杂的项目，由于其详细可行性研究费时、费力、费资金，因此需要先进行初步可行性研究，对项目做出粗略论证估计后，再判断是否有必要进行详细可行性研究。

**表 3.2　项目可行性研究的阶段划分和比较**

| 工作阶段 | 项目机会研究 | 可行性研究 | | 项目评估 |
|---|---|---|---|---|
| | | 初步可行性研究 | 详细可行性研究 | |
| 工作性质 | 项目设想 | 项目初选 | 项目拟定 | 项目评估与决策 |
| 工作内容 | 鉴别投资方向，寻找有价值的投资机会，提出项目投资建议 | 对项目做专题辅助研究，广泛分析、筛选方案，确定项目的初步可行性 | 对项目进行深入细致的技术经济论证，重点分析财务效益和经济效益，做多方案比较，提出结论性建议，确定项目投资的可行性 | 综合分析各种效益，对可行性研究报告进行评估和审核，分析项目可行性研究的可靠性和真实性，对项目做出最终决策 |
| 工作成果及费用 | 提出项目建议，作为编制项目建议书的基础，为初步选择投资项目提供依据 | 编制初步可行性研究报告，确定是否有必要进行下一步的详细可行性研究，进一步说明建设项目的生命力 | 编制可行性研究报告，作为项目投资决策的基础和重要依据 | 提出项目评估报告，为投资决策提供最后的决策依据，决定项目取舍和选择最佳投资方案 |
| 估算精度 | ±30% | ±20% | ±10% | ±10% |
| 费用占总投资的百分比 | 20%～100% | 25%～125% | 大项目 80%～100%<br>中小项目 100%～300% | — |
| 工作时间/月 | 1～3 | 8～12 或者更长 | 4～7 | — |

资料来源：余炳文（2014）

在许多场合项目论证也称为项目可行性研究，而且特指项目详细可行性研究。

2. 初步可行性研究

项目初步可行性研究的目的如下。

（1）分析项目是否有生命力，从而决定是否有必要继续进行详细可行性研究。

（2）项目中是否有关键性的技术问题或其他问题需要做更充分的论证。

（3）是否有必要进行功能研究或辅助研究（如试验室试验、中间试验、重大事件处理、深入市场研究等）。

初步可行性研究的结构与主要内容基本与详细可行性研究相同，所不同的是研究的深度和准确度有差异。如果关于行业或资源的机会研究已经包括足够的数据，可直接进入详细可行性研究阶段或决定终止进行这一研究，即可以跳过初步可行性研究阶段。但是，当项目机会研究的结论使人产生疑问，而详细可行性研究又较为复杂耗时，就要进行初步可行性研究。

3. 辅助（功能）研究

辅助（功能）研究是指对项目的一个或少数几个方面进行更为深入的专题研究，并作为初步可行性研究、详细可行性研究和大规模投资建议的前提、辅助或补充。辅助研究包括的内容如下。

（1）市场研究，即对项目产出进行市场研究，包括市场需求预测以及预期的市场渗透情况等。

（2）投入研究，即对项目投入资源的研究，包括项目使用的基本原材料、投入物资、人力资源的可获得性，以及这些投入资源的未来价格趋势等。

（3）试验研究，即根据需要对项目关键技术、项目产出等进行试验室和中间工厂的试验，以决定其是否满足要求。

（4）厂址研究。特别是对那些运输费用影响大的项目地址的选择十分重要。

（5）经济规模研究。该项研究的主要任务是在考虑各种选择的技术、投资费用、生产成本和价格之后，评价最具经济性的项目规模。通常要对几种规模的项目生产能力进行分析，确定每种规模的经济结果。

（6）设备选择研究。如果项目的设备涉及多种来源，且性能各异、成本不一，就要实施这种研究。项目一般在投资或实施阶段进行设备订货。如果设备选择涉及巨额投资，影响项目的构成和经济性，那么设备选择研究就必不可少。

辅助研究的内容因项目而异，但均涉及项目的关键方面，因此其结论对于随后的项目论证报告编制至关重要。辅助研究如果在项目可行性研究之前或一起进行，其内容则构成项目可行性研究的一个部分。如果对某一具体功能研究过于复杂，不能作为项目可行性研究的一部分进行，辅助研究则需要与项目可行性研究分别同时进行。如果在进行项目可行性研究过程中发现某项具体的功能还需要进行更详尽的鉴别，就应在完成可行性研究之后再进行辅助研究。

4. 可行性研究的依据

项目可行性研究必须在国家有关的规划、政策、法规的指导下完成，同时还要提供所需的各种技术资料。可行性研究工作的主要依据如下。

（1）国家有关的发展规划、计划文件，包括对该行业的鼓励、特许、限制、禁止等有关规定。

（2）项目主管部门对项目建设要求和请示的批复。

（3）项目申请书及其审批文件。

（4）项目承办单位委托进行可行性研究的合同或协议。

（5）企业的初步选择报告。

（6）拟建地区经济、社会和自然环境资料。

（7）主要工艺和装置的技术资料。对某些需要经过试验的问题，应由项目承办单位委托有关单位进行试验或测试，并将其结果作为可行性研究的依据。

（8）项目承办单位与有关方面取得的协议，如投资、原料供应、建设用地、运输等方面的初步协议。

（9）国家和地区关于工业建设的法令、法规。例如，“三废”排放标准、土地法规、劳动保护条例等。

（10）国家有关经济法规、规定。例如，企业法、税收、合资合作、贷款等规定；国家关于建设方面的标准、规范、定额资料；市场调查报告等。

5. 可行性研究的原则

1）科学性原则

科学性原则是一切研究工作必须遵循的最基本的原则，要做到以下方面。

（1）树立科学态度。要按客观规律办事，不能凭主观臆断，也不能盲听盲从。

（2）运用科学方法，包括：科学的信息收集、分析和鉴别技术，确保信息真实可靠；科学的分析、比较和决策技术，确保分析、决策方法的科学性和适宜性。

2）客观性原则

客观性原则就是要坚持从实际出发、实事求是的原则，要做到以下方面。

（1）正确认识项目各种建设条件。项目研究工作应该从实际出发，尽量排除主观臆断。

（2）实事求是地运用客观的资料做出符合科学的决定和结论。

（3）可行性研究报告和结论必须符合客观逻辑，不能掺杂任何主观成分。

3）公正性原则

可行性研究应站在公正的立场上，既不能根据委托单位要求对项目做出不符合实际的评价，也不能唯长官意志办事，弄虚作假。应该把国家和人民的利益放在首位，同时综合考虑项目相关者方的利益，不存偏私之心，不为利益或压力所动，为项目投资决策提供可靠依据。

4）全面性原则

可行性研究包含技术可行性、经济合理性、风险可控性等多个方面，不仅要关注项目投入使用后产生的收益，更要关注可能产生的风险等各种状况，从多角度论证项目的可行性。

6. 可行性研究的作用

1）作为项目投资决策的依据

可行性研究是项目投资前期的首要工作，其研究成果为项目可行性研究报告，是投资者投资决策的重要依据。可行性研究从技术、经济、社会、环境等多方面对项目进行分析、评价，为避免不确定性的影响，提高项目经济效益，实现项目投资科学决策奠定了基础。

2）作为商务谈判和签订有关合同协议的依据

大多数项目建设时都会涉及技术设备采购、水电气及原材料供应等商务活动。此时，项目管理团队要根据可行性研究报告的有关内容与相关单位进行商务谈判、签订协议或合同，以确保项目顺利实施并按期投入运营。

3）作为项目初步设计的依据

在项目可行性研究报告获得批准后，需要根据可行性研究报告中确定的项目规模、产品方案、厂址、生产工艺、设备选型等进行项目的初步设计。设计时，一般不得随意改变可行性研究报告中业已确定的规模、方案、标准、厂址及投资额等控制性指标。此外，可行性研究也是项目实施的依据。

4）作为向金融机构申请贷款的依据

世界银行等国际金融机构以及国内银行在受理项目贷款申请时，都要依据可行性研究报告及其批复意见，对申请贷款的项目进行全面、细致的分析论证，在此基础上编制项目评估报告，并根据项目评估报告的结论做出是否贷款的决定。

5）作为项目后评估的依据

在项目后评估时，以项目可行性研究报告为依据，将项目的预期效果与实际效果进行对比考核，可对项目的运行进行全面评价。

### 3.3.2 可行性研究的内容

1. 市场需求预测

项目产出物（产品）的需求预测是项目可行性研究的基础工作，其工作质量将直接影响项目可行性研究的水平。市场需求预测是就拟议中的项目使用期间对其主要产出物的需求量做出估计。它需要对项目运行周期内产出物的市场构成、相同产品和代用品的供应和竞争、需求的收入弹性与价格弹性、经销渠道和消费增长水平等因素进行系统分析和预测。

1）分析市场需求

项目市场需求分析的主要内容如下。

（1）市场当前需求的大小与组成，该市场的地域范围应当确定。

（2）市场细分。可以按最终用途（如消费者）、消费者类别（如消费者的不同收入水平）、地理区域（如区域市场、国内市场和出口市场）等进行市场细分。

（3）对整个市场及其各部分在项目使用期间的需求变化趋势的分析。

（4）项目产出物在国内外竞争发展和消费者反应变化的情况下，在预测期内预期达到的市场渗透率。

（5）作为预测增长与市场渗透依据的定价结构等。

通常，销售环境，包括售后服务类型、预定的包装标准、销售组织、营销策略等，也是市场需求预测的重要组成部分。而国外市场需求分析则涉及包括关税、国际政治经济环境等在内的更多因素的影响，因此需要分别考虑进行估计和预测的方法。

2）预测市场需求

项目的市场需求预测是在需求分析的基础上对拟定项目寿命周期内的产出物的需求

进行的估计和推测，包括的内容如下。

（1）对某一种或几种产品的潜在需求的预测。

（2）对潜在供应的估计。

（3）对拟议的项目可能达到的市场渗透程度的估计。

（4）对某段时期内潜在需求的特性的估计，含数量和质量等参数。

项目市场需求预测的基本步骤如下。

（1）确定、收集并分析关于当前消费量及其在一段时期内的变化规律的现有数据。

（2）按细分市场将该消费量数据分类。

（3）确定以往需求的主要决定因素及其对以往需求的影响。

（4）预测这些决定因素今后的发展及其对需求的影响。

（5）通过以一种方法或几种方法的结合对这些决定因素进行推断来预测需求。

3）市场预测方法

市场预测方法可以分为定性和定量两大类。在特定情况下使用何种方法主要取决于产品类型、供应市场的性质和需求增长的主要决定因素。常见的定性预测方法主要有主观估计法和专家预测法；定量预测方法主要有时间序列预测法、因果回归预测模型、消费水平法、最终用途法等。

二维码 3-2：消费水平法　　二维码 3-3：最终用途法

2. 原材料和投入物的供应分析

原材料和投入物的供应分析是项目可行性研究需要详细分析的内容之一，具体包括以下方面。

1）原材料和投入物的分类

原材料和投入物可分为原料（未加工或半加工的）、经过加工的工业材料（中间产品）、制成品（组件）、辅助材料、工厂供应品及共用设施（水、电、气、燃料、废水和废气处理等）等类型。

2）原材料与投入物的调查

在很多项目中，不同的原材料可用于同一生产。此时，必须对不同原材料进行调查研究，在衡量全部有关因素后，确定哪一种原材料最为适宜。原材料与投入物的选择通常主要考虑其获取及使用是否经济，以及获取的难易程度和稳定性等。

3）原材料和投入物的选择

（1）质量性能。原材料和投入物特性主要由项目技术要求决定，一般包括物理性能、机械性能、化学性能、电气和磁力性能等。

（2）来源和可得数量。在许多项目中，对技术、加工设备和产品组合的选择在很大程度上取决于基本原材料的规格，而潜在的可得数量也可能决定项目的规模。因此，需要对项目的基本原材料和投入物的来源和可得性进行准确的估计。

（3）单位成本。原材料和投入物的单位成本也是确定项目是否经济的关键性因素之一。对原材料和投入物单位成本的分析主要包括当前成本、未来趋势、供应弹性等。考虑未来规模扩大，供应弹性越低，则价格就越高。

4）供应计划的制订

在制订供应计划时，应将原材料和投入物的需要量及其可得性、预计的单位成本等与项目可行性研究的其他成分联系在一起。通常，供应计划依附于销售计划和生产计划，同时受到所选用的技术与设备的影响。

制订供应计划的主要目的是确定原材料和其他投入物的年成本，其结果将作为经济评价中现金流量表编制的基础。此外，供应计划还指明了需要的储存设施的规模，尤其是当投入物需求地和供应地相隔较远或运输困难时。投入物的存储费用应列入投资费用与生产成本的计算中。

3. 产品结构及工艺方案的确定

产品结构及其生产工艺方案属于项目可行性研究中的技术选择问题，对项目经济效益有着直接的影响。技术选择的基本原则是可行和适宜，需要在创新与成熟、可行与效率等方面进行权衡。

项目可行性研究中技术评价应反映下述几个方面。

（1）技术先进性。对所使用的关键技术水平进行评价，以判断是否达到国内外领先水平、先进水平。

（2）技术实用性。技术实用性指项目所采用的技术，对推动生产、推广应用、满足需要方面所具有的适应能力。

（3）技术可靠性。技术可靠性指技术在使用中的可靠程度，即在规定时间内和规定条件下，产品工作性能符合要求和工艺方法成功的概率。

（4）技术外溢效果。技术外溢效果指技术应用后对科学技术和其他领域的作用，如推动其他行业的发展、改善劳动条件、增加就业机会、改善人民生活、提高文化教养等。

（5）技术负面效应。技术负面效应指技术的应用给社会带来不良影响的程度，如污染环境、破坏生态平衡、损害资源等，包括排除这些危害的难易程度和所需费用等。

4. 生产规模（或生产能力）的确定

根据需求预测，可以得出项目产出物在未来各年份可能的需要量，然后根据项目设想的生产情况及条件，估算出该产出物在未来若干年内可能达到的产量。此外，生产规模的确定还必须考虑规模经济性的问题。

1）生产规模或生产能力的定义

生产规模或生产能力一般是指一个项目在一定时期内能够生产的量或单位数，即该项目生产的预期总产量，是衡量项目规模的最主要标志。虽然项目在整个寿命周期内的生产和产品组合会有所变化，但在一个特定时期内，其生产能力可以视为常数。生产规模直接影响到项目的经济效果和持续发展。通常，项目产品的年产量可以作为其生产能力的度量。

2）生产规模的确定

项目生产规模的确定既受到项目需求、原材料供给、宏观环境等外部因素的影响，又受到投资规模、技术设备、人力资源等内部因素的制约，其目标是使项目获得最大经济效益。因此，需要将投资、生产规模、销售额、盈利率等联系起来加以考虑，对生产规模和生产能力的各个选择方案进行比较，以选出最优生产规模。

确定生产规模前应考虑以下问题。

（1）最小经济规模。项目一般应确定最小生产规模，以达到规模经济的要求，因为规模过小将使得项目产出物的单位成本偏高，从而失去市场竞争力。在确定项目最小经济规模时应充分利用国内外同行业或相似项目的经验。

（2）资金和投入的限制。资金及其他基本投入的缺乏会制约项目的规模。这时，即使达到最小经济规模，项目仍可能因生产成本偏高而失去竞争力。当项目可行的生产规模低于最小经济规模时，应当在可行性研究报告中详细说明在生产成本、产品价格等方面需要什么及何种程度的保护政策等。

（3）投资费用和生产成本。生产规模的不同选择最终会导致投资费用和生产成本的不同。通常，生产规模越大则投资额越大，但随单位生产规模增加而减少；而成本增长通常并不与规模保持严格的比例。

（4）生产技术和设备来源。大多数项目的生产技术或设备来自外部，而先进技术和装备往往会受到投入过大、研制周期过长、技术封锁、国际政治经济关系等因素的影响，必须加以考虑。

3）预计的销售额与生产规模

销售额与生产规模之间存在必然的联系，应仔细分析其关系，以决定可供选择的生产规模。对于某些新产品而言，初期生产规模应高于初期需求和销售额，以满足特定时期内需求增长的需要。但此时的生产规模不应低于销售和生产的盈亏平衡点（即保本点）。当需求和销售不断增长、超过生产规模时，就可能产生一个扩建项目，以实现生产规模与销售需求的再平衡。

在项目可行性研究阶段，应提供2~3个可供选择的生产规模进行产品销量、定价、投资费用和生产成本、利润水平等的比较，以探明正常生产能力和项目盈利的最佳关系。

根据所决定的、可行的正常生产规模，进一步用数量表明各种投入的需要量并决定这些投入的总费用。应该对项目的人力需要量及其结构做出估计，并说明各类人员的可能来源，这将决定项目的人力成本。

以上分析所产生的各类数据都将以一定规则转换成为项目现金流量，并最终影响项目的财务结果、投资效益和国民经济效益。

5. 技术与设备选择

1）技术选择

可行性研究应该说明具体项目所需的技术，评价可供选择的各种技术，并按项目各组成部分的最佳组合选择最适合的技术。应估计获得这类技术所涉及的各种问题，说明与被选技术相联系的具体设计和技术服务，同时选定的技术还必须与选择机器设备相匹配。

（1）技术与技术组合。应对各种可供选择的技术进行评价，以确定项目最合理的技术和技术组合。影响技术与技术组合选择的主要因素有生产规模或服务能力、产出物的性能要求、资金实力、技术可得性、输入品（原材料）等。

（2）技术获取方式。当所需技术来自外部时，就必须决定其获取方法。外部技术获取方式主要有技术购买、技术许可、技术合资等。应该对这些获取方式所涉及的问题做出分析，包括各种技术获取方式的收益和成本、优点和问题等。

（3）技术费用。应估计所需要的技术获取和技术服务的费用。估计时可参考同一行业其他项目的方式及其经验数据。通常，技术费用的支付方式多种多样，需要按不同支付方案进行估价。

2）设备选择

设备选择和技术选择相互依存。应根据生产能力和选定的生产技术来确定设备需要。

在项目可行性研究阶段，设备选择应概略说明技术、生产规模或服务能力和所选设备的最佳组合。从技术上讲，设备选择应能够满足产能要求、适应技术需要；从经济性来看，设备选择应使费用控制到最低限度。

设备选择除了与项目生产规模和工艺流程相关外，还与人员规划、环境保护、宏观政策等相关。例如，有时候设备选择可能会受到基本设施（如电力需求）、运输供应等方面的制约；有些先进设备可能需要专业的操作人员；有些设备备件配件难以获取；而政府的某些政策，如进口管制、外汇管制等，可能限制某些类型设备进口等。

6. 坐落地点和项目选址

坐落地点和项目选址常常被当作同义词使用，其实有所区别。通常，坐落地点通常是一个相对广阔的地理区域概念，具有多个具体地点可供选择。但是项目选址则是确定建立项目的具体场地的过程，因而更为详细。

1）坐落地点的选定

影响项目坐落地点选定的主要因素如下。

（1）政治因素。政治因素主要指政府政策导向，如特区、开发区、高新区等，政府为这些区域制定了各种形式的投资与收益的鼓励政策，特定项目甚至能够得到政府或机构资金支持等。因此，应对项目的多个可供选择的地点进行技术、财政和经济等方面的比较评价。

（2）经济因素。经济因素主要包括土地使用条件、人力资源条件、基础设施条件以及市场潜力等。考虑经济因素的项目选址策略通常有靠近资源地、靠近需求地、考虑基础设施条件等。其中，靠近资源地的地点选择主要考虑基本原材料的可得性及运输成本，有时也考虑稀缺资源的获取等，如高科技人才的获取、进口材料的获取等；靠近需求地的地点选择主要考虑接近市场和产品运输成本等；而考虑基础设施条件的地点选择则主要考虑项目运行所需要的基础条件，如水电气、通信、运输等基础设施。

（3）环境因素。环境因素包括项目本身对气候条件和生态的要求、能否被当地环境容量所接受、施工和维修设施、法律法规、气候条件、废物处理设施等。

（4）社会因素。社会因素包括社会制度、社会群体、社会交往、道德规范、国家法律、社会舆论、风俗习惯等。

综上，一个适当的项目坐落地点应该兼有下列条件：距离原料产地和（或）市场销地相当近、环境条件好、劳动力来源充足、水电气和燃料充足且价格合理、税收公平、交通运输条件好、有良好的废物处理设施等。

2）项目选址的确定

一旦决定了地理区域，项目可行性研究报告就应当说明项目的具体选址或至少两三个可供选择的地址的情况，评价每个地址的特点，具体包括以下方面。

（1）土地费用，即项目获取当地土地的费用，是项目建设投资的主要构成之一。

（2）当地条件，即项目所在地能源、运输、水、通信等基础设施的条件，以及当地的劳动力供应、废料处理、自然条件等。

（3）场地整理和开拓，即考虑各个可供选择的项目场地整理和开拓费用。

（4）地址的选定，即按照项目业主或投资者所制定的准则，综合考虑前面各个因素，对项目地址进行最后的选择。

7. 投资估算、成本估算与资金筹措

1）投资估算

一个项目的总投资就是固定资本与净周转资金的合计。其中，固定资本是建设和装备一个投资项目所需的资金，包含固定投资和生产前的所有投资费用，如筹建开办费、项目可行性研究和其他咨询费、建设期贷款利息、生产人员培训费以及试运转费用等；周转资金（或称流动资金）是指全部或部分经营该项目所需的资金，在项目评价阶段计算周转资金需要量很重要，应使它保持在一个合理的、必要的水平上；净周转资金则是流动资产减去短期负债，流动资产包括应收账款、存货（原料、辅助材料、供应品、包装材料、备件及小工具等）、在制品、成品和现金，短期负债主要包括应付账款（贷方）等。

在不同的研究设计阶段，投资估算的精确度要求不同。项目机会研究要求的估算精度一般在±30%，初步可行性研究要求的估算精度在±20%，详细可行性研究和项目评估要求的估算精度在±10%，而工程设计时的估算精度则要达到±5%。

2）成本估算

在项目可行性研究阶段，财务分析要求对项目生产成本进行估算。估算的精度应当和投资估算的精度相当。成本估算要以生产计划的各种消耗和费用开支为依据，计算全部成本和单位产品的成本。

大多数项目可行性研究报告只估算生产总成本，这是因为该阶段对各项成本作为整体估算要比计算单位产品成本简单一些。生产总成本一般划分为制造成本、管理费用、销售费用、财务费用和折旧等。前三类成本费用的总和称为经营成本。

生产成本在项目可行性研究中的用途为估算盈亏、计算净周转资金的需要量，并用于财务评价等。

3）资金筹措

资金筹措又称为项目融资，是指为项目建设与运行筹集必要资金的过程，包含筹资渠道和筹资方式两个方面。资金筹措是项目可行性研究的重要内容，是项目拟定、投资分析和决策的基本先决条件。

项目资金来源的主要渠道有自有资金（即投资人资金，包含政府、法人、公共团体、个体投资者等的资金）和各种借款（包含银行借款、非银行金融机构借款、其他借款等）两大方面。项目筹资的主要方式有吸收投资、发行股票、发行债券、银行借款、保留盈余、融资租赁等。

项目借款按照偿还期限分为以下两种。

（1）长期借款。一般偿还期限为一年以上，可从各类金融机构，如世界银行或某个国家银行获得，一般用于项目的长期资产投资。与设备制造商联系起来，又分为供方贷款和买方贷款。工业发达国家之间出于输出设备的竞争，这种借款的条件比较优惠，利率也较低。

（2）短期借款。一般偿还期限为一年以内，由商业银行信贷或商业信用获得，一般用于项目的流动资金投资。

任何借款均存在成本（利息）和偿还问题。应在确保偿还的基础上努力使资金成本最低。

资金筹措分析需要说明实际或可能的资金来源，包括自有资金、各种借款及其偿还条件，它是项目可行性研究最为基本和最为关键的内容之一。

4）财务报表

为了估计一个项目的资金需要和经济效益，需要编制一套财务报表。项目可行性研究中要求编制以下财务报表。

（1）现金流量表。现金流量表包含在不同时间点上的现金流入（获得资金和销售收益等）、现金流出（投资支出、生产成本、还本付息等）和净现金流量（现金流入减去现金流出）。现金流量表是项目财务分析的基础。

（2）利润表。利润表用于计算整个项目期间每一阶段的收入或亏损。与现金流量表不同，利润表将项目收益和相应的项目成本联系起来，反映了项目投资的收益能力和收益水平。

（3）资产负债表。资产负债表用于反映项目期间各个阶段的资金来源和资金使用的总体情况，其中，资金来源包括自有资金和各种借款；资金使用形成项目资产，包括现金和其他流动资产、固定资产和其他长期资产等。资产负债表反映了项目资金的平衡状况。

8. 经济评价

项目经济评价分为财务评价、国民经济评价和不确定性分析三个方面。

1）财务评价

通常，一个项目投资的基本目的是获得财务收益。项目财务评价的基本任务就是确定项目投资方案的经济效果，并用相应的经济效果评价指标来加以表示。项目财务评价步骤如下。

（1）进行基础准备，主要包括产品销量预测、价格预测、投资估算、成本费用估算等。

（2）编制财务报表，主要包括投资估算表、成本估算表、资产负债表、利润表和现金流量表等。

（3）计算经济效果，即选择适当的评价方法和评价指标进行项目财务评价，包括静态评价方法，如投资收益率法与投资回收期法等；动态评价方法，如净现值法、内部收益率法、外部收益率法、动态投资回收期法以及收益/成本比值法等。当项

二维码 3-4：动态评价方法

目寿命周期较长，投资额较大时应考虑资金的时间价值，这时应采用动态评价方法。

2）国民经济评价

项目国民经济评价以合理配置社会资源为前提，从国民经济整体利益的角度出发，对项目的经济效果进行评估。它将项目纳入整个国民经济系统之中，从国家和社会的全局出发去衡量项目在经济效果上是否可行。国民经济评价是项目评估的重要组成部分，也是投资决策的重要依据。

与财务评价相比，项目的国民经济评价更为复杂。它除了要考虑项目的直接经济效果外，还要考虑项目对社会的费用效益状况；它将工资、利息、税金等作为国家收益，而不是项目成本；所采用的产品价格为社会价格，采用的贴现率为社会贴现率。

二维码 3-5：社会贴现率

3）不确定性分析

任何项目投资的评价都基于对未来财务经济数据的预测。项目内外诸多因素的影响导致项目运行结果也存在着不确定性，如通货膨胀、技术变革、额定生产能力测定失实、工期变动等。为降低各类不确定性所带来的风险，就需要对项目评价结果进行不确定性分析。

项目的不确定性分析就是研究和评估当影响项目投资效益的各个主要因素发生变化时，拟建项目的投资效益会发生怎样的变化，以便为正确进行投资决策提供依据的工作过程。项目不确定性分析的主要方法有盈亏平衡分析、敏感性分析和概率分析等。

二维码 3-6：不确定性分析方法

9. 环境影响评价

随着环境问题的日益突出，环境保护成为项目可行性研究的重要内容。各类项目的可行性研究报告中都必须有专门的部分说明项目对环境的影响及其治理方法，并在提交项目可行性研究报告的同时，向有关部门提交环境影响报告书。

二维码 3-7：环境影响报告书

1）项目环境影响评价的作用

环境是指作用于人类的所有自然因素和社会因素的总和。在项目可行性研究中，环境是指自然环境，即环绕人类空间中的、可以直接或间接影响到人类生活与生产的一切自然形成的物质、能量的总体。构成自然环境的主要物质有空气、水、植物、动物、土壤、岩石矿物、太阳辐射等。自然环境可以为人类提供基本的生产条件和对象，同时又是人类社会生产和生活中产生的废弃物的排放场和自然净化场。可见，自然环境是人类生产和生活赖以存在和发展的基础。人类社会的发展和自然环境之间是一种相互制约、相互促进的关系。

任何项目都要处于某一特定的自然环境当中，不可避免地与周围环境发生相互作用，通过和环境发生物质流和能量流的交换对环境造成有利或不利的影响。因此在对项目进行国民经济评价时，必须权衡项目对环境的影响，进行全面的项目环境影响评价。

环境影响评价是对可能影响环境的重大工程建设、区域开发建设及区域经济发展规划或其他一切可能影响环境的活动，在事前进行调查研究的基础上，预测和评定项目可能对环境造成的影响，以及为防止和减少这种影响，制订最佳行动方案的活动过程。在项目动工兴建之前对其选址、设计、施工和投产后可能造成的影响都应进行预测和评价。

项目环境影响评价是一项综合性技术工作，它需要预测项目对大气、水质、动植物、岩石土壤等要素的影响，分析各种环境要素变化可能给人类社会的发展带来的好处或危害，估算消除这些危害所需要付出的代价，并就项目对环境的影响做出综合性的评价。这需要数学、化学、物理、生物工程、生态学与经济学等专业技术人员的通力合作。另外，环境影响评价不仅要考虑项目对环境的近期影响，还要考虑项目对环境的长期影响，甚至要考虑项目结束几年、几十年后对环境的影响。

2）项目环境影响评价制度

我国在多年环境保护实践中总结出八项环境管理制度，其中与项目密切相关的有两项，即“三同时”制度和环境影响评价制度。

（1）“三同时”制度，即新建、改建、扩建项目和技术改造项目以及区域性开发建设项目的污染治理设施必须与主体工程“同时设计、同时施工、同时投产”的制度。

（2）项目环境影响评价制度。其主要包括如下内容。

（a）所有大、中、小型新建、扩建和技术改造项目要提高技术起点，采用能耗小、污染物产生量少的清洁生产工艺，严禁采用国家明令禁止的设备和工艺。

（b）建设对环境有影响的项目必须依法严格进行环境影响评价，编制环境影响报告书。

（c）环境影响报告书对建设项目产生的污染和环境的影响做出评价，制定防治措施，经项目主管部门预审并依照规定的程序报环境保护行政主管部门批准。环境影响报告书经批准后，计划部门方可批准建设项目设计任务书。

（d）在建设项目总投资中，必须确保有关环境保护设施建设的投资。建设项目建成投入生产后，必须确保稳定达到国家或地方规定的污染物排放标准。要把环境容量作为建设项目环境影响评价的重要依据。

3）项目环境影响评价的依据

进行项目环境影响评价与管理的主要依据就是环境标准。我国现行环境标准体系分为两级环境标准体系，即国家级与地方级（包括行业管理）。具体有以下七种类型。

（1）环境质量标准，即在一定时间和空间内，各种环境介质（如大气、水、土壤等）中有害物质和因素所规定的容许含量与要求，是衡量环境受到污染的尺度，是有关部门进行环境管理、制定污染排放标准的依据。

（2）污染排放标准，包括污水综合排放标准、污染物排放标准等。

（3）环境基础标准，即对制定环境标准的有关名词、术语、符号、指南、准则所做出的统一规定，是制定环境标准的基础。

（4）环境方法标准，即对环境保护工作中的实验、分析、抽样、统计、计算方法的规定。

（5）环境标准物质标准。环境标准物质是指用以标定仪器、验证测量方法，进行量值传递或质量控制的材料或物质，对这类材料或物质必须达到的要求所作的规定，即为环境标准物质标准。

（6）环境保护仪器设备标准，即为了保证污染治理设备的效率和环境监测数据的可靠性与可比性，对环保仪器、设备的技术要求所作的规定。

（7）污染报警标准。目前在我国暂无统一的标准，主要由地区根据地理、气象、水文等条件，结合考虑区域污染特征来制定。例如，美国对大气污染则按单一污染物浓度或两种污染物联合浓度的高低分设了警告、紧急和危险三级标准。

与项目建设有关的环境法律和标准体系，在顶层有《中华人民共和国环境保护法》《中华人民共和国水污染防治法》《中华人民共和国环境影响评价法》《中华人民共和国海洋环境保护法》《建设项目环境保护管理条例》（2017 年修订版）等，在中层有上述七类标准，在基层各地区还建立了相关的法律法规。此外，2016 年环境保护部修订发布的《建设项目环境影响评价技术导则 总纲》（HJ2.1-2016）规定了我国建设项目环境影响评价的一般性原则、方法、内容及要求；2019 年生态环境部修订发布的《规划环境影响评价技术导则 总纲》（HJ 130—2019）规定了规划环境影响评价的一般性原则、工作程序、内容、方法和要求。

二维码 3-8：《建设项目环境保护管理条例》简介

二维码 3-9：《建设项目环境影响评价技术导则 总纲》简介

二维码 3-10：《规划环境影响评价技术导则 总纲》简介

4）环境影响报告书的内容

环境影响报告书是指预测评价经济建设和资源开发活动对周围环境可能造成的污染、破坏和其他影响的书面报告。它是项目建设计划的重要组成部分，由环境影响评价负责单位组织协作单位进行。编制环境影响报告书的目的，是在项目可行性研究阶段，对项目可能给环境造成的近期、远期影响和拟采取的防治措施进行评价和论证，并提出防治措施，选择技术上可行、经济和布局上合理、对环境不利影响较小的方案。

环境影响报告书应全面、概括地反映环境影响评价的全部工作，文字应简洁、准确，并尽量采用图表和照片，以使提出的资料清楚，论点明确，利于阅读和审查。原始数据、全部计算过程等不必在报告书中列出，必要时可编入附录。所参考的主要文献应按其发表的时间次序由近至远列出目录。评价内容较多的报告书，其重点评价项目另编分项报告书；主要的技术问题另编专题技术报告。

根据《建设项目环境影响评价技术导则 总纲》的要求，项目环境影响报告书一般包括概述、总则、建设项目工程分析、环境现状调查与评价、环境影响预测与评价、环境保护措施及其可行性论证、环境影响经济损益分析、环境管理与监测计划、环境影响评价结论和附录附件等内容。环境影响报告书应根据环境和工程的特点及评价工作等级，选择上述全部或部分内容进行编制。

10. 综合分析

综合分析一般应结合项目具体情况选择分析评估以下各项。

（1）政治和国防评估。

（2）工业配置评估。

（3）发展地区经济或部门经济的评估。

（4）提高国家、地区和部门科技水平的评估。

（5）减少进口、增加出口、节约或创造外汇的评估。

（6）环境保护和生态平衡的评估。

（7）节约能源的评估。

（8）节约劳动力和提供就业机会的评估。

（9）产品质量评估。

（10）提高社会福利和人民物质文化生活水平的评估。

### 3.3.3 可行性研究程序

项目可行性研究一般由项目业主根据需要委托有资格的设计院或咨询公司实施，具体包括以下步骤。

1. 委托与签订合同

项目可行性研究可以由项目主管部门直接给工程设计单位下达任务进行，也可以由项目业主自行委托有资格的工程设计单位承担。

项目可行性研究的委托任务书或合同内容一般应包括：研究工作依据、研究范围和内容、研究工作进度和质量、研究费用支付方式、合同双方责任、协作方式和关于违约处理方法等。

2. 组织人员和制订计划

受委托单位接受委托后，应根据工作内容组织项目小组，并确定项目负责人和各专业负责人。

项目组根据任务要求，研究和制订工作计划与安排实施进度。要充分考虑各专业工作特点和任务交叉情况，协调各专业工作关系，确保足够的工作时间。需要向外分包时，应落实外包单位，办理分包手续。

3. 调查研究与收集资料

项目组在理解委托单位对项目建设的意图和要求的基础上，查阅项目建设地区的经济、社会和自然环境等情况的资料，拟定调查研究提纲和计划，由项目负责人组织有关专业人员赴现场进行实地调查和专题调查，收集与整理所得的项目基础资料和技术经济资料等。

调查内容主要包括市场、原材料、燃料、厂址和环境、生产技术、财务资料、宏观政策、法律法规、相关标准等。各专题调查可视项目要求，分别拟定调查项目、对象和计划等。

4. 方案设计与选优

项目组根据建设项目建议书，结合市场和资源环境的调查，在调查研究和分析资料的基础上，提出若干种可供选择的项目建设方案和项目技术方案，进行比较和评价，从中选择或推荐最佳建设方案。

项目技术方案主要包括生产方法、工艺流程、主要设备选型、主要消耗定额和技术经济指标、建设标准、环境保护设施、工厂组成、定员等。

项目建设方案主要包括以下内容。

（1）生产规模与销售方案，包括市场分析、产品供销预测、生产规模、产品方案的选择、产品价格预测等。

（2）原材料供应方案，包括：核算原材料和燃料需用量、规格；明确资源供应情况和供应条件；预测原材料、燃料的进厂价格等。

（3）运输方案，包括估算工厂全年总运输量、原材料运输方案、成品运输方案等。

（4）外协方案，包括确定外协工作范围和协作单位等。

（5）其他，包括：厂址选择及其论证；筹资方案，如有借款，应说明借款来源、利息、偿付条件；项目建设工期安排等。

在方案设计与优选中，对重大问题或有争议的问题，要会同委托单位共同讨论确定。

5. 经济分析和评价

按照建设项目经济评价方法的要求，对推荐的建设方案应进行详细的财务分析和国民经济分析，计算相应的评价指标，评价项目的财务能力和国民经济效益。在经济分析和评价中，需对各种不确定因素进行敏感性分析和风险分析。

根据国家发展和改革委员会、建设部印发的《建设项目经济评价方法与参数》（第三版）的具体要求，建设项目经济评价的主要内容包括财务效益与费用估算、资金来源与融资方案、财务分析、经济费用效益分析、费用效果分析、不确定性分析与风险分析、区域经济与宏观经济影响分析、方案经济比选等。

当项目的经济评价结论不能达到有关要求时，可对建设方案进行重新调查或重新设计，或对几个可行性的建设方案同时进行经济分析，选出技术、经济综合考虑较优者。

6. 编写可行性研究报告

在对建设方案和技术方案进行技术经济论证与评论后，项目负责人组织可行性研究项目组成员编写详尽的可行性研究报告，并根据论证评价结果推荐一个或几个项目建设方案，也可提出项目不可行的结论意见或项目改进的建议。

通常，一份规范的项目可行性研究报告由概论、项目背景和发展概况、市场分析、建设条件与项目选址、工艺技术方案、环境保护与劳动安全、企业组织和人力资源、项目实施进度安排、投资估算与资金筹措、财务效益、经济和社会影响评价、研究结论和建议等部分构成。针对不同规模及不同特点的项目，其可行性研究报告的内容可以进行适当增减。但总体上看，项目可行性研究报告一定要给项目业主提供一个系统完整的建设思路、是否可行的基本结论，以及实施要点和关键问题等。对项目可行性研究报告的基本要求是科学有据、真实可信。

二维码 3-11：项目可行性研究报告的一般目录格式

## 3.4 项目评估

项目评估是项目可行性研究之后、决定项目是否实施前的最后一个阶段，其结果是形成项目评估报告。

### 3.4.1 项目经济效益评估

项目评估的内容会因项目的类型、规模、性质和复杂程度的不同而有所差异。通常，项目评估的内容主要包括：项目的背景研究、项目建设的必要性、建设条件、技术评估、财务评估、社会效益与经济效益评估、环境影响评估、风险性与不确定性评估等，最后形成评估报告。其中，项目经济效益评估又称为项目财务评估，是从项目微观角度出发，运用有关财务分析的方法对项目的经济效益进行综合评价，并对项目合理性提出判断意见的管理活动。

1. 经济效益评估的目标

1）了解项目盈利能力

盈利能力是反映项目经济效益的主要标志。经济效益评估通过分析项目建成后是否有盈利、盈利能力大小、项目盈利是否足以弥补项目投资等，来判断项目是否可行。

2）了解项目清偿能力

广义上讲，项目清偿能力包括两个层次：①财务清偿能力，即项目收回全部投资的能力。②债务清偿能力，即项目偿还借款和其他债务的能力。狭义上讲，项目清偿能力仅指债务清偿能力。

3）了解项目财务外汇平衡情况

对于涉及进出口设备或业务的项目，还要通过经济效益评估，编制财务外汇平衡表，掌握项目的外汇收支平衡情况。

2. 经济效益评估的方法

类似于可行性研究，项目经济效益评估方法主要有投资回收期法、投资收益率法、追加投资回收期法、追加投资收益率法、净现值法、内部收益率法、外部收益率法等。

两者的区别主要如下。

（1）分析主体不同。可行性研究是项目承担方实施；项目评估则是由项目隶属的政府管理部门、项目主管部门、贷款银行等机构实施。

（2）分析视角不同。可行性研究一般站在用资角度考虑问题；项目评估则是站在银行、国家投资角度来考虑问题。

（3）内容侧重不同。可行性研究侧重于项目技术、经济方面的论证；项目评估则侧重于对可行性研究的质量和可靠性的审查与评估。

### 3.4.2　项目社会效益评估

项目社会效益评估，又称为项目国民经济评价，是从宏观出发，分析项目对社会、国家的整体贡献，来评估项目价值的方法。按照资源合理配置的原则，采用影子价格、影子汇率、影子工资、社会折现率等评价参数来评价其在经济上的合理性，计算和分析其对国民经济做出的贡献和国民经济为此所付出的代价，以评价投资项目的合理性。

1. 评估目标和途径

1）对宏观经济的影响效果

项目宏观影响主要体现在对国民经济增长的贡献上，从国家角度，项目投资所增加的国民收入净增值和社会效益净增值应大于为项目所付出的社会成本。主要考察如下指标。

（1）项目在正常生产能力下，每年所获国民收入净增值和社会净效益同项目总投资额的比率，用以考察项目每年对国家和社会的实际贡献情况。

（2）在项目整个寿命期内获得的总国民收入净增值和社会净效益同项目总投资额的比率，用以考察项目在整个寿命期内对国家和社会的总贡献情况。

（3）以国民收入净增值和社会净效益分别计算的总投资回收期，用以考察项目的投资回收能力。

2）社会效果

（1）劳动就业目标，考察项目建成后为社会提供的劳动就业机会的数量。

（2）收入分配目标，考察项目提供的国民收入净增值在国家、地区、部门、企业和个人之间的分配关系。

（3）创汇节汇目标，考察项目的国际竞争能力情况。

（4）环境保护目标，考察项目的社会环境影响情况。

2. 评估技术与方法

1）社会折现率

社会折现率是从国家角度对资金机会成本和时间价值进行估量的评估指标。它是从社会的视角反映最佳资源分配和社会可接受的最低投资收益率。采用适当的社会折现率对项目进行投资评价，有助于合理使用项目资金，引导投资方向，调控投资规模，促进资金在全社会范围内的优化配置。

社会折现率作为项目社会效益评估的重要参数，在衡量投资项目的内部收益率时具有重要作用，同时它也是项目经济可行性和方案比较选优的主要依据之一。

社会折现率的测定方法主要有两种，一种是用投资项目经济内部收益率排队的方法测定；另一种是用现行价格下的投资收益率的统计值测定，这种方法比较简单实用。2006 年国家发展和改革委员会、建设部发布的《建设项目经济评价方法与参数》（第三版）中将社会折现率规定为 8%，供各类建设项目评价时统一采用，目前仍沿用这一标准。

2）影子价格

项目社会效益评估的目的是考察项目给国民经济做出多大贡献以及国民经济为此付

出的代价。因此，价格真实与否决定了评估的可信度，也决定了资源优化配置的有效性。为了消除现行市场中价格背离价值的失真现象的影响，就要寻找并使用隐藏在市场价格背后的理想的、在完全竞争或者均衡经济状态中的真实价格，即影子价格。

影子价格的概念是由荷兰数理经济学、计量经济学创始人之一扬·丁伯根（Jan Tinbergen）和苏联数学家、经济学家、诺贝尔经济学奖获得者康托罗维奇提出来的。它是指当社会经济处于某种最优状态时，能够反映社会劳动消耗、资源稀缺程度和最终产品需求情况的价格，是商品或生产要素的边际变化对国民收入增长的贡献值。也就是说，影子价格是由国家经济增长目标和资源可用量决定的。

一般来说，项目投入的影子价格就是其机会成本，即资源用于其他用途时的边际产出价值，也是用户为取得产品而愿意支付的价格。

可见，项目社会效益分析的着眼点是整个国民经济，其关键是准确测定影子价格。这需要对国民经济在生产、交换、分配和消费过程中的全部环节及其相互制约因素进行全面考察。社会资源可用量、政策变动及社会经济未来变动等各种不确定性因素都会影响影子价格。因此，要精确测定影子价格并不容易。

### 3.4.3 项目风险和不确定性评估

项目风险和不确定性评估是针对项目实施与运行中的不确定性因素及问题所开展的一种论证与评估工作，是项目论证与评估的重要组成部分。造成项目不确定性的主要原因有三个方面：人们主观认识能力的局限性，项目客观条件的发展变化性，项目各种人为条件的发展变化性。通常，项目不确定性因素无法完全消除，因此需要在项目论证和评估中加以识别、分析和估计，以便在项目执行中加以防范与控制可能产生的风险和不确定性的影响。

1. 评估内容

项目风险和不确定性评估的主要内容是找出项目的不确定性因素，分析这些项目不确定性因素的发展变化，预估这些项目不确定性因素可能造成的后果和所能影响的范围。项目风险和不确定性评估的具体内容如下。

1）识别项目不确定性因素和具体的风险

项目风险和不确定性评估的首要内容是识别项目存在的各种不确定性因素，即一个具体项目在未来的发展中存在哪些客观条件和人为条件的可能变化，找出这些项目不确定性可能导致的结果，包括项目主客观环境变化的可能性，以及这些不确定性所能够导致的风险事件。

2）分析与度量项目不确定性和项目风险的后果

对项目风险，即不确定性及其变化所带来的项目后果的评估，包括项目风险发生的概率大小的度量；项目风险后果严重程度的度量，即风险损失或收益的大小；项目风险的关联影响情况的度量，即是否具有多米诺骨牌效应；项目风险后果发生时间的度量等。

3）分析与制定项目风险监控和应对措施

监控措施主要指对项目不确定性因素变化及其影响的持续性的观察和评价；应对措施则是指制定相应策略、安排必要资源有效防范和控制这些不确定性因素的负面影响。

2. 评估方法

项目风险和不确定性评估的常用方法如下。

1）盈亏平衡分析

这种方法从项目投入运营后的产量、成本、盈利三者之间的平衡关系进行分析，从而找出项目产品的产量、价格和成本要素（包含固定成本和变动成本）之间的平衡点，并据此判断在各种不确定因素作用下会出现的项目风险。通常，盈亏平衡点距离项目产能点越近，其风险越高。

2）敏感性分析

敏感性分析是指通过分析、测算项目主要因素在发生一定变化时可能会引起的项目经济效益指标的变化情况，了解各种项目不确定因素变化对项目实现预期目标的影响程度，并以此评估和判断项目对各种风险的承受能力。通常，敏感性因素是指那些在预定变化范围内可能会影响项目可行性的因素。

3）概率分析

这种方法主要用来分析各种项目不确定性或风险性事件的发生概率，或项目各种风险后果的发生概率。项目风险可以用项目风险发生概率和项目损失和收益的乘积来表示，即

$$R=\sum_{i=1}^{n}P_t\times\left(L/E\right)_t$$

其中，$R$ 为项目的整体风险；$P_t$ 为第 $t$ 种项目不确定性因素的发生概率；$(L/E)_t$ 为由第 $t$ 种不确定性事件可能引发的项目损失（$L$）或项目收益（$E$）。

### 3.4.4　项目评估报告

项目评估的结果应形成项目评估报告。项目评估报告一般包括两个部分，即正文部分和附件部分。其中，正文部分是对项目主要特点进行概括说明，并对有关问题作简明叙述，应严谨明了，言简意赅。附件部分是为正文所提的观点提供详细的证据，包括必要的资料、表格、数据分析、附图以及一些技术说明等。

二维码 3-12：项目评估报告的基本内容

## ➢ 本章小结

（1）项目论证是指对拟实施项目技术上的先进性、适用性，经济上的合理性、营利性，建设或实施上的可能性、风险性进行全面科学的综合分析，为项目决策提供客观依据的一种技术经济研究活动过程。项目论证应该围绕着市场需求、工艺技术、财务经济、社会环境影响等四个方面展开，其中市场是基础、技术是手段、财务经济是核心、社会环境是前提。

（2）项目机会研究也称投资机会鉴别，是进行可行性研究之前的准备性调查研究，也是为寻求有价值的投资机会而对项目的有关背景、投资条件、市场状况等所进行的初步调查研究和分析预测的活动，包括一般机会研究和特定项目机会研究。

（3）项目可行性研究是在项目决策前对其有关的工程、技术、经济、风险等各方面条件和情况进行详尽、全面的调查研究和系统分析，对各种可能的项目方案和技术方案进行详细的比较论证，并对项目建成后的经济效益、国民经济和社会效益、风险和不确定性、环境影响等进行预测和评价的一种科学分析过程和方法，是项目进行评估和决策的依据。

（4）项目评估是指在项目论证的基础上，从项目对组织、对社会贡献的各个角度对拟建项目进行全面的经济、技术论证和评价，并给出评价结果的过程。项目评估是项目投资管理的重要一环，其目的是审查项目论证结果的可靠性、真实性和客观性，为组织的融资决策、银行的贷款决策以及行政主管部门的审批决策等提供科学依据。

## ➢ 复习思考

1. 什么是项目论证？现代项目管理中为什么要进行项目论证？
2. 项目论证一般要遵循什么样的程序？包含哪些内容？
3. 项目的一般机会研究和特定机会研究的区别与联系是什么？
4. 项目的初步可行性研究的主要内容有哪些？其在项目论证中的地位如何？
5. 项目可行性研究的主要内容有哪些？其研究的核心与重点是什么？
6. 如何编制一份完整的可行性研究报告？它包含哪些部分？
7. 什么是项目评估？其主要内容是什么？项目评估和项目论证的关系是什么？
8. 项目经济效益评估与社会效益评估的区别是什么？
9. 如何编制项目评估报告？其和项目可行性研究报告有什么不同？

## ➢ 能力测试

一、判断题

1. 项目评估就是对项目总投资的估算。（ ）
2. 项目评估就是项目可行性研究。（ ）
3. 项目的一般机会研究需要识别项目举办方的优势和劣势。（ ）
4. 辅助功能研究仅仅发生在初步可行性研究阶段。（ ）
5. 可行性研究可以按照项目发起方的标准展开。（ ）
6. 项目财务评价的主要判别依据是财务净现值大于等于零。（ ）
7. 内部收益率就是企业内部制定的计划收益率。（ ）
8. 社会折现率用来计算项目经济效益。（ ）
9. 项目论证和项目评估是一个概念的两种表述方法。（ ）
10. 项目评估的结果将为项目融资决策、银行贷款决策以及行政主管部门的审批决策等提供科学依据。（ ）

二、单项选择题

1. 可行性研究的第一个阶段是（ ）

A. 初步可行性研究　B. 机会研究　C. 详细可行性研究　D. 项目评估

2. 项目特殊机会研究主要关注（ ）。

A. 项目市场机会　B. 项目资源供给　C. 项目财务回报　D. 项目社会效益

3. 项目总投资中不属于建设投资的是（ ）。

A. 固定资产投资 B. 建设期资本化利息 C. 流动资金投资 D. 无形资产投资

4. 项目起始规模的确定，一般采用（ ）。

A. 盈亏平衡分析法 B. 最小费用法 C. 资金利润率法 D. 平均成本法

5. 项目经济效益评估的内容不包括（ ）。

A. 盈利能力分析 B. 清偿能力分析 C. 劳动能力分析 D. 外汇效果分析

6. 可以认为（ ）是资金的影子价格。

A. 利息率 B. 社会折现率 C. 借入资金成本 D. 存款利率

7. 项目评估是在（ ）的基础上进行的，是对其包含的全部内容进行进一步的审查、核实，并做出评价和提出建议。

A. 项目投资机会研究报告 B. 项目建议书

C. 项目初步可行性研究报告 D. 项目可行性研究报告

8. 敏感性分析用于评价未来项目的潜在（ ）。

A. 收益 B. 成本 C. 风险 D. 机会

9. 审查项目论证结果的可靠性、真实性和客观性的主要管理活动是（ ）。

A. 项目机会研究 B.项目可行性分析 C. 项目评估 D.项目后评价

10. 如果项目的盈亏平衡点低，则说明（ ）。

A. 项目承受风险能力强 B. 项目承受风险能力弱

C. 项目市场竞争能力强 D. 项目有较好的经济效益

三、多项选择题

1. 下列选项中，属于项目评估内容的有（ ）。

A. 项目背景评估 B. 项目国民经济效益评估 C. 项目风险评估

D. 项目不确定性评估 E. 项目建设必要性评估 F. 项目审查

2. 项目不确定性分析包括（ ）。

A. 盈亏平衡分析 B. 敏感性分析 C. 概率分析

D. 风险决策分析 E. 财务比率分析

3. 下列各项中，不属于厂址选择方法的是（ ）

A. 最小运输费用法 B. 方案比较法 C. 评分优选法

D. 资源法 E. 价值工程分析法

4. 投资项目的社会评估具有（ ）。

A. 分析对象的宏观性 B. 分析目标的多元化 C. 分析结果的准确性

D. 分析方法的定性化 E. 分析过程的层次性

5. 项目社会效益评估要满足（ ）。

A. 客观性原则 B. 可操作性和通用性原则 C.可比性原则

D. 灵活性原则 E. 定量分析和定性分析相结合的原则

6. 项目经济效益分析与可行性研究的区别在于（ ）。

A. 分析方法不同 B. 分析主体不同 C. 分析视角不同 D. 内容侧重不同

7. 社会折现率的测定方法主要有（　　）。

A. 用投资项目经济内部收益率排队的方法测定

B. 用现行价格下的投资收益率的统计值测定分析主体不同

C. 用投资机会成本加风险贴水来测定

D. 用银行加权利率来确定

8. 项目论证的主要内容包含（　　）等方面。

A. 市场需求　B. 工艺技术　C. 财务经济　D. 社会效益　E. 环境影响

9. 项目财务分析所依据的财务报表主要有（　　）。

A. 资产负债表　B. 利润表　C. 现金流量表　D. 需求预测表

10. 项目的市场需求分析的主要内容包括（　　）等。

A. 市场需求结构　B. 市场细分　C. 需求变化趋势　D. 产品定价结构

## ➢ 自主学习

### 江苏水艺科技有限责任公司的创业计划

江苏水艺科技有限责任公司（简称水艺科技或公司）是一个由在校大学生拟创立的高科技公司。该公司以国际领先的高精度水流控制技术为核心技术，以第十一届“挑战杯”全国大学生课外学术科技作品大赛获奖作品《数字水墙》为核心产品，参加了第七届“挑战杯”中国大学生创业计划大赛并获得金奖。

1. 核心技术与产品

数字水墙是国际上正在兴起的具有很高观赏性的高科技产品，其核心技术是高精度流体控制技术，通过对水流模型的计算，各路电磁阀在计算机控制电路的精确操控下通断，使流动水在重力作用下形成水柱和空隙，从而可显示出各种滚屏式图案。数字水墙是一种新型的数字化控制的水流显示技术。

2. 目标市场

水艺科技聚焦组织与家庭两大目标市场。其中组织市场包括展会市场、酒店业、风景区、大型商场等，公司拟推出平面型、环型、异型大中型数字水墙，用于室内外娱乐、广告、展示和美化等；家庭市场的目标客户为高收入的别墅家庭和小型酒吧、咖啡吧，用于室内外微小型水景设计。根据市场调查，当前我国数字水墙的组织和家庭市场容量分别为 17 504 台和 378 000 台，随着各个市场的不断发展，市场容量还会不断扩大，因此，公司产品具有广阔的市场前景。

3. 发展战略

公司以“成为国内数字水墙第一品牌，为客户和股东创造更多价值”为愿景，制定了“三步走”的发展战略：第一步，以技术为先导，开拓大中型机市场；第二步，以管理为手段，开拓微小型机市场；第三步，以品牌为核心，进军服务业，参与公园、广场等改造旧有喷泉，力争成为国内数字水艺生产和服务的领先者。

在具体实施方面，公司将通过大客户管理策略，并通过事件营销、体验营销等手段创造需求。目前，公司已成功参加了国际投资贸易洽谈会，并同多家机构签署了购买意向。

4. 投资与财务

根据对未来市场销售的预测，公司拟筹集创业资本 1000 万元，其中：创业团队技术入股 300 万元，占股本总额的 30%；战略投资 300 万元，占股本总额的 30%；创业团队自有资金 50 万元，占股本总额的 5%；其余 35%的注册资本（350 万元）以期吸收 2~3 家风险投资公司共同参股。

经过测算，公司在未来五年内主营业务收入从 1320 万元持续增长到 1.5 亿元，净利润也从 15.11 万元增长到 3537.89 万元，公司具有较强的盈利能力。各项财务比率也充分显示公司具有较强的盈利、营运及偿债能力。

本项目预期的投资净现值为 2592.47 万元，内含报酬率为 64.98%，静态投资回收期为 2.28 年，动态投资回收期为 2.62 年。说明该公司投资方案可行，且具有丰厚的投资回报。

5. 风险控制策略

通过敏感性分析发现，各项投资指标对于销售收入的变动最为敏感，经营成本次之，最后是投资。说明未来公司产品销量和价格将左右创业成败，必须加以有效应对。

思考题：

1. 项目论证的作用是什么？主要内容有哪些？

2. 如果将创设公司视为一个项目，其项目评价应包含哪些内容？上述案例中的项目论证可行吗？还有哪些问题值得进一步研究？

3. 一个项目的可行性论证应围绕哪些要点？怎样才能算得上一个“超级好项目”？

# 第4章

# 项目规划与计划

## ➢ 本章提要

在本章中，您将学习到以下内容：

1. 项目规划和计划的基本框架和一般过程；
2. 项目目标的确立和项目计划过程；
3. 项目范围规划和范围定义的内容、依据和技术；
4. 项目工作分解的概念、过程和结果；
5. 工作排序和工作时间估计；
6. 网络计划技术；
7. 项目进度计划的编制依据、基本方法、操作步骤和相关技术（里程碑计划、甘特图计划、网络图计划）；
8. 项目资源计划、费用估计和费用预算的基本知识；
9. 项目质量管理体系、质量计划的内容、依据、技术、方法和结果；
10. 项目安全管理的概念、HSE管理体系、安全计划的内容等。

## ➢ 案例导入

### A公司的软件开发项目

A公司是一家美国硅谷的软件公司的在华分部，由鲍先生任负责人。何女士则是刚刚加入A公司的负责外包的工作人员，刚刚被任命为一个软件产品开发项目的外包项目经理。

东方公司是A公司该项目的中国合作伙伴，主要负责软件的本地化和测试工作。东方公司由技术出身的魏先生负责该产品的开发和管理工作。

当何女士接手这项工作后，发现东方公司的项目开发成本非常高，但客户满意度却较差。为此，鲍先生希望何女士和魏先生用项目管理方法对该项目进行管理和改进。随后，何女士和魏先生召开了一系列的会议，提出了新的做法。

何女士和魏先生制订了详细的项目管理计划，成立了单独的测试小组，将软件开发和测试分开，并且在硅谷和东方公司之间建立了一个新的沟通渠道，以直接沟通软件开发问题。同时，他们还采用了里程碑方法，对项目的重要节点进行管理。

六个月之后，软件交付使用。但是客户对这个版本还是不满意，认为还有很多问题。为什么运用了项目管理的方法，这个项目还是没有得到改善？

## 4.1 概述

"凡事预则立，不预则废。"任何项目管理都是以制订项目计划为起点。项目计划是有效协调项目工作、驱动项目任务顺利完成的重要基础。研究表明，优秀的计划使项目的成功率大大提高，而低劣的计划则会付出进度延迟、质量低下、成本增加、未能满足客户需求的代价。

项目的独特性决定了其计划制订不能简单照搬以前的经验，而必须为每个项目量身定做实施计划，对做什么、为何做、谁去做、何时做、何地做、怎样做等做出明确安排。

### 4.1.1 项目规划和计划的基本框架

项目规划和计划是项目管理的重要组成部分，其主要任务是明确项目目标，确定项目范围，制订项目的组织规划、进度计划、资源计划、费用计划和质量安全计划等。

1. 项目规划和计划的一般过程

项目规划和计划主要包含以下步骤。

（1）确定项目目标。

（2）定义项目范围——确定项目边界。

（3）实施项目工作分解——确定项目 WBS。

（4）估计项目各项工作的工期、所需资源和成本。

（5）编制主进度计划、资源计划、费用计划、质量安全计划等。

（6）规划项目组织——确立项目组织结构。

（7）设立项目档案。

（8）审查和批准项目计划。

2. 项目规划和计划的主要工作及其相互关系

项目规划和计划起始于项目的范围规划，其核心是形成项目的资源计划、进度计划、费用计划等，其他支撑计划包括项目的组织规划、采购规划、质量安全计划等。它们之间形成了复杂的相互作用关系。

二维码 4-1：项目规划和计划

### 4.1.2 项目目标确立

1. 项目目标的特点

项目目标，简单地说就是实施项目所要达到的期望结果。项目实施就是一个追求项目目标的过程。因此，如同其他目标一样，项目目标的确定不仅要在客户同承约商之间达成一致，而且要满足 SMART 原则，即具体（specific）、可测（measurable）、可实现（achievable）、相关性（relevant）、时间性（timed）。

二维码 4-2：项目目标的特点

项目目标具有多样性、优先性、层次性等特点。

2. 项目目标的确立过程

项目目标的确定包括明确制定项目目标的主体和描述项目目标两个阶段。通常，项目目标由项目发起人或项目提议人来确定，而承约商的意见对于项目目标的确定起着重要的参考作用。项目目标的描述应该明确、具体，并尽可能量化，以保证项目目标易于沟通、理解和度量。应使所有项目团队成员能够结合项目目标确定个人的具体目标。

3. 项目目标的描述

在项目建议书中，项目目标的描述是一项非常重要的内容。通常，项目建议书的起草人是项目经理，即项目经理是确定项目目标的重要主体。从这点上讲，项目经理对项目目标的正确理解和准确定义决定了项目的成败。

项目目标的描述应遵循以下准则：①能定量描述的，不要定性描述；②应使每个项目组成员都明确目标；③目标应该是现实的、可实现的，而不应是理想化的；④目标的描述应尽量简化。

### 4.1.3 项目范围规划

1. 范围规划

1）范围规划的定义

项目范围规划就是确定项目范围并编制项目范围说明书的过程。项目范围说明书阐述了为什么要进行这个项目，明确了项目目标和主要可交付的成果，是项目实施的重要基础，也是项目团队和项目委托方之间签订协议的基础。项目和子项目都要编写范围说明书，一般由项目团队来完成。

2）范围规划的依据

（1）成果说明书。项目成果是指项目委托人要求项目团队在项目结束时交付的成果，一般通过成果说明书来明确表述。

（2）项目许可证。项目许可证是正式承认某项目存在的一种文件，其中有关项目目标的陈述是其重要的组成部分。

（3）制约因素，即限制项目团队行动的因素，对项目范围、人员配置、进度安排等产生影响。

（4）假设前提。假设前提是指制订项目范围规划的基本前提条件。它将某些不确定因素假定为是真实的、符合现实的和肯定的，因而常常包含一定程度的风险。

3）范围规划的工具和技术

（1）成果分析。通过成果分析可以加深对项目成果的理解，确定其是否必要、是否有价值，主要包括系统工程、价值分析、质量功能分析等技术。

（2）成本效益分析。成本效益分析用以比较不同项目方案的有形和无形的费用和效益，并利用投资收益率、投资回收期等财务指标估计各项目方案的相对优越性。

（3）项目方案识别技术。项目方案识别技术是指提出实现项目目标方案的所有技术，如头脑风暴法和侧面思考法等。

（4）专家判断。有时，项目需要邀请各领域的专家对各种方案进行评价。任何经过专门训练或具有专门知识的集体或个人均可视为领域专家。

项目范围规划的结果是形成项目范围说明书、辅助性细节说明和范围管理计划等。范围说明书主要包括项目合理性说明、项目成果简要描述、可交付成果清单、项目目标实现程度等；辅助性细节说明包括对项目有关建设条件及制约因素的陈述；范围管理计划则包括项目范围变化的可能性、频率和幅度，以及变更管理等。

2. 范围定义

范围定义就是把项目的主要可交付成果划分为相对较小的更易管理的单位。范围定义的依据是范围说明书、制约因素、假设前提、其他计划结果、历史资料及经验教训等。范围定义的结果是项目的 WBS。

WBS 是面向可交付成果及其实现过程进行层次化分解，从而形成一个清晰的、可管理的任务单元和层次化的工作任务结构，作为组织项目计划和实施的工作依据。它组织并定义了整个项目范围，与项目经理、职能经理和所有参与项目的成员的工作任务直接相关。

### 4.1.4　项目计划

1. 项目计划的概念与作用

项目计划是确定项目目标，并为完成目标、对项目实施工作所需进行的各项活动做出周密安排的项目管理职能。项目计划围绕着项目目标，系统地确定项目的工作任务、安排项目进度、编制资源预算等，从而保证项目能够在合理的工期内，用尽可能少的费用高质量地实现项目目标。

项目计划是项目实施的蓝本，规定了做什么、如何做、由谁去做等内容。项目计划也是项目控制、协商和交流的基础。项目计划的具体作用如下。

（1）指导项目实施。

（2）把项目计划编制所依据的假设和前提以书面文件表达出来。

（3）将项目的目标、方案、资源需求和配置、执行步骤等决策编写成书面文件。

（4）促进项目有关各方之间的沟通。

（5）对项目内容、范围和时间安排等关键性问题进行审查。

（6）为进度测量和项目控制提供基准。

2. 项目计划的形式与内容

1）项目计划的形式

项目计划阶段位于项目批准以后，项目实施之前。而作为项目管理的一个职能，它贯穿于项目生命周期的全过程。随着项目的进展，项目计划不断地得到细化、具体化，同时又不断地得到修改和调整，形成一个前后相继的计划体系。

项目计划按制订的过程，可分为概念计划、详细计划、滚动计划三种形式。

（1）概念计划。其任务是确定初步的 WBS，并对项目 WBS 中的任务进行估计，从而形成初步的项目计划。概念计划规定了项目的整体轮廓和战略方向。

（2）详细计划。其任务是制定详细的 WBS，并依据对实现项目目标必须做的每一项具体任务的详细研究，形成详细的项目计划。详细计划提供了项目的详细范围、具体的工作任务，以及执行工作任务的步骤、时间和资源等。

（3）滚动计划。其作用是用滚动的方法对可预见的将来逐步制订更加合理和详细的计划，以应对项目内外环境的动态变化，使得计划更加精确、合理，并增加计划的灵活性。

2）项目计划的内容

项目计划必须回答五个基本问题：做什么、如何做、何人做、何时做及花费多少。

（1）做什么，即项目的技术目标是什么，这是项目经理和项目团队成员在确立和检查技术目标时必须弄清楚的问题。

（2）如何做，即达到技术目标所依据的基本工作，它由项目的 WBS、工作列表和工作说明书（activity description）等所描述。

（3）何人做，即人员使用计划，它决定何人在何时做何事。可以通过项目责任分配矩阵、人员使用计划等来解决，并在 WBS 图中注明。

（4）何时做，即项目进度计划，它决定每一项工作在何时实施、需多长时间、每项工作需要哪些资源等问题。

（5）花费多少，即项目费用计划，它决定了项目的资金需求、来源、投入时间及投入量等问题。

3）项目计划的构成

项目计划由工作计划、组织计划、进度计划、资源计划、费用计划、质量计划、采购供应计划、变更控制计划、文件控制计划和其他计划等十个方面构成。

二维码 4-3：项目计划的构成

3. 项目计划过程

一般项目计划制订的过程可以分为项目计划前的准备工作和项目计划工作两个阶段。

1）项目计划前的准备工作

（1）定义项目目标和任务。项目计划应在对项目目标进行细化定义，明确技术设计和实施方案之后做出。

（2）调查项目内外环境。应对影响项目计划和实施的一切内外部影响因素进行详细分析，并做出调查报告。

（3）实施项目结构分析。通过项目的结构分析不仅获得项目静态结构，而且通过逻辑关系分析，获得项目动态的工作流程——网络图。

（4）完成工作单元的基本定义，即将项目目标、任务进行分解，准确定义项目各项工作任务的范围、目标、质量要求、工作量、延续时间等。

（5）制订详细实施方案。为了完成项目的各项工作任务，使项目经济、安全、稳定、高效率地实施和运行，必须对实施方案进行全面研究和安排。

2）项目计划过程的步骤

项目计划过程可分为以下九个步骤。

（1）定义项目交付物。项目交付物不仅指其最终产品，也包括项目的中间产品。例如，一个系统设计项目标准的项目产品可以是系统需求报告、系统设计报告、项目实施阶段计划、详细的程序说明书、系统测试计划、程序及程序文件、程序安装计划、用户文件等。

（2）确定项目各项工作任务。确定实现项目目标必须完成的各项工作，并以 WBS 图反映出来。

（3）建立逻辑关系图，即在假设资源独立的前提下，确定各项工作任务之间的相互依赖关系。

（4）确定各项工作时间。根据经验或应用相关的方法给各项工作分配可支配的时间。

（5）确定项目人力资源及其可支配时间。项目团队成员可支配的时间是指具体花在项目中的确切时间，应扣除正常可支配时间中的假期、教育培训时间等。

（6）平衡和优化资源配置。对各项工作任务的持续时间、开始日期、任务分配等进行调整，做到进度、资源和质量三者的平衡，保持各项工作任务之间的相互依赖关系，证实计划的合理性。通过资源平衡与优化可使项目团队成员承担合适的工作量，还可调整资源的供需状况。

（7）确定管理支持性工作。管理支持性工作往往贯穿项目的始终，具体指项目管理、项目会议等管理工作。

（8）重复上述过程直到完成。

（9）完成项目计划汇总。

## 4.2　项目工作分解

### 4.2.1　项目工作分解概述

WBS 就是把一个项目的整体按照一定的原则进行拆分，项目分成若干项任务，任务再分成若干项子任务，再把子任务分成若干工作单元，直到不能细分为止。WBS 的目的是把抽象的项目分解成为一个个可管理的工作单元。

WBS 以可交付成果为导向对项目要素进行划分，归纳和定义项目的整个工作范围，每降低一层代表对项目工作的更详细定义。WBS 总是处于计划过程的中心，也是制订进度计划、资源需求、成本预算、风险管理计划和采购计划等的重要基础。WBS 同时也是控制项目变更的重要基础。项目范围由 WBS 定义，所以 WBS 也是项目管理的综合工具。

WBS 的概念最初由 20 世纪 60 年代的美国国防部和美国国家航空航天局开发，从那时起便成为项目管理的关键组成部分。由于工作分解的原则既可以按项目的内在结构（如工程项目的建筑结构），也可以按项目的实施顺序进行，且项目自身的复杂程度、规模大小存在差异性，WBS 的层次数量不同。

### 4.2.2 项目工作分解结构

1. 项目工作分解的层次

项目工作分解是一个由粗到细的分解过程。项目一般可以分解为五个层次，即项目整体、子项目或任务大类、子类别或子任务、次子类别或次子任务、工作包等。

2. 项目工作分解的原则

项目工作分解应遵循以下原则。

（1）功能或技术，即应根据项目的功能系统或涉及的技术领域来进行项目分解，这是项目分解的基本原则。

（2）组织结构，即项目分解应考虑与项目的组织体系相适应。

（3）地理位置，即项目分解应考虑处于不同地区或地点的子项目。

（4）系统或子系统，即根据项目在某些方面的特点或差异将项目分为不同的子项目。

3. 项目工作分解的类型

项目 WBS 主要有两种类型：产品导向型 WBS 和活动导向型 WBS。

1）产品导向型 WBS

产品导向型 WBS 依据的是最终产品的构成（图 4.1），其特点是重视结果但忽略过程，有助于项目分包、结果检查等管理工作，但是在较低层次上的分解结构往往不容易理解，并且难以掌握项目的进展过程。

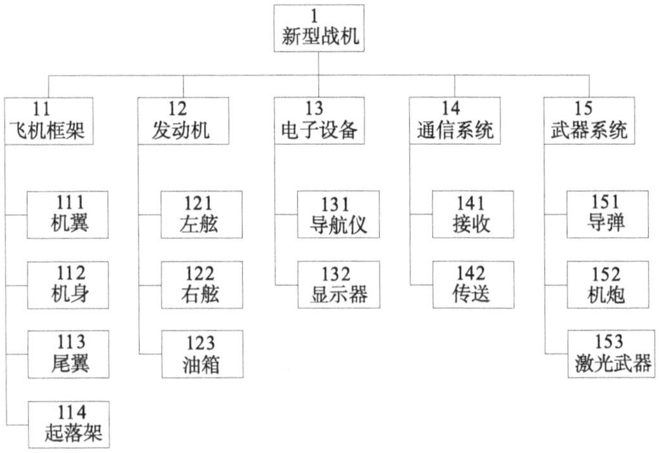


图 4.1 产品导向型 WBS

2）活动导向型 WBS

活动导向型 WBS 的基本依据是项目活动的过程（图 4.2），其优点是简单易懂，逻辑性强，容易进行活动的识别和定义，且易于实施。其缺点是不易跟踪考察，容易导致注重过程而忽略结果。

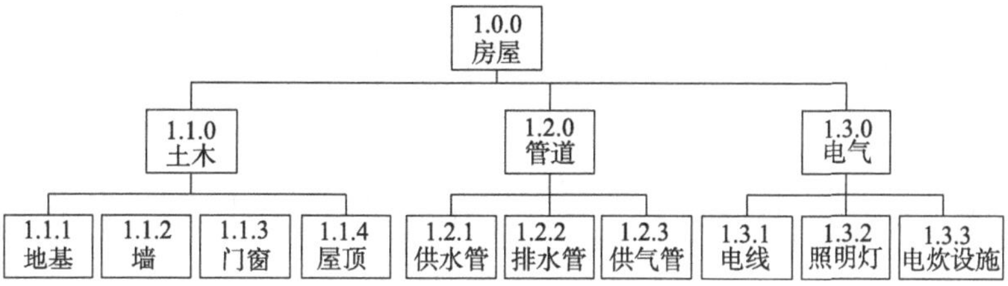


图 4.2　活动导向型 WBS

4. 项目工作分解的步骤

（1）认识项目的主要组成部分，即项目主要可交付成果。

（2）确定每一组成部分是否分解得足够详细，以便对它进行费用和时间估计。

（3）确定可交付成果的构成要素。构成要素应该是有形的、可检查的，以便据此项目绩效进行评价。

（4）核对分解是否正确，确保分解没有遗漏和冗余。

（5）在验证分解完全正确后，建立一套编号系统。

（6）随着其他计划编制活动的进行，对 WBS 进行更新或修正。

5. 项目工作分解的结果

项目工作分解的结果可以用项目工作列表（表 4.1）或项目 WBS 图（图 4.3），以及责任分配矩阵（responsibility assignment matrix，RAM）（表 4.2）等可视化工具表示出来。每一项工作任务或活动都需要用工作说明书详细陈述出来（表 4.3）。

**表 4.1　房屋建造工作列表**

| 工作编码 | 工作名称 | 工作描述 | 负责人 |
|---|---|---|---|
| 1.0.0 | 房屋 | 包括土木建造、管道铺设、电气安装 | 王二 |
| 1.1.0 | 土木 | 包括浇地基、砌墙、安装门窗、搭屋顶 | 张三 |
| 1.1.1 | 地基 | 浇地基 | 张三 |
| 1.1.2 | 墙 | 砌墙 | 张三 |
| 1.1.3 | 门窗 | 安装门、窗 | 张三 |
| 1.1.4 | 屋顶 | 搭屋顶 | 张三 |
| 1.2.0 | 管道 | 包括开挖管槽、埋设管道 | 陈六 |
| 1.2.1 | 供水管 | 开挖管槽、埋设供水管道 | 陈六 |
| 1.2.2 | 排水管 | 开挖管槽、埋设排水管道 | 陈六 |
| 1.2.3 | 供气管 | 开挖管槽、埋设供气管道 | 陈六 |
| 1.3.0 | 电气 | 包括埋设电线、安装照明灯、安装电炊设施 | 王五 |
| 1.3.1 | 电线 | 埋设电线 | 王五 |
| 1.3.2 | 照明灯 | 安装照明灯 | 王五 |
| 1.3.3 | 电炊设施 | 安装电炊设施 | 王五 |

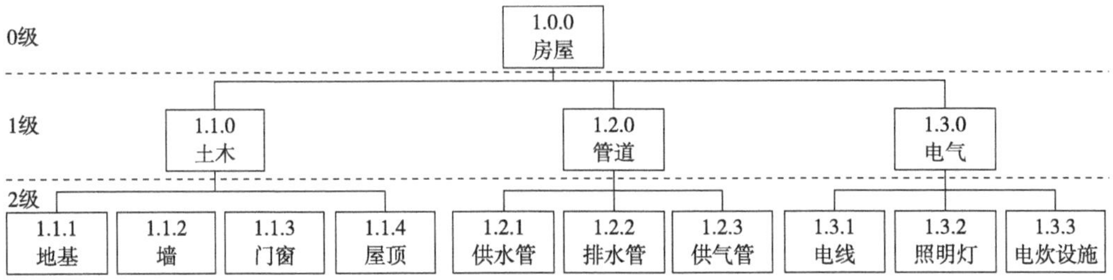


图 4.3 房屋建造项目 WBS 图

**表 4.2 房屋建造项目责任分配矩阵**

| 房屋 | 活动 | 张三 | 李四 | 王五 | 陈六 |
|---|---|---|---|---|---|
| 1.1.0 | 土木 | A | | | |
| 1.1.1 | 地基 | A | R | R | C |
| 1.1.2 | 墙 | A | C | R | R |
| 1.1.3 | 门窗 | A | I | I | R |
| 1.1.4 | 屋顶 | A | R | C | I |
| 1.2.0 | 管道 | | | | A |
| 1.2.1 | 供水管 | C | R | I | A |
| 1.2.2 | 排水管 | C | C | R | A |
| 1.2.3 | 供气管 | R | C | I | A |
| 1.3.0 | 电气 | | | A | |
| 1.3.1 | 电线 | C | R | A | |
| 1.3.2 | 照明灯 | C | R | A | |
| 1.3.3 | 电炊设施 | C | R | A | |

注：A 代表 accountable，最终责任；R 代表 responsible，执行责任；C 代表 consulting，建议责任；I 代表 informing，了解情况的责任

**表 4.3 材料订购工作（任务）说明书**

| | |
|---|---|
| 任务名/代号 | 订购材料 |
| 任务交付物 | 签名并发出材料订单 |
| 验收标准 | 部门经理签字，并发出订单 |
| 技术条件 | 公司采购工作程序 |
| 任务描述 | 根据第 *X* 号表格和工作程序第 *X* 条规定，完成订单并报批 |
| 假设条件 | 所需材料存在 |
| 信息源 | 采购部、供应商目录 |
| 约束 | 必须考虑材料价格 |
| 其他 | 风险：材料可能不存在。防范：事先通知潜在的材料供应商，了解该材料存在的可能性 |
| 签名 | 项目组主办成员 |

### 4.2.3　项目工作排序

1. 工作关系

在 WBS 中，项目各项工作任务（简称工作，或者活动）之间存在着一定的关系。工作排序就是确定项目各项工作之间的关系并加以说明。工作之间的依赖关系有两种：一种是工作之间的逻辑关系，通常具有强制性，如某产品的生产活动总是在设计活动之后；另一种是组织关系，如某企业生产组织时安排先生产 A 产品还是 B 产品。此外，一些外部制约因素有时也会影响工作排序，如资金约束、资源约束等。工作排序的原则是由逻辑关系决定组织关系，兼顾外部约束。

2. 排序过程

首先，根据项目工作列表和工作说明书确定各项工作的强制性逻辑关系，这主要取决于技术方面的限制，比较容易确定。其次，根据项目的组织关系确定那些没有逻辑关系的工作的顺序，它主要依赖于项目管理人员的知识和经验，比较难以确定。最后，分析和预测可能产生的外部约束，并据此对工作排序进行适当调整。

3. 排序方法和工具

工作排序的常用工具包括：甘特图（又称横道图）、单代号网络图、双代号网络图、图示评审技术和风险评审技术等。工作排序的结果是项目网络图，以及工作的详细关系列表等。

### 4.2.4　项目工作时间估计

工作时间估计就是确定项目各项工作可能的延续时间，是项目计划的一项重要基础性工作，其结果决定了项目各项工作的起止时间和完成项目的总时间，即项目工期。

一项工作的延续时间主要取决于其所使用的资源多寡（如人力）和资源能力（包括人员能力、物资质量和设备效率等）。因此，工作时间估计要以工作详细列表和工作说明书为依据，充分考虑资源数量和能力，需要广泛收集历史数据，采用专家判断法、类比法等方法进行科学估算。

当工作任务比较简单，其工作量及单位时间投入的资源量比较明确，项目活动进行中干扰因素较少时，一般可以通过以下公式来估算一项工作任务的延续时间。

$$\text{任务工期}=\frac{\text{任务所需总工作量}}{\text{每日可以完成的工作量}}$$

例如，某一土方施工要求完成的土方量为 10 000 立方米，在现有施工队伍和施工设备条件下，每天可完成 500 立方米，则该土方施工任务的工期估算应为 20 天。

当一项工作所面临的干扰因素较多，完成任务所需总工作量和投入的资源量很难准确估计时，可以利用概率分析的方法来进行工作延续时间的估计。

通常，对于那些在延续时间估计中存在高度不确定因素的工作，可以给出三个估计时间。

（1）最乐观时间（$T_O$），即内外部条件处于最佳状态时，完成工作所需的时间。

（2）最悲观时间（$T_P$），即遇到最不利的内外部条件时，完成工作所需的时间。

（3）最可能时间（$T_M$），即在正常情况下完成工作所需的时间。

假设三种估计时间都是基于特定的概率统计，是在综合分析项目特点、工作特点、环境等因素的基础上做出的估计。则该项工作的延续时间的期望值为

$$工作延续时间=\frac{T_O+4\times T_M+T_P}{6}$$

例如，一项任务的最乐观工期估计为 8 天，最可能工期估计为 12 天，最悲观工期估计为 18 天，根据以上公式，则该任务的工期的期望值为（8 + 4 × 12 + 18）/6 天，即 12.3 天左右。

在制订项目进度计划时，并不一定要对每一项工作都给出三个估计时间，如果工作简单或者以前有关于类似工作的丰富经验，则可以对工作延续时间只做出一个估计值。

## 4.3 网络计划技术

### 4.3.1 网络计划技术概述

1. 网络计划技术的概念

网络计划技术是运用网络图对项目任务的工作进度进行安排和控制，以保证实现项目预定目标的计划管理技术。

通常，网络计划是指在网络图上加注工作的时间参数等而编制成的进度计划，主要由两大部分组成：网络图和网络参数。网络图是由箭线和节点组成的用来表示工作流程的有向、有序的网状图形，如图 4.4 所示。网络参数则是根据项目中各项工作的延续时间和网络图所计算出的工作、节点、路线等要素的各种时间参数。

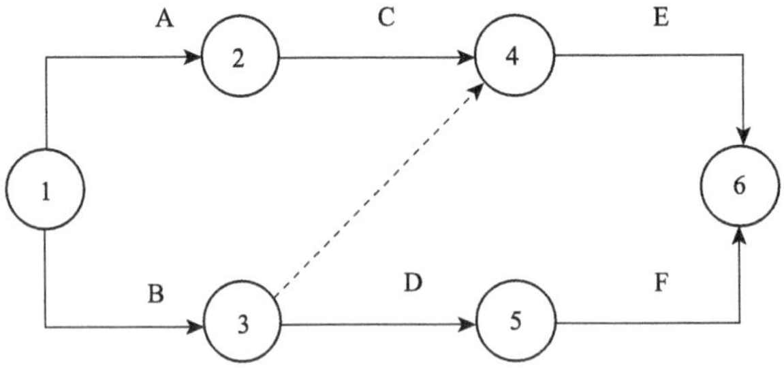


图 4.4 网络图示例

网络计划技术有 PERT 和 CPM 两种基本类型。两者并无本质的区别，仅从使用目的来说略有不同。PERT 以“箭线”或“事项”代表工作，按工作顺序，依次连接完成网络结构图，在估计工作的持续时间的基础上，既可计算整个项目工期，又可确定关键路线。这种方法重点是研究项目所包含的各项工作的持续时间。

用 CPM 编制项目进度计划时，其图形与 PERT 基本相同。除了与 PERT 有相同功能之外，CPM 还可以调整项目的费用和工期，以研究整个项目的费用与工期的相互关系，

争取以最低的费用、最佳的工期完成项目。

无法准确确定工作持续时间时，PERT 可以概率论为基础加以估计，计算网络的时间参数。而 CPM 一般以经验数据为基础较准确地确定各工作的持续时间。所以，项目管理中最常用的是 CPM。

2. 网络图的基本构成

按网络的结构不同，网络计划可分为双代号网络和单代号网络。双代号网络又可以分为双代号时间坐标网络和非时间坐标网络；单代号网络又可分为普通单代号网络和搭接网络。搭接网络主要是为了反映工作之间执行过程的相互重叠关系而引入的一种网络计划表达形式。

在双代号网络图中，网络是由若干表示工作的箭线和节点组成的，其中每一项工作都用一根箭线和两个节点来表示：箭尾节点和箭头节点就是每一工作的起点和终点。下面以双代号网络图为例，说明网络图的基本构成。

1）工作

工作也称活动，是指完成一项任务的过程。根据计划编制的粗细不同，工作既可以是一个建设项目、一个单项工程，也可以是一个分项工程乃至一个工序，工作都可以用一个箭线表示。

网络图中，工作通常可以分为两种。

（1）需要消耗时间和（或）资源的工作。这类工作称为实工作，在网络图中用实箭线表示。一般在箭线的上方标出工作的名称，在箭线的下方标出工作的持续时间；箭尾表示工作的开始，箭头表示工作的完成；相应节点的号码表示该项工作的代号。

（2）既不消耗时间，也不消耗资源的工作。这类工作称为虚工作，在网络图中用虚箭线表示。虚工作是虚设的，只表示相邻工作之间的逻辑关系，虚工作的持续时间为零。

2）节点

节点也称事项、事件，是指表示工作的开始、结束或连接关系的圆圈。箭线的出发节点叫作工作的起点节点，箭头指向的节点叫作工作的终点节点。任何工作都可以用其箭线前、后的两个节点的编码来表示，起点节点编码在前，终点节点编码在后。

网络图的第一个节点为整个网络图的原始节点，最后一个节点为网络图的结束节点，其余的节点均称为中间节点。

在网络图中，就一个节点来说，可能有许多箭线通向该节点，这些箭线就称为内向箭线或内向工作；若由同一个节点发出许多箭线，这些箭线称为外向箭线或外向工作。

节点具有时间内涵，不同类型的节点具有不同的时间内涵。起始节点标志着整个网络计划和相关工作开始的时刻；结束节点标志着整个网络计划和相关工作完成的时刻；箭尾节点标志着相应工作的开始时刻，箭头节点标志着相应工作的结束时刻；中间节点标志着前项工作完成和后向工作开始的时刻。

3）路线

在网络图的各条路线中，路长最长的路线称为关键路线，位于关键路线上的所有工作称为关键工作（critical activities），用较粗的箭线或双箭线来表示，以区别于非关键路线；其他路线称为非关键路线，位于非关键路线上的所有工作都称为非关键工作。非关键工作均有一定的机动时间，即在一定时间范围内的提前或拖延不会影响整个计划工期。有时，一个项目可能同时存在若干条关键路线，即这几条路线的路长相同。关键路线和关键工作直接影响整个项目工期的实现。

在一定条件下，关键路线和非关键路线都会发生变化，主要体现在两个方面：一是关键路线的数量增加；二是关键路线和非关键路线可能会发生相互转化。例如，非关键路线上的某些工作拖延了，导致其路长超出了关键路线的路长，则该路线就转化为关键路线，而原来的关键路线就转化为非关键路线。

### 4.3.2 双代号网络图

双代号网络图又称为“活动在线上”（activity on arrow，AOA），即在箭线上标识项目的一项工作或活动的方法，如图 4.5 所示。

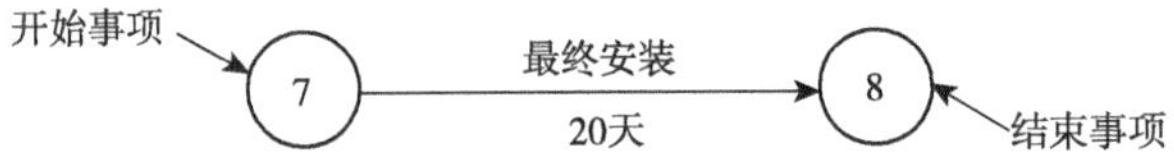


图 4.5 一项活动的 AOA 表示法

1. 网络图的绘制

1）网络图绘制的基本规则

双代号网络图的绘制应遵循以下基本规则。

（1）正确表达项目各工作之间的逻辑关系。首先要正确确定工作之间的逻辑关系；其次要正确绘制。

（2）不允许出现循环回路，即不能从某一个节点出发顺着箭线的方向又回到该节点，如图 4.6 所示。

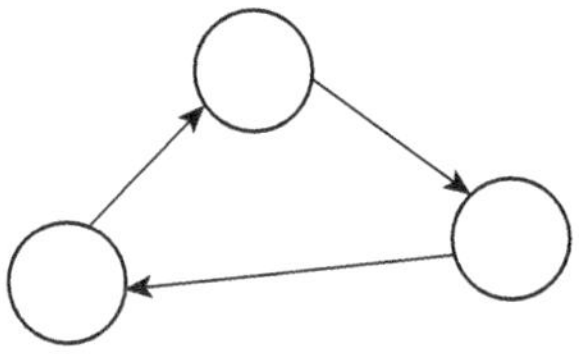

图 4.6 循环回路

（3）严禁出现带双向箭头或无箭头的连线。箭头所指的方向就是工作进展的方向，因此一条箭线只能有一个箭头，如图 4.7 所示。

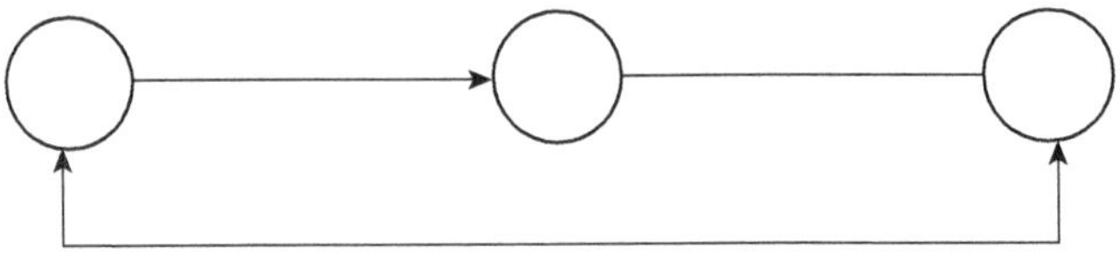

图 4.7 双向箭头箭线和无箭头箭线

（4）严禁出现无箭头节点或无箭尾节点的箭线。箭头节点和箭尾节点代表了一项工作的开始时间和结束时间，如图 4.8 所示。

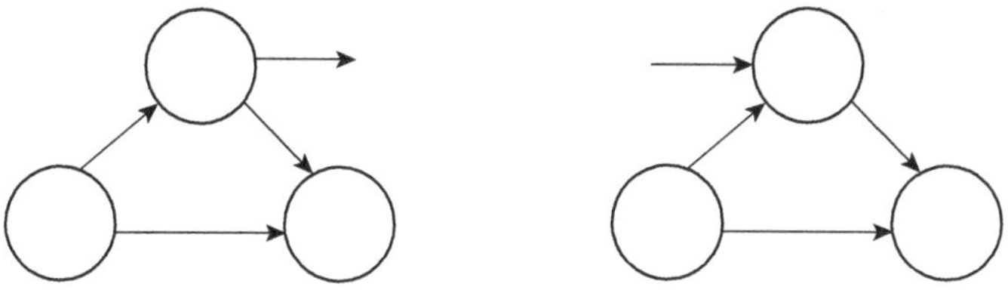

（a）无箭头节点的箭线　（b）无箭尾节点的箭线

图 4.8　无箭头节点的箭线和无箭尾节点的箭线

（5）尽量避免箭线交叉。当箭线交叉不可避免时，可采用过桥法（暗桥法）或指向法，如图 4.9 所示。

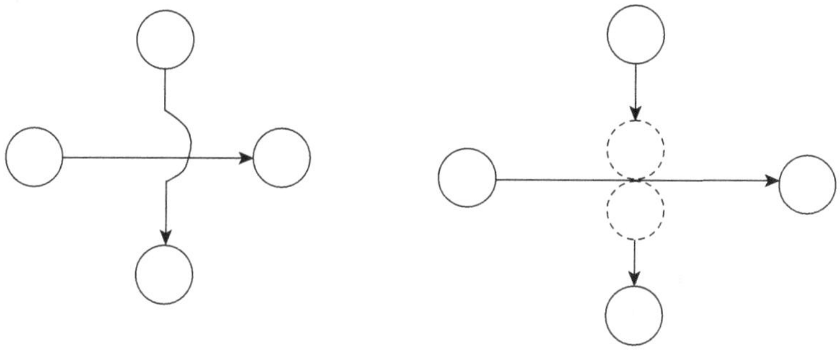

（a）过桥法　（b）指向法

图 4.9　交叉线的画法

（6）箭线的画法应遵循规则如下。

（a）箭线形状。箭线可采用直线或折线画法，避免采用圆弧线。当网络图的某些节点有多条内向箭线或多条外向箭线时，在不违反“一项工作应只有唯一的一条箭线和相应的节点”的规则前提下，可使用母线法绘图。如图 4.10 所示。

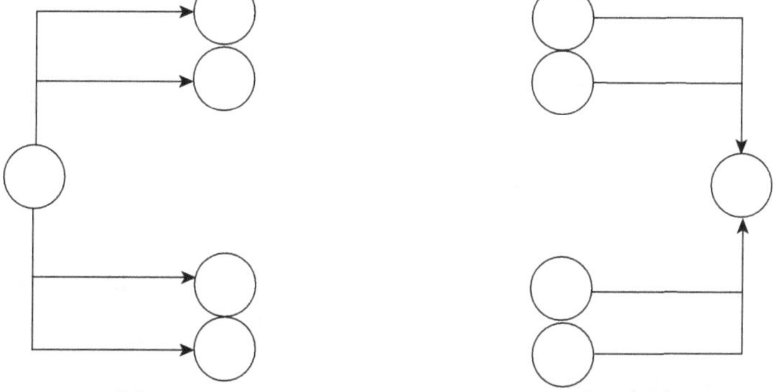

(a)　(b)

图 4.10　箭线的母线画法

（b）箭线长短。在非时间坐标网络图中，箭线长短与工作持续时间无关，而主要考虑网络图的图面布置；在时间坐标网络图中，箭线长短应与工作持续时间相对应。如图 4.11 所示。

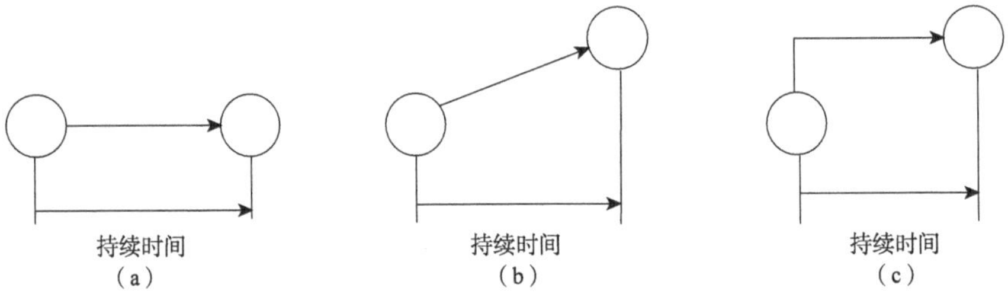


图 4.11 时间坐标网络图中箭线长短与持续时间的对应关系

（c）箭线方向。通常，网络图从左向右的方向标志着项目进展的方向，称为正向；反之则为反向。所以，箭线的方向应尽量从左向右表示项目进展，避免出现反向箭线。

（7）节点编号。双代号网络图中的所有节点都必须编号且不能出现重复编号；箭尾节点的编号应小于箭头节点的编号；可采用连续编号或非连续编号的方式，而非连续编号的方式有利于网络计划的修改和调整。

2）网络图的绘制步骤

绘制网络图通常是先画一个初步网络图，在此基础上进行优化和调整，最终得到正式的网络计划图，其基本步骤如下。

（1）项目分解。根据计划要求将项目分解为各项独立的工作。宏观控制的网络计划，可以分解得粗一些；具体实施的网络计划，可以分解得细一些。项目分解和工艺、方法的选定密切相关。

（2）工作关系分析，即确定各项工作之间的逻辑关系。一般根据已确定的项目实施方法、工艺、环境条件以及其他因素，对项目进行分析，通过比较、优化等方法确定合理的逻辑关系。工作分析的结果是明确各项工作的紧前和紧后关系，形成项目工作列表。

（3）估计工作的基本参数。一项工作的基本参数包括工作持续时间和资源需求量。一般，应对每项工作估计两个持续时间，即工作的正常持续时间和最短持续时间。正常持续时间是指在正常条件下，完成该工作所需要的时间；最短持续时间是指通过采取特殊措施，如增加资源投入等，完成该工作所用的最短时间。

（4）绘制初步网络图。将项目所包含的各项工作及其关系用网络图表示出来。

2. 网络计划时间参数计算及关键路线的识别

绘制网络图既是项目进度计划的表达方式，又是对项目计划进行优化和调整的方法。为此，必须首先计算网络计划时间参数，这是网络计划实施、优化、调整的基础。

1）网络计划时间参数的组成

网络计划时间参数主要有节点参数、工作参数和路线参数三类。

（1）节点参数：包括节点最早时间和节点最迟时间。

节点时间参数在网络图上的表示方法如图 4.12 所示。

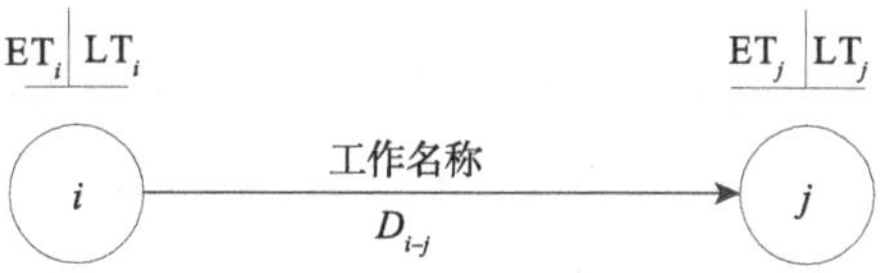


图 4.12　节点时间参数在网络图上的表示方法

节点最早时间 ET，表示该节点所有后续工作最早可能开始的时刻，它限制其前导工作最早可能结束的时间。$D_{i-j}$ 表示箭线从节点 $i$ 到节点 $j$ 的工作持续时间。

$$\mathrm{ET}_j = \max\{\mathrm{ET}_i + D_{i-j}\}$$

节点最迟时间 LT，表示该节点所有前导工作最迟必须结束的时刻，它也限制其后续工作的开始。

$$\mathrm{LT}_i = \min\{\mathrm{LT}_j - D_{i-j}\}$$

（2）工作参数：包括基本参数、最早时间、最迟时间和时差。

工作时间参数在网络图上的表示方法如图 4.13 所示。

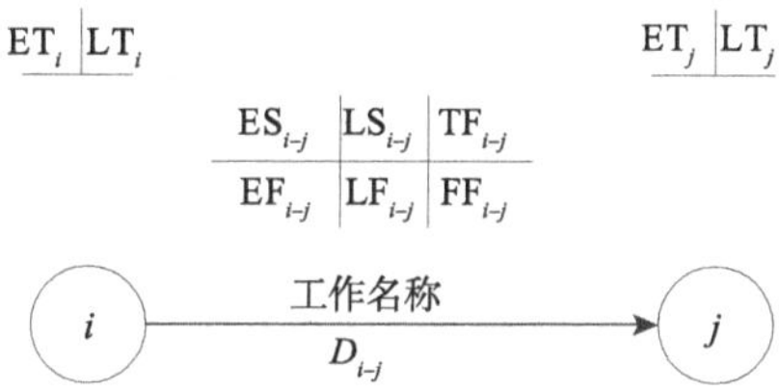


图 4.13　工作时间参数在网络图上的表示方法

工作最早开始时间（ES）和工作最早完成时间（EF）：

$$\mathrm{ES}_{i-j} = \mathrm{ET}_i$$

$$\mathrm{EF}_{i-j} = \mathrm{ES}_{i-j} + D_{i-j}$$

工作最迟开始时间（LS）和工作最迟完成时间（LF）：

$$\mathrm{LF}_{i-j} = \mathrm{LT}_j$$

$$\mathrm{LS}_{i-j} = \mathrm{LF}_{i-j} - D_{i-j}$$

工作总时差（TF）是指在不影响后续工作按照最迟必须开始时间开工的前提下，允许该工作推迟其最早可能开始时间或延长其持续时间的幅度。

$$\begin{aligned}\mathrm{TF}_{i-j} &= \mathrm{LT}_j - \mathrm{ET}_i - D_{i-j} = \mathrm{LT}_j - \mathrm{EF}_{i-j} = \mathrm{LF}_{i-j} - \mathrm{EF}_{i-j} \\ &= (\mathrm{LF}_{i-j} - D_{i-j}) - (\mathrm{EF}_{i-j} - D_{i-j}) \\ &= \mathrm{LS}_{i-j} - \mathrm{ES}_{i-j}\end{aligned}$$

工作自由时差（FF）是指在不影响后续工作按照最早可能开始时间开工前提下，允许该工作推迟其最早可能开始时间或延长其持续时间的幅度。

$$\mathrm{FF}_{i-j} = \mathrm{ET}_j - \mathrm{ET}_i - D_{i-j} = \mathrm{ET}_j - (\mathrm{ET}_i + D_{i-j}) = \mathrm{ET}_j - \mathrm{EF}_{i-j}$$

（3）路线参数：包括计算工期和计划工期。

2）关键工作及关键路线的确定

A. 关键工作的确定

关键工作是网络计划中总时差最小的工作。若按计算工期（$T_c$）计算网络参数，则关键工作的总时差为0。若按计划工期（$T_p$）计算网络参数，则关键工作的总时差如下。

$T_p = T_c$时，关键工作的总时差为0。

$T_p > T_c$时，关键工作的总时差最小，但大于0。

$T_p < T_c$时，关键工作的总时差最小，但小于0。

B. 关键路线的确定

（1）根据关键工作确定关键路线。首先确定关键工作，由关键工作所组成的路线就是关键路线。

（2）根据自由时差确定关键路线。关键工作的自由时差一定最小，但自由时差最小的工作不一定是关键工作。若从起始节点开始，沿着箭头的方向到终止节点为止，所有工作的自由时差都最小，则该路线是关键路线，否则就是非关键路线。

（3）根据关键节点确定关键路线。凡节点的最早时间与最迟时间相等，或者最迟时间与最早时间的差值等于计划工期与计算工期的差值，该节点就称为关键节点。关键路线上的节点一定是关键节点，但关键节点组成的路线不一定是关键路线。因此，仅凭关键节点还不能确定关键路线。

3. 实例分析

【例4-1】某网络计划的有关资料如表4.4所示，根据该表绘制双代号网络，并计算各项工作的时间参数，判定关键路线。

**表4.4 某网络计划信息表**

| 项目 | A | B | C | D | E | F | G | H | I | J |
|---|---|---|---|---|---|---|---|---|---|---|
| 持续时间/周 | 5 | 9 | 8 | 7 | 6 | 6 | 9 | 9 | 4 | 10 |
| 紧前工作 | — | — | — | A | A | B | C | E | E | F、G、H |

解：（1）根据表4.4的信息，绘制双代号网络图，如图4.14所示。

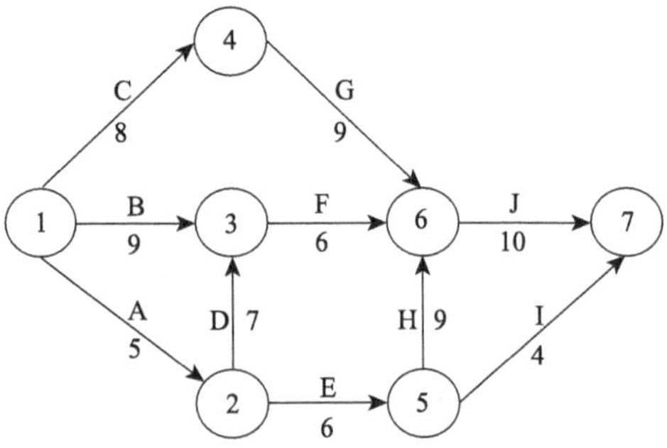


图4.14 某项目双代号网络图

（2）计算节点时间参数。首先，计算各节点的最早时间，从左向右沿箭线方向进行计算。节点最早时间是以网络计划开始时间为零，相对于这个时间，沿着各条路线到达每一个节点的时刻。图 4.14 中，起始节点即 1 号节点的最早时间为零。其他任一节点 $j$ 的最早时间，是指以该节点为结束节点的紧前活动全部完成，以这个节点为开始节点的紧后活动可能开始的时间。因此应取紧前各活动开始节点 $i$ 的最早时间与该活动历时之和中的最大值。计算过程见表 4.5，计算结果标注在每个节点上方左侧的框内，见图 4.15。

**表 4.5 双代号网络图节点最早时间计算表**

| 节点编号 | 紧前活动代号 | 计算过程 | 节点最早时间/周 |
| --- | --- | --- | --- |
| 1 | — | $ET_i$=0 | 0 |
| 2 | 1—2 | 0+5=5 | 5 |
| 3 | 1—3<br>2—3 | 0+9=9<br>5+7=12 | 12 |
| 4 | 1—4 | 0+8=8 | 8 |
| 5 | 2—5 | 5+6=11 | 11 |
| 6 | 3—6<br>4—6<br>5—6 | 12+6=18<br>8+9=17<br>11+9=20 | 20 |
| 7 | 5—7<br>6—7 | 11+4=15<br>20+10=30 | 30 |

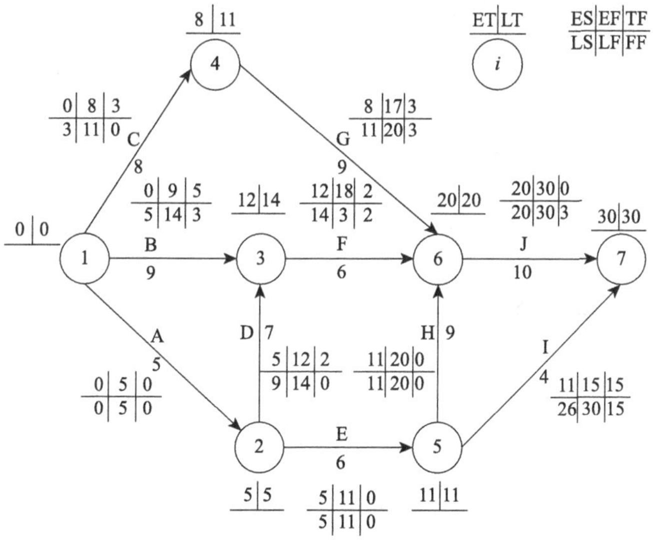


图 4.15 双代号网络图上计算结果

节点的最迟时间是以该网络计划的计划工期作为网络图终点节点的最迟时间，逆向推算各节点的最迟时间。因此，终点节点 $n$ 的最迟时间为计划工期，也等于该节点的最早时间，以保证项目用时最短。网络图中任一节点 $i$ 的最迟时间是指以这个节点为开始的紧后活动最迟必须开始的时间。也就是说该节点的紧前活动最迟在这个时刻必须全部完成，否则延误工期。因此，节点的最迟时间等于该节点的各紧后活动结束节点 $j$ 的最迟时间与该活动作业时间之差中的最小值。计算过程见表 4.6，计算结果标注在每个节点上方右侧的框内，见图 4.15。

表 4.6　双代号网络图节点最迟时间计算表

| 节点编号 | 紧后活动代号 | 计算过程 | 最迟时间/周 |
|---|---|---|---|
| 7 | — | $LT_7=ET_7=30$ | 30 |
| 6 | 6—7 | 30−10=20 | 20 |
| 5 | 5—6<br>5—7 | 20−9=11<br>30−4=26 | 11 |
| 4 | 4—6 | 20−9=11 | 11 |
| 3 | 3—6 | 20−6=14 | 14 |
| 2 | 2—3<br>2—5 | 14−7=7<br>11−6=5 | 5 |
| 1 | 1—2<br>1—3<br>1—4 | 5−5=0<br>14−9=5<br>11−8=3 | 0 |

（3）计算各项活动的最早可能开始时间和最早可能结束时间。活动的最早可能开始时间取决于其紧前各活动的全部完成时间，它等于该活动的开始节点的最早时间。活动的最早可能结束时间等于活动最早可能开始时间加上活动的作业时间。计算过程沿网络图流向进行，见表 4.7；计算结果标注在活动箭线上方的框内，见图 4.15。

表 4.7　双代号网络图时间参数计算表

| 活动 | 最早可能开始时间/周 $ES_{i-j}=ET_i$ | 最早可能结束时间/周 $EF_{i-j}=ES_{i-j}+D_{i-j}$ | 最迟必须开始时间/周 $LS_{i-j}=LF_{i-j}-D_{i-j}$ | 最迟必须结束时间/周 $LF_{i-j}=LT_j$ | 总时差/周 $TF_{i-j}=LS_{i-j}-ES_{i-j}$ | 自由时差/周 $FF_{i-j}=ET_j-EF_{i-j}$ |
|---|---|---|---|---|---|---|
| A | 0 | 0+5=5 | 5−5=0 | 5 | 0−0=0 | 5−5=0 |
| B | 0 | 0+9=9 | 14−9=5 | 14 | 5−0=5 | 12−9=3 |
| C | 0 | 0+8=8 | 11−8=3 | 11 | 3−0=3 | 8−8=0 |
| D | 5 | 5+7=12 | 14−7=7 | 14 | 7−5=2 | 12−12=0 |
| E | 5 | 5+6=11 | 11−6=5 | 11 | 11−11=0 | 11−11=0 |
| F | 12 | 12+6=18 | 20−6=14 | 20 | 14−12=2 | 20−18=2 |
| G | 8 | 8+9=17 | 20−9=11 | 20 | 11−8=3 | 20−17=3 |
| H | 11 | 11+9=20 | 20−9=11 | 20 | 11−11=0 | 20−20=0 |
| I | 11 | 11+4=15 | 30−4=26 | 30 | 26−11=15 | 30−15=15 |
| J | 20 | 20+10=30 | 30−10=20 | 30 | 20−20=0 | 30−30=0 |

（4）计算各项活动的最迟必须开始时间和最迟必须结束时间。活动的最迟必须结束时间应等于它的结束节点的最迟时间；活动最迟必须开始时间等于活动最迟必须结束时间减去活动作业时间。计算过程沿网络图流向进行，见表 4.7；计算结果标注在活动箭线上方的框内，见图 4.15。

（5）计算时差。活动的时差又叫工作的机动时间或富裕时间，常用的时差有总时差和自由时差两种。

活动总时差是指一个活动可以利用的机动时间，即由于活动最迟必须结束时间与最早可能开始时间之差大于活动作业时间而产生的机动时间。计算过程沿网络图流向进行，见表 4.7；计算结果标注在活动箭线上方的框内，见图 4.15。

活动的自由时差是指保证其紧后活动按最早可能开始时间开工的前提下，活动可以利用的机动时间。计算过程沿网络图流向进行，见表 4.7；计算结果标注在活动箭线上方的框内，见图 4.15。

（6）识别关键路线。关键路线就是从网络计划的起始节点到终点节点各项活动作业总时间最长的路线，其用时即为工期。关键路线上各活动的总时差为零或负值，这些活动即为关键活动。一个网络图中可能有多条关键路线，且至少有一条关键路线。

图 4.15 中的关键路线为 A—E—H—J，总工期为 30 周。

### 4.3.3　双代号时标网络计划

1. 双代号时标网络计划的概念

双代号时标网络计划是一种用圆圈和有向箭线来表达计划所要完成的各项工作及其先后顺序和相互关系，用箭线长度代表完成该工作的持续时间的一种双代号网络图。与普通双代号网络计划相比，其突出特点是增加了时间标度，使得项目时间安排更加一目了然。

2. 双代号时标网络计划的编制

网络图的绘制应正确地表达整个项目或任务的工艺流程和各工作开展的先后顺序及它们之间的相互依赖、相互制约的逻辑关系，因此，绘图时必须遵循一定的基本规则和要求。

1）绘图要求

绘制的双代号时标网络图（图 4.16）必须正确地反映工作之间的既定关系，使有关系的工作一定把关系表达准确；没有关系的工作一定不要扯上“关系”，以保证工作之间的逻辑关系正确。双代号时标网络图的绘制应符合以下基本要求。

（1）正确应用虚箭线。网络图应布局合理，条理清楚，尽量横平竖直，避免歪斜凌乱。

（2）各项工作的时间是以节点在时间计划表上的水平位置及箭线水平投影长度表示的，与其所代表的工作持续时间值相对应。

（3）虚工作必须用垂直虚箭线表示，有时差时加方点线或波形线表示。

（4）时标网络计划宜按最早时间编制，不宜按最迟时间编制。

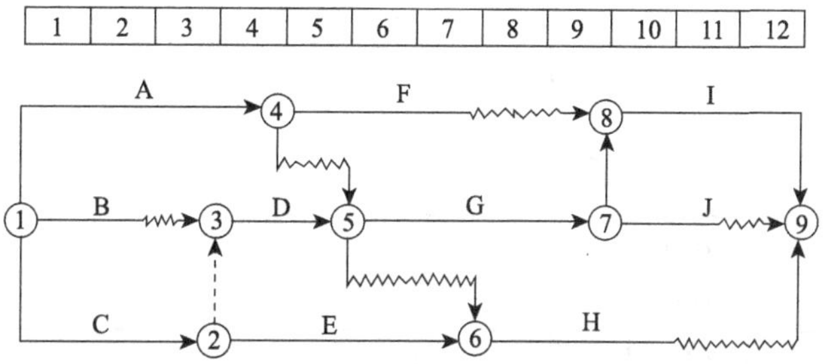


图 4.16　双代号时标网络图

2）绘制方法

双代号时标网络图的绘制方法有间接绘制法和直接绘制法两种。

（1）间接绘制法，即先绘制无时标双代号网络计划，计算出各项工作的最早时间进度，再绘制时标网络图，其绘制要点如下。

（a）绘制无时标双代号网络图，计算最早时间参数。

（b）绘制时标表。时间坐标标注于时标表的顶部、底部，或上下都标注，其单位根据实际需要按小时、天、周、旬、月等确定。

（c）将每项工作的箭尾节点按最早开始时间定位于时标表刻度线上，各项工作在时标网络图中的布局参照无时标网络计划，其绘制的关键就是将各节点准确定位在时间坐标的刻度线上。

（d）节点间的箭线，以实箭线表示实工作，水平箭线的长度即为工作的持续时间，若箭线长度不足以到达该工作的结束节点时，用波形线补足；用虚箭线绘制无时差的虚工作（垂直方向），用波形线或虚线绘制虚工作的自由时差。

（2）直接绘制法，即根据各项工作间的逻辑关系及工作持续时间直接绘制时标网络计划的方法，其绘制要点如下所述。

（a）画出无时标双代号网络计划的草图，并按路线时间参数确定出关键路线及工期。

（b）绘制时标表。

（c）将起点节点定位于时标表的起始零刻度线上，并按工作的持续时间绘制起点节点的外向箭线及工作的箭头节点。

（d）将关键路线上的关键工作所对应的节点定位于时间坐标的刻度线上。

（e）当某一节点有一条或多条内向箭线时，此节点应定位于所有内向箭线中最长的箭线箭头处。其他不足以到达该节点的实箭线，用波形线补足。

（f）虚工作应绘制成垂直的虚箭线，若虚箭线的开始节点与结束节点之间有水平距离时，用波形线补足，波形线的长度为该虚工作的自由时差。

（g）用上述方法自左至右依次确定其他节点的位置，直至终点节点。

3）时间参数与关键路线的确定

双代号时标网络计划时间参数的计算与关键路线的确定同双代号网络计划。

【例 4-2】某企业管理信息系统开发项目的工作顺序如表 4.8 所示，根据该项目工作列表编制双代号时间网络计划。

**表 4.8 项目工作列表**

| 序号 | 工作名称 | 工作代号 | 紧后工作 | 持续时间/周 |
|---|---|---|---|---|
| 1 | 系统设计 | A | B、E | 6 |
| 2 | 硬件采购和交付 | B | C | 4 |
| 3 | 硬件装配和测试 | C | D | 6 |
| 4 | 硬件安装 | D | G | 6 |
| 5 | 软件说明书 | E | F | 2 |
| 6 | 软件采购和交付 | F | G | 8 |

续表

| 序号 | 工作名称 | 工作代号 | 紧后工作 | 持续时间/周 |
|---|---|---|---|---|
| 7 | 系统测试 | G | H | 2 |
| 8 | 用户检测 | H | — | 2 |

解：

二维码 4-4：双代号时标网络图示例

### 4.3.4 单代号网络图

单代号网络图又称“活动在节点上”（activity on node，AON）的网络图，它用节点表示一个活动（或工作）及其相关事项，如图 4.17 所示。在单代号网络图中，箭尾节点表示的工作是箭头节点的紧前工作；箭头节点所表示的工作是箭尾节点的紧后工作。单代号网络图的逻辑关系清晰且易于理解，绘制时不易出错。

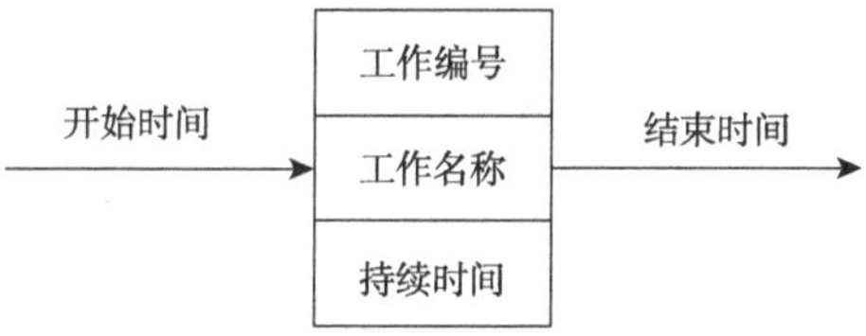


图 4.17 一项工作的 AON 表示法

1. 时间参数计算及关键路线的确定

单代号网络计划的特点是以节点表示工作，节点的编号即为工作的代号，箭线表示工作之间的逻辑关系。因此其时间参数只包括两部分：工作参数与路线参数。

1）工作参数

单代号网络计划的工作参数所包含的内容和概念与双代号网络计划完全相同，所不同的是表示符号不一样。单代号网络计划工作参数的内容及表示符号如下。

工作 $i$ 的持续时间用 $D_i$ 表示；工作 $i$ 的最早开始时间用 $ES_i$ 表示；工作 $i$ 的最早完成时间用 $EF_i$ 表示；工作 $i$ 的最迟开始时间用 $LS_i$ 表示；工作 $i$ 的最迟完成时间用 $LF_i$ 表示；工作 $i$ 的总时差用 $TF_i$ 表示；工作 $i$ 的自由时差用 $FF_i$ 表示。

A. 工作最早时间的计算

工作 $i$ 的最早开始时间 $ES_i$ 应从网络计划的起始节点开始，顺着箭线的方向依次逐项计算。起始节点的最早开始时间，若无规定，其值应等于 0，即 $ES_i = 0$ 。

当 $i$ 工作只有一项紧前工作时：$ES_i = ES_h + D_h$ 。式中，$ES_h$ 为工作 $i$ 的紧前工作 $h$ 的最早开始时间；$D_h$ 为工作 $i$ 的紧前工作 $h$ 的持续时间。

当工作 $i$ 有多项紧前工作时：$ES_i = \max\{ES_h + D_h\}$。

工作 $i$ 的最早完成时间：$EF_i = ES_i + D_i$。

B. 工作最迟时间的计算

工作 $i$ 的最迟完成时间 $LF_i$ 应从网络计划的终止节点开始，逆着箭线的方向依次逐项计算。终止节点所代表的工作 $n$ 的最迟完成时间 $LF_n$ 应根据网络计划的计算工期 $T_c$ 或计划工期 $T_p$ 计算，即 $LF_n = T_p$（或 $T_c$）。式中，$T_p$ 的确定与双代号网络计划相同；计算工期 $T_c = \max\{EF_n\}$；$EF_n$ 为网络终止节点所代表工作 $n$ 的最早完成时间。

工作 $i$ 的最迟完成时间：当工作 $i$ 只有一项紧后工作时，$LF_i = LF_i - D_i$，其中，$LF_j$ 为工作 $i$ 的紧后工作 $j$ 的最迟完成时间；$D_j$ 为工作 $i$ 的紧后工作 $j$ 的持续时间；当工作 $i$ 有多项紧后工作时，$LF_i = \min\{LF_j - D_j\}$。

工作最迟开始时间：$LS_i = LF_i - D_i$。

C. 工作时差的计算

工作总时差：$TF_i = LS_i - ES_i$ 或者 $TF_i = LF_i - EF_i$。

工作自由时差：$FF_i = \min\{ES_j - EF_i\}$ 或者 $FF_i = \min\{ES_j - ES_i - D_i\}$，其中，$ES_j$ 为工作 $i$ 的紧后工作 $j$ 的最早开始时间。

2）路线参数

单代号网络计划的计算工期的确定在前文已叙述，在此不再重复。

与双代号网络不同的是，单代号网络用时间间隔 $LAG_{i,j}$ 表示相邻两项工作之间的时间关系。时间间隔是指相邻两项工作之间，后项工作 $j$ 的最早开始时间与前项工作 $i$ 的最早完成时间之差，其计算公式为

$$LAG_{i,j} = ES_i - EF_i$$

终止节点与其前项工作的时间间隔为

$$LAG_{i,n} = T_p(\text{或}T_c) - EF_i$$

式中，$n$ 为终止节点，或是虚拟的终止节点。

2. 示例分析

【例 4-3】表 4.9 是某项目工作列表，根据该表编制单代号网络计划。

**表 4.9　项目工作列表**

| 序号 | 工作名称 | 工作代号 | 紧后工作 | 持续时间/天 |
|---|---|---|---|---|
| 1 | 项目策划 | A | B、C、D | 5 |
| 2 | 材料购置 | B | D | 8 |
| 3 | 组织准备 | C | D、E | 15 |
| 4 | 项目实施 | D | E | 15 |
| 5 | 项目结束 | E | | 10 |

解：

二维码 4-5：单代号
网络图示例

### 4.3.5　单代号搭接网络计划

1. 单代号搭接网络计划的概念

传统的双代号和单代号网络计划中，只能表示两项工作首尾相接的关系，仅仅是一种衔接关系，即只有当紧前工作全部完成之后，本工作才能开始，而不能表示搭接关系。但是在工程建设实践中，有许多工作的开始并不以其紧前工作的完成为条件。只要紧前工作开始一段时间后，即可进行本项工作，而不需要等紧前工作全部完成之后再开始。工作之间的这种关系称为搭接关系。

搭接网络计划一般采用单代号网络图来表示，即以节点表示工作，以节点之间的箭线表示工作之间的逻辑顺序和搭接关系。其特点是当前一项工作没有结束时，后一项工作即可插入进行，将前后工作搭接起来，大大简化了网络计划，便于计算。

2. 单代号搭接网络图的搭接关系

在搭接网络图中，工作间的逻辑关系由相邻两个工作之间的不同时距，即相邻工作的时间差值来决定。由于相邻工作各有开始和结束时间，所以基本时距有五种情况：开始到开始时距、开始到结束时距、结束到开始时距、结束到结束时距、混合时距。相应的搭接关系就有开始到开始（start-to-start，STS）、开始到结束（start-to-finish，STF）、结束到开始（finish-to-start，FTS）、结束到结束（finish-to-finish，FTF）及混合搭接关系五种（表 4.10）。

**表 4.10　相邻工作的搭接关系和搭接时距**

| 序号 | 搭接关系 | 搭接时距 |
|---|---|---|
| 1 | 开始到开始的搭接 | 紧前工作的开始时间到紧后工作的开始时间的时间间隔 |
| 2 | 开始到结束的搭接 | 紧前工作的开始时间到紧后工作的结束时间的时间间隔 |
| 3 | 结束到开始的搭接 | 紧前工作的结束时间到紧后工作的开始时间的时间间隔 |
| 4 | 结束到结束的搭接 | 紧前工作的结束时间到紧后工作的结束时间的时间间隔 |
| 5 | 混合搭接 | 同时用上述四种基本搭接关系中的两种以上来限制工作之间的逻辑关系 |

1）以开始时间为时距原点

（1）紧前工作的开始时间到紧后工作的开始时间的时间距离，用 $STS_{i,j}$ 表示，如图 4.18（a）所示。这种搭接关系强调紧前工作开始一段时间后，后续工作即可开始进行。这是因为特定的施工活动经过了 $STS_{i,j}$ 时间后，已给后续工作投入施工提供了足够的工作面。

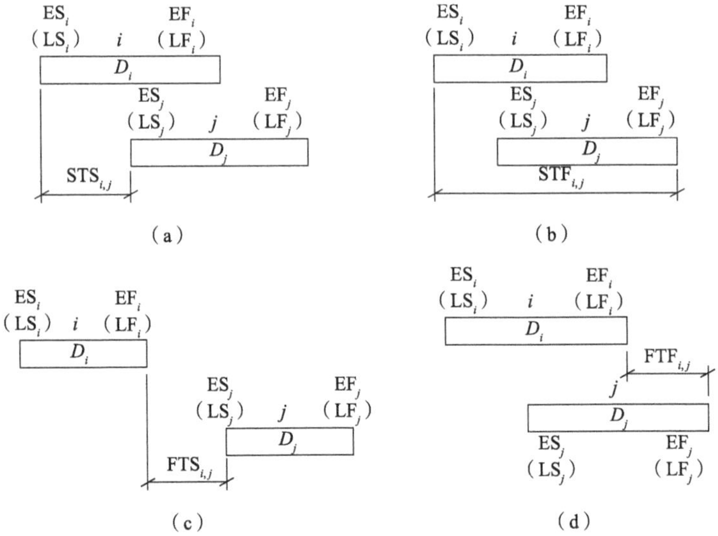


图 4.18 相邻工作的搭接关系图

（2）紧前工作的开始时间到紧后工作的完成时间的时间距离，用 $STF_{i,j}$ 表示，如图 4.18（b）所示。这种搭接关系强调了不论紧前工作何时开始，但是工期要求限制了在紧前工作开始后多长时间后，本工作必须结束，这个时距即 $STF_{i,j}$。

2）以结束时间为时距原点

（1）紧前工作的完成时间到紧后工作的开始时间的时间距离，用 $FTS_{i,j}$ 表示，如图 4.18（c）所示。这一搭接关系强调紧前工作完成后，需要留有工艺间隔时间，后续工作才能开始工作，这一间隔时间即 $FTS_{i,j}$。

（2）紧前工作的完成时间到紧后工作的完成时间的时间距离，用 $FTF_{i,j}$ 表示，如图 4.18（d）所示。这一搭接关系强调了紧前工作结束后，必须留给紧后工作足够的作业时间，以防止紧前工作速率太慢，没有给后续工作留有足够的工作面。

以上四种搭接关系在搭接网络图中可混合运用来限制工作间的逻辑关系。

3. 单代号搭接网络计划的时间参数计算

单代号搭接网络计划时间参数计算较为复杂，各工作间的逻辑关系有时通过不止一种时距参数来限制，其计算过程与单代号网络图相似，但涉及内容更多。

1）最早开始时间（$ES_i$）

参考时距关系的示意图（图 4.18），可得如下 $ES_j$ 计算公式。

已知 $STS_{i,j}:ES_j=ES_i+STS_{i,j}$；已知 $STF_{i,j}:ES_j=ES_i+STF_{i,j}-D_j$；已知 $FTS_{i,j}:ES_j=ES_i+D_i+FTS_{i,j}$；已知 $FTF_{i,j}:ES_j=ES_i+D_i+FTF_{i,j}-D_j$。

当计算的 $ES_j$ 为负值时，按其与起点节点同时投入工作处理，将其与起点节点用虚箭线相连接，并确定其 $STS_{起点节点,j}=0$。

2）最早完成时间（$EF_i$）

$EF_i=ES_i+D_i$，当全部工作的最早完成时间最大值发生在搭接网络图的中间节点，则可将其看作网络图的计划工期，用虚箭线将其与终点节点相连，并且确定其 $FTF_{i,终点节点}=0$。若未对网络工期做具体规定，计算工期即为计划工期，即 $T_c = T_p$。

另外，各工作的总时差和最迟时间参数以及相邻工作的时间间隔和自由时差，与单代号网络图中的时间参数完全一致，这里不再重复。

### 4.3.6　网络计划优化

图 4.19 所描述的项目计划仅是一个初始方案，一般需要针对具体情况进行调整。如在时间方面，可能会出现计算工期超出了要求工期的情况；在资源方面，可能出现供不应求或不平衡的情况；或可能出现在时间和资源方面的潜力未能得到最佳发挥等情况。此时，必须运用优化原理对原网络计划进行调整和优化。

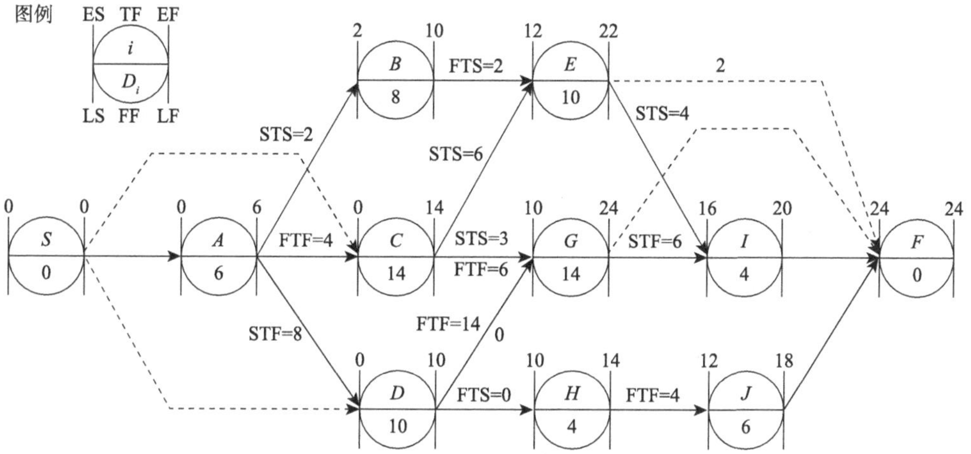


图 4.19　单代号搭接网络图

网络计划优化是在满足既定的约束条件下，按某一目标，通过不断调整，寻找最优网络计划方案的过程，主要包括工期优化、资源优化及费用优化三个方面。

1. 工期优化

工期优化也称为时间优化，其目的是通过不断压缩关键工作的持续时间等措施，达到缩短工期，并最终满足要求工期的目的。

1）缩短工期的方法

（1）强制缩短法。通过缩短网络计划中的某些关键工作的持续时间来缩短项目工期的一种方法。其核心是选择哪些工作来压缩其持续时间，以达到缩短工期的目的。

（2）调整工作关系法。根据项目各项工作关系的特点，将某些串联的关键工作调整为平行作业或交替作业。

（3）关键路线转移法。利用非关键工作的时差，用其中的部分资源加强关键工作，以缩短关键工作的持续时间，达到缩短工期的目的。

2）选择调整对象（关键工作）考虑的主要因素

（1）缩短持续时间对质量影响不大的工作。

（2）有充足备用资源的工作。

（3）缩短持续时间所需增加的资源量或费用最少的工作。

3）工期优化的步骤

（1）计算并确定初始网络计划的计算工期、关键路线及关键工作。

（2）按要求工期计算应缩短的时间。

（3）确定各关键工作能缩短的持续时间。

（4）根据（2）中的要求选择关键工作压缩其持续时间，并重新计算网络计划的计算工期。

（5）若计算工期仍超过要求工期，则重复以上步骤，直到满足工期要求或工期已不能再缩短为止。

（6）当所有关键工作的持续时间都已达到其能缩短的极限而工期仍不能满足要求时，应对计划的原技术、组织方案等进行调整或对要求工期的合理性进行重新审定。

2. 资源优化

在项目实施过程中，可能会出现资源供需的矛盾：资源短缺或者冗余，前者可能会导致工期延误；后者则会导致项目效率低下。网络计划的资源优化，就是力求解决这种资源的供需矛盾，实现资源的均衡利用。

资源优化通常有两种目标：一是当可供使用的资源有限时，如何合理安排各项工作的进展，使得完成计划的总工期最短，即"资源有限，工期最短"的目标；二是当总工期固定时，如何合理安排各项工作，使得在整个计划期内所需要的资源比较均衡，即"工期固定，资源均衡"的目标。

1）"资源有限，工期最短"的优化

这类优化的核心是使单位时间内资源的最大需求量小于资源限量，且为此需延长的工期最少。这种优化通常在网络计划编制后进行，并且不能改变各工作之间的先后顺序关系，否则会使求解问题变得十分复杂。当出现第 $t$ 个时间单位资源需求量 $R_t$ 大于资源限量 $R_q$ 时，就要进行计划调整。调整时，应对资源冲突的各项工作的开始和结束时间做出新的安排。其选择标准是"工期延长时间最短"。优化的一般步骤如下。

（1）计算网络计划每个时间单位的资源需求量。

（2）从计划开始之日起，逐个检查每个时间单位资源需求量是否超出资源限量。若在整个工期内每个时间单位均能满足资源限量要求，优化方案即编制完成。否则必须进行计划调整。

（3）分析资源需求量大于资源限量的时间区段，确定新的安排顺序。

（4）若最早完成时间最小值和最迟开始时间最大值同属一个工作，应找出最早完成时间为次小，最迟开始时间为次大的工作，分别组成两个顺序方案，再从中选取较小者进行调整。

（5）绘制调整后的网络计划，重复上述步骤，直到满足要求为止。

2）"工期固定，资源均衡"的优化

工期固定，是指严格要求项目在规定（国家颁布的定额、甲乙双方签订的合同或上级机关下达的指令）的工期范围内完成。资源均衡是指在可用资源数量充足并保持工期不变的前提下，通过调整部分非关键工作的进度，使资源需求量随着时间的变化趋于平稳的过程。由于各项目情况不同，其资源平衡的目标也有区别。但一般而言，理想的资源计划安排应是平行于时间坐标轴的一条直线，即使资源需求量保持不变。

现实中，资源计划安排难以达到理想状态。资源均衡的思路是通过调整工作的时间参数使资源需求量在理想状态附近小幅波动。常用的资源均衡方法是一种启发式方法，又称为削峰填谷法或削高峰法，其基本步骤如下。

（1）计算网络计划每时间单位资源需求量。

（2）确定削峰目标，其数值等于每时间单位资源需求量的最大值减去一个单位量。

（3）确定高峰时段的最后时间点及相关工作的最早开始时间和总时差。

（4）计算有关工作的时间差值。

（5）若峰值不能再减少，即求得均衡优化方案；否则，重复以上过程。

3. 费用优化

网络计划的费用优化，就是应用网络计划方法，在一定的约束条件下，综合考虑费用与进度之间的相互关系，以求费用与进度的最佳组合，达到费用低、时间短的优化目的。因此，网络计划的费用优化核心是在进度与费用之间寻求一个最佳的平衡点。

1）项目进度与费用间的关系

项目费用包括直接费用和间接费用两部分。在一定的范围内，直接费用随着时间的延长而减少。例如，为了加快项目进度，必须突击作业，增加投入而导致直接费用增加。间接费用随着时间的延长而增加，即成正比，通常用直线表示，其斜率表示间接费用在单位时间内的增加值。间接费用与项目管理水平、项目条件等因素相关。具体如图 4.20 所示。

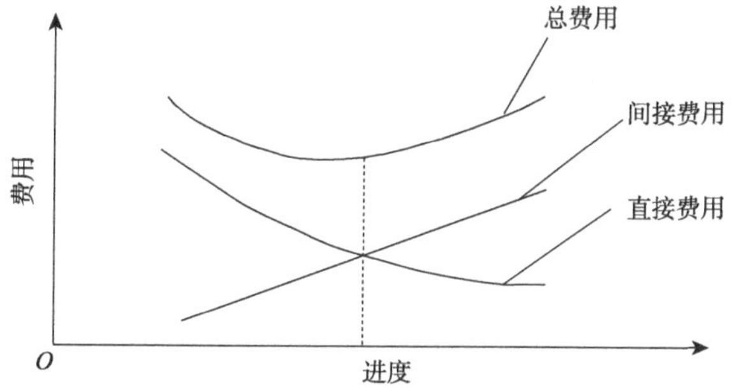


图 4.20　进度与费用的关系示意图

由图 4.20 可见，项目总费用曲线是由直接费用曲线和间接费用曲线叠加而成的，曲线的最低点就是项目费用与时间的最佳组合点，表示在合适的工期下项目总费用最低。

2）费用优化方法

费用优化的目的就是使项目的总费用最低，其优化过程应考虑以下几个问题。

（1）在规定工期的条件下，确定项目的最低费用。

（2）若需要缩短工期，则考虑如何使增加的费用最小。

（3）若要求以最低费用完成整个项目计划，如何确定项目的最佳工期。

（4）若增加一定数量的费用，则可使工期缩短多少。

进行费用优化，应首先求出不同工期情况下最低直接费用；其次考虑相应的间接费用的影响和工期变化带来的其他损益，包括效益增量和资金的时间价值等；最后再通过叠加求出项目总费用。

3）费用优化的步骤

（1）按工作正常持续时间确定关键工作和关键路线。

（2）计算网络计划中各项工作的费用率。

（3）按费用率最低的原则选择优化对象。

（4）考虑不改变关键工作性质并在其能够缩短的范围之内等原则，确定优化对象能够缩短的时间，并按该时间进行优化。

（5）计算相应的费用增加值。

（6）考虑工期变化带来的间接费用及其他损益，在此基础上计算项目总费用。

（7）重复上述（3）～（6），直到总费用最低为止。

## 4.4 项目进度计划

在项目管理过程中，时间是最重要的约束条件和指标之一。如果项目不能在合同工期内完成，通常意味着项目的失败。因此，进度是项目管理的核心内容。

进度是将项目行动计划转换成项目运作的时间表，是监控项目活动的基础指标，将其与项目计划结合起来构成项目管理的主要工具。在项目管理过程中，多数管理要素与时间相关，将进度作为行动的目标，许多问题可以迎刃而解。

### 4.4.1 进度计划概述

项目进度计划是表达项目中各项工作、任务的开展顺序，开始和完成时间及相互衔接关系的时间安排。通过进度计划的编制，项目实施可以形成一个有机整体。进度计划既是项目实施控制和管理的依据，又是项目资源计划和费用计划编制的基础。

根据计划所包含的内容不同，项目进度计划可划分为总体进度计划、分项进度计划、年度进度计划等。这些不同的进度计划共同构成了项目的进度计划体系。

编制进度计划的依据包括项目要求及特点、项目的内外部环境、项目各项工作的时间估计、项目的资源需求及供给情况等。

编制进度计划的基本要求是：科学编制进度计划，确保项目实现工期目标；确保项目进展的均衡性和连续性；确保项目进度与资源、费用和质量等目标的协调统一；确保进度计划的科学性、合理性和现实性；大型、复杂、长工期的项目要实行分期、分段编制进度计划；在不同阶段不同时期，提出相应的进度计划，以确保计划的可执行性和指导性等。

项目进度计划的编制通常是在项目经理的主持下，由各项目职能部门、技术人员、项目管理专家及参与项目工作的其他相关人员等共同参与完成。

## 4.4.2　进度计划编制方法

常用的项目进度计划编制方法主要包括里程碑法、甘特图法、网络图法，此外，还有时间坐标法和关键链进度计划法。

二维码 4-6：时间坐标法　二维码 4-7：关键链进度计划法

### 1. 里程碑计划

项目的里程碑（milestone）计划就是以项目中某些重要事件的完成或开始时间作为基准所形成的进度计划，它是项目的一个战略计划或框架，以中间产品或可实现的结果为依据，显示了项目为达到最终目标必须经过的条件或状态序列。它描述了项目在每一个阶段应达到的状态，而不是如何达到。图 4.21 显示了某产品开发项目里程碑图。

| 事件（里程碑） | 1 月 | 2 月 | 3 月 | 4 月 | 5 月 | 6 月 | 7 月 | 8 月 |
|---|---|---|---|---|---|---|---|---|
| 分包合同签订 | △ | ▽ | | | | | | |
| 规格书完成 | | | △ | ▽ | | | | |
| 设计审核 | | | | | △ | | | |
| 子系统测试 | | | | | | △ | | |
| 第一单元提交 | | | | | | | △ | |
| 全部项目完成 | | | | | | | | △ |

图 4.21　产品开发项目里程碑图

△表示计划里程碑；▽表示实际里程碑

1）里程碑计划的编制方式

里程碑计划的编制方式主要有两种：一种是编制进度计划以前，根据项目特点编制里程碑计划，并以该里程碑计划作为编制项目进度计划的依据；另一种是编制进度计划以后，根据项目特点及进度计划编制里程碑计划，并以此作为项目进度控制的主要依据之一。

2）里程碑计划的编制程序

编制里程碑计划的基本程序包括以下步骤。

（1）从达成最后一个里程碑，即项目的终结开始反向进行。

（2）运用头脑风暴法产生里程碑的概念草图。

（3）复查各个里程碑。有些里程碑可能是另外某个里程碑的一部分，而有些则可能是将产生新的里程碑概念的活动。

（4）尝试每条因果路径。

（5）从最后一个目标开始，顺次往前，找出逻辑依存关系，以便可以复查每个里程碑，增加或删除某些里程碑，或者改变因果路径的定义。

（6）画出最后的里程碑图。

### 2. 甘特图计划

甘特图，又称为横道图，是进度计划最常用的一种工具，由亨利·甘特于 1917 年提出。由于其简单明了、易于编制，因而是小型项目管理中编制进度计划的主要工具。即使在大型工程项目中，它也是高层管理者了解全局、基层安排进度的有效工具。

图 4.22 显示了某市场调查项目的甘特图。该图的左侧列出了项目的所有工作，顶部列出了项目的时间表，图中的横道线表示各项工作的开始时间、结束时间和持续时间，箭头则代表各项工作之间的逻辑关系。图中时间表可以根据计划的详细程度，以月、周、天、小时等为时间单位。在绘制图形时还可以用不同的颜色代表不同性质的工作；或者用粗实线代表关键工作，用细实线代表非关键工作等。

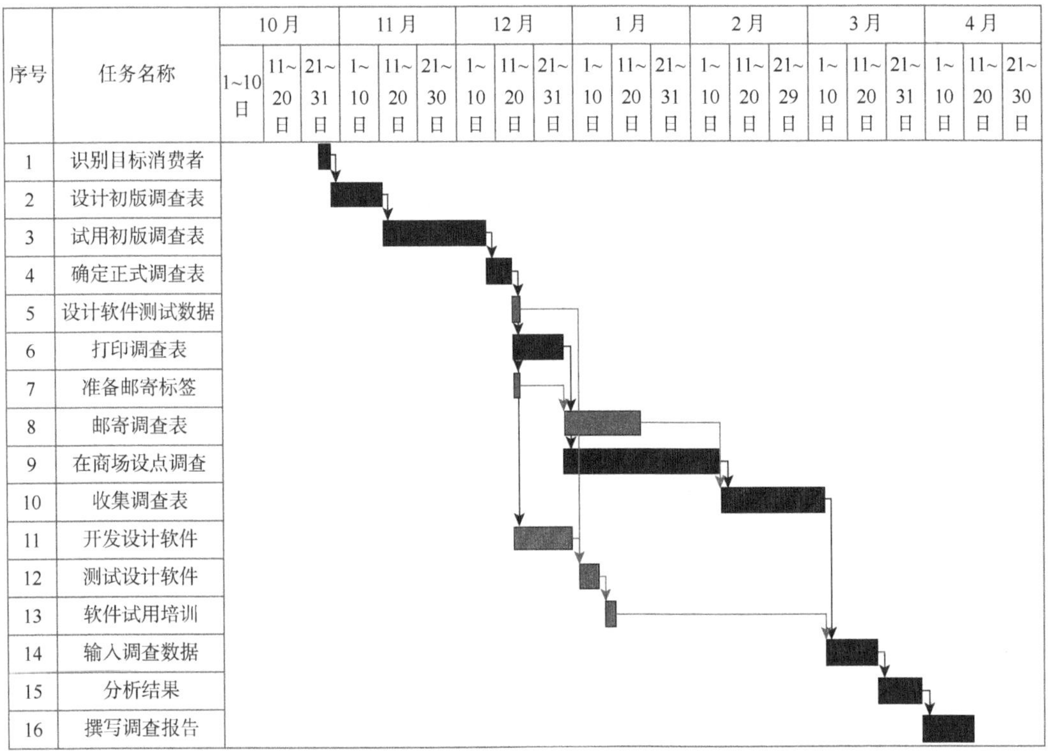


图 4.22　市场调查项目计划甘特图

黑色矩形代表关键工序，黑色箭线代表其逻辑关系；灰色矩形代表非关键工序，灰色箭线代表其逻辑关系

甘特图直观、简单、容易制作、易于理解。但是当项目所包含的工作数量较多、逻辑关系复杂时，甘特图则难以表达清楚，更不利于进行定量分析和进度优化。

甘特图的类型包括传统甘特图（图 4.23）、带有时差的甘特图（图 4.24）和具有逻辑关系的甘特图（图 4.22）等。

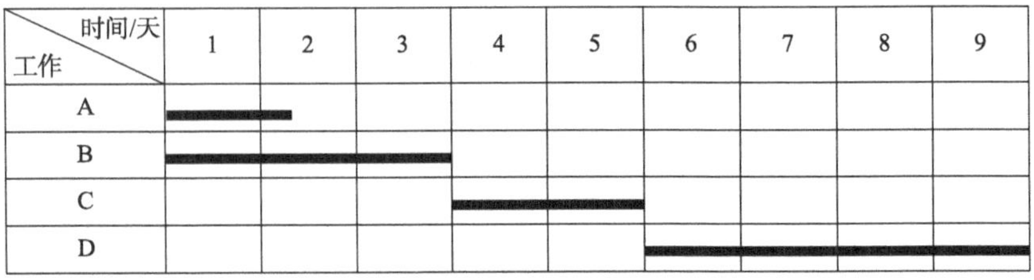


图 4.23　传统甘特图

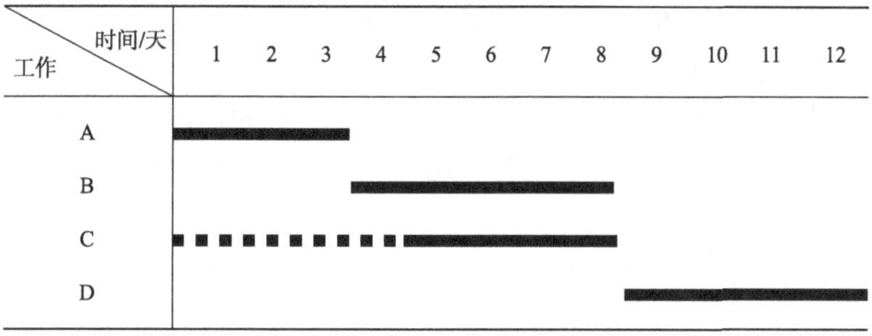


图 4.24　带有时差的甘特图

3. 网络图计划

随着科学技术和生产的迅速发展，出现了许多庞大而复杂的科研和工程项目，它们工序繁多，协作面广，常常需要动用大量人力、物力和财力。如何合理而有效地组织各类资源，使之相互协调，以最短的时间和最低费用，更好地完成整个项目，就成为一个突出的问题。CPM 和 PERT 就是在这种背景下出现的。

虽然 CPM 和 PERT 是分别独立发展起来的两种计划方法，但其基本原理一致，即用网络图来表达项目中各项活动的进度和它们之间的相互关系，并在此基础上进行网络分析，计算网络中各项时间参数，确定关键工作与关键路线，利用时差不断地调整与优化网络，以求得最短工期。此外，还可将成本与资源问题考虑进去，以求得综合优化的项目计划方案。

采用以上几种进度计划方法，其本身所需的时间和费用是不同的。里程碑计划编制时间最短，费用最低。甘特图所需时间要长一些，费用也高一些。CPM 需要把每个活动都加以分析，如工作任务数目较多，还需用计算机求出总日期和关键路线，因此花费的时间和费用要更多一些。PERT 法还需要考虑时间参数的随机分布，因而花费的时间和费用也最多。

### 4.4.3　进度计划编制程序

编制项目进度计划包括项目描述、项目分解、工作描述、工作责任分配表制定、工作先后关系确定、任务工期估算、绘制网络图、进度安排八个步骤。

（1）项目描述：形成项目描述书，对项目总体要求作一个概要性的说明。

（2）项目分解：形成项目 WBS。它是编制进度计划和实施进度控制的基础。

（3）工作描述：形成项目工作列表和各项工作的说明书。

（4）工作责任分配：形成项目工作责任分配矩阵（表）。

（5）确定项目各项工作的先后关系，形成项目网络图。

（6）项目工作延续时间估计，确定各项工作的开始时间和结束时间。

（7）对网络图进行优化和调整。

（8）形成项目进度安排。

进度安排的目标是制订项目详细的时间安排计划，作为项目执行的重要依据和项目控制的标准。因此，项目经理要组织有关职能部门参加，明确对各部门的要求，各职能部门需要据此拟订本部门的项目进度计划和实施计划等。

1. 项目进度计划的表达

项目进度计划至少包括每一项工作的计划开始日期和预期完成日期。在资源分派被确认之前这个项目进度只是初步方案。通常，资源分派应该在项目计划制订完成前进行。

项目进度计划可以摘要或详细的形式表示，称为“控制性进度计划”。它可以用表格（如带日期的工作任务分配表）表示，但更经常的是利用一种或多种格式的图形表示，如里程碑图、甘特图和网络图等。

带日期的工作任务分配表是在 WBS 的给定级别上，一些工作带有部分或全部时间日期的列表。表 4.11 是一个市场调研项目的工作任务分配表。

**表 4.11 市场调研项目的工作任务分配表**（单位：天）

| 活动 | 负责人 | 工期估计 | 最早时间 | | 最迟时间 | | 总时差 |
|---|---|---|---|---|---|---|---|
| | | | 开始时间 | 完成时间 | 开始时间 | 完成时间 | |
| 1.识别目标消费者 | 小张 | 3 | 0 | 3 | 0 | 3 | 0 |
| 2.设计初始问卷调查表 | 小张 | 10 | 3 | 13 | 3 | 13 | 0 |
| 3.测试问卷调查表 | 小张 | 20 | 13 | 33 | 13 | 33 | 0 |
| 4.确定最终调查表 | 小张 | 5 | 33 | 38 | 33 | 38 | 0 |
| 5.准备邮寄标签 | 小陈 | 2 | 38 | 40 | 46 | 48 | 8 |
| 6.打印问卷调查表 | 小陈 | 10 | 38 | 48 | 38 | 48 | 0 |
| 7.开发数据分析软件 | 小陈 | 12 | 38 | 50 | 96 | 108 | 58 |
| 8.设计软件测试数据 | 小沈 | 2 | 38 | 40 | 106 | 108 | 68 |
| 9.邮寄问卷并获得反馈 | 小张 | 65 | 48 | 113 | 48 | 113 | 0 |
| 10.测试软件 | 小沈 | 5 | 50 | 55 | 108 | 113 | 58 |
| 11.输出反馈数据 | 小楚 | 13 | 113 | 126 | 113 | 126 | 0 |
| 12.分析结果 | 小楚 | 8 | 126 | 134 | 126 | 134 | 0 |
| 13.准备报告 | 小楚 | 10 | 134 | 144 | 134 | 144 | 0 |

2. 细节说明

项目进度计划的细节说明至少包括对所有设定的假定和约束的说明，以及各种应用方面的详细说明等。常作为细节说明的信息包括按时段提出的资源需求（常以资源柱状图的形式出现）、替代进度计划（如最好和最坏的情况、平衡过的资源或未平衡的资源、有或无强制日期等）、进度储备或进度风险估算等。

3. 进度管理计划

项目进度管理计划主要说明进度中何种变化需要进行处理。根据项目的需要，它可以是正式的或非正式的，十分详细的或大致轮廓的。它是整体项目计划的一个附属部分。

4. 资源需求更新

根据进度计划对资源需求计划和活动清单进行更新。

## 4.5　项目资源费用计划

### 4.5.1　项目资源计划

项目资源管理包括明确一个项目所需要的资源数量与种类，以及在项目实施过程中尽量使资源均衡与进度最短的资源配置等内容。完成项目的任何一项活动都需要消耗资源，而且完成一项活动所需的时间随着所获得的资源的数量和质量的变化而变化。因此，需要通过制订资源计划来合理安排资源，确保其与项目计划进度相匹配，避免由资源配置不合理造成项目工期拖延、实际成本超预算的后果。项目资源计划就是确定项目的每一个活动需要多少、什么样的资源并合理配置的管理文件和管理过程。

1. 项目资源分类

项目资源包括项目实施中需要的人力、设备、材料、能源及各种设施等。在项目管理中，对所使用的资源进行分类的方法很多，常见的有以下两种分类方法。

（1）根据会计学原理对项目资源进行分类，可分为劳动力成本（人力资源）、材料成本及分包、借款等其他生产成本。这是一种最常见的划分项目资源的方法。

（2）根据项目所需要的资源的可获得性进行分类，主要可以分为：可以重复使用的资源，如普通劳动力和设备，这类资源可以用于相同范围的项目的各个时间阶段；消耗性的资源，这类资源在项目的开始阶段往往是以总数形式出现的，并且将随着时间的推移而被消耗掉，如各种材料或计算机的机时；双重限制资源，这类资源在项目的各个阶段的使用数量是有限制的，并且在整个项目的进行过程中此类资源总体的使用量也是有限制的。例如，在项目实施过程中，资金的使用就是一个典型的双重限制资源。

一般情况下，在制订计划的过程中，对于那些消耗性的资源和有限制的、需要定期使用的资源，应该给予单独考虑。也就是说，在制订项目计划时，既要保证对没有约束的资源的有效使用，又要强调对有约束资源的使用进行严格的控制。

在项目开始阶段，准确配置项目各项活动所需的各类资源往往是不可能做到的事情。这是因为在最初的阶段，潜在的不确定性掩盖了项目的各个活动对资源的需求。从这个意义上来说，资源计划的制订贯穿项目的整个生命周期。

2. 项目的资源需求

项目的资源需求多种多样且与进度计划密切相关，导致资源计划编制工作十分复杂。当几个项目之间存在相关性时，这项工作就更为复杂。实际工作中，项目生命周期的不同阶段对各类资源的需求也在不断变化。

图4.25表示在某项目生命周期的各个阶段，对劳动力和材料这两种资源的需求状况。其中，曲线（a）表示项目对工程师的需求随着时间变化的情况；曲线（b）表示对非专

业人员的需求随着项目进展的变化情况；曲线（c）表示该项目在各个阶段对各种材料的需求变化情况。项目资源计划应根据进度计划要求，努力提高资源配置效率，降低成本支出。

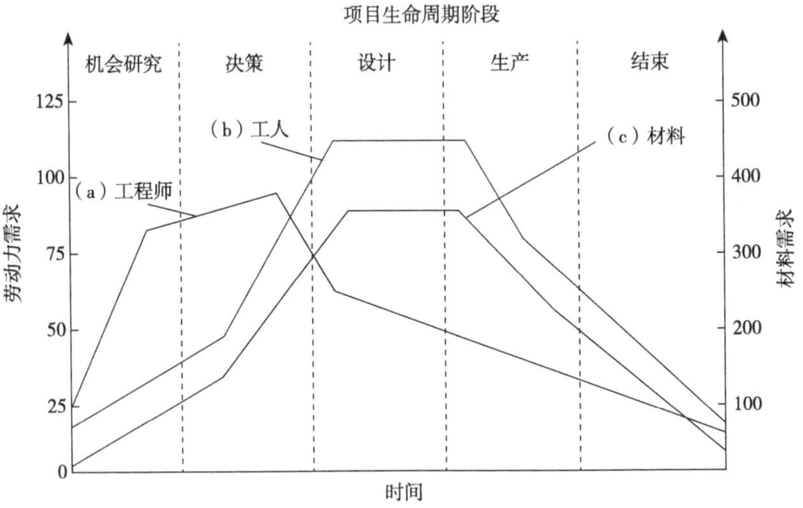


图 4.25　项目生命周期典型资源需求状况

3. 项目资源计划的编制

1）项目资源计划编制的依据

资源计划编制就是确定完成项目活动所需要的资源（人、设备、材料等）的种类、数量及供给时间的计划活动。资源计划编制的依据主要有以下几个方面。

（1）WBS。通常，项目 WBS 已列出了项目各组成部分（各项工作）所需要的资源种类，因此是资源计划的基本依据。

（2）范围说明书。范围说明书阐述了项目的必要性以及项目的各项目标。因此，在资源计划中必须使用足够的资源达到这些目标。

（3）后备资源说明书。后备资源说明书列出了可供使用的资源种类和数量，因而也是编制资源计划的依据之一。

（4）组织方针。必须考虑项目实施组织的组织方针，如有关人员招聘、物资和设备租用或采购的方针等。不同的组织方针将会导致资源的获得与组织方式的不同。

具体编制资源计划时，应当充分利用项目团队成员的技能和知识，以及过去类似项目的资源要求和使用情况的资料。

2）项目资源计划编制的工具

项目资源计划编制工具主要有以下几种。

（1）资源数据表，用以说明完成项目中的各种资源在进程内各时间段上数量的需求情况，如表 4.12 所示。

**表 4.12 资源数据表**

| 资源 | 第 1 周 | 第 2 周 | 第 3 周 | 第 4 周 | 第 5 周 | 第 6 周 | 第 7 周 | 第 8 周 |
|---|---|---|---|---|---|---|---|---|
| 程序员/人 | 2 | 3 | 5 | 5 | 5 | 3 | 3 | 2 |
| 评估员/人 | | | | 1 | 1 | 1 | 1 | 2 |
| 计算机设备/台 | 3 | 3 | 6 | 6 | 6 | 3 | 3 | 3 |

在表 4.12 中，第一行表示软件开发项目的进度，共 8 周；第一列表示项目需要的主要资源项目；第二行至第四行的数量表示项目所需各种资源的数量。

（2）资源甘特图，用以反映各种资源在项目周期内各个阶段用于完成哪些工作的情况，如图 4.26 所示。

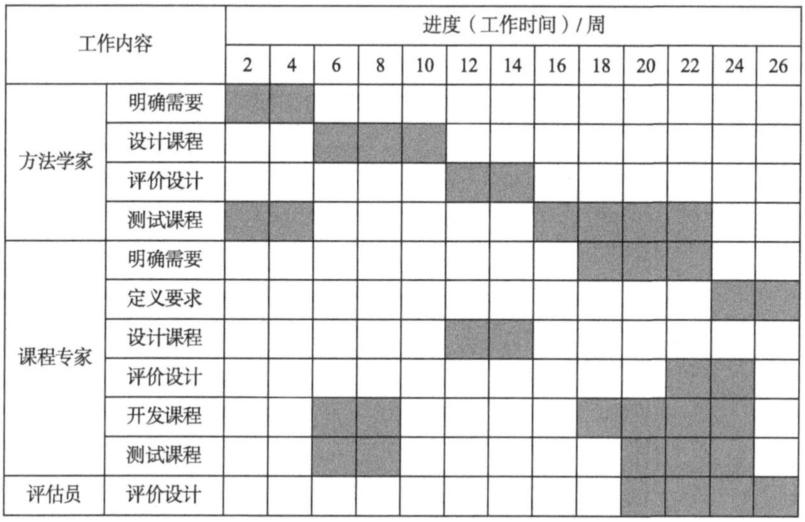


图 4.26 资源甘特图

（3）资源负荷图。与资源数据表类似，给出在项目各个周期内的各个阶段所需要的资源的数量，按项目进度安排所需要的不同人力资源的合计数量，可以与甘特图联合使用。

以人力资源为例，一个项目的活动历时和资源需求见表 4.13。其中，假定该项目的资源使用率保持不变，那么，总工日=每周需要的工日×活动持续时间。如果资源的使用率发生变化，就应该分别确定每一时间区段的资源需要状况。

**表 4.13 项目中的资源需求**

| 活动 | 紧前活动 | 持续时间/周 | 每周需要的工日/天 | 需要的总工日/天 |
|---|---|---|---|---|
| A | — | 8 | 16 | 128 |
| B | — | 6 | 8 | 48 |
| C | A | 12 | 6 | 72 |
| D | A、B | 10 | 4 | 40 |
| E | — | 10 | 10 | 100 |
| F | C、D、E | 6 | 18 | 108 |
| G | F | 8 | 14 | 112 |

假设项目中每个活动都按最早时间开始，根据逻辑关系绘制甘特图，每周所需要的人力资源用工时数表示，可以得到人力资源负荷图，如图 4.27 所示。图 4.27（a）为甘特图，图 4.27（b）为项目周期内每周需要的人力资源数量，以工时表示。该图方便、直观，便于统计和使用。

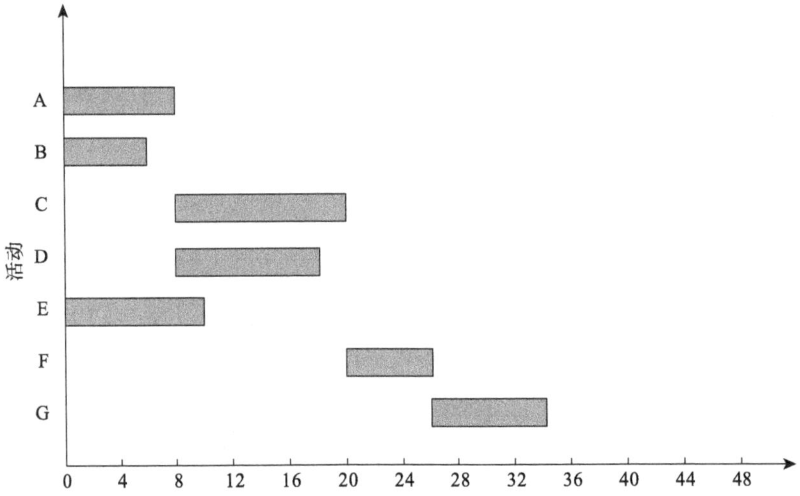

（a）

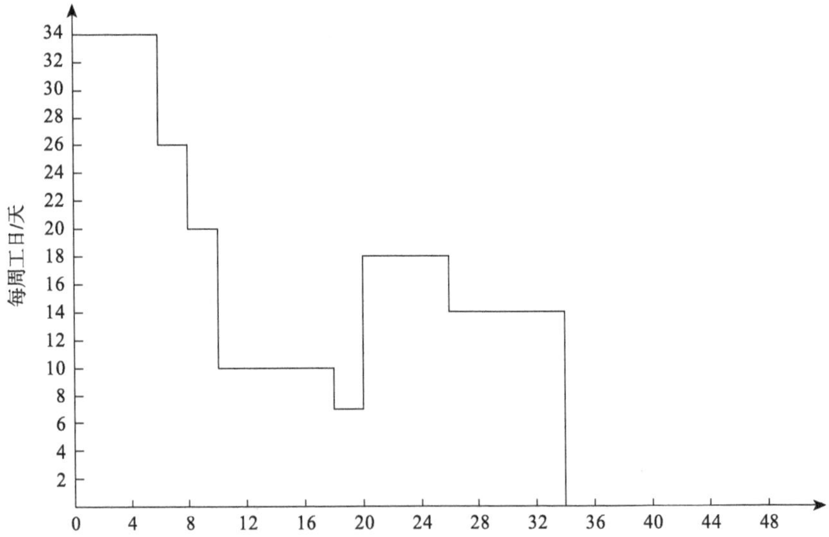

（b）

图 4.27　人力资源负荷图

4. 资源计划编制程序

资源计划包含整个项目和各项工作或任务两个层次。整个项目的资源计划主要包括确定项目使用资源的种类、每种资源的单位成本、资源需求量和需求时间，并以此为基础计算出每种资源的预算成本。各项工作或任务的资源计划则应明确各项工作或任务中所需资源的名称、计划使用量和使用时间等，同时确定该资源是否为驱控资源，即该资源的增加可以促使任务工期的缩短。

资源计划的编制可以是自上而下的，也可以是自下而上的。前者是首先确定各类资源的主要约束，其次将各项资源按需求进行分解；后者则是将各项工作或任务的资源计划汇总以形成整个项目的资源计划。

计划是项目执行与控制的基础。项目管理者可以根据项目进展和实际资源使用情况输入必要的资源量，并将资源的实际使用量和实际成本同资源计划进行比较，从而达到对项目实施的控制目的。

5. 资源计划编制结果

资源计划的结果是形成各类资源的需求计划。这些资源需求计划可以用项目资源计划矩阵（表 4.13）和资源负荷图（图 4.27）等可视化工具来表示。资源需求计划一般应分解到具体的工作上，做到具体、可操作。

### 4.5.2　项目费用估计

费用估计是指对完成项目各项工作所需资源（人、材料、设备等）的费用进行估计，一般在各项资源需求量和供应时间已知的条件下进行，与资源价格估计密切相关。此外，应充分考虑费用与工作质量和工作延续时间的相互联系。在多数情况下，延长工作持续时间可以减少工作的直接费用，而追加费用则可缩短项目工作的持续时间。

1. 费用估计的主要依据

项目费用估计的主要依据如下。

（1）WBS。

（2）资源需求计划，即资源计划安排结果。

（3）资源价格，包括工时费、材料单价等。

（4）工作的持续时间。

（5）历史信息，主要是同类项目的项目费用估计数据等。

（6）会计表格。会计表格说明了各种费用信息项的代码结构，有利于项目费用的估计与正确的会计科目相对应。

2. 费用估计的常用方法

1）经验估算法

这种方法本质上是一种专家意见法，它依靠拥有丰富知识和经验的人对各种资源的费用进行估计。其优点是简单、快速；其缺点是难以保证估算的准确性。因此一般适用于项目概念阶段的成本估算，或者定义不明的新型项目的成本估算，这种项目没有经验可供参考。

2）类比估算法

这种方法主要依据过去类似项目对未来项目费用进行估算，既可以用于项目的全部费用的估算，也可以用于子项目费用的估算，还可以用于某一工作或任务费用的估算。类比估算法的基本前提是新旧项目的相似性。相似性越高，费用估算的准确性也越高。

通常，类比估算法应首先由技术人员对新项目和原有项目的技术进行比较，发现其中的差异。其次由费用估算人员对技术差异所导致的费用差异进行估算，建立技术差异的费用关系。最后，依据项目工期、规模、位置、复杂程度以及其他影响因素对初步估算的费用进行必要的调整。

类比估算法具有主观评价的特性，即使技术人员的比较可以定量客观，费用估算人员还需要确定有关技术差异的费用影响，因而其估算的不确定性仍然较大。

类比估算法适用于项目的采办早期，此时还没有系统的实际费用数据，也没有相似系统的大型数据库，只有此种方法的估算较为准确。

图 4.28 显示了以规模为类比对象进行费用估算的例子。其中横坐标代表项目规模，纵坐标代表各项费用因素，如材料成本、人工成本和运费等。图 4.28 中的点是根据过去类似项目的资料绘制而成，然后用回归的方法求出这些点的回归线，它体现了项目规模和项目费用之间的基本关系。这里的回归线可以是直线，但也有可能是曲线。

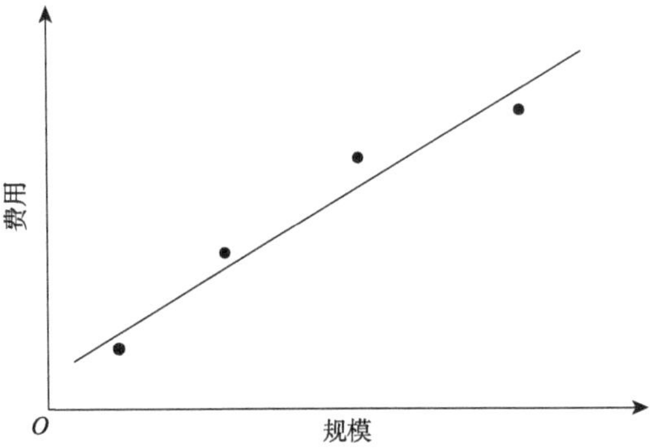


图 4.28　规模–费用图

值得注意的是，为考虑图 4.28 中各点数据的可比性，应将不同年份的项目成本数据以“基准年度”来进行折算，目的是消除通货膨胀的影响，因此图 4.28 中的点是经过调整的数字。此外，如果项目周期较长，还应考虑到今后几年可能发生的通货膨胀、材料涨价等因素。可见，类比估算法的前提是有过去类似项目和可比的资料。

3）参数估算法

参数估算法利用项目特性参数和费用之间的关系来估算待建项目的费用，这种估算可以是依据经验，但更多的是依赖数学模型。用于估算的模型可以是简单的，如商业住宅以建筑面积的单位平方米来估算；也可以是复杂的，如软件开发费用模型一般要用十几个参数，每个参数又包括 5~6 个方面。

运用参数估算法的基本条件是要初步确定项目的性能参数，并建立性能参数与费用的关系。这种方法可用于设计、性能和计划特性方面的更改，应用较为广泛，尤其是在频繁更改设计和需要进行快速成本估算时。

参数估算法的基础是建立一个有关性能与费用关系的数据库，为两者关系模型的建立提供依据。

4）基于 WBS 的全面费用估算

基于 WBS 的全面费用估算是利用 WBS，先把项目任务进行分解，直到可以确认的程度，如某种材料、某种设备、某一活动单元等，然后估算每个 WBS 要素的费用，并由此确定整个项目的估算费用。采用这一方法的前提条件如下。

（1）全面界定项目需求，包括工作报告书、规格书以及总进度表等。工作报告书是对实施项目各项工作的叙述性说明，含工作目标、资金限制等。规格书是工时、设备以及材料标价的根据。总进度表则明确项目实施的主要阶段和分界点，包括长期订货、原型试验、设计评审会议以及其他任何关键的决策点等。

（2）设计完成项目的逻辑步骤。一旦项目需求被明确，就应制定完成任务所必需的逻辑步骤。在现代大型复杂项目中，通常用网络图来表示。

（3）编制 WBS 表。WBS 表详细列出了项目所包含的工作以及各项工作所需要的资源，它和网络图一道形成了费用估算的基本依据。

基于 WBS 的项目费用估算方法工作量较大，因此其本身也需要花费一定的时间和费用。这种方法准确度较高，其估算结果可以用来作为项目控制的依据，是管理层选择和批准项目、评定项目优先顺序的依据。

5）费用估算中的几个问题

（1）估算的方向。项目估算的方向分为自上而下估算和自下而上估算两种。

自上而下估算一般在已完成的类似项目可作借鉴的情况下使用。由中高层管理者估计整个项目的费用和各个分项目的费用，并将此结果传送给下一层管理者，用以对组成项目和子项目的任务与子任务的费用估算，其结果继续向下传递，直到项目任务分解的最底层。其优点是中、高层管理人员能够比较准确地掌握项目整体费用分配，利于项目整体费用的控制，在一定程度上避免了项目费用风险。但该方法需要建立良好的沟通渠道，以使费用估算者和项目实施者对估算结果达成共识。

自下而上估算是指从项目的基层单位开始估算费用，并逐级将估算结果累加起来，最终形成项目整体的估算费用。其优点是对于项目费用估算更加全面、科学，利于执行。其风险是费用估算中的代理行为，即基层人员过高估计项目开支的行为，导致对项目总体费用难以把握。

（2）协调估算。无论是自上而下还是自下而上的费用估算，最终都要将其结果上报项目高层进行协调和审批。审批时应充分考虑通货膨胀、项目风险等因素的影响，并对两种估算方式可能产生的偏差进行协调，最终确定项目各层都可以接受的项目预算。

（3）压缩成本。在编制项目预算时，还应关注成本费用与进度、质量之间进行交换的可能性。有时，由于竞争关系和资金不足的原因，必须要对项目费用进行一定程度的压缩。有时，需要在费用、进度和质量之间寻找一种平衡。其核心是发现项目相关各方都能接受的项目预算。

（4）不可预见费用。在项目费用估算中，应加入不可预见费用以抵消不确定性的影响。一般来说，项目的不确定性越高，不可预见费用就越多。通常，项目的不可预见费用占整个项目费用的 5%～10%。不可预见费用的使用通常由公司高层直接掌握，未经批准项目经理不得擅自使用。

3. 费用估计的基本结果

1）基本内容

（1）项目的费用估计。描述完成项目所需的各种资源的费用，包括劳动力、原材料、库存及各种特殊的费用项，如折扣、费用储备等的影响，其结果通常用劳动工时、工日、材料消耗量等表示。

（2）详细说明，包括工作估计范围描述、对于估计的基本说明（如费用估计实施方法等）、所作各种假设的说明、费用估计结果的有效范围等。

2）报告形式

在大型项目中，费用估算的结果最后应以下述的报告形式表述出来。

（1）对每个 WBS 要素的详细费用估算。应有一个各项分工作、分任务的费用汇总表，以及项目和整个计划的累积报表。

（2）每个部门的计划工时曲线。如果部门工时曲线含有“峰”和“谷”，应考虑对进度表进行优化，以实现工时的均衡性。

（3）按月工时费用总结。以便在项目费用必须削减时，项目负责人能够利用此表和工时曲线作权衡及研究。

（4）逐年费用分配表。此表以 WBS 要素来划分，表明每年（或每季度）所需费用。其实质是每项工作的项目现金流量的总结。

（5）原料及支出预测。它表明供货商的供货时间、支付方式、承担义务以及支付原料的现金流量等。

### 4.5.3 项目费用预算

费用预算是给每一项独立工作分配全部费用，以获得度量项目实际执行的费用基线（图 4.29）的计划过程。费用预算的依据是费用估算、WBS 和进度计划等，其主要技术和方法与费用估算相同。费用预算是项目费用的正式计划，将作为今后项目执行和监控的基本依据。

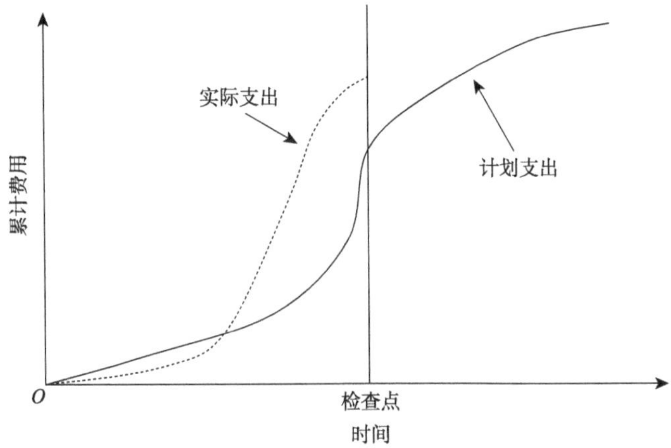


图 4.29 累计费用基线示例

1. 费用预算的主要特点

1）计划性

制定预算时，项目首先被逐步分解为各项可执行的、独立的工作或任务，其次对每项独立的工作或任务进行费用估算，最后根据费用估算和进度计划要求对各项工作或任务的费用进行批准、确认和汇总以形成项目的费用预算。可见，费用预算是另一种形式的项目计划。

2）约束性

作为一种资源配置计划，预算表现为一种约束，人们只能在预算范围内行动。从这一点看，预算既体现了组织的政策和倾向，又表达了对项目各项活动的重要性的认识和支持力度。合理的预算应尽可能“正确”地为相关工作和活动配置必要的资源，既不过分慷慨，以避免浪费和管理松散；也不过于吝啬，以避免因预算不足而影响工期和质量。

3）控制性

预算既是项目执行的标准，又是执行控制的依据。一方面，预算应体现项目对效率和效益的追求，强调管理者必须有效利用资源；另一方面，预算也要具有一定的弹性，以应对难以预料的内外环境变化。这就需要以预算为基准对项目实施进行监控，及时发现偏离，并采取有效的措施修正偏离，确保项目目标的实现。

2. 费用预算的结果

费用预算的主要结果是获得项目费用预算表、费用负荷图和费用基线等。

费用预算表列出项目所有工作或任务的名称、费用预算值、需要时间等（表 4.14）。

**表 4.14　某项目费用预算表**（单位：元）

| 工作 | 预算值 | 进度日程预算（项目日历表） | | | | | | | | | | |
|---|---|---|---|---|---|---|---|---|---|---|---|---|
| | | 1 | 2 | 3 | 4 | 5 | 6 | 7 | 8 | 9 | 10 | 11 |
| A | 40 000 | 10 000 | 20 000 | 10 000 | | | | | | | | |
| B | 40 000 | | 5 000 | 10 000 | 15 000 | 10 000 | | | | | | |
| C | 55 000 | | 5 000 | 10 000 | 25 000 | 15 000 | | | | | | |
| D | 45 000 | | | 10 000 | 10 000 | 15 000 | 10 000 | | | | | |
| E | 110 000 | | | | | 10 000 | 30 000 | 30 000 | 20 000 | 20 000 | | |
| F | 60 000 | | | | | | | | 10 000 | 10 000 | 20 000 | 20 000 |
| 月计 | 350 000 | 10 000 | 30 000 | 40 000 | 50 000 | 50 000 | 40 000 | 30 000 | 30 000 | 30 000 | 20 000 | 20 000 |
| 累计 | 350 000 | 10 000 | 40 000 | 80 000 | 130 000 | 180 000 | 220 000 | 250 000 | 280 000 | 310 000 | 330 000 | 350 000 |

费用负荷曲线是费用预算表的一种图形表达形式（图 4.30）。费用基线一般是指项目费用累积负荷曲线，它是项目费用预算的基准线，将作为度量和监控项目实施过程中费用支出的依据（图 4.31）。通常，费用基线是一个“S”形曲线，又称为 S 曲线。

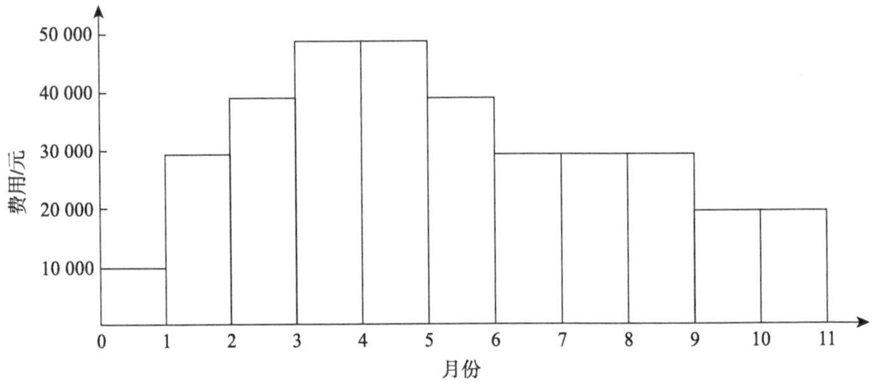


图 4.30　某项目费用负荷曲线

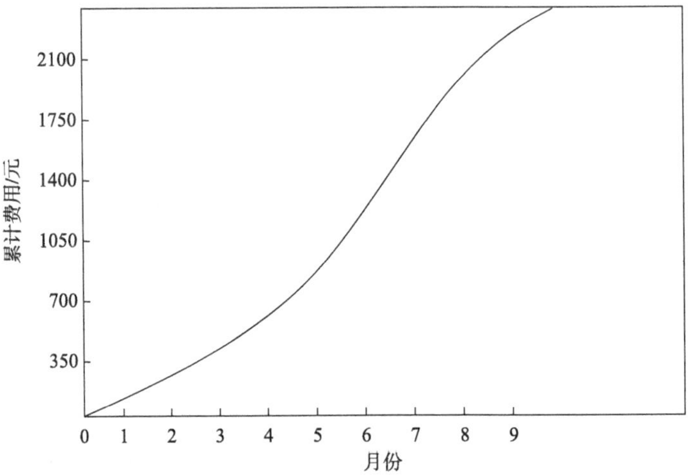


图 4.31　某项目费用累积负荷曲线（预算基准线）

## 4.6　项目质量与安全计划

### 4.6.1　质量计划

1. 项目质量管理概述

1）项目质量管理的概念

根据《质量管理体系 基础和术语》（GB/T 19000—2016/ISO 9000：2015）的标准，“组织的产品和服务质量取决于满足顾客的能力，以及对有关相关方的有意和无意的影响”。

PMI《项目管理知识体系指南》（第六版）指出，项目质量管理包括把组织的质量政策应用于规划、管理、控制项目和产品质量要求，以满足相关方目标的各个过程。此外，它还以执行组织的名义支持过程的持续改进。

可见，项目质量管理过程包括规划质量管理、管理质量、控制质量三个方面，见图 4.32。

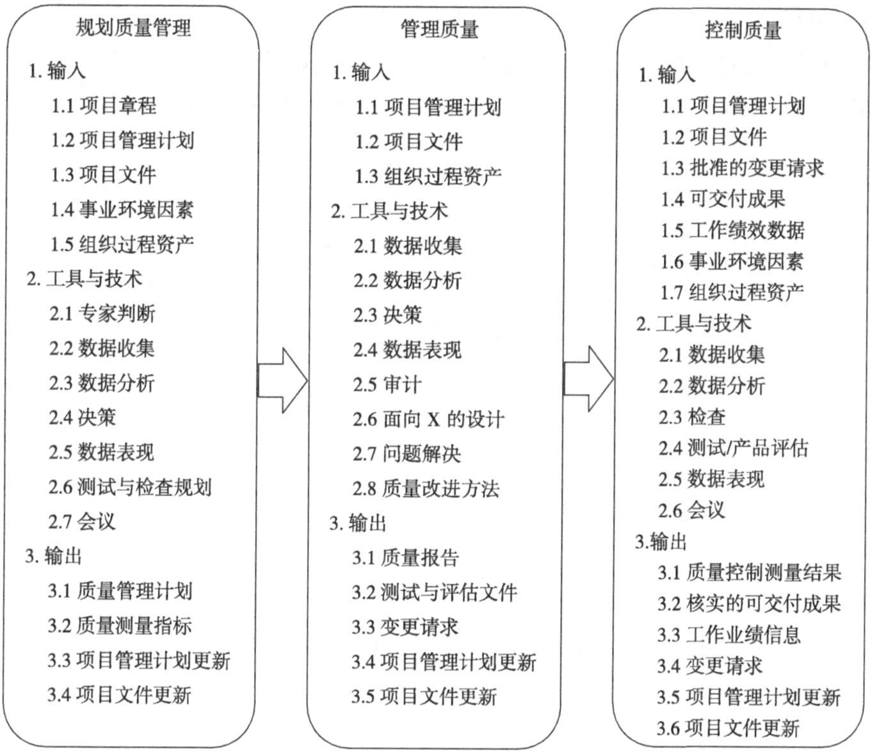


图 4.32　项目质量管理过程

（1）规划质量管理。识别项目及其可交付成果的质量要求或标准，并书面描述项目将如何证明符合质量要求或标准的过程。

（2）管理质量。把组织的质量政策应用于项目，并将质量管理计划转化为可执行的质量活动的过程。

（3）控制质量。为了评估绩效，确保项目输出完整、正确，并满足客户期望，而监督和记录质量管理活动执行结果的过程。

2）项目质量管理体系的建立和实施

根据《质量管理　项目质量管理指南》（GB/T 19016—2021/ISO 10006：2007），项目质量管理体系的建立基于七项质量管理原则：以顾客为关注焦点；领导作用；全员积极参与；过程方法；改进；循环决策；关系管理。具体工作如下。

（1）了解从项目获得价值的直接和间接顾客。

（2）了解顾客当前和未来的需求和期望。

（3）将项目的目标与顾客的需求和期望联系起来。

（4）将顾客的需求和期望，在整个项目组织内予以沟通。

（5）为满足顾客的需求和期望，对项目的产品和服务进行策划、设计、开发、生产、支付和支持。

（6）测量和监视顾客满意度，并采取适当措施。

（7）确定有可能影响到顾客满意度的相关方的需求和期望，确定并采取措施。

（8）积极管理与顾客的关系，以实现持续成功。

项目质量管理体系的实施是一项系统工程，主要包含管理职责、资源管理、项目实现、测量–分析–改进四个阶段的循环，其相互关系如图 4.33 所示。

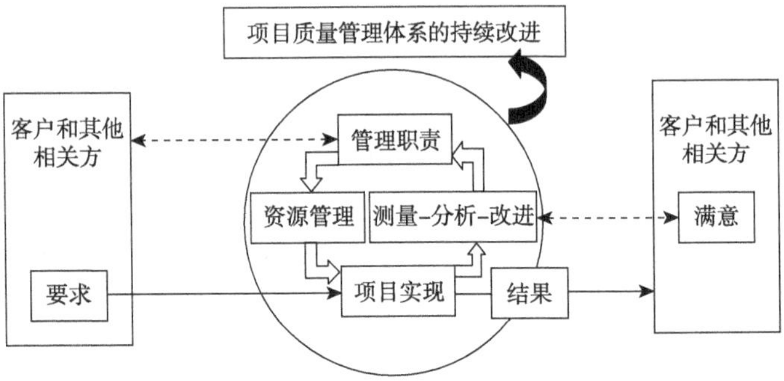


图 4.33　项目质量管理体系模型

3）项目质量管理体系文件

项目质量管理体系文件的用途是：满足客户要求和质量改进；提供适宜的培训；重复性和可追溯性；提供客观证据；评价质量管理体系的有效性和持续改进适宜性等。

项目质量管理体系中使用的文件类型主要有以下几种。

（1）质量手册。质量手册是“规定组织质量管理体系的文件”，它向组织内部和外部提供关于质量管理体系的一致信息。

（2）质量计划。质量计划是“对特定的项目、产品、过程或合同，规定由谁及何时应使用哪些程序和相关资源的文件”。

（3）规范，即“阐明要求的文件”。

（4）指南，即阐明推荐的方法或建议的文件。

（5）程序、作业指导书和图样，即提供如何一致地完成活动和过程的信息的文件。

（6）记录，即“阐明所取得的结果或提供所完成活动的证据的文件”。

质量管理体系标准要求建立一个文件化的质量管理体系，文件的多少、详略取决于项目的复杂性、过程接口的多少、人员的技能水平等因素，其目的是实现质量管理体系的有效运行。

2. 项目质量计划

项目质量计划阶段的主要工作有制定项目质量方针、确定项目质量目标、实施项目质量策划、形成项目质量计划等。其中，项目质量方针反映了项目总的质量宗旨和质量方向，为质量目标的制定提供了框架，是项目质量计划的基础。

1）项目质量计划的内容

项目质量计划就是围绕项目所进行的质量目标策划、运行过程策划、相关资源配置等的活动过程。

（1）质量目标策划。项目质量目标包括总目标和具体目标。项目质量总目标规定了项目拟达到的总体质量水平，通常可以用合格率、优质工程项目等指标衡量。项目具体目标包括性能、可靠性、安全性、经济性、时间性等方面。对项目质量目标的描述应尽可能定量化。

在项目质量目标策划时，应该考虑：项目性能要求，主要由客户需求所决定；项目外部条件，包括环境、地质、水文条件等；市场条件，即社会对项目的期望等“隐含需求”；质量经济性因素，如质量与成本的关系等。

（2）运行过程策划。项目质量由其实施过程所确定。运行过程策划就是要识别和规范项目实施过程、活动和环节。这些影响项目质量的过程和环节称为项目质量环。图 4.34 显示了一般工程项目的质量环。项目运行过程策划就是要识别与确认项目质量环，并规定各环节的质量管理程序、措施和方法等。

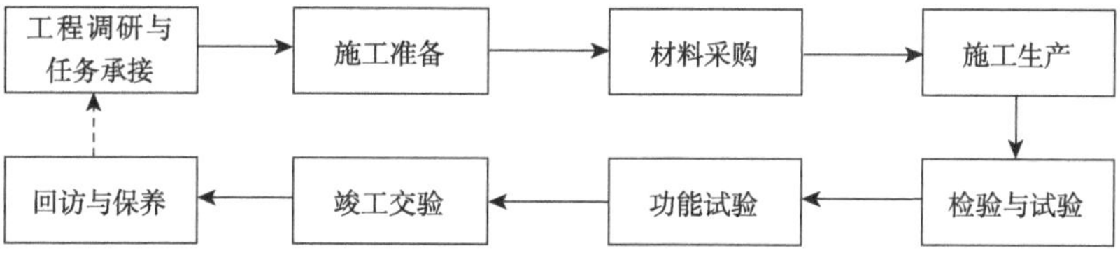


图 4.34　工程施工项目质量环

（3）相关资源配置。为进行项目质量管理，需要建立相应的组织机构，明确管理职责，配备人力、材料、设备和设施，提供必要的信息支持，以及创造项目合适的环境等，主要包括与质量相关的人力资源计划、材料供应计划等。

2）项目质量计划的依据

（1）项目特点。不同项目具有不同的特点，其质量目标、运行过程和需要的资源各不相同，因此其质量策划也不尽相同。

（2）质量方针。质量方针是对组织整体质量目标和方向所做出的一个指导性文件。项目团队可以根据实际情况对质量方针进行适当调整，并明确制定自己的质量工作方针。项目质量方针必须与项目的投资者完全共享。

（3）范围陈述。它明确了项目所有者需求和项目的主要要求与目标，项目质量规划应适应这些需求、要求和目标。

（4）产品描述，即对项目成果的说明，通常包含更加详细的技术要求和其他内容，因而是项目质量策划的主要依据。

（5）标准和规范。项目质量策划必须考虑到任何实际应用领域的特殊标准和规范。

（6）其他工作的输出。例如，采购计划的质量要求会影响到项目质量管理计划等。

3）项目质量计划的技术与方法

（1）成本/收益分析法。成本/收益分析法又称为经济质量法，它要求在制订项目质量计划时必须考虑项目质量成本和项目质量收益两个方面。其中，项目质量成本是指开展项目质量管理活动所需的开支，项目质量收益是指开展项目质量活动所带来的好处。该种方法的实质是通过运用质量成本与收益的比较分析方法编制出能够使项目质量净收益最大化的项目质量管理计划。

通常，项目质量成本包含两个方面：一是质量保障成本，即防止有缺陷的项目产出物出现和形成的成本；二是质量失败所造成的损失成本。二者的关系如图 4.35 所示。

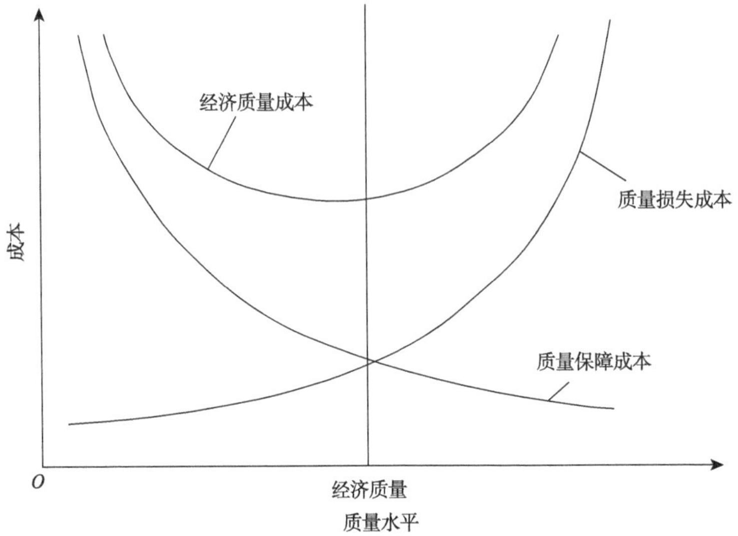


图 4.35 经济质量法的示意图

如图 4.35 所示，项目质量保障成本越高，项目质量损失成本就会越低；反之则相反。因此从经济性考虑，项目质量计划应平衡两类质量成本，努力使项目质量总成本最低。

（2）质量标杆法。利用其他项目实际或计划质量的结果作为制订新项目质量计划的参照体系和比照目标（标杆）。它以标杆项目的质量方针、质量标准与规范、质量管理计划、质量核检清单、质量工作说明文件、质量改进记录和原始质量凭证等文件为蓝本，结合新项目的特点制定出新项目的质量计划文件。使用这一方法时应充分注意"标杆项目"质量计划及其管理的经验教训，在制定新项目质量计划时应加以防范，尽可能避免类似质量问题的发生。

（3）流程图法。该方法使用描述项目工作流程和项目工作相互关系的图表编制项目质量计划。可以利用项目工作流程图分析和确定项目实施过程和项目质量形成过程，然后编制出项目的质量计划。

项目流程图主要有系统流程图和因果图两种。系统流程图主要用于分析系统各要素之间所存在的相互关系（图 4.36）；因果图主要用于分析各种因素和原因是如何导致各种结果和潜在的问题的（图 4.37）。项目流程图有助于合理分配项目质量管理责任，找出解决项目质量问题及其原因，是一种编制项目质量计划非常有效的方法。

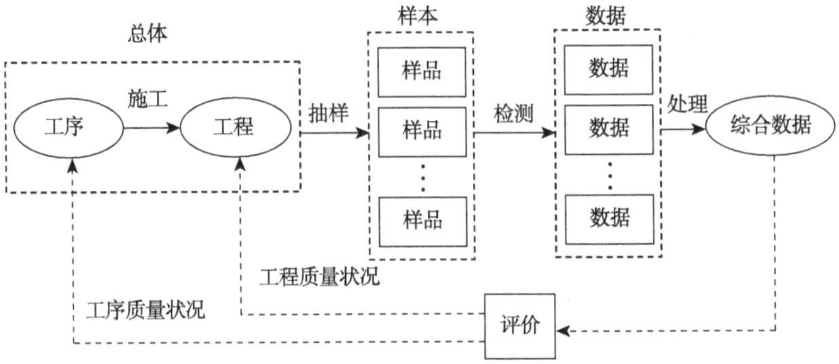


图 4.36 工程项目质量评判系统流程图

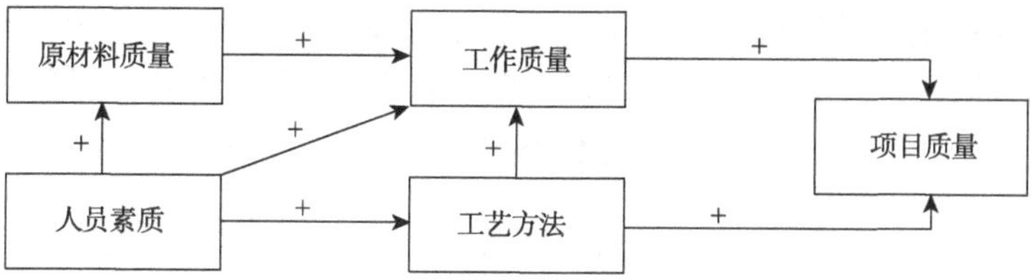


图 4.37　因果图

（4）实验设计。主要采用实验方法确定项目质量目标和计划，适用于独特性很强的原创性研究项目的质量计划编制。此时，项目的很多质量指标没有标准和依据可以参考，需要通过实验方法加以识别，然后据此编制出项目质量计划。

实验设计也可以用于权衡质量、成本与进度之间的关系。例如，使用资深工程师要比青年工程师贵得多，但前者能够在较短的时间内更好地完成委派的工作。

4）项目质量计划的结果

项目质量计划的结果就是形成项目质量计划文本，包含项目质量目标、项目质量管理计划、具体操作说明、检查表格、其他过程的输入等。

具体来讲，项目质量计划文件主要内容如下。

（1）项目质量目标及其说明。

（2）质量管理工作流程。

（3）职责、权限和资源分配表。

（4）作业程序和作业指导书。

（5）试验、检查、检验和评审大纲。

（6）质量目标的测量方法。

（7）质量改进计划和程序。

（8）质量控制与改进技术等。

5）质量技术文件

质量技术文件主要用于说明形成、保证和提高项目质量的技术支持内容，包括项目设计文件、工艺文件、研究试验文件、改进设计和工艺的文件、质量记录等。技术文件应准确、完整、协调、一致、规范。

### 4.6.2　项目安全计划

1. 项目安全管理概述

1）项目安全的概念

在项目实施过程中，引起事故的直接原因一般可分为两大类，即物的不安全状态和人的不安全行为。前者是指由于项目实施过程中使用的物质、能量等的客观存在而可能导致事故和伤害发生的状态；后者指人们在项目实施中可能导致不安全状态的行为，如违章操作、违规堆放物料、乱摆工具等。

物的不安全状态是事故发生的根源，如果没有物的不安全状态存在（即达到了物的本质安全），则人的行为通常不会产生不安全的结果。因此，安全工作首先要解决物的不安全状态问题，这主要是依靠安全科学技术和工程技术来实现。实践中，科学技术和工程技术本身的局限性，以及出于经济性的考虑，并不能使所有物品达到完全的安全状态。因此，消除不安全行为成为安全工作的努力方向。

2）项目安全管理的概念

项目安全管理就是在项目实施过程中，组织安全生产的全部管理活动，包括确立项目安全目标，制订项目安全计划，建立项目安全管理体系，控制项目安全状态和不安全行为，以使项目工期、质量、费用等目标的实现得到充分保证。

项目安全管理的中心问题是保护项目实施过程中人的安全与健康，保证项目顺利进行。为此，采用合理的安全技术、建立健全安全法规和标准、确保人员的安全行为，特别是建立健康、安全和环境（health，safety and environment，HSE）管理体系并使之有效运行，是项目安全管理的关键。

3）项目 HSE 管理体系

HSE 管理体系是国际上一种为减轻和消除工业生产中可能发生的 HSE 方面的事故风险，保护人身安全和生态环境而制定的一套系统的管理办法。这里，健康的实质是职业卫生，环境一方面指项目或生产进程中的劳动环境，另一方面指生产对人类生存环境的作用。

HSE 管理体系的目的是将 HSE 事故控制在政府与社会公众可以接受的水平内，通过一系列管理程序和规范化、责任到人的管理活动，精心“编织”起一张“安全网”。

项目的 HSE 管理体系主要由以下相关要素构成。

（1）领导和承诺。组织高层管理者和项目经理应直接抓 HSE 管理工作，在 HSE 管理方面做出明确承诺，并将其作为组织文化的一部分，成为项目团队的共同理念。

（2）方针和战略目标。方针和战略目标是指组织对其在 HSE 管理方面的意向和原则声明，它指明了组织在 HSE 方面的努力方向，提供了规范行为的准则，主要包括：遵守有关的法律、法规和其他内、外部要求；树立对 HSE 管理体系进行持续改进的指导思想；遵循预防为主、防控结合、重在提高的原则；切实把项目安全问题当作头等大事来抓等。

（3）组织结构、资源和文件。它包括组织机构和职责、资源、能力、承包方、信息交流、文件及控制等。

（4）评价和风险管理。对项目可能产生的危害和影响建立判别准则，并进行评价，建立说明危害和影响的文件，确定项目安全的具体目标和行为准则，制定风险削减措施等。

（5）规划。规划是指通过设施的完善，责任的明确，工作程序、应急反应计划的制订、评价及不断完善等活动，达到既定目标，实现项目承诺。包括总则、设施的完整性、程序和工作指南、变更管理、应急反应计划等。

（6）实施和监测。它包括活动和任务、监测、记录、不符合项及其纠正措施、事故报告、事故调查处理等。

（7）审核和评审。审核是对 HSE 管理体系是否按照预定要求运行的检查和评价活动，对组织是否符合 HSE 管理体系的要求进行验证；评审是指组织的最高管理者对 HSE

管理体系进行全面评价，目的是确定 HSE 管理体系的适宜性、充分性和有效性，实现持续改进。

4）项目 HSE 管理体系文件

项目 HSE 管理体系包括三个层次文件。

（1）政策性文件（HSE 管理手册）。它规定了组织为实现 HSE 管理总目标而确定的具体政策、方针等。

（2）程序文件。它规定了项目中有关 HSE 管理工作的内容及相关程序，在程序文件中具体规定了由谁负责管理、管什么、如何管、书面记录什么内容等。

（3）作业文件。作业文件是基层从事实际作业的 HSE 指导书，用于指导项目各岗位人员所从事的作业，对每一项作业的程序、各环节人员的配合等均要具体说明。

2. 项目安全计划的制订

1）项目安全计划的主要内容

项目安全计划针对项目特点、项目实施方案及程序，依据安全法规和标准等加以编制，主要内容如下。

（1）项目概况。它包括项目的基本情况、主要的不安全因素等。

（2）安全控制目标。应明确安全控制总目标和子目标，且目标要具体化。

（3）安全控制程序。主要应明确安全控制工作过程和安全事故处理过程。

（4）安全组织结构。它包括安全组织结构形式、安全组织结构的组成。

（5）职责权限。根据组织结构状况，明确不同组织层次、各相关人员的职责和权限。

（6）规章制度。它包括安全管理制度、操作规程等规章制度的建立，以及应遵循的法律法规和标准等。

（7）资源配置。针对项目特点，提出安全管理和控制所必需的材料、设施等资源要求和具体的配置方案。

（8）安全措施。针对不安全因素，确定相应措施。

（9）检查评价。明确检查评价的方法和标准。

（10）奖惩制度。明确奖惩标准和方法。

项目安全计划的结果是形成包括安全计划所有内容在内的文件。

2）制订项目安全计划应注意的几个关系

（1）安全与过程的关系。安全是一个项目实施的过程变量。只有有了安全保障，项目实施过程才能持续、稳定地进行。

（2）安全与质量的关系。从广义上看，质量包含安全工作质量，安全概念也包含着质量，两者交互作用，互为因果。项目既要“安全第一”，又要“质量第一”。“安全第一”是从保护生产要素的角度出发，而“质量第一”则是从关心产品成果的角度出发。安全为质量服务，质量需要安全来保证。

（3）安全与进度的关系。项目进度应以安全作保障，安全就是速度。在项目实施过程中，应追求安全加速度，尽量避免安全减速度。当速度与安全发生矛盾时，应优先保证安全。

（4）安全与效益的关系。总体来看，安全与效益是统一的，安全促进了效益的增长。就具体措施看，一方面安全技术措施的实施，会改善作业条件，带来经济效益；另一方面也需要一定的投入。因此，安全管理既要保证安全，又要经济合理。

（5）预防与控制的关系。项目安全管理的方针是“安全第一，预防为主”。安全管理首先是针对项目的特点，事先对生产要素采取管理措施，有效地控制不安全因素的发展和扩大，将可能发生的事故，消灭在萌芽状态。其次是重在控制，要对项目过程实施全过程动态管理，做到安全管理的全员参与，实现全过程、全方位、全天候的动态管理。

3. 安全计划制订技术

根据系统论、控制论和精益建设理论，构建基于精益建设技术的项目安全计划体系，运用末位计划者系统理论，通过分析层和计划层分析制订安全计划，将安全工作作为目标工作，安全绩效加入体系，更高效地找到安全薄弱环节，保证项目安全施工。分析层对整体合同的要求和项目资源、能力进行详细分析，为计划的制订和更新提供依据。计划层是指导项目执行的纲领，由安全总计划拉动制订安全前瞻计划，再细化到安全周计划，还需要结果分析，以对执行过程中收集的信息及时处理。

二维码 4-8：末位计划者系统

（1）分析层研究。

二维码 4-9：分析层研究

（2）计划层研究。

二维码 4-10：计划层研究

实践中，项目规划和计划可以通过项目管理软件来加以实现。

## ➢ 本章小结

1. 项目规划和计划是项目管理的重要组成部分，其主要任务是明确项目目标，确定项目范围，制订项目的组织规划、进度计划、资源计划、费用计划和质量安全计划等。

2. 项目工作分解是制订项目规划和计划的基础工作，包括产品导向型 WBS 和活动导向型 WBS 两种类型。项目工作分解的结果是形成项目工作列表，其中每一项工作都应具有可管理性，即持续时间和所需资源可估算。

3. 网络计划技术的基本方法有 PERT 和 CPM，是制订进度计划的方法与工具。网络计划建立在工作分解、持续时间估计和工作排序的基础上，其本质是一种可视化的项目计划管理工具，通过网络图可以计算有关参数，找出关键路线，进而优化网络计划，包括工期优化、资源优化及费用优化三个方面。

4. 项目进度计划是项目计划的核心，是保证在计划预期的时间内成功完成的重要环节，常用的进度计划编制方法包括三种：里程碑法、甘特图法和网络图法。

5. 项目资源计划涉及执行项目的每一项工作的所需资源类别、数量和配置时间与方式，是项目费用估算和计划的基础，其结果是形成各类资源的需求计划，其目标是在各项资源约束下满足项目工作需求，其核心是资源需求平衡使用。项目资源计划可用资源数据表、资源甘特图、资源负荷图等可视化工具来表达。

6. 项目费用估计是指对完成项目各项工作所需资源（人、材料、设备等）的费用进行估计，费用预算是给每一项独立工作分配全部费用，以获得度量项目实际执行的费用基线的计划过程。

7. 项目质量计划就是围绕项目所进行的质量目标策划、运行过程策划、相关资源配置等的活动过程，其目的是确保项目产品满足质量要求，其核心是建立有效的质量管理体系。

8. 项目安全计划是项目质量安全管理的重要组成部分，包括确立项目安全目标、制订项目安全计划等工作，其目的是在确保人员健康、安全、环保的前提下使项目工期、质量、费用等目标的实现得到充分保证。其核心是建立项目安全管理体系。

## ➢ 复习思考

1. 项目规划和计划的主要工作有哪些？它们对项目管理起到什么作用？

2. 项目目标包含哪些内容？其确定过程包含哪些步骤？

3. 什么是项目范围规划和范围定义？它们有什么联系和区别？

4. 项目 WBS 的作用是什么？其类型有哪些？各有什么特点？

5. 项目各项工作的持续时间是如何确定的？它们与资源、费用、质量的关系是什么？

6. 网络图在项目计划中的作用是什么？其构成要素有哪些？

7. 简述双代号网络计划与单代号网络计划的区别。

8. 甘特图和里程碑计划是项目进度计划常用的两种方法，它们各自有什么特点？其适用场合如何？想想您曾经经历的或正在经历的项目，试着画出其中某一个或两个简单项目的甘特图和里程碑计划。

9. 与甘特图相比，网络图的优点有哪些？甘特图可以从网络图中创建吗？网络图可以从甘特图中创建吗？

10. 为什么找出关键路线非常重要？在网络计划和项目规划中，关键路线有哪些不同的用途？

11. 项目资源计划包含哪些内容？它和项目进度计划和项目质量安全计划是如何结合的？

12. 试述项目费用估计和项目预算的区别。

13. 项目质量规划的主要内容是什么？在项目的质量管理中，项目质量管理体系如何建立和运行？其主要作用是什么？

14. 项目安全计划的主要内容是什么？在项目的 HSE 管理中,项目 HSE 管理体系如何建立和运行？其主要作用是什么？

15. 为表 4.15 所列项目绘制单代号网络图和双代号网络图。

**表 4.15 项目工作列表**

| 项目一 | | 项目二 | | 项目三 | | 项目四 | |
|---|---|---|---|---|---|---|---|
| 工作 | 紧前工作 | 工作 | 紧前工作 | 工作 | 紧前工作 | 工作 | 紧前工作 |
| A | — | A | — | A | — | A | — |
| B | A | B | A | B | A | B | — |
| C | — | C | A | C | A | C | — |
| D | — | D | B | D | B | D | C |
| E | D | E | D | E | B | E | A |
| F | B、C、E | F | D | F | C | F | B |
| | | G | D | G | D | G | E |
| | | H | E、F、G | H | D | H | F、G、J |
| | | | | I | G | I | A |
| | | | | J | E、F、H、I | J | D、I |

16. 根据图 4.38 和图 4.39 计算其工作时间参数，并确定项目的关键工作和关键路线。

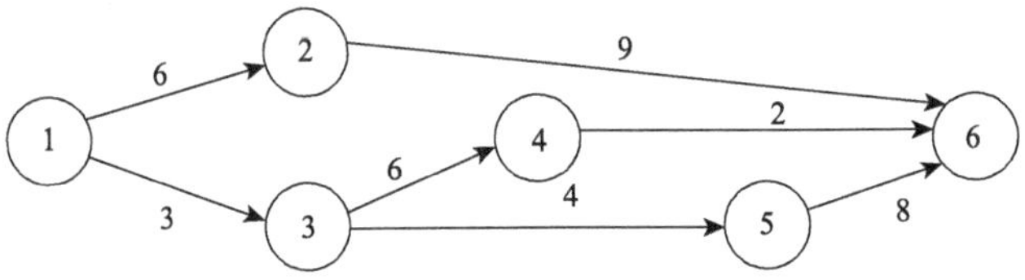


图 4.38 项目网络图（一）

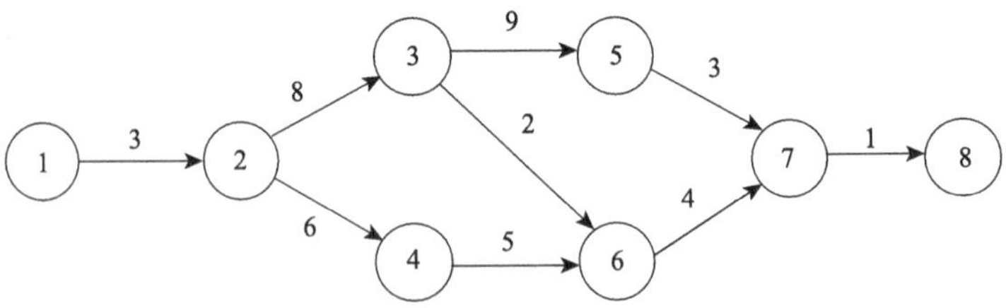


图 4.39 项目网络图（二）

17. 某项目的工作如表 4.16 所示。请完成以下问题。

（1）画出该项目的网络图。

（2）计算项目的正常工期和相应的成本。

（3）项目工期缩短一天，成本增加最少的方案是什么？此时项目的成本是多少？

（4）项目工期缩短两天，成本增加最少的方案是什么？此时项目的成本是多少？

（5）项目的最短工期是多少？成本增加最少的方案是什么？项目的成本是多少？

**表 4.16　项目工作持续时间和成本**

| 工作 | 紧前工作 | 正常情况 | | 赶工情况 | | 成本斜率/（元/天） |
| --- | --- | --- | --- | --- | --- | --- |
| | | 工期/天 | 成本/元 | 工期/天 | 成本/元 | |
| A | — | 4 | 21 000 | 3 | 28 000 | 7 000 |
| B | — | 9 | 40 000 | 6 | 64 000 | 8 000 |
| C | A | 6 | 50 000 | 4 | 60 000 | 5 000 |
| D | A | 9 | 54 000 | 7 | 60 000 | 3 000 |
| E | B、C | 4 | 50 000 | 1 | 110 000 | 20 000 |
| F | B、C | 5 | 15 000 | 4 | 24 000 | 9 000 |
| G | E | 3 | 15 000 | 3 | 15 000 | — |
| H | D、F | 7 | 60 000 | 6 | 75 000 | 15 000 |

18. 已知建设一个汽车库及引道的作业明细如表 4.17 所示。

**表 4.17　项目工序及其相互关系**

| 工序代号 | 工序名称 | 工序时间/天 | 紧前工序 |
| --- | --- | --- | --- |
| A | 清理场地，准备施工 | 10 | — |
| B | 备料 | 8 | — |
| C | 车库地面施工 | 6 | A、B |
| D | 预制墙及房顶的桁架 | 16 | B |
| E | 车库混凝土地面保养 | 24 | C |
| F | 立墙架 | 4 | D、E |
| G | 立房顶桁架 | 4 | F |
| H | 装窗及边墙 | 10 | F |
| I | 装门 | 4 | F |
| J | 装天花板 | 12 | G |
| K | 油漆 | 16 | H、I、J |
| L | 引道混凝土施工 | 8 | C |
| M | 引道混凝土保养 | 24 | L |
| N | 清理场地，交工验收 | 4 | K、M |

请画出网络图，计算工程时间和各项作业时差，并找出关键路线。

19. 某一汽车制造企业为加快产品开发进程，缩短产品的开发时间，现将其产品开发的工作任务分解安排如表 4.18 所示。

表 4.18 汽车市场调查相关工作及其相互关系

| 序号 | 代号 | 工作内容 | 紧前工序 | 作业时间/天 |
|---|---|---|---|---|
| 1 | A | 市场调查 | — | 6 |
| 2 | B | 产品研究 | — | 12 |
| 3 | C | 资金筹备 | — | 13 |
| 4 | D | 功能分析 | A | 3 |
| 5 | E | 产品设计 | B | 6 |
| 6 | F | 成本核算 | D | 4 |
| 7 | G | 生产计划 | F | 2 |
| 8 | H | 设备计划 | E、G | 5 |
| 9 | I | 器材计划 | C、E、G | 12 |
| 10 | J | 设备采购 | C、H | 10 |
| 11 | K | 人员准备 | C、H | 9 |
| 12 | L | 设备安装 | J | 8 |
| 13 | M | 人员配置 | K | 4 |
| 14 | N | 生产试制 | I、L、M | 20 |

请画出网络图，计算项目工期、各项工作时差，并找出关键路线。

20. 某装饰工程有吊顶、内墙面刷涂料和地面铺装三项分部工程，划分为三个施工段，各分部工程在每一个施工段的施工持续时间分别为：吊顶 4 天、内墙面刷涂料 2 天、地面铺装 3 天。

（1）绘制本工程的双代号网络计划图。

（2）用关键路线法进行时间参数计算，并标出关键路线。

## ➢ 能力测试

一、判断题

1. 资源计划的编制可以是自上而下的，也可以是自下而上的。(　)

2. WBS 建立的层次越多越好。(　)

3. 成本估算是成本预算的基础。(　)

4. 在箭线图中，虚活动不占用时间和资源。(　)

5. 关键路线上活动的持续时间和搭接时距决定着总工期。(　)

6. CPM 和 PERT 在时间的估计与分析上是相同的。(　)

7. 在通常情况下，一个建设项目进度计划系统的建立和完善是一次形成的。(　)

8. 质量标杆法用于依据标准测量质量水平。(　)

9. 在由下至上进行成本估算时，相关具体人员考虑到个人或本部门的利益，他们往往会降低估计量。(　)

10. 双代号网络图中用实箭线表示的工作既消耗时间，又消耗资源。(　)

二、单项选择题

1. 工期优化一般通过压缩（　）的持续时间来进行。

A. 工期最长的工作　　B. 总时差为零的工作

C. 自由时差为零的工作　　D. 资源消耗最大的工作

2. 通过调整计划安排以满足资源限制条件并使工期延长最少的优化是（　）。

A. 工期优化　　B. 费用优化

C. “资源有限，工期最短”的优化　　D. “工期固定，资源均衡”的优化

3. 在双代号网络计划中，工作的最早开始时间应为其所有紧前工作（　）。

A. 最早完成时间的最大值　　B. 最早完成时间的最小值

C. 最迟完成时间的最大值　　D. 最迟完成时间的最小值

4. 在某工程网络计划中，工作 M 的最早开始时间和最迟开始时间分别为第 12 天和第 15 天，其持续时间为 5 天。工作 M 有 3 项紧后工作，它们的最早开始时间分别为第 21 天、第 24 天和第 28 天，则工作 M 的自由时差为（　）天。

A. 1　　B. 3　　C. 4　　D. 8

5. 在某工程网络计划中，工作 M 的最早开始时间和最迟开始时间分别为第 15 天和第 18 天，其持续时间为 7 天。工作 M 有 2 项紧后工作，它们的最早开始时间分别为第 24 天和第 26 天，则工作 M 的总时差和自由时差（　）天。

A. 分别为 4 和 3　　B. 均为 3

C. 分别为 3 和 2　　D. 均为 2

6. 对于单代号搭接网络计划图，下列叙述不正确的是（　）。

A. 工作 B 的自由时差为 0

B. 工作 C 最早完成时间为 7

C. 工作 D 的总时差为 4

D. 工作 E 的总时差为 0

7. 工程项目建成后，不可能像某些工业产品那样，可以拆卸或解体来检查内在的质量，所以工程质量应重视（　）的管理。

A. 施工前期　　B. 施工工艺和施工方法

C. 施工准备和施工过程　　D. 投入品质量

8. 在工程网络计划中，判别关键工作的条件是此项工作（　）。

A. 结束与紧后工作开始之间的时距最小　　B. 与其紧后工作之间的时间间隔为零

C. 最迟开始时间与最早开始时间的差值最小 D. 与其紧前工作之间的时间间隔为零

9. 下列难以适应大的进度计划系统的是（　）。

A. 横道图进度计划　　B. 双代号网络计划

C. 单代号网络计划　　D. 双代号时标网络计划

10. 在双代号网络图中，可能要求项目经理标明不消耗资源或时间的逻辑关系。表示这种关系可借助于（　）。

A. 关键路线活动　　B. 非关键路线活动　　C. 有闲时间活动　　D. 虚活动

11. (　　) 是编制为完成项目工序所需的资源近似估算总费用。

A. 项目资源计划　　B. 项目成本估算　　C. 项目成本预算　　D. 项目成本控制

12. 虽然成本估算与成本预算的目的和任务都不同，但两者共同的依据是 (　　)。

A. 历史资料　　B. 项目范围说明书　　C. WBS　　D. 资源计划

13. 项目质量管理一度被认为只包括检查和质量控制。近年来，项目质量管理的概念得到了扩展。以下哪种说法不代表质量管理的新概念？(　　)

A. 产品或服务的质量是通过设计保证的，而不是通过检查保证的

B. 质量是质量保证员关心的事

C. 顾客需要一个记录在案的质量保证系统

D. 质量保证系统的国内与国际标准和条例是可用的

三、多项选择题

1. 在项目管理众多的工具和技术中，WBS 是最有效和最重要的，因为 (　　)。

A. WBS 确定了项目的范围

B. WBS 确定了项目的目标

C. WBS 是工期估计、成本估算、资源需求识别的基础

D. WBS 就是客户需要的结果

2. 项目进度表的表达方式有 (　　)。

A. 横道图　　B. 日历表　　C. WBS　　D. 里程碑图

3. 下列表述正确的是 (　　)。

A. 最早完成时间可在这项活动最早开始时间的基础上加上这些活动的工期估计

B. 活动的最迟完成时间以项目预计完成时间为参照点进行逆向计算

C. 最迟完成时间可在前置活动的最迟开始时间基础上计算出来

D. 最迟开始时间可在该活动最迟完成时间的基础上加上该活动的工期得出

4. 在项目进度计划中，常用的工具是 (　　)。

A. WBS　　B. PERT　　C. 甘特图　　D. CPM

5. 下列表述错误的是 (　　)。

A. 如果进度计划进行了修改，关键路线不会发生变化

B. 如果时差为负，表示将在预定时间内提前完成项目

C. 如果时差为正，表示将在预定时间内可以提前完成项目

D. 如果时差为正，表示在预定时间内无法完成项目

6. 在双代号网络计划中，某项工作的最早完成时间是指其 (　　)。

A. 开始节点的最早时间与工作总时差之和

B. 开始节点的最早时间与工作持续时间之和

C. 完成节点的最迟时间与工作持续时间之差

D. 完成节点的最迟时间与工作总时差之差

7. 在网络计划中，关键路线是指 (　　) 的路线。

A. 单代号搭接网络计划中相邻工作时间间隔均为零

B. 双代号网络计划中由关键节点组成

C. 单代号搭接网络计划中相邻工作时距之和最大

D. 双代号时标网络计划中没有波形线

8. 某工程单代号搭接网络计划如图 4.40 所示，节点中下方数字为该工作的持续时间，其中不是关键工作的有（　　）。

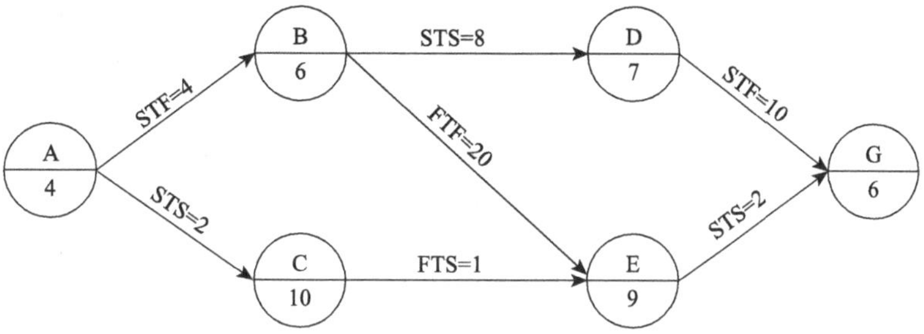


图 4.40　某工程单代号搭接网络计划

A. 工作 A　　B. 工作 B　　C. 工作 C　　D. 工作 D

9. 在进行项目成本管理时，需要编制资源计划，其目的是（　　）。

A. 估计完成项目活动所需的资源成本　　B. 确定完成项目活动所需的资源

C. 确定可用的资源　　D. 为估计项目成本提供基础

10. 项目成本估算的方法包括（　　）。

A. 自下而上估算法　　B. 自上而下估算法　　C. 类比法　　D. 参数模型法

11. 在影响项目成本的因素中，下列表述正确的是（　　）。

A. 延长项目的工期会减少项目的成本

B. 项目的质量要求越高，则项目的成本就会越大

C. 项目完成的活动越复杂，则项目的成本就会越大

D. 在项目所消耗资源的数量和单价两个因素中，资源的数量对项目成本的影响较大

12. 质量管理计划描述了（　　）。

A. 实施质量政策的方法

B. 项目质量系统

C. 项目质量控制、质量保证、质量改进计划

D. 用来进行成本、进度和质量之间权衡平衡分析的程序

13. 建设工程项目质量控制体系建立的程序是（　　）。

A. 建立组织管理制度　　B. 确定系统质量控制网络

C. 制定质量控制制度　　D. 分析质量控制界面

➢ **自主学习**

## L 公司的管理信息系统开发项目

L 公司计划投标一个为海运集装箱进行自动化布置、储藏和维护的计算机管理信息系统项目。经初步预测，该管理信息系统的建设所包含的工作及其持续时间如表 4.19 所

示。进一步研究每项工作所需要的直接成本如表4.19所示。

**表4.19 L公司的管理信息系统开发项目工作列表**

| 工作名称 | 工作代号 | 紧前工作 | 持续时间/周 | 直接成本/万元 | 增加成本/（万元/周） |
|---|---|---|---|---|---|
| 基本设计 | C | — | 10 | 10 | 1.0 |
| 子系统A的设计 | D | C | 8 | 8 | 1.2 |
| 子系统B的设计 | E | C | 6 | 16 | 2.0 |
| 绘制A图纸 | F | D | 5 | 10 | 1.6 |
| 绘制B图纸 | G | E | 4 | 4 | 0.8 |
| 软件说明 | H | E | 2 | 18 | 2.4 |
| A的零件采购 | I | D | 4 | 20 | 0.6 |
| B的零件采购 | J | E | 4 | 21 | 0.8 |
| 总装设计 | K | D、E | 5 | 12 | 1.2 |
| 软件采购 | L | H | 5 | 16 | 1.0 |
| A零件交付使用 | M | F | 5 | 0 | 0 |
| B零件交付使用 | N | G | 3 | 0 | 0 |
| 软件交付使用 | O | L | 3 | 0 | 0 |
| A的装配 | P | I、M | 1 | 14 | — |
| B的装配 | Q | J、N | 5 | 16 | 1.9 |
| 测试A | R | P | 2 | 12 | 3.0 |
| 测试B | S | Q | 3 | 12 | 2.2 |
| 最终安装 | T | K、R、S | 8 | 13 | 2.6 |
| 系统测试 | U | T、O | 6 | 11 | 1.9 |

注："增加成本"指每缩短一周所需要增加的成本

问题：

1. 以正常工期进行工作，可以在多少天之内完成工作？如果L公司在该项目工期的基础上想要获得10%的税前利润，标书的标价应为多少？

2. 如果获得了该项目，并以正常的工作速度进行，则L公司应该尤其注意哪些工作以确保项目的工期？

3. 如果业主方面希望缩短工期2周，那么L公司又应该怎么办？

# 第5章

# 项目实施与控制

## ➢ 本章提要

在本章中，您将学习到以下主要内容：

1. 项目实施与控制的概念和主要内容；
2. 项目进度控制和进度更新；
3. 项目费用控制与挣得值分析法；
4. 项目质量控制的主要内容、工具和技术；
5. 项目变更控制的要求、重点和敏捷管理；
6. 项目安全控制与现场管理的原则、方法和措施；
7. 项目环境管理的主要内容与控制要点；
8. 项目采购管理的主要内容、技术和工具；
9. 项目合同的类型、内容及过程管理。

## ➢ 案例导入

### 工商审批系统项目开发的过程控制

黎明信息技术有限公司是一家专注于企业信息化的公司，在电子商务如火如荼的时候开始进军电子政务行业，在电子政务的市场中承接的第一个项目是开发一套工商审批系统。

李工是该项目的项目经理，他认为电子政务项目建设和企业 MIS（management information system，管理信息系统）项目有很大不同，有其特殊性，若按照企业信息化项目原有的经验和方法必定失败。

李工为此项目专门招聘了熟悉网络、互联网互通的技术人员参与设计了方案。在经过严格评审后开始实施项目，在项目交付时，虽然系统完全满足了项目保密性要求，但用户对系统用户界面提出了较大异议，认为不符合政务系统的要求和风格，操作不够简洁，要求彻底更换。

最初设计的缺陷，以及系统表现层和逻辑层紧密耦合，导致70%代码重写，而第二版的用户界面仍然没有达到用户的要求，最终又重新写了部分代码，才勉强通过用户验收。由于整个项目反复变更，项目组成员产生了强烈的挫折感，士气低落，项目工期也比原来的计划超出一倍，项目成本超出预算的100%，项目用户满意度较低。

## 5.1 概述

### 5.1.1 项目实施过程

1. 项目计划的实施

1）项目实施的定义

项目计划是项目实施的基础。一个好的项目计划应该能够有助于产生好的产品和工作成果。项目实施就是将项目计划转变成行动，即以计划为基础，所进行的一系列活动或努力的过程。项目实施最终产生项目产品，是项目管理应用领域的一个关键环节。

2）项目实施的内容

项目实施的内容主要有：执行项目计划，按照项目计划开展各项工作，并根据项目实施中所发生的实际情况，进一步明确项目计划所规定的任务范围；采取各种项目监控措施，确保项目能够符合预定的质量标准；提高项目团队的工作效率和对项目进行高效管理的综合能力；采购与招标以及合同管理等。

2. 项目跟踪与报告

1）项目跟踪与报告的定义

项目跟踪与报告是指项目各级管理人员根据项目的规划和目标等，在项目实施的整个过程中对项目状态以及影响项目进展的内外部因素进行及时的、连续的、系统的记录和报告的系列活动过程。

项目跟踪与报告以收集信息为基础，以提高项目的透明度并降低项目风险，确保项目按计划执行。项目跟踪与报告的工作内容主要有两方面：一是对项目计划的执行情况进行监督，二是对影响项目目标实现的内外部因素的变化情况和发展趋势进行分析和预测。

2）项目跟踪与报告系统的建立

项目建立跟踪与报告系统时，要考虑的问题有很多，主要有以下几个方面。

（1）项目跟踪与报告的对象，主要包括范围、变更、资源供给、关键假设、进度、项目团队工作时间及任务完成情况等。

（2）收集信息的范围。项目跟踪与报告所要收集的信息主要有投入活动的信息、采购活动的信息、实施活动的信息和项目产出信息等。

（3）项目跟踪与报告的过程。项目跟踪与报告包括四个基本过程：观察、测量、分析和报告。

### 5.1.2　项目控制

1. 项目控制原理

项目控制就是监视和测量项目实际进展，若发现实施过程偏离了计划，就要找出原因，采取行动，使项目回到计划预定的轨道上来。项目控制包括进度控制、费用控制、质量控制、变更控制、安全控制等方面。

项目控制的原理可以归纳为以下几点。

1）动态控制原理

项目控制是一个动态过程，也是一个循环进行的过程。从项目开始，计划就进入了执行的轨迹。项目实施按计划进行时，项目目标与计划的实现就有保证；项目实施与项目计划不一致时，就产生了偏差，若不采取措施加以处理，项目目标就不能实现。所以，当产生偏差时，就应分析偏差的原因，采取措施，调整计划，使执行与计划在新的起点上重合，并尽量使项目按调整后的计划继续进行。但在新的因素干扰下，项目实施又有可能产生新的偏差，又需继续按上述方法进行控制。

2）系统原理

项目是一个系统，项目管理是一项系统工程。项目控制实际是用系统理论和方法解决项目系统问题。无论是控制对象，还是控制主体；无论是进度计划，还是控制活动都是一个完整的系统。因为进行项目控制，首先应编制项目的各种计划，包括进度计划、资源计划等，计划的对象由大到小，计划的内容从粗到细，形成了项目的计划系统；项目涉及各个相关主体、各类不同人员，这就需要建立组织体系，形成一个完整的项目实施组织系统；为了保证项目执行，自上而下都应设有专门的职能部门或人员负责项目的检查、统计、分析、调整等工作，不同的人员负有不同的项目控制责任，分工协作，这样就形成了一个纵横相连的项目控制系统。

3）信息原理

项目控制的过程也是信息传递和反馈的过程。信息是项目控制的依据。项目计划的信息从上到下传递到项目实施相关人员，以使计划得以贯彻落实；而项目实际执行信息则自下而上反馈到各有关部门和人员，供其分析并做出决策、调整。

4）弹性原理

通常，影响项目的因素很多。这就要求在确定项目目标时要进行风险分析，使计划具有一定的弹性。在实施项目控制时，可以利用这些弹性，缩短工作的持续时间，或改变工作之间的搭接关系，以使项目最终能实现预期的项目目标。

2. 项目控制类型

1）按控制方式分类

项目控制可分为前馈控制（事先控制）、过程控制（现场控制）和反馈控制（事后控制）。

前馈控制是在项目启动和计划阶段，根据经验对项目实施过程中可能产生的偏差进行预测和估计，并采取相应的防范措施，尽可能消除和缩小偏差的管理活动。这是一种防患于未然的控制方法。

过程控制是在项目实施过程中进行现场监督和指导的管理活动。

反馈控制是在项目的阶段性工作或全部工作结束，或偏差发生之后再进行纠偏的控制活动。

2）按控制内容分类

项目控制的目的是确保项目实施能满足项目的目标要求。对于项目可交付成果的目标描述一般都包括交付期、成本和质量这三项指标，因此项目控制的基本内容就包括进度控制、费用控制和质量控制，俗称三大控制。除此之外，在项目整个寿命周期的控制过程中还涉及项目变更控制、项目安全控制等内容。

（1）进度控制。项目进行过程中，必须不断监控项目的进程以确保每项工作都能按进度计划进行。同时，必须不断掌握计划的实施状况，并将实际情况与计划进行对比分析，必要时应采取有效的措施，使项目按预定的进度目标进行，避免工期拖延。这一过程称为进度控制。

（2）费用控制，即保证项目各项工作在各自的预算范围内进行。费用控制的基础是项目的费用预算。费用控制的基本方法是规定各部门定期上报费用报告，再由控制部门对其进行费用审核，以保证各种支出的合法性、合理性，然后再将已经发生的费用与预算相比较，分析其是否超支，并采取相应的措施加以弥补。费用管理不能脱离技术管理和进度管理独立存在，而要在成本、技术、进度三者之间进行综合平衡。及时、准确的成本、进度和技术跟踪报告，是项目经费管理和费用控制的依据。

（3）质量控制。质量控制的目标是确保项目质量能满足项目相关方的质量要求。质量控制的范围涉及项目质量形成全过程的各个环节。

在项目控制过程中，进度、费用和质量这三项控制指标通常是相互矛盾和冲突的。例如，加快进度往往会导致成本上升和质量下降；降低成本会影响进度和质量；而过于强调质量也会导致工期延长和成本上升。因此，在项目的进度、费用和质量的控制过程中，要进行项目要素的权衡分析。

### 3. 项目控制要素的权衡分析

1）权衡分析的步骤

首先，理解和认识项目中存在的冲突，寻找和分析引起冲突的原因。冲突原因可能来自人的差错、不准确的预算、关键信息有误等，或来自不确定问题或未想到的问题，如项目领导关系的变化、资源分配的变化、市场变化等。

其次，展望项目的各个方面、各个层次的目标，分析项目环境和形势，然后确定多个替代方案，分析和优选最佳方案。

最后，更新项目计划。更新计划要报送业主和上级领导批准后方能实施。选择新的行动路线后，项目团队要致力于实现新的项目目标，这需要更新项目的详细计划，包括新进度、PERT 图、WBS 以及其他一些关键基准等。

2）图解分析法

图解分析法是一种常用的权衡分析法。应用图解分析法，首先要决定质量、进度和成本三个要素中哪个要素必须保持不变。其次对可变要素进行权衡分析。当三个要素中有一个要素固定不变时，那么另外两个要素可建立相互间二维函数关系。

（1）质量不变前提下的权衡。图 5.1 是当质量保持不变时，成本对进度的函数曲线。点 CT 代表目标成本和进度，但遗憾的是该任务已不可能在目标成本和进度内完成。如果只满足目标进度，完成任务成本将增加到 $N$ 点；要减少成本的增加，需要延长完成任务时间，这就是对成本和进度的权衡。其中，$M$ 点为增加成本的最低点。

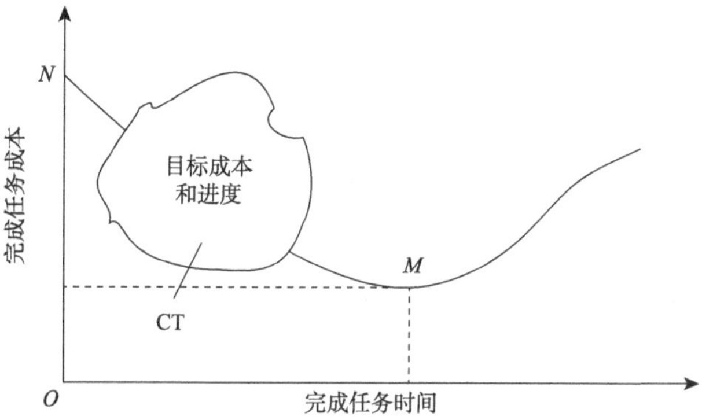


图 5.1　质量不变下的成本–进度权衡

当质量标准不变时，可以用以下四种方法建立进度/成本曲线：①获得额外资源，追加项目预算，以解决成本突破预算的问题；②重新定义项目工作范围，删减一部分工作量；③改变资源分配、支持正在跟踪的关键路线活动；④改变活动流程，这很可能导致对资源的重新计划和分配。

保持质量不变意味着项目决不能提供不符合合同或业主质量要求的产品或服务从而牺牲实施方的声誉。因此在进行质量不变的权衡时，要考虑组织对业主的依赖程度，本项目在组织项目集中的优先程度及对组织未来业务的影响。

（2）成本不变情况下的权衡。图 5.2 显示了成本不变时，质量对进度的函数关系曲线。$A$、$B$、$C$ 三条曲线代表三种不同的技术路线。

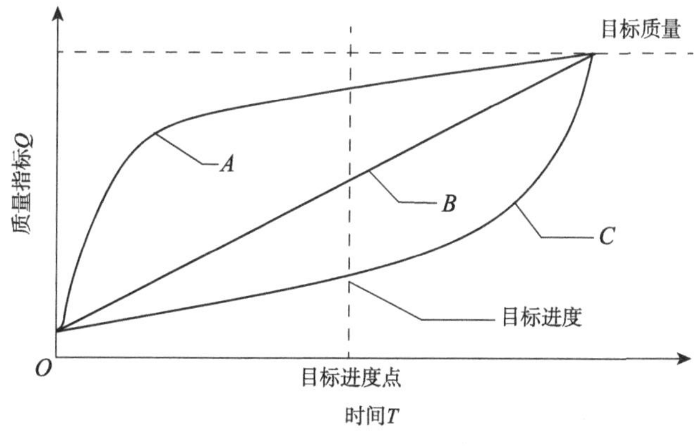


图 5.2　成本不变下的质量–进度权衡

三条曲线的斜率发展情况不一样。路径 $A$ 显示了项目质量随时间延长而提高的情况，即在开始时增加时间可获得较大的质量提高，但随着时间的增加，质量提高的程度逐步减小。目标进度是否坚持，取决于质量是否达到水平，对于曲线 $A$，在目标进度点时质量水平已达到90%左右。可以坚持目标进度而牺牲10%的质量要求。路径 *C* 中，质量随时间增加而增加的变化与曲线 *A* 正好相反，必须通过延长时间来达成质量目标。路径 *B* 则取决于业主能接受的最低质量是多少。

（3）进度固定时的权衡。图5.3是进度固定时，成本对质量的函数关系曲线，同样给出 *A*、*B*、*C* 三种情况。图5.3和图5.2相似，权衡方法也基本相同。

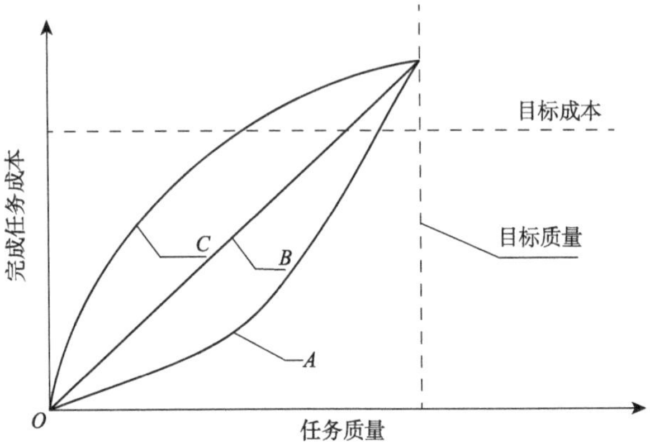


图5.3　进度不变下的成本-质量权衡

3）三维图解分析法

三维图解分析法用于不存在某一要素固定不变的情况。这也是一种常见的情况。由于在三维立体空间坐标上建立曲线既复杂又难以表示清楚，我们可将某一要素坐标等级化，或固定几个特殊点。如图5.4所示，可能有几种不同的路线实现进度和质量要求。成本 *C* 路线取决于合同责任者对风险的承受力。

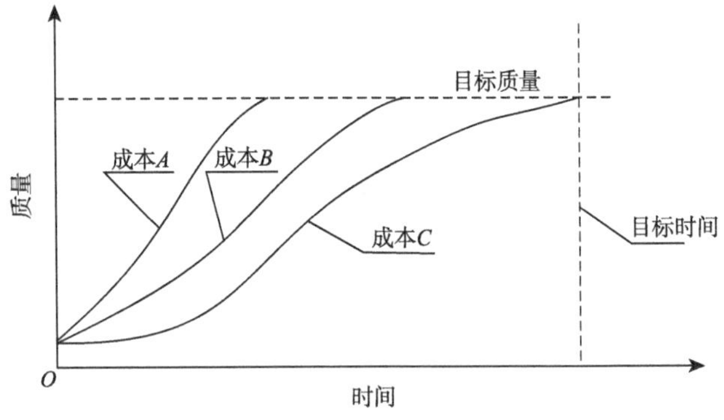


图5.4　三维图解分析法的权衡

4. 项目控制过程

项目控制过程主要包含以下步骤。

1）制定项目控制目标，建立项目绩效考核标准

项目控制目标包含项目总体目标和阶段性目标。总体目标通常是项目的合同目标，阶段性目标可以是项目的里程碑事件要达到的目标，也可以由项目总体目标分解来确定。

绩效标准通常根据项目的技术规范和说明书、预算费用计划、资源需求计划、进度计划等来确定。

2）衡量项目实际工作状况，获取偏差信息

通过将各种项目执行过程的绩效报告、统计数据等与项目合同、计划、技术规范等文件对比，或定期召开项目控制会议等方式考查项目实际执行情况，及时发现项目执行结果和预期结果的差异以获取项目偏差信息。

为了便于发现项目执行过程的偏差，还应在项目的计划阶段在项目进程中设置若干里程碑事件。通过对里程碑事件的监测，有利于项目相关方及时发现项目进展的偏差；或者在项目活动中添加“准备报告”这一活动，并确定报告期间，定期地将实际进程与计划进程进行比较。根据项目的复杂程度和时间期限，可以将报告期定为日、周、月等。

3）分析偏差产生的原因和趋势，采取适当的纠偏行动

项目实施偏差是项目实际进展与计划的差值，有正向偏差和负向偏差两种。造成项目偏差的责任方通常有业主（或客户）、项目承包方、第三方、供应商、不可抗力等，造成项目偏差的根源有项目设计、项目方案设计、项目计划、项目实施过程等。

通常在项目计划阶段就需要对可能引起偏差的原因及其对偏差的影响程度进行系统分析，以便采取相应的预防措施避免或减弱这些原因对项目的影响。在进行偏差原因分析时，常用的工具是因果分析图（或称鱼刺图），如图 5.5 所示。

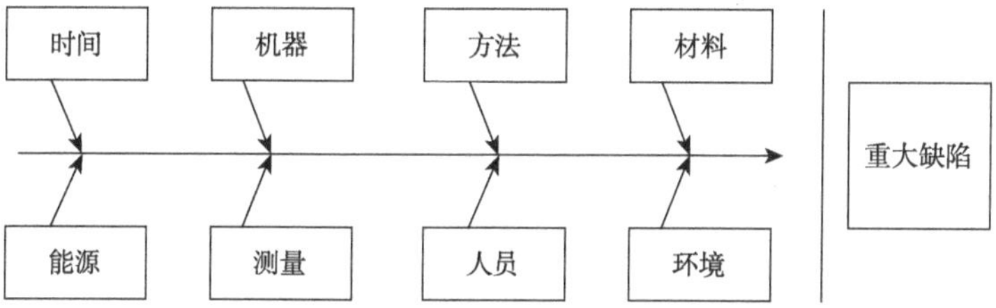


图 5.5　项目偏差因果分析图

分析偏差原因时，还应分析各原因引起偏差的程度，对影响程度大的原因要重点防范。利用项目偏差因果分析图，找出全部偏差原因之后，可通过专家评分法给出各种原因对偏差影响程度的权重，如表 5.1 所示。

**表 5.1　项目偏差原因影响权重表**

| 项目 | 原因类型及其权重 | 具体原因及其权重 |
|---|---|---|
| 成本偏差 | 设计原因 0.13 | 设计要求难以达到 0.75 |
| | | 设计错误 0.25 |
| | 实施方案原因 0.26 | 任务衔接出现问题 0.64 |
| | | 实施时发现工艺难以满足技术要求 0.26 |
| | | 缺乏必要的施工设备 0.10 |

续表

| 项目 | 原因类型及其权重 | 具体原因及其权重 |
|---|---|---|
| 成本偏差 | 宏观经济与政策原因 0.51 | 施工材料价格上涨 0.65 |
| | | 相关税率上调 0.23 |
| | | 外汇汇率上调 0.12 |
| | 实施管理原因 0.06 | 指令传递延误 0.62 |
| | | 质量问题返工 0.23 |
| | | 任务小组冲突造成窝工 0.15 |
| | 其他原因 0.04 | 第三方原因 0.55 |
| | | 突发特大暴雨 0.22 |
| | | 意外交通事故 0.23 |

偏差趋势分析主要是分析偏差会随着项目的进展增加还是缩小，是偶然发生的还是必然会发生的，对项目后续工作的影响程度等。

偏差分析的目的就是确定纠偏措施的力度。掌握了项目偏差信息，了解了项目偏差的根源，就可以有针对性地采取适当的纠偏措施。

显然，只有清楚造成偏差的责任方和根源，才能分清应由谁来承担纠正偏差的责任和损失以及如何纠正偏差。

## 5.2 项目进度控制

### 5.2.1 项目进度计划的实施

1. 项目实施环境

项目实施环境是指项目运行系统赖以生存和发展所处的内部与外部条件的总称，包括项目实施周围的一切有关事物，如项目所需要的技术、资源、产品性质、购买者与竞争对手、项目的自然因素等。项目实施环境及其变化对项目实施计划的制订、组织机构的设置、施工技术的选择、人员的配备、经营方向的确定等都将产生重要的影响。因此，要想使项目实施卓有成效，必须做到项目与其环境中的各种因素相互适应、密切配合。在制订项目实施计划时，既要考虑项目实施对外界环境提供物力、财力、人力和技术等方面的要求，还要考虑项目外部相关者对项目实施的需求和愿望。

2. 进度计划实施保障

项目进度受到众多因素的制约，因此必须采取一系列措施，以保证项目满足进度要求。

1）进度计划的贯彻

计划实施的第一步是进度计划的贯彻，其工作内容如下。

（1）检查各类计划，形成计划保证系统。为保证项目工期，应编制各类计划。高层次的计划是低层次计划的编制依据；低层次计划是高层次计划的具体化。在贯彻执行这些计划时，应首先检查计划本身是否协调一致，计划目标是否层层分解，互相衔接。在此基础上，组成一个计划实施的保证体系，以任务书的形式下达给项目实施者，以确保实施。

（2）明确责任。项目经理、项目管理人员、项目作业人员，应按计划目标明确各自的责任、相互承担的经济责任、权限和利益。

（3）计划全面交底。进度计划的实施是项目团队全体成员的共同行动，要使相关人员都明确各项计划的目标、任务、实施方案和措施，使管理层和作业层协调一致，将计划变为项目人员的自觉行动。要做到这一点，就应在计划实施前进行计划交底工作。

2）调度工作

项目调度是通过监督、协调、调度会议等方式实现，其主要任务是掌握项目计划实施情况，协调各方面关系，采取措施解决各种矛盾，加强薄弱环节，实现动态平衡，保证完成计划和实现进度目标。

3）抓关键工作

关键工作是项目实施的主要矛盾，应紧抓不懈。可采取以下措施。

（1）集中优势资源按时完成关键工作。

（2）专项承包。对关键工作可采用专项承包的方式，即定任务、定人员、定目标。

（3）采用新技术、新工艺，技术、工艺选择不当，就会严重影响工作进度。

（4）保证资源的及时供应。

（5）加强组织管理工作。根据项目特点，建立项目组织和各种责任制度，将进度计划指标的完成情况与部门、单位和个人的利益分配结合起来，做到责、权、利一体化。

（6）加强进度控制工作。进度控制贯穿项目进展的全过程，是保证项目工期必不可少的环节。

### 5.2.2 进度监控

1. 进度监控概念和方法

项目进度监控就是在项目实施过程中，收集反映项目进度实际状况的信息，对项目进展情况进行分析，掌握项目进展动态，对项目进展状态进行观测的管理活动。

通常，采用日常监控和定期监控的方法对项目进度进行监控，用项目进展报告的形式描述观测的结果。

1）日常监控

日常监控指根据项目实际进展，实时监控进度计划中所包含的每一项工作的实际开始时间、实际完成时间、实际持续时间、目前状况等内容，并加以记录，以此作为进度控制的依据的过程。

2）定期监控

定期监控指每隔一定时间对项目进度计划执行情况进行一次较为全面、系统的观测、检查的活动。间隔的时间因项目的类型、规模、特点和对进度计划执行要求程度的不同而异。

2. 项目进展报告

项目进度监控的结果通过项目进展报告的形式向有关部门和人员报告。项目进展报告是记录观测检查的结果、项目进度现状和发展趋势等有关内容的书面形式报告。

1）项目进展报告分类

项目进展报告根据报告的对象不同，一般分为项目概要级进度控制报告、项目管理级进度控制报告和业务管理级进度控制报告。

项目概要级进度控制报告是以整个项目为对象说明进度计划执行情况的报告；项目管理级进度控制报告是以分项目为对象说明进度计划执行情况的报告；业务管理级进度控制报告是以某重点部位或重点问题为对象所编写的报告。

2）项目进展报告的内容

项目进展报告的内容主要包括项目实施概况、管理概况、进度概要；项目实际进度及其说明；资源供应进度；项目近期趋势，包括从现在到下次报告期之间可能发生的事件等内容；项目费用发生情况；项目存在的问题、困难与危机等。

3）项目进展报告的形式

项目进展报告的形式可分为日常报告、例外报告和特别分析报告。

4）项目进展报告的报告期

项目进展报告的报告期应根据项目的复杂程度和时间期限以及项目的监控方式等因素确定，一般可考虑与定期监控的间隔周期相一致。通常，报告期越短，及早发现问题并采取纠正措施的机会就越多。如果一个项目远远偏离了控制，就很难在不影响项目范围、预算、进度或质量的情况下实现项目目标。

### 5.2.3 进度更新

由于各种因素的影响，项目进度计划可能发生变化。进度控制的核心问题就是能根据项目的实际进展情况，不断对进度计划进行更新。可以说，项目进度计划的更新既是进度控制的起点，也是进度控制的终点。

1. 比较分析

将项目实际进度与计划进度进行比较分析，以评判其对项目工期的影响，确定实际进度与计划不相符合的原因，进而找出对策，这是进度控制的重要环节之一。进行比较分析的方法主要有以下几种。

1）甘特图比较法

甘特图比较法是将在项目进展中通过观测、检查、搜集到的信息，整理后运用甘特图加以表达，并与原计划的甘特图进行直观比较的方法。

表 5.2 显示了某钢筋混凝土基础工程的施工实际进度与计划进度比较的情况。其中，

白线表示计划进度，灰线表示实际进度。在第 5 天末检查时，挖土已按计划完成；立模比进度计划拖后 1 天；绑扎钢筋的实际进度与计划进度一致；浇筑混凝土工作尚未开始，比进度计划拖后 1 天。

**表 5.2　某钢筋混凝土基础工程的施工实际进度与计划进度比较表**

| 工作编号 | 工作名称 | 工作时间/天 | 项目进度 | | | | | | | | | |
|---|---|---|---|---|---|---|---|---|---|---|---|---|
| | | | 1 | 2 | 3 | 4 | 5 | 6 | 7 | 8 | 9 | 10 |
| 1 | 挖土 | 3 | | | | | | | | | | |
| 2 | 立模 | 3 | | | | | | | | | | |
| 3 | 绑扎钢筋 | 4 | | | | | | | | | | |
| 4 | 浇筑混凝土 | 5 | | | | | | | | | | |
| 5 | 回填土 | 3 | | | | | | | | | | |

检查日期

通过上述比较，项目管理者可了解实际进度与计划进度之间的偏差，为采取调整措施提供了依据。但是，这种方法仅适用于项目中各项工作都是按均匀的速度进行的情况，即每项工作在单位时间内所完成的任务量是相等的。

2）实际进度前锋线比较法

这种方法根据前锋线与工作箭线交点的位置判断项目实际进度与计划进度偏差，如图 5.6 所示。其中，细实线代表计划进度，点划线是各项活动实际进度的连线，代表实际进度前锋。其作用如下。

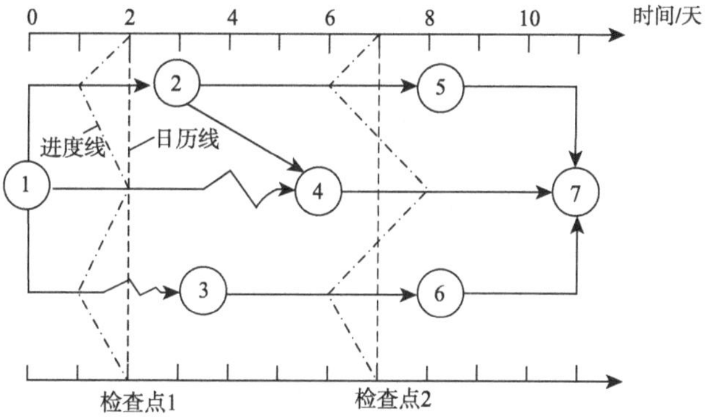


图 5.6　实际进度前锋线

（1）判断工作的进度状况。实际进度前锋线可以直观地显示项目实际进展情况，如图 5.6 中在第 7 天进行检查时，工作 2—5 和 3—6 比原计划拖后 1 天，工作 4—7 比原计划提前 1 天。

（2）判断项目的进度状况。在判断工作的进度状况的基础上，实际进度前锋线还可以结合各项工作的性质，判断整个项目进度情况，如图 5.6 所示，工作 2—5 是关键工作，拖后 1 天，将会使项目工期拖后 1 天；工作 3—6 是非关键工作，则应根据其总时差的大小，判断其提前或拖后对项目工期的影响。

3）“S”形曲线比较法

“S”形曲线比较法是以横坐标表示进度时间，纵坐标表示累计完成任务量，绘制出一条按计划时间累计完成任务量的“S”形曲线，并将项目各检查时间点实际完成的任务量与“S”形曲线进行实际进度与计划进度比较的一种方法。

（1）“S”形曲线绘制。“S”形曲线反映了随时间进展累计完成任务量的变化情况，如图 5.7 所示。

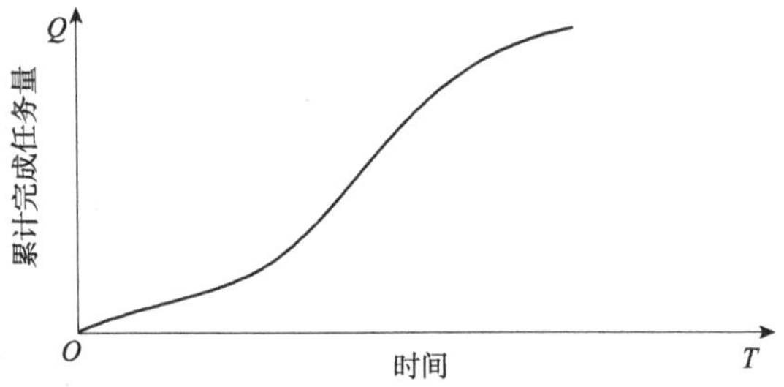


图 5.7 “S”形曲线

“S”形曲线的绘制步骤如下。

第一步：计算每单位时间内计划完成的任务量 $q_i$。

第二步：计算时刻 $j$ 的计划累计完成的任务，即

$$Q_j=\sum_{i=1}^{j}q_i$$

式中，$Q_j$ 为某时刻 $j$ 计划累计完成的任务量；$q_i$ 为单位时间的计划完成任务量。

第三步：按各规定时间的 $Q_j$ 值，绘制“S”形曲线。

（2）“S”形曲线比较，即在图上直观地进行项目实际进度与计划进度的比较。通常，在计划实施前绘制出计划“S”形曲线（实线），并在项目进行过程中，按规定时间将检查的实际完成情况在同一张图中绘制出实际进度的“S”形曲线（虚线），如图 5.8 所示。比较两条“S”形曲线，即可得到相关信息。

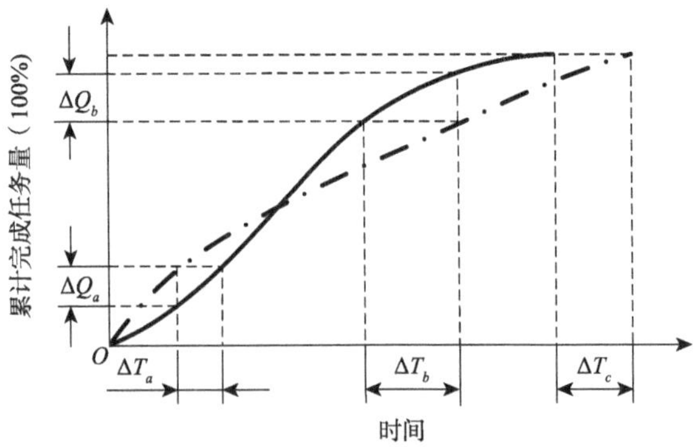


图 5.8 “S”形曲线比较图

（a）项目实际进度与计划进度比较。当实际进展点落在计划“S”形曲线左侧时，

表明实际进度超前；若在右侧，则表示拖后；若正好落在计划曲线上，则表明实际与计划一致。

（b）项目实际进度与计划进度之间的偏差。$\Delta T_a$表示 $T_a$时刻实际进度超前的时间；$\Delta T_b$表示 $T_b$时刻实际进度拖后的时间。

（c）项目实际完成任务量与计划任务量之间的偏差。$\Delta Q_a$表示 $T_a$时刻超额完成的任务量；$\Delta Q_b$表示在 $T_b$时刻少完成的任务量。

（d）项目进度预测。项目后期若按原计划速度进行，则工期拖延预测值为$\Delta T_c$。

4）香蕉形曲线比较法

香蕉形曲线是两条“S”形曲线组合而成的闭合曲线。一个项目的网络计划在理论上总是分为最早和最迟两种开始与完成时间，因此都可以绘制出两条“S”形曲线，即以最早时间和最迟时间分别绘制出相应的“S”形曲线，前者称为 ES 曲线，后者称为 LS 曲线，如图 5.9 所示。

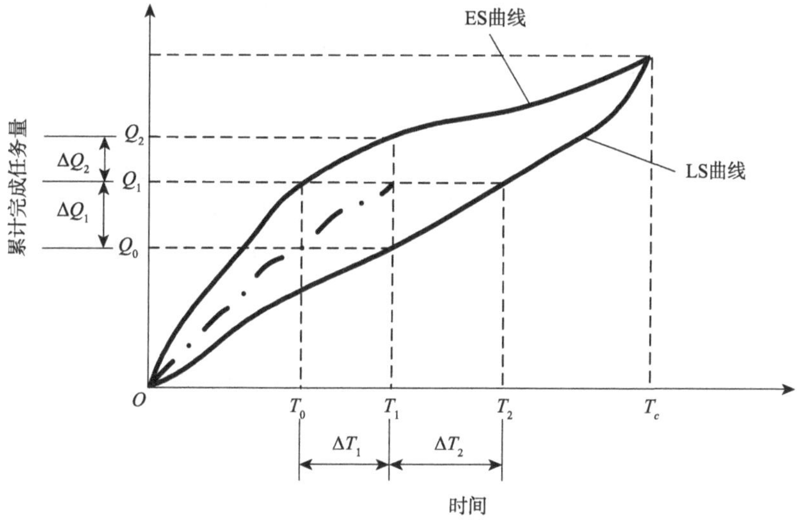


图 5.9　香蕉形曲线比较图

项目实施过程中，根据每次检查的各项工作实际完成的任务量，计算出不同时间实际完成任务量的百分比，并在香蕉形曲线的平面内绘出实际进度曲线，即可进行实际进度与计划进度的比较。

香蕉形曲线比较法主要进行如下两个方面的比较。

（1）时间一定，比较完成的任务量。当项目进展到 $T_1$时，实际完成的累计任务量为 $Q_1$，若按最早时间计划，则应完成 $Q_2$，可见，实际比计划少完成，则$\Delta Q_2=Q_1-Q_2<0$；若按最迟时间计划，则应完成 $Q_0$，实际比计划多完成，则$\Delta Q_1=Q_1-Q_0>0$。

由此可以判断，实际进度在计划范围之内，不会影响项目工期。

（2）任务量一定，比较所需时间。当项目进展到 $T_1$时，实际完成累计任务量 $Q_1$，若按最早时间计划，则应在 $T_0$时完成同样任务量，所以，实际比计划拖延，其拖延的时间是：$\Delta T_1=T_1-T_0>0$；若按最迟时间计划，则应在 $T_2$时完成同样任务量，所以，实际比计划提前，其提前量是：$\Delta T_2=T_1-T_2<0$。

可以判断：实际进度未超出计划范围，进展正常。

2. 进度计划调整

项目进度计划的调整一般有以下几种方法。

1）关键工作的调整

关键工作无机动时间，其中任一工作持续时间的缩短或延长都会对整个项目工期产生影响。因此，关键工作的调整是项目进度更新的重点。

（1）关键工作实际进度较计划进度提前时的调整方法。若仅要求按计划工期执行，则可利用该机会降低资源强度及费用。实现方法是，选择后续关键工作中资源消耗量大或直接费用高的予以适当延长，但延长的时间不应超过已完成的关键工作提前的时间；若要求缩短工期，则应将计划的未完成部分作为一个新的计划，重新计算与调整，按新的计划执行，并保证新的关键工作按新计算的时间完成。

（2）关键工作实际进度较计划进度落后时的调整方法。为保证项目按期完成，就要缩短后续关键工作的持续时间。要在原计划的基础上，采取组织措施或技术措施缩短后续工作的持续时间以弥补时间损失，通常采用网络计划法进行调整。

2）改变某些工作的逻辑关系

若实际进度产生的偏差影响了项目总工期，且在工作之间的逻辑关系允许改变的条件下，改变关键路线和超过计划工期的非关键路线上有关工作之间的逻辑关系，达到缩短工期的目的。这种调整应以不影响原定计划工期和其他工作顺序为前提，调整的结果不应形成对原计划的否定。例如，可以将依次进行的工作变为并行或互相搭接的关系，以缩短工期。

3）重新编制计划

当采用其他方法仍不能奏效时，则应根据工期要求，将剩余工作重新编制网络计划，使其满足工期要求。例如，某项目在实施过程中，地质条件的变化造成已完工部分大面积塌方，耽误工期六个月。为保证该项目在计划工期内完成，在认真分析研究的基础上，重新编制网络计划，并按新的网络计划组织实施。

4）非关键工作的调整

当非关键路线上某些工作的持续时间延长，但不超过其时差范围时，则不会影响项目工期，进度计划不必调整。但为了更充分地利用资源，降低成本，必要时可对非关键工作的时差做适当调整，但不得超出总时差，每次调整均需进行时间参数计算，以观察调整对计划的影响。

当非关键路线上某些工作的持续时间延长而超出总时差范围时，就会影响整个项目工期，关键路线也会转移。这时，其调整方法与关键路线的调整方法相同。

5）增减工作项目

由于编制计划时考虑不周，或因某些原因需要增加或取消某些工作，则需重新调整网络计划，计算网络参数。增减工作项目只能改变局部的逻辑关系，而不应影响原计划总的逻辑关系。

6）资源优化

当供应满足不了需要时，应进行资源调整。资源调整的前提是保证工期不变或使工期更加合理。

## 5.3 项目费用控制

### 5.3.1 项目费用控制内容和依据

项目费用控制就是在整个项目实施过程中，定期或不定期收集项目的实际费用数据，进行费用目标值和实际值的动态比较分析，以及费用预测，如果发现偏差，则及时采取纠偏措施，以使项目成本目标尽可能好地实现的管理活动。

1. 项目费用控制内容

项目费用控制的内容主要包括以下方面。

（1）对造成费用基准变化的因素施加影响，以保证这种变化向有利的方向发展。

（2）确定实际发生的费用是否已经出现偏差。

（3）在出现费用偏差时，分析偏差对项目未来进度和费用目标的影响，并采用适当的管理措施。

此外，费用控制还应包括寻找费用向正反两方面变化的原因，同时还必须考虑与其他控制过程的协调关系。例如，不合适的费用变更可能导致质量、进度方面的问题或者导致不可接受的项目风险等。

2. 项目费用控制的依据

项目费用控制的依据是项目的费用基准计划和项目实施执行报告。其中，项目费用基准计划将项目的成本预算与进度预算联系起来，可以用来测量和监督成本的实际情况，也是进行项目费用控制最基础的依据。而项目实施执行报告包括了项目各工作的所有费用支出，也是发现问题的最基本的依据。

3. 项目费用控制的作用

项目费用控制的作用主要包括以下方面。

（1）变更申请，即请求增加预算或者是减少预算。

（2）有助于提高项目的成本管理水平。

（3）有助于项目团队发现更为有效的项目建设方法，从而可以降低项目成本。

（4）有助于项目管理人员加强经济核算，提高经济效益。

### 5.3.2 挣得值分析法

挣得值分析法，简称挣得值法，或挣值法，是对项目进度和费用进行综合控制的一种有效方法。它通过测量和计算已完成工作的预算费用与已完成工作的实际费用和计划工作的预算费用得到有关计划实施的进度和费用偏差，达到判断项目预算和进度计划执行情况的目的。挣值法的取名缘于这种分析方法中用到的一个关键数值——挣值（earned value），即已完成工作的预算费用。

1. 三个基本参数

1）BCWS

BCWS（budgeted cost for work scheduled，计划工作量的预算费用）是指项目实施过程中某阶段计划要求完成的工作量所需的预算费用。计算公式为

$$BCWS=计划工作量\times预算定额$$

BCWS 主要是反映进度计划应当完成的工作量，而不是应消耗的费用。

2）ACWP

ACWP（actual cost for work performed，已完成工作量的实际费用）是指项目实施过程中某阶段实际完成的工作量所消耗的费用。ACWP 主要反映项目执行的实际消耗指标。

3）BCWP

BCWP（budgeted cost for work performed，已完成工作量的预算费用）是指项目实施过程中某阶段实际完成的工作量按预算定额计算出来的费用，即挣得值。BCWP 的计算公式为

$$BCWP=已完成工作量\times预算定额$$

2. 四个评价指标

1）费用偏差

费用偏差（cost variance，CV）是指检查期间 BCWP 与 ACWP 之间的差异，其计算公式为

$$CV=BCWP-ACWP$$

当 $CV<0$，表示执行效果不佳，说明实际消耗费用超过预算值，即超支，见图 5.10（a）。

当 $CV>0$，表示实际消耗费用低于预算值，即有节余或效率高，见图 5.10（b）。

当 $CV=0$，表示实际消耗费用等于预算值。

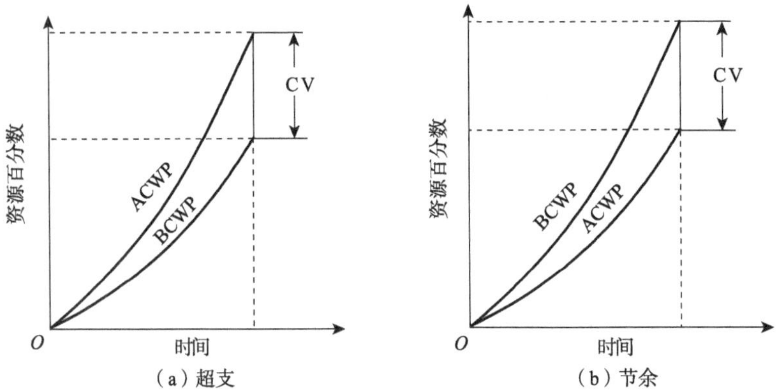


图 5.10 费用偏差示意图

2）进度偏差

进度偏差（schedule variance，SV）是指检查日期 BCWP 与 BCWS 之间的差异，其计算公式为

$$SV=BCWP-BCWS$$

当 SV > 0，表示进度提前，见图 5.11（a）。

当 SV < 0，表示进度延误，见图 5.11（b）。

当 SV = 0，表示实际进度与计划进度一致。

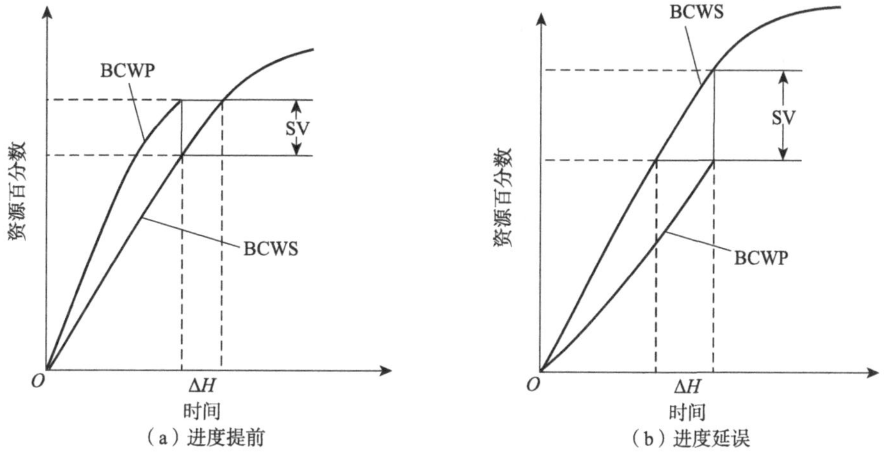


图 5.11　进度偏差示意图

ΔH 表示从资源消耗视角观察的实际进度与计划进度的偏差

3）费用执行指标

费用执行指标（cost performed index，CPI）是指预算费用与实际费用值之比（或工时值之比），其计算公式为

$$CPI = BCWP/ACWP$$

当 CPI>1 时，表示低于预算，即实际费用低于预算费用。

当 CPI<1 时，表示超出预算，即实际费用高于预算费用。

当 CPI=1 时，表示实际费用与预算费用吻合。

4）进度执行指标

进度执行指标（scheduled performed index，SPI）是指项目挣得值与计划之比，即

$$SPI=BCWP/BCWS$$

当 SPI>1 时，表示进度提前，即实际进度比计划进度快。

当 SPI<1 时，表示进度延误，即实际进度比计划进度慢。

当 SPI=1 时，表示实际进度等于计划进度。

3. 评价曲线

挣值法评价曲线如图 5.12 所示。其中横坐标表示时间，纵坐标则表示计划完成费用（以实物工程量、工时或金额表示）。图 5.12 中 BCWS 按“S”形曲线路径不断增加，直至项目结束达到它的最大值。可见 BCWS 是一种“S”形曲线。ACWP 同样是进度的时间参数，随项目推进而不断增加，也是“S”形曲线。利用挣值法评价曲线可进行费用进度评价。当 CV<0，SV<0 时，表示项目执行效果不佳，即费用超支，进度延误，应采取相应的补救措施。

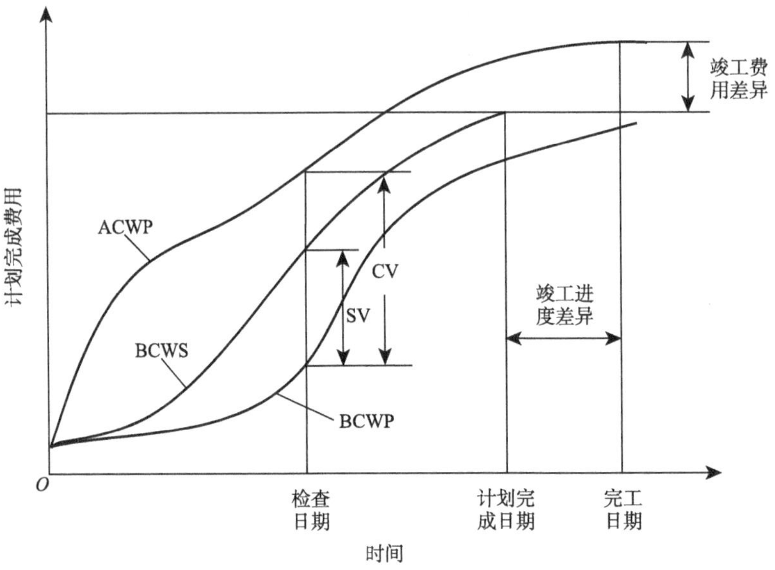


图 5.12 挣值法评价曲线图

4. 预测项目完成时的费用

项目完成费用估计（estimate at completion，EAC）就是在项目目前的完成和实施情况下，估算的最终完成项目所需的总费用，有以下三种情况。

1）当目前变化可以反映未来变化时，EAC=实际支出+按照实施情况对剩余预算所做的修改，即

$$EAC = 实际费用+(总预算成本-BCWP)\times(ACWP/BCWP)$$

或

$$EAC=总预算成本\times(ACWP/BCWP)$$

2）当过去的执行情况显示了所有的估计假设条件基本失效，或者由于条件的改变原有的假设不再适用的情况下，EAC=实际支出+对未来所有剩余工作的新的估计。

3）现在的变化仅是一种特殊情况，项目经理认为未来的实施不会发生类似的变化时，EAC=实际支出+剩余的预算。

【例 5-1】表 5.3～表 5.5 分别给出了包装机项目的每期预算费用、每期累计完成比率及每期实际费用。根据上述三表计算该项目的每期累计挣得值。假设检查点为第 8 周末，试根据检查结果预测该项目完成的总费用及进度。

**表 5.3 包装机项目的每期预算费用**（单位：万元）

| 工作名称 | 预算值 | 进度 | | | | | | | | | | | |
|---|---|---|---|---|---|---|---|---|---|---|---|---|---|
| | | 第 1 周 | 第 2 周 | 第 3 周 | 第 4 周 | 第 5 周 | 第 6 周 | 第 7 周 | 第 8 周 | 第 9 周 | 第 10 周 | 第 11 周 | 第 12 周 |
| 设计 | 24 | 4 | 4 | 8 | 8 | 0 | 0 | 0 | 0 | 0 | 0 | 0 | 0 |
| 建造 | 60 | 0 | 0 | 0 | 0 | 8 | 8 | 12 | 12 | 10 | 10 | 0 | 0 |
| 安装与调试 | 16 | 0 | 0 | 0 | 0 | 0 | 0 | 0 | 0 | 0 | 0 | 8 | 8 |
| 合计 | 100 | 4 | 4 | 8 | 8 | 8 | 8 | 12 | 12 | 10 | 10 | 8 | 8 |
| 累计 | 100 | 4 | 8 | 16 | 24 | 32 | 40 | 52 | 64 | 74 | 84 | 92 | 100 |

**表 5.4　包装机项目的每期累计完成比率**

| 工作名称 | 进度 | | | | | | | |
|---|---|---|---|---|---|---|---|---|
| | 第 1 周 | 第 2 周 | 第 3 周 | 第 4 周 | 第 5 周 | 第 6 周 | 第 7 周 | 第 8 周 |
| 设计 | 10% | 25% | 80% | 90% | 100% | 100% | 100% | 100% |
| 建造 | 0 | 0 | 0 | 5% | 15% | 25% | 40% | 50% |
| 安装与调试 | 0 | 0 | 0 | 0 | 0 | 0 | 0 | 0 |

**表 5.5　包装机项目的每期实际费用**（单位：万元）

| 工作名称 | 进度 | | | | | | | | 总费用 |
|---|---|---|---|---|---|---|---|---|---|
| | 第 1 周 | 第 2 周 | 第 3 周 | 第 4 周 | 第 5 周 | 第 6 周 | 第 7 周 | 第 8 周 | |
| 设计 | 2 | 5 | 9 | 5 | 1 | 0 | 0 | 0 | 22 |
| 建造 | 0 | 0 | 0 | 2 | 8 | 10 | 14 | 12 | 46 |
| 安装与调试 | 0 | 0 | 0 | 0 | 0 | 0 | 0 | 0 | 0 |
| 合计 | 2 | 5 | 9 | 7 | 9 | 10 | 14 | 12 | 68 |
| 累计 | 2 | 7 | 16 | 23 | 32 | 42 | 56 | 68 | 68 |

解：由表 5.3～表 5.5 的数据可得包装机项目的每期累计挣得值，如表 5.6 所示。

**表 5.6　包装机项目的每期累计挣得值**（单位：万元）

| 工作名称 | 挣得值 | 进度 | | | | | | | |
|---|---|---|---|---|---|---|---|---|---|
| | | 第 1 周 | 第 2 周 | 第 3 周 | 第 4 周 | 第 5 周 | 第 6 周 | 第 7 周 | 第 8 周 |
| 设计 | 24 | 2.4 | 6 | 19.2 | 21.6 | 24 | 24 | 24 | 24 |
| 建造 | 30 | 0 | 0 | 0 | 3 | 9 | 15 | 24 | 30 |
| 安装与调试 | 0 | 0 | 0 | 0 | 0 | 0 | 0 | 0 | 0 |
| 累计 | 54 | 2.4 | 6 | 19.2 | 24.6 | 33 | 39 | 48 | 54 |

设检查点为第 8 周末，则

$$CV = BCWP-ACWP = 54-68 = -14（万元）$$

$$SV = BCWP-BCWS = 54-64 = -10（万元）$$

$$CPI=BCWP/ACWP=54/68=0.79$$

$$SPI = BCWP/BCWS=54/64=0.84$$

费用预测：预测值 = 总预算/CPI=100/0.79=126.58（万元）。

进度预测：预计完成时间 = 计划完成时间/SPI=12/0.84=14.29（周）。

图 5.12 给出了工程项目预算费用、实际费用、挣得值三条曲线的比较。在实际执行过程中，最理想的状态是 ACWP、BCWS、BCWP 三条曲线靠得很近，且平稳上升，表示项目按预定计划目标前进。如果三条曲线离散度不断增加，则预示可能发生了项目实施背离计划的情况。

通过对比分析，发现某一方面已经出现费用超支，或预计最终将会出现费用超支，则应进一步分析原因。原因分析是费用责任分析和提出费用控制措施的基础，费用超支的原因是多方面的，有宏观与微观、内部和外部的原因，涉及技术、经济、管理、合同等方面。

通常，要压缩已经超支的费用而又不损害其他目标是十分困难的。只有当给出的措施比原计划更为有效，或使工程范围缩减，或生产效率提高，成本才能降低。

## 5.4 项目质量控制

项目质量管理是指围绕项目质量所进行的计划、组织、指挥、协调和控制等活动，其目的是确保项目按规定的要求圆满完成，包括使项目所有的功能活动能够按照计划的质量目标和要求得以实施。项目质量管理是一个系统过程，在实施过程中，应创造必要的资源条件，使之与项目质量要求相适应。项目参与方都必须保证其工作质量，做到工作程序化、标准化和规范化，围绕一个共同的目标，开展质量管理工作。

提高项目质量的一个重要途径就是进行有效的项目质量控制。项目质量控制是通过认真规划，不断进行观测检查，以及采取必要的纠正措施，来鉴定或维持预期的项目质量或工序质量水平的一种系统性活动。质量控制不仅仅局限于质量本身，还包括为保证和提高项目质量的理想水平而进行的一切工作。

### 5.4.1 项目质量控制的特点

鉴于项目的特殊性，项目质量控制具有如下主要特点。

1. 质量因素的多样性

在项目的不同阶段、不同环节、不同过程，影响其质量的因素不尽相同。这些因素有些是可知的，有些是不可预见的；有些对项目质量的影响程度较小，有些则对项目质量的影响程度较大，有些还可能是致命性的。这都给项目的质量控制造成了难度。项目的动态性决定了影响项目质量的因素也是动态的。因此，项目质量控制的一项重要内容就是加强对影响质量的因素的管理和控制。

2. 质量控制的阶段性

项目需经历不同的阶段，各阶段的工作内容、工作结果都不相同，所以每阶段的质量控制内容和控制重点也不相同。

3. 项目质量的变异性

质量变异是指项目质量参数的不一致性，而偶然因素和系统因素是产生这种变异的原因。其中，偶然因素是随机发生的、客观存在的、正常的；系统因素是人为的、异常的。偶然变异是由偶然因素造成的，对项目质量的影响较小，是经常发生、难以避免、难以识别和难以消除的；系统变异是系统因素所造成的，对项目质量的影响较大，但容易识别，可以通过采取措施加以避免或消除。项目质量控制的重要工作，就是采取相应方法和手段对质量变异加以识别与控制。

4. 判断错误的经常性

项目的复杂性、不确定性，造成其质量数据的采集、处理和判断的复杂性，往往会导致对项目质量状况做出错误判断。例如，将合格判为不合格，或将不合格判为合格；

将稳定判为不稳定，或将不稳定判为稳定；将正常判为不正常，或将不正常判为正常等。这就需要在项目质量控制中，采用更加科学、更加可靠的方法，尽量减少判断错误。

5. 项目的不可拆分性

项目的质量控制应更加注重项目进展过程，注重对阶段性结果的检验和记录。已加工完成的产品可以解体、拆卸，对某些零部件进行检查。但项目一般难以做到。例如，对于已建成的楼房，就难以检查其地基质量；对于已浇筑完成的混凝土构筑物，就难以检查其中的钢筋质量等。

6. 项目质量的多重约束性

项目质量不是独立存在的，要受费用和工期的制约。在对项目进行质量控制的同时，必须考虑其对费用和工期的影响，同样应考虑费用和工期对质量的制约，使项目的质量、费用、工期都能实现预期目标。

### 5.4.2　项目质量控制的工具和技术

常用的项目质量控制工具和技术包括检查、控制图、帕累托图、统计抽样、流程图、趋势分析等。

二维码 5-1：常用的项目质量控制工具和技术

### 5.4.3　项目质量控制的层次

1. 不同阶段的质量控制

1）项目决策阶段的质量控制

项目决策阶段的主要工作包括项目的可行性研究和项目决策。项目的可行性研究直接影响项目的决策质量和设计质量。在项目的可行性研究中，应进行方案比较，提出对项目质量的总体要求，使项目的质量要求和标准符合项目所有者的意图，并与项目的其他目标及项目环境相协调。

项目决策阶段是影响项目质量的关键阶段，项目决策的结果应能充分反映项目所有者对质量的要求和意愿。在项目决策过程中，应充分考虑项目费用、时间、质量等目标之间的对立统一关系，确定项目应达到的质量目标和水平。

2）项目设计阶段的质量控制

项目设计阶段是影响项目质量的决定性环节，没有高质量的设计就没有高质量的项目。在项目设计过程中，应针对项目特点，根据项目决策阶段已确定的质量目标和水平，使其具体化。

3）项目实施阶段的质量控制

项目实施阶段是项目形成的重要阶段，是项目质量控制的重点。项目实施阶段所形成的项目质量应符合设计要求，因而是一种符合性质量。

项目实施阶段是一个从输入转化到输出的系统过程，因而其质量控制也是一个从对投入品的质量控制开始，到对产出品的质量控制为止的系统控制过程，如图 5.13 所示。

图 5.13　项目实施阶段的质量控制

2. 工序过程控制

工序是构成项目实施过程的基本单元，每一道工序质量的优劣，最终都将会影响项目质量，因此，工序质量是形成项目质量的最基本环节。若项目实施过程中每一道工序的质量都能符合要求，则项目质量就能得到保证，工序质量越好，项目质量所得到的保证程度就越高。

1）工序质量控制概念

工序质量包括两个方面：工序活动条件和工序活动效果，两者是互为关联的。一方面要控制工序活动条件，使每道工序投入品的质量符合要求；另一方面应控制工序活动效果，使每道工序的结果（产品）达到其质量要求或标准。工序质量控制，就是对工序活动条件和活动效果进行质量控制，从而达到对整个项目的质量控制。

二维码 5-2：工序质量控制原理

2）工序质量控制点的设置

工序质量控制点是指在不同时期工序质量控制的重点。根据项目的特点，视其重要性、复杂性、精确性、质量标准和要求等，质量控制点可能是材料、操作环节、技术参数、设备、作业顺序、自然条件、项目环境等。质量控制点的设置，主要视其对质量特性影响的程度及危害程度加以确定。对于工程项目来说，质量控制点可以归纳为以下几类。

（1）人的行为。某些工作应重点控制人的行为，以避免因人的失误造成质量问题。例如，对高空作业、水下作业等，都应从人的生理、心理、技术能力等方面对操作者进行考核、控制。

（2）物的状态。某些工作应以物的状态作为控制重点，如加工精度与机器设备和工装有关；计量的准确性与计量设备、仪表有关；危险源与失稳、腐蚀、振动等因素有关。应根据项目中不同工作的特点，有效控制影响项目质量的机器、物料、危险源、测量系统等的状态，以确保项目质量目标的达成。

（3）材料质量和性能。材料的质量和性能直接影响工程质量。某些工序应将材料的质量和性能作为控制的重点。

（4）关键操作。某些操作直接影响工程质量，应作为过程控制的重点。

（5）施工顺序。某些工序或操作，必须严格控制其先后顺序，否则就会影响工程质量。

（6）关键技术参数。某些技术参数与质量密切相关，必须严格控制。

（7）容易出现的质量问题。

（8）新工艺、新技术、新材料的应用。新工艺、新技术、新材料虽已通过鉴定、试验，但操作人员往往缺乏经验，应将其工序操作作为重点严加控制。

（9）质量不稳定、质量问题较多的工序。

质量控制点的设置是保证项目质量的有力措施，也是进行质量控制的重要手段。在工序过程控制中，首先应对工序进行全面分析、比较，以明确质量控制点；其次要分析质量控制点在工序进行过程中可能出现的质量问题或造成质量隐患的因素并加以严格控制。

3. 质量因素的控制

影响项目质量的因素主要有五大方面：人、材料、设备、方法和环境。对这五方面因素的控制，是保证项目质量的关键。

二维码 5-3：项目质量因素及其控制

## 5.5　项目变更控制

项目是一个开放的系统，总是处于不断变化的环境之中。因此，项目变更通常是不可避免的。对于项目管理者而言，关键的问题是能够有效地预测可能发生的变化，以便采取预防措施，以确保项目目标的实现。当项目需求发生变化，或者其内外环境变化无法保证项目按计划实施时，就要进行项目变更。

### 5.5.1　项目变更概述

1. 项目变更的定义

项目变更是指项目组织为适应项目各种因素的变化，保证项目目标的实现而对项目计划进行相应的部分变更或全部变更的活动。在项目进程中，项目变更可能是由顾客引起的，也可能是由项目团队引起的，或是由不可预见事件的发生而引起的。

1）项目相关方引起的变更

主要的项目相关方，如政府、投资者、顾客、项目组织、项目决策者等的新的需求或决策，可能导致项目变更。

（1）顾客引起的变更。例如，购房者向建筑商要求房间更大一些、窗户位置应重新设置等；顾客要求信息系统开发项目团队应提高信息系统的能力，以生成以前未提到过的报表或者其他可视化输出等。这些变更类型代表着对最初项目范围的变更，将会对项目进度、费用等产生直接影响。其影响程度取决于做出变更的时间。通常，变更越早，对项目的影响越小；变更越晚则影响越大。例如，在房屋设计图纸尚未完成时，改变房间大小和窗户位置比较容易；但当房屋主体已完成，窗户也已安装好后，再进行上述变更，则会对项目进度和费用产生很大影响。

（2）项目团队引起的变更。例如，在项目实施过程中，项目团队发现项目设计方案不合理，可提出设计变更建议。

（3）项目经理引起的变更。例如，负责为顾客开发自动发票系统的项目经理提出，为了降低项目成本并加快进度，自动发票系统应该采用现成的标准化软件，而不是为顾客专门设计软件等。

2）计划不完善引起的变更

计划不完善引起的变更，即在项目计划过程中，由忽略了某些环节而引起的变更。例如，在建造房屋时，客户或承约商未将安装下水道列入工作范围，则应进行范围变更。

3）不可预见事件引发的变更

不可预见事件引发的变更，即一些不可预见事件导致项目无法按原计划实施。例如，地质条件变化使得原先的设计方案不能满足要求，需要进行设计变更；暴风雨延缓了项目实施过程，则需进行进度变更等。

2. 项目变更对项目的影响

项目变更一般会影响到项目的各个方面，主要包括项目进度、质量、资源、费用等方面。此外，项目变更还会引起项目团队成员、结构以及任务的变化。

### 5.5.2 项目变更控制的含义、前提和基本要求

1. 项目变更控制的含义

项目变更控制是指为使项目向着有益的方向发展而采取的各种监控和管理措施。项目经理和项目团队必须对变更进行控制。项目变更可以分为影响项目整体的变更和影响项目局部的变更两大类，对于影响项目整体的变更要特别重视。项目控制的很大部分就是控制变更。

2. 项目变更控制的前提

对项目变更进行有效的管理和控制，必须掌握项目工作分解，提供项目实施进展报告，提交变更要求，参考项目计划。

为了对项目变更进行控制，应由项目实施组织、项目管理团队等建立变更控制系统。变更控制系统由变更控制委员会、人员职责和权限、变更审批程序和制度、变更文件等组成。变更控制系统还应当有处理自动变更的机制。自动变更，又称为现场变更，是不经审查即可批准的变更，多数自动变更是由意外的紧急情况造成的。

变更控制系统可细分为整体、范围、进度、费用和合同变更控制子系统。变更控制系统应当同项目管理信息系统一起通盘考虑，形成整体。

3. 项目变更控制的基本要求

项目变更控制的任务是查明项目内外造成变更的因素，必要时设法消除；查明项目是否已经发生变更，以便在变更实际发生时对其进行管理。

1）项目变更的基本要求

项目变更的基本要求包含以下方面。

（1）在项目早期，项目承约人和客户之间，项目经理和项目团队之间应就有关变更方式、程序等问题进行协商，并形成文件或协议。

（2）谨慎对待变更请求，科学判断与审批。对任何一方提出的变更请求，其他各方都应谨慎对待。例如，承约方对客户提出的变更请求，在未对其影响做出判断前，不能随便同意变更，而应科学估计变更对项目进度和费用等的影响程度，并在变更实施前得到客户的同意。经客户同意的项目进度和费用的更新，均应列入更新后的项目计划并形成文件。

2）项目变更的处理结果

对于一个变更申请，一般有六种可能的结果。

（1）在现有资源和进度计划允许的情况下接受变更。在考虑了变更对于进度、资源等的影响之后，同意变更申请，且不影响既定的项目进度和资源计划。

（2）在延长交付进度的前提下接受变更。变更的唯一影响是延长交付进度，而不需要额外资源来满足变更申请。

（3）在增加额外资源的前提下接受变更。此时，项目经理需要获得额外的资源，但项目能按照现有的进度或变更后进度交付。

（4）在增加额外资源和延长交付进度的前提下接受变更。

（5）实施多次发布策略，并排定不同发布时期交付成果的优先次序，接受变更。此时接受变更申请，项目计划将进行重大修改。例如，项目的最初要求包含十个特征，从而形成现有计划，变更申请要求增加两个特征，项目经理应要求客户重新排定这 12 个特征的优先级。变更后的项目计划可能使前八个特征早于原计划完成，而后四个特征晚于原计划完成。很多情况下，这种权衡是行之有效的。

（6）当变更会严重影响项目时拒绝变更。当变更申请的影响非常严重，甚至会导致彻底放弃现有项目计划时，有两种解决方案：一种是拒绝变更申请，并且把申请看作另外一个项目；另一种是停止现有项目，根据申请更新计划，启动一个全新的项目。

3）制订变更计划并实施变更

变更申请确定后，应根据申请更新项目计划，并采取有效措施加以实施，确保项目变更达到既定效果。

（1）明确界定项目变更的目标。项目变更的目的是适应项目变化的要求，实现项目预期目标。这就要求明确项目变更的目标，并围绕着目标制订变更计划，做到有的放矢。

（2）优选变更方案。变更方案直接影响项目目标的实现，一个好的变更方案将有利于项目目标的实现，而不好的变更方案则会对项目产生不良影响。因此需要对变更方案进行优选。

（3）做好变更记录。项目变更控制是一个动态过程，它始于项目变化，终于项目变更的完成。这一过程中，拥有充分的信息、掌握第一手资料是做出合理变更的前提条件。这就需要记录整个变更过程，而记录本身也是项目变更控制的重要内容。

（4）及时发布变更信息。项目变更最终要通过项目团队成员来实现，因此项目变更方案一旦确定，应及时将变更信息和方案公布于众，以使项目团队成员能够掌握和领会变更方案，并调整自己的工作方案，朝着新的方向去努力。变更方案实施以后，也应通报实施效果。

### 5.5.3　项目范围变更控制

项目范围变更控制是指为使项目向着有利于项目目标实现的方向发展而变动和调整某些方面因素从而引起项目范围发生变化的控制过程。

1. 范围变更控制的重点

（1）对可能造成范围变更的因素施加影响，以确保出现范围变更时，这些变更因素能得到一致认可。

（2）确定范围变更是否已经发生。

（3）对范围变更造成的其他变更进行管理。范围变更控制应当与其他控制过程结合起来，如进度控制、费用控制、质量控制等。

2. 项目变更控制的三角形分析

项目管理三角形是指由项目时间、项目预算和项目范围所构成的三角形，这三个要素直接影响项目质量（图 5.14）。大多数项目都会在明确的完成日期、项目预算和项目范围的限制下达成确定的项目目标（质量）。如果调整了这三个要素中的任何一个，另外两个要素以及项目目标达成就会受到影响。虽然这三个要素都很重要，但通常会有一个要素对一个项目目标的实现影响最大。在使用项目管理三角形控制项目范围变更时，首先应明确项目的三个要素中的哪一个对项目的成功完成最为重要。这决定了项目三维目标的优先序列，以及应该如何去优化项目范围变动方案和行动。

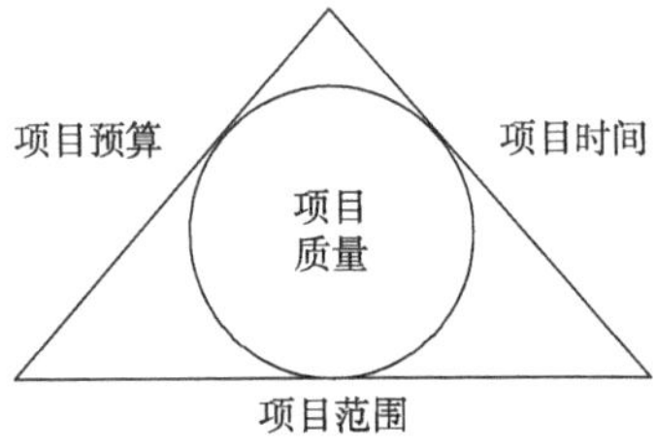


图 5.14　项目管理三角形

### 5.5.4　敏捷项目管理

1. 敏捷项目管理的概念

敏捷是指创造并响应变化，从而在动荡商业环境中创造利润的能力。敏捷项目管理（agile project management，APM）主要是应对那些具有需求经常变化的不确定性的软件项目的管理方法，但近年来在非 IT 项目中的应用得到拓展和强化。

传统项目管理需要首先确定项目范围、固定产品需求和特性，其次评估完成这些需求和特性需要花费的时间、资源等，进一步形成项目计划，最后按照既定的项目计划来推进实施，是典型的计划驱动式管理。而敏捷项目管理则先固定成本和时间，是典型的价值驱动式管理。二者之间的另一个明显区别是敏捷项目管理实现了快速多次交付，通过尽早获得反馈，提前应对需求变更风险。具体如图 5.15 所示。

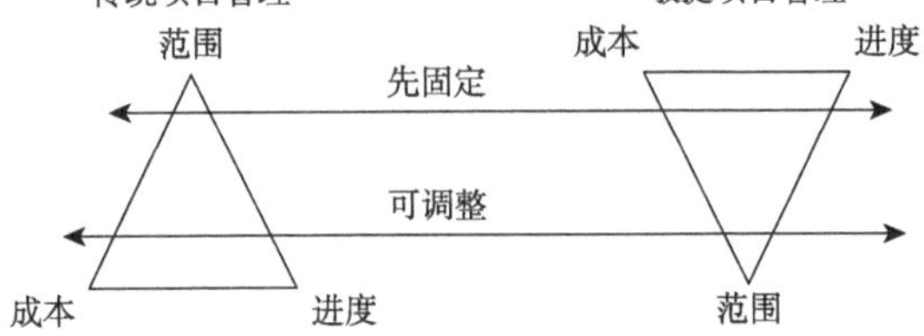


图 5.15　项目管理三要素对比图

2. 敏捷项目管理的特点

敏捷项目管理的基本特征包含以下几点。

（1）简单设计。在项目开发过程中最简单的解决方法就是最好的解决方案，必须避免项目中过重的系统模块或部件。

（2）拥抱变化。要快速响应需求变化，客户可随着项目进展而改变需求。

（3）迭代开发。通过迭代和增量的方式来完成整个产品开发，每个迭代的过程都会包括需求分析、设计、实现、测试、发布等这些传统开发的过程阶段。

（4）与客户紧密协作。强调开发团队和客户之间更好地协调和合作，同客户频繁地交流和沟通能够帮助开发人员在整个项目生命周期中响应需求变化，开发出更高质量的产品。

（5）商业价值驱动开发。尽早并持续提供通过测试且可以运行的具有商业价值的项目产出物，这就要求团队实时关注项目产品的功能规划，使每一次迭代都可满足客户需求。

3. 敏捷项目管理的流程

敏捷项目管理包含以下五个阶段，如图 5.16 所示。

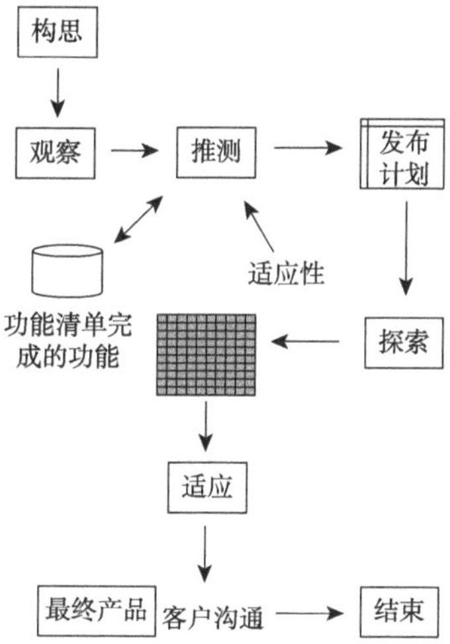


图 5.16　敏捷项目管理流程框架图

（1）构思。确定产品的构思、项目的范围、项目的社区以及团队的工作模式。

（2）推测。制订基于功能的发布计划、里程碑和迭代计划，确保交付构思的产品。

（3）探索。在短期内提供经测试的功能，不断致力于减少项目风险和不确定性。

（4）适应。审核提交的结果、当前情况以及团队的绩效，必要时做出调整。

（5）结束。终止项目，交流主要的学习成果。

4. 敏捷项目管理的方法

敏捷方法有很多种，包括 Scrum、极限编程（extreme programming，XP）、精益、看板、自适应开发等。其中，最典型的是 Scrum 和极限编程。

Scrum 是一种迭代式与增量式的框架，是世界上最流行和最有效的敏捷项目管理理念与方法之一。它面向管理过程，是管理复杂项目的简便方法。

极限编程是软件工程的实践方法。其主要特征是适应环境需求变化，充分发挥团队的主动精神，促进客户参与，加快反馈周期，以非常频繁间隔时间交付可工作的软件。极限编程强调团队精神，其价值观是交流、朴素、反馈和勇气，管理者、客户和开发人员处于一个协作团队，相互平等，实现了一个简单有效的环境，使团队效率更高。

## 5.6 项目安全控制与现场管理

### 5.6.1 项目现场管理

项目现场是指从事项目活动的场地。现场管理是指对这些场地进行科学安排，合理使用，并与各种环境保持协调关系。现场管理的目标是：规范场容、文明作业、安全有序、整洁卫生、不损害公众利益等。

1. 项目现场管理的意义

（1）有效的现场管理有利于项目活动的正常进行。施工现场管理的好坏，涉及人流、物流和财流是否畅通，涉及施工活动是否顺利进行。

（2）现场管理直接关系到各项专业管理的技术经济效果。在项目现场，各项专业管理工作既分工进行，又密切协作，且相互影响，相互制约。

（3）项目现场管理是一面“镜子”，能折射出项目承担者的精神风貌和管理水平。一个文明的项目现场能提高其社会效益，赢得良好的社会信誉。

（4）项目现场管理是贯彻执行有关法律法规的“焦点”。这就要求在施工现场从事施工和管理工作的每个人员，都应具有法制观念，执法、守法、护法。

2. 项目现场管理的原则

1）基础性管理原则

一般来说，项目的各项目标都要通过加强现场管理才能实现，而要做好现场管理则应做好各项基础工作，包括标准化工作、计量工作、原始记录、业务核算、统计和会计工作等。所以，现场管理属于基础性管理。

2）综合性管理原则

项目现场管理既包括目标性管理，又包括生产要素管理，还有组织协调和现场文明管理等，具有综合性管理的特征。应运用系统的观点，按目标管理的方法，认真执行有关标准，全面地进行现场管理，达到项目整体优化。

3）群众性管理原则

现场管理内容多、涉及面广，必须依靠项目团队中的每一位成员。群众性管理原则就是要求重视每一个人员、每一个岗位，发挥每一个人的主观能动性。

4）动态性管理原则

项目现场的各项生产要素要不断进行动态组合，各种条件和环境也在不断变化，因此必须进行动态管理，以不断适应变化了的情况。

3. 项目现场管理的方法

现场管理的方法多种多样，应根据现场管理的具体内容和条件做出选择。

1）标准化管理方法

标准化管理就是按标准和制度进行现场管理，使管理程序标准化、管理方法标准化、管理效果标准化、场容场貌标准化、考核方法标准化等。为了实现标准化管理，首先应制定各种标准，其次按标准执行，根据标准对执行的结果进行考核和评价。

2）核算方法

核算方法是指对现场管理的有关内容进行核算，如进行业务核算、统计核算和会计核算等。

3）检查和考核方法

在现场管理过程中，不断检查管理的实际情况，将实际情况与计划或标准相对比，以找出差距，根据对比的结果对现场管理状况进行评价和考核并改进管理工作。

4. 项目现场管理的措施

现场管理措施是视项目的具体情况所采取的管理办法。就施工项目而言，现场管理措施主要有开展“5S”活动、合理定置和目视管理。

二维码 5-4：“5S”活动　二维码 5-5：合理定置　二维码 5-6：目视管理

## 5.6.2　项目安全控制的工作内容

项目实施过程中存在着许多不安全因素，控制人的不安全行为和物的不安全状态是项目安全控制的重点。其主要内容如下。

1. 进行安全立法执法守法

项目实施人员首先应熟悉相关法律法规，并在项目实施过程中严格执行。同时，应针对项目特点，制定和完善安全管理制度，并以此为依据，对项目实施过程进行经常性的、制度化和规范化的管理。按照安全法规的规定开展工作，使安全法规变为行动，产生效果。

2. 建立安全控制体系

建立安全控制组织机构，形成安全组织系统；明确各部门、人员的职责，形成安全控制责任系统；配备必要的资源，形成安全控制要素系统；形成具有安全控制和管理功能的有机整体。

3. 进行安全教育与训练

安全教育与训练能够增强人的安全生产意识，提高安全生产素质，有效防止人的不安全行为，减少人为失误。

4. 采取安全技术措施

针对项目实施中的不安全因素，采取一切消除或控制的技术性方法和手段，统称为技术性措施。安全技术措施是改善生产工艺、改进生产设备、控制生产因素不安全状态、预防和消除危险因素对人产生伤害的有效手段，主要包括为使项目安全实现的一切技术方法与措施，以及避免损失扩大的技术手段等。

5. 进行安全检查与考核

安全检查与考核的目的是及时发现、处理、消除不安全因素，检查执行安全法规的状况等，从而进行安全改进，清除隐患，提高安全控制水平。

安全检查的形式有定期安全检查、突击性安全检查和特殊检查等。定期安全检查是指列入安全管理活动计划，有较一致时间间隔的安全检查；突击性安全检查是指无固定检查周期，对特别部门、特殊设备等进行的安全检查；特殊检查是指对预料中可能会带来新的危险因素的新安装设备、新采用工艺、新完成项目，以发现危险因素为专题的安全检查。

6. 作业标准化

在操作者的不安全行为中，不熟悉正确的操作方法、坚持自己的操作习惯等所占比例较大。按科学的作业标准规范人的行为有利于控制人的不安全行为，减少人失误。

实施作业标准化的首要条件是制定作业标准。作业标准的制定应采取技术人员、管理人员、操作者三者结合的方式，根据操作的具体条件制定，并通过反复实践、反复修订后加以确定。

作业标准应明确规定操作程序和步骤，并尽量使操作简单化、专业化。作业标准必须符合生产和作业环境的实际情况，同时应考虑到人的身体运动特点和规律，作业场地布置、使用工具设备、操作幅度等应符合人机工程学的要求。

### 5.6.3 项目环境管理

1. 环境管理的概念

广义的环境管理的核心是协调和综合决策，狭义的环境管理的核心是监督和服务，通常所说的环境管理是指广义的环境管理。

环境管理主要是依据国家和地方生态环境相关政策，按照经济发展与环境保护和谐统一的原则，运用现代科学技术管理方法及手段，实现经济与社会同环境之间的均衡发展。项目环境管理的对象主要是实施单位，目标是能够解决由项目过程造成的环境问题。

2. 项目环境管理特点

项目环境管理是项目管理的重要组成部分，是贯彻环境保护国策，实现可持续发展战略方针的具体措施，其特点如下。

（1）区域性。涉及环境管理的项目往往是在某一特定区域实施的，因此它只对这一区域环境造成影响。

（2）长期性。由于项目周期较长，一系列的工作都会对环境造成影响，而且对环境的影响并不能伴随项目的终止而终止。

（3）多样性。由于项目目标的差异性，每个项目都有不同的用途及功能，加之地域差异性，这些造就了不同项目有不同的环境因素以及不同的环境污染程度。

（4）社会性。项目造成环境污染的原因多种多样，不仅受到项目内部条件的影响，也受到外部社会、政治、经济文化等因素的制约。

3. 项目环境管理的步骤和模式

项目环境管理的基本步骤如图 5.17 所示，主要内容有七个方面。

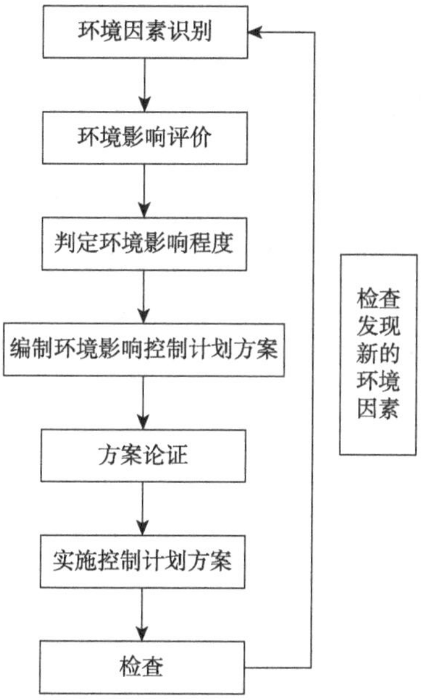


图 5.17　项目环境管理基本步骤

（1）环境因素识别。识别环境因素要考虑与项目相关的所有环境因素以及各因素所受影响。应首先对项目现场作业和管理业务活动进行分类，编制出项目环境管理业务内容和管理活动表。

（2）环境影响评价。对各项环境因素可能产生的环境影响做出评价。对可能造成重大环境影响的，应当编制环境影响报告书，并做全面评价。对可能造成轻度环境影响的应当编制环境影响报告表，并进行分析或者专项评价。对环境影响很小的，应当填报环境影响登记表。

（3）判定环境影响程度。为确定较大环境因素，应研究既定的计划方案或现有的控制措施对有害环境因素的控制程度，同时结合环境管理相关法律法规、标准规范和其他要求，对环境因素按其环境影响大小进行分类。

（4）编制环境影响控制计划方案。应针对评价中的重要环境因素，制订相应的计划、控制措施和应急预案，以便应对可能出现的任何环境问题，并在计划和控制措施实施之前进行检查，以确保适当性和有效性。

（5）方案论证。重新评价环境影响并检查修正控制措施方案，同时检查方案是否符合法律法规、标准规范，以及施工单位自身能力是否能执行方案。

（6）实施控制计划方案。在项目的每一道工序中具体落实上一步骤中经过评审的控制措施方案。

（7）检查。在项目实施阶段，要不断检查各项环境因素及控制措施方案的执行情况，并对各项环境因素控制措施的执行效果进行评价。当项目内外部条件有所改变时，要确定是否需要提出新的环境影响控制措施计划，同时还要检查是否有被遗漏或者新的环境因素。

## 5.7 项目采购与合同管理

项目采购是指从组织外部获得项目建设所需要的物资和服务的过程。项目采购是一项复杂的工作，直接关系到项目进度、费用和质量目标的实现，进而影响项目的顺利完成。

项目合同是指项目业主或其代理人与项目承包人或供应人为完成一确定的项目所指向的目标或规定的内容，明确相互的权利义务关系而达成的协议。

### 5.7.1 项目供应链管理

1. 项目供应链的概念

项目供应链是一种以项目为载体的汇聚式、临时性生产系统，是从项目策划、实施、完成到后期维护的项目生命周期内，以总承包者为核心，由业主、设计方和供应商等主体共同参与的整体功能增值网络。

项目供应链管理就是要在项目实施过程中实现系统性、协调性、集成性与同步性，以供应链中的上下游同步、协调和集成化的计划为指导，以各种技术为支持，通过对供应链上的信息流、项目流、资金流的设计、规划、协调和优化来满足项目相关方对项目工期、质量、服务等多方面的要求。

2. 项目供应链的结构

如图 5.18 所示，项目供应链网络结构由两部分构成：一是外围结构，属于不同企业之间的关联，是分散合作的决策结构；二是现场生产网络（图中阴影部分），属于企业内部的工序间的关联，属于整体决策。项目供应链中的供应关系分为两种：一种是物资物流的供应，包括物料供应商所提供的原材料、工程设备、安装设备等物资；另一种是实施现场物流，以阶段性项目结果为供应对象。

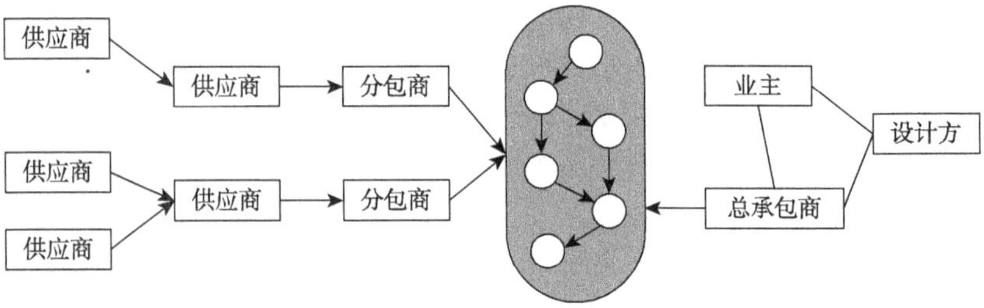


图 5.18 项目供应链结构图

3. 项目供应链的特征

项目供应链具有以下特征。

（1）动态性与不确定性。项目的单一性、临时性和变化性决定了项目供应链组织结构的动态性与不确定性。

（2）分散性。项目参与者众多，包含制造商、供应商、设计单位、总承包商等。加之项目实施过程中种种因素所导致的项目变更，使其供应系统带有明显的组织分散性。从项目供应链流程看，多阶段任务和多种关系并存，特别是设计与施工分离，是项目供应链的最大特征。

（3）面向用户需求。不同于一般供应链，项目供应链是由直接明确的用户需求拉动而构建的，其形成、存在、重构都是基于一定的市场需求，即用户的需求拉动是供应链中信息流、产品/服务流、资金流运作的驱动源。

4. 项目供应链管理体系

1）项目供应链管理的支撑要素

项目供应链管理的顺利实施必须具备一系列的支撑要素，主要包括以下方面。

（1）公平的利益和风险分担机制。只有从机制上对各个项目相关方的自身利益和风险进行公平分配，并且在此基础上保证各自利益最大化的实现，才能进一步促进项目相关方之间的信任，提升其沟通和解决冲突的能力。

（2）信任、沟通和冲突解决机制。在项目实施中，项目相关方往往会因为项目目标、技术应用、项目计划、资源分配、管理模式等方面的不协调引发冲突。因此，需要建立项目各方沟通，即冲突解决机制，确保项目有效开展。

（3）先进的信息技术。在项目供应链管理中，信息共享是基础。供应链中的各成员组织必须建立共享性的信息集成管理系统，包括信息搜索与储备系统和决策优化系统等功能。

2）项目供应链管理实施步骤

项目供应链管理的实施包含九个步骤，如图 5.19 所示。其中实线代表项目管理的过程，虚线则代表某种管理行为带给其他环节的影响。

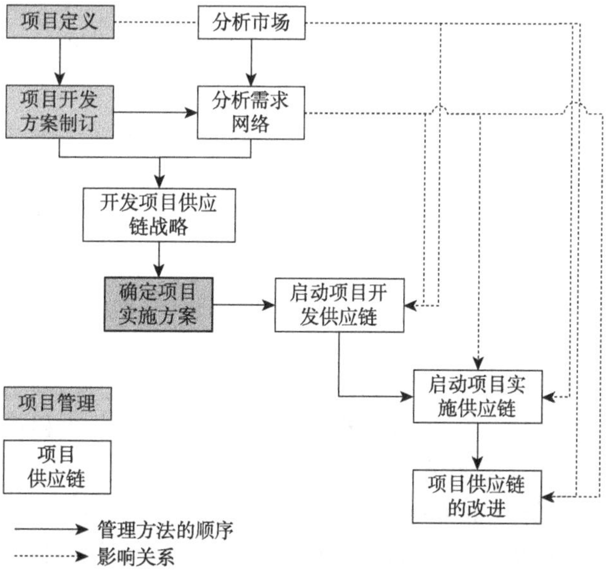


图 5.19 项目供应链管理流程图

从图 5.19 中可以看出项目定义阶段对应着供应链管理中的市场分析阶段，而项目开发方案制订则对应着供应需求网络的分析过程，在需求和供应链网络成员选定之后，可以启动项目的开发过程以及实施过程。

## 5.7.2 项目采购规划

### 1. 项目采购规划的内容和依据

1）采购规划的内容

通常，项目采购工作是由项目组织、业主、采购代理机构通力合作来承担的。必要时还需要聘用咨询专家来帮助制订采购规划，提供有关信息，直至参与采购的全过程。

项目采购规划是在考虑了买卖双方之间关系之后，从采购者（买者）的角度来进行的。项目采购规划过程就是识别项目的哪些需要可以通过从项目实施组织外部采购产品和设备来得到满足。

2）采购规划的依据

（1）范围说明书。范围说明书说明了项目的界限，提供了在采购规划过程中必须考虑的项目要求和策略等信息。随着项目的进展，范围说明书可能需要修改或细化，以反映这些界限的所有变化。

（2）产品说明。项目产品（项目最终成果）的说明，提供了在采购计划过程中需要考虑的所有技术问题或注意事项等信息。

（3）采购活动所需的资源。项目实施组织或项目管理团队需要提供资源和专业知识支持项目的各种采购活动。

（4）市场状况。采购计划过程必须考虑项目采购品的市场情况，以及采购条款和条件等。

（5）项目费用预算、进度计划和质量计划对项目采购会产生重要影响。

（6）制约条件和基本假设。由于项目采购存在着诸多变化不定的环境因素，项目组织在实施采购过程中，面对变化不定的社会经济环境应做出一些合理的假设和推断。

### 2. 项目采购的技术和工具

项目实施组织对需要采购的产品拥有一定的选择权，通常运用以下技术进行选择。

1）自制或外购分析

平衡点分析法，又称为盈亏平衡分析（breakeven analysis），是进行自制或外购选择决策分析的一种常用技术，可以确定某种具体的产品是否可由实施组织低成本生产出来。

自制或外购分析还必须反映项目实施组织的发展前景和项目目前需要的关系。例如，购买项目资产（一般为长期资产，如施工设备等），从目前成本上看往往不合算。但是，如果项目组织需要长期使用该项资产，则将购买费分期摊销到该项目损益中的部分可能就会小于每期资产租赁费用，此时项目组织应选择购买而不是去租赁设备资产。

【例 5-2】某项目实施需使用甲产品，若自制，单位产品变动成本为 12 元，并需另外增加一台专用设备，价值 40 000 元；若外购，购买量若大于 30 000 件，购买价为 13 元/件；购买量小于 30 000 件时，购买价为 14 元/件。试问：该项目组织如何根据用量做出甲产品取得方式的决策?

解：采用平衡点分析法。

设 $x_1$ 表示用量小于 30 000 件时外购产品平衡点；$x_2$ 表示用量大于 30 000 件时外购产品平衡点；$x$ 表示产品用量。则

$$\text{用量小于 30 000 件时产品外购成本为：} y=14x_1$$

$$\text{用量大于 30 000 件时外购成本为：} y = 13x_2$$

$$\text{产品自制成本为：} y = 12x+40\,000$$

根据上述成本函数可求得外购产品平衡点。

平衡点 $x_1$：$12x_1+40\,000=14x_1$，$x_1=20\,000$ 件。

平衡点 $x_2$：$12x_2+40\,000=13x_2$，$x_2 = 40\,000$ 件。

由平衡点分析（图 5.20）可知：①当用量在 0～20 000 件时，外购为宜；②当用量在 20 000～30 000 件时，自制为宜；③当用量在 30 000～40 000 件时，外购为宜；④当用量大于 40 000 件时，自制为宜。

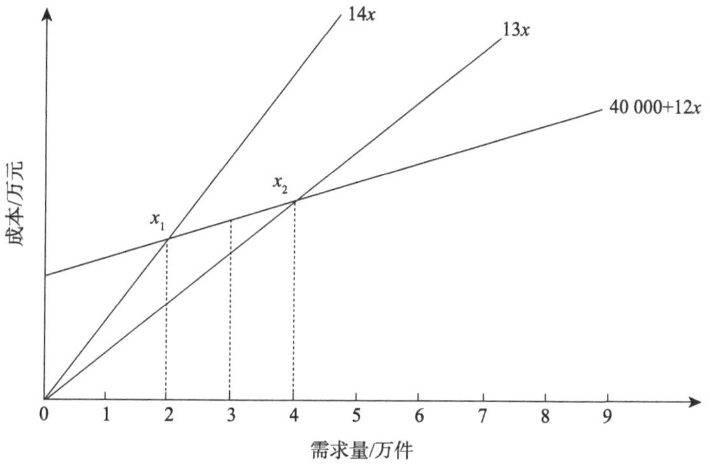


图 5.20　平衡点分析

2）短期租赁或长期租赁分析

是短期租赁还是长期租赁，通常取决于财务上的考虑。根据项目对某租赁品的预计使用时间、租金多少来分析短期租赁与长期租赁的成本平衡点。

【例 5-3】某项目因施工需要某台特殊设备，若短期租赁该设备，租金按天计算，每天 150 元；也可以长期租用，租金每天 90 元，但必须交纳固定手续费用 6000 元。应如何选择？

解：设预计租期为 $x$ 天，短期租赁和长期租赁的费用相等，则

$$150x=6000+90x$$

$$x=100 \text{ 天}$$

因此，若预计租用设备不超过 100 天，应选择短期租赁，否则应选择长期租赁更经济。

3）采购专家的介入

采购专家是指具有采购专门知识或经过相关专业训练的单位和个人、公司、行业团体、有发展前景的承包商以及项目实施组织内部的其他单位（如果有专门从事采购的职

能部门）。项目组织可以聘请采购专家作为顾问，甚至邀请他们直接参加采购过程。

4）经济采购批量分析

按照采购管理的目的，需要通过合理的进货批量和进货时间，使存货的总成本最低，这个批量叫作经济采购量或经济批量。有了经济采购量，可以容易地找出最适宜的进货时间。

二维码 5-7：经济采购批量分析

### 5.7.3 项目采购招标与投标

项目采购方式包括招标和非招标两种形式。

1. 招标投标的概念与特征

招标投标是由招标人和投标人经过要约、承诺、择优选定，最终形成协议和合同关系的平等主体之间的一种交易方式，是法人之间达成有偿、具有约束力的法律行为。

招标投标是商品经济发展到一定阶段的产物，是一种具有较高竞争性的采购方式。它能为采购者带来经济、高质量的工程、货物或服务。因此，在政府及公共领域推行招标投标制，有利于节约国有资金，提高采购质量。

招标投标具有下述基本特征。

（1）平等性。招标投标是独立法人之间的经济活动，按照平等、自愿、互利的原则和规范的程序进行，双方享有同等的权利和义务，受到法律的保护和监督。招标方应为所有投标者提供同等条件，让他们展开公平竞争。

（2）竞争性。招标投标的核心是竞争，按规定每一次招标必须有三家以上投标者，这就形成了投标者之间的竞争。他们以各自的实力、信誉、服务、报价等优势，战胜其他的投标者，此外，在招标人与投标者之间也展开了竞争，招标人可以在投标者中间“择优选择”，有选择就有竞争。

（3）开放性。正规的招投标活动必须在公开发行的报纸杂志上刊登招标公告，打破行业、部门、地区，甚至国别的界限，打破所有制的封锁、干扰和垄断，在最大限度的范围内让所有符合条件的投标者前来投标，进行自由竞争。

2. 招标投标的基本原则

招标投标活动应当遵循公开、公平、公正和诚实信用的原则。

招标投标行为是市场经济的产物，并随着市场的发展而发展，必须遵循市场经济活动的基本原则。各国立法及国际惯例普遍规定，招标投标活动必须遵循“公开、公平、公正”的“三公”原则。

（1）公开原则。公开原则就是要求招标投标活动具有高的透明度，实行招标信息、招标程序公开，即发布招标通告，公开开标，公开中标结果，使每一个投标人获得同等的信息，知悉招标的一切条件和要求。

（2）公平原则。此原则就是要求给予所有投标人平等的机会，使其享有同等的权利并履行相应的义务，不歧视任何一方。

（3）公正原则。公正原则就是要求评标时按事先公布的标准对待所有的投标人。

鉴于“三公”原则在招标投标活动中的重要性，《中华人民共和国招标投标法》始终以其为主线，在总则及各章的各个条款中予以具体体现。

（4）诚实信用原则。诚实信用原则也称诚信原则，是民事活动的基本原则之一。招标投标当事人应以诚实、守信的态度行使权利，履行义务，以维持双方的利益平衡，以及自身利益与社会利益的平衡。从这一原则出发，我国招标投标法规定了不得规避招标、串通报标、泄露标底、骗取中标、非法律允许的转包合同等诸多义务，要求当事人遵守，并规定了相应的罚则。

3. 招标投标的一般程序

招标投标活动一般分为四个阶段。

（1）招标准备阶段。此阶段基本分为八个步骤，即具有招标条件的单位填写招标申请书，报有关部门审批；获准后，组织招标班子和评标委员会；编制招标文件和标底；发布招标公告；审定投标单位；发放招标文件；组织招标会议；接受招标文件。

（2）投标准备阶段。根据招标公告或招标单位的邀请，投标单位选择符合本单位能力的项目，向招标单位提交投标意向，并提供资格证明文件和资料；资格预审通过后，组织投标班子，跟踪投标项目，购买招标文件；参加招标会议；编制投标文件，并在规定时间内报送给招标单位。

（3）开标评标阶段。按照招标公告规定的时间、地点，由招投标方派代表并有公证人在场的情况下当众开标；招标方对投标者进行资料后审、询标、评标；投标方做好询标解答准备，接受询标质疑，等待评标决标。

（4）决标签约阶段。评标委员会提出评标意见，报送决定单位确定；依据决标内容向中标单位发出《中标通知书》；中标单位在接到通知书后，在规定的期限内与招标单位签订合同。

### 5.7.4　项目合同概述

1. 合同的概念

合同是平等主体的自然人、法人、其他经济组织（包括中国的和外国的）之间建立、变更、终止民事法律关系的协议。

项目合同是指项目业主或其代理人与项目承包人或供应人为完成一确定的项目所指向的目标或规定的内容，明确相互的权利义务关系而达成的协议。

1）项目合同的特点

（1）合同是当事人协商一致，是双方或多方的民事法律行为。

（2）合同的主体是自然人、法人和其他组织等民事主体。

（3）合同的内容是有关设立、变更和终止民事权利义务关系的约定，通过合同条款具体体现出来。

（4）合同须依法成立，只有依法成立的合同对当事人才具有法律约束力。

2）项目合同的构成要素

（1）一致同意。项目合同必须建立在一个双方均可接受的提议基础之上。

（2）报酬原则。项目合同要有一个统一的计算和支付价金的方式。

（3）合同规章。只有依据合同规章开展工作，当事人才会受到合同约束，享受合同保护。

（4）合法的合同目的。合同中必须有一个合法的目的或标的物。

（5）依据法律确定的合同类型。项目合同要反映双方的权利及义务，这将作用于合同的最终结果，而合同的类型也取决于此。

2. 项目合同的分类

按不同的分类方法，项目合同的种类也不同。

1）按签约的各方的关系分类

按签约的各方的关系分类，项目合同可分为工程总承包合同、工程分包合同、货物购销合同、转包合同、劳务分包合同、劳务合同、联合承包合同等。

2）按合同计价方式分类

（1）固定价或总价合同。这类合同就是把各方面非常明确的产品的总价格固定下来。固定价合同还可以增加激励措施，以便达到或超过预定的项目目标。

（2）单价合同。付给承包商的报酬按单位服务计算（例如，每小时专业服务 500 元或挖方每立方 15 元），因此该合同的总价值是为完成该项目所需工作量的函数。

（3）成本加酬金合同。这类合同就是向承包商支付（报销）项目的实际成本，包含直接费用（项目直接开支的费用，如项目人员的薪水）和间接费用（由实施组织分摊到该项目上作为经营费用的费用，如承包商行政人员的工资）。成本加酬金合同经常包括某些激励措施，以便达到或超过某些预定的项目目标。

（4）计量估价合同。这类合同以承包商提供的劳务数量清单和单价表为计算价金的依据。

3）按承包范围分类

按照承包范围分，项目合同还可以分为项目总承包合同、设计–采购–建造合同、设计–建造合同、建设–管理合同，以及其他单项合同等。

3. 项目合同主要内容

项目合同的内容由合同当事人约定。不同种类的合同其内容不一，简繁不同，主要包括如下方面。

（1）合同当事人，指签订合同的各方，是合同权利和义务的主体。

（2）合同标的，即当事人的权利、义务共指的对象。它可能是实物（如生产资料、生活资料、动产、不动产等）、行为（如工程承包、委托）、服务性工作（如劳务、加工）、智力成果（如专利、商标、专有技术）等。标的是合同必须具备的条款。无标的或标的不明确的合同不能成立，也无法履行。

（3）标的数量和质量。标的的数量和质量共同定义标的的具体特征。标的数量一般以度量衡作为计算单位、以数字作为衡量标的的尺度；标的质量是指质量标准、功能、技术要求、服务条件等。没有标的数量和质量，合同无法生效和履行，发生纠纷也难以分清责任。

（4）合同价款或酬金，即取得标的（物品、劳务或服务）的一方向对方支付的代价，作为对方完成合同义务的补偿。合同中应写明价款数量、付款方式和结算程序。

（5）合同期限、履行地点和方式。合同期限指履行合同的期限，即从合同生效到合同结束的时间。履行地点指合同标的物所在地，如以承包工程为标的的合同，其履行地点是工程计划文件所规定的工程所在地。由于项目活动都具有一定的时空性，所以合同中应非常具体地规定合同期限和履行地点。

（6）违约责任，即合同一方或双（多）方因过失不能履行或不能完全履行合同责任而侵犯了另一方权利时所应负的责任。违约责任是合同的关键条款之一。不规定违约责任，合同难以对当事人形成法律约束力，进而难以确保其履行合同，发生争执也难以解决。

（7）解决争执的方法，即合同当事人对于对方履行合同出现争议时，应约定解决争议的方法，通常有协商、仲裁、诉讼等。

### 5.7.5 项目合同的订立

合同的签订过程也就是合同的协商和形成过程。合同订立应遵循合法、协商、公平、等价交换、诚信等原则。

订立合同的具体方式多种多样，包括口头、书面商定、拍卖、招标投标等方式。但不管采取什么具体方式，都必然经过要约和承诺。《中华人民共和国民法典》规定，“当事人订立合同，可以采取要约、承诺方式或者其他方式”。

1. 要约

要约在经济活动中又称为发盘、出盘、发价、出价、报价等，是指当事人一方向另一方提出订立合同的愿望。提出订立合同建议的当事人被称为要约人，接受要约的一方被称为受要约人。要约的内容必须具体明确，表明只要接受要约人承诺，要约人即接受要约的法律约束力。要约具有以下特点。

1）法定性

要约是一种法律行为。它在到达受要约人时生效。

2）可撤销性

要约人撤销要约的通知应当在受要约人发出承诺通知前到达受要约人。在下列情况下，要约不能撤销。

（1）要约人规定承诺期限，或者有其他形式明示要约不可撤销。

（2）受要约人有理由认为要约是不可撤销的，并已经为合同的履行做了准备工作，如果要约撤销，受要约人就会受到损失。

3）有条件生效

在如下情况下要约无效。

（1）拒绝要约的通知到达要约人。

（2）要约人依法撤销要约。

（3）在承诺期限内，受要约人未做出承诺。

（4）受要约人对要约的内容做出实质性变更。

有时当事人一方希望他人向自己发出要约，如发布拍卖公告、寄送价目表、发布招标公告和招标文件、做商业广告等，这些属于要约邀请。商业广告的内容符合要约规定的，视为要约。在工程招标投标中，承包商的投标书是一种要约。

2. 承诺

1）承诺的含义

承诺，即受要约人同意接受要约的意思表示。承诺是一种法律行为。“要约”一经“承诺”，就被认为当事人双方已协商一致，达成协议，合同即告成立。承诺有两个条件。

（1）承诺人按照要约所指定的方式，无条件地完全同意要约（或新要约）的内容。如果受要约人对要约的内容做出实质性变更，则要约失效。

（2）承诺应在要约规定的期限内到达要约人，并符合要约所规定的其他各种要求。

2）承诺的方式

承诺一般以通知的方式做出，承诺通知到达要约人时承诺生效；承诺生效时合同成立。承诺期限的起算如下。

（1）如果要约确定承诺期限，则应在该确定的期限内做出承诺；如果没有确定期限，以对话方式做出的，应当及时做出承诺；以非对话方式做出的，应当在合理期限内做出承诺。合理期限就是要考虑给承诺人以必要的时间。

（2）要约以信件或电报做出的，则承诺期限从信件载明的日期，或电报交发的日期起算；信件未载明日期的，则以投寄该信件的邮戳日期起算。

（3）要约以电话、传真等快速通信方式做出的，承诺期限自要约到达受要约人时开始计算。

3）承诺的撤回

承诺可以撤回。承诺人撤回承诺的通知应在承诺通知到达要约人之前，或与承诺通知同时到达要约人。

4）要约的更新

如果受要约人要求对要约内容做出实质性变更（如修改合同标的、数量、质量、价款、履行期限、履行地点和方式、违约责任和争执解决方法等），或超过规定的承诺期限才做出承诺，都不能视为对原要约的承诺，而只能作为受要约人提出的“新要约”。只有当要约人接受新要约时才算达成协议，合同以新要约的内容为准。

在合同酝酿过程中，当事人往往会对合同条款进行反复磋商，其中可能会产生多次“新要约”，最终才达成一致，签订合同。

5）承诺的生效

如果当事人以合同书的形式签订合同，则双方当事人签字或盖章的地点为合同成立的地点。

### 5.7.6 项目合同的履行

项目合同的履行是指合同生效后，当事人双方按照合同约定的标的、数量、质量、价款、履行期限、履行地点和履行方式等完成各自应承担的全部义务的行为。严格履行合同是当事人的义务，必须共同按计划履行合同，实现合同所要达到的各类预定的目标。

项目合同的履行有实际履行和适当履行两种形式。

1. 实际履行

实际履行，即要求按照合同规定的标的来履行，是合同法规的一个基本原则。由于项目合同的标的物大都为指定物，因此不得以支付违约金或赔偿损失来免除一方当事人继续履行合同规定的义务。因为这可能使合同当事人的另一方在经济上蒙受更大的损失或无法计算的间接损失。此外，即使当事人一方在经济上的损失得到部分补偿，但是由于项目目标或任务，甚至国家计划无法完成，一些国计民生、社会公益项目不能得到实现，实际上会有更大的损失。所以，实际履行的正确含义是按照项目合同规定的标的履行。

但在某些情况下，过于强调实际履行，不仅在客观上不可能，而且还会给对方和社会利益造成更大的损失。这时，应当允许采用支付违约金和赔偿损失的办法，代替合同的履行。

2. 适当履行

适当履行，即当事人按照法律和项目合同规定的标的按质、按量地履行。义务人不得以次充好，以假乱真，否则，权利人有权拒绝接受。因此在签订合同时，必须对标的物的规格、数量、质量作具体规定以便按规定履行义务，权利人按规定验收。

### 5.7.7　项目合同变更、转让、解除和终止

1. 项目合同变更

项目合同变更通常指由于一定的法律事实而改变合同的内容和标的的法律行为。当事人双方协商一致，就可以变更合同。合同变更应符合合同签订的原则和程序。

2. 项目合同转让

项目合同转让通常指债权人可以将合同的权利全部或部分地转让给第三人。项目合同当事人一方经对方同意，可以将自己的权利和义务转让给第三人。但如下情况除外。

（1）根据合同的性质不得转让。

（2）按照当事人的约定不得转让。

（3）按照法律规定不得转让。

（4）如果当事人一方发生合并或分立，则应由合并或分立后的当事人承担或分别承担履行合同的义务，并享有相应的权利。

3. 项目合同解除

项目合同解除通常指消灭既存的合同效力的法律行为。其主要特征：一是合同当事人必须协商一致；二是合同当事人应负恢复原状之义务；三是其法律后果是消灭原合同的效力。项目合同解除包括以下两种情况。

1）协议解除

协议解除指当事人双方通过协议解除原合同规定的权利和义务关系。有时是在订立合同时约定了解除合同的条件，当条件成立时，合同就被解除；有时是在履行过程中，双方经协商一致同意解除合同。

2）法定解除

法定解除，即合同成立后，没有履行或者没有完全履行前，当事人一方行使法定解除权而使合同终止。为了防止解除权的滥用，合同法规定了严格的条件和程序。有下列情形之一的，当事人可以解除合同。

（1）不可抗力因素致使合同无法履行，或不能实现合同目的。

（2）在履行期满之前，当事人一方明确表示或者以自己的行为表明不履行合同主要义务。

（3）当事人一方拖延履行主要义务，经催告后在合理期限内仍未履行。

（4）当事人一方迟延履行义务或者有其他违约行为致使不能实现合同目的，致使原签订的合同成为不必要。

（5）法律规定的其他情形。

可见，只有在不履行主要义务、不能实现合同目的，即在根本违约的情况下，才能依法解除合同。如果只是合同的部分目的不能实现，或者部分违约，如延迟或者部分质量不合格，一般不能解除合同，而应当按违约责任来处理，如要求违约方实际履行、采取补救措施、赔偿损失等。合同的权利和义务终止并不影响合同中结算和清理条款的效力。

4. 项目合同终止

当事人双方依照项目合同规定，履行其全部义务后，合同即行终止。合同一旦签订就不允许随意终止。根据我国现行法律和有关司法实践，合同的法律关系可由下列原因而终止。

（1）合同因履行而终止，即合同规定的义务已经完成，权利已经实现，因而合同的法律关系自行消灭。这是合同终止的最通常原因。

（2）当事人双方混同为一人而终止。法律上对权利人和义务人合为一人的现象，称为混同。

（3）合同因不可抗力的原因而终止。不是当事人的过错而是不可抗力致使合同义务不能履行的，应当终止合同。

（4）合同因当事人协商同意而终止。当事人双方通过协议而解除或者免除义务人的义务，也是合同终止的方法之一。

（5）仲裁机构裁决或者法院判决终止合同。

### 5.7.8 项目合同纠纷的处理

合同纠纷是指当事人双方对合同规定的义务和权利理解不一致，最终导致对合同的履行或不履行的后果和责任产生争议。合同纠纷的解决通常有如下几个途径。

1. 协商

协商是一种最常见的、应首先采用的解决方法。当事人双方在自愿、互谅的基础上，通过双方谈判达成解决争执的协议。这是解决合同争执的最好方法。

2. 调解

调解，即在第三者（如上级主管部门、合同管理机关等）的参与下，以事实、合同条款和法律为根据，通过对当事人的说服，使合同各方自愿、公平合理地达成解决协议。如果经调解后达成协议，由合同各方和调解人共同签订调解协议书。

3. 仲裁

仲裁，即通过仲裁委员会对合同争执进行裁决。裁决做出后，由仲裁机构制作仲裁裁决书。对仲裁裁决，当事人应当履行。当事人一方在规定的期限内不履行仲裁机构的仲裁裁决，另一方可以申请法院强制执行。

我国实行一裁终局制，裁决做出后合同当事人就同一争执若再申请仲裁或向人民法院起诉，则不再予以处理。

4. 诉讼

诉讼指司法机关和案件当事人在其他诉讼参与人的配合下为解决案件依法定诉讼程序所进行的全部活动。基于所要解决的案件的不同性质，可以分为民事诉讼、刑事诉讼和行政诉讼。针对项目合同的诉讼一般只包括广义上的民事诉讼（即民事诉讼和经济诉讼）。项目合同当事人因合同纠纷而提起的诉讼一般由各级法院的经济审判庭受理并判决。某些具有特殊情况的合同，还必须由专业法院进行审理，如铁路运输法院、水上运输法院、森林法院以及海事法院等。当事人在采取诉讼前，应注意诉讼管辖地和诉讼时效等问题。

## ➢ 本章小结

1. 项目实施与监控。项目实施就是将项目计划转变成行动，即以计划为基础，所进行的一系列活动或努力的过程。项目控制就是监视和测量项目实际进展，若发现实施过程偏离了计划，就要找出原因，采取行动，使项目回到计划预定的轨道上来。项目控制包括进度控制、费用控制、质量控制、变更控制、安全控制等方面。

2. 项目进度监控。项目进度监控就是在项目实施过程中，收集反映项目进度实际状况的信息，对项目进展情况进行分析，掌握项目进展动态，对项目进展状态进行观测的管理活动。

3. 项目费用控制。项目费用控制就是在整个项目的实施过程中，定期或不定期收集项目的实际费用数据，进行费用的目标值和实际值的动态比较分析，以及费用预测，如果发现偏差，则及时采取纠偏措施，以使项目的成本目标尽可能好地实现的管理活动。

4. 挣得值分析法，简称挣得值法，或挣值法，是对项目进度和费用进行综合控制的一种有效方法。

5. 项目质量管理。项目质量管理是指围绕项目质量所进行的计划、组织、指挥、协调和控制等活动。

6. 项目变更及其控制。项目变更是指项目组织为适应项目各种因素的变化，保证项目目标的实现而对项目计划进行相应的部分变更或全部变更的活动。项目范围变更控制是指为使项目向着有利于项目目标实现的方向发展而变动和调整某些方面因素从而引起项目范围发生变化的控制过程。

7. 敏捷项目管理。随着项目内外环境的动态性不断增加，敏捷项目管理成为项目管理新兴实践的重要内容，其基本特征是简单设计、拥抱变化、迭代开发、与客户紧密协作、商业价值驱动开发等。

8. 项目环境管理。环境管理主要是依据国家和地方生态环境相关政策，按照经济发展与环境保护和谐统一的原则，运用现代科学技术管理方法及手段，实现经济与社会同环境之间的均衡发展。

9. 项目采购与供应链管理。项目供应链是一种以项目为载体的汇聚式、临时性生产系统，是从项目策划、实施、完成到后期维护的项目生命周期内，以总承包者为核心，由业主、设计方和供应商等主体共同参与的整体功能增值网络。项目合同是指项目业主或其代理人与项目承包人或供应人为完成一确定的项目所指向的目标或规定的内容，明确相互的权利义务关系而达成的协议。

## ➤ 复习思考

1. 时间、费用、质量是项目管理的三大约束。请说明这三大约束与项目目标实现的关系。在项目实施过程中应如何协调三者之间的关系？

2. 简述项目进度监控类型与进度更新的方法？

3. 在项目费用控制过程中，如何利用控制方法和技术？

4. 质量控制的特点是什么？

5. 敏捷管理的方法有哪些？

6. 现场管理的原则是什么？

7. 简述安全控制的内容。

8. 简述变更控制的基本要求。

9. 项目供应链的特点是什么？

10. 项目招投标的程序是什么？

11. 某项目每年需要某种产品 6480 件，日平均需要量 18 件。该种产品若由项目组织自己安排生产，每天产量 48 件，每次生产准备成本 300 元，每件年储存成本 0.5 元，每件生产成本 50 元；若外购单价 60 元，一次订货成本 50 元。请问选择该产品是自制还是外购？

12. 如何进行项目合同纠纷的处置？

## ➤ 能力测试

一、单项选择题

1. 一个建筑承包商正在建造一个度假村，他检查项目进度表，注意到在工程进度表中浇筑地基后便开始底层楼面的铺设工作。在这个项目中，铺设楼层是一个什么类型的活动？（　）

A. 后续任务　　B. 前置任务　　C. 延迟任务　　D. 赶工任务

2. 假设一个项目的计划值为 100 000 美元，而挣值是 60 000 美元。那么该项目的进度执行指标（SPI）是（　）。

A. 1.52　　B. 0.60　　C. 根据所提供的信息无法计算出 SPI　　D. 1.66

3. 以下哪个过程不属于监控过程组？（　）

A. 核实范围　　B. 报告绩效　　C. 管理采购　　D. 管理项目团队

4. 下面关于进度数据的说法，错误的是（　）。

A. 进度数据至少应包括进度里程碑、计划活动、活动属性以及已知的全部假设条件与制约因素

B. 在进度模型中，把进度计划看成自变量，把进度数据看成因变量

C. 进度数据可以包括资源直方图、现金流量预测以及订货与交货进度计划等

D. 有了进度数据和进度模型，就可以很方便地更新项目进度计划

5. 控制进度一般不涉及以下哪一项？（　）

A. 判断项目进度的当前状态　B. 确定进度变更是否已经发生

C. 管理实际发生的进度变更　D. 根据客户需求变更进度计划

6. 以下哪项是执行组织可以使用的完工估算预测技术？（　）

A. EAC=AC+(BAC−EV)/累计 CPI　B. EAC=AC+BAC−EV

C. EAC=BAC/累计 CPI　D. 以上都是

7. 在项目监控过程中，你可以做出项目产品不符合要求的结论，如果（　）。

A. 质量偏差超过控制上限或下限　B. 质量偏差超过规格上限或下限

C. 质量偏差呈现随机变化　D. 质量偏差呈现有规律的变化

8. 以下关于项目质量管理的说法都是正确的，除了（　）。

A. 项目质量管理既要考虑项目管理的质量，又要考虑项目产品的质量

B. 项目质量管理同时兼顾项目过程的质量和项目结果的质量

C. 项目质量管理方法适用于所有的项目，无论项目会产出怎样的结果

D. 项目质量管理是为了保证项目结果达到尽可能高的质量标准

9. 购买招标文件一般应该发生在（　）。

A. 招标准备阶段　B. 投标准备阶段

C. 开标评标阶段　D. 决标签约阶段

10. 常用的合同种类包括以下所有，除了（　）。

A. 总价合同　B. 成本补偿合同　C. 混合型工料合同　D. 价格调整合同

11. 一个跨职能团队正在开发一个复杂项目，该项目的需求不断发生变化。团队应使用（　）方法来改进这个过程。

A. Scrum　B. 看板　C. 极限编程　D. 功能驱动开发

12. 项目供应链的核心是（　）

A. 项目　B. 供应商　C. 设计商　D. 业主

二、多项选择题

1. 项目活动时间估计的主要方法有（　）。

A. 德尔菲法　B. PERT　C. 模拟法

D. 图上记录法　E. 经验类比估算法

2. 以下方法中，属于项目质量控制方法的是（　）

A. 帕累托图法　B. 质量标杆法　C. 流程图法

D. 成本-效益分析法　E. 控制图法　F. 试验设计

3. 以下关于流程图法的表述正确的是（　）。

A. 流程图描述项目各要素之间的相互联系

B. 流程图主要用于质量管理运营过程策划

C. 流程图在质量管理中的应用主要包括系统流程图和控制图

D. 流程图法是通过描述各样本的质量特征所在的区域来进行质量控制

E. 流程图有助于找出解决项目质量问题的相关办法

4. 下面有关成本估算和成本预算说法正确的有（　　）。
A. 成本估算是对完成项目各项任务所需资源的成本进行的近似的估算
B. 成本预算是在项目成本估算的基础上，更精确地估算项目总成本
C. 成本估算的输出结果是成本预算的基础与依据
D. 成本预算是将已批准的估算进行分摊
E. 成本估算与成本预算是同一项成本管理工作
5. 下列关于项目成本估算的方法说法正确的有（　　）。
A. 类比估算法简便易行、费用低
B. 类比估算法精确度低
C. 挣值法是项目成本估算的方法之一
D. WBS 全面详细估计法精度较高
E. 参数模型法是利用项目特性参数建立数学模型来估算项目成本的方法
6. 以下能够引起项目变更的有哪些（　　）。
A. 顾客引起的变更
B. 项目团队引起的变更
C. 计划不完善引起的变更
D. 项目经理引发的变更
E. 不可预见事件引发的变更
7. 对于一个变更的申请，一般有以下哪几种可能的结果（　　）。
A. 在现有的资源和时间范围允许的情况下采纳
B. 可以采纳，但需要延长交付进度
C. 可以采纳，但需要额外的资源和延长交付进度
D. 在现有的可交付进度内可以采纳，但需要额外的资源
E. 不能采纳，变更将严重影响项目的进程
8. 一个正在进行的项目，实施现场管理的原则有（　　）。
A. 基础性管理原则
B. 综合性管理原则
C. 群众性管理原则
D. 动态性管理原则
E. 坚守管理条例一成不变的原则
9. 项目采购计划的结果包括（　　）。
A. 采购专家
B. 采购管理计划
C. 工作说明书
D. 自制或外购决策
E. 采购合同
10. 按合同计价方式进行分类，项目合同可以分为（　　）。
A. 单项合同

B. 总价合同
C. 单价合同
D. 交钥匙合同
E. 成本加酬金合同
11. 下列哪些属于建设项目环境影响评价文件（　　）。
A. 环境影响报告书
B. 环境影响报告表
C. 环境影响登记表
D. 可行性研究报告

三、判断题

1. 估计一项活动所需的时间时，应包括完成工作所需要的时间加上相关的等待时间。( )

2. 活动清单给出了项目活动的各种细节、依据、假设和约束等，活动的细节说明则具体地给出了项目开展的所有活动。( )

3. 项目质量管理既具有产品质量的特性，又具有服务质量的特性。( )

4. 项目质量计划的方法都可用于项目质量保证。( )

5. 系统流程图主要用来分析和说明系统各要素之间存在的相互关系。( )

6. 人工费就是项目各类人员的工资。( )

7. 成本类比估算方法就是比照以前执行的项目所花的成本，来估计将要执行项目成本的一种方法。( )

8. 费用控制就是尽可能地减少花钱。( )

9. 减少项目的成本，往往是以压缩项目时间和牺牲项目质量为代价的。( )

10. 在挣值分析中，CV<0，SV<0 表示项目执行效果不佳，因为费用超支的同时进度延误。( )

### ➤ 自主学习

## 构皮滩水电站工程质量管理

1. 项目简介

构皮滩水电站位于乌江干流中游，贵州省中部的余庆县境内，是乌江干流水电开发的第 7 个梯级电站，水库总库容 64.51 亿立方米，正常蓄水位 630 米，多年平均径流量 222 亿立方米，调节库容及死库容量分别为 29.02 亿立方米、26.62 亿立方米。枢纽由大坝、通航及导流建筑物、泄洪消能建筑物、电站厂房等组成，最大坝高 232.5 米，坝顶上游面弧长 552.55 米。电站装机容量 3000 兆瓦，多年平均发电量 96.82 亿千瓦时。构皮滩水电站是国家重点工程、贵州省“西电东送”的标志性工程。

2. 工程质量管理体系

1）质量目标

构皮滩水电站属于喀斯特强岩溶灰岩地区巨型电站，建设规模巨大，工程建设质量要求高，开工伊始就提出了“实现达标投产，建优质工程，争创鲁班奖”的质量目标。

2）质量管理组织体系

贵州乌江构皮滩电站建设公司是乌江公司派驻构皮滩水电站的项目管理机构，以“服务、督促、协调、管理”的方针和设计、施工、监理、业主“四位一体”的理念，对工程质量、进度、投资、安全实行全面管理。

构皮滩水电站工程参建单位有设计单位长江勘测规划设计研究有限责任公司，施工监理单位四川二滩国际工程咨询有限责任公司和中国水利水电建设工程咨询中南公司等。参建单位均拥有国家甲级资质，质量保证体系健全且均通过了 ISO 9002 认证。各参建单位现场项目部也结合质量管理工作的需要设立了以本单位主要领导为首的质量管理组织机构，形成了三层次的质量管理体系。

（1）以建设公司为主导，参建单位责任人为成员的全工地质量委员会；

（2）以工程监理、设计和业主职能部门为主体的工程质量日常巡查、监督、考核、评定组织体系；

（3）以项目单位三级质量管理网络为主体的质量管理、控制和保证体系。

3. 质量管理措施

1）创优策划

工程开工前，构皮滩电站建设公司积极开展创优策划工作，通过“业主和监理提出质量标准，由施工单位组织设计”的形式，对于重大施工设计方案及工程各施工阶段的质量控制重点由乌江公司开展专家审查后策划及实施。

2）严格执行《工程建设标准强制性条文》

建设公司严格根据设计文件和《工程建设标准强制性条文》《建设工程质量管理条例》等强制性标准执行，组织设计、设备制造、施工、监理及生产等，通过强制性条文反馈情况，实行施工单位月度自查、监理单位季度复查以及建设公司半年期检查，并对存在的问题及时组织整改。

3）强化质量意识

建设公司认真贯彻国家基本建设工程质量监督的方针政策，强化并加强质量意识、业务知识及质量管理知识学习，切实提高各级人员的质量意识和责任心，明确各级人员质量职责，积极组织开展全国“质量提高年”及“质量月”活动，确保工程建设始终处于受控状态。例如，建设公司组织各参建单位质量管理人员进行了灌浆质量管控、工程地质、混凝土施工等多项专业技术培训，较大程度提升了参建各级质量管理人员的质量管控水平和意识，为工程创优奠定了基础。

4）严格审查施工方案、及时组织设计交底

一是建设公司始终参与各部位施工方案措施的监督和审查工作，对重要部位的施工组织设计和监理一起进行讨论，施工方案与设计、监理工作之间形成互补，尽量完善施工措施。二是加强施工和设计的联系，对重大设计变更和优化工作进行充分探讨，对方案进行横向比较。三是为使各参建单位进一步理解设计意图，设计单位向建设公司、施工单位和监理单位进行技术交底；组织施工前，建设公司需制定详细的作业指导书并严格执行，要求施工单位对现场作业人员进行详细技术交底及安全培训。

5）创建“四个中心”、开展第三方质量检测

全面推行第三方实物检测，创立独立的检测机构，使施工过程的各质量环节得到有效监管。

（1）创建“四个中心”，即试验中心、物探检测中心、观测中心和水情中心，全方位强化工程质量管控。各中心全面负责原材料和工程的施工质量、各部位锚杆孔注浆密度长度、各工程部位原型、水情情报的检测和监测，保证原材料在试验中心的合格率、锚杆在物探检测中心的施工质量、施工过程的安全以及指导防洪抗洪的度汛抢险工作。

（2）开展第三方质检，及时反馈结果。提高实物质检的检测力度和可靠性是质控的关键。针对岩锚梁锚杆、引水洞及尾水洞等有压洞室回填及固结灌浆、帷幕灌浆、压力钢管及蜗壳等部位的缺陷进行及时的处理。

4. 质量管理成效

1）主体单位工程验收情况

构皮滩水电站工程共划分混凝土双曲拱坝工程、水垫塘工程、泄洪洞工程、引水工程、地下发电厂房工程、升压变电工程等六个主体单位工程。其竣工阶段单位工程验收小组对构皮滩水电站六个主体单位工程进行验收，依据《水电站基本建设验收规程》的相关规定，验收专家组同意构皮滩水电站通过竣工阶段单位工程验收。验收专家组对各单位工程分部工程质量、检测成果和监测资料的综合分析评价，认为上述各单位工程质量等级均为优良。

2）工程竣工安全鉴定意见

根据中国水电工程顾问集团公司安全鉴定专家组编制完成的乌江构皮滩水电站枢纽工程竣工安全鉴定报告，专家组认为：构皮滩水电站经过三个汛期的运行考验，监测成果表明枢纽工程建筑物运行情况正常。构皮滩水电站枢纽工程建设形象面貌满足《水电工程验收管理办法》（国能新能〔2011〕263 号）规定的专项验收条件。构皮滩水电站枢纽工程运行安全正常，设计和施工质量符合国家的有关技术、法规标准，满足土建部门的合同规定和设计要求。同时，各电力保护设备、全厂辅助机械、公用系统及通信系统等制造和安装质量总体也满足合同规定和设计要求，具备枢纽工程专项验收条件。

3）竣工阶段质量监督意见

在竣工阶段，电力建设工程质量监督总站进行质量监督现场检查专家组认为：构皮滩水电站工程质量管理体系健全，各项质量管理规章制度得到较好的贯彻落实，工程建设过程中重视设计优化，重视工程管理创新和技术创新，新技术、新材料和新工艺得到广泛应用，工程质量管理体系运行有效，工程质量良好，工程质量满足设计和合同规定要求。工程自五台机组全部投运以来，水库及水工建筑物已经经受 624.61 米蓄水位和四个汛期的检验，各项安全监测资料表明，枢纽各水工建筑物运行正常，各类金属结构和机电设备运行正常，全厂设备安全稳定运行，已连续安全生产 1250 天。综上所述，乌江构皮滩水电站工程具备枢纽工程专项竣工验收条件。

4）大坝泄洪和正常蓄水位检验

在工程建成后乌江流域遭遇极端持续强降雨天气，构皮滩水电站入库洪峰值达 16 900 米$^3$/秒，达 20 年一遇的峰值标准，达到自水库蓄水以来的最高水位 629.93 米。

水位 625 米以上累计历时 27 天，其间大坝经历多次泄洪工况。各项安全监测资料表明，枢纽各水工建筑物运行正常，各类金属结构和机电设备运行正常，全厂设备安全稳定运行，构皮滩水电站工程施工质量得到有力验证。

5. 结束语

在构皮滩水电站工程建设过程中，构皮滩电站建设公司始终发挥质量管理的主导作用，不断创新改进质管理念，制定完善一系列的工程质管方法举措及规章制度，使工程质量管理程序化和规范化。通过全面落实各项质量管理规章制度和严格施工质量管控，构皮滩水电站工程以 96.06%的高得分率通过了中国华电集团公司的竣工达标投产考核，高质量通过了竣工安全鉴定、主体单位工程验收和竣工质量监督等各专项验收工作。构皮滩水电站工程施工质量优良，被贵州省住房和城乡建设厅评为“黄果树杯”优质施工工程，顺利实现了“实现达标投产，建设优质工程”的建设目标。

思考题：

1. 该项目通过哪些措施确保了项目实施?

2. 该项目的成功对项目管理者有何启示?

# 第6章

# 项目收尾与后评价

## ➢ 本章提要

在本章中，您将学习到以下主要内容：

1. 了解项目收尾阶段的主要工作；
2. 理解项目正常结束和非正常终止的区别；
3. 了解项目验收的概念、作用和分类；
4. 掌握项目验收的一般程序和基本方法；
5. 掌握项目质量验收和文件验收的主要内容、方法和结果形式；
6. 了解项目决算的概念、内容和结果；
7. 了解项目审计的意义，掌握项目竣工审计的主要内容；
8. 熟悉项目交接的程序和内容；
9. 熟悉项目清算的程序；
10. 理解项目后评价的主要内容及其同项目论证的主要区别；
11. 了解项目后评价的一般流程，以及编制项目后评价报告的一般体例。

## ➢ 案例导入

### 项目收尾的挑战

李先生是一家信息技术公司的项目经理。最近，他领导一个50人的项目团队历经一年多的辛苦努力，在规定期限内基本完成了一个软件项目的研发工作。这是李经理负责的第一个项目。在试运行结束后，李先生召开了项目总结会，表达了对大家的感谢与认可，并正式宣布项目结束。

然而就在总结会召开后的第二天，建设方的项目负责人打电话来，说建设方总经理发现软件还需添加一项功能，虽然这在原先的合同里并没有规定。另外，试运行后，相关部门反映还需要补充一些操作手册与文档资料。一会儿，公司财务审计部门和项目管理办公室的人员也敲门进来，询问相关项目收尾工作安排，要求李经理和项目团队配合组织项目审计等收尾工作，并告诉李经理要按时催收占合同金额20%的项目尾款。

## 6.1 概述

### 6.1.1 项目收尾概述

项目具有生命周期性的特点。从管理视角看，每个项目都包含启动、计划、执行、监控、收尾五个基本过程组。其中，项目收尾是项目管理的最后一个阶段，它标志着项目规划目标已经实现，或者能够清晰地判断该项目目标不需要或无法实现。

项目收尾是关闭项目的管理过程，其主要任务是：完成项目相应的移交与验收、决算与审计、清算与后评价等工作，总结分析项目的经验教训，为今后的项目管理工作提供有益的经验和具有普遍意义的管理规律。

当某一项目出现下列一种或多种情形时，就应适时进入收尾阶段。

（1）项目目标已经成功实现，项目结果（产品或服务）已经可以交付给项目投资人或约定的第三方。

（2）项目严重偏离其进度、成本或质量目标，且已证明无法实现预定目标。

（3）项目投资人的战略发生改变，该项目必须舍弃。

（4）项目无法继续获得足够的资源以保证其持续实施。

（5）项目外部环境发生剧烈变化，使得项目失去了继续实施的意义或条件。

（6）项目因为政策、法律或一些非可控因素而被迫无限期延长。

（7）项目的关键成员成为不受欢迎的人，而又无法找到替代者。

（8）项目目标已无望实现，项目工作进入无效阶段或已经停止。

可见，项目收尾既可能是主动的（达成目标、正常结束），也可能是被迫的（无法达成目标、非正常终止）；导致项目收尾的原因既有内部原因（目标达成、目标偏离、战略变化、资源不足、人员变动等）也有外部原因（环境、政策变化等）。

### 6.1.2 项目收尾的类别

项目实施的结果有两种状态：成功与失败。相应地，项目收尾也有两种方式：正常终止和非正常终止。

1. 正常终止（竣工）

当预定目标已经实现，项目就进入正常终止阶段，预示项目的成功。项目成功是指项目已经达到了其费用、进度和质量目标并融入投资人、业主或项目所有者的组织中，促进组织的发展。

项目进入正常终止阶段时，应对项目进行项目竣工验收和后评价，进一步实现项目移交和运行。

2. 非正常终止（下马）

当项目由于种种原因无法达成预定目标，或者无法持续下去，或者失去了继续实施的意义时，就应考虑终止项目，以避免进一步的损失。非正常终止意味着项目失败，即项目没有达到其费用、进度和质量目标，或者不能适合组织的未来需求。

研究表明，项目终止的决定性因素包括技术、经济、市场等多个方面。对美国 36 家公司项目终止的调查结果如表 6.1 所示。

**表 6.1　项目终止的决定性因素**

| 因素 | 认同公司数目/家 |
|---|---|
| 技术因素 | |
| 实现技术目标或商业结果的概率低 | 34 |
| 现有科学研究与试验发展（research and development，R&D）能力不能解决技术或制造问题 | 11 |
| 其他项目在获取 R&D 人员和资金方面有更高的优先权 | 10 |
| 经济因素 | |
| 低利润率或低投资回报率 | 23 |
| 作为产品开发项目其产品开发成本太高 | 18 |
| 市场因素 | |
| 市场潜力小 | 16 |
| 市场需求发生变化 | 10 |
| 其他因素 | |
| 商业化需要太长的时间 | 6 |
| 对其他项目或产品有副作用 | 3 |
| 专利问题 | 1 |

采用非正常终止方式结束项目时，要综合考虑影响终止项目的决定因素，制定并执行项目终止决策，处理好善后事宜。

无论是正常终止还是非正常终止，项目收尾时都应该总结经验教训、发现管理启示。对于成功的项目，要总结经验、识别不足、发现今后改进的方向。对于失败的项目，要研究错误出现的原因、接受教训，并在后续项目管理中加以避免。任何经验教训都可能成为未来实施项目管理的启示。

### 6.1.3　项目收尾过程

通常，项目收尾过程包括四个子过程：项目验收、项目交接和清算、项目决算与审计、项目后评价。

1. 项目验收

项目验收是指项目承包方交付成果前，项目接收方会同项目承包方、项目监理等有关方面对项目工作成果进行审查，查核项目各项工作是否完成，应交付成果是否令人满意，并将核实结果记录在验收文件中的一系列活动过程。

若验收合格，项目成果将交付给项目接收方，实现投资转入生产、使用和运营；或进入项目下一阶段。同时，总结经验教训，为后续工作做好准备。

若验收不合格，项目相关方应协商改进完善措施，并商定下一次验收的工作安排。

对非正常终止的项目，应通过验收查明哪些工作已经完成，完成到什么程度，哪些原因造成项目不能正常结束，并将核查结果记录在案，形成文件以供决策。

2. 项目交接和清算

项目交接是指全部合同收尾以后，在项目监管部门或社会第三方中介组织的协助下，项目业主与全部项目参与方之间进行项目所有权移交的过程。

项目清算是项目收尾的另一种交接方式，用于项目非正常终止时。这时，项目业主需要召集项目团队、监理单位和其他相关方清算业已形成的项目价值、估算项目损失、明确赔偿责任、形成清算报告等。

3. 项目决算与审计

项目决算是由项目业主编制项目财务总结，以实物量和货币为单位，综合反映项目从启动到交付使用为止的全部费用、实际投入和投资效益，核定交付使用财产和固定资产价值的文件的过程，是竣工验收的重要组成部分。

项目审计是指审计机构依据国家法令和财务制度、组织方针、管理标准和规章制度，运用科学的方法和程序对项目活动进行审核检查，判断其是否合法、合理和有效的活动过程。项目审计是项目收尾的重要组成部分。

4. 项目后评价

项目后评价是指项目竣工投产并运营一段时间以后，对项目立项决策、设计、施工、生产运营等全过程进行系统评价的一项技术经济活动，其目的是肯定成绩、总结经验、识别问题、分析原因、吸取教训、提出建议、改进工作、不断提高投资项目决策水平和投资效果。

项目后评价将形成项目后评价报告，内容包括项目概况、评价内容、主要变化和问题、原因分析、结论和建议、基础数据和评价方法说明，以及经验教训总结等。

项目结束时的主要工作如图 6.1 所示。

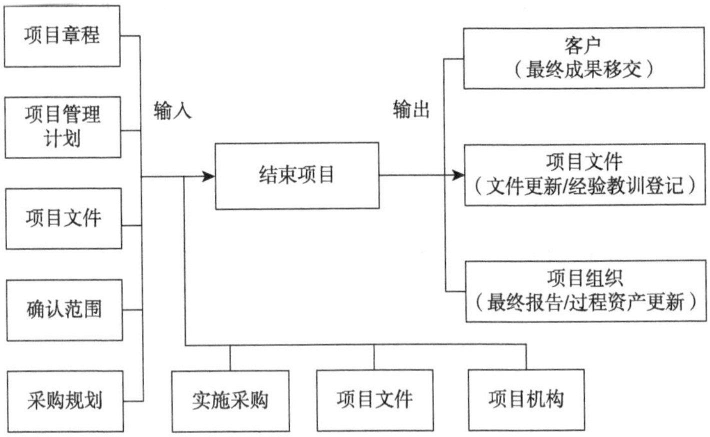


图 6.1 项目结束的主要工作

## 6.2 项目验收

项目验收是项目成果获得接收方认可的过程。项目承包单位将项目成果交付给项目业主并成功通过竣工验收，标志着项目投资成功转入生产、使用和运营。项目验收既要对项目质量进行全面考核以保证项目成果的正常使用，还要对项目文件进行整理、归档、验收，为日后项目成果的运营、保养、维护提供技术经济支持。

项目验收是项目交接的基础。只有验收合格的项目才能进入交接阶段。验收不合格的项目需要进一步改进完善，或者进入项目清算。

### 6.2.1　项目验收的作用及分类

1. 项目验收的作用

项目验收的重要作用主要表现在以下方面。

1）项目验收是项目结束（或阶段性结束）的标志

不通过验收，项目就无法移交，业主就不能正式地使用项目，就不能达到项目建设或投资的目的，也不能获得预期的收益（或效用）。某些时效性非常强的项目，验收延误很可能造成项目失效，从而失去实施项目的意义。

2）项目验收是项目参与各方获得应得利益的前提

只有通过验收，项目当事人才能终止各自的义务和责任，获得相应的权益和报酬。同时，也意味着项目团队完成全部或部分任务。项目团队可以总结经验，接受新的项目任务；项目成员可以回到原工作岗位或安排新的工作。

3）项目验收是提高项目质量的手段

项目验收是保证合同任务完成，提高质量水平的重要环节。通过验收，可以全面考查项目质量，及时发现和解决一些质量问题，确保项目能按设计要求的技术经济指标投入生产并交付使用。

4）项目验收是促进项目投入运营的基础

基本建设项目和投资项目只有竣工验收合格后才能投入生产和交付使用，将投资及时转入固定资产，发挥投资效益。通过项目竣工验收，整理档案资料，可为项目投产后的经营管理、运营维护、保养维修等提供全面系统的技术经济文件、资料和图样。

2. 项目验收的分类

1）按项目验收所处的生命周期分类

项目验收可分为合同期验收、中间验收和竣工验收。

（1）合同期验收，又称为前期验收，是指依据项目目的、项目范围、项目资源等编制出项目进度计划、质量标准、成本预算等项目目标文件后，项目业主针对目标文件进行论证验收，签订具有法律效力的合同，并以此作为项目启动的依据和项目完成的评价标准。

（2）中间验收，又称为过程验收，是指项目实施过程中，由业主、项目团队、监理部门等根据项目进度计划等对项目进行适时跟踪检查，以保证在规定时间内，按预算成本达到项目目标的活动。

（3）竣工验收，是指项目基本完成，在正式交付使用前，由项目业主会同项目团队、项目监理等有关方面对项目工作成果进行审查和接收的活动，是项目质量检查的最后关口，也是对项目的总体验收。本章的项目验收主要指竣工验收。

2）按项目验收范围分类

项目验收可分为部分验收和全部验收。

（1）部分验收，又称为单项工程验收，是指项目取得阶段性成果后，项目接收方或其委托人对阶段性成果进行检验，如果成果合格，可提前投入使用，获得投资效益。对阶段性明显的成果部分进行验收，利于有效利用资源，并为全部验收奠定基础。

对于工程建设项目而言，部分验收多为单项工程验收，即承包商完成其承建的单项工程任务以后向建设单位（或业主）交工，接受建设单位验收的过程。其程序是：单项工程施工单位向建设单位发出交工通知，并按照国家规定整理好文件、技术资料等，作为验收依据交给建设单位；建设单位组织施工、设计及使用等有关单位共同进行交工验收。验收中，对设备应按试车规程进行单体试车、无负荷联动试车和负荷联动试车。验收合格的，建设单位与施工单位应签署《交工验收证书》。

（2）全部验收，又称为整体验收，是指项目全部完成后，对其成果进行全面、综合的考核，以便为项目终结做出合理的结论。所有项目都应具有全部验收的过程。对于大型综合项目，可通过综合各个子项目的部分验收来完成全部验收；小型项目可不必进行部分验收，而仅进行全部验收。

建设项目的全部验收，又称为整体工程验收或动用验收，简称竣工验收，是指建设单位（项目业主）在建设项目按批准的设计文件所规定的内容全部建成后，向国家交工、接受验收的过程。

3）按项目的性质分类

项目验收可分为投资建设项目验收、生产性项目验收、R&D 项目验收、系统开发项目验收和服务项目验收等。

（1）投资建设项目验收，主要从工程质量是否达到要求，工程图样、资料是否齐全，工期是否得到保证，成本控制是否到位等方面进行验收。

（2）生产性项目验收，主要考核项目交工使用后，生产能力能否达到设计要求，产品质量是否能得到保证等。

（3）R&D 项目验收，重点检验项目成果是否达到预期性能指标，如果项目失败，则应分析原因。由于 R&D 项目风险较大，所以相对性能指标而言，项目工期和成本处于次要位置。

（4）系统开发项目验收，主要验收项目运行是否稳定，能否达到项目投资人、业主或项目所有人要求的功能，项目说明书是否清楚、全面等。

（5）服务性项目验收，由于涉及面较广，主要依据项目合同要求进行检查验收。

4）按项目验收内容分类

项目验收可分为质量验收和文件验收。这是一般项目验收的两大部分，也是全面、准确把握项目验收的基础。关于质量验收和文件验收将在下面详尽介绍。

### 6.2.2 项目验收标准和依据

1. 项目验收的标准

项目验收标准是判断项目成果是否达到目标要求的依据，应具有科学性和权威性。

只有制定科学的标准，才能有效验收项目结果。项目验收的一般标准包括项目合同书、国家标准、行业标准、相关的政策法规、国际惯例等。

项目合同书是最基本的验收标准，它规定了项目实施过程中各项工作应遵守的标准、应达到的目标、项目成果的形式以及对项目成果的要求等，因而是项目实施管理、跟踪与控制的首要依据，具有法律效力。

国家标准、行业标准和相关的政策法规等，是项目应满足的验收标准。如无特殊规定，可参照国家标准、行业标准以及相关的政策法规进行项目验收。

国际惯例是指根据长期实践中逐步形成的某些通用习惯做法而制定的规则。针对一些常识性内容，如无特殊说明，可参照国际惯例进行项目验收。

对于一些特殊性质的项目，如投资建设项目、生产性投资项目的土建、安装、管道等工程的验收，由于建设项目所在行业不同，其验收标准也大不相同。

1）投资建设项目竣工验收标准

进行投资建设项目验收时，一般情况下必须符合以下要求方可认为符合标准。

（1）生产性项目和辅助性公用设施，已按设计要求完成，能满足生产使用。

（2）主要工艺设备配套设施经联动负荷试车合格，形成生产能力，能够生产出设计文件所规定的产品。

（3）必要的生活设施，已按设计要求及规定的质量标准建成。

（4）生产准备工作能满足投产需要。

（5）环境保护设施、劳动安全卫生设施、消防设施已按设计要求与主体工程同时建成使用。

2）生产性投资项目土建、安装、管道等工程的验收标准

生产性投资项目，如工业项目，一般土建工程、安装工程、人防工程、管道工程、通信工程等，其施工和竣工验收，必须按国家批准的《中华人民共和国国家标准××工程施工及验收规范》和主管部门批准的《中华人民共和国行业标准××工程施工及验收规范》执行。

2. 项目验收的依据

在对项目进行验收时，主要依据项目的工作成果和成果文档。工作成果是指项目实施后的结果。项目验收重点是针对工作成果进行检验和接收。工作成果验收合格，项目实施才可能最终完结。

同时，项目团队还需要向接收者提供项目相关文档以供审查，项目文档随项目类型不同而不同，一般应当以下列文件作为依据。

（1）上级主管部门有关项目审批、修改和调整的各种文件。

（2）可行性研究报告。

（3）施工设计文件（包括施工图样、设计说明书、设计变更洽商记录等）。

（4）国家颁布的各种标准和现行的施工验收规范。

（5）建设单位同施工单位签订的工程承包合同文件。

（6）技术设备说明书。

（7）建筑安装工程统一规定及主管部门关于工程竣工的规定。

（8）从国外引进的新技术和成套设备的项目，以及中外合资建设项目，要按照签订的合同和进口国提供的设计文件等进行验收。

（9）利用世界银行等国际金融机构贷款的建设项目，应按世界银行规定，按时编制《项目实施完成报告》（implementation completion and results report，ICR Report）。这是实施者的一种自我评价报告。世界银行会对项目实施完成报告的质量进行评审。

### 6.2.3 项目验收的内容

按照项目验收的内容，可将项目验收分为项目质量验收和项目文件验收。

1. 项目质量验收

根据《项目管理知识体系指南》（第六版），项目质量是指实体中能够满足明确需求和隐含需要的能力的特性的总和。其中，“实体”是指项目的主要产出物，即项目所提供的产品或服务；“明确需求”是指项目目标和产出物的技术标准等；“隐含需要”则是指顾客期望。

工程项目质量是指坚固、耐久、经济、适用、美观等这些能够满足社会和人们需要的自然属性和技术性能。通常，项目质量包括项目产品实体（有形产品）和服务（无形产品）两个方面。

项目最终质量是由项目过程形成的，要确保项目质量，必须应首先保证过程工作质量，即强调项目全过程的质量规划和质量控制。因此，质量验收是项目质量形成全过程的验收，在项目生命周期不同阶段都要进行质量验收，以保证最终获得一个合格的项目成果。

1）项目质量验收的概念

项目质量验收主要是以质量计划中的范围划分、指标要求和采购合同中的质量条款为依据，并遵循相关的质量评定标准，从而对项目质量进行认可评定和办理验收交接手续的过程。

项目质量验收是控制项目最终质量的重要手段，也是项目验收的重要内容。

2）项目质量验收的范围

从过程看，项目质量验收包括概念阶段的质量验收、规划阶段的质量验收、实施阶段的质量验收和收尾阶段的质量验收等。

a）概念阶段的质量验收

概念阶段是项目生命周期的起始阶段，其主要工作是确定项目的可行性。因此，项目概念阶段的质量验收的重点是可行性研究质量。

项目概念阶段的质量验收的主要内容有：项目可行性研究和机会研究时是否收集到足够的和准确的信息，使用的方法是否合理；项目评估是否科学，评估的内容是否全面；是否考虑了项目的进度、费用与质量三者之间的制约关系；对项目投资人、业主或项目所有人的需求是否有科学、可行、量化的描述；对项目质量目标与要求是否做出整体性、原则性的规定和决策等。

概念阶段质量验收的主要依据是：项目机会研究和可行性研究所涉及的信息有效、方法得当、质量目标明确、符合项目要求等。

b）规划阶段的质量验收

规划阶段的主要任务是明确项目目标、制订项目各类规划和计划。因此，该阶段质量验收的重点是确定项目目标、各项规划和计划的质量情况。

项目规划阶段的质量验收的主要内容有：检验项目目标定位是否准确，目标描述是否清晰；范围规划是否全面，使用的工具和技术是否科学；WBS是否细致，使用的方法和工具是否科学，结果能否达到目的；工作排序是否符合逻辑性和最优化思想，工具和方法是否科学；工作延续时间估计是否准确，考虑影响工作延续的可能因素是否全面；进度安排是否合理，使用的方法和工具是否科学，是否考虑到资源的相互制约；资源计划涉及的内容是否考虑全面，费用估计的依据是否可信，使用的方法和工具是否科学；费用预算是否精确，系数选择是否合理；质量计划的标准和规划是否实际可行，制约质量计划的方法和技术是否科学；质量保证是否完善，是否切实可行，质量保证的依据是否真实，使用的工具和方法是否科学等。

规划阶段质量验收的主要依据是：对概念阶段的质量目标进行分解，并在相应的设计文件上指出达成质量目标的途径和方法；项目的全部质量标准及验收依据是否完成等。

c）实施阶段的质量验收

实施阶段是项目质量形成的阶段，占据了项目的大部分时间和资源，是项目成功的关键阶段，主要工作包括实施各项计划、采购、招标与合同管理、项目各类控制、现场管理等。

项目实施阶段的质量验收的主要内容有：对单个工序依据规划阶段对质量验收评定的标准、范围和依据进行验收，对验收结果进行汇总、统计，形成上道工序的质量结果（合格率或优良率），以检验项目质量的等级，以此类推，最终形成全部项目质量实施的验收结果。

实施阶段质量验收的主要依据是项目规划阶段制定的质量目标和质量评定的范围、标准与依据等。

d）收尾阶段的质量验收

收尾阶段是项目生命周期的最后阶段，是对项目质量的最后把关，直接关系到项目交接和能否进入正常使用阶段。因而这一阶段的质量验收至关重要。

项目收尾阶段的质量验收的重点是项目结果。对于大型、复杂项目的质量验收，可采用对项目实施阶段中每个工序的质量验收结果进行汇总、统计、澄清，得出项目最终的、整体的质量验收结果；对于比较简单的项目和具有特殊要求的项目（如系统软件等），收尾阶段的质量验收要依据验收标准，彻底进行检验，以保证项目质量。

收尾阶段的质量验收要以项目规划阶段制定的“项目竣工质量验收评定的范围、标准与依据”为主要依据。

3）项目质量验收的方法

项目质量验收的方法随项目阶段、项目类型的不同而不同，如在项目概念、规划等阶段，质量验收多采用审阅方法，即主要是对项目的相关文件进行审阅。对于一般项目通常采用文件审阅、实物观测、性能测试或进行特殊试验等方法；对于大型投资建设项目，除采用一般项目验收方法外，还要进行试生产等验收方法。

4）项目质量验收的结果形式

项目质量验收的结果是形成质量验收评定报告和项目技术资料。

项目质量验收评定报告的主要内容为：详细评定项目各组成部分的质量等级；综合项目不同时期的质量检验结果；对项目质量给出最终评价；对于验收不合格项目，提出问题所在并限定达标的期限及组织再验收的规定；对合格项目，质量等级一般分为“合格”和“优良”两级。

在项目不同阶段的质量验收中，都应形成验收评定报告，这些报告翔实地记录了项目进程中各时期的工作状况，将这些资料汇总，就形成相应的验收技术资料。这些技术资料既是前期工作的记录，也是后期工作评定的依据，是项目资料的重要组成内容。项目技术资料应按《中华人民共和国档案法》和《科学技术档案工作条例》的要求妥善保管，以备在项目引进、项目评估和项目后评价中查阅使用。同时，这些技术资料也可为将来新项目提供有价值的参考。

2. 项目文件验收

项目文件是项目整个生命周期的详细记录，是项目成果的重要展示。项目文件既作为项目评价和验收的标准，也是项目交接、维护和后评价的重要原始凭证。

项目文件验收是项目竣工验收的前提，只有在项目验收方对资料验收合格后，才能开始项目竣工验收工作。项目文件验收的重点在于文件的真实性、完备性、文本质量、使用便利性等。

项目验收合格后，接收方应将项目成果及项目文件一同接收并妥善保管，以备查阅和参考。

1）项目文件验收的范围与内容

项目的不同阶段，形成文件的范围与内容也不同，具体如表 6.2 所示。

**表 6.2 项目文件验收、移交和归档的资料清单**

| 概念阶段 | 规划阶段 | 实施阶段 | 收尾阶段 |
|---|---|---|---|
| 1. 项目机会研究报告及相关附件<br>2. 项目初步可行性研究报告及相关附件<br>3. 项目详细可行性研究报告及相关附件<br>4. 项目方案及论证报告<br>5. 项目评估与决策报告 | 1. 项目背景概况<br>2. 项目目标文件<br>3. 项目范围规划说明书<br>4. 项目范围管理计划<br>5. 项目 WBS<br>6. 项目计划资料 | 1. 项目采购计划及工程说明<br>2. 项目采购合同的招标书和投标书<br>3. 合格供应商资料<br>4. 合同文件<br>5. 合同变更文件、现场签证和设计变更等<br>6. 项目实施计划、项目安全计划等<br>7. 项目进度报告<br>8. 项目质量记录、会议记录、备忘录、各类通知等<br>9. 进度、质量、费用、安全、范围等变更控制申请及签证<br>10. 现场环境报告<br>11. 质量事故、安全事故调查资料和处理报告等<br>12. 第三方所做的各类试验、检验证明、报告等 | 1. 项目竣工图<br>2. 项目竣工报告<br>3. 项目质量验收报告<br>4. 项目后评价资料<br>5. 项目审计报告<br>6. 项目交接报告 |

项目文件验收的依据主要为：合同中有关资料的条款要求；《中华人民共和国档案法》《科学技术档案工作条例》等国家关于项目资料档案的法规、政策性规定和要求；国际惯例等。

二维码 6-1：《中华人民共和国档案法》简介

二维码 6-2：《科学技术档案工作条例》简介

2）项目文件验收的程序

项目团队在项目的不同阶段，按合同条款中有关资料验收的范围及清单，准备完整的项目文件，然后由项目经理组织项目团队进行自检和预验收。合格后将文件装订成册，按文档管理方式妥善保管，并送交项目验收方进行验收。

项目验收班子在收到项目团队送交的验收申请报告和项目文件后，应组织人员按合同资料清单或档案法规的要求，对项目文件进行验收、清点。对验收合格的项目文件立卷、归档；对验收不合格或有缺损的文件，要通知项目团队采取措施进行修改或补充。只有项目文件验收完全合格后，才能进行项目的整体验收。

当所有的项目文件全部验收合格时，项目团队与项目接收方对项目文件验收报告进行确认和签证，形成项目文件验收结果。

3）项目文件验收的结果

项目文件验收结果包括项目文件档案和项目文件验收报告。

项目文件档案既是项目文件的卷宗，也是项目文件的结果。一套完整的项目文件档案，就是一个项目的历史写照。

项目文件验收报告是对项目文件质量的客观评价，构成了项目验收的主要内容。对于某些咨询类、策划类的项目，项目文件验收就是项目的成果验收，因而合格的项目文件验收结果非常重要。

### 6.2.4　项目验收的组织和程序

1. 项目验收的组织

项目验收的组织是指对项目成果进行验收的组成人员及其组织，一般由项目接收方、项目团队和项目监理人员构成。

根据项目规模和性质的不同，项目验收的组织模式可分为三种：①对于一般单一中小型项目，可以选择业主加项目管理团队模式，即以业主为主体独立或邀请专业顾问人员参与的验收组织模式；②对于成本和专业化导向的业主，可选择独立验收部分工程，而将其余专业性较强的部分委托专门机构验收；③对于大型复合类项目，可以将项目全部委托给专业机构验收。我国一般的工程项目竣工验收大多采用第一种组织模式。

根据国家发展和改革委员会、住房和城乡建设部的相关规定，大中型和限额以上基本建设和技术改造项目（工程），由国家发展和改革委员会，或委托项目主管部门、地方政府部门组织，成立验收委员会或验收小组进行验收。小型和限额以下基本建设和技术改造项目（工程），由项目（工程）主管部门或地方政府部门组织验收。竣工验收要根据工程规模大小、复杂程度组成验收委员会或验收小组。验收委员会或验收小组应由银行、物资、环保、劳动、统计、消防及其他有关部门组成，应由建设、接管、施工、勘察设计单位参加验收工作。

验收委员会或验收小组的主要负责事宜如下。

（1）审查工程建设的各个环节。

（2）听取各有关单位的工作报告。

（3）审阅工程档案资料。

（4）实地考察建筑工程和设备安装情况。

（5）对工程设计、施工和设备质量等方面做出全面的评价。

（6）不合格的工程不予验收，对遗留问题提出解决意见，限期落实完成。

当专业验收规范对工程中的验收项目未做出相应规定时，应由建设单位组织监理、设计、施工等相关单位制定专项验收要求。涉及安全、节能、环境保护等项目的专项验收要求应由建设单位组织专家论证。

2. 项目验收的程序

根据项目的大小、性质、特点的不同，项目验收程序也不尽相同。项目验收程序主要分为小型工程项目验收流程和大型工程项目验收流程两种。大型工程项目由于验收环节较多、内容繁杂，因而验收的程序也相对复杂。一般程序设计、软件开发或咨询等小型项目的验收相对简单。通常，项目验收一般应由以下过程组成。

1）前期准备工作

（1）做好项目收尾工作。当项目接近尾声时，虽大部分工作已经完成，但还有部分分散的、零星的工作需要耐心细致地处理。项目经理应把握全局，正确处理好团队成员的工作情绪，保质保量地将收尾工作做好，做到善始善终。

（2）准备项目验收材料。在项目全过程中，项目团队应时刻做好各种项目文件的收集、整理和归档工作。在项目验收准备阶段，应将分阶段、分部分的材料汇总、整理、装订入档，形成一套清晰、完整、客观的验收材料。这既是项目验收的前提，也是通过项目验收的必要保证。

（3）项目团队自检。项目负责人应组织项目团队成员，在项目成果交付验收之前，进行必要的自检自查工作，找出问题和漏洞并加以解决。

（4）提出验收申请，报送验收材料。项目自检合格后，项目团队应向项目接收方提交申请验收的报告，同时附送验收的相关材料，以备项目接收方组织人员进行验收。

2）验收方的验收工作

（1）成立验收班子。项目接收方会同项目监理人员、政府相关人员，还可根据需要吸收注册会计师、律师、审计师、行业专家等人员，组成验收小组或验收委员会。

（2）项目材料验收。项目验收班子对项目团队送交的验收材料进行审查，如有缺项、不全、不合格的材料应立即通知项目团队，限期补交，以保证项目验收的顺利进行。

（3）现场（实物）初步验收。项目验收班子根据项目团队送交的验收申请报告，组织人员对项目成果及现场进行初步检查，形成对项目成果的基本把握，并编制初步验收报告准备正式验收。如果发现不符合项目目标要求的，应通知项目团队尽快整改。

（4）正式验收。在项目验收材料和初步验收合格的基础上，项目验收班子组织人员对项目进行全面、细致的正式验收。可依据项目特点实行单项工程验收、整体工程验收，或部分验收、全面验收等。例如，验收合格，签署验收报告；验收不合格，应及时通知项目团队进行整改后再进行验收。如发现较严重的问题，双方难以协商解决的，可诉诸法律。

（5）签署项目验收合格文件。对验收合格的项目，验收班子签发项目验收合格文件，标志项目团队的工作圆满结束，项目由接收方使用，投入下一阶段的生产运营。

（6）办理固定资产移交和增列手续。对于投资性项目，项目验收合格后，应立即办理项目移交，对形成的固定资产增列办理固定资产手续。

上述项目验收程序示图如图 6.2 所示。

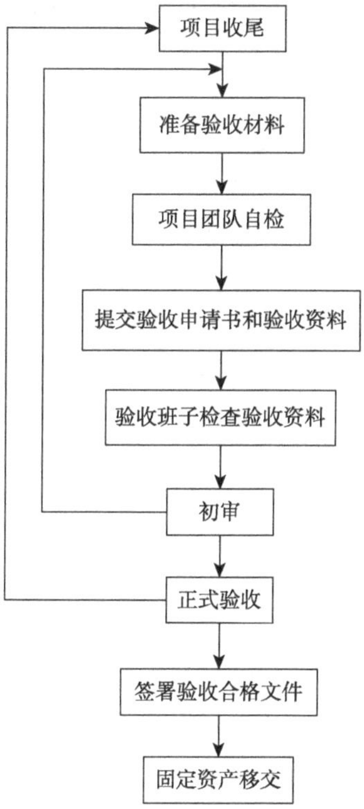


图 6.2　项目验收程序示图

## 6.3　项目决算与审计

### 6.3.1　项目决算

项目决算是指对从项目启动到项目结束为止的全部费用进行确定的活动过程，是对项目实际造价和投资收益的总结，也是对项目进行财务监督的手段。通过项目决算，项目相关方能够清楚地了解项目计划和设计预算的执行情况，便于及时总结经验，积累各项技术经济资料，并为项目验收、核定资产、办理交付使用提供依据。

项目决算一般由项目业主编制，所需资料由项目团队提供。

1. 项目决算的依据

项目决算主要依据合同及合同的变更。相关资料主要内容如下。

（1）经批准的可行性研究报告及其投资估算书。

（2）经批准的初步设计或扩大初步设计及其概算或修正概算书。

（3）经批准的施工图设计及其施工图预算书。

（4）设计交底或图纸、会审、会议纪要。

（5）招投标的标底、承包合同、工程结算资料。

（6）施工记录或施工签证单及其他施工发生的费用记录，如索赔相关记录、停（交）工报告等。

（7）竣工图及各种竣工验收资料。

（8）项目历年建设资料、财务决算及批复文件。

（9）设备、材料调价文件和调价记录。

（10）有关财务核算制度、颁发和其他有关资料文件等。

2. 项目决算的内容及结果

项目决算的内容包括项目生命周期各个阶段支付的全部费用。

项目决算的结果形成项目决算书，经项目参与方共同签字后成为项目验收的核心文件。

项目决算书由文字说明和决算报表两部分组成。文字说明是从总体上反映项目建设成果，全面分析工程投资和造价的书面总结，是竣工决算的重要组成部分，包括工程概况、设计概算、实施计划和执行情况、各项技术经济指标的完成情况、项目的成本和投资效益分析、项目实施过程中的主要经验和存在的问题及解决意见等。决算报表分大中型项目和小型项目两种。大中型建设项目的决算表包括建设项目竣工财务决算审批表、项目概况表、竣工财务决算表、交付使用财产总表、交付使用财产明细表等；小型建设项目决算表主要包括建设项目竣工财务决算审批表、项目决算总表、建设项目交付使用资产明细表等。

二维码 6-3：项目决算报表

## 6.3.2 项目审计

1. 项目审计的定义和特征

1）项目审计的定义

项目审计是对项目从决策立项至竣工投产的整个项目管理工作进行全面跟踪检查的活动过程，检查内容包括项目文件记录、管理方法和程序、财产情况、预算和费用支出情况以及项目工作的完成情况等。

通常，项目审计由指定审计机关依据国家法令和财务制度、组织方针、管理标准和规章制度等，对项目活动运用科学方法及程序进行审核检查，以判断其合法性、合理性和有效性。它能够有效监督项目活动，并对项目有关资料的真实性和正确性予以权威性的鉴定，借以达到发现错误、纠正弊端、防止舞弊、改善管理的目的。

2）项目审计的特征

（1）独立性。项目审计通常独立于项目组织之外，其工作不受项目管理人员的制约，审计人员与项目不存在任何行政和经济关系，审计权由国家或委托方授予。

（2）权威性。项目审计依据法律法规、标准规范，不受决策者意志和权力的干扰，审计结果具有权威性和约束力。

（3）科学性。项目审计遵循科学的程序和方法，具有高度可信性。

2. 项目审计的职能

项目审计主要有如下职能。

1）经济监督

经济监督，即对项目的全部或部分建设活动进行监察和督促。具体来讲，就是把项目实施情况与法律法规、方针政策、标准规范、经营方针、目标计划等进行对比，以识别不合法规的经济活动并加以修正，保证项目建设沿着正常的轨道进行。这是一种项目活动合规性的检查。

2）经济评价

经济评价，即通过审计和检查，评定项目投资决策及项目建设期间的重大决策是否正确，项目计划是否科学、完备和可行，实施状况是否满足工程进度、工期和质量目标的要求，资源利用是否优化，控制系统是否健全、有效，机构运行是否合理等。这是一种项目活动有效性的检查，其评价结果将成为对项目团队及相关人员激励的依据。

3）经济鉴证

经济鉴证，即通过审查项目建设和管理的实际情况，确定相关资料是否符合实际，并在认真鉴定的基础上做出书面证明。这需要对项目的大量原始记录、报表单据等进行精细的核对和检查。这是一种对项目活动合规性、合理性的鉴定性检查。

4）项目促进

项目促进，即通过实施审计，提出改进项目组织、提高工作效率、改善管理方法的建议，帮助项目组织者在合乎法规的前提下更合理地利用现有资源，顺利实现建设项目的目标。

项目审计通过对项目活动有效性的检查审核，识别存在的问题和进一步改善的机会，不仅有利于本项目的持续完善，还有助于提升项目管理水平，为以后的项目管理活动提供经验。

3. 项目审计的任务

项目审计的任务主要如下。

（1）检查审核项目建设活动是否符合相关法律和规章制度，如立项、执行过程是否规范、合法等。

（2）检查审核项目建设活动是否符合国家政策、法律、法规和条例，有无违法乱纪、营私舞弊等现象。

（3）检查审核项目活动是否合理。

（4）检查审核建设项目的收益，以及项目绩效指标是否达成。

（5）检查审核各类项目报告、会计记录与财务报表等反映项目建设和管理状况的资料是否真实，有无弄虚作假或文过饰非的现象。

（6）提出改进建议，为组织决策者提供决策依据，促使项目组织改善管理工作。

### 6.3.3 项目审计的主要内容

项目审计原则上应包括项目整个生命周期的所有内容，但在实践中，审计人员往往依据项目目标和项目中具体出现的问题，有重点地选择项目的不同内容、不同时期进行审计。按照项目生命周期来分，可分为项目前期审计、项目实施审计（中期审计）、项目竣工审计（终结审计）；按审计内容来分，可分为工程质量审计、资金使用审计、合同审计等。本节重点介绍项目收尾阶段的项目竣工审计。

项目竣工审计主要是围绕项目竣工后的各项管理工作进行，通过对项目的工期、质量、安全、效益以及国有资产的安全完整等方面的审计，从而对项目责任人的管理绩效做出评价。项目竣工审计的主要内容包括工程竣工验收情况、竣工结算及决算情况、项目建设经济效益审计以及项目人员业绩评价等，主要侧重于经济责任审计。

1. 竣工验收审计

项目完成有形建设直至交付使用后还有大量的工作要做。其间的审计工作主要有以下几个方面。

（1）审查剩余物资、设备的处理情况。其重点是：审查剩余物资和设备的处理是否合乎规定，处理剩余物资和设备的收入是否已按规定上交，有无违反国家规定、财经纪律以及贪污盗窃等现象，发现线索要彻底清查，严肃处理。

（2）审查项目的试运行情况。其重点是：检查项目完成之后试运行的结果；对试运行中暴露出的问题的补救措施；试运行时间和交工时间的执行情况；销售试产产品的行为等。

（3）审查项目建设资料的归档和移交。其重点是：检查项目组织是否系统整理了项目建设的各种文件资料，是否齐全、是否分类归档、是否妥善保存，资料处理是否符合保密要求等。同时，还要检查各种技术资料向项目使用单位的移交情况。

（4）审查索赔问题。其重点是：未履行合同条款及项目相关索赔问题。要逐一核查索赔是否合法、合理，处理结果如何，有无勾结作弊现象，赔偿的技术和法律依据是否充分等问题，防止因失误造成经济损失。

（5）审查人员复员情况。其重点是：审查复员费用与计划的偏差，包括复员费用是否合法、复员人员安置是否合理；总结经验和不足，提出改进建议。

（6）审查项目验收情况。其重点是：审查项目验收是否符合规范，手续资料是否齐全，验收工作是否认真、严格；对特殊环节的验收是否按规定进行检验和计算；是否有行贿受贿、敷衍应付、弄虚作假等现象。

2. 竣工决算审计

竣工决算是指由项目组织或建设单位编制的综合反映竣工项目的建设成果和财务情况的总结性报告文件。根据国家法律和相关规定，应对建设项目竣工决算进行审计，主要审查概（预）算在执行中的合规性、合理性和有效性。

依据《中华人民共和国审计法》和《国家基本建设项目竣工决算审计工作要求》

进行，竣工决算审计的基本内容为：竣工决算编制依据、项目建设及概（预）算执行情况、建设成本、交付使用资产、尾工工程、结余资金、基建收入、投资包干结余、投资效益评价等。

竣工决算审计的重点如下。

（1）项目预算执行情况。重点审查建设内容与批准的预算和建设计划是否相符，有无擅自改变建设内容的情况，乱摊成本和计划外工程的现象等。

（2）项目资金来源及其运用情况。重点审核竣工财务决算表和竣工决算总表是否正确，其所反映的全部资金来源和资金占用情况是否正常，有没有建设资金和专用基金等其他资金相互挪用的问题等。

（3）项目交付的财产情况。重点审查项目交付使用财产总表和明细表是否正确。审查时要与各子项目或单项工程的交付使用财产明细表进行对比，看两者有无差异，交付使用财产价值的计算是否准确、可靠，有无虚列、重报等现象。

（4）项目竣工情况说明书的编制情况。重点审查竣工情况说明书的编制是否真实，其内容与编制的竣工决算表是否一致，与实际情况是否相符等。

（5）项目竣工决算编报情况。重点审查项目竣工决算的编报工作是否及时、有无拖延，经审查批复的竣工决算是否及时办理了调整和结束工作等。

3. 项目建设经济效益审计

项目建设的经济效益体现在成本节约、工期缩短和质量提高三个方面，因此，审计工作也要紧密围绕这三者展开。

（1）项目工期审计。对照项目计划审查项目的开工日期和竣工日期，以及各分项工程的开工日期和竣工日期。查明有无拖延开工和拖延工期的现象，找出原因并提出整改建议，查明有无工期提前的情况并总结经验等。

（2）项目成本审计。对照项目预算审核实际成本的发生情况。如果超支，要查明原因及责任；如果节约，则要查明是否缩小了建设范围或降低了建设标准，若成本节约源于有效利用资源，要及时肯定和推广经验。

（3）项目质量审计。审查建设质量是否达到验收规范和设计标准，查明其中有无不合格的建设内容和重大质量事故，评定建设项目的质量等级，督促施工单位对质量低劣的部分进行加固补修或返工。对于报废工程或重大质量事故，要追究责任、总结教训、引以为戒。

（4）投资决策审计。项目建成之后，对照项目前期对投资收益的预测，审查投资效果是否达到设计能力以及满足建设需要的程度，对投资决策及投资收益做出综合评价。

4. 项目人员业绩评价

项目完成后，要对项目参与人员做出全面客观评价，确定其履责情况及工作绩效，为有效激励和员工培训提供依据。

（1）准确评价项目经理的业绩。要根据任命书评价项目经理的业绩，并根据项目经理履行既定职责、领导能力、资源利用能力、意外事件处理能力、技术问题判断能力、创造性成果等方面的情况，客观评定项目经理的业绩。

（2）合理评价主要项目管理人员的业绩。对项目主要管理人员的业绩评价主要集中在其业务能力、工作主动性和适应性、与他人合作的程度，以及工作习惯和对项目建设做出的贡献等方面。

（3）全面评价一般工作人员的表现，主要包括工作态度、工作质量和工作主动性等方面。

在评价项目参与人员业绩的工作中，要注意征求相关部门负责人的意见，避免所做的评价带有片面性；不以成败论英雄，有些项目虽不太成功，但参与人员已付出了最大努力，也应做出正确评价；要将评价与精神和物质鼓励结合起来。

项目人员业绩评价的方法多种多样，选用时因项目特点和管理者意愿而有所不同。常用的项目人员业绩评价方法有业绩评定表法、排列法、360 度绩效评估法等。无论采用哪种方法，必须以事实为依据，尽可能量化考核，并综合考虑项目成果和员工努力。考核的结果应与激励相结合。

二维码 6-4：项目人员业绩评价方法

## 6.4 项目交接与清算

### 6.4.1 项目交接

1. 项目交接的概念

在项目收尾阶段，项目竣工、项目竣工验收和项目交接是其中最主要的三项工作。三者紧密联系，但又有所区别。

项目竣工意味着项目团队按合同完成了任务，项目通过自检，项目的工期、进度、质量、费用等均已满足合同的要求。只有竣工的项目才能进入竣工验收。而只有通过竣工验收的项目才能进入交接程序。

项目交接是项目业主与全部项目参与方之间进行项目所有权移交的过程。项目交接完毕，项目接收方接受所有项目管理，开始项目成果使用。而项目团队的任务转入对项目的保修阶段。项目交接是项目收尾的最后工作内容。

2. 项目交接的范围与依据

对于不同行业、不同类型的项目，国家或相应的行业主管部门出台了各类项目交接的规程或规范。下面以投资建设项目为主，分别就个人投资项目、企事业投资项目和国家投资项目的交接范围与依据进行讨论。

1）个人投资项目交接的范围与依据

对于个人投资项目，一旦验收完毕，应由项目团队与项目业主按合同进行移交。移交的范围是合同规定的项目成果、完整的项目文件、项目合格证书、项目产权证书等。移交的依据是项目合同或者双方约定。

2）企事业投资项目交接的范围与依据

对于企事业投资项目，应由企事业的法人代表出面代表项目业主进行项目交接。移交的范围是合同规定的项目成果、完整的项目文件、项目合格证书、项目产权证书等。移交的依据是项目合同。

3）国家投资项目交接的范围与依据

对于国家投资项目，投资主体是国家，并通过国有资产的代表实施投资行为。对于中小型项目，一般由地方政府的某个部门担任业主的角色，例如，城市建设管理委员会、城市建设管理局或其他单位等。对于大型项目，通常可委托地方政府的某个部门担任建设单位（项目业主）的角色，但建成后的所有权属于国家（中央政府）。此时，由于项目的使用者（业主）与项目的所有者（国家）不同，因而竣工验收和移交要分两个层次进行。

（1）项目团队向项目业主的项目交接。项目已竣工并通过竣工验收后，由监理工程师协助项目团队向项目业主进行项目所有权的交接。

（2）项目业主向国家的项目交接。由国家有关部委组成验收工作小组，在项目竣工验收试运行一年左右时间后进驻项目现场，在全面检查项目的质量、档案、环保、财务、预算、安全及项目实际运行的性能指标、参数等情况之后，进行项目交接手续。交接在项目法人与国家有关部委或国有资产授权代表之间进行。

国家投资项目交接的依据包括项目建设批复文件、审查和批准的设计文件、招标投标文件、建设项目合同文件，以及其他具有法律效力的文件。

3. 项目交接的内容

项目交接主要包括项目实体移交、项目文件移交和项目款结算等工作。

1）实体移交

实体移交的繁简程度随工程项目承发包模式的不同及工程项目本身的具体情况不同而有所不同。通常，凡是合同上规定属于用户在生产过程中使用的备品备件及专用工具等，均应由项目团队向项目接收方移交。

2）文件移交

移交时要编制《工程档案资料移交清单》，详见表 6.3。项目团队和业主按清单查阅并认可后，双方在移交清单上签字盖章。移交清单一式两份，双方各自保存一份，以备查对。

**表 6.3　工程档案资料移交清单**

<table>
<tr><th>编号</th><th>专业</th><th>档案资料内容</th><th>人员数</th><th>备注</th></tr>
<tr><td></td><td></td><td></td><td></td><td></td></tr>
<tr><td></td><td></td><td></td><td></td><td></td></tr>
<tr><td></td><td></td><td></td><td></td><td></td></tr>
<tr><td></td><td></td><td></td><td></td><td></td></tr>
<tr><td colspan="2">（项目团队）签章<br>经办人：</td><td colspan="2">（接收单位）签章<br>接收人：</td><td>说明：</td></tr>
</table>

3）竣工结算书

在办理工程项目交接前，项目团队要编制竣工结算书，并据此向项目业主结算最终拨付的工程价款。竣工结算书应通过监理工程师审核、确认并签证后，才能通知银行与项目团队办理工程价款的拨付手续。

当实体移交、文件移交和项目款项结清后，项目移交方和项目接收方将在项目移交报告上签字，形成项目交接报告，并据此构成项目交接的结果。

4. 项目交接后的回访与保修

工程项目在竣工验收交付使用后，按照合同和有关规定，在一定期限内，即回访保修期内（一般为一年左右）应由项目经理组织原项目团队人员对交付使用的竣工项目进行回访，听取用户意见，填写质量回访表，报有关技术与生产部门备案处理。

项目交接后回访一般有三种形式：一是季节性回访，如雨季后回访以检查屋面、墙面的防水情况等，一旦发现问题，采取有效措施及时加以解决。二是技术性回访。主要了解项目中所采用的新材料、新技术、新工艺、新设备等的使用效果，发现问题及时解决，及时总结成功经验，为改进、完善和推广创造条件。三是保修期满前的回访。国务院发布的《建设工程质量管理条例》对建设工程的不同构成部分规定了相应的保质期。

二维码 6-5：《建设工程质量管理条例》简介

## 6.4.2 项目清算

1. 项目清算的概念

项目清算是项目结束的另一种结果和方式。在项目收尾阶段，项目竣工、验收和移交是项目正常结束过程，而项目清算则是项目的非正常终止过程。

项目清算是指在无法按计划完成项目的前提下对项目进行非正常终止的过程。通常，项目清算的主体是项目业主。

通常，如果项目存在下列情况之一（但不限于下列情况），应果断进行清算。

（1）项目决策失误。由于在项目概念阶段工作有误，如可行性研究中对市场预测等出现较大偏差等，导致项目失去实施的必要。

（2）项目规划、设计中出现重大技术方向错误，造成项目规划不可能实现。

（3）项目实施过程中出现重大质量事故，且无法挽回，项目继续运作的经济或社会价值基础不复存在。

（4）项目虽进行了交接，但试运行中发现其技术经济指标无法达到项目设计的目标，项目的经济或社会价值无法实现。

（5）后续资金无法到位，即出现“烂尾项目”。

（6）相关新政策出台制约项目建设运行，使项目的继续成为不可能。

（7）其他不可预见因素。

项目清算是项目业主和项目团队都不希望出现的非正常事件，其目的是最大限度地减少损失。当项目因为上述原因而无法延续时，项目团队应促使项目业主尽快清算项目，不仅可以减轻对项目承担的责任、使项目团队尽快转移到新项目中去，而且对项目业主、对国家都具有积极意义。

与项目竣工不同，项目清算由项目业主召集项目团队及其相关人员组成清算班子，执行清算。

2. 项目清算的依据和程序

1）项目清算的依据

项目清算主要以合同为依据。清算时，按照合同有关条款确定各方相应的责任和损失。

2）项目清算的程序

（1）由项目业主召集项目团队、工程监理等相关人员组成项目清算小组。

（2）项目清算小组依据合同对项目执行现状及已完成部分逐条检查。符合合同要求的，免除相关单位和人员责任；不符合合同目标的，依据合同条款进行责任认定，估算相关损失，并就责任认定和索赔方案等事宜进行协商和最终确定。

（3）找出造成项目失败的所有原因，总结项目实施的经验教训。

（4）明确责任，确定损失，协商索赔方案，形成项目清算报告，合同各方在清算报告上签章后生效。

（5）如协商不成则按合同约定提请仲裁，或直接向项目所在地的人民法院提起诉讼。

3. 项目清算方式

根据项目清算的组织方不同，项目清算方式可以分为投资者组织清算和合作方联合清算两种。

1）投资者组织清算

这是大部分中小项目公司采用的方式。由于项目公司采用家族成员注册方式，因此清算不需要通过外部进行。此时，项目清算的核心工作为核销公司工商注册手续。具体步骤如下。

（1）公司资产和债务的清查。

（2）办理国税和地税的注销手续（必要时需要审计）。

（3）办理银行账户的注销手续。

（4）办理工商注册登记的注销手续（必要时需要公告）。

（5）办理法人代码证的注销手续。

2）合作方联合清算

当项目涉及外部合作方时，一般要采用合作方联合清算。其步骤与投资者组织清算大致相同。其主要差异在于清理过程的公开性、公正性和公平性，即需要合作各方联合组成清算的组织机构（或清算组）；需要制订清算方案；需要有会计师事务所等中介机构的辅助等。

## 6.5 项目后评价

### 6.5.1 项目后评价概述

1. 项目后评价的概念

广义的项目评价是指在项目整个生命周期内，针对项目各阶段特点应用科学的评价理论和方法，采用适当的评价尺度对项目系统属性、行为和结果所进行评价的活动过程，包括项目前评价、项目中评价、项目后评价。

项目前评价，即狭义的项目评价，是指项目立项前对其技术、市场、经济效益、社会效益、环境影响等进行评价的活动过程，其目的是判别项目可行性，为遴选项目或项目方案提供依据。

项目中评价是指在项目实施阶段，对项目状态和项目进展情况进行衡量与监测，对已完成的工作做出评价的活动过程，其目的是检测项目实施的实际状态与计划目标状态的偏差，分析其原因和可能影响因素，采取必要修正措施改进项目管理，实现对过程的有效控制。

2014 年发布的中华人民共和国国家标准《项目后评价实施指南》（GB/T 30339—2013）将项目后评价定义为“对已结束项目的目标、执行过程、结果、效益、作用和影响等进行分析、总结和评估的活动”。其目的是总结经验、吸取教训，不断提高项目决策、实施和管理水平，并为制定相关政策等提供科学依据。

二维码 6-6:《项目后评价实施指南》简介

可见，项目后评价的特点一是发生在项目竣工验收并投入使用或运营一定时间后；二是对项目目的、整个执行过程（含研究、设计、施工、结束等）、结果（运行）、效益（财务）、作用和影响（社会）等各方面进行分析、总结和评价；三是运用规范、科学、系统的评价方法与指标。

项目后评价于 19 世纪 30 年代产生在美国，直到 20 世纪 60 年代，才广泛地被许多国家和世界银行、亚洲开发银行等双边或多边援助组织用于世界范围的资助活动结果评价中。

2. 项目后评价的原则

1）独立性

项目后评价不应受到项目相关方的干扰。外部项目后评价应由具备资质的第三方机构独立进行；内部项目后评价应由独立于项目实施或运营部门的其他部门负责。

2）针对性

应针对项目具体特点确定项目后评价的程序和方法，综合考虑项目级别、类型、规模、复杂程度等因素，确保分析和结论的科学、适当、实际。

3）客观性

项目后评价以事实为依据，客观反映项目决策、项目执行、项目运行和项目管理的实际情况，在可靠的文件和明确的数据的基础上，实事求是地开展评价、得出结论。

3. 项目后评价的作用

总体上看，项目后评价具有以下作用。

1）总结经验教训，提升过程能力

项目后评价通过对项目管理全过程的系统评价提炼项目在论证、实施及运营过程中有益的经验，发现规律性的科学方法，反思项目过程中的失误和教训，使项目各方学习到更加科学合理的方法和策略，从而提升项目全过程的管理能力。

2）促进全过程参与，增进各方责任心

项目后评价通过对项目实施全过程的成败得失进行科学、客观、公正的分析研究，可以准确地判断投资人、决策者、管理者和建设者在工作中实际存在的主要问题，从而增强其责任心，并在未来改善其行为。

3）优化投资决策，改进决策支持

项目后评价不仅对完善已建项目、改善项目运营有重要作用，而且更重要的是为在建、待建项目或拟议中的项目管理工作提供了有益的经验和决策支持。

4）加强过程监督，促进项目发展

项目后评价是一个向实践学习的过程，同时又是一个对投资活动的监督过程。它与项目前评价、项目中评价结合在一起，构成了对投资活动全过程的监督机制，利于项目改进，促进项目发展。

### 6.5.2 项目后评价的基本内容

项目后评价应根据项目的具体情况确定评价内容，主要包括项目目标评价、项目过程评价、项目效益评价和项目可持续性评价四个方面。

1. 项目目标评价

项目目标评价的要点是：分析和评价项目预设目标的正确性、合理性和实践性，判断项目立项时设定的各项目标的实现程度，包括项目管理目标评价和项目宏观目标评价两个层次。

1）项目管理目标评价

对照项目立项时的目标和主要指标，检查项目实际完成情况，评估项目目标和主要指标的适宜性和实现程度。目标适宜性评价以项目实际实施和运营情况为依据，并结合项目实施环境和条件变化，评价原定目标和主要指标设定的科学性、合理性；目标实现程度评价主要依据项目成果与原定目标的偏差范围及其产生原因，判断项目成果是否符合后续发展要求。

2）项目宏观目标评价

从战略层面对项目预设的宏观目标的实现程度和偏离程度进行评价，主要考察项目实际效果或所呈现的客观状态与组织预期的吻合程度、背离或偏差程度等。

2. 项目过程评价

项目过程评价的要点是：在对项目各阶段进行回顾的基础上，确认项目实施过程是否按照计划进行，分析过程中产生的重大偏离及其原因，以及对项目实施效果的影响，并对项目过程管理水平和工作质量进行评价。项目过程评价可分为项目前期决策阶段评价、项目准备阶段评价、项目实施阶段评价和项目应用/运营阶段评价。

1）前期决策阶段评价

评价内容主要包括：项目建议书的编制、评估和批复，项目可行性研究报告及计划任务书的编制、评估和批复，其他申报和审批手续等。评价重点：决策程序的规范性、决策结论的科学性和合理性、各类报告的质量、单位资质的符合性、文档资料的完备性等。

2）准备阶段评价

评价内容主要包括：项目团队组建和资源配置、项目推进方法和路径、项目工作计划、资金筹措和管理方案、项目实施准备等。评价重点：准备程度的规范性和完整性、工作计划的合理性、资源配置的科学性、准备工作质量、资料的完整性等。

3）实施阶段评价

评价内容主要包括：管理保障、阶段控制、经费管理、变更控制、监督管理、试运行、验收等。评价重点：项目要素的控制措施和效果、保障体系的科学性和合理性、试运行的充分性、验收工作的合规性等。

4）应用/运营阶段评价

评价内容主要包括：组织管理、档案资料、人员和服务管理、项目运行和安全管理、产业转化管理等。评价重点：管理制度及其实施效果、归档资料的完整性和系统性、人员培训和服务质量控制、项目维护和利用效率、产业转化前景和效率等。

3. 项目效益评价

项目效益评价的要点是：在过程评价的基础上，对项目运行的效果做出评价，并为项目可持续性评价提供依据，包括项目的技术评价、经济效益评价、社会效益评价和环境影响评价等方面。

1）技术评价

技术评价主要包括项目技术选择、项目功能目标实现程度、项目资源利用效率、项目技术创新或对新技术的应用等。

2）经济效益评价

对经营性项目可包括项目财务分析和项目经济分析；对非经营性项目可包括投资分析、成本分析和项目经济分析。

3）社会效益评价

社会效益评价主要包括项目的社会效益和社会影响。前者包括项目对区域经济发展和社会和谐的贡献，对当地居民生活质量提高和创造就业机会的贡献，对节能的贡献等；后者包括项目的国际国内影响、对国内外交流的促进作用等。

4）环境影响评价

环境影响评价主要包括项目给区域自然环境、生态环境、自然资源等带来的影响等。对可能带来重大环境影响的项目，还应将项目的实际环境影响同其环境影响报告书进行对比。

4. 项目可持续性评价

项目可持续性评价的要点是：项目能否依靠自身力量持续运营和发展，项目的既定目标能否继续实现，项目是否具有可重复性并在未来以同样方式实施同类项目。应从项目类型、规模、特点出发选取适当评价指标，综合评价社会经济可持续性、环境资源可持续性、项目运营可持续性、管理制度可持续性、与同类项目和所在区域发展的协调性等因素。

项目可持续性评价的主要内容包括项目内部因素和外部条件两个方面。其中内部因素主要有影响项目运行的运营管理水平、技术水平、人才素质、财务状况等；外部条件主要指规划、政策、市场供需、环境条件、资金等。

此外，根据美国国际开发署（United States Agency for International Development，USAID）提出的逻辑框架法（logical framework approach，LFA），项目后评价主要从项目投入、产出、直接目的、宏观影响四个层面对项目进行分析和综合评价，如表 6.4 所示。

**表 6.4　项目后评价参考指标集**

| | |
|---|---|
| 1. 投资环境 | 1.1 宏观经济 |
| | 1.2 产业结构 |
| | 1.3 产业政策（配额、价格补贴、转移支付） |
| | 1.4 产业技术进步 |
| | 1.5 融资环境 |
| | 1.6 项目产出市场环境 |
| | 1.7 项目投入市场环境 |
| | 1.8 国际贸易 |
| | 1.9 运输条件 |
| 2. 工程技术 | 2.1 产出规模 |
| | 2.2 选址及总图 |
| | 2.3 技术或工艺路线 |
| | 2.4 主要设备 |
| | 2.5 基础（配套）设施 |
| | 2.6 施工 |
| | 2.7 工程质量 |
| | 2.8 产品质量 |
| | 2.9 污染排放 |
| | 2.10 节能 |
| | 2.11 节水 |
| | 2.12 工期 |
| 3. 采购与支付 | 3.1 采购 |
| | 3.2 支付 |
| 4. 财务与经济 | 4.1 项目级指标 |
| | 4.2 企业级指标 |
| | 4.3 财政指标 |
| | 4.4 目标群体财务指标 |
| 5. 费用效果 | 5.1 单位效果（效能）的费用 |
| | 5.2 单位费用的效果（效能） |
| 6. 环境与生态 | 6.1 环境容量 |
| | 6.2 环境控制指标及实际达标情况 |
| | 6.3 生态指标 |
| | 6.4 文化及自然遗产保护 |
| | 6.5 环境影响货币化 |
| | 6.6 环境治理与保护投资 |
| 7. 卫生与健康 | 7.1 卫生指标 |
| | 7.2 卫生环境指标的货币化 |
| | 7.3 健康指标 |
| | 7.4 卫生与健康投资 |
| 8. 安全生产 | 8.1 安全生产指标 |
| | 8.2 消防指标 |
| | 8.3 安全生产投资 |
| 9. 社会环境 | 9.1 利益相关群体 |
| | 9.2 社会性别与平等发展机会 |
| | 9.3 少数民族平等或优先发展机会 |
| | 9.4 移民和拆迁 |
| | 9.5 项目区贫困人口数量 |
| | 9.6 最低生活保障线 |
| | 9.7 移民社区环境改变 |
| | 9.8 项目移民总投资、移民人均投资 |
| 10. 假设与风险 | 10.1 假设 |
| | 10.2 风险 |
| 11. 组织管理 | 11.1 前期程序与手续（相关程序） |
| | 11.2 招投标 |
| | 11.3 工程合同管理 |
| | 11.4 施工组织与管理 |
| | 11.5 采购 |
| | 11.6 支付 |
| | 11.7 机构 |
| | 11.8 项目管理程序 |
| | 11.9 主要领导人员素质及成就评价 |
| | 11.10 领导集体能力评价 |
| 12. 监督 | 12.1 项目内部监督机构与机制 |
| | 12.2 项目外部监督机构与机制 |
| | 12.3 企业内部监督机构与机制 |
| | 12.4 企业外部监督机构与机制 |
| | 12.5 利益相关群体监督机制（目标群体） |
| | 12.6 其他监督（审计、稽查、听证） |
| 13. 项目周期管理信息系统 | 13.1 工程技术信息 |
| | 13.2 经济信息 |
| | 13.3 环境生态信息 |
| | 13.4 社会发展信息 |
| | 13.5 风险信息 |
| | 13.6 管理信息 |
| | 13.7 监督信息 |
| 14. 项目目标 | 14.1 项目宏观目标 |
| | 14.2 项目具体目的 |

### 6.5.3 项目后评价的阶段和程序

1. 项目后评价的阶段

项目后评价一般分为四个阶段：项目自评、行业或地方初审、正式后评价、成果反馈。

1）项目自评

由项目业主会同执行管理机构按照国家标准、行业标准或世界金融机构的要求编写项目的自我评价报告，报相关投资部门或投资决策部门。项目自我评价是从项目业主或项目主管部门的角度对项目的实施进行全面总结，为开展项目后评价做好准备。

项目自我评价的内容与项目完工报告大致相同，重点是找出项目在实施过程中的变化，分析变化对项目各方面的影响，研究变化产生的原因，总结经验教训。由于国际金融组织（如世界银行、亚洲开发银行）、国家发展和改革委员会、国家开发银行及各部门和地方对项目后评价的目的、要求与任务不尽相同，因此项目自我评价报告的格式也有区别。

在我国，根据《国家发展改革委重大项目后评价管理办法（征求意见稿）》的规定，项目自我总结评价报告一般应包括以下内容。

（1）项目概况：项目目标、规划政策符合性、建设必要性、建设内容和规模、投资估算、资金来源及到位情况、投资概算批准及执行情况、主要技术经济指标、项目单位及参建单位基本情况等。

（2）项目实施过程总结：前期决策和审批（核准）情况、要素保障情况、建设管理制度及执行情况、重大设计变更及其原因、投资概算调整情况及其原因、新技术新工艺新设备新材料使用、资金管理和使用、竣工验收和竣工财务决算、运行管理、绩效管理等。

（3）项目效益效果评价：财务及经济效益、社会效益、生态环境效益、资源和能源利用效果、碳达峰碳中和效益、技术效果等。

（4）项目目标及可持续性评价：目标实现程度及其差距和原因、项目可持续性等。

（5）项目总结：自我评价结论及相关建议。

2）行业或地方初审

该阶段，由行业或省级主管部门对项目自评报告进行初步审查，提出意见，一并上报。

3）正式后评价

该阶段由相对独立的第三方后评价机构组织专家对项目实施后评价，通过资料收集、现场调查、统计分析和综合判断，编制项目后评价报告，因而也称为项目独立后评价。正式后评价的关键是保证评价的客观公正性，同时要及时将评价结果报告委托单位。

世界银行、亚洲开发银行等的项目独立后评价由其行内专门的评价机构来完成，称为项目执行审核评价。

4）成果反馈

反馈是后评价的主要特点，是后评价体系中的一个决定性环节，是一个传达和公布评价成果信息的动态过程。通过成果反馈，项目团队及其主管部门可以认真总结经验教训。后评价成果应作为规划制订、项目审批、资金安排、项目管理的重要参考依据。通过推广项目后评价总结出来的成功经验和做法，也可以不断提高投资决策水平和政府投资效益。

2. 项目后评价的程序

项目后评价程序主要由策划、信息收集、汇总和处理、分析与评价、编制项目后评价文件、结果反馈和利用等部分构成。实际应用时，可视项目规模、相关方要求、评价目的等因素删减或重复开展某些阶段的工作，以获得合理全面的结论。

1）策划

项目后评价的策划工作以形成正式的评价工作计划为最终成果形式，可分为两个阶段。第一阶段宜与项目立项批复过程同步开展，在项目论证、立项期间将项目后评价的范围、内容、意向承担单位、节点安排等初步确定；第二阶段宜在项目实施后期开展，明确后评价模型和方法，组建后评价工作组，确定后评价指标体系，明确风险控制和质量保证要求等。

通常，应开展选择后评价的项目包括两类，一是投资额巨大、建设工期长、建设条件复杂，对市场、行业或社会影响较大的项目；二是采用新技术、新工艺、新设备、新管理方法，可能产生新问题、新经验的项目。

2）信息收集

通过对项目论证、审批、策划、实施、验收、运行等全周期内形成的各种内外部信息资料的收集与处理，获得全面反映项目活动的信息。信息收集可以通过文件及记录收集、现场调查和人员访谈等方式进行。

3）汇总和处理

对收集的所有信息进行整理和归类，形成数据报表等汇总文件，并根据项目特征和数据情况研究选取数据处理方法和模型等。

4）分析与评价

分析与评价工作以得出项目后评价结论为目的，其主要内容包括：项目管理目标和宏观目标实现情况的分析与评价，项目实施过程中的变化、原因、处置及影响的分析与评价，项目管理能力和水平的分析与评价，项目影响和持续性的分析与评价，项目未来发展的预测分析与评价，项目经验教训的分析总结及建议和改进措施分析等。

5）编制项目后评价文件

项目后评价文件应概括全部评价工作，明确评价结论，真实反映项目后评价的结果，客观描述项目中存在的问题，提出项目后续发展的对策建议，总结可供类似项目参考的经验教训等。

6）结果反馈和利用

项目后评价结束后，应及时将评价结果反馈给项目委托方及其指定的其他相关方，同时注意收集相关方对于评价结果及其利用效果的反馈等信息。

项目后评价也可用于：①制度修订。通过项目后评价成果的使用机制，建立或修订相关规章、制度、标准等规范性文件，调整项目决策、规划、实施、运营中的偏差。②数据更新。运用项目后评价成果的汇总机制更新国家、行业、组织内项目数据库信息。③知识管理。通过项目后评价成果的扩散机制，分享相关经验教训，供相关组织和人员参考。④决策指南。通过项目后评价成果的示范机制，指导项目立项机构的决策行为等。

### 6.5.4 项目后评价方法

项目后评价是复杂的系统工程，需要用到多种分析方法，如宏观分析、微观分析、定量分析、定性分析等。只有通过多种分析方法相结合的方式，才能找到项目内外因素的变化规律，从而总结经验教训，为项目的决策、实施以及管理提供重要参考信息。

在项目后评估中常用的方法如下。

1. 对比法

这是项目后评价中较为常见的一种方法，多用在项目效益评价与项目影响评价上，该方法可分为前后对比法和有无对比法。

前后对比法是根据投资项目兴建前后的效益进行对比，以确定新建项目投资效益的一种方法。这种方法将建设项目的可行性研究报告、评估预测结论、决策目标以及工程初步设计确定的技术经济指标，与项目建成后的实际运行结果及在后评价时点上的预测值相比较，并分析差异产生的原因，多用于营利性项目。其局限性是很多大型社会经济项目不是以其直接效果作为唯一评价指标，因此单靠前后对比的方法往往不能找出项目产生的若干效益。

有无对比法是将项目实施运营后实际发生的情况，与若无项目时假设可能发生的情况进行对比，以达到衡量项目的真实效益、影响和作用的目的，便于项目管理者找出项目中存在的问题及其成因，提高项目管理效率。但“若无项目”是一种假设情况，其相关数据都是预测出来的，可信度不高。实际应用时，可将前后对比法和有无对比法两种方法有机结合起来，扬长避短。

2. 逻辑框架法

逻辑框架法是一种对项目进行设计、计划和评价的工具，更重要的是一种思维模式，它通过明确的总体思维，把与项目相关的重要因素进行系统分析。该方法是目前国内外项目后评价主要方法，项目后评价分析人员以“问题树”“目标树”“规划矩阵”三种方法作为辅助工具，整理项目中的因果关系、目标关系和外部制约条件。

二维码 6-7：逻辑框架法

（1）从确定要解决的关键问题开始，逐级扩展，获得其影响和后果，然后逐级推导以找出原因，并得到“问题树”。

（2）通过转换“问题树”，得到“目标树”，即将由“问题树”描述的因果关系对应转换为手段目标关系。“目标树”对应于规划矩阵（表 6.5）的第一列，进一步分析填满其他列后，可以使分析者对项目的全貌有一个非常清晰的认识。

（3）构建 4×4 的“规划矩阵”完成后续工作。

如表 6.5 所示，“规划矩阵”自下而上的四行分别代表项目投入和活动、输出、特定目标和宏观目标四个级别；从左到右的四列分别是每个目标级别的叙述、定量指标、验证方法和重要假设条件，即达到结果所需的外部条件。

**表 6.5　逻辑框架法基本模式**

| 叙述 | 定量指标 | 验证方法 | 重要假定条件 |
|---|---|---|---|
| 宏观目标 | 目标的衡量标准 | 资源来源采用的方法 | 宏观和特定目标间的假定条件 |
| 特定目标 | 项目最终状况 | 资源来源采用的方法 | 输出和特定目标间的假定条件 |
| 输出 | 项目完成的工作 | 资源来源采用的方法 | 投入和活动与输出间的假定条件 |
| 投入和活动 | 实施过程和内容 | 资源来源 | 项目的原始假定条件 |

逻辑框架法是一种概念化论述项目的方法，它将项目目标及因果关系划分为四个层次，再由四个层次形成三个垂直和水平的逻辑关系，为项目管理者和评价者提供了系统的分析框架，用以确定工作范围和任务，并通过对项目目标和达到目标所需手段进行逻辑关系的分析。

3. 其他定量评价方法

应用于项目后评价的其他定量分析方法主要有层次分析法、模糊综合评价法、数据包络法、灰色系统评价方法等。

二维码 6-8：其他定量评价方法

### 6.5.5　项目后评价文件编写

1. 项目后评价文件编写的基本要求

项目后评价文件，一般称为项目后评价报告，是项目后评价结果的汇总，应满足以下编写要求。

（1）文字简洁、准确，并辅以必要的图表和照片。应按照项目后评价文件的一般要求编写文件，用词准确以体现科学性；文字简洁以提高可读性。必要时采用图表、图片的方式，以提高文件的表达效率和可读性。

（2）数据翔实、论点明确、论据充分、结论清晰。

2. 项目后评价文件编写的基本要素

项目后评价文件应包括项目背景、评价方法、评价内容、评价结论和对策建议等主要内容。国家标准《项目后评价实施指南》（GB/T 30339—2013）附录 A 给出了项目后评价文件通用要素。

二维码 6-9：项目后评价文件通用要素

## ➤ 本章小结

1. 项目收尾及其主要工作。通常，项目都要经过启动、计划、执行、监控和收尾五个基本过程组。收尾一般是项目管理过程的最后一个阶段。当项目的规划目标已经实现，或者能够清晰地判断该项目规划目标不需要或无法实现时，则项目便进入收尾阶段。项目正常结束时，应进行项目竣工验收，实现项目交接，开展项目决算和审计，并进行项目后评价。当项目非正常终止时，应对项目进行审计和清算。

2. 项目验收及其作用。项目验收是指项目结束或项目阶段性结束时，项目承包方将其成果交付给使用者之前，项目接收方会同项目承包方、项目监理等有关方面对项目的工作成果进行审查的活动。项目验收是项目结束（或阶段性结束）的标志，是项目参与各方获得应得利益的前提，是提高项目质量的手段，也是促进项目尽快投入运营的基础。

项目竣工验收主要包含质量验收和文件验收。

3. 项目决算和项目审计工作。项目决算是指从项目启动到项目收尾为止的全部费用的确定过程，其结果是形成项目决算书。项目决算的意义在于，了解项目规划和设计预算的执行情况，为项目验收、核定资产、办理交付使用等提供依据。项目审计是对项目从决策立项至竣工投产的整个项目管理工作的全面跟踪检查，包括项目文件记录、管理方法和程序、财产情况、预算和费用支出情况以及项目工作的完成情况等。项目审计的主要目的是判断项目实施过程的合法性、合理性和有效性。项目审计包含项目前期审计、项目实施审计、项目竣工审计等，其中项目竣工审计又包含竣工验收审计、竣工决算审计、项目建设经济效益审计、项目人员业绩评价等内容。

4. 项目交接与项目清算工作。项目交接是指全部合同收尾后，在政府项目监管部门或社会第三方中介组织协助下，项目业主与全部项目参与方之间进行项目所有权移交的过程。项目竣工验收是项目交接的前提，交接是项目收尾的最后工作内容，是项目管理的完结。项目清算是非正常的项目终止过程。项目清算主要以合同为依据，其核心是分清责任、分担损失。项目清算方式主要有投资者组织清算和与项目合作方联合清算等。

5. 项目后评价工作。项目后评价是“对已结束项目的目标、执行过程、结果、效益、作用和影响等进行分析、总结和评估的活动”。其目的是总结经验、吸取教训，不断提高项目决策、实施和管理水平，并为制定相关政策等提供科学依据。项目后评价包含项目目标评价、项目过程评价、项目效益评价和项目可持续性评价。项目后评价过程包括项目自评、行业或地方初审、正式后评价、成果反馈四个阶段，经历策划、信息收集、汇总和处理、分析与评价、编制项目后评价文件及结果反馈和利用等程序，产生项目后评价文件（报告）等结果。

## ➢ 复习思考

1. 项目处于什么样的情况下，应该进入到项目收尾阶段？
2. 项目正常结束和非正常终止的主要区别有哪些？
3. 什么是项目验收？其结果和作用是什么？项目验收如何分类？
4. 简述项目验收的一般程序。
5. 项目质量验收和文件验收各自的主要内容是什么？
6. 项目质量验收的结果是什么？
7. 项目文件验收的程序有哪些？
8. 什么叫项目决算？项目决算的主要内容是什么？
9. 什么是项目审计？其作用是什么？
10. 项目竣工审计的主要内容有哪些？
11. 简述项目交接的概念和内容。
12. 什么是项目回访与保修？为什么要进行项目交接后的回访与保修？
13. 什么是项目清算？项目清算要经过哪些步骤？
14. 项目清算的方式有哪些？
15. 项目后评价和项目评估的主要区别是什么？

16. 项目后评价的主要内容有哪些？

17. 项目后评价要遵循什么样的流程？

18. 如何编制项目后评价文件（报告）？

## ➢ 能力测试

一、判断题

1. 项目生命周期的最后一个阶段是项目结束阶段。(　)

2. 当某一项目因为政策、法律或一些无法控制的因素而被迫无限期地延长时，该项目应当进行项目清算。(　)

3. 项目已经达到了其费用、进度和性能目标并融入投资人、业主或项目所有者的组织中时，则可以开始进行项目清算。(　)

4. 任何项目不通过验收，项目就无法移交。(　)

5. 项目决算的依据主要是项目决算书，即经项目各参与方共同签字后成为项目验收的核心文件。(　)

6. 项目竣工验收主要包含质量验收和文件验收，其中质量验收是关键，文件验收是辅助。(　)

7. 项目清算是由项目投资方召集项目团队及其相关人员组成清算班子，执行清算的。(　)

8. 项目评估的重要判别标准是投资者期望达到的收益水平，而后评价的判别标准则重点是对比项目可行性研究和项目评估的结论，采用前后对比的方法，分析项目实际运行中是否已经达到当初的预计。(　)

9. 项目后评价主要是判断项目是否实现了既定目标。(　)

10. 项目结束工作的顺序是：项目验收、项目交接、项目决算、项目后评价。(　)

二、单项选择题

1. 下列表述正确的是（　）。

A. 与其他项目阶段相比较，项目结束阶段的成本投入和启动阶段相当。

B. 与其他项目阶段相比较，项目结束阶段的成本投入是较多的。

C. 项目从开始到结束，其风险是不变的。

D. 项目开始时，风险最低，随着任务的完成，风险逐渐增多。

2. 下列哪些因素不是影响审计细致程度的因素？（　）

A. 项目周期　　B. 组织规模

C. 项目重要性　　D. 项目规模　　E. 项目风险

3. 项目后评价的基本方法是（　）。

A. 对比法　　B. 有无对比法

C. 动态法　　D. 分析法

4. 项目非正常结束的后续工作是（　）。

A. 项目验收　　B. 项目清算

C. 项目决算　　D. 项目交接

5. 项目竣工验收的主要内容是项目质量验收和（　　）。
A. 项目技术验收　　B. 项目财务验收
C. 项目文件验收　　D. 项目人员验收
6. 项目人员业绩评价属于（　　）。
A. 项目竣工验收　　B. 项目竣工审计
C. 项目经济效益审计　　D. 项目决算审计
7. 项目交接的主要内容有项目文件交接和（　　）。
A. 项目质量交接　　B. 项目实体交接
C. 项目团队交接　　D. 项目财务交接
8. 以下不是项目后评价与项目评估的区别是（　　）。
A. 评价方法不同　　B. 评价目的不同
C. 评价起点不同　　D. 评价标准不同
9. 项目后评价工作的起点阶段是（　　）。
A. 项目交接　　B. 项目自评
C. 项目初审　　D. 第三方评估
10. 对于正常结束的项目而言，以下不属于结束过程的工作内容是（　　）。
A. 项目决算　　B. 项目清算
C. 项目验收　　D. 项目交接

三、多项选择题

1. 项目出现以下情况时，公司应适时中止项目：（　　）
A. 项目决策失误，在项目概念阶段工作有误，如可行性研究报告依据的信息不准确，市场预测失误，重要的经济预测有偏差等原因造成项日决策失误，导致项目失败。
B. 项目规划、设计中出现重大技术方向错误，造成项目的计划不可能实现。
C. 项目实施过程中出现重大质量事故，并且不能挽回，项目继续运作的经济或社会价值基础已经不复存在，项目无法再经济地实现。
D. 项目虽然顺利进行了交接，但在项目试运行过程中发现项目的技术性能指标或经济效益无法达到项目概念设计的目标，项目的经济或社会价值无法实现。
2. 项目后评价文件的内容应包括（　　）。
A. 项目目标　　B. 实施过程
C. 结果效益　　D. 结论建议
3. 项目主要的结束方式包括（　　）。
A. 正常结束　　B. 非正常结束
C. 提前结束　　D. 延迟结束
4. 项目验收的主要标准和依据包括（　　）。
A. 国家、行业标准　　B. 相关法律法规和验收规范
C. 项目成果和成果文件　　D. 项目团队总结报告
5. 项目质量验收的结果形式包括（　　）。
A. 质量验收评定报告　　B. 项目质量合格率

C. 项目技术资料　　　　　D. 项目财务报告

6. 项目决算的主要依据包括（　　）。

A. 项目合同　　　　　　　B. 合同变更

C. 原始资料　　　　　　　D. 决算报表

7. 项目审计的主要作用包括（　　）。

A. 经济监督　　　　　　　B. 经济核算

C. 经济评价　　　　　　　D. 经济鉴证

8. 项目清算的主要作用包括（　　）。

A. 明确责任　　　　　　　B. 估算损失

C. 协商赔偿　　　　　　　D. 惩处责任人

9. 项目后评价与项目评估的区别（　　）。

A. 评价原则不同　　　　　B. 评价方法不同

C. 评价目的不同　　　　　D. 评价阶段不同

10. 项目影响评价的主要内容包括（　　）。

A. 项目财务影响评价　　　B. 项目经济影响评价

C. 项目环境影响评价　　　D. 项目社会影响评价

## ➢ 自主学习

## S 市机场建设项目的后评价

S 市是我国沿海开放城市之一，是海峡两岸交通的门户，又是著名的侨乡，经济和社会事业发展迅速，航空运输需求日益增长。改革开放后，该市的经济发展进入高速增长阶段，原有的机场已经无法满足经济和社会发展的需要。于是该市决定以地方投资为主建设新的国际机场。机场建成以后，该市航空客运流量比建设前增加了 3 倍以上。

该市机场项目于 20 世纪 90 年代初批准立项，并于 90 年代中正式开工建设，三年后建成投入运营。通航运营 5 年后，国家发展和改革委员会组织有关专家对该项目进行后评价。表 6.6～表 6.8 是该项目后评价的部分数据。

表 6.6　机场建设规模和投资规模

| 名称 | 可行性研究报告规模 | 建成规模 |
|---|---|---|
| 机场用地/亩 | 8 753 | 12 360 |
| 跑道（长×宽）/米$^2$ | 3 600×45 | 3 600×45 |
| 联络道/米 | — | 1 381 |
| 机坪（机位）/个 | 24 | 11 |
| 航站楼/米$^2$ | 100 000 | 141 000 |
| 货运库/米$^2$ | 18 000 | 20 000 |
| 行政用房/米$^2$ | 25 000 | 36 400 |
| 市内售票处/米$^2$ | 7 000 | 40 000 |
| 总投资/万元 | 161 500 | 331 340 |

注：1 亩≈666.67 平方米

**表 6.7 项目资金筹措的变化**（单位：亿元）

| 名称 | 可行性研究报告 | 开工方案 | 竣工决算 | 竣工决算金额减可行性研究金额 |
|---|---|---|---|---|
| 无偿性资金 | 15.60 | 10.80 | 12.64 | －2.96 |
| 借款 | 1.50 | 12.50 | 21.56 | +20.06 |
| 合计 | 17.10 | 23.30 | 34.20 | +17.10 |

**表 6.8 建成后运营状况与可行性研究预测对照表**

| 年份 | | 第一年 | 第二年 | 第三年 | 第四年 | 第五年 | 合计 |
|---|---|---|---|---|---|---|---|
| 旅客量/万人次 | 预测值 | 221 | 260 | 307 | 360 | 399 | 1 547 |
| | 实际值 | 200 | 211 | 202 | 216 | 228 | 1 057 |
| 货邮量/万吨 | 预测值 | 34 778 | 42 811 | 52 701 | 64 925 | 75 626 | 270 841 |
| | 实际值 | 18 669 | 26 826 | 41 644 | 39 462 | 41 372 | 167 973 |
| 运营收入/万元 | 预测值 | 5 278 | 11 671 | 12 906 | 14 272 | 16 490 | 60 617 |
| | 实际值 | 5 169 | 13 340 | 16 496 | 18 669 | 16 724 | 70 398 |
| 成本费用/万元 | 预测值 | 3 407 | 6 970 | 7 484 | 7 667 | 7 986 | 33 514 |
| | 实际值 | 18 992 | 38 991 | 38 972 | 38 087 | 44 103 | 179 145 |

问题：

1. 该机场项目的实际建设与可行性研究发生了怎样的变化？

2. 项目的运营可能达到可行性研究报告所预计的财务效果吗？如果不能，其主要原因是什么？

3. 您能为该项目财务效果的改观提出一些可行的建议吗？

4. 从本案例中，您可以得到什么启示？项目后评价的主要作用是什么？

# 第7章

# 项目组织与沟通

## ➢ 本章提要

在本章中，您将学习到以下内容：

1. 项目组织和项目组织规划；
2. 项目组织结构的四种类型及其特点；
3. 建设高效项目团队；
4. 项目领导的职责、能力及选拔；
5. 项目的沟通管理；
6. 项目冲突及其管理。

## ➢ 案例导入

### 团队沟通——形成项目合力

A 公司是一家专业的应用系统集成公司，林先生在 A 公司工作了 8 年，目前担任软件设计部高级工程师，直接向部门经理汇报。不久前，A 公司获得了一个 1500 万元的合同，为一家公司设计大型数据库系统。由于林先生具有丰富的项目经历，被任命为该项目的项目经理。于是，林先生与相关职能部门一道，为本项目挑选了最好的团队成员，他们大部分都是以前与林先生一起工作的同事。但是，限于实际情况，该项目技术负责人岗位迟迟未能落实。A 公司想方设法从竞争对手那里用高薪挖来了丁先生，担任项目的技术经理。丁先生是软件工程博士，在软件业从业 20 余年，具有丰富的开发经验。这次被高薪聘请，其薪酬甚至高于林先生。林先生十分重视丁先生的工作，经常找他了解项目进展。但丁先生对此并不买账，认为林先生对于自己的工作过度关注，似乎是对自己不够信任。对此，林先生解释道，这主要是因为丁先生初来乍到，对本公司的工作方法不够了解，并希望丁先生多多适应新环境，而不要总是希望用自己的方式来领导项目技术开发。一次，丁先生提出了一种创新的设计方案，可以降低系统成本，但林先生却说，“尽管我没有博士学位，但还是觉得这个方案既无新意也无实际意义”，并希望丁先生脚踏实地做好项目，而不是成天想着标新立异。对此，丁先生感到很苦恼。在一次出差途中，他向另一位工程师小张提及此事，认为林先生更像一名老派的软件设计师，而不是项目经理。他的许多设计理念早已过时，一些被他视如珍宝的开发方法早已落后于技术发展的步伐了，并表示“如果早知道这样的情况，当初就不该来A公司”。

项目确立之后，将面临两个关键问题：一是建立项目组织，处理好项目团队与组织整体的关系；二是遴选项目经理，带领项目团队完成项目任务，处理好项目沟通和冲突问题。项目本身的特性决定了这两个问题解决并非易事。

## 7.1 项目组织概述

### 7.1.1 组织与项目组织的概念

1. 组织的概念

组织是按照一定的宗旨和目标建立起来的人的系统，如工厂、机关、学校、医院、各级政府部门、各类经济实体、各个党派和政治团体等，它们都是具有特定目的、肩负一定任务的组织。

从广义上讲，组织是指由诸多要素按照一定方式相互联系而建立起来的系统。从这个角度看，组织和系统是同等的概念，包含生物有机体的组织、动物的群体组织和人的组织等。

从狭义上说，组织就是指人们为实现一定的日标，互相协作结合而成的集体或团体，如党团组织、工会组织、企业、军队等。现代社会生活中，组织是社会的基本单元。

从管理视角看，组织工作就是要建立一个高效的组织机构，使组织成员为了共同的目标，按照特定原则分工协作，充分利用相关资源，实现组织整体高效运行。而目标的一致性、原则的统一性、资源的协调性、活动的协作性、结构的系统性等是高效组织的典型特点。

2. 项目组织的概念

项目组织是指为了完成某个特定的项目任务而由不同部门、不同专业的人员所组成的一个特别的临时性组织，通过计划、组织、领导、控制等活动，对项目的各种资源进行合理配置，以保证项目目标的成功实现。

项目组织是一个系统，包括由人组成的组织结构和由任务形成的工作结构，以及这些结构间的相互联系等。项目组织存在于特定的组织之中，并受到特定组织的影响。因此，需要以更大的组织环境背景来看待项目组织。

通常一些规模较小、任务单一的项目，其技术工作和管理职能均由项目组织成员承担，如软件开发项目等。由于管理工作量不大，没有必要单独设立管理班子。此时项目组织也称为项目班

二维码 7-1：team与group的区别

子。而一些规模较大、任务复杂的项目，由于管理工作量很大，往往需要成立专门的管理机构来履行管理职能，技术工作则由他人或其他组织承担。这时候，可称其为项目管理班子。项目班子、项目管理班子统称为项目团队或者项目组。

3. 项目组织工作的主要内容

项目组织工作的主要内容如下。

（1）项目组织规划，包括确定项目组织结构、项目角色、岗位权责、报告关系、制订人员管理规划等。

（2）组建项目团队，包括明确项目角色和岗位人员、招聘项目团队成员、分配项目任务等。

（3）发展项目团队，包括提升团队胜任能力、完善岗位交互工作、营造项目工作氛围、提升项目团队业绩等。

（4）管理项目团队，包括团队成员绩效管理、沟通管理、冲突管理、变革管理等。

### 7.1.2 项目组织规划

项目组织规划就是确定项目管理需要的角色或岗位，各角色或岗位拥有的权责、相互关系的管理活动。

项目组织规划工作的成果是经批准的组织文件和管理计划，通常包括项目组织结构图、项目人力资源规划、责任分配矩阵、岗位说明书、管理流程性文件等。

1. 项目组织规划的原则

1）目的性原则

项目组织成员的配备、组织结构选择的根本目的是产生组织功能，实现项目目标。从这一根本目的出发，项目组织规划要因目标设事，因事设岗，因职责定权力。

2）高效性原则

大多数项目组织是一个临时性组织，应精干高效，力求一专多能，一人多职；应着眼于使用和学习锻炼相结合，以提高人员素质。

3）一体化原则

项目组织与所属单位整体组织应有机协调。所属单位是项目的母体，项目组织是由单位组建。项目管理人员可以来自单位内外。项目组织解体后，其管理人员仍回原单位或者离开单位。可见，项目组织形式与单位组织形式密切相关。

4）系统化原则

在项目实施过程中，不同专业、工作之间存在着大量关联关系，要求项目组织形成一个有机整体，防止职能分工、权限划分和信息沟通上的矛盾与冲突，使组织结构成为严密的有机系统。

5）管理幅度原则

管理幅度是指一个主管人员直接管理的下属人数。管理幅度越大，管理人员需要协调的工作关系越多。管理幅度越小，管理人员需要协调的工作关系越少，但管理层次越多。因此，需要根据项目领导和班子成员的能力以及项目规模进行权衡。

6）及时更新原则

项目的阶段性带来任务量随时间变化，导致所需资源种类和数量也随之发生变化。这就要求项目组织也随之及时调整和更新，以适应项目活动内容的变化。

2. 项目组织规划的依据

1）项目内在联系

项目内在联系（project interfaces）是指项目各组成要素之间的相互依赖关系及由此引起的项目组织和人员之间的依赖关系。它反映了项目的内容和特点，并由此决定和影响着项目组织和项目沟通方式的设计。

从项目管理的角度可以将这些联系分为三大类：技术联系、组织联系和个体联系。

（1）技术联系（technical interfaces），指项目各要素之间客观存在的相互依赖关系。例如，在工程项目中，设计与施工、土建工程与安装工程的关系等。技术联系具有客观性，不以人的意志为转移，其他项目联系都要受其制约。

（2）组织联系（organizational interfaces），指与项目技术联系有关的项目组织内外各部门、各岗位之间的关系，也称为报告关系（reporting relationship）。例如，由于土建工程与安装工程的联系，土建部门与安装部门的工作联系产生。

（3）个体联系（interpersonal interfaces），指项目组织内部个人与个人之间由于完成任务而形成的相互关系。

2）人员配备要求

人员配备要求（staffing requirements）是根据项目各部门的任务提出的，对完成任务的人员的专业技能、综合素质、工作时间等方面的要求，包括生理心理、学历经验、专业技能、工作能力、品德性格、责任心、工作时间区间等。

3）制约和限制

制约和限制（constraints and limitations）是指项目组织内外存在的、影响项目组织模式及获得某些需要资源（如人员）的因素，常见的制约有：组织结构形式、项目管理班子的偏好、期望的工作分工等。

## 7.2 项目组织形式

组织形式，又称为组织结构。在项目实践中存在多种项目组织形式。项目组织形式的选择需要依据项目建设需求，结合项目管理单位的实际情况来加以确定。

### 7.2.1 项目组织结构的类型

二维码 7-2：远程工作

通用的项目组织结构有职能式、项目式和矩阵式。其中，矩阵式组织结构又可细分为弱矩阵式、平衡矩阵式、强矩阵式三种形式。此外，还包含上述三种形式的组合形态。随着信息通信技术的发展，远程工作被越来越多的组织所采用，也逐渐形成了一种新的项目组织形式，即虚拟项目组织。

1. 职能式组织形式

职能式组织形式指按工作相似性或职能来划分部门，如采购部门、生产部门、营销部门、研发部门、财务部门、人事部门等，这些部门进一步按专业进行细分，如人事部门可以进一步细分为招聘科、劳资科、培训科等，再进一步细分则构成各部门的相关工作岗位。

在职能式组织中开展项目管理工作，通常根据项目需要由各职能部门指定或抽调相关人员组成项目组织，如图 7.1 所示。例如，新产品开发项目可以从营销、设计及生产部门各抽调一定数量的人员形成开发小组，其本质是由各职能部门承担项目相关任务，各部门间的协作通过管理渠道实现。

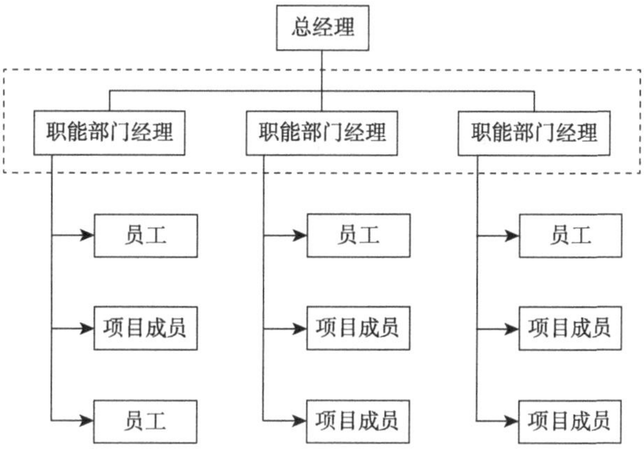


图 7.1　职能式组织中的项目协调

在职能式项目组织中，项目团队成员并没有脱离原来的职能部门，其在项目中的工作多属于兼职。同时，项目团队并不明确项目主管，或项目领导授权极少，项目中的协调工作主要依靠职能部门主管或经理来完成。职能式项目组织多适用于小型项目和公司内部项目。

职能式组织形式具有以下特点。

1）主要优点

（1）利于部门专业化，可使项目获得部门内所有的知识和技术支持，这对创造性的项目技术问题的解决很有帮助。

（2）技术专家可同时参加不同的项目，以提高资源的利用效率。

（3）当项目人员变动时，职能部门可作为保持项目技术持续性的基础。

（4）利于在过程、管理和政策等方面保持连续性。

（5）利于人员专业化发展，项目成员不必担心项目的临时性。

2）主要缺点

（1）项目利益和职能部门利益存在冲突。

（2）项目人员容易把项目工作看成额外负担，从而影响其工作积极性。

（3）跨部门交流沟通比较困难，强调内部协调往往会使得客户利益得不到优先考虑。

（4）无人对项目整体负责。

2. 项目式组织形式

项目式组织形式基于项目来设立部门，如图 7.2 所示。在项目式组织中，项目部门与其他部门分离，每个项目拥有完成项目任务所必需的所有资源，有明确的项目领导，对上接受整个组织或大项目领导，对下负责本项目资源利用以完成项目任务。每个项目组之间具有相对独立性。

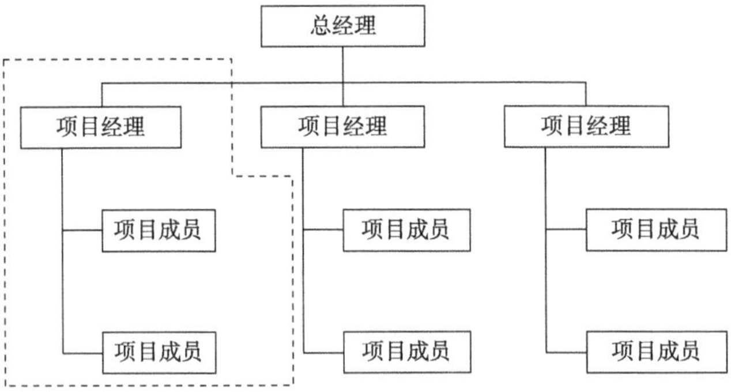


图 7.2　项目式组织形式

项目式组织形式中，项目领导（通常是项目经理）通常是全职职位，获得较大的项目授权，具有较大的独立性和对项目资源的控制权。在项目部门中，也会设置若干部门（如工程部、质量部、财务部等），直接向项目领导报告，提供支持服务。这种方式常见于涉及规模大、周期长、价值高的大型项目的组织中，如工程公司、项目公司等。

项目式组织结构具有以下特点。

1）主要优点

（1）项目领导获得充分授权，利于调动项目内外部资源，并对项目负责。

（2）项目领导直接与组织高层沟通，便于提高项目内决策与沟通效率。

（3）项目目标明确、一致，项目成员能够集中精力，团队精神易得到充分发挥。

（4）排除了多重领导的可能，利于命令统一，控制效率高。

（5）利于项目专业化，保留技术领域的专家作为固定成员。

2）主要缺点

（1）多项目运行时可能产生资源的重复设置，降低资源利用效率。

（2）不利于职能专业化和规模经济的实现。

（3）组织环境相对封闭。

（4）项目内成员有很强的依赖关系，但项目之间的沟通常常发生困难。

（5）项目成员难以形成长期的职业生涯规划。

3. 矩阵式组织形式

矩阵式组织形式是职能式组织和项目式组织的混合形式，因而包含了纵向职能部门和横向项目部门两套组织系统，即按照职能划分的纵向部门与按照项目划分的横向部门结合起来，构成了类似矩阵的管理系统。理论上讲，当多个项目对有限的职能资源有共同要求时，矩阵管理就是一个有效的组织形式。它在克服了传统职能组织无力对不同项目任务提供集中、持续和综合的关注与协调的困难的同时，也保证了项目的独立性。

在矩阵式组织中，项目领导对项目结果负责，职能领导为项目成功提供所需资源。因此存在两条命令链，一条沿纵向职能下达，另一条从横向项目展开。项目领导在项目活动的内容和时间方面对职能部门行使权力，而各职能部门领导则决定“如何”支持项目。每个项目领导对组织的最高管理层负责，并由最高管理层授权。职能部门则通过对其资源做出合理分配和有效控制来管理项目。职能部门领导既要对其直线上司负责，也要对项目领导负责。

1）矩阵式组织的类型

常见的项目矩阵式组织形式有弱矩阵式、平衡矩阵式、强矩阵式三种形式。

（1）弱矩阵式组织形式。弱矩阵式组织形式又称为职能矩阵式组织形式，即以职能为核心的矩阵式组织形式。它保留了大部分职能式组织形式的特点。其中，项目领导是一种兼职，其角色更像是一名协调者。职能领导则控制了项目资源的主要配置权。与职能式组织不同，弱矩阵式组织中的项目协调主要发生在项目成员层面，如图 7.3 所示。

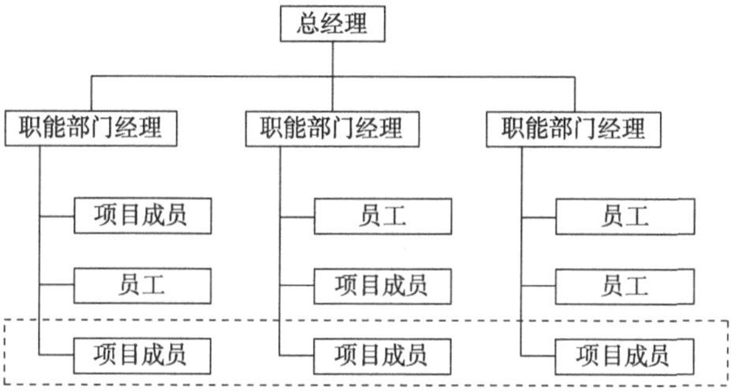


图 7.3　弱矩阵式组织中的项目协调

（2）平衡矩阵式组织形式。这是经典的矩阵式组织形式。其中，项目领导负责监督项目执行，职能领导对本部门负责。项目领导制订项目计划、整合不同领域、制定时间表、监督工作进度；职能领导按照项目领导的安排。“平衡”之意，在于项目领导和职能领导分享项目权力。但现实中，这种“平衡”常常会因为两者的目标、利益和能力的差异而被打破。平衡矩阵式组织形式如图 7.4 所示。

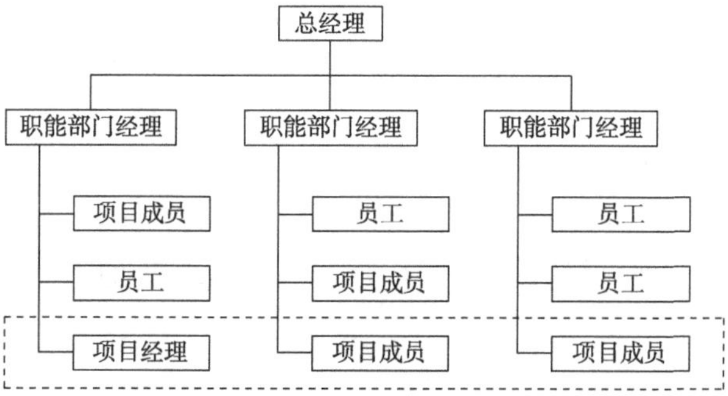


图 7.4　平衡矩阵式组织形式

（3）强矩阵式组织形式。强矩阵式组织形式又称为项目矩阵式组织形式，即以项目式为核心的矩阵式组织形式。其中，项目领导为全职职位，负责对项目实施更有效的控制，对项目拥有决策权。职能部门领导仅对本部门人员负责，并提供专业咨询支持，如图 7.5 所示。

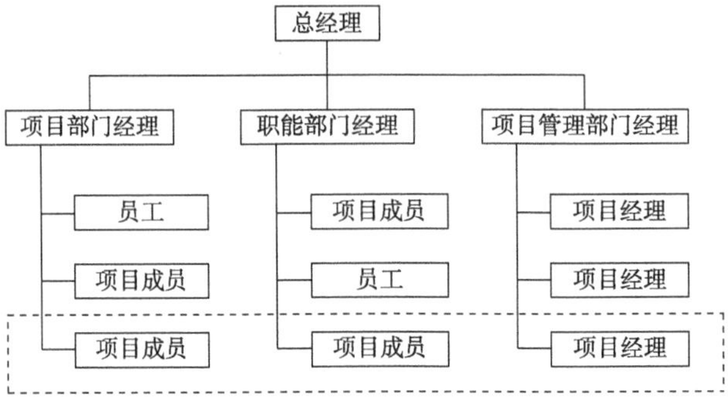


图 7.5 强矩阵式组织中的项目协调

2）矩阵式组织形式的特点

A. 主要优点

（1）汇集了职能式组织和项目式组织的一般优点，具有较广的选择范围，提高了项目组织的灵活性。

（2）聚焦于项目工作，有专人协调、领导项目，提高了项目成功的机会。

（3）项目中的职能人员增加了组织对项目的控制力。

（4）借助职能部门参与，提高了多个项目之间协调和资源共享的机会。

（5）在保留项目式组织长处的同时，减少人员冗余。

（6）减小项目组织临时性对其成员的影响，使其既与项目有很强联系，又对职能部门有“家”的感觉。

（7）增强了对客户需求的快速响应。

B. 主要缺点

（1）包含纵向和横向双重领导结构。

（2）在开始制定政策和方法时，需要花费较多时间和劳动量。

（3）每个项目独立进行，容易产生重复性劳动和资源冗余。

（4）增加了控制和对时间、费用、质量等参数平衡的难度。

（5）对员工素质要求高。

4. 组合式组织形式

组合式组织形式有两种含义：一是在特定单位的项目组织形式中存在有职能式、项目式或矩阵式两种以上的组织形式；二是在一个项目的组织形式中包含两种结构以上的模式，如在职能式项目组织结构的子项目采取项目式的组织结构等。具体如图 7.6 所示。

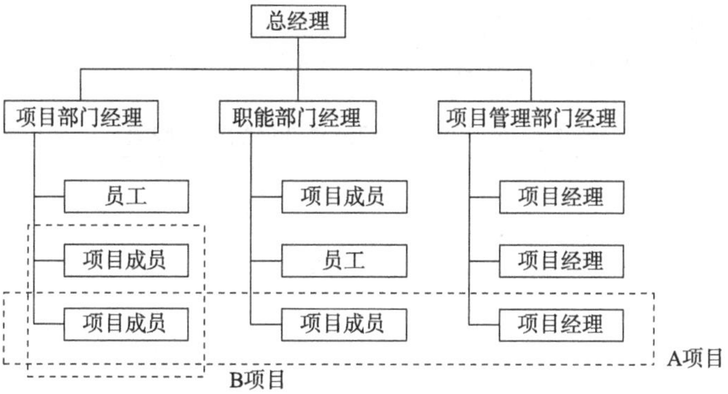


图 7.6　组合式组织中的项目协调

组合式组织形式的最大特点是方式灵活，组织可根据其自身或者项目的具体情况确定项目管理组织形式，而不受现有模式的限制，因而在发挥项目优势与人力资源优势等方面具有方便灵活的特点。

组合式组织形式可能产生的主要问题是：在项目管理方面容易造成混乱，项目信息流、项目沟通等容易产生障碍，组织的项目管理制度不易较好地得到贯彻执行等。

项目的各种组织形式的特点比较如表 7.1 所示。

**表 7.1　项目的各种组织形式的特点比较**

| 项目特点 | 职能式 | 矩阵式 | | | 项目式 |
|---|---|---|---|---|---|
| | | 弱矩阵 | 平衡矩阵 | 强矩阵 | |
| 项目经理授权 | 很少或没有 | 有限 | 较低到中等 | 中等到较高 | 高到全部 |
| 资源可得性 | 很少或没有 | 有限 | 较低到中等 | 中等到较高 | 高到全部 |
| 项目预算控制 | 职能经理 | 职能经理 | 项目/职能经理 | 项目经理 | 项目经理 |
| 项目经理角色 | 兼职 | 兼职 | 全职 | 全职 | 全职 |
| 项目管理人员 | 兼职 | 兼职 | 兼职 | 全职 | 全职 |

5. 虚拟项目组织

虚拟组织是一种区别于传统组织的以信息技术为支撑的人机一体化组织。虚拟组织以现代通信技术、信息存储技术、机器智能产品为依托，实现传统组织结构、职能及目标。在形式上，虚拟项目组织没有固定的地理空间，也没有时间限制。组织成员通过高度自律和高度的价值取向来实现组织的共同目标。虚拟项目组织的主要特点包括：以计算机网络和通信技术为支撑、具有多种核心能力、具有一致明确的目标集合、项目团队是一种动态联盟形式。

虚拟项目组织的主要形式是虚拟项目团队（virtual project team），具体见本章 7.3.4 节。

## 7.2.2　项目组织形式的选择

项目组织形式的选择主要依据项目特点和组织资源来进行选择。具体需要考虑项目的性质和影响、各种组织形式的优缺点等，进行综合权衡。

1. 影响项目组织形式选择的因素

影响项目组织形式选择的关键因素如表 7.2 所示。

**表 7.2　影响项目组织形式选择的关键因素**

| 影响因素 | 组织结构 | | |
|---|---|---|---|
| | 职能式 | 矩阵式 | 项目式 |
| 不确定性 | 低 | 高 | 高 |
| 所用技术 | 标准 | 复杂 | 新 |
| 复杂程度 | 低 | 中等 | 高 |
| 持续时间 | 短 | 中等 | 长 |
| 规模 | 小 | 中等 | 大 |
| 重要性 | 低 | 中等 | 高 |
| 客户类型 | 各种各样 | 中等 | 单一 |
| 对内部依赖性 | 弱 | 中等 | 强 |
| 对外部依赖性 | 强 | 中等 | 强 |
| 时间限制性 | 弱 | 中等 | 强 |

通常，职能式组织结构比较适用于规模较小、偏重技术的项目，而不适用于环境变化较大的项目。因为环境变化需要各职能部门间的紧密合作，这恰恰是职能式组织结构的弱项。

当一个组织中存在多个项目或项目规模较大、技术复杂时，应选择项目式组织结构。因为项目式组织在应对不稳定的环境时显示了独特的优势，而这一优势来源于项目团队的整体性和各类人才的紧密合作。

同前两种组织形式相比，矩阵式组织形式在充分利用组织资源上显示出了巨大的优越性，由于其融合了两种结构的优点，这种组织形式在进行技术复杂、规模巨大的项目管理时呈现出了明显的优势。

2. 选择项目组织形式的程序

（1）定义项目：描述项目目标，即所要求的主要输出。

（2）确定实现项目目标的关键任务，并确定参与项目任务的职能部门。

（3）安排关键任务的先后顺序，并将其分解为工作集合。

（4）确定完成工作集合的项目子系统及其相互联系。

（5）列出项目特点或假定，如要求的技术水平、项目规模、工期长短、项目人员可能出现的问题、不同职能部门之间协调可能出现的问题、组织的项目经验等。

（6）根据以上考虑，并结合对各种组织形式特点的认识，选择一种组织形式。

3. 项目组织结构的调整与优化

为保证项目的顺利进行，一般不轻易对项目组织结构进行调整。必要时，项目组织结构调整除要遵循一般的组织设计原则外，还要把握以下几点。

（1）保持项目工作连续性。要防止因项目组织调整而对项目进展产生不利的影响。

（2）维护客户利益。当组织调整出现矛盾时，以客户利益为标准，不能因组织的调整影响了项目合同的正常完成。

（3）把握正确时机。要注意研究与把握调整的最佳时机，并利用调整前的时间做好各项准备工作，防止各种意外情况的出现。

（4）解决主要问题。解决原组织中存在的主要问题是项目组织结构调整的动因。因此在构造新组织时一定要认真分析研究，新组织能否达到这一目标。

## 7.3 项目团队

### 7.3.1 项目团队概述

团队是指由两个及以上成员所组成的、完成特定任务的交互式工作小组。从规模看，团队成员可以小到数人，大到数千人。从行为看，交互工作是团队行为的重要特点，也是判别团队和非团队组织的重要依据。从目标看，团队成员都有一个共同的目标，如完成某项研究、撰写一份报告、开发一个新产品等。

项目团队，又称为项目管理团队、项目小组、项目组等，是指本着共同的目标，为了保障项目的有效实施而建立起来的管理组织，一般由项目经理和团队成员组成。

通常，项目团队具有以下基本要素。

1. 项目经理

通常，项目团队的领导称为项目经理，是项目成功策划和执行的总负责人，其首要职责是在规定时间、规定预算内领导项目团队优质地完成全部项目任务，并使客户满意。为此，项目经理必须在项目生命周期全过程有效领导，实现项目目标。

2. 项目团队成员

项目团队成员，即除项目经理以外的项目团队的其他成员。项目团队成员的设定首先需要根据项目工作分解设定团队角色，如团队顾问和项目专家等。其次需要编制组织结构图和岗位说明书，以明确各个角色在组织中的位置和作用。最后要编制团队成员的责任分配矩阵表。

3. 项目团队目标

任何项目团队都应具有明确的目标。通常，项目经理必须和上级主管单位一起设置团队的总体目标，再和下属机构和团队成员一道设定具体的工作目标。有效的绩效管理均建立在项目目标及其分解之上。

二维码 7-3：组织结构图　　二维码 7-4：岗位说明书　　二维码 7-5：责任分配矩阵表

4. 项目团队行为准则

项目团队应制定工作规范，以指导团队成员个体行为、规范团队整体行为。行为准则地制定需要团队成员共同参与，其发布应正式、及时、有效，并要求全体成员严格遵守。

### 7.3.2 项目团队的发展

项目团队的建立与发展一般经历五个阶段：形成（forming）、震荡（storming）、规范（norming）、执行（performing）、终止（adjourning）。

1. 形成阶段

在这一阶段，项目团队成员刚刚开始一起工作，总体上工作愿望积极，但对自身职责及其他成员的角色缺乏了解，存有很多疑问，并不断探索合适的工作行为。在这一阶段，项目经理需要进行团队的指导和构建工作。

（1）宣传项目目标，描绘项目前景和预期效益，公布项目工作范围、质量、预算、进度计划的标准和限制，使每个成员对项目有全面深入的了解，以便建立起共同愿景。

（2）明确每个项目团队成员的角色、授权、主要任务和要求、掌握技能等，并帮助他们尽快理解所承担的任务。

（3）与项目团队成员共同讨论决定项目团队组成、工作方式、管理方式、方针政策，保证工作顺利开展。

2. 震荡阶段

在这一阶段，随着工作的开展，各方面问题会逐渐暴露，工作中的任务冲突、个体之间的行为习惯冲突等时有发生，造成工作中不愉快的经历，对团队成员的士气产生负面影响。此时，项目经理应正确对待和处理冲突，努力创造一个互相理解和支持的工作环境。

（1）允许成员表达不满或其所关注的问题，接受并容忍团队成员的不满。

（2）做好导向工作，努力解决问题、矛盾。

（3）依靠团队成员群策群力，共同解决问题。

3. 规范阶段

在这一阶段，团队成员开始表现出相互适应、相互理解、相互关爱，他们调整自身行为，逐步形成了和谐的工作关系，彼此间的信任开始建立，团队开始表现出凝聚力。在这一阶段，项目领导应顺势而为，确立团队行为规范，培育和谐的团队文化。

（1）尽量减少指导性工作，给予团队成员更多的支持和帮助。

（2）在确立团队规范的同时，要鼓励成员的个性发挥。

（3）培育团队文化，注重培养成员对团队的认同感、归属感，努力营造出相互协作、互相帮助、互相关爱、努力奉献的精神氛围。

4. 执行阶段

在这一阶段，团队的结构完全功能化，成员之间形成了稳定、规范、高效的交互式工作模式，为实现项目目标而共同努力，并开放、坦诚地进行沟通，共同解决工作中遇到的困难和问题，创造出很高的工作效率和满意度。此时，项目经理的工作重点如下。

（1）授予团队成员更大的权力，尽量发挥成员的潜力。

（2）帮助团队执行项目计划，集中精力了解项目完成情况，保证项目目标得以实现。

（3）加强团队成员的培训工作，帮助他们获得职业上的成长和发展。

（4）科学、客观地评价团队成员的工作绩效，并采取适当方式给予激励。

5. 终止阶段

在这一阶段，项目团队完成了项目所有工作，将要离开原项目团队，进入新的团队。此时，项目经理应重点关注项目收尾，奖励团队成员工作成就，及时安置团队成员等。

### 7.3.3　建立高效项目团队

1. 高效项目团队的特征

项目团队的高效工作需要团队成员围绕项目目标齐心协力工作、相互帮助支持、创造和谐的工作环境。高效项目团队应具备下列特征。

（1）明确清晰的目标。团队成员清楚地了解所要达到的目标及其意义。

（2）明确工作职责和角色期望。团队成员明确自身责任以及其他成员对自己的期望，共同完成项目任务。

（3）对共同目标的承诺。团队成员认同团队目标，了解个人目标与团队目标的关系，并承诺为完成目标而努力工作。

（4）有效沟通和高度合作。团队成员之间开放坦诚、互相尊重、相互帮助、及时沟通，并愿意接受建议性的批评。

（5）高度的相互信任。项目成员之间相互信任，相信其他成员的品行和能力，承认团队中每个成员的贡献。

（6）具备相关技能。团队成员具备实现项目目标所需要的基本技能。

（7）优秀的团队领导。优秀的团队领导能起到教练或支持者的作用，他们对团队提供指导和支持，而不是试图去控制下属。

（8）获得内外部支持。其包括内部合理的组织结构和外部的资源条件。这些都建立在秉持开放心态和实施有效沟通的基础上。

2. 高效项目团队的建设

高效项目团队建设需要做好以下工作。

1）挑选合适的团队成员

组建项目团队的首要问题就是挑选合适的团队成员。项目团队成员的选择应以项目管理计划、组织环境和组织流程为依据，通过协商、任务指派、人员挑选、虚拟团队等方式挑选合适的团队成员。应制订科学的项目人力资源规划，确保项目角色或岗位配置合理；应制定明确的职责、权力和能力要求。在挑选成员时虽然技术技能十分重要，但也不能忽视性格的相容性和能力的互补性等问题。

2）采用科学的激励手段

应结合项目的特点，将经济与非经济手段相结合，针对团队成员需求加以激励。经济激励方面，应建立基于工作绩效的激励体系，通过科学的绩效评价对团队成员实施奖励。非经济激励方面，应充分利用工作设计，通过安排富有挑战性的工作、充分授权等方式，结合表扬、休假、培训、晋升等，提高激励的可持续性。

3）建立高效的沟通机制

要建立一个高效的项目团队，内部的沟通机制非常重要。首先，项目信息应及时传递与分享；其次，项目问题应充分讨论与沟通；再次，工作中所产生的矛盾与冲突应有系统的沟通与解决机制；最后，应建立开放的工作环境与团队文化，在发生矛盾和冲突时致力于解决问题，对事不对人。

4）努力增强团队凝聚力

高效项目团队必定是一个有较高凝聚力的团队。团队凝聚力建设首先应加强团队成员之间的互动，通过有效沟通达成相互理解、互相承诺、相互合作，从而正向影响团队凝聚力。其次是加强团队目标的引领作用，团队成员对于团队整体目标的认同越高，其行为的关联性越大，凝聚力越强。最后是加强个体吸引力，即鼓励团队成员，特别是团队领导树立开放心态，通过正向行为影响团队成员。

5）重视团队成员发展

在项目团队这样一个临时性组织中，团队成员发展往往容易被忽视，但却是团队成员追求的主要目标之一。团队领导应着力提升团队成员的知识与技能，一方面有助于项目工作的顺利开展，另一方面也可以为成员的持续发展创造条件。因此，项目经理应重视团队成员技术技能、管理能力、团队工作能力的培养，通过培训项目和“干中学”增强成员才干，在成绩与错误中学习成长。

### 7.3.4 虚拟项目团队

1. 虚拟项目团队的概念

虚拟项目团队是近年来发展迅猛的一种项目组织方式。它是指一群跨越时空和组织边界的人们通过先进的信息和通信技术，为了实现共同的目标而在有限的时间范围内协同工作的团队。

2. 虚拟项目团队的特点

通常，虚拟项目团队包括一个项目管理者和一定数量的团队成员。与一般项目团队相同，虚拟项目团队也包括团队目标、组织结构、团队管理方法，以及为了完成团队目标而选择的工作类型等。与一般项目团队不同，虚拟项目团队具有灵活的成员人数，柔性的项目组织和密集使用的信息系统。具体包括以下几个方面。

1）组织虚拟化

虚拟项目团队是通过计算机网络和通信技术，将分散在不同地点的人力资源联结起来而形成的虚拟性项目组织。团队成员通常分属不同组织，之间并不存在明确的归属和命令关系。

根据组织成员的集中度高低，虚拟项目团队还可以进一步分为三种模式。

（1）分散并行模式。这种模式的集中度最低，团队成员独立开展项目工作。

（2）虚拟核心模式。这种模式采取核心团队集中于一地、其他团队成员相对独立的方法，其集中度相对较高。

（3）集中团队模式。这种模式强调在维持团队的虚拟灵活特性的同时，针对特殊的项目任务而高度集中，密切配合。

2）运行网络化

虚拟项目团队的运行以计算机网络和通信技术为联结手段，以市场和关系契约为基础，形成多主体独立运行的模式。其物理核心是信息技术；关系核心是合同契约、协议、政策等，以实现项目资源的共享和集成。

按照团队成员之间的关联程度进行划分，虚拟项目组织可分为以下四种基本类型。

（1）价值关联非竞争性组织。该种类型大多是不同行业内组织间的合作形式，团队成员之间没有直接的竞争关系，但往往是处于价值链的上下游企业等。

（2）技术关联非竞争性组织。该种类型是指同行业内非竞争性组织间的合作形式，团队成员间的合作密切，但从事的领域不相重合，技术互补性强，没有直接的竞争领域。

（3）技术关联竞争性组织。该种类型的虚拟团队成员之间不仅在技术上高度相关，而且在最终产品市场上可能成为直接的竞争对手。

（4）价值关联竞争性组织。该种类型的团队成员往往属于不同行业，但在项目研发的内容或产出方面具有相关性，甚至是同一类技术或产品。

3. 虚拟团队的组建

组建虚拟项目团队，应考虑以下问题。

1）项目团队的系统特征

项目团队的系统特征，即项目各团队成员及子项目之间是高度耦合的还是相对自主独立的。如果是高度耦合的，则适宜采用集中度高的组织方式；如果是相对自主独立的，则适宜采用比较松散的组织方式。

2）项目团队的资源特征

项目团队的资源特征，即各团队成员项目资源的性质和数量相互之间是互补型的还是共享型的；不同成员是处于同一个行业，还是不同的行业；处于同一个行业的成员，其产品是否会形成竞争关系等。

3）内部沟通和协调机制

虚拟项目通常参与方众多，在文化背景、语言、时差等方面都会存在差异。管理者需要根据团队成员的组成情况，选择合适的、实用的沟通机制和协调机制。

4）知识系统的主导类型

知识系统的主导类型，即项目研发活动所涉及的知识主要是显性知识还是隐性知识。如果是隐性知识，则需要考虑如何把隐性知识转化为显示知识，以便在团队成员之间共享。

5）项目的创新程度

项目的创新程度，即项目是解决渐进式的还是突变式的问题或需求。如果是渐进式的，则适宜采取低集中度的组织形式；如果是突变式的，则适宜采用高集中度的组织形式。

具体来说，对于单主体虚拟项目组织，如果项目是渐进式创新，各个子项目相对独立，主要知识是显性的，所需资源具有重复性，可以采取低集中度的组织形式，相反则应采取高集中度的组织方式。对于多主体虚拟项目组织来说，其主要是针对重大的、复杂的、高投入的项目，应重点关注资源互补性和成员组织间的竞争程度，其组织形式更趋于无形化和网络化。

4. 虚拟团队的有效运行

1）增强认同，提高团队凝聚力

与一般团队组织不同，虚拟团队成员往往难以面对面交流。因此在组建之初，就应该设计有效的网络交流手段让项目成员清晰地了解项目团队的使命、愿景和目标，清晰定义和分配工作任务，以增强团队成员的认同感。信任是虚拟项目团队组建的文化基础，也是项目成功运行的润滑剂。它既包括对项目成员文化背景差异、技能、知识的接受、认可和尊重，也包括对成员知识成果的尊重和保护。合作共赢是虚拟项目团队组建的利益基础，也是项目团队运行的动力源泉。

2）制定规范，做好冲突管理

与一般项目团队相同，虚拟项目团队在组建时就应该制定清晰的规范和协议，不仅要使团队成员清晰地了解其工作职责，而且还需要明确团队成员能够分享的成果和成员之间的制约关系，这对于没有隶属关系的虚拟团队尤其重要。因此，建立能够有效运行的团队规范机制至关重要。当团队发生冲突时，这些规范和协议即是解决冲突的准绳，对于减轻冲突所造成的震荡十分必要。

3）适时评价，及时反馈结果

虚拟项目团队成员相对分散，且相互之间没有隶属关系，使得传统的绩效评价方法难以适用。因此，对虚拟项目团队的绩效评价既要考虑对团队整体的评价，也要考虑对团队成员和领导者个体层面的评价；既要考虑对项目结果的评估，也要考虑对工作过程的评价；既要有来自管理层的评价，也要有同事、项目相关方的评估，还要有自我评估。因此，采取 360 度反馈评价模式，并通过可视化方式将评价结果及时有效地传达给团队成员是虚拟团队有效运行的重要方法。

4）加强共享，促进知识显性化

虚拟项目团队的核心优势在于使不同的组织（或个体）的资源得到有效的传递、分享、整合和增值，从而实现各方优势互补。从个体层面看，虚拟项目团队多为知识型，其管理核心是知识积累、共享、传递、创造的过程。有效的知识共享机制可以把分散化的知识规范、系统地展现以供团队成员共享，进而拓宽、延伸和重构其自身的知识结构。从组织层面看，虚拟项目团队成员来自不同组织。只有建立有效的知识管理机制，才能使团队成员的隐性知识转变为显性知识，并进而成为团队共享的知识。

## 7.4 项目经理

### 7.4.1 领导和项目领导的概念

1. 领导的概念

领导，一般有两种含义：一是领导者为实现组织的目标而运用权力向其下属施加影响力的一种行为或行为过程；二是领导者，即一种类型的管理人员。领导的特征是必须对某个单位、部门或者项目的工作负责。

2. 项目领导的概念

项目领导，通常称为项目经理，是指项目策划和执行的总负责人，是项目团队的领导者。

Warren Bennis（沃伦·本尼斯）认为项目经理和项目领导是有所区别的。项目领导关注做正确的事情（方向），而项目经理关注正确地做事情（方法）。项目领导首要职责是在预算范围内按时优质地完成全部项目工作内容，并使客户满意。为此项目领导必须在一系列的项目计划、组织和控制活动中做好领导工作，从而实现项目目标。可见，项目领导既要做领导又要管理项目，扮演着多重角色，需具备多种能力。

### 7.4.2　项目经理的作用

1. 项目经理的角色

项目经理是项目的主要负责人，肩负着带领团队完成项目目标的任务，其行为对项目成败起着至关重要的作用。项目经理在项目管理中承担着四个角色：计划者、组织者、控制者、沟通者。

1）计划者

项目经理负责项目计划的制订，主要包括进度、资源、质量等各个方面。项目计划为项目团队及其每个成员提供了清晰的目标和任务，为项目有序执行奠定了坚实的基础。因此，项目经理作为计划者的角色，决定了一个项目是否有一个良好的开端。

由于项目计划在实际执行中会有所变化，项目经理作为计划者的角色贯穿项目始终。

2）组织者

一个项目的完成需要多种资源的组合。项目经理的组织者的角色一方面表现为项目团队的组建、团队成员分工协作等，另一方面表现为对项目其他资源的有效配置，确保项目各项目标按时保质保量地实现。

3）控制者

在项目实施过程中，项目经理需要对项目的各管理要素进行有效控制。这就需要建立起有效的控制系统，采用科学的方法，及时发现和有效控制偏差，并通过变更控制等，使项目向良性的方向发展，确保项目按时完成任务。

4）沟通者

项目经理不仅要做好项目团队内的沟通，还需要负责项目对外的协调工作。项目内部沟通的目的是协调好项目团队成员之间的工作关系，激发士气，促进工作高效开展。项目外部沟通的目的是促进项目相关方对项目的了解，解决冲突和矛盾，保证客户满意。

项目经理与职能部门经理的角色对比如表 7.3 所示。

表 7.3 项目经理与职能部门经理的角色对比

| 比较项目 | 项目经理 | 职能部门经理 |
| --- | --- | --- |
| 扮演角色 | “帅”，为工作找到适当的人去完成 | “将”，直接指导他人完成工作 |
| 知识结构 | 通才，具有丰富经验和广博知识 | 专才，是某一技术专业领域的专家 |
| 管理方式 | 目标管理 | 过程管理 |
| 工作方法 | 系统综合集成的方法 | 系统分析方法 |
| 工作手段 | 个人实力，责大权小 | 职位实力，权责对等 |
| 主要任务 | 规定项目任务，何时开始、何时达到最终目标 | 规定谁负责任务，技术工作如何完成 |

2. 项目经理的权责

1）项目经理的主要职责

（1）在给定技术、时间、费用和质量要求下，利用组织现有资源生产出项目产品，并实现项目既定目标。

（2）以项目章程为基础组建、发展和管理项目团队，保证项目目标的实现。

（3）管理项目日常工作和项目变更，控制项目过程和各种风险，保证项目顺利实施。

（4）获取外部资源，进行外部沟通和工作协调。

（5）与客户进行沟通，建立良好合作关系。

2）项目经理的基本权力

（1）生产指挥权。按项目合同规定，在项目全过程中对项目各类资源进行指挥调度，在保证总目标不变的前提下对项目计划、组织等进行优化和调整等。

（2）人事权。在有关政策和规定范围内，对项目团队成员进行选择、聘任、调配、考核、奖惩和解聘等。

（3）财权。在财务制度允许的范围内，安排各项费用开支，决定项目组织内部的计酬方式、分配原则、分配方案；对风险应对费用、赶工措施费用等进行使用支配等。

（4）技术决策权。审查和批准重大技术措施和技术方案，必要时召集技术方案论证会或外请咨询专家，以防止决策失误。

（5）设备、物资、材料的采购与控制权。在规定范围内，决定相关设备型号、数量、进场时间等；对材料、工具、大中型机具的进场检验验收；自行采购零星物资等。

## 7.4.3 项目经理的选任

1. 项目经理的能力要求

项目经理的素质和能力直接影响项目的完成质量和管理效率。因此，对项目经理的选任要充分考虑其能力素质。首先，项目经理责任重大、独当一面，因此在选任中应首先关注其品德，即“以德为先”。项目经理的品德决定了其在个人利益和集体利益、项目利益和国家利益、经济利益和社会利益选择时的行为。其次，从工作角度看，项目经理要协调项目内外各种关系，团结各方力量完成项目任务、实现项目目标。这需要其在性格上外向开朗、易于相处；在交往中善于理解、值得信任；在高压下积极向上、保持耐力；在困难中临危不乱、行事果敢、灵活多变，刚柔并济等。最后，项目经理领导项目团队，完成复杂的项目任务，既要有高瞻远瞩的战略和商务能力，又要有卓越的领导才干，还要有较高的项目管理技术能力。

根据 PMI 提出的项目经理能力三角，项目经理需要具备技术项目管理技能、战略和商务管理技能以及领导力技能。如图 7.7 所示。

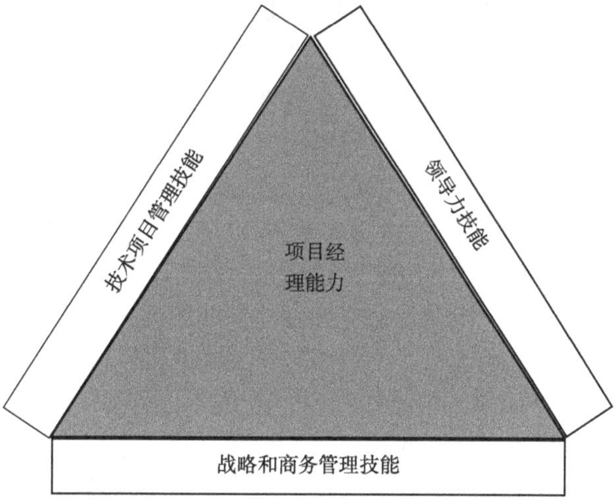


图 7.7 项目经理能力三角

1）技术项目管理技能

技术项目管理技能是指有效运用项目管理知识实现项目集或项目的预期成果的能力。

该项能力要求项目经理重点关注所管理的各个项目的关键技术项目管理要素，即关注项目成功的关键因素、进度、财务报告、问题日志等，主要包含以下方面。

（1）项目成功的关键因素。

（2）针对每个项目量身选择及优化工具、技术和方法。

（3）制订完整的项目管理计划并谨慎排定优先顺序。

（4）管理项目要素，包括（但不限于）进度、成本、资源和风险等。

2）战略和商务管理技能

战略和商务管理技能主要指理解组织战略意图、有效协商和执行利于战略调整和创新的决策和行动能力。该项能力需要项目经理具备其他职能部门的工作知识，如财务部、市场部和运营部。战略和商务管理技能还包括发展和运用相关的产品和行业专业知识的能力，即掌握领域知识的能力。项目经理应掌握足够的领域知识，以向其他人解释关于项目的必要商业信息；与项目发起人、团队和主题专家合作制定合适的项目交付策略；以实现项目商业价值最大化方式执行策略。

战略和商业技能有助于项目经理确定应为其项目考虑哪些商业因素，以及战略和商业因素会对项目造成怎样的影响。这些因素主要包括风险和问题、财务影响、成本效益、商业价值、效益预期与组织战略的关系，以及范围、预算、进度和质量等。

3）领导力技能

领导力技能又称为领导能力，主要指指导、激励和带领团队的能力，包括协商、抗压、沟通、解决问题、批判性思考和人际关系技能等基本能力。随着越来越多的组织通过项目执行战略，项目的复杂性日益提高。因此，项目经理的领导力还应考察以下方面。

（1）人际交往能力。人际交往占据项目管理工作的很大一部分。项目经理需要运用领导力技能和品质与所有项目相关方合作，包括项目团队、团队指导和项目发起人等。

（2）领导特质和技能。其主要包括富有远见，积极乐观，乐于合作；通过建立信任，解决顾虑，寻求共识，平衡相互竞争和对立的目标，运用说服、协商、妥协来解决冲突的技能，发展和培养个人及专业网络，建立良性的人际关系，持续发展和管理相关方关系和解决冲突；积极沟通，管理期望，诚恳地接受反馈，擅于询问和倾听；尊重他人，谦恭有礼，友善待人，诚实可信，忠诚可靠，遵守职业道德；诚信正直和具有文化敏感性，果断、勇敢，擅于解决问题；适时称赞他人；终身学习，以结果和行动为导向；关注重要的事情，以整体和系统的角度来看待项目，同等对待内部和外部因素；能够运用批判性思维，并愿意成为变革推动者；能够创建高效团队，以服务为导向，愿意与团队成员分享乐趣等。

（3）恰当用权，擅于成事。领导和管理的最终目的是办好事情。用权方面，项目经理首先应擅于收集项目相关数据，并从项目、相关人员、组织以及整个环境出发来分析这些数据，从而得出项目所需的信息和知识，进一步运用这些信息和知识指导决策、指挥下属。其次，擅于结合实际综合运用法定权、奖惩权、专长权和个人魅力等影响他人，完成项目任务，达成项目目标。有了权力就有了职责，项目经理应体察并尊重他人。项目经理的有效行动保持相关人员的独立自主，其行动成果就是让合适的人执行必要的活动来实现项目目标。最后，优秀的项目经理积极主动且目的明确，在组织政策、协议和程序许可的范围内主动寻求所需的权力和职权，而不是坐等组织授权。

2. 项目经理的选任方式

通常，选任项目经理的方式有以下三种。

1）高层领导委派

由组织高层领导提出人选或由职能部门推荐人选，经人事部门听取项目各方意见并进行综合考察，若合格则由总经理委派。其优点是能坚持一定的客观标准和组织程序，广泛听取各方面意见，有利于选出合格人选。组织内部项目一般采取这种方式。

2）项目承办方和客户协商选择

分别由项目承办方内部及客户提出项目经理的人选，然后在双方协商的基础上加以确定。其优点是能集中各方意见，形成一定的约束机制，容易选出高素质的项目经理人选。由于客户参与协商，利于项目经理未来开展工作。组织的外部项目一般采取这种方式。

3）竞聘上岗

首先由上级部门或项目管理委员会提出项目要求、竞聘上岗的规范、程序和考核标准，经广泛征集人选，候选人提交个人信息，由项目管理委员会进行考核与选拔，最终确定人选。其优点是广泛选拔，利于发现人才、优选人才，也有利于促进项目经理的责任心和进取心。这种方式多适用于组织内部项目。

# 7.5 项目沟通管理

## 7.5.1 项目沟通概述

1. 沟通的概念

沟通指人与人之间交流信息、表达意思的过程，即信息发送者为了实现一定的目标，采取一定的沟通方式，运用一定的沟通工具，通过一定的沟通程序传递和理解信息的过程。

沟通具有传递信息、促进理解、合作共赢的作用。只要一项工作不是由一个人独立完成的，沟通就是必需的行为和过程。

（1）传递信息。组织活动会需要和产生大量的信息，需要在不同的群体和个体之间传递。有效的信息交换可以澄清事实、交流思想、促进理解、强化执行。管理者的沟通能力首先表现在获取必要的信息和将其传递给有用的人等方面。

（2）促进理解。有效的沟通可以改善组织内的工作关系，充分调动各方积极性。一方面，沟通可以了解员工期望，满足员工需求；另一方面，沟通也可以让员工了解组织、参与管理，从而促进其对组织目标的认同，建立相互信任的工作关系。

（3）合作共赢。一是组织内部人与人之间、群体与群体之间的合作与共同发展；二是组织与外部利益相关者之间的合作与共同发展。有效的沟通可以促进理解，增加合作机会，降低交易成本，实现资源的高效配置，促进利益相关方建立合作共赢的工作关系。

2. 沟通的过程

沟通过程由信息发送者、信息接收者、沟通渠道和环境构成。其中，信息发送者将自己的思想通过信息编码制成一定形式的信息，如语音、文字、图像等，然后通过一定的沟通渠道（如书信、光盘等）传递给信息接收者。信息接收者对所接收的信息进行解码、理解，然后对信息做出反馈。信息发送者根据对反馈信息的解码，了解信息接收者是否正确地理解其发送的信息，以便采取下一轮沟通。沟通过程模型如图 7.8 所示。

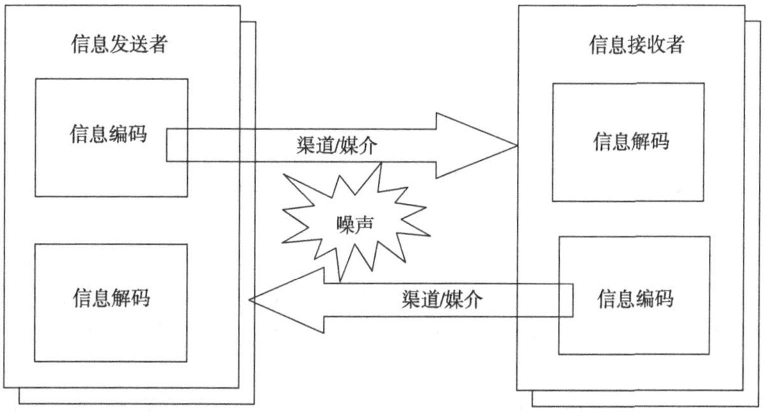


图 7.8　沟通过程图

影响沟通过程有效性的主要因素如下。

（1）沟通者（communicators）。沟通者包括信息发送者（sender）和信息接收者（receiver），都是沟通活动的实施者。沟通者的学识素养、心理状态、沟通技能等决定了沟通活动的有效性。

（2）信息（information）。信息是沟通的基础。信息类别和信息复杂性也会影响其编码和解码的难易程度。

（3）编码（coding）。编码即信息发送者对拟传递的信息用一定的符号表达出来的过程，如语言、声响、图像等。编码应便于对方理解。

（4）渠道/媒介（channel or media）。渠道/媒介指信息传递方式或载体。信息传递方式可以是书面的或口头的、语言的或形体的。对于特定信息而言，不同传递方式的效率不同。常见的信息传递方式有组织文件、信件、备忘录、电话、群体会议、个人面谈等。

二维码 7-6：沟通媒介

（5）解码（decoding）。解码指信息理解的过程，主要包含接收、译码、理解等步骤。其中，信息接收者的主动倾听、理解能力和适时反馈是提高沟通有效性的关键。

（6）反馈（feedback）。反馈是接收者将接其理解的信息返回给发送者，发送者再对反馈信息进行核实和修正的过程。反馈过程是增进理解的重要保障。

3. 沟通的形式

沟通按照沟通对象不同，可以分为人际沟通和组织沟通。人际沟通是指个人之间的沟通；组织沟通是指不同组织之间的沟通，沟通者一般代表一个组织。

组织沟通又可分为组织内部沟通和组织外部沟通。其中，组织外部沟通是指不同组织之间的沟通，如项目公司与业主、政府、设计单位、施工公司、监理单位等之间的沟通。组织内部沟通是指组织内部各部门、各层级之间的沟通，包括上行沟通、下行沟通和平行沟通。

1）上行沟通

上行沟通指信息依照系统内纵向隶属关系，由低层成员向高层成员传递信息的沟通形式，通常是指下级对上级的汇报、意见反馈和问题反映等。上行沟通的主要媒介包括正式报告、汇报会、建议箱、申诉、信访制度等。

上行沟通通常表现为两种形式：一是逐层传递，即依据团队活动原则逐级向上反映；二是越级传递，指的是减少中间层次，让项目负责人与一般团队成员直接沟通，一般用于例外情况。上行沟通是项目负责人获取项目进展信息、了解项目问题、做出正确决策的手段。有效的上行沟通要求项目团队建立开放、共享、平等的文化氛围。

2）下行沟通

下行沟通指信息依照系统内纵向隶属关系，由高层人员向低层人员传递信息的形式，通常包括命令、政策、计划、规定等形式的信息，其主要媒介有各类计划、文件、指令、指示等。

下行沟通形式往往带有命令性和权威性，通过下行沟通，项目负责人可以将项目目标、计划方案等信息传达给团队成员，对团队面临的一些具体问题提出处理方案等，以便对团队成员进行指导，提供必要的资料，反馈团队工作绩效评价结果，激励团队成员等。

3）平行沟通

平行沟通指项目团队中同级部门之间的信息交流，即同级成员之间的直接联系。其目的是谋求团队成员之间的理解和工作中的配合，因而常带有协商性。在项目运行过程中，项目各部门之间因信息沟通渠道不畅经常会产生矛盾和冲突，平行沟通为减少部门之间的矛盾和冲突提供了一条有效的途径。

### 7.5.2　项目沟通管理的特点及作用

1. 项目沟通管理的定义

项目沟通管理是确保及时、正确地产生、收集、发布、存储、反馈、管理、控制、监控和最终处理项目信息的过程。有效的项目沟通管理可以在项目众多相关方之间构筑桥梁，连接不同文化背景、组织环境、不同专业和多维视角的利益所在。

2. 项目沟通管理的主要因素

项目沟通管理过程中需要考虑的因素如下。

（1）内部沟通和外部沟通（顾客、投资人、其他项目、组织、公众）。

（2）正式沟通（报告、时间、概要）和非正式沟通（邮件、备忘录、临时讨论）。

（3）垂直沟通（组织上下层级）和水平沟通（成员之间）。

（4）官方沟通（通信报道、年报）和非官方沟通（无记录沟通）。

（5）书面和口头的沟通，语言（声音和语调）和非语言的（肢体语言）沟通。

3. 项目沟通管理的特点

1）复杂性

项目是一个复杂的系统，涉及客户、承约商、供应商、居民、政府机构等多个方面。而大部分项目团队都具有临时性，因此，项目沟通管理必须协调项目内部各部门以及项目与外部环境之间的关系，以确保项目顺利实施。

2）系统性

项目又是一个开放的系统，其实施不仅涉及众多项目相关方，而且也会影响社会政治、经济、文化、生态环境、能源供给等诸多方面，这就决定了项目沟通管理应从整体利益出发，运用系统的思想和分析方法，全过程、全方位地进行有效的管理。

4. 项目沟通管理的作用

项目沟通管理主要有以下几个方面的作用。

（1）决策和计划的基础。项目的正确决策必须以准确、完整、及时的信息作为基础。

（2）组织和控制管理过程的依据。只有通过信息沟通，准确掌握项目各方面情况，才能为科学管理提供依据，才能有效地提高项目团队的组织效能。

（3）建立和改善人际关系的条件。信息沟通将许多独立的个人、团体和组织贯通起来，成为一个整体。畅通的信息沟通，可以减少冲突、改善人际关系和组织关系。

（4）领导项目团队的手段。项目经理通过有效沟通将意图传递给团队成员并使其理解和执行。沟通不畅可能使团队成员不能正确理解和执行领导意图，导致项目混乱甚至失败。

### 7.5.3 项目沟通管理的过程和方法

项目沟通管理主要包括沟通管理计划（communication management plan）、沟通管理（communication management）和沟通控制（communication control）三个阶段，如图 7.9 所示。

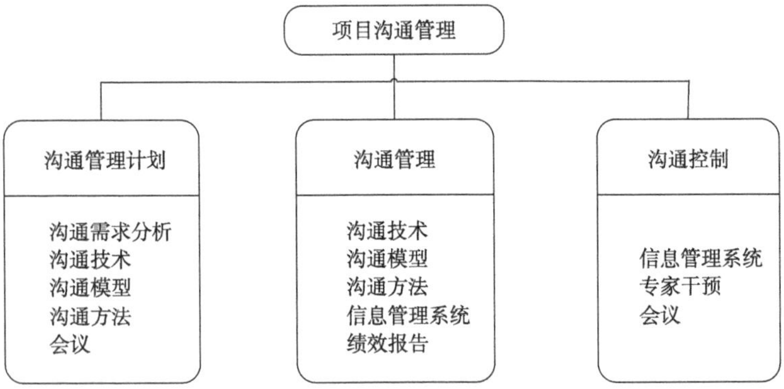


图 7.9 项目沟通管理过程和技术

1. 项目沟通管理过程

1）沟通管理计划

沟通管理计划是根据项目相关方需求和可用的组织资源，制订恰当的沟通管理计划的过程。沟通管理计划的结果是形成项目沟通管理计划及其相应的项目文件更新等。沟通管理计划应在沟通需求分析的基础上，明确项目所采用的沟通技术、沟通模型和沟通方法。

2）沟通管理

沟通管理是根据沟通管理计划，进行信息创造、收集、扩散、存储、回收及最终处理的过程。其目的是确保信息有效并高效地在不同项目相关方之间流通。项目沟通管理的结果是项目沟通管理计划更新、项目文件更新、项目沟通管理程序更新，包括项目相关方公告、项目报告、汇报、记录、利益相关方反馈、经验教训总结等。

3）沟通控制

沟通控制是在整个项目生命周期的不同阶段，监督并控制信息传播，使信息传播能满足不同项目相关方需求。这个过程可以确保在任何时间，最优的信息流可以在所有的参与沟通的个人之间传播。项目沟通控制的结果是工作业绩信息更新、变更请求、项目沟通管理计划更新、项目文件更新、项目沟通管理程序更新等。

此外，应定期检查项目沟通的各项工作成果，并依据沟通成果更新项目沟通管理计划、相关文件、管理程序等，确保所有经验教训都成为组织的过程资产。

2. 项目沟通管理技术与方法

项目沟通方式包括个人会面、团体会议、电话/视频会议，以及聊天软件等现代远程沟通工具。项目信息传递方式包括书面文本、电子文本、新闻披露、共享数据库等；电子沟通与会议工具、网络工具；项目管理软件、项目信息系统等。

1）沟通需求分析

对沟通需求的分析可以明确项目各相关方的信息需求，包含信息的价值、类型和格式等。此外，还需充分考虑项目潜在的沟通渠道或路径。因此，沟通需求分析的目的是明确谁与谁沟通，谁将获得什么样的信息。

用于识别和定义项目沟通需求的信息来源包括：①组织结构图；②项目组织和利益相关方的责任关系；③项目涉及的学科、部门和专业；④多少人将参与项目，在什么地点；⑤内部信息需求（如组织内部沟通）；⑥外部信息需求（如与媒体、公众或承包商的沟通）；⑦项目相关方的信息等。

2）沟通技术选择

在项目相关方中传播信息的方法多种多样，如一个项目团队的信息沟通可以通过对话、会议、书面文件，或是其他类型材料，包括日程安排、相关数据或者可在线查阅的资料等。

选择用何种方式沟通，要考虑如下因素。

（1）信息需求的紧迫程度。在项目生命周期不同阶段，对各类信息需求的紧迫程度、传播频率和传播形式会有所不同。

（2）技术可行性。沟通方法要确保各个项目相关方沟通时可用、兼容、易于理解。

（3）技术适用性。应考虑所选技术对沟通参与者是否适用，是否需要进行培训等。

（4）项目环境。项目团队的工作环境因素包括物理距离、时区、语言、文化差异等。

（5）信息敏感性。对于高度敏感或涉密信息，沟通时需要考虑适当的措施和方法。

3）沟通模型设计

沟通模型因项目不同或处于项目阶段不同而产生差异。图 7.8 是一个最基本的沟通模型，包括信息发送者、信息接收者、渠道/媒介、噪声等。

制订项目沟通计划时，应从沟通模型出发进行系统设计：信息发送者要确保信息的清晰度和完整性，并确认信息被正确理解；信息接收者要确保接收信息的完整性和理解的正确性，并给予适当反馈；应充分考虑噪声的影响，采取有效措施防止干扰信息传递。

4）沟通方式选择

在项目相关者之间共享信息的主要方法如下。

（1）互动交流。两个或两个以上当事人进行多向的信息交流，这是确保所有项目参与者对特定主题有共同理解的最有效的办法，包括会议、电话、即时通信、视频会议等。

（2）推式沟通。用特定方式将特定信息发送给特定接收者。其特点是：信息是分布式的，但并不能保证其传递的预期效果。主要方式包括信件、备忘录、报告、电子邮件、传真、语音邮件、博客、新闻发布等。

（3）拉式沟通。面对大量人群，发布海量信息，由接受者自行决定选择所需的信息内容。这些方法包括内部网站、电子学习、经验教训数据库、知识库等。

项目沟通方式的选择需要根据沟通需求、成本、时间限制以及对项目的熟悉程度、可用的工具和资源、沟通的适用度等方面与项目相关者进行讨论和商定。

5）项目会议

会议是项目沟通的重要方式。项目各方的大部分信息传递是通过会议来实现的。项目会议可能是面对面的，也可能是在线的，如通过电话、视频、网络等方式进行。

项目管理中的沟通会议主要包括项目启动会议、项目情况评审会议、项目问题解决会议、项目技术评审会议等。无论是何种会议，均应遵循以下原则。

（1）制定会议管理政策，并要求所有与会方遵守。

（2）按需要召集会议，明确会议目的，解决实际问题。

（3）明确参加会议人员，与会议议题无关的人员无须参加会议。

（4）准备会议议程，编制会议进程计划。严格按议程和计划进行，提高会议效率。

（5）准备会议材料，努力让与会者充分了解议题内容和背景。

（6）鼓励与会者的积极参与，发扬民主，集思广益。

（7）有效掌控会议进程，避免会议跑题、超时。

（8）及时进行总结，编写会议记录（或会议纪要）。

（9）及时分发会议记录与会议成果，要求与会者反馈确认。

6）项目管理信息系统

项目信息可以使用如下的工具进行管理和传播。

（1）可保存文本文件，如信件、备忘录、报告和新闻稿。

（2）网络的管理方式，如电子邮件、传真、语音邮件、电话、视频和网络会议、网站和网页保存的材料。

（3）电子项目管理的工具，如各种项目管理软件的接口、虚拟会议的支持系统、门户网站和协调工作的管理工具等。

7）绩效报告

项目的绩效报告收集并分析项目绩效的相关信息，包含状态报告、进度测度或者预测等。绩效报告应定期收集、分析、比对实际数据和合同上的基准数据，及时进行调整，并更好地预测项目发展信息。

绩效报告需要定期或者不定期地为项目不同利益相关方或项目相关人员提供恰当的信息，从形式上看，可以详细报告，也可以简单报告。一份简单的绩效报告应包含项目完成的情况，如项目在不同地区的完成的百分比或所处状态（范围、进度、成本、质量等），而详细的项目绩效报告可能包括以下内容。

（1）对过往项目绩效的分析。

（2）项目的预测（包含时间和成本）。

（3）项目面临的风险和问题。

（4）项目完成工作的时间段。

（5）项目下一阶段要完成的工作。

（6）项目变更的记录。

（7）其他需要审查或讨论的相关信息。

8）专家干预

专家干预往往发生在团队产生沟通障碍时，需要采取一定的措施。专家干预可以应用在技术或管理中，也可以是针对团体或个人提供培训，如组织内的其他单位、咨询顾问、专业和技术协会、工业集团、某一领域的带头人、项目管理办公室等。专家干预由项目领导和团队成员决定需求，以保证在正确的时间把正确的信息传递给正确的人。

二维码 7-7：项目经理的沟通职能和要求

## 7.6　项目冲突管理

### 7.6.1　项目冲突管理概述

1. 项目冲突的概念

冲突是指人们由于某种抵触或对立状况而感知到的不一致和差异。

项目冲突是指两个或两个以上的项目相关方之间，因其所追求的目标相互矛盾，以及另一方对其实现目标产生障碍所导致的争斗。

在项目环境中，由于利益相关方众多，各自的利益和目标不尽相同，因此冲突往往难以避免。项目冲突的主要原因包括资源的稀缺性、利益的冲突性和相关方个人因素等。

2. 冲突管理的概念

冲突管理是指组织中针对各种冲突的管理。管理者不仅要解决组织中的有害冲突，而且要刺激功能性冲突，以促进组织目标的有效达成。实践证明，管理者处理冲突的能力与其管理绩效呈正相关关系。

3. 项目冲突管理的意义

成功的冲突管理能够创造更大的生产力和积极的工作关系。冲突管理得当时，不同的意见可以产生创造力并得到更好的决策与执行结果。如果管理不当，冲突则会演化成为负能量，从而导致组织失败。

项目冲突管理的意义表现在两个层次：一是在项目整体层面，有效管理项目相关方之间的冲突可以促使各方相互理解，保障项目成功和整体利益最大化；二是在项目团队层面，有效的冲突管理可以激发团队成员士气，营造和谐的工作环境，确保工作质量，进而提高项目成功率。

### 7.6.2　项目冲突的来源和类型

1. 项目冲突的来源

项目冲突的来源一般表现为如下几个方面。

1）资源使用冲突

当不同部门、不同项目之间对同一资源的使用有不同安排时，可能引发项目内外的冲突。例如，项目团队成员一般来自不同的职能部门。当部门经理和项目经理对特定人员的使用存在不同看法时，就会引发冲突；当一种资源分属于不同项目时也会产生不同项目之间的冲突。

2）成本费用冲突

在项目进程中，项目各方常常会由于某项工作需要的成本费用而产生冲突。这种冲突可能发生在客户和项目团队之间，也可能发生在管理决策层和项目执行层之间。

3）技术冲突

当项目需要采用新技术或进行技术创新时，冲突便会随着技术的不确定性而来。职能经理和项目经理之间、项目团队成员之间、项目经理与项目发起人之间都有可能在技术问题上产生冲突。

4）管理程序冲突

许多冲突来源于项目管理本身，即项目管理中的报告关系、责任定义、界面关系、工作范围、运行要求、实施的计划、与其他组织协商的工作关系等。

5）优先权冲突

优先权冲突，即项目各方对实现项目目标而应执行的工作任务的优先次序有不同看法而产生的冲突。这种冲突可以发生在项目团队内部，也会发生在项目团队和其他组织之间。

6）进度冲突

围绕项目工作任务的时间确定、次序安排和进度计划而产生的冲突。这种冲突可以发生在项目团队内部，也会发生在项目团队和其他组织之间。

7）成员个性冲突

项目团队成员在思维方式、对待问题的态度、沟通方式等方面的差异会导致冲突的产生。例如，在一项工作涉及多个成员，实施方法多种多样时，就会产生成员的不同思维和行为。

2. 项目冲突的类型

1）竞争型冲突和破坏型冲突

管理教练拉波特（LaPorte）认为冲突有两种基本类型：竞争型冲突和破坏型冲突。

在竞争型冲突中，各方都希望自己胜出，但对于团队目标达成具有一致性的认知，当产生令一方或多方信服的方案或结果时，冲突迎刃而解，即对团队整体具有正向作用。

在破坏型冲突中，团队缺乏标准和规则，各方以击败、驱逐对方为主要目标，为赢得胜利不择手段，对团队整体成功具有负向作用。多数冲突介于竞争型和破坏型之间。

2）功能型冲突和关系型冲突

詹姆斯·汤普森（James Thompson）和罗素·D. 阿奇博尔德（Russell D. Archibald）将冲突分为功能型和关系型。在功能型冲突中，各方主要分歧集中在如何开展项目或者使用何种流程上，属于良性冲突。关系型冲突则是由情感因素引起的。其发展大致经历三个阶段：沟通分裂、选择性分裂、形成派别。这种类型的冲突往往会破坏和分裂团队。

可见，项目冲突管理的目标是激发可控的竞争型冲突和功能型冲突，抑制和消灭破坏型冲突和关系型冲突。

### 7.6.3 项目生命周期不同阶段的冲突管理

在项目生命周期的不同阶段，各种冲突发生的频率和强度不一样。因此，有必要从项目的整个生命周期出发来考察冲突，分辨各个阶段可能发生的主要冲突，才能抓住主要矛盾，有效地管理及解决冲突。

表 7.4 显示了项目与职能部门之间在项目生命周期的不同阶段所产生的主要冲突及其应对策略。

**表 7.4　项目与职能部门之间在项目生命周期的不同阶段所产生的主要冲突及其应对策略**

| 项目阶段 | 冲突类型 | 冲突应对策略 |
| --- | --- | --- |
| 项目启动 | 项目优先权<br>人力资源配置<br>管理程序 | 制订项目计划，明确项目地位<br>制订项目人力资源规划<br>建立项目组织，明确管理流程，建立责任矩阵 |
| 项目规划 | 项目优先权<br>进度安排<br>管理程序 | 定期召开部门协商会议，及时了解项目进展和问题，必要时调整优先权<br>会同相关部门共同实施项目工作分解，制订进度计划，加强进度承诺<br>制订突发事件处理应急计划，明确汇报批准程序和经理权限 |
| 项目实施 | 进度安排<br>技术问题<br>人力资源配置 | 加强部门沟通，及时了解项目进展，做好进度变更应对计划<br>落实项目目标及其技术质量标准，明确技术细节、任务界面、人员安排<br>了解技术变更的影响，提前做好人力资源规划与安排 |
| 项目收尾 | 进度安排<br>成员个性<br>人力资源配置 | 加强进度监控，调整资源配置，及时解决影响进度的技术问题<br>注重成员情绪变化，密切团队成员交流，及时解决成员工作问题<br>提前考虑团队人员重新安置，使其安心工作直至项目结束 |

### 7.6.4　冲突的解决方式

尽管项目经理可以采取以上措施来减少冲突的发生，但在项目整个生命周期内冲突是不可避免的。当冲突发生时，项目经理必须采取恰当的方式及时解决冲突。

1. 解决冲突的基本原则

1）合作

冲突的解决需要项目全体成员的共同合作。冲突有时会使问题及早暴露并得到重视；迫使相关成员尽快商讨，寻找解决办法。因此，应正视冲突，而不是回避、妥协；应通过坦诚、合作的方式解决问题。

2）沟通

任何冲突解决方案都必须在沟通中产生。封闭自我、不愿沟通、拒绝交流、不愿意倾听别人的意见、自以为是、不尊重别人的观点等，都会导致问题无法解决，导致项目无法按正常工期和质量要求完成。

3）参与

让项目成员参与到计划制订中，是减少和解决冲突的重要思路。项目经理应明确每个成员的角色和职责、明确工作规范，鼓励团队成员及时发现并报告问题，项目经理发现问题也要及时通知下属，各方共同配合，才能找到解决冲突的有效途径。

2. 解决冲突需要考虑的基本因素

在寻求冲突解决方案时，项目经理需要考虑的基本因素如下。

（1）冲突相对的重要性和强度。

（2）解决冲突的时间压力。

（3）选择的立场。

（4）选择长期或是短期解决冲突的动机。

3. 解决冲突的基本方法

解决冲突的方法一般有五种，每一种适应的环境不同。

（1）撤退/回避。撤退/回避是指人们从其感知到的真实或潜在的冲突情境中退避出来，将问题推迟解决或留给他人。

（2）缓解/包容。强调共识，回避差异。保留自己的意见，但与其他不同意见的人保持和谐的关系。

（3）妥协/和解。寻找一个使各方都相对满意的解决方案，暂时或部分地解决冲突。

（4）强迫/竞争。将自己的观点强加给另一方，造成输赢的局面。通常这种强制和权力位置相关，用于解决紧急情况的矛盾。

（5）合作/解决。用合作开放的态度面对冲突，考虑不同观点和不同角度，达成承诺和共识。

4. 解决冲突的基本步骤

1）明确冲突问题

明确冲突问题，即明确产生冲突的具体内容、分歧所在、严重程度、涉及广度等。问题描述一定要具体、明晰。

2）分析冲突原因

有些冲突可能是沟通问题，如甲乙在某个接口设计上进行修改时未能及时沟通而导致数据结构不一致；有些冲突是出于需求或设计变更问题，导致不同成员的努力方向不一致、需要返工等。对于不同的原因，可能有不同的解决方案。

3）提出解决方案

解决一个冲突的方案可能不止一个。对每一个可能的解决方案，应进行全面分析，识别各方案的优劣，通过综合权衡，决定最优的方案。冲突解决机制要按照项目管理计划中的规定进行。

4）实施解决方案

根据新的方案制订具体的实施计划。计划实施之后，还要进行仔细的测试和分析，判断是否与最初的预测结果相符。同时，要将新方案涉及的内容更新到相应的项目文件中。

二维码 7-8：团队冲突的解决方法

## ➢ 本章小结

1. 项目组织和项目组织规划。项目组织是指为了完成某个特定的项目任务而由不同部门、不同专业的人员所组成的一个特别的临时性组织，通过计划、组织、领导、控制等活动，对项目的各种资源进行合理配置，以保证项目目标的成功实现。项目组织规划就是确定项目管理需要的角色或岗位，各角色或岗位拥有的权责、相互关系的管理活动。项目组织规划工作的主要成果包括：项目组织结构图、项目人力资源规划、责任分配矩阵、岗位说明书、管理流程性文件等。

2. 项目组织结构的类型。项目的组织结构形式有四种，即职能式、项目式、矩阵式和组合式。职能式组织形式多适用于小型的项目和公司内部项目，其优点是解决专业化问题，专家的利用率高，技术持续性好，专业道路清晰等；其缺点是项目利益和职能部门利益冲突，跨部门沟通困难，强调内部协调往往会忽视客户利益，没人对整体负责，员工易消极对待工作等。项目式组织形式常见于拥有一些投资大、价值高、工期长的大型项目的公司，其优点是项目经理充分授权，并对项目全权负责，项目内决策与沟通效率高，项目成员能够集中精力，利于命令协调和控制效率的提高，有利于项目专业化等；其缺点是不利于职能专业化和规模经济的实现，多项目运行时可能造成资源冗余，降低资源利用效率，组织环境相对封闭，组织管理相对松散，项目组成员有很强的依赖关系，但缺乏归属感，难以形成长期的职业生涯规划等。矩阵式组织形式的主要优点是汇集了职能式组织和项目式组织的一般特点，具有较广的选择范围，提高了项目组织的灵活性，增强了对客户需求的快速响应等；其主要缺点是多重领导，增加了项目综合管理的难度，对员工素质要求高等。组合式组织形式优点是方式灵活，不受现有模式的限制，因而在发挥项目优势与人力资源优势等方面具有更大的灵活性等；其缺点是容易造成混乱，项目信息流、项目沟通等容易产生障碍，公司的项目管理制度不易较好地得到贯彻执行等。

3. 项目管理团队及其效率提升。项目管理团队是指为了完成特定项目任务而组建起来的交互式工作小组。项目团队的构建通常经历形成、震荡、规范、执行、终止五个阶段。高效的项目团队的特征是：明确清晰的目标、明确工作职责和角色期望、对共同目标的承诺、有效沟通和高度合作、高度的相互信任、具备相关技能、优秀的团队领导、获得内外部支持等。建设高效项目团队应从挑选合适的团队成员、采用科学的激励手段、建立高效的沟通机制、努力增强团队凝聚力、重视团队成员发展等方面着手。

4. 项目经理的工作及选拔。项目经理是指项目策划和执行的总负责人，是项目团队的领导者，在项目管理中起到决定性的作用。项目经理拥有生产指挥权，人事权，财权，技术决策权，设备、物资、材料的采购与控制权等；也需要承担保证项目目标实现，并使顾客满意的责任。项目经理在项目管理中承担着计划者、组织者、控制者、沟通者的角色，需要具有技术项目管理、战略和商务管理、领导力等三项技能。项目经理的选任方式主要有三种：高层领导委派、项目承办方和客户协商选择、竞聘上岗等。

5. 项目沟通管理。项目沟通管理是确保及时、正确地产生、收集、发布、存储、反馈、管理、控制、监控和最终处理项目信息的过程。项目沟通管理具有复杂性、系统性的特征。项目沟通包括人际沟通和组织沟通两类。其中，组织沟通又可以分为组织外部沟通和组织内部沟通。组织内部沟通又进一步分为上行沟通、下行沟通和平行沟通。项目沟通管理全过程分为三个阶段：沟通管理计划、沟通管理和沟通控制。项目沟通方式包括个人会面、团体会议、电话/视频会议，以及聊天软件等现代远程沟通工具。应在沟通需求分析的基础上，依据信息需求的紧迫性和敏感性、技术可行性和适用性，以及项目环境选择合适的沟通方式。

6. 项目冲突管理。项目冲突的来源一般表现为资源使用冲突、成本费用冲突、技术冲突、管理程序冲突、优先权冲突、进度冲突、成员个性冲突等。解决冲突的基本步骤分四步，即明确冲突问题、分析冲突原因、提出解决方案、实施解决方案等。解决冲突的基本原则是合作、沟通、参与。解决沟通的基本方法是撤退/回避、缓解/包容、妥协/和解、强迫/竞争、合作/解决等。项目不同阶段的冲突特点各不相同，应根据具体情况选择合适的冲突解决方法。

## ➢ 复习思考

1. 与一般的组织相比，项目组织有哪些特点？
2. 进行项目组织规划时，一般应遵循的原则有哪些？
3. 项目的组织环境包含哪几种组织结构形式？它们各自有何优缺点？
4. 结合实际谈一谈如何进行项目组织结构形式的选择？有哪些主要的影响因素？
5. 项目经理同部门经理有什么不同？项目经理的职责和能力要求有哪些？
6. 高效的项目团队有什么特点？如何才能有效地建设高效项目团队？
7. 项目沟通的渠道有哪些？沟通方式又有哪些？
8. 项目冲突的主要来源有哪些？如何解决？

## ➢ 能力测试

一、判断题

1. 项目组织是指为了完成某个特定的项目任务而由不同部门、不同专业人员所组成的一个特别的临时性组织。(　)

2. 无论管理工作量如何，都需要单独设立履行管理职责的项目班子，这样的项目管理才是正规正式的。(　)

3. 项目组织规划就是确定项目管理角色、各角色应负的责任以及诸角色之间的工作关系的管理活动。(　)

4. 项目组织形式对项目成败有很大的影响，所以要找到一个最佳的组织形式。(　)

5. 小型的项目和公司内部项目适合采用职能式组织形式。(　)

6. 矩阵式组织形式是最好的项目组织形式。它汇集了职能式组织和项目式组织的一般特点，具有较广的选择范围，从而使得项目的组织具有更大的灵活性。(　)

7. 项目团队制定规范，约束团队成员的行为不利于团队发挥作用，从而影响团队的创造性。(　)

8. 团队形成阶段是团队内产生激烈冲突的阶段，因为团队成员彼此不熟悉，需要磨合。(　)

9. 项目沟通计划可以在项目计划完成后制订。(　)

10. 功能型冲突属于良性冲突，关系型冲突则是由情感因素引起的，会破坏团队的整体效率。(　)

二、单项选择题

1. 在项目实现的过程中，不同专业、工作之间存在着大量接合部，这就要求项目组织形成一个有机整体，防止职能分工、权限划分和信息沟通上相互矛盾或重叠，为避免出现这种情况，需要遵守哪条原则？（　）

A. 项目组织与企业组织一体化原则　　B. 目的性原则
C. 精干高效原则　　D. 系统化原则

2. 以下不属于项目管理内在联系的是（　）。

A. 技术联系　B. 组织联系　C. 个体联系　D. 团队联系

3. 以下哪种组织形式项目经理的权力最大？（　）
A. 职能式组织形式　　B. 项目式组织形式
C. 矩阵式组织形式　　D. 组合式组织形式
4. 职能式组织形式比较适用于什么样的项目？（　）
A. 规模较小、偏重技术　　B. 规模较大
C. 技术复杂　　D. 环境不稳定
5. 矩阵式组织形式的缺点是（　）。
A. 对员工素质要求高
B. 项目人员容易把项目工作看成额外负担，从而影响其工作的积极性
C. 由于部门目标不同，跨部门之间的交流沟通比较困难
D. 组织结构简单，排除了多重领导的可能，利于命令协调和控制效率的提高
6. 以下哪个阶段，项目经理需要进行团队指导和构建？（　）
A. 形成　　B. 震荡　　C. 规范　　D. 执行
7. 以下哪个阶段，团队最易产生冲突？（　）
A. 形成　　B. 震荡　　C. 规范　　D. 执行
8. 下列选项中，不属于项目经理的权力的是（　）。
A. 挑选项目团队成员　　B. 知悉项目有关决策
C. 对项目团队资源进行分配　　D. 决定项目预算
9. 项目沟通计划的主要编写方法是（　）。
A. 沟通需求分析　　B. 周围环境分析
C. 原始材料分析　　D. 领导意图分析
10. 以下哪一项不被认为是建设有效项目团队的主要障碍？（　）
A. 职责冲突　　B. 团队成员个人目标、兴趣、个性
C. 团队成员缺乏对工作的投入　　D. 分配给每位团队成员的办公空间

三、多项选择题

1. 项目组织规划的原则有（　）。
A. 目的性原则　B. 高效性原则　C. 人本位原则　D. 系统化原则
2. 项目组织规划的依据有（　）。
A. 项目内在联系　B. 人员配备要求　C. 制约和限制　D. 技术联系
3. 项目式组织形式的优点有（　）。
A. 项目经理有充分的权力调动项目内外部的资源，并对项目全权负责
B. 项目经理可直接与公司高层管理者进行沟通，项目内决策与沟通效率更高
C. 项目目标单一、明确，项目成员能够集中精力，团队精神易得到充分发挥
D. 有利于在过程、管理和政策等方面保持连续性
4. 典型的组织结构形式有哪些？（　）
A. 职能式组织形式　　B. 项目式组织形式
C. 矩阵式组织形式　　D. 组合式组织形式

5. 矩阵式组织形式可以细分为哪几种形式？（　　）

A. 职能矩阵式组织形式　　B. 项目矩阵式组织形式

C. 平衡矩阵式组织形式　　D. 组合矩阵式组织形式

6. 一个完善的项目团队组织包括（　　）。

A. 项目团队成员　　B. 独特的任务和目标

C. 团队行为准则　　D. 团队经理

7. 项目团队的发展经过以下几个阶段？（　　）

A. 形成　　B. 震荡　　C. 规范　　D. 执行　　E. 终止

8. 高效的项目团队应具备下列哪些特征？（　　）

A. 明确清晰的目标　　B. 对共同目标的承诺

C. 有效沟通和高度合作　　D. 内部与外部的支持

9. 一个项目领导扮演的角色是（　　）。

A. 计划者　　B. 控制者　　C. 组织者　　D. 沟通者

10. 项目冲突的解决方法主要包括（　　）。

A. 撤退/回避　　B. 缓解/包容　　C. 妥协/和解

D. 强迫/竞争　　E. 合作/解决

## ➢ 自主学习

### H 市住宅项目开发中的管理困境

R 地产开发有限公司成立于 1985 年，以“打造特色鲜明、值得社会信赖的地产投资、发展和运营商”为愿景，以打造城市综合体，发展“国际新城”等核心产品品牌为战略重点，凭借上市公司的有利平台，先后完成了物业、酒店、地产三大业务的整合重组工作。面对 2011 年后住宅房地产行业高速发展的难得机遇，公司制订了规模化、跨越式发展的战略，强势挺进中国西部、华中等区域，力求于 2018 年底成功跻身行业前 15 位。

1. 战略合作，快速扩张

新的战略带来了新的需求。由于公司内部现有的工程建设管理公司数量有限，且缺乏高水平专业项目管理团队，公司决定大胆引入“代建制”项目管理模式 PMC：将房地产开发项目的管理工作，委托给具有建设资质、专业人才和丰富经验的第三方项目管理承包商。几经考察，公司引入了 Q 工程项目管理有限公司作为战略合作伙伴，并签署了 PMC 委托协议。其中规定，R 作为项目投资人在各项目目标城市成立房地产开发公司（项目公司），并派出地区负责人和财务部经理，负责项目绩效跟踪与财务相关活动。Q 公司负责委派项目经理及团队核心成员，其余人员则当地招聘，组建项目管理团队，负责项目的开发与销售工作。

对于具体项目经费及收益的分配机制是：R 公司承担项目各项成本费用的实报实销，同时向项目公司支付一定的委托管理费用，作为承包方的佣金；R 公司获取项目全部结余净利润。其中，委托管理费用包括日常经营管理费和业绩奖金两个部分，具体计算依据如下（表 7.5）：

委托管理费用=累计销售收入×1.5%+净利润×计提比例

**表 7.5　计提比例计算依据**

| 利润完成率 | 计提比例 |
| --- | --- |
| ≥100% | 4% |
| 80%～100% | 3% |
| 60%～80% | 1% |
| <60% | 0 |

具体操作时，日常管理费用的拨付按照以下公式。

应付日常经营管理费=累计销售收入×1.5%−累计已支付日常经营管理费

例如，如果销售收入为 10 亿元，利润率为 10%，项目团队 100%地完成了经营计划，则可获得日常管理费用 1500 万元，计提奖金 400 万元，总计 1900 万元的委托管理费。

R 公司与 Q 公司共同合作，在国内多个一线、二线城市同时推进数十个住宅房地产项目，实现了市场的快速扩张。

2. 项目实施，困难重重

2014 年，公司 H 市项目公司竞标该市某一住宅开发项目。经项目团队初期测算，该项目预期税后净利润率按乐观、持平、保守三种市场状态，分别可达 15%、12%、10%。R 公司立即批准了项目公司的方案并着手投标事宜，最终摘牌成功。

2015 年初，H 市项目团队认为宏观政策不明朗、市场观望情绪浓厚、项目风险有所增加，并建议 R 公司设置保守的预期利润指标，即将项目目标利润率选定为 10%。

利润率的下调虽然非董事会所愿，但综合考虑到政府政策、宏观经济环境和房地产行业总体趋势，订立稍微保守的收益目标也是情理之中。董事会于是批准了以 10%的收益基准为考核目标，并与项目团队签订了 2015 年的年度经营目标责任书及其考核标准。

2015 年上半年，项目施工按计划实施，一期工程即将封顶竣工，但销售情况不容乐观，仅仅勉强达到 60%。为扭转被动局面，项目组决定通过降价促销打开市场，并向 R 公司申请将利润基准下调 2～3 个百分点。R 公司董事会几经商讨，并考虑到实际销售的压力，最终同意将销售均价下调 500 元/米$^2$，净利润目标值修订为 8%，同时要求项目组严控开发成本，努力提高实际利润率。

随着新方案的出台和促销活动的推进，项目销售一时迎来不错的业绩。但好景不长，接下来的几个月项目销量明显下滑，各月的销售目标均未能按时完成，资金回笼也低于预期。眼看到了年底项目工作评审阶段，H 市项目在多次下调利润基准后仍难以完成任务，实在难以交代。R 公司责成项目组必须查找原因，采取有针对性的措施，才有可能扭转败局。

历经近半个月的调查研究，项目组了解到本项目周边共七个地产项目，其中两个项目与本项目有着较为趋同的定位与目标人群。其一是 H 市本地起家的地产公司投资开发的项目，凭借良好口碑与一所高校附属小学，吸引了众多客户，销售利润率预计在 8.5%～9.5%；第二个项目紧邻该市商圈，主打欧式风格，吸引了一些白领群体，虽开盘较晚，但利润率预计在 9.0%～10.0%。

针对上述问题，R 公司做出暂停发放管理费用的决定，自 2016 年 1 月 1 日起实施，考察期为三个月，待业绩首次达标后重新发放管理费。

在接下来的几个月里，处罚确实起到了一定的效果。虽然考察期内各月份的利润水平不算太高，但也能基本满足 8%的最低考核标准，尤其是 2016 年 2 月新推出的两个楼盘，也已售出 70%。依照双方协议，R 公司也于 4 月恢复了管理费的发放。但随后的报表审核中却发现了其中存在多处修饰的痕迹……

问题：

1. 本案例中项目管理的组织结构类型是什么？
2. 本案例的项目管理出现了什么问题？
3. 如果你是 R 公司，应该如何解决项目组的管理与激励问题？

# 第8章

# 项目风险管理

## ➢ 本章提要

在本章中，您将学习到以下内容：

1. 项目风险的概念、特点和类型；
2. 项目风险管理的特点和原则；
3. 项目风险识别的依据、过程和方法；
4. 项目风险度量的过程和方法；
5. 项目风险应对的策略；
6. 项目风险监控的依据、过程和方法。

## ➢ 案例导入

### 波音 737 MAX 飞机的风险管控

2018 年 10 月 29 日，一架隶属于印度尼西亚狮子航空公司（Lion Air）的波音737MAX-8 型飞机发生空难，造成 189 名乘客和机组人员丧生。2019 年 10 月 25 日下午，印度尼西亚国家运输安全委员会（Komite Nasional Keselamatan Transportasi，KNKT）在雅加达总部举行新闻发布会，公布了该客机坠海空难最终调查报告。报告显示，失事的波音 737MAX-8 客机防失速的机动特性增强系统（maneuvering characteristics augmentation system，MCAS）设计和认证没有充分考虑飞机失控的可能性。这款 MCAS 设计允许对飞机水平尾翼进行调整的角度从 0.6 度提高至 2.5 度，而这一改动未能及时在提交给美国联邦航空管理局（federal aviation administration，FAA）的相关文件中进行更新，致使 FAA 未能重新评估该设计更改的安全性。

2019 年 3 月 10 日，埃塞俄比亚航空公司的波音 737MAX 飞机失事，157 名乘客全部丧生。据调查，这起空难也与 MCAS 系统被错误激活有关。

两起空难事件引起了互联网和主要媒体平台的热烈讨论。网民除了对遇难者及其家人表示同情外，还对飞机制造商波音公司表示强烈不满，极大地影响了波音的声誉和形象，导致其飞机订单急剧减少，致使该公司 2019 年财报呈现亏损状态。

同时，波音公司面对危机似乎没有做好准备，在 737MAX 飞机事故频发之后没有及时主动应对，而是在公众舆论和悲惨的调查报告驱动下勉强做出回应。公司的风险管理和危机处理似乎打了一个大败仗！

项目是一种复杂的系统工程活动，往往需要耗费大量资源、面对诸多风险，必须实行科学管理。项目风险管理对于项目成功具有重要意义。项目中必然蕴含风险，如果处理不当就会带来经济或其他利益的损失，导致项目目标无法实现。项目风险管理涉及对于项目风险的充分识别、科学度量、全面监控和正确应对等多个方面。有效的项目风险管理是确保项目成功的关键。

## 8.1 项目风险管理概述

由于项目具有一次性、创新性和独特性等特点，特别是在项目过程中，项目本身、项目环境、项目条件等均会发展变化，在项目实现过程中会出现各种各样的风险。项目风险既可能带来项目收益，也可能带来项目损失。项目的风险管理，就是要尽可能增加项目收益，减少项目损失。

### 8.1.1 风险的基本概念

1. 风险的定义

风险是指“损失或伤害的可能性”。人们对风险的通常理解是可能发生的危险。《韦氏大词典》对风险的定义是“遭受伤害或损失的一种可能性”，Cooper（库珀）和 Chapman（查普曼）在《大项目风险分析》中给出的定义则是“由于从事某项特定活动过程中存在的不确定性而产生的经济或财务的损失，自然破坏或损伤的可能性”。可见，风险是不利事件发生的概率及其后果的函数：

$$R = f\left(P, C\right)$$

其中，$R$ 为风险；$P$ 为不利事件发生的概率；$C$ 为不利事件的后果。

风险具有不同的形式，要全面理解风险的含义，并从不同的角度对风险进行准确描述。

（1）风险与行为相联系，既包括个人行为，也包括群体或组织行为。不与行为联系的风险只是一种危险。而行为受决策左右，因此风险与人们的决策有关。

（2）客观条件变化是风险的重要成因，尽管人们无力控制客观状态，却可以认识并掌握其变化规律，做出科学预测，这也是风险管理的重要前提。

（3）风险狭义上是指实际与目标发生的负偏离，类型多种多样，重要程度各不相同，需要根据具体情况加以分析。

（4）现实中也存在着实际与目标之间的正偏离。正偏离属于风险收益的范畴，它激励人们勇于承担风险，获得高风险收益。

2. 风险的特点

通常，风险具有以下特性。

1）客观性和普遍性

风险的客观性是指其由客观存在的自然现象和社会现象所引起，由这些现象的运动规律所决定，是独立于人的主观意识之外而存在的。人们只能发现、认识和利用这些规律，而不能改变它们。也就是说，风险的存在取决于决定风险的各种因素的存在。不管人们是否意识到风险，只要决定风险的各种因素出现了，风险就会出现，它是不以人的意志为转移的客观实在，是人们不能拒绝与否定的。而且，风险普遍存在于各种事物之中。

2）不确定性或偶然性

风险是客观存在的，且产生风险的因素很多，这些因素自身存在很大的不确定性，同时受到各种条件的限制，人们无法充分认识客观事物及其未来的发展变化，不可能准确预测风险相关的种种不确定性，包括风险事故发生与否、风险事故何时发生、风险事故发生后损失多大等。

3）行为相关性

决策者面临的风险与其决策行为紧密关联。不同的决策者对同一风险事件会有不同的决策行为，具体反映在其采取的不同策略和不同的管理方法，因此也会面临不同的风险结果。

4）可测量性

虽然风险具有不确定性，但人们对这种不确定性并非全然不知，而是可以根据以往发生的类似事件的统计资料，对风险发生的频率及其造成的经济损失程度做出估计，从而对可能发生的风险进行预测与衡量。

5）可变性

风险处于运动、变化中，既有量的增减，也有质的改变，还有风险的消亡与新风险的产生等。一般风险的可变性主要来自科技进步、经济体制与结构的转变、政治与社会结构的改变等。

6）损害性

风险与项目利益密切相关，一般是对项目利益的一种潜在损害。在项目实施过程中，风险的损害性不仅表现为经济价值的损失，也可能表现为对项目人员人身安全的损害。

7）多样性

随着项目及其环境的变化，在一个项目中往往存在着许多不同种类的风险，如政治风险、经济风险、技术风险、社会风险、组织风险等，而这些风险之间存在着交错复杂的内在联系。因此，必须对风险进行系统识别和综合考虑。

3. 风险的种类

为了深入、全面地认识风险，以采取有针对性的措施加以科学管理，有必要从系统的角度科学认识风险。综合来看，风险可分为以下种类。

1）纯粹风险和投机风险

按照风险后果的不同，风险可划分为纯粹风险和投机风险。纯粹风险是指不能带来机会、无获得利益可能的风险。它有两种可能的后果：造成损失和不造成损失。纯粹风险造成的损失是绝对损失，包含活动主体损失、社会损失等。例如，某建设项目空气压缩机房失火，不但会使工程造成损失，也会给全社会带来损失。纯粹风险总是和威胁、损失、不幸相联系。

投机风险是指既可能带来机会、获得利益，又隐含威胁、造成损失的风险。投机风险有三种可能的后果：造成损失、不造成损失和获得利益。投机风险如果使活动主体蒙受了损失，全社会不一定也跟着受损失。例如，私人投资的房地产开发项目如果失败，投资者要蒙受损失，但是发放贷款的银行却可将抵押的土地和房屋收回，等待时机转手高价卖出，不但可收回贷款，而且还有可能获得高额利润。

纯粹风险和投机风险在一定条件下可以相互转化，项目管理应关注纯粹风险，避免投机风险转化为纯粹风险。

2）自然风险和人为风险

按风险来源或损失产生的原因，可分为自然风险和人为风险。自然风险是指由自然力的作用造成财产毁损或人员伤亡的风险。例如，水利工程施工过程中因突发洪水或地震而造成的工程损害、材料和器材损失。人为风险是指人的活动带来的风险，可进一步细分为行为、经济、技术、政治和组织等风险。

二维码 8-1：项目的人为风险

3）静态风险和动态风险

按风险发生的形态可分为静态风险和动态风险。静态风险是指社会经济正常情况下的风险，即自然力的不规则作用和人的错误判断、错误行为导致的风险。动态风险是指以社会经济的变动为直接原因的风险，即社会环境、生产方式、工程技术、管理组织以及人们偏好的变化等导致的风险。在当代环境下，由于社会经济、工程实践等影响因素的交互复合影响，应高度重视动态风险研究。

4）可管理风险和不可管理风险

按项目风险是否可管理来划分，可分为可管理风险和不可管理风险。可管理风险是指可以预测并可采取相应措施加以控制的风险，反之，则为不可管理风险。风险能否管理取决于风险不确定性是否可以消除以及活动主体的管理水平。要消除风险的不确定性，就必须掌握有关的数据、资料和其他信息，随着数据、资料和其他信息的积累以及管理水平的提高，有些不可管理风险可以变为可管理风险。

5）局部风险和总体风险

按风险影响范围划分，可分为局部风险和总体风险。局部风险影响的范围小，总体风险影响的范围大，因此项目管理更加关注总体风险。局部风险和总体风险是相对的。例如，项目所有的活动都有拖延的风险，但是处在关键路线上的活动一旦延误，就要推迟整个项目的完成日期，形成总体风险，而非关键路线上活动的延误在许多情况下是局部风险。

6）已知风险、可预测风险和不可预测风险

按项目风险的可预测性划分，可分为已知风险、可预测风险和不可预测风险。

已知风险又称为可预见风险，是指通过在认真分析项目及其计划之后就能明确的那些经常发生的、后果可预见的风险。已知风险发生概率高，但一般损失并不严重。项目中典型的已知风险有项目目标不明确、过分乐观的进度计划、设计或施工变更、材料价格波动等。

可预测风险是指根据经验，可以预见其发生，但不可预见其后果的风险，这类风险的后果有时相当严重。项目中典型的可预测风险有业主不能及时审查批准、分包商不能及时交工、仪器设备出现故障等。

不可预测风险有时也称未知风险或未识别的风险，是指有可能发生，但难以预见其发生概率的风险。它们是新的、以前未观察到或很晚才显现出来的风险。这些风险一般是外部因素作用的结果，如地震、战争、通货膨胀、政策变化等。

此外，由于项目的复杂性、多样性，风险分类可从不同角度进行，还可以从风险后果承担者、经济风险与非经济风险、重大风险与特定风险等几个方面对项目风险进行分类。例如，按项目风险后果的承担者来划分，可以分为项目业主风险、政府风险、承包商风险、投资方风险、设计单位风险、监理单位风险、供应商风险、担保方风险和保险公司风险等。

4. 风险的构成要素

一般而言，构成风险的要素有风险因素、风险事件、风险损失和风险载体。

（1）风险因素，指引起或促使风险事故发生损失增加或扩大的原因和条件。

（2）风险事件，又称为风险事故，指引起损失或损失增加的直接的或外在的事件。

（3）风险损失，指偶然发生的、非预期的和非计划性的经济价值的减少或灭失。

（4）风险载体，指风险的直接承受体，即风险事故直接指向的对象。

### 8.1.2 项目风险的概念

1. 项目风险的定义

项目风险是指在项目决策和项目实施过程中，由于项目所处的环境和条件等方面的不确定性与项目相关方的有限理性，项目实际结果与预期目标产生背离，最终给项目相关方带来损失或者收益的可能性。

2. 项目风险的特点

项目风险在很大程度上涉及的是对项目未来发生事件的推测，既体现客观存在，也含有主观臆断。因此项目风险的识别和评估具有较大不确定性。项目风险具有如下特点。

1）发生的随机性

项目风险的发生及其后果都具有偶然性。风险事件是否发生，何时发生，会造成怎样的后果，一般难以准确预测，具有随机性的特点。

2）相对可预测性

项目风险管理需要对各种项目风险进行系统识别和预测。尽管人们难以准确识别和预测所有的项目风险，但可能依据历史经验和数据相对预测某些项目风险的发展变化规律。

3）发展的渐变性

绝大部分项目风险不是突然爆发的，而是随着环境、条件和自身固有规律逐渐发展和变化的。通常，随着项目内外部条件和环境的发展变化，项目风险的大小和性质会随之发生变化，即项目风险会产生量和质的变化。

4）产生的阶段性

绝大多数项目风险的发展是分阶段的，一般包含三个阶段：潜在风险阶段、风险发生阶段、造成后果阶段。项目风险的阶段性为人们开展风险管理提供了可能。

5）发展的突变性

项目及其环境的发展变化有时是渐进的，有时是突变的。当内外条件达到某个临界点时，项目风险的性质和后果会随之发生突变。

3. 项目风险的产生

形成项目风险的根本原因是人们对于项目发展与变化情况的认识和应对决策等方面出现了问题，主要包括以下方面。

1）认识的局限性

获取和分析数据与信息能力的有限性，导致人们认识事物的深度和广度存在局限性，进而使人们不能确切预见项目未来的状况，从而形成项目风险。

2）信息的滞后性

信息的滞后性和不完备性是客观规律，即人们只有在事物发生后才能获得真实数据，而且对数据进行分析加工需要一定的时间，从而使得信息滞后。信息滞后性是造成信息不完备性的重要原因之一，是形成项目风险的根本原因。

3）信息沟通问题

由于对项目信息内容把握不充分、不完善，人们运用相关管理方法和手段对项目信息资源和信息活动进行组织、规划、协调和控制难以做到完全理性。同时，项目相关方沟通机制不畅，或缺乏沟通技巧，可能造成有用信息无法及时使用，形成项目风险。

4. 项目风险的类别

为了深入、全面地认识项目风险，并有针对性地进行管理，有必要将项目风险进行分类，分类可以从不同的角度、以不同的标准进行，其项目风险分类方法及其关系示意图如图 8.1 所示。

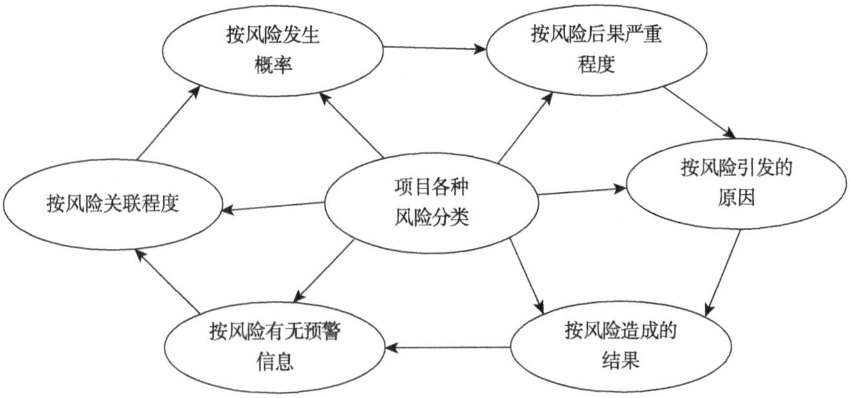


图 8.1 项目风险分类方法及其关系示意图

1）按照项目风险发生概率分类

按照项目风险发生概率分类的方法可使人们充分认识项目风险发生的可能性，一般可以将项目风险按发生概率大小分为三级、五级或多级，以区分不同的项目风险。

2）按项目风险后果严重程度分类

这种分类方法可使人们充分认识项目风险后果的严重程度，一般可以将项目风险按照严重程度分为三级、五级或多级（按损失大小分成若干级），以区分不同的项目风险。

3）按项目风险引发的原因分类

这种分类可以使人们充分认识造成项目风险的原因，以便有针对性地采取风险管理措施。可以按照主观和客观、内部和外部，以及按技术、经济、运行或环境等原因进行分类。

4）按项目风险造成的结果分类

这种分类可以使人们充分认识项目风险的后果，从而使人们预先采取防范风险的方法和措施。可以按照人、财、物的损失（或收益）分类或按其他方法分类，但是必须给出项目风险结果。

5）按项目风险有无预警信息分类

通常，无预警信息的风险只占项目全部风险的很少部分，而有预警信息的风险才是项目风险的构成主体。前者往往难以事前识别、度量和控制，只能在项目风险发生时或发生后采取应急响应；后者往往可以识别和预测，可以采用信息收集和预警的方式避免或消减这类项目风险的危害。

6）按照项目风险关联程度分类

这种分类可以使人们充分认识项目风险是独立发生的还是关联发生的，有利于人们采取针对性的管理措施。其中，关联程度小的项目风险多数独立发生而很少对项目其他事物造成影响，关联程度大的项目风险则会对项目其他方面造成关联影响和引发其他风险。

### 8.1.3　项目风险管理的概念和方法

#### 1. 项目风险管理的概念

项目风险管理是项目管理组织通过风险识别、风险评价去认识项目可能遇到的风险，并以此为基础，合理地使用风险回避、风险控制、风险分散、风险转移等管理方法、技术和手段对项目风险进行有效控制，妥善处理风险事件造成的不利后果，以合理的成本保证项目总体目标实现的管理工作。这种管理可以使用下面公式予以描述。

$$\mathrm{RM}=P\uparrow\times(L\downarrow/B\uparrow)$$

其中，RM 为项目风险管理；$P\uparrow$ 为通过收集信息而弥补项目风险信息缺失使得项目风险信息增加的管理工作；$L\downarrow$ 为通过项目风险管理努力降低项目风险带来的损失（或项目成本）的工作；$B\uparrow$ 为通过项目风险管理努力提高项目风险的收益（或者项目的价值）的工作。

#### 2. 项目风险管理的方法

针对无预警信息和有预警信息的项目风险的差异，主要有两种项目风险管理方法。

1）针对无预警信息的项目风险管理方法

由于无预警信息的项目风险难以提前识别、跟踪和应对，所以多数只能在项目风险发生时或之后采取应急措施管理这类项目风险。

无预警信息的项目风险管理主要有两种方法：一是消减项目风险后果的方法；二是项目风险转移的方法，如通过购买保险等方式转移风险。

2）针对有预警信息的项目风险管理方法

对于有预警信息的项目风险而言，人们可以通过收集和处理各种预警信息来识别和预测它，因此人们就能够使用项目风险监控的方法监视和控制项目风险的发展变化情况，并针对项目风险后果采取各种应对措施。

有预警信息的项目风险管理有两种方法：一是努力避免或降低这类项目风险的可能损失的方法；二是努力抓住和提高这类项目风险的可能收益的方法。总体来说，可以按照项目风险发生的不同阶段来开展项目风险管理。

（1）项目风险潜在阶段的管理方法。使用各种预防风险损失和抓住项目机会或收益的方法，即项目风险规避、化解或提高的方法。实际上，项目风险后果多数取决于人们在项目风险潜在阶段是否能正确识别和度量项目风险。如果识别和度量准确，人们就可以采取相应措施规避风险损失或抓住项目机会，即“趋利避害”的项目风险管理办法。

（2）项目风险发生阶段的管理方法。该阶段主要采取风险转化与风险化解的方法对项目风险进行管理和控制。针对一些前期很难识别和预见并进入本阶段的项目风险，如果人们能迅速发现项目风险并找到转化或应对的方法，就可将风险后果控制在一定范围内，即“亡羊补牢，犹未为晚”的项目风险管理方法。

（3）项目风险后果阶段的管理方法。该阶段主要采取消减风险后果的措施去降低由风险的发生和发展所造成的损失，即项目风险后果改变的方法。由于风险后果已经产生，人们只能采取各种措施消减项目风险危害，寻求项目机会，扩大项目收益，即“变坏事为好事”的项目风险管理方法。

3. 项目风险管理的原则

项目风险管理主要遵循以下原则。

1）经济性原则

风险管理人员在制订风险管理计划时应以总成本最低为目标，以最合理、经济的处置方式把项目损失降到最低，通过尽可能低的成本，达到项目的安全保障目标，这就要求风险管理人员对各种效益和费用进行科学分析和严格核算。

2）可控性原则

由于项目风险是一种客观存在，在风险发生之前，往往会造成人们心理和精神上的紧张不安，严重时会严重影响工作效率并阻碍工作积极性。这时，一方面应通过有效的风险管理，使人们正视项目风险，不惧项目风险；另一方面，要重视项目风险，认真对待每一个风险因素，杜绝松懈麻痹，力求把风险控制在一定范围内。

3）满意性原则

不管采用什么方法，投入多少资源，项目的不确定性是绝对的。因此，在风险管理过程中要允许一定的不确定性，即应以实现项目目标为原则，而不应强求控制或消除所有风险源。

4）社会性原则

项目风险管理计划和措施必须考虑所有项目相关方对该项目风险影响的要求，同时还应充分注意有关方面的各种法律、法规，使项目风险管理的每一步骤都具有合法性。

4. 项目风险管理的过程

项目风险管理过程分为风险规划、风险识别、风险度量、风险应对、风险监控五个阶段和环节，如图 8.2 所示。

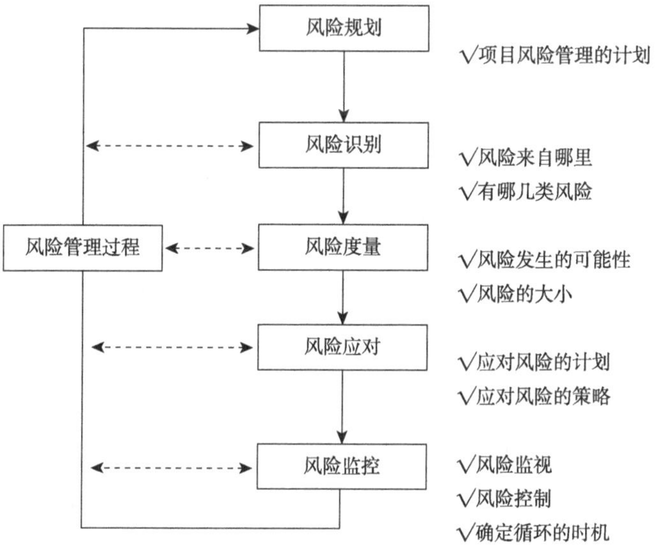


图 8.2　项目风险管理过程

1）风险规划

项目风险规划是在项目正式启动前或启动初期，对项目风险的一个统筹考虑、系统规划和顶层设计的过程，开展项目风险规划是进行项目风险管理的基本要求，也是进行项目风险管理的首要职能。

该阶段主要工作是开展项目风险管理计划编制工作，形成在项目过程中开展风险管理的计划和安排，即项目风险管理计划书（或指南），这是整个项目风险管理的指导性和计划性文件。项目管理团队将根据该计划开展项目全过程风险管理。项目风险管理计划书应包含项目风险的识别、估计、评价、应对和监控等各项工作的内容和方法，以及项目风险管理的责任划分、资源保障和资金储备等内容。

2）风险识别

项目风险识别是对存在于项目中的各类风险源或不确定性因素，进行系统界定和识别，对项目风险因素进行科学合理分类。简言之，就是识别和确定项目究竟存在哪些风险，以及这些风险可能对项目造成何种影响，并将这些风险的特性整理成文档，进行合理分类。

项目风险识别及分析可以采用历史经验方法以及演绎和推理等方法，其关键是要能够识别出项目所存在的风险，这是一种通过收集和处理信息来找出项目风险及其后果的工作。

3）风险度量

项目风险度量包含风险估计和风险评价两个方面。其中，风险估计是针对已识别出的项目风险发生的可能性及其影响进行定性描述，而风险评价则是对项目风险及其后果进行定量化分析和预测。

在风险度量实践中，人们既可以选择定性评估方法，也可以选择定量评估方法，或者采取两者并用的方法。而使用最多的方法是将项目各种风险的发生概率与风险后果的乘积加总的方法。

4）风险应对

风险应对的主要工作是根据项目风险识别和度量结果，计划和安排项目风险应对措施、配置项目风险应对资源和采取项目风险应对措施等。这需要根据项目风险的损失分析、效益分析、效用分析、关联分析和集成分析等方法，特别是项目风险的各种假设前提和应对措施及结果分析，设计出能够正确应对项目各种风险的措施，并根据项目风险发展进程做出风险应对的计划和安排。

在项目风险应对计划编制中，要全面考虑项目风险应对措施的代价和由此可能带来的风险收益，避免应对措施得不偿失的情况。

5）风险监控

风险监控根据项目风险计划、识别、估计、评价以及应对计划等信息，制订项目风险监督和控制计划，然后根据该计划开展对项目全过程中各种风险监督和控制的工作。其具体工作内容包括：定期或不定期地对项目风险进行重新识别和评价，根据每次风险重新识别和评价的结果更新项目风险的应对措施，监视项目风险征兆的出现并积极决策和实施项目风险应对措施等。项目风险监控是动态的工作过程，只有在项目结束时才能终止。

### 8.1.4 项目风险管理的意义和作用

随着项目规模和复杂性的不断提高，项目风险管理对保证项目成功具有重要作用和意义。

1. 对项目组织的意义和作用

项目风险管理的研究和推广应用，对于项目组织具有重要的现实指导意义，其作用主要体现在以下几个方面。

（1）促进项目科学决策，降低风险水平。项目风险管理利用科学系统的方法，管理和处置各种项目风险有利于项目组织减少或消除各种经济风险、技术风险、决策失误风险等，对项目科学决策和实施具有重大意义。

（2）为项目实施提供安全的环境。项目风险管理为处置项目风险提供了各种预案和措施，从而消除了项目组织的后顾之忧，使其全身心地投入到各种项目活动中去，保证了项目的稳定发展。

（3）保障项目目标的顺利实现。项目风险管理的实施可以使项目组织面临的风险损失减少到最低限度，并能在损失发生后及时合理地提供补偿，从而能促使项目实施增加收入和减少支出，获得稳定的、不断增长的盈利，保障项目目标的实现。

（4）促进项目组织经营效益的提高。项目风险管理是种以最小成本达到最大安全保障的管理方法，它有效地平衡了风险控制和风险损失的成本，同时各种监督措施也要求各职能部门提高管理效率，减少风险损失，从而促使项目组织经营效益得到提高。

2. 对整个社会的发展的积极作用

（1）有利于社会经济的健康发展。环境的动态性和资源的稀缺性使得各国经济社会建设和发展充满了风险。特别是随着我国经济与世界经济的接轨，经济建设需要更为科学而全面的风险管理。项目风险管理对于消除和控制社会经济建设中的不确定性，规范社会经济行为，保障我国社会主义市场经济的健康发展具有积极意义和重要作用。

（2）有利于提高资源配置效率，促进国民经济产业结构的优化升级。项目风险管理不是消极地承担风险，而是积极地预防和控制风险。它可以在很大程度上减少风险损失，并为风险损失提供补偿，促使更多的社会资源和资金合理地向所需产业部门流动。因此，它有利于消除或减少风险所带来的社会资源和资金的浪费，促进社会资源和资金的良性运转及国民经济产业结构的优化。

（3）有利于经济社会的稳定发展。项目风险管理的实施有助于消除风险给经济、社会带来的损失及由此而产生的各种不良后果，有利于社会生产的顺利进行，促进经济稳定发展和经济效益提高，而各组织通过项目风险管理对整个经济、社会的正常运转和不断发展起到了重要的稳定作用。

（4）有利于创造人民生活安定的社会经济环境。项目风险管理通过对项目风险的各种处置方式，为项目提供最大安全保障，从而消除了人们对项目风险的忧虑，使人们生活在一个安定的社会经济环境中，有助于经济的发展和人民生活水平的提高。

## 8.2　项目风险识别

项目风险是客观存在的。在项目风险管理中，首要的工作是寻找可能使项目遭受损失的风险来源。风险识别的主要作用是：为风险分析提供必要的信息，为度量风险、研究风险对策奠定基础，有利于项目管理团队树立项目成功的信心。

### 8.2.1　项目风险识别的概念

项目风险识别是指项目风险管理人员在收集资料和调查研究之后，运用各种方法对客观存在、尚未发生的各种潜在风险进行系统归类和全面识别，了解和寻找可能遭受损失的来源，并将这些风险的特性整理成文档的过程。简言之，风险识别是项目管理者识别风险来源、确定风险发生条件、描述风险特征并评价风险影响的过程。

风险识别是风险管理的基础。通过风险识别，可以将那些可能给项目带来危害和机遇的风险因素识别出来，为未来的风险度量、风险应对和风险监控奠定基础。

### 8.2.2 项目风险识别的依据

项目风险识别主要依据环境、项目范围说明书、风险管理计划、项目管理计划等因素进行，具体包括项目风险管理规划、项目规划、历史资料、项目风险种类、制约因素和假设条件等。

1. 项目风险管理规划

项目风险管理规划是规划和设计如何进行项目风险管理的过程，它定义了项目组织及其成员风险管理的行动方案及方式，指导项目组织如何选择风险管理方法。项目风险管理规划针对整个项目生命周期制订如何组织和进行风险识别、风险评估、风险量化、风险应对及风险监控的规划。从项目风险管理规划中可以确定以下内容。

（1）风险识别的范围。

（2）信息获取的渠道和方式。

（3）项目组成员在项目风险识别中的分工和责任分配。

（4）重点调查的项目相关方。

（5）项目组在识别风险过程中可以应用的方法及其规范。

（6）在风险管理过程中应该何时由谁进行哪些风险重新识别。

（7）风险识别结果的形式、信息通报和处理程序。

可见，项目风险管理规划是项目组进行风险识别的首要依据。

2. 项目规划

项目规划中的项目目标、任务、范围、进度计划、费用计划、资源计划、采购计划，以及项目承包商、业主方和其他项目相关方对项目的期望值等都是项目风险识别的依据。

3. 历史资料

历史资料帮助项目风险管理人员从本项目或其他相关项目的档案文件中以及公共信息渠道中获取对本项目有借鉴作用的风险信息。

项目管理人员可以翻阅过去项目的档案，向曾参与该项目的有关各方征集有关资料，对本项目的风险识别极有帮助。任何可能显示潜在问题的资料都可用于风险的识别，这些资料包括工程系统的文件记录、生命周期成本分析、计划或 WBS 的分解、进度计划、文件规定、文件记录的事件教训、假想分析、产业分析或研究、技术绩效测评计划或分析、模型（影响图）、决策驱动者、专家判断、估计成本基线等。

4. 项目风险种类

项目风险种类指那些可能对项目产生正面或负面影响的风险源。一般的风险类型有技术风险、质量风险、过程风险、管理风险、组织风险、市场风险及法律法规变更等。项目的风险种类应能反映出项目所在行业及应用领域的特征，掌握了各类风险的特征规律，也就掌握了风险辨识的钥匙。

5. 制约因素和假设条件

项目建议书、可行性研究报告、设计等项目计划和规划性文件一般都是在若干假设、前提条件下估计或预测出来的。这些假设和前提在项目实施期间可能成立，也可能不成立，因而隐藏着一定的风险。

此外，项目必然处于一定的环境之中，受到内外许多因素的制约，其中国家的法律、法规等因素都是项目活动主体无法控制的，构成了项目的制约因素，其中必然隐藏着风险。

应当对项目的所有规划和计划的前提、假设和限制进行审查。

（1）范围管理计划中的范围说明书能揭示项目的成本、进度目标是否定得太高，而审查其中的 WBS，可以发现以前未曾注意到的机会或威胁。

（2）审查人力资源与沟通管理计划中的人员安排计划，能够发现对项目的顺利进展有重大影响的人，通过分析这些人员是否能够在项目过程中发挥其应有作用，就会发现该项目潜在的风险。

（3）不同形式的合同规定了项目各方承担不同的风险；外汇汇率可能对项目预算产生影响；项目相关方的各种改革、并购及战略调整可能给项目带来直接和间接的影响等。

### 8.2.3　风险识别的过程

风险识别过程包括发现风险和确认风险。它凭借对“因”和“果”的认定来完成。

项目风险识别包括识别内在风险及外在风险。内在风险指项目管理团队能够加以控制和影响的风险，如人事任免和成本估计等。外在风险指超出项目团队可控力和影响力之外的风险，如市场转向或政府行为等。

风险识别活动的参与者包括项目经理、项目团队成员、项目管理团队、客户、项目团队之外的主题专家、最终用户、其他项目经理、干系人和风险管理专家。

项目风险识别过程一般分为五步：①确定目标；②明确最重要的参与者；③收集资料；④估计项目风险形势；⑤根据直接或间接的症状将潜在的项目风险识别出来。项目风险识别流程示意图如图 8.3 所示。

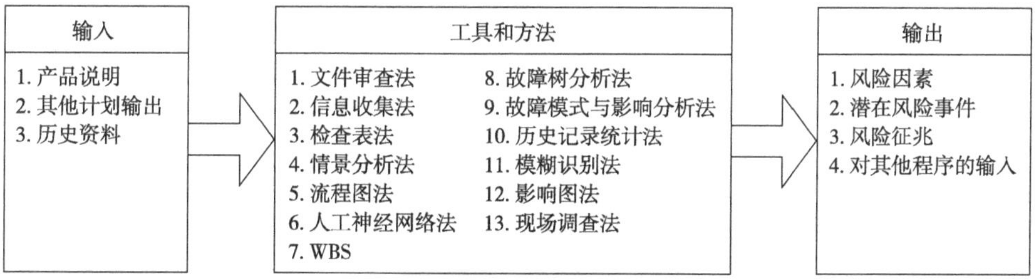


图 8.3　项目风险识别流程示意图

项目风险识别的结果是识别项目的风险因素、潜在的风险事件和风险征兆等。这些都可能成为项目管理工作输入。

二维码 8-2：项目风险识别的输入和输出

### 8.2.4　项目风险识别的工具和方法

在项目风险识别过程中借助一些方法和工具，可使风险识别效率高且操作规范，不容易产生遗漏。主要的风险识别工具与方法包括文件审查法、信息收集法（含头脑风暴法、德尔菲法等）、检查表法、情景分析法、故障树分析法、故障模式与影响分析法、流程图法、人工神经网络法、WBS［以及WBS-RBS（risk breakdown structure，风险分解结构）］、历史记录统计法、模糊识别法、影响图法、现场调查法等方法。其中，文件审查法、信息收集法是项目风险识别的基础性工作，目的是通过审查项目相关文件资料和收集项目相关信息，为项目风险识别奠定信息基础。

二维码 8-3：项目风险识别的主要方法

常见的风险识别方法比较如表 8.1 所示。

**表 8.1　常见风险识别方法比较**

| 方法 | 优点 | 缺点 | 对工作项目的信息要求 | 所选方法实施的复杂程度 | 风险识别方法所能识别的层次 |
|---|---|---|---|---|---|
| 检查表法 | 操作简单，容易掌握 | 对于风险因素的相互关系缺乏分析，受制于项目的可比性 | 中 | 低 | 低 |
| 专家调查法 | 简单易行，风险因素分析全面 | 结果的科学性受专家水平和人数限制 | 中 | 低 | 低 |
| 头脑风暴法 | 利用专家的经验，互相启发，风险识别正确性和效率较高 | 头脑风暴法要求参与者有较好的素质 | 中 | 低 | 低 |
| 情景分析法 | 可以掌握风险因素及未来的发展情况 | 过程复杂，近期效果不显著，数据需求量大 | 中 | 低 | 中 |
| 德尔菲法 | 简便易行，具有一定科学性和实用性，较为全面和可靠 | 属于专家的集体主观判断，缺乏客观标准。征询意见的时间较长 | 高 | 高 | 中 |
| 故障树分析法 | 用演绎推理的方式查找风险源，有利于解决方案的提出 | 方法复杂，对使用者要求较高 | 高 | 高 | 高 |
| 故障模式与影响分析法 | 易于理解，简便易行 | 对于具有多功能的复杂系统来说，用起来困难，通常不考虑人员因素和各因素之间的相关性 | 高 | 高 | 高 |
| 流程图法 | 各阶段任务清晰，各环节存在的风险及影响明确 | 操作复杂，对使用者要求较高 | 高 | 高 | 高 |
| 人工神经网络法 | 通过训练得出神经网络模型，风险识别的正确性较高 | 操作复杂，信息量需求大 | 高 | 高 | 高 |
| WBS | 系统性强，结构化程度高 | 对使用者和项目的数据要求较高 | 高 | 高 | 高 |
| WBS-RBS | 系统性强，结构化程度高，不容易遗漏风险源 | 对使用者和项目的数据要求较高 | 高 | 中 | 高 |
| 历史记录统计法 | 有效利用历史数据推断现有风险，继承性好 | 需要收集大量历史数据，风险因素的可信性受数据量影响 | 中 | 中 | 中 |
| 模糊识别法 | 可以在风险状态和属性不确定的情况下进行风险识别 | 模糊准则或标准确定困难，专业性强 | 中 | 中 | 低 |
| 影响图法 | 可以清晰表示风险因素之间的相关程度 | 操作复杂，对使用者要求较高 | 高 | 高 | 高 |
| 现场调查法 | 简单易行，针对性强 | 调查结果受采集样本和主观因素影响 | 高 | 低 | 低 |

【案例分析】某平台运营商欲搭建一个商务业务平台，邀请了 A、B 两家公司同时开发，所建设的两个平台在设备、技术和运营上相互独立，分别服务不同的客户。建设项目采用合作分成的方式，即两个平台投入运营之后运营商从所收取的收入中按照一定的比例跟开发商合作分成。

A 公司在其所负责的平台开发项目上投入数百万元，历经 10 个月的开发和 1 个月试用期之后，即将进入正式的商业运营。此时，运营商在没有任何通知的情况下，将该商务业务平台上所有用户都转到了 B 公司的平台上去，并几乎停止了 A 公司开发的业务平台的运行。尽管运营商仍承诺会履行合同，按照原来的分成比例分成，但是 A 公司无法得知每个月的使用情况、用户多少，因而根本无法知道自己应该得到多少分成。

面对上述问题，A 公司的项目经理陷入沉思：这件事情到底是如何发生的？在今后的项目开发中应当如何避免类似的风险呢？

## 8.3　项目风险度量

识别项目风险后需要对项目风险的大小进行度量，项目风险度量的主要任务是确定项目风险发生的概率与后果。

### 8.3.1　项目风险度量的概念

1. 项目风险度量的含义

风险度量又称为风险测定、风险估计、风险估算等，是在项目风险识别的基础上，通过分析、估计和统计等方法对项目风险各方面特性进行定性与定量评价和估算的过程。项目风险度量包括对项目风险发生可能性（概率大小）的评价和估量、对项目风险后果严重程度（风险损失或风险收益的大小）的评价和估量、对项目风险关联影响范围的评价和估量以及对项目风险发生时间的评价和估量四个方面。

2. 项目风险度量的作用

根据定性或定量的风险评价和估量可以确定项目风险应对的优先序列，进一步制定项目风险应对措施并开展项目风险的控制。通过项目风险度量，计算出较为准确的损失概率，可以使风险管理者在一定程度上消除损失的不确定性。对损失幅度的预测则可以使项目风险管理者了解风险所带来的损失后果，进而集中力量处理损失后果严重的风险。

### 8.3.2　项目风险度量的内容

1. 项目风险发生可能性度量

项目风险度量的首要任务是分析和估计项目风险发生的概率，即项目风险发生可能性的大小。这是项目风险度量中最为重要的一项工作。通常，一个项目风险的发生概率越高，造成项目损失的可能性就越大，对它的控制就应该越严格。所以在项目风险度量中首先要确定和分析项目风险发生可能性的大小。

项目风险发生概率可以用数学模型、统计方法和人工估计进行分析。

2. 项目风险后果严重程度的度量

项目风险后果严重程度的度量是分析和估计项目风险可能带来的损失大小，这也是项目风险度量中的一项非常重要的工作。通常，对于后果严重的项目风险应严格管控，以便避免其可能带来的严重损失。

3. 项目风险关联影响的度量

项目风险关联影响的度量主要分析评估项目风险可能影响到项目的哪些方面和工作。这也是风险度量的一项重要工作，因为即使一个项目风险发生概率和后果严重程度都不大，但如果会形成多米诺骨牌效应而引发一系列项目风险，就需要进行严格管控，以防止其产生广泛的影响。

4. 项目风险发生时间的度量

项目风险发生时间的度量是分析和估计项目风险可能在项目的哪个阶段和什么时间发生。这对于制订项目风险的控制计划和应对措施十分重要。通常，应优先控制较早发生的项目风险，以防止其对项目后续工作造成持续的影响。对于较后发生的项目风险可以先监视观察其发展，然后根据后续项目风险识别和度量再采取措施。

### 8.3.3 项目风险度量的过程

项目风险度量是一项系统工程，其过程系统图如图 8.4 所示。

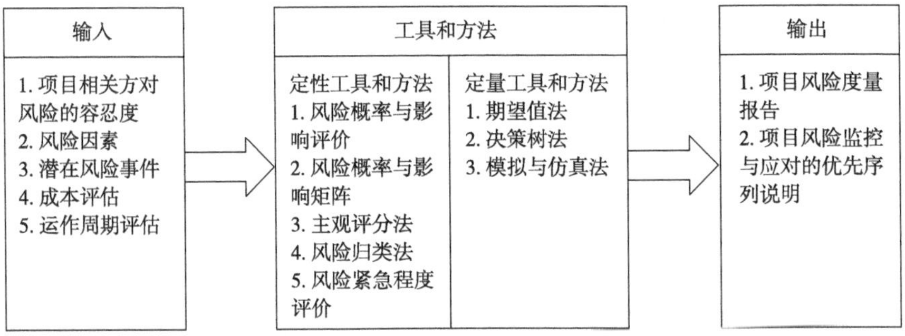


图 8.4 项目风险度量过程示意图

1. 项目风险度量的输入

风险度量涉及对风险和风险之间相互作用的评估，因此要在风险识别的基础上，综合考虑项目相关方对风险的偏好、风险因素等内容，综合分析风险度量的输入因素，风险度量的输入因素主要包括项目相关方对风险的容忍度、风险因素、潜在风险事件、成本评估、运作周期评估等。

2. 项目风险度量的输出

项目风险度量的输出也称为项目风险度量的结果，其主要形式是项目风险度量报告和项目风险监控与应对的优先序列说明。

1）项目风险度量报告

项目风险度量报告是项目风险度量工作最重要的结果，但并不是项目风险识别和度量过程的终结。因为每个项目都需要进行持续的项目风险识别与度量，每次都会给出一份项目风险度量报告。

项目风险度量报告的内容包括项目风险发生可能性的度量结果、项目风险后果严重程度的度量结果、项目风险关联影响的度量结果和项目风险发生时间的度量结果等。

2）项目风险监控与应对的优先序列说明

项目风险度量工作的另一个重要结果是关于全部项目风险监控与应对的优先序列说明，包括根据项目风险度量结果的综合分析所确定的项目风险监控与应对的优先序列安排，以及这种优先序列安排的理由和计划说明。优先序列一般根据项目风险发生可能性、后果严重程度、关联影响以及发生时间确定。

3. 项目风险定性度量的方法和工具

项目风险定性分析就是对项目管理全过程中已经识别了的风险通过定性方法进行评价的过程。它的主要任务是通过判断以做出项目风险需要进一步定量分析或是采取相关风险应对措施的决策。其分析方法和工具如下。

1）风险概率与影响评价

在缺少进行风险分析与判断的准确数据时，对已经识别的风险进行风险概率与影响评价可以通过面谈或会议的形式进行，参加者一般是经过挑选的、熟悉某一方面的风险知识或内容的项目组成员或外部专家。由于缺乏准确的数据，专家的经验与判断尤其重要。

每一项风险发生概率与可能的影响都通过专家的主观评价给出一个相对的评价结果，一般表述为很低、低、中等、高、很高，或者用 1、3、5、7、9 等进行量化。值得注意的是，有些风险尽管发生的概率和影响都很小，但在这一方法中还必须将其列出来，以备在项目进展过程中进行实时监测。

2）风险概率与影响矩阵

风险概率与影响矩阵是通过综合风险概率和风险影响这两个尺度，构建一个矩阵，从而更有效地对风险进行排序。排序结果可以划分为非常低、低、中等、高和非常高几种状态。发生概率高、后果影响严重的风险往往要求开展进一步分析，并制定积极的风险管理策略。

表 8.2 是一个风险概率–影响矩阵（*P-I* 矩阵）示例，给出了概率和影响估计值之间的乘积。项目组织必须确定出组合结果分别处于高风险区（表 8.2 黑色区）、中等风险区（表 8.2 深灰色区）还是低风险区（表 8.2 浅灰色区）。风险概率与影响的取值办法应在风险管理计划中进行定义，主要取决于项目业主与相关利益者的风险容忍度。

**表 8.2　风险概率–影响矩阵**

| 风险概率 $P$ | 风险影响 $I$ | | | | |
|---|---|---|---|---|---|
| | 0.05 | 0.10 | 0.20 | 0.40 | 0.80 |
| 0.9 | 0.05 | 0.09 | 0.18 | 0.36 | 0.72 |
| 0.7 | 0.04 | 0.07 | 0.14 | 0.28 | 0.56 |
| 0.5 | 0.03 | 0.05 | 0.10 | 0.20 | 0.40 |
| 0.3 | 0.02 | 0.03 | 0.06 | 0.12 | 0.24 |
| 0.1 | 0.01 | 0.01 | 0.02 | 0.04 | 0.08 |

注：①每一个确认的风险应通过其发生概率和影响进行排序。对一项具体风险的评分：风险评分=$P \times I$；②组织对低风险（浅灰）、中等风险（深灰）或高风险（黑色）的界限决定了具体风险的严重程度

3）主观评分法

主观评分法就是由项目管理人员对项目运行过程中，每一阶段的每一风险因素给予一个主观评分，以确定项目风险是否可接受的一种评价方法。它将项目中每一个风险都赋予一个 0～10 的权值，其中 0 代表没有风险，10 代表最高风险，然后通过计算整个项目的风险并通过与风险基准的比较来分析项目风险是否可以被接受。另外，这种方法还可比较项目每一阶段或每种风险因素的相对风险大小程度。

【例 8.1】某项目要经过 4 个阶段，每个阶段的风险情况都已进行了分析，如表 8.3 所示。假定项目整体风险可接受的水平为 0.6，请分析项目是否可行，并通过比较项目各阶段的风险情况，说明项目在哪一阶段相对风险最大。

**表 8.3 主观评分法**

| 项目 | 费用风险 | 工期风险 | 质量风险 | 人员风险 | 技术风险 | 各阶段风险权值和 | 各阶段风险权重 |
|---|---|---|---|---|---|---|---|
| 概念阶段 | 5 | 6 | 3 | 4 | 4 | 22 | 0.22 |
| 开发阶段 | 3 | 7 | 5 | 5 | 6 | 26 | 0.26 |
| 实施阶段 | 4 | 9 | 7 | 6 | 6 | 32 | 0.32 |
| 收尾阶段 | 7 | 4 | 4 | 3 | 3 | 21 | 0.21 |
| 各类风险权值和 | 19 | 26 | 19 | 18 | 19 | 101 | 1.01 |

表 8.3 中，横向上把项目每一阶段的 5 个风险权值加起来，纵向上把每种风险的权值加起来，无论是横向或纵向都可得到项目的风险总权值。之后，计算最大风险权值和，即用表的阶段数乘以风险种类数，再乘以表中最大风险权值，就得到最大风险权值和。用项目风险总权值除以最大风险权值和就是该项目整体风险水平。表 8.3 中最大风险权值是 9，因此最大风险权值和=4×5×9=180，全部风险权值和=101，所以该项目整体风险水平=101/180=0.56。将此结果与事先给定的整体评价基准 0.6 相比，说明该项目整体上风险水平可以接受。

另外，通过计算项目各阶段的风险权重，可以知道在实施阶段和开发阶段的风险较大，因此对于这些阶段的风险管理，要尽早做好相关风险防范，尤其要加强对工期风险的管理。

4）风险归类法

把风险按照风险来源、影响范围或者其他分类方法（如项目阶段、人员、场地等）进行归类也是一种风险定性分析的手段与方法。它可以帮助项目管理人员分析出项目在哪一阶段或什么部分最容易出现风险，促使风险管理人员及早地制订出有效的风险应对计划。

5）风险紧急程度评价

风险紧急程度评价主要用于分析制定风险应对措施的先后顺序。有的风险后果严重但不紧急，有的风险后果不严重却非常紧急，虽然不至于对项目造成重大影响，却容易破坏整个项目进程。因此，风险紧急程度评价是制订完善的风险应对方案的一个重要工具。

4. 项目风险定量度量的方法和工具

风险量化分析就是通过定量方法对已确认的风险进行比较分析的方法，一般在风险定性度量之后进行，包括对项目风险发生可能性大小（概率大小）、项目风险后果严重程度、项目风险关联影响大小以及对于风险发生时间的评价和估量等方面。

常用的风险定量分析方法和工具如下。

1）期望值法

期望值是指概率论中随机变量的数学期望，等于变量的输出值乘以其概率的总和。此时，我们把项目的每个目标变量看成离散的随机变量，其取值就是每种情况所对应的损益值。即

$$\mathrm{EMV}=\sum_{i=1}^{m}P_iX_i$$

其中，EMV 为变量的数学期望；$P_i$ 为第 $i$ 个状态发生的概率；$X_i$ 为该情况在此状态下的损益值。

期望值法就是利用上述公式计算出每种情况的损益期望值，进而确认风险分析与评估的方法。其判别准则是期望收益值越大（或期望损失值越小），项目的风险越小。

【例 8.2】某企业决定今后五年内生产某电子产品，以便及早进行生产前的各项准备工作。生产批量的大小主要依据市场的销路好坏而定。现有三种可能的方案，即大、中、小三种方案相对于三种销路（好、一般、差）的损益值，见表 8.4。

表 8.4　各方案不同状态下的损益值

| 方案 | 自然状态及其概率 | | |
|---|---|---|---|
| | 好 $\theta_1$ | 一般 $\theta_2$ | 差 $\theta_3$ |
| | 0.3 | 0.5 | 0.2 |
| 大批量生产 $A_1$ | 20 | 14 | −2 |
| 中批量生产 $A_2$ | 12 | 17 | 12 |
| 小批量生产 $A_3$ | 8 | 10 | 10 |

解：这是一个面临三种自然状态（产品销路）和三种方案的风险量化问题。

要解决上述问题，要先计算每个方案的期望收益。

方案 $A_1$：$\mathrm{EMV}_1=0.3\times20+0.5\times14+0.2\times(-2)=12.6$（万元）。

方案 $A_2$：$\mathrm{EMV}_2=0.3\times12+0.5\times17+0.2\times12=14.5$（万元）。

方案 $A_3$：$\mathrm{EMV}_3=0.3\times8+0.5\times10+0.2\times10=9.4$（万元）。

通过计算比较，选取期望值最大，即 EMV＝14.5 万元的方案 $A_2$（中批量生产）为最佳方案，说明此方案的风险最小。

2）决策树法

决策树是期望值法的图解表达，不仅可以用来解决单一阶段的项目风险问题，而且可以解决多阶段的项目风险量化问题，具有层次清晰、不易漏、不易错的优点。

决策树法因其结构形态而得名。它以方块节点代表决策点，由决策点引出若干条直

线，每条直线代表一个方案，故称为方案分枝；圆圈节点代表状态点，由状态点引出若干直线，表示不同的自然状态发生的概率，故称其为状态枝或概率枝，在每一个状态枝的末端列出各方案在不同状态下的损益值。

用决策树方法进行风险量化的步骤如下。

（1）绘制决策树。根据问题所给信息，按由左至右顺序绘制决策树。

（2）计算方案的损益期望值，并将计算结果标注在相应的状态节点上端。

（3）比较各方案的损益期望值，确定最优方案。

【例 8.3】某企业决定开发新一代节水阀门，以便及早进行项目投产前的各项准备工作。生产批量的大小主要依据市场的销路好坏而定。经过对市场的考察和分析得出三种可能的方案，即大、中、小三种方案，相对于三种销路（好、一般、差），其损益值见表 8.5。

**表 8.5 三种项目方案的损益值**

| 方案 | 自然状态及其概率 | | |
|---|---|---|---|
| | 好 $\theta_1$ | 一般 $\theta_2$ | 差 $\theta_3$ |
| | 0.3 | 0.5 | 0.2 |
| 大批量生产 $A_1$ | 40 | 28 | −4 |
| 中批量生产 $A_2$ | 24 | 34 | 24 |
| 小批量生产 $A_3$ | 16 | 20 | 20 |

解：根据【例 8.3】可以得出决策树，如图 8.5 所示。

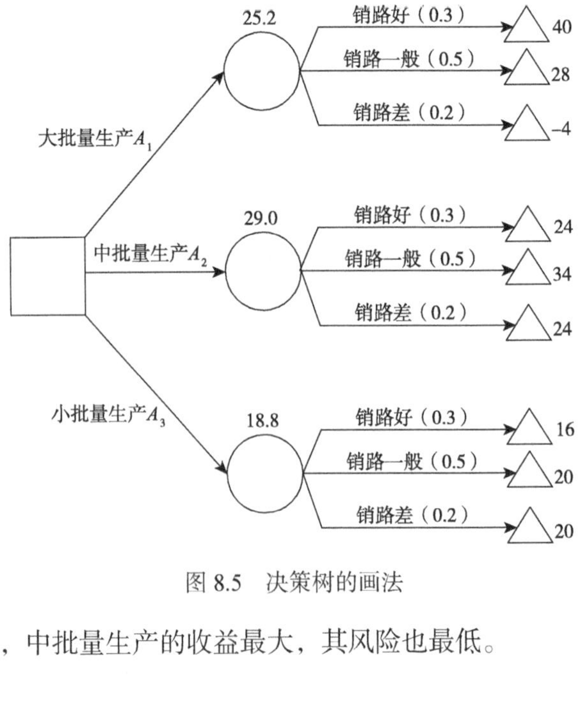


图 8.5 决策树的画法

通过计算可知，中批量生产的收益最大，其风险也最低。

3）风险模拟与仿真法

在项目管理中，常用蒙特卡罗法对项目风险及其影响进行模拟仿真。该方法是一种通过对随机变量的统计试验、随机模拟求解数学、物理、工程技术问题近似解的数学方法，其特点是用数学方法在计算机上模拟实际概率过程，然后加以统计处理。

在应用于项目风险量化分析时，该方法随机地从每个不确定风险因素中抽取样本，之后对整个项目进行一次计算，重复进行成百上千次，模拟各式各样的不确定性组合，获得成百上千个结果，然后通过统计和处理这些结果数据，找出项目变化的规律。例如，可以把这些结果值从大到小排列，统计各个值出现的次数，用这些次数值形成频数分布曲线，就能够知道每种结果出现的可能性大小，然后依据统计学原理对这些结果数据进行分析，可确定其最大值、最小值、平均值、标准差、方差、偏离度等，进一步为决策提供依据。

【例 8.4】在某轻轨项目运营中，可以按照游客活动、日程和线路等的不同将运营模式分为 A、B、C、D、E 五种，各种运营故障分析如表 8.6 所示。

**表 8.6　故障类型及次数统计**

| 故障类型 | 信号系统故障 | 电子设备故障 | 车辆故障 | 供电设备故障 | 通信设备故障 | 其他故障 | 合计 |
|---|---|---|---|---|---|---|---|
| A 模式/次 | 18 | 5 | 3 | 0 | 2 | 4 | 32 |
| B 模式/次 | 7 | 6 | 0 | 0 | 0 | 0 | 13 |
| C 模式/次 | 1 | 13 | 5 | 2 | 0 | 1 | 22 |
| D 模式/次 | 14 | 2 | 4 | 0 | 0 | 0 | 20 |
| E 模式/次 | 79 | 4 | 8 | 2 | 2 | 2 | 97 |
| 占比 | 65% | 16% | 11% | 2% | 2% | 4% | 100% |

从故障系统结果看，影响轻轨运行的风险因素主要为信号系统故障。在实际运营中应重点控制，以达到降低运营故障风险的目的。在仿真过程中，可以将表 8.6 获得的经验分布作为参数输入仿真模型中，以提高仿真的可信性。

项目中常用蒙特卡罗模拟法来模拟仿真项目进度，通过对项目的多次“预演”得出如图 8.6 所示的项目进度日程的统计结果，表明完成项目的累计可能性与某一时点有关，项目固定完成工期越靠左则按时完成项目的风险越高，反之风险越低。蒙特卡罗模拟法也可用于估算项目成本可能的变化范围。

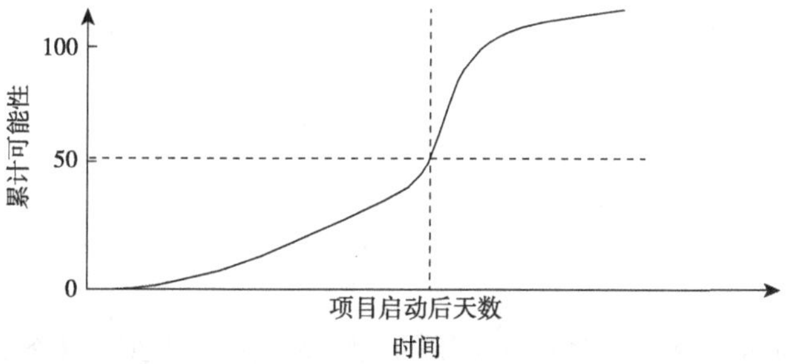


图 8.6　一个项目进度的蒙特卡罗模拟

## 8.4 项目风险应对

项目风险识别和度量以后，就可以据此开展项目风险应对与监控了。项目风险应对是指根据项目风险识别和度量的结果，针对可能的项目风险提出应对措施、制订应对计划的项目风险管理活动。项目风险应对可以从改变风险后果的性质、风险发生的概率和风险后果大小三个方面着手，对不同的风险可用不同的处置方法和策略，对同一个项目所面临的各种风险，可综合运用多种策略进行处理。

### 8.4.1 项目风险应对计划

通常，项目风险应对计划有三种类型。

（1）事后计划，指事先编制的，仅在风险发生后才实施的计划。

（2）带有必要事前行动的事后计划，指事先编制并在风险发生后实施的计划。但是，必须进行一些准备工作，如要提前采购某些部件。

（3）缓和结果的事前行动。指事先编制应急计划，并通过修改项目产品或工作方法的设计，来降低实施应急计划的成本。此时，可能会增大前期成本，但也会降低风险影响。

项目风险应对计划应进行经济性分析，如果成本较低，可选择执行；如果成本过高，也可能采取风险容忍策略。风险应对计划的总体策略是预防为先、积极应对、讲求效益。

### 8.4.2 项目风险应对策略选择依据

选择科学有效的项目风险应对策略是项目风险管理的主要内容。制定项目风险应对策略的依据如下。

1. 项目风险的特性

通常，项目风险应对策略主要根据风险特性来选择制定。例如，对于有预警信息的和没有预警信息的项目风险就必须采用不同的风险应对策略。

2. 项目管理组织的抗风险能力

项目管理组织抗风险能力决定了一个项目组织能够承受多大的项目风险，进而也决定了项目组织的项目风险应对策略选择。项目管理组织的抗风险能力既包括项目经理心理承压能力、风险偏好等，也包括项目组织所拥有的资源和管理能力等。

3. 风险排序

风险排序就是将风险按其发生的可能性、风险发生后造成后果的严重程度、风险缓急程度进行排序，表明各种风险的相对重要程度。对于风险排序靠前的项目主要风险，项目组织往往会选择更加稳妥的风险应对策略。

4. 风险认知

风险认知是对可放弃的机会和可接受的风险的认知。组织对于各种风险的认知度会影响其风险应对计划。

5. 可供选择的风险应对策略

对于一个具体项目风险而言，可能有多种应对策略选择。项目不同，可选择的对策不同。通常，项目组织会针对特定的风险选择最有效的项目风险应对策略。

### 8.4.3　项目风险应对策略

1. 项目风险遏制策略

风险遏制是从遏制项目风险引发原因出发应对项目风险的一种措施，通过控制和消除项目具体风险的引发原因，达到遏制风险的目的。

项目风险遏制可从改变风险后果的性质、风险发生的概率或风险后果大小三个方面提出多种策略。例如，对于可能由财务状况恶化而造成的项目风险，可采取各种可能的资金保障措施就是一种典型的项目风险遏制措施。

2. 项目风险规避策略

项目风险规避策略是当项目风险后果过于严重而无法承担时，从根本上放弃项目或放弃导致项目风险的资源、技术、设计方案等，从而避开项目风险的一类应对措施。

规避风险包括主动预防风险和完全放弃两种。主动预防风险是指从风险源入手，将风险的来源彻底消除。例如，在修建公路时，在一些交通拥挤或事故易发地段，为了彻底消除交通事故风险，可采取扩建路面、改建人行天桥或禁止行人通行等措施。规避风险的另一种策略是完全放弃。例如，一些组织的网站常常受到黑客的攻击，在攻击密集时，这些组织会临时关闭其网站，这就是一种完全放弃的风险应对策略。采取规避策略，最好在项目活动尚未实施时，因为放弃或改变正在进行的项目，一般都要付出高昂的代价。

3. 项目风险转移策略

风险转移是采用合法正当的手段将风险转移至参与该项目的其他人或其他组织，其目的不是降低风险发生的概率和不利后果的大小，而是借用合同或协议，在风险事故发生时，将损失的一部分转移到有能力承受或控制项目风险的个人或组织。风险转移并不是纯粹地向他人转嫁风险，而是将某些风险的后果连同对风险应对的权力和责任转移给他人。实行这种策略应遵循两个原则：一是必须让风险承担者得到相应的回报；二是对于各具体风险，谁最有能力管理就让谁分担。

风险转移主要用于对付那些概率小、损失大或项目组织很难控制的项目风险。它并不能消除风险，而是把风险管理责任推给第三方，往往需要向风险承担者支付风险费用，主要有出售、发包、责任合同、保险、担保等多种形式。当项目资源有限，难以经济地开展风险遏制、风险规避、风险化解，或者风险发生频率不高，但潜在损失或损害很大时可采用此策略，主要包括财务类风险转移或非财务类保险转移两类方法。例如，通过购买工程险的方式将工程项目的部分风险转移给保险公司就属于风险转移措施。风险转移也是一种风险事前应对策略，如签订不同种类的合同或者签订补偿性合同等。

4. 项目风险化解策略

这类策略从化解项目风险产生的原因出发，通过控制和消除项目具体风险的引发原因，降低风险发生的可能性或减缓风险带来的不利后果，达到降低风险的目的。风险化解是存在风险优势时使用的一种风险决策，其有效性在很大程度上取决于风险是已知风险、可预测风险还是不可预测风险。

对于已知风险，项目管理团队可以在很大程度上通过使用项目现有资源来降低风险的严重性后果和风险发生的频率。例如，可以通过压缩关键工序时间、加班或采取“快速跟进”来减轻项目进度风险。

对于难以预测的风险，项目管理团队往往难以控制，此时有必要采取迂回策略。例如，政府投资的公共工程存在预算削减的风险，项目管理团队往往难以预测和控制。为了减轻这类风险，直接动用项目资源一般无济于事，必须进行深入细致的调查研究和沟通，降低其不确定性。

5. 项目风险储备策略

项目风险储备是指根据项目风险规律事先制定应急措施和项目风险控制计划，一旦项目实际进展情况与计划不同，就动用后备应急措施，这是应对无预警信息项目风险的一种主要措施，特别是对于存在巨大损失的项目风险，应该积极采取这种风险应对措施。项目风险储备策略主要有预算、进度和技术三种。

（1）预算储备。预算应急费是一笔事先准备好的资金，用于补偿差错、疏漏及其他不确定性对项目费用估计欠精确的影响。预算应急费用在何处何时发生、使用多少等，在编制项目预算时并不清楚。预算应急费在项目预算中一般单独列支，不应随工作分解。

（2）进度储备。这是应对项目进度不确定性的重要方法。项目管理团队应设法制订出一个较紧凑的进度计划，争取项目在有关各方面要求完成的日期前完成，并留有一定余量。从网络计划来看，进度储备就是在关键路线上某位置的一段时差或浮动时间。

（3）技术储备。技术储备是预先准备好的一段时间或一笔资金，专门用于应对项目的技术风险。通常，只有当不大可能发生的技术难题发生从而需要采取补救行动时，才需要动用技术储备，而其他不确定性发生时往往仅仅动用预算储备或进度储备。

6. 项目风险容忍策略

这是针对那些项目风险发生概率小且项目风险后果较轻的风险事件所采取的一种应对措施，也是一种最常使用的项目一般风险应对措施。但应用时要注意合理确定项目组织对项目风险的容忍度。风险容忍措施使得项目团队可以在风险发生时再对其进行处理。如果风险的确很小，那么一般情况下不会发生，即使发生通常也不会造成重大损失。但如果完全忽略团队决定接受的风险，会对项目造成不利的影响，所以项目通常为每个决定接受的风险界定触发条件，它可以标示出开始应对风险的时间分界点，使团队成员了解应该在何时开始应对风险，而不用时刻关注风险是否发生。

7. 项目风险分担策略

项目风险分担是指根据项目风险的大小和项目相关方承担风险的能力大小，分别由不同的项目相关主体合理分担项目风险的一种应对措施，这种项目风险应对策略多数采用合同或协议的方式确定项目风险的分担责任。

8. 项目风险提高策略

收益和风险是相对的，这种策略旨在通过提高项目风险机遇的概率及其积极影响，识别并最大限度地发挥项目风险机遇的驱动因素，并致力于改变项目风险机遇的大小，最终促成或增加项目风险获利的机会，积极强化其触发条件，提高其发生的概率。

在项目风险管理实践中，还有许多项目风险的应对策略，项目管理组织应结合项目风险的实际情况灵活选用一种或几种风险应对策略。

## 8.5　项目风险监控

项目风险监控是指在整个项目过程中根据项目风险管理计划和项目实际发生的风险与项目发展变化所开展的各种监督和控制活动。

项目风险监控一般包括跟踪已识别的风险，监测剩余风险并不断识别新的风险，修订风险管理计划，保证其切实执行，并评估这些计划对降低风险的效果。随着项目进展，项目风险会发生动态变化。因此风险监控是项目整个生命周期中一个持续进行的过程。

### 8.5.1　项目风险监控的目标和依据

1. 项目风险监控的目标

项目风险监控的目标如下。

（1）及早识别项目风险。项目风险管理的首要任务是持续开展项目风险识别和评估工作，及早发现项目存在的各种风险及其特性，这是项目风险监控的前提。

（2）避免风险事件发生。在识别出项目风险的基础上，应积极采取各种应对措施，避免和应对项目风险的实际发生，确保项目目标的有效达成。

（3）消减风险事件消极后果。对于难以避免和已经发生的风险事件，积极采取行动，努力消减这些风险事件的消极后果。

2. 项目风险监控的依据

（1）项目风险管理计划。这是项目风险监控最根本的依据。一般的项目风险监控都是依据这一计划开展的，只有新发现或识别的项目风险控制例外。

（2）实际项目风险发展变化情况。随着项目的进展，已识别风险的发生概率也会随之变化。这些项目风险的发展变化情况也是项目风险监控的依据之一。

（3）潜在风险识别和分析。随着项目的进展，可能会发现以前未曾识别的潜在风险事件。应对这些风险应继续执行风险识别、评估和量化，制订应对计划。

### 8.5.2　项目风险监控的步骤与方法

1. 项目风险监控的步骤

1）建立项目风险监控体系

根据项目风险管理的方针制定监控的工作体制，包括项目风险监控责任制、项目风险监控决策机制、项目风险监控的沟通机制等。

2）确定需要监控的具体项目风险

按照具体项目风险度量所给出的发生可能性大小、后果严重程度、关联影响和发生时间等项目风险管理的优先序列安排，确定进行监控的具体项目风险工作。

3）确定项目风险的监控责任

针对所要监控的具体项目风险，分配和落实具体项目风险监控的具体责任，以确保项目每项具体风险的监控都有专人负责。

4）确定项目风险监控的行动时间

项目风险的控制要制订相应的时间计划，明确解决项目风险问题的时间表和时间限制。许多项目风险失控并造成损失都是因为错过了风险控制的最佳时机，所以必须制定严格的项目风险控制行动时间。

5）制订各具体项目风险的监控方案

由负责具体项目风险控制的人员，根据风险的特性和时间计划，制订各具体项目风险的控制方案，并制订出能控制项目风险的各种备选方案，同时还要针对项目风险事件的不同阶段，制订相应的风险事件控制方案。

6）实施具体项目风险监控方案

按照确定的具体项目风险控制方案，开展项目风险控制活动，在具体实施时，要根据项目风险的发展与变化，不断地修订项目风险控制方案与办法。

7）跟踪具体项目风险的监控结果

收集项目风险事件控制工作的信息并给出反馈。跟踪并确认所采取的项目风险控制活动是否有效，项目风险的发展是否有新的变化等，以指导项目风险控制方案的具体实施，并根据反馈信息改进具体项目风险控制方案与实施，直到风险事件的控制完结为止。

2. 项目风险监控的方法

项目风险监控技术可分为两大类：一类用于监控与项目、产品有关的风险；另一类用于监控与过程有关的风险。常用的风险监控方法有以下几种。

1）项目风险监控系统

项目风险监控应面向项目风险管理全过程。项目目标的实现是整个项目系统和全部工作流程有机作用的结果。因此，风险监控应是一个连续的过程，其任务是根据整个项目管理过程规定的衡量标准，全面跟踪并评价风险处理活动的执行情况。

2）风险预警系统

现代风险管理关注有效识别风险、有计划地消除或控制风险的发生，避免其造成不利后果。因此，建立有效的风险预警系统，对于有效监控项目风险具有重要意义。

项目风险预警管理是指对于项目管理过程中可能出现的风险，采取超前或预先防范的管理方式，一旦在监控过程中发现发生风险的征兆，及时采取校正行动并发出预警信号，以最大限度地控制不利后果的发生。

项目实施过程中，计划与现实之间发生偏差在所难免。风险预警管理就是当偏差达到一定极限时触发报警，从而获得风险应对的机会。

### 8.5.3　项目风险监控技术与工具

1. 项目风险监控的技术

1）审核检查法

审核检查法是一种传统的控制方法，可用于从项目建议书开始直至项目结束的项目全过程的监控。

对项目建议书、项目产品或服务的技术规格要求、项目的招标文件、设计文件、实施计划、必要的试验等都需要进行审核。审核时要特别关注错误、疏漏、不准确、前后矛盾、不一致之处，以及前人未注意的或未考虑到的问题。审核多在项目进展到一定阶段时，以会议形式进行。审核会议要有明确的目标，问题要具体，要请多方面的人员参加。审核结束后，要把发现的问题及时反馈给相关人员，敦促其采取行动、解决问题，并对问题解决予以验收。

检查一般以完成的工作成果为对象，包括项目的设计文件、实施计划、试验计划、试验结果、正在施工的工程、运到现场的材料、设备等。检查通常在项目实施过程中进行，而不是在项目告一段落后时进行。检查前，应准备好检查表，列出检查的主要事项和问题。检查时，应把发现的问题及时记在其上。结束后，要把发现的问题及时向负责该工作的相关人员反馈，使其立即采取行动、予以解决。问题解决后要签字验收。

2）监视单法

监视单是项目实施过程中需要给予特别关注的关键区域的清单。这是一种简单明了而又行之有效的管理文件，内容可简可繁，简则只列出已辨识出的风险；繁则可列出下述内容：风险顺序、风险在监视单中已停留的时间、风险处理活动、各项风险处理活动的计划完成日期和实际完成日期、对任何差别的解释等。

项目风险监视单的编制应根据风险评估的结果，一般应使监视单中的风险数目尽量少，重点列出那些对项目影响最大的风险。随着项目进展和定期评估，监视单的内容可能会有所调整。如果有数目可观的新风险产生并需要列入监视单，一方面说明初始风险评估不够准确，另一方面也可能预示着项目正朝失控方向发展。如果某项风险长时间停留在监视单中，则说明该风险及其处理方法可能需要重新评估。监视单的内容应在各种正式和非正式的项目审查会议期间进行审查和评估。

3）项目风险报告法

成功的风险管理工作都要及时报告风险监控过程的结果。项目风险报告的格式和频度一般应作为风险管理计划的内容纳入风险管理计划之中。为了识别技术、进度和费用等有无影响项目目标实现和里程碑要求的障碍，可将这些报告纳入项目管理审查和技术里程碑审查之中。

项目风险报告用于向决策者和项目组织成员传达风险信息、通报风险状况和风险处理活动的效果。其报告的形式多种多样，可以是非正式口头报告，也可以是正式的里程碑摘要报告等，报告内容的详略按接受报告的人的需要确定。

4）费用偏差分析法

这种方法将实际上已完成的项目工作同项目计划进行比较，确定项目在费用支出和时间进度方面是否符合原定计划的要求。该方法使用三种基本参数，即计划工作的预算费用、已完工作实际费用和已完成的实际工作量，以及四个绩效指标，即费用偏差、进度偏差、费用执行指标、进度执行指标，来描述项目进度和费用风险。

费用偏差分析法的具体分析见第 5 章相关内容。

2. 项目风险监控工具

项目风险监控的常用工具有直方图、因果分析图、排列图、散布图、关联图等。

二维码 8-4：项目风险监控常用工具

此外，还有其他一些项目风险监控工具，如 KJ 法、矩阵图等。

二维码 8-5：KJ 法　二维码 8-6：矩阵图

## ➤ 本章小结

1. 风险是指“损失或伤害的可能性”，由风险事件发生的概率和风险结果所组成。因此防范风险主要从减小风险事件发生概率和降低风险结果危害程度两个方面着手。构成风险的要素有风险因素、风险事件、风险损失和风险载体。

2. 项目风险是指在项目决策和项目实施过程中，由于项目所处的环境和条件等方面的不确定性与项目相关方的有限理性，项目实际结果与预期目标产生背离，最终给项目相关方带来损失或者收益的可能性。项目风险具有随机性、可预测性、渐变性、阶段性和突变性等特点。

3. 项目风险管理是指对项目风险从识别到分析乃至采取应对措施等一系列过程，它包括将积极因素所产生的影响最大化和使消极因素产生的影响最小化两方面的内容。

4. 项目风险识别是指项目风险管理人员在收集资料和调查研究之后，运用各种方法对客观存在、尚未发生的各种潜在风险进行系统归类和全面识别，了解和寻找可能遭受损失的来源，并将这些风险的特性整理成文档的过程。项目风险识别的主要方法和工具包括文件审查法、信息收集法、检查表法、头脑风暴法、情景分析法、德尔菲法、故障树分析法、故障模式与影响分析法、流程图法、人工神经网络法、WBS、WBS-RBS、历史记录统计法、模糊识别法、影响图法、现场调查法等。

5. 项目风险度量是在项目风险识别的基础上，通过分析、估计和统计等方法对项目风险各方面特性的定性与定量评价和估量。项目风险度量的方法主要有风险概率与影响评价、风险概率与影响矩阵、主观评分法、风险归类法、风险紧急程度评价、期望值法、决策树法、风险模拟与仿真法等。

6. 项目风险应对是指根据项目风险识别和度量的结果，针对可能的项目风险提出应对措施、制订应对计划的项目风险管理活动。项目风险应对的具体措施包括风险遏制、风险规避、风险转移、风险化解、风险储备、风险容忍、风险分担、风险提高等。

7. 项目风险监控是指在整个项目过程中根据项目风险管理计划和项目实际发生的风险与项目发展变化所开展的各种监督和控制活动。风险监控的主要方法有项目风险监控系统、风险预警系统等。

## ➤ 复习思考

1. 何谓风险？风险的种类有哪些？
2. 风险的特性是什么？
3. 项目风险管理的含义和作用是什么？
4. 什么叫风险识别？
5. 项目风险识别的依据是什么？
6. 项目风险度量的方法有哪些？
7. 项目风险的应对策略有哪些？
8. 项目风险监控的工具有哪些？

## ➤ 能力测试

一、判断题

1. 风险管理是项目管理的一种手段。(　)

2. 风险监控的依据包括风险管理计划、实际发生了的风险事件和随时进行的风险识别结果。(　)

3. 实施项目风险管理的前提是假设项目中存在一些不可接受的风险。(　)

4. 量化的项目风险监视单是风险评估的主要结果，同时也是风险应对的重要依据。(　)

5. 进行讨论和进行判断性评论，是应用头脑风暴法要遵循的一个重要原则。(　)

6. 项目风险评估是指项目的风险评价。(　)

7. 转移风险可以降低风险发生的概率。(　)

8. 项目的前提和假设中隐藏着风险。(　)

9. 风险监控可以划分为风险监视和风险控制。(　)

10. 贸易信贷是卖家通过信贷保证将项目风险一部分转移到其他的公司身上。(　)

11. 对项目各个方面的风险和关键性技术过程的风险进行辨识和分析的过程是风险度量。(　)

12. 在项目风险管理中，故障树主要是用来识别项目的关键风险以及风险的关键因素。(　)

13. 风险评估只能评估风险的发生概率，而不能阻止风险的发生。(　)

二、单项选择题

1. 以下四类项目管理的内在风险中，从客户的角度出发，哪一类风险如果管理不善，会产生最为深远的影响？(　　)

A. 范围风险　　B. 进度风险　　C. 成本风险　　D. 质量风险

2. 下面哪一项活动可以看作风险转移的一部分？(　　)

A. 风险识别　　B. 购买保险　　C. 产出评估　　D. 概率评估

3. 出于以下所有原因应终止项目除了(　　)。

A. 项目不再符合公司目标　　B. 项目范围已作重大改变

C. 无法提供完成项目活动的资源　　D. 项目融资业已取消

4. 项目的哪一个阶段不确定性最大？（　）

A. 设计　B. 规划实施　C. 概念　D. 各阶段结束时　E. 以上皆是

5. 下面哪种图在影响分析中是最有用的？（　）

A. 箭线图　B. 次序图　C. 决策树　D. 直方图　E. 因果图

6. 下面哪一项不属于不可预期的外部风险？（　）

A. 政府政策的变化　B. 自然风险　C. 故意破坏

D. 不可预期的环境副作用　E. 通货膨胀

7. 一个项目经理说："我会和别人分担风险或是完全将风险转移给他们。"他采用的是减少风险的（　）方法。

A. 转移（偏转）　B. 规避　C. 降低（控制）　D. 自担（保持）

8. 冒险者的效用函数是（　）。

A. 负指数　B. 正向倾斜的　C. 递增率　D. 递减率　E. 不对称

9. 风险管理的最终目的是（　）。

A. 分析　B. 缓和　C. 评估　D. 偶发事件计划　E. 以上皆是

10. 假设估计幅度的两端是平均数的±3 个标准差，以下哪项幅度估计的风险最低？（　）

A. 30±5 天

B. 22～30 天

C. 最乐观为 26 天，最可能为 30 天，最悲观为 33 天

D. A 和 B 一样，风险都低于 C

11. 获得可以降低风险量的项目信息的最准确的方法是（　）

A. 采用头脑风暴技术识别风险

B. 利用以前类似项目的历史数据

C. 灵敏度分析

D. 德尔菲技术

12. 你决定在实际制造产品之前先建立原型，以确保项目利害关系者能够接受，这是下列哪种实例？（　）

A. 风险化解

B. 风险规避

C. 风险储备

D. 风险遏制

13. 按风险所造成的不同后果可将风险分为纯粹风险和（　）

A. 投资风险

B. 投机风险

C. 人为风险

D. 环境风险

三、多项选择题

1. 项目管理方法论应该与（　　）结合起来。

A. 建筑项目　B. 系统项目　C. 复杂项目　D. 大型项目

2. 项目风险通常被定义为一项减少（　　）的功能。

A. 不确定性　B. 破坏　C. 时间　D. 成本

3. 以下哪一项能够激励承包人稳步朝项目的目标前进？（　　）

A. 在合同工作开始时一次付清款项

B. 在合同工作预计的持续时间内每月付确定的款项

C. 随工作进行付款

D. 如果合同工作胜利完成，一次付清数项

4. 以下哪一点和纯粹风险关系最密切？（　　）

A. 利润和损失　B. 人员调动　C. 保险　D. 市场波动

5. 以下哪一种风险通常被认为是可以预测的？（　　）

A. 商务风险　B. 金融风险　C. 通货膨胀　D. 自然灾害　E. 税务

6. 风险管理允许项目经理和项目团队（　　）。

A. 在项目的计划过程中消除大部分风险　B. 辨别项目风险

C. 辨别不同风险的影响　D. 计划合适的反应

7. 下列表述错误的是（　　）。

A. 项目保证成本越大，项目纠正成本就越小

B. 项目保证成本越大，项目纠正成本就越大

C. 项目纠正成本越大，项目保证成本就越小

D. 项目纠正成本越大，项目保证成本就越大

8. 下列属于项目管理基本特征的是（　　）。

A. 复杂性　B. 创造性　C. 自发性　D. 预测性

9. 项目沟通中，采用何种沟通方式取决于（　　）因素。

A. 对信息需求的紧迫程度　B. 沟通方式的可行性

C. 项目团队成员的能力　D. 绩效情况

10. 项目经理权力的大小取决于（　　）。

A. 公司采用的组织结构　B. 项目的工期

C. 项目对公司的重要性　D. 项目的规模

11. 以下有关风险识别的说法正确的是（　　）。

A. 德尔菲法有助于减少数据方面的偏见，并避免个人因素对项目风险识别的结果产生不良的影响。

B. 头脑风暴法可以充分发挥集体的智慧，提高风险识别的正确性和效率。

C. 所有风险都可以被识别出来。

D. 风险识别的特点有全员参与、系统性、动态性和信息依赖性。

12. 风险监控的主要方法包括（　　）。

A. 项目风险监控系统　B. 风险预警系统

C. 审核检查法　　D. 风险报告制度

13. 按照风险产生的原因可将风险分为（　　）。

A. 纯粹风险　　B. 自然风险　　C. 可预测风险　　D. 人为风险

➤ 自主学习

## SG公司与LE公司的系统集成项目

SG公司经过发布需求建议书，以及谈判和评估，最终选定LE公司为其提供办公电脑，而LE公司则选定TC公司作为代理商，成为该项目的系统集成商。这个项目的周期是五个月，由LE公司负责提供主要设备，TC公司负责全面的项目管理和系统集成工作，包括提供一些主机的附属设备和支持设备，并且负责整个项目的运作和管理。LE公司和TC公司之间的关系是一次性付账，这就意味着LE公司不承担任何风险，而TC公司虽然有很大的利润，但是也承担了全部的风险。

五个月后，整套系统安装完成，但是系统试运行之日起，不断有问题暴露出来，SG公司要求TC公司负责解决，可其中很多问题涉及LE公司的设备问题，所以TC公司要求LE公司予以配合，但由于开发周期的原因，LE公司无法马上达到新的技术指标并满足新的功能，于是项目持续延期。为完成这个项目，TC公司只好不断将LE公司的最新升级系统提供给SG公司，甚至派人常驻在SG公司。

三个月后，SG公司终于通过了最初的验收，在TC公司同意承担系统升级工作直到完全满足需求建议书的基础上，SG工作支付了10%的验收款。然而这个时候LE公司由于内部原因暂时中断了该区域的业务，其产品的支持力度大幅下降，结果致使该项目的收尾工作至今无法完成。

问题：

1. 这个项目存在的主要问题和产生的原因是什么？
2. 你认为应如何解决案例中所发生的问题？
3. 如果你是该项目负责人，应该如何制订有效的项目风险管理方案？

# 第9章

# 战略性项目管理

## ➢ 本章提要

在本章中，您将学习到以下主要内容：

1. 战略管理的一般特点；
2. 战略性项目管理的主要特征；
3. 项目组合管理的特点、过程与组织；
4. 项目集管理的特点、过程与组织；
5. 战略性项目管理的过程、模式与组织。

## ➢ 案例导入

### 中新（重庆）的“陆海新通道”项目

“陆海新通道”是在中新（重庆）战略性互联互通示范项目框架下，由中国西部省区市与新加坡合作打造的陆海贸易新通道。陆海新通道纵贯我国西部地区腹地，北接丝绸之路经济带，南连21世纪海上丝绸之路，协同衔接长江经济带，以重庆和新加坡为“双枢纽”，通过铁路、水运、公路、航空等多种物流组织方式的高效联动，形成纵贯西北西南、联通中国西部与东盟国家的陆海通道主轴，实现与中欧、中亚等国际通道的有机衔接，形成“一带一路”经中国西部地区的完整环线，构建联通全球的互联互通网络。

2019年4月10日上午10时20分，重庆团结村铁路中心站内，一列满载25个集装箱大柜的专列鸣笛出发，这是陆海新通道铁海联运出口印度的专列。专列运的是汽车零配件，货值超800万元。承运方是中新南向通道（重庆）物流发展有限公司（现陆海新通道运营有限公司），王渝培是这家公司的负责人，他说：“这趟去印度的‘定制化’专列是首开。两天到广西钦州港，20 天内印度客户收货。”不向东绕，向南就近出境，铁海联运比江海联运至少省两周。

“以前我们每周200多个箱子走江海联运，去年以来一半改走铁海联运。过几天，还有一批出口非洲的摩托车配件也这么走。”在场的太平船务（中国）有限公司重庆分公司经理林翔说。

陆海新通道新在哪？除了路径新，物流组织形式也新。铁海联运、跨境公路运输、国际铁路联运，三种都实现了常态化开行。多式联运互为补充，大大方便企业运输方式的优化组合。

“新款，价格也合理。”大学生小徐在重庆商场买了一双德国品牌运动鞋。可他不知道，这与陆海新通道有关。这批运动鞋，原材料是德国的，由东南亚生产。通过陆海新通道，从广西报关后走公路，两天就到重庆，进保税仓。一部分在国内销售，一部分由中欧班列 15 天运到德国，比海运节省近一个月。

“打通这条西部最便捷的出海物流大通道，得益于中新（重庆）战略性互联互通示范项目。”重庆市中新示范项目管理局局长韩宝昌介绍说，“重庆正在全力建设新通道，这需要多主体共同参与，货源、关检、铁路、金融、机制都要有支撑。”

重庆、广西、贵州、甘肃、青海、新疆、云南、宁夏八个西部省区市 2019 年起携手，共商共建共享陆海新通道，截至 2019 年 4 月，目的地已覆盖全球六大洲 71 个国家和地区的 166 个港口。甘肃的马铃薯卖到了越南，青海的 PVC（polyvinyl chloride，聚氯乙烯）产品运到泰国，贵州的铝矾土销往美国……陆海新通道形成“一带一路”经中国西部地区的完整环线，也带动了西部地区对外开放的步伐。

百姓们也明显受益。夏天未到，重庆江津区市民已感受到“热带”的气息：越南火龙果、泰国龙眼和海鲜现身超市，物美价廉。

“到今年三月底，我们从泰国进口龙眼 750 海柜……走新通道一个集装箱到重庆运费能降 6000 元，水果价格也一降再降，在西南地区非常抢手。”重庆金果源实业有限公司总经理艾中华感叹道。

从“通”到“畅”，从一条线到一张网，陆海新通道正日益清晰地铺展在西部大地上。

## 9.1 战略管理

### 9.1.1 战略管理及其特点

#### 1. 战略的概念

“战略”（strategy）一词来源于古希腊语 strategos，意为将军。《中国大百科全书·军事》对于“战略”一词的诠释是指导战争全局的方略，即为达到一定的军事、政治目的，依据战争规律所采取的准备和赢取战争的方针、政策。《韦氏第三版新国际英语大辞典》定义“战略”一词为“军事指挥官克敌制胜的科学与艺术”。《简明不列颠百科全书》将战略定义为“在战争中利用军事手段达到战争目的的科学和艺术”。

随着社会不断发展，战略逐渐被广泛应用于军事以外的领域，如政治、经济、科技等领域，被演绎为这些领域重大的、决定全局性的谋划。在企业管理领域，美国学者钱德勒（Chandler）将战略定义为明确企业基本长期目标、行动方案和资源配置的决策。

2. 战略管理的定义和特点

1）战略管理的定义

战略管理是组织制订、实施和评价其战略的管理过程。组织依据其自身发展需要和外部环境变化来制订，通过有效组织其内部资源实施战略，并根据战略实施结果和外部环境变化评价、调整和制定新的战略。

2）战略管理的特点

（1）全局性。战略管理以组织整体为对象，根据其发展需要而制定，追求组织总体效果。虽然这个过程也包含局部管理活动，但是这些局部管理活动是作为全局活动的有机组成部分出现的。这就使得战略管理具有系统性和全局性。

（2）长远性。战略管理是对组织长远发展的统筹规划，谋求组织在未来较长时间内的优势地位，并对当前运营产生指导和限制作用，但其根本是满足组织未来长远发展。

（3）竞争性。获取和保持竞争优势是战略管理的重要任务。成功的战略应能够使得组织获取竞争优势而战胜对手，保持自己的生存与发展。

### 9.1.2 战略管理理论的发展

战略管理自 20 世纪 50 年代诞生以后，其发展大体经历了三个阶段：以环境为基点的经典战略管理理论、以产业结构分析为基础的竞争战略理论和以资源为基础的核心竞争力理论。20 世纪 50～60 年代，美国学者安索夫（Ansoff）、钱德勒等最先提出了企业战略管理理论，着重分析了企业环境、战略和组织结构之间的相互关系。哈佛大学教授迈克尔·波特（Michael Poster）将产业组织理论中结构-行为-绩效模型（structure-conduct-performance model，SCP 模型）的分析模式引入战略管理之中，提出了以产业为基础的竞争战略理论。20 世纪 90 年代又形成了以资源、知识和能力为基础的核心竞争力理论。在新的发展环境之下，战略管理不仅逐步趋向动态化，各理论学派之间有效整合的趋势，还呈现出学习型组织思想，运用博弈论等新方法。

## 9.2 战略性项目管理概述

### 9.2.1 战略性项目管理——多项目管理的新阶段

多项目管理是伴随项目管理方法在长期性组织中的应用而形成的管理模式，是站在组织层面对所有项目进行筛选、评估、计划、执行和控制的管理方式，涵盖了多个项目的全生命周期的管理。

多项目管理经过了项目集管理、项目组合管理、项目化管理的阶段。自 2000 年起，项目管理理论开始将项目、项目组合、大型计划管理与组织战略相结合，并开始应用组织项目管理成熟度评估等新技术。2003 年，PMI 公布了 OPM3；2005 年 10 月，发布 *The Standard for Portfolio Management*（《项目组合管理标准》），代表着多项目管理的理论逐步走向体系化。

1. 项目集管理

项目集管理（program management），也称大型计划管理。PMI 将其定义为：一组相互关联并需要进行协调管理的项目，用于获取单个项目无法获得的效益。项目集管理具备三个特征：多个项目、统一战略目标、统一配置资源。

通常，项目集由若干个相关联的项目构成，这些项目相互间有一定逻辑关系，或者有类似特征。这就需要项目集有一个明确统一的战略目标。虽然组成项目集的各个项目各自拥有具体目标，但总体上都为项目集的统一目标服务。由于多个项目间会存在频繁的资源冲突，因此需要在其范围内科学、合理地安排资源。

项目集管理是一种集成管理。这种集成不是要素之间的简单叠加，而是将多个要素有机组合成一个系统，从而提高系统的整体功能。项目集管理的集成包括三个维度：多项目之间决策、计划、实施、控制、评价等全生命周期的集成，多项目之间质量、成本、费用等管理要素的集成，业主、供应商、承包商等项目参与方的管理组织集成。

2. 项目组合管理

20 世纪 50 年代，美国经济学家 Harry Markowitz（哈里·马科维茨）提出了投资组合的概念，从风险和回报的角度评估所投资资产的价值和收益，形成了现代投资组合理论（modern portfolio theory，MPT）。1981 年，F. 沃伦·麦克法兰（F. Warren McFarlan）将其运用于项目的选择和管理中，形成了项目组合的运作方式。PMI 将项目组合管理（portfolio management）定义为：在组织战略的指导下，根据组织可利用的资源，进行多个项目或项目集的选择和支持。

项目组合管理理论包括项目战略定位、项目分析选择、项目组合优化、项目组合决策、项目实施与跟踪管理等内容。通过明确战略目标来选择纳入项目组合进行管理的项目，通过项目分析选择、组合优化与决策最终确定组合的具体内容和项目的优先级，最后建立对应的管理机制动态管理项目实施过程，确保实现组织的战略目标。

3. 项目化管理

项目化管理（management by projects）是从项目管理的逐步推广和深入中发展起来的，它萌芽于项目型组织，最初是对项目型组织中如何更好地管理项目的理论探讨与实践总结，之后作为一种有效的管理手段扩展到所有长期性组织，也常称为“组织项目化管理”。与之类似的概念还有企业级项目管理（enterprise project management）。

《中国项目管理知识体系》（C-PMBOK2006）中将项目化管理定义为：“一种以‘项目’为中心的长期性组织管理方式，以项目为导向，面向环境、市场、客户驱动构建柔性组织结构，强调部门间的沟通与协调，通过减少管理层级，实现组织结构的柔性和扁平化。”

项目化管理与一般企业管理的区别在于：项目化管理从具体项目出发，把企业战略转化为具体的产品或服务，而一般的企业管理往往着重从战略角度为企业的产品、市场等进行定位。项目化管理不仅管理企业中典型的项目，如新厂房建设等，更重要的是将企业运作中的创新活动当作项目对待，进而对其实行项目管理，如企业投融资、新产品研发、薪酬体制改革等。它是一种复合管理，其目的是在确保时间、技术、经费等资源和要求一定的条件下，以尽可能高的效率完成组织的预定目标，让所有相关方满意。

### 9.2.2 战略性项目管理的产生

项目化管理强调将整个组织活动视同项目进行管理。其出发点是立足项目管理思想，探讨如何保证项目目标的实现。从实践角度看，如何将“作业”视为项目，以及如何将项目成果固化到“作业”中，是战略性项目管理的重要任务。

1. 职能管理与项目管理融合

科学技术快速发展使得多变与创新日趋成为社会的主旋律。项目作为实现既定变化的载体，在组织活动中的地位越来越高。越来越多的组织在其工作中，都试图将项目管理作为首选的工具与方法。一方面，现代项目管理理论探讨立足项目管理的成功，如何改变管理模式以适应项目管理的需要；另一方面，现代项目管理理论探讨立足职能管理的高效化，如何借鉴项目管理理论改变管理模式以适应职能管理的需要。这其实是一个问题的两个方面。

从理论的角度看，职能管理是组织得以存在与发展的基础，项目管理本身从其组织形式、构成元素上也体现了职能管理的基础因素。从这个角度看，如何实现职能管理与项目管理的有机集成，既是关系项目管理成效的重要因素，也是关系组织持续发展的重要因素。

2. 战略管理理论与项目管理理论集成

战略管理理论发展到现在，已经从最初的战略分析与战略制定，发展到覆盖战略分析、战略选择、战略实施、战略评价与调整的完整过程，涵盖企业宏观发展、具体业务战略与职能战略的完整的管理理论体系。组织战略中的变革和改进部分可以作为目标，借助项目管理的方式来实现，而其中稳定的运作部分往往通过职能管理予以落实。因此，可以说战略管理是组织进行管理活动的中枢，有效引导了职能管理与项目管理的开展。

项目管理作为一种科学、有效的理论与工具，不仅能支持组织战略目标的实现，甚至组织的战略管理本身都可以作为一个项目，采用项目管理的工具与方法予以有效管理。战略管理最初是作为组织的方向性因素提出的，项目管理最初是作为组织的工具性因素提出的，方向与工具的集成是战略性项目管理的核心内容。

战略管理理论通过思考组织的使命与价值观，展望组织发展前景，提出组织目标，并最终分解成组织内部具体的职能策略、流程策略；项目管理则将战略管理明确的各种策略作为目标，其实施过程与最终结果作为战略评价与调整的依据。因此现代化的战略管理理论体系与项目管理体系的整合不是简单的方向与工具的整合，而是职能管理与项目管理的深层次整合。

3. 从战略层面看项目管理

（1）战略是项目选择的基础。战略为一个组织的发展指明了方向，而项目则是企业实施战略、达成目标的关键。只有符合企业战略的项目才是有价值的。一个项目的出发点是企业战略，而实施战略的途径就是通过项目。

（2）战略是项目组合资源分配的基础。多项目管理的环境下，资源的合理分配是一个关键问题。为了保证资源的有效分配，必须以战略目标为基础，将所有项目看作一个有机结合的整体。基于项目个体进行分散式的资源配置可能会顾此失彼，造成组织整体资源配置不合理甚至是浪费的情况，从而使其战略无法顺利实施。

（3）战略是项目管理过程中做出正确决策的基础。随着现代科技和经济的迅猛发展，组织所处的环境的动态性日益提高，这就要求组织必须能够快速应对变化并控制风险。为此，项目的定位必须精准，项目实施过程中的控制必须有力，项目经理必须有能力及时识别变化、发现风险并及时做出调整，以免造成不必要的损失。

（4）促进战略意图的实现是衡量项目成功的基础。衡量一个项目是否成功需要考虑满足各个项目相关者对项目的明确要求和在规定时间、成本、质量等范围条件下完成项目两个方面。其中，满足项目利益相关者的需求是组织战略的基本要求，而在规定的时间、成本、质量等约束下实现项目目标则是确保战略有效实施的基本保障。项目的成功主要是看该项目对组织战略的贡献。

## 9.3 项目组合管理及项目集管理

### 9.3.1 项目组合管理

1981 年 F. 沃伦·麦克法兰首次将现代投资组合理论运用到项目的选择和管理中，通过项目组合的运作方式实现了风险一定情况下的收益最大化。

项目组合管理运用投资组合的理念和三个关键评估标准来衡量项目：项目承担的成本、存在的风险以及投资潜在的收益，即将项目视为一项投资，其决策建立在项目组合基础上而不是单个项目基础上。

项目组合管理是项目管理最新理论的重要发展方向之一。越来越多的组织面临着在同一时间内管理多个项目和项目集的情况，以期获得组织整体投资的最大回报。项目组合管理已经得到了越来越广泛的重视，其重要性也日益显现出来。

通过项目组合管理，组织能够更加合理地运用各种资源，快速适应环境变化，提高其项目实施的成功率，从而提升其竞争优势。

1. 项目组合管理的含义

项目组合是指项目和/或项目集和其他工作聚合在一起，通过有效管理以满足业务战略目标。项目组合管理是对项目组合的有效管理，即组织在可利用的资源和战略规划的指导下，进行多个项目或项目集投资的选择和支持的活动。项目组合管理通过项目评价选择、多项目组合优化，确保项目符合组织的战略目标，从而实现其收益最大化。

项目组合管理不是简单地对多个项目进行管理，而是超越了传统项目管理的边界，为组织战略和项目之间搭建桥梁，使项目实施和组织战略有机地结合起来，如图 9.1 所示。

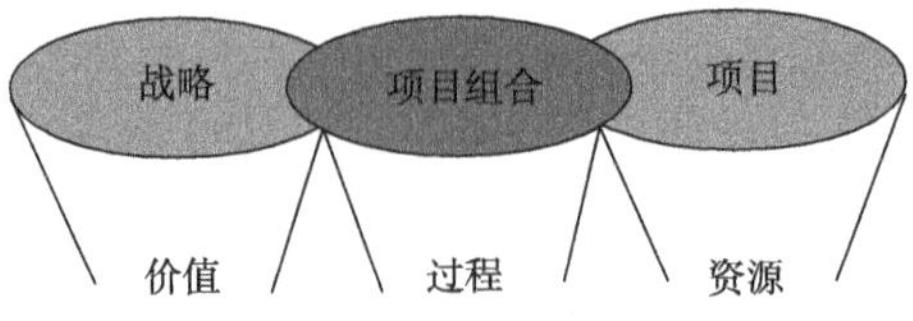


图 9.1 项目组合管理的作用

2. 项目组合管理与传统项目管理的区别

项目组合管理强调“做什么项目”，通过帮助组织将精力集中于产生最大价值的项目，将项目组合与组织目标结合在一起，获得项目之间的恰当平衡和组合，通过为最有价值的项目设定优先级和筹集资金，来最优化项目组合的价值，确保实际实施和运作与组织目标保持一致。

项目组合管理是组织战略层面的管理活动，关注组织决策的过程，面向多个项目的管理。其采取的是自上而下的管理方式，即先确定组织的战略目标，优先选择符合战略目标的项目，并在组织资源能力范围内有效执行项目。项目组合管理与传统项目管理的区别如表 9.1 所示。

表 9.1 项目组合管理与传统项目管理的区别

| 项目 | 项目组合管理 | 传统项目管理 |
|---|---|---|
| 管理目标 | 项目选择和优化 | 项目交付和完成 |
| 管理方式 | 自上而下，战略性的 | 自下而上，战术性的 |
| 管理范围 | 整个企业的所有项目 | 单个项目或项目集 |
| 管理周期 | 长期性，与组织存续时间相关 | 短期性，与项目生命周期相关 |
| 管理决策层次 | 高层管理者/组织级管理者 | 项目经理/资源经理 |
| 重要干系人 | 高层管理者、财务经理、企业股东 | 项目发起人、项目经理、项目客户 |
| 管理内容 | 项目组合范围定义、项目分析选择、多项目组合分析、动态组合管理 | 项目管理十大领域 |

3. 项目组合管理过程

项目组合管理过程主要分为以下五个阶段。

1）项目战略定位

项目战略定位即判断项目是否与组织的战略方向一致。首先进行组织战略目标分解，然后按照战略目标将项目进行组合分类，进一步在项目与战略目标相匹配的前提下，进行项目整体资源配置。为此，需要建立组织所有项目信息和资源库，以帮助组织进行选择决策。

2）项目分析选择

项目分析选择即对具体项目进行分析选择，衡量其为组织带来的收益。其核心内容是建立统一的项目评价标准，并将每个项目与该标准进行衡量。同时对项目的资源、进度、成本、风险等影响评价标准的各种因素进行分析。最后进行项目选择，暂停或中止不符合评价标准的项目。

3）项目组合优化

项目组合优化即在项目分析选择的基础上，结合组织当前的资源条件，进行项目优化组合，使组织项目投资收益最大化。这个阶段一方面通过优化模型进行多个项目的选择优化；另一方面在资源、成本等约束条件下，进行组合内项目平衡，确定最优项目组合。

4）项目组合决策

项目组合决策即在上阶段项目组合优化的基础上，进一步调整项目组合，最终进行项目组合决策。此时，项目决策者结合实际经验、当前项目情况以及具体项目用户需求等，进行项目组合最后调整，使得项目组合之间进一步得到平衡。

5）项目实施与跟踪管理

项目实施与跟踪管理即通过项目的实施与跟踪，及时了解组合项目的状态信息和变化情况。一方面建立项目组合视图，及时监控并了解影响项目组合分析的各种因素变化情况；另一方面及时对项目环境、战略目标、影响因素等变化情况进行审查，进行变更控制。

可见，项目组合管理过程是一个动态的持续执行、循环反复的过程，随着环境的不断变化，项目组合的分析优化也随之变化。通过实施上述过程，组织可以建立所有项目的全景图，动态跟踪项目的执行情况，进行项目和资源优化组合，最终实现其战略目标。

4. 战略导向下的项目组合管理组织

为有效实施项目组合管理，有必要成立项目组合管理办公室，其主要职能有：①为项目组合的开发提供支持；②为项目组合的实施提供专业咨询与指导；③开发项目组合管理与项目管理的工具、方法、技术与标准；④组织项目组合管理的相关培训；⑤负责项目组合管理人员与项目团队骨干的培养与选择。

如图 9.2 所示，在战略导向下的项目组合管理组织中，由高层领导组成组织的决策层，是组织战略的制定人，负责制订组织的长远战略规划，从战略目标角度对项目组合的选择和配置做出最终决策；负责调配组织的全部资源，监控既定战略的实施执行情况，以便做出相应的变更决策。同时，由组织领导授权的整体项目管理负责人和原有职能部门的领导组建项目组合管理办公室，行使战略落实和监控人的职责，负责将组织战略落实到具体的项目组合和项目中，设计形成项目组合方案提供给决策层，在组织层面协调各职能部门的支持，以价值最大化为目标分配项目组合资源，并对项目组合的实施进行总体管控。由项目经理和项目集经理组成的项目和项目集管理层，是组织战略的实施者和项目组合、项目、项目集的具体完成者，服从于战略导向和项目组合的资源调配和管控，通过项目和项目集目标的实现，完成项目组合的相关任务，从而实现组织的战略目标。

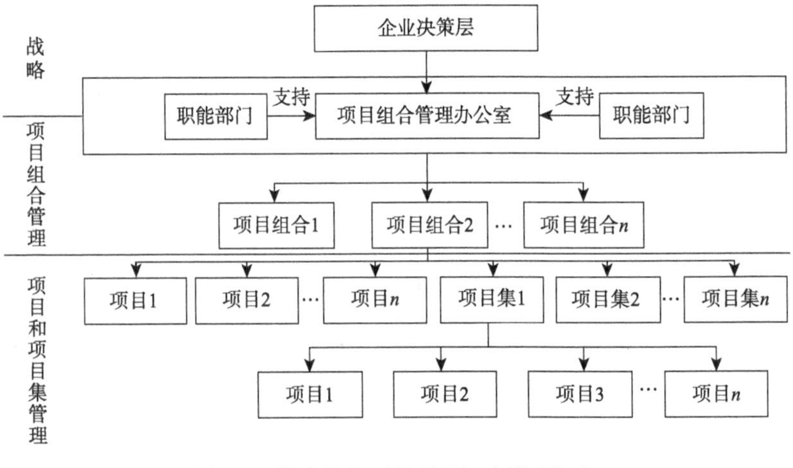


图 9.2　战略导向下的项目组合管理组织

5. 战略导向下的项目组合配置

项目组合配置的最基本工作就是使项目组合的目标能够符合组织战略目标的要求，提高项目实施效果对战略的贡献率，强化和提高项目目标和组织战略目标的对应度，有利于项目更好地为组织服务。

图 9.3 显示了项目组合配置的基本模型。它通过设计合理的项目综合评价指标体系，运用科学的、高效的、客观的评价方法对项目进行选择和配置，让一组项目服务于某一个或者某几个组织战略目标。组织战略与项目组合管理是一个循环促进的关系：组织战略能够指导项目配置和战略的项目化实施，加强项目收益与组织目标之间的联系；项目组合管理过程即为组织战略实施过程，直接关系着组织发展的前景以及发展的潜力。同时，项目组合配置与管理随环境变化而动态演化，主要表现为特定阶段旧项目的退出和新项目的加入。

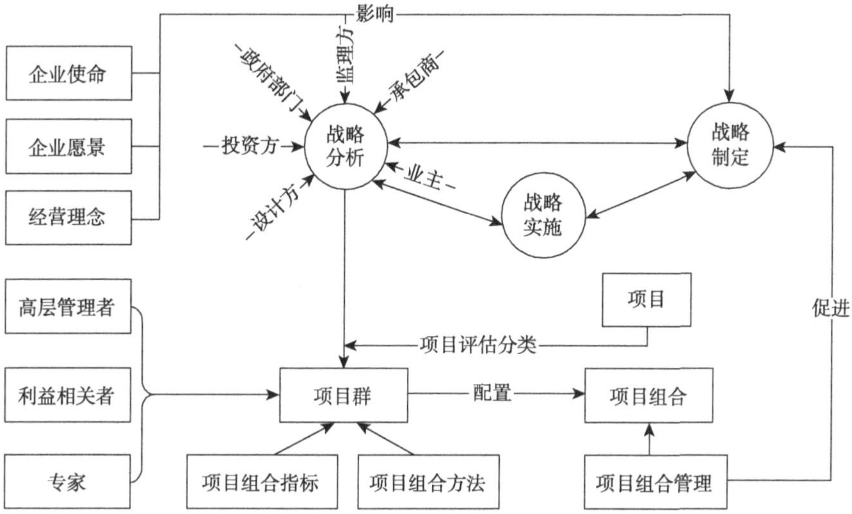


图 9.3　项目组合配置模型

## 9.3.2　项目集管理

1. 项目集的含义

项目集管理理论始于 20 世纪 80 年代中期，目前对于项目集管理尚未形成统一的模式。PMI 认为“项目集是一组相互关联并需要进行协调管理的项目”。日本项目管理协会（Project Management Association of Japan）的《企业创新项目与计划管理指导手册》（*A Guidebook of Project & Program Management for Enterprise Innovation*）则认为，项目集是企业为实现整体战略目标而发起的一组项目。可见，项目集具有以下特征。

（1）项目集是具有内在联系的若干项目，为了实现利益增加需要进行统一协调管理。

（2）项目集是以协调管理或集成战略为目的而进行的项目聚合。

（3）项目集是对一组项目以协调的方式进行集成和管理，以获得比单个项目管理更大的整体利益。而对单独的项目进行独立的项目管理时，这一利益将无法实现。

同一般项目管理相比，项目集管理是为了实现项目集的战略目标与利益，而对一组项目进行的统一协调管理。它是在对单个项目进行日常性的项目管理的基础上，重点对多个项目进行的总体控制和协调。项目集管理一般不直接针对每个项目的日常管理，其工作侧重在项目集的整体规划、控制和协调，并指导各个项目的具体管理工作。

2. 项目集的分类

项目集的类型，有不同的划分。Gray 和 Bamford 以项目活动的结果为标准将项目集划分为移交型项目集（delivery program）和平台型项目集（platform program）。前者是直接导致利益和资金流入组织的项目集；后者是致力于组织结构改善的项目集。

随后，Gray 还根据项目结合程度的紧密性，将项目集划分为松散型（lose）、紧密型（strong）和开放型（open）。松散型项目集是指为了支持企业战略目标，集合一群相关的项目以达到共同的目的；紧密型项目集是指对一群项目以协调的方式进行管理，以获取某种特定的利益，而这些利益无法通过对这些项目的单独管理来获得；开放型项目集是在松散型项目集的基础上引入了学习型组织和授权，给予项目管理者更多授权，从而对其项目做出正确的决策。

Sergio 以利益协调为标准，把项目集分为组合型（portfolio）、面向目标型（goal-oriented）和心跳型（heartbeat）。组合型项目集由一些相互独立的项目组成，但是这些项目以共同的资源或技术为前提；面向目标型项目集主要面向管理优化，其可以用来将经常的、不明确的、不完善的、正在发展之中的企业战略转换为现实行动和新发展的方法；心跳型项目集主要是通过功能增加、系统检视等手段对现有系统、组织结构甚至是商业流程进行有规律的提高改进。

项目集管理是对组织的项目集合进行选择、支持和管理的系统过程，其关键就是认识到项目集有着共同的战略目的、分享着同样的稀缺资源。项目集管理不是将项目看作独立的个体，而是将其看作一个统一的整体来进行管理。虽然每个项目都有各自的目标，但是它们同样也有一些共同的目标。

3. 项目集管理和项目管理的关系

项目集管理起源于项目管理，它们之间相互联系，但又各具特征。项目管理是对单个项目进行的日常性的管理，项目集管理则是对多个项目进行总体的控制和协调。项目集管理的特点更是从单个项目管理的被动应变进化到了主动运作，两者的主要区别见表 9.2。

**表 9.2　项目集管理和项目管理的区别**

| 项目集管理 | 项目管理 |
|---|---|
| 是一个组织框架 | 是一个交付特定产品的过程 |
| 基于组织战略层次，与组织战略目标一致 | 更体现战术性，与项目目标一致 |
| 对相互关联的特定产品（交付物）进行管理 | 对单一的具体的特定产品（移交物）进行管理 |
| 专注于实现战略或满足组织需求 | 专注于特定产品的控制和交付 |
| 风险横跨各个项目，不确定性更加明显 | 风险包含在单个项目内 |
| 从战略和技术层面管理变化 | 从技术层面管理变化 |
| 时间跨度可能不明确 | 有比较明确的时间跨度计划 |

续表

| 项目集管理 | 项目管理 |
|---|---|
| 需要更广泛的管理和商业技能及经验 | 需要项目管理和技术方面的技能 |
| 集中与资源利用 | 主要强调成本、时间、质量等成果 |
| 专家资源之间关系密切 | 熟练专家资源之间关系密切 |
| 需要资源利用率最大化 | 需要资源使用最小化 |
| 应用可视化沟通的集成数据库系统 | 信息处理主要应用计划安排软件系统 |

从表 9.2 可见，项目集管理更侧重于战略和组织需求，以及项目整体目标与战略层管理的衔接，通过对项目相关性的管理及对组织发展和最终产品的统筹，获得更大的收益。项目管理则更注重计划和执行并提交最终产品，往往会忽略项目整体中多项目间的冲突管理与关系协调，使得中高层管理与操作层的管理脱节。项目集从风险、工期、资源上对管理的模式、技术和理念都提出了更高要求，需要以项目管理理论和技术为基础，形成项目集管理的独特方法和模式。

值得注意的是，项目集管理只是在更高层面上对多个项目进行协同管理的一种方法，其范畴仍然属于项目管理，项目集管理不是否定项目管理，而是对项目管理新的发展。

4. 项目集管理的关键问题

布朗（Brown）和艾森哈特（Eisenhardt）对计算机行业的六家涉及多项目开发活动的企业进行的研究发现，成功的项目集管理通常具有下面三个要素。

1）灵活的结构和自由的沟通

成功的项目集都来自鼓励灵活开放的沟通环境中。当项目团队被允许随时对现有的产品进行实验时，创新性的产品概念才更有可能产生。

2）低成本的环境调查

通常，成功的项目集战略要求对未来进行一系列低成本调查，通过与潜在伙伴建立战略联盟，对开发的众多试验产品模型进行市场测试。成功的企业很少会孤注一掷，而通常在全面开发前建立并测试新产品。

3）瞄准时机的转换

成功的项目集管理需要认清适当的时机，使用项目集计划来建立长期的领导地位，同时通过提前计划来缓和可能出现的产品转换过程。例如，吉列公司就通过开发和销售新型剃须刀获得了巨大的商业成功，其产品生命周期计划能够精确地预测出现有产品的生命周期和开始新产品开发项目的必要时机，从而保持了其产品的平稳发展。

项目集管理虽来源于项目管理，但它无论是战略高度，还是管理范围、管理内涵、复杂性、不确定性都远远超越了项目管理。它不仅包括范围管理、时间管理、成本管理、人力资源管理、质量管理、沟通管理、风险管理、采购管理、综合管理，还包括协同管理、知识管理等体现项目集管理特点的管理要素。在建立有效的项目集管理系统的过程中，需要注意以下关键问题。

（1）对项目集管理的整体绩效和价值进行优化。

（2）机会识别和选择新项目。

（3）取消或中止进行中的项目。

（4）变更组合项目优先级。

（5）资源平衡和优化，平衡和协调组织内部的资源及其在项目集中的分配。

（6）项目集中内外部的信息采集、组织和整理。

（7）监控项目集的进展并进行评估。

5. 项目集管理的方法和实施模型

目前，项目集管理理论尚不成熟，其大部分管理方法都是借鉴或基于项目管理方法的改进，如 WBS、价值管理、挣值管理等。陈业文和周双海提出的项目集集成管理模型及项目集集成管理的实现模式如图 9.4 所示。

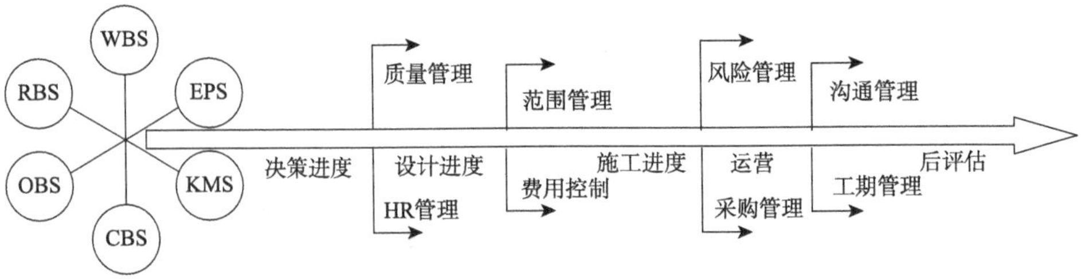


图 9.4 基于进度的项目集管理集成

EPS（enterprise project structure）即企业项目分解体系；RBS（resource breakdown structure）即资源分解体系；OBS（organization breakdown structure）即组织责任分解体系；CBS（cost breakdown structure）即费用分解体系；KMS（knowledge management structure）即知识管理体系；HR（human resources）即人力资源

项目集管理的理论以项目管理为核心和基础，包括集成管理、协同管理、各应用领域和通用的管理理论。傅道春提出的项目集管理实施模型如图 9.5 所示。

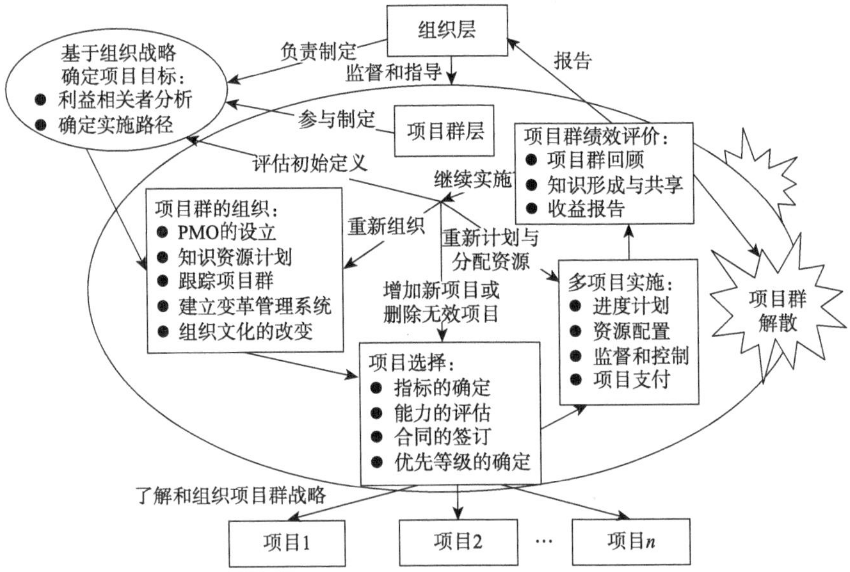


图 9.5 项目集管理实施模型

## 9.4　战略性项目管理模式

从整体上看，战略性项目管理是战略管理与项目管理的结合，从流程上来看，战略性项目管理处于组织的战略管理与项目管理的中间地带，扮演着连接桥梁的角色。基于此，战略性项目管理模式将是一个复杂的系统工程，其模式包括战略、项目管理系统、项目支持系统、项目管理组织结构和企业文化等五大要素，如图 9.6 所示。

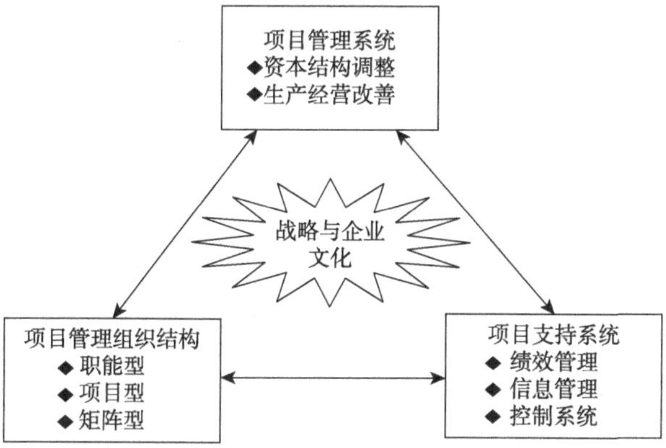


图 9.6　战略性项目管理模型

### 9.4.1　战略性项目管理过程

战略是战略性项目管理的核心。组织战略的制定主要包括分析内外部战略环境、明确战略愿景和使命、制定战略目标等。项目管理系统、项目支持系统、项目管理组织结构则是战略实施的基石，形成三足鼎立。其中项目管理组织结构是保障，项目管理系统是方法，二者均离不开项目支持系统的支持。此外，在战略性项目管理的全部过程中，企业文化贯穿始终，激发员工使命感，凝聚员工归属感，增强员工责任感，提升员工荣誉感和成就感，既是组织项目沟通的有效保证，也是确保组织可持续发展的重要基础。

战略管理过程包括确定企业使命、战略分析、战略选择及评价、战略规划分解、战略实施及控制、战略评价等。它与项目管理过程中的机会研究、项目评定、项目选择及评价、项目计划、项目执行、项目控制、项目收尾等过程相互匹配和衔接，形成一个完整的战略性项目管理过程。具体如图 9.7 所示。

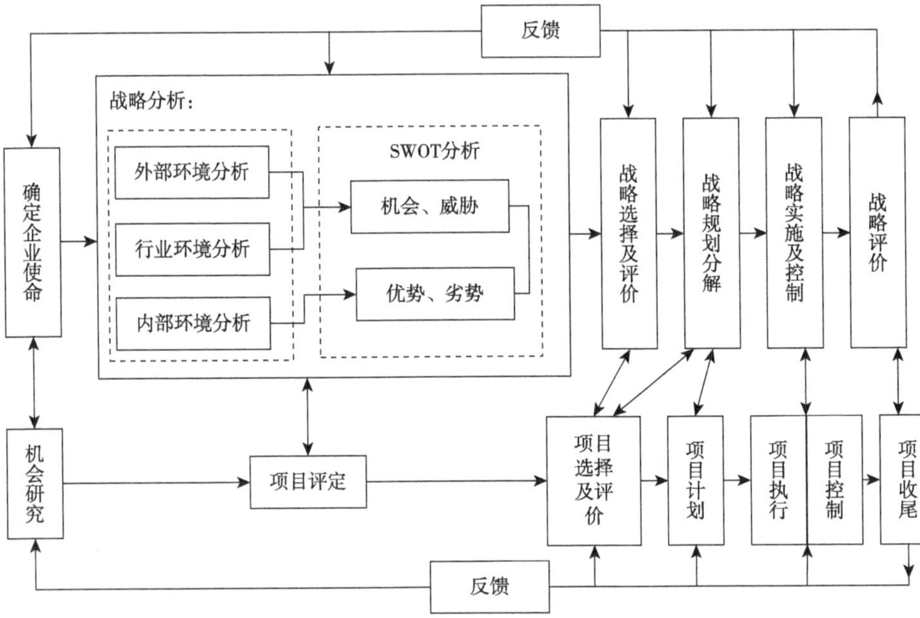


图 9.7 战略性项目管理过程

### 9.4.2 基于战略的项目管理系统

对于企业而言，项目按其性质可以分为两类：资本结构调整型项目和经营改善型项目。资本结构调整型项目即在企业总股本不变的情况下，选择性地开拓企业经营范围，主要涉及新产品开发与运行项目，增加新设备，生产线改革、扩建、开发等项目。而经营改善型项目则主要立足于现有生产设备、产品及生产线，进而专注于产品质量提高、成本降低、新市场开拓以及现代化管理机制建立等。可见，资本结构调整型项目关系企业未来的发展，而企业竞争力的提升则更多依赖经营改善型项目的建设。

项目组合管理是资本结构调整型项目的主要管理模式，包含五个要素：战略一致性、资源需求、项目经济分析、项目技术分析、项目决策与实施。其中，战略一致性关注项目是否符合企业使命、愿景和战略目标，以及与同期正在进行的其他项目是否存在分歧等。资源需求包括人力、物力、财力等资源的供需情况。项目经济分析则是通过分析估算项目市场规模、销售利润率、投资利润率、投资回收期、净现值、内部收益率，开展项目盈亏平衡分析、敏感性分析以及概率分析等评价项目效率和效益。项目技术分析则是从技术角度研究其可行性、可靠性、稳定性、先进性、持续性等。项目决策与实施则包括决策方法选择、项目实施方案与控制计划、项目风险评估以及执行总结等内容。

项目集管理是经营改善型项目的主要管理模式。其管理的重点是追求“1+1>2”的协同效应，最终获得比单一项目管理更多的收益。按其目标主题不同，对应满足共同的约束、实现共同客户满意、服务共同的产品以及实践共同的战略，项目集管理分为约束限制型、面向客户型、产品服务型以及面向战略型四种类型。

### 9.4.3　战略性项目管理组织结构

在科学技术快速发展、全球化竞争日益激烈的今天，传统的企业组织结构很难适应项目化管理。建立在战略基础上的项目管理模式也需要寻找适合其发展的组织结构。

项目组织是项目实施的保证，一般包括四个部分，即组织设计、组织运行、组织更新和组织终结，与项目生命周期相对应。典型的项目组织类型有职能型、项目型、矩阵型三大类，其中矩阵型项目组织又可分为弱矩阵、平衡矩阵、强矩阵三种类型。但是应用于战略项目管理时，需要重新调整、科学设计。战略性项目管理组织结构示意图如图 9.8 所示。

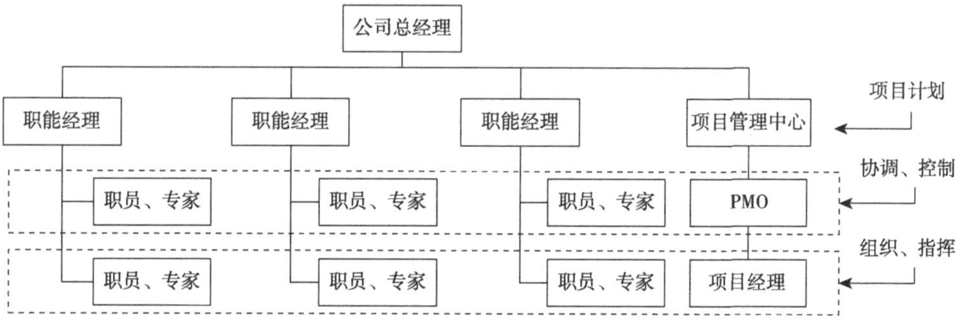


图 9.8　战略性项目管理组织结构示意图

战略性项目管理也对管理者的基本素质提出了更高的要求，项目管理专家这种职业也应运而生。按照战略要求设计组织架构，依然由公司总经理负责一切日常管理事务，下设项目管理中心，专门负责战略项目管理活动，项目管理中心主任由总经理兼任可提高战略项目管理活动执行力，负责整个项目战略计划决策制定。由项目管理中心牵头组建项目管理办公室，项目管理办公室成员由各部门专家组成，负责全部公司项目的可行性报告分析、批准上报立项、实施控制、项目收尾评价、项目组合、项目集管理以及项目经理人选制定等工作，项目经理及项目成员负责项目执行管理等工作。

### 9.4.4　项目支持系统

项目支持系统主要包括项目绩效管理系统、项目信息管理系统、项目实施控制系统等子系统。

1. 项目绩效管理系统

项目绩效管理为战略性项目管理提供激励支持。绩效管理以实现组织目标为最终目的，以实现个人、部门和组织绩效的提升为手段，由各级管理者和全体员工共同参与包括绩效计划制订、绩效教育沟通、绩效考核评价、绩效结果运用、绩效目标改进提升等活动在内的持续循环过程。绩效管理除了能够促进组织和个人绩效提升，保证组织战略目标实现之外，还是促进管理流程和业务流程优化的重要渠道。战略性项目管理离不开对人对事的管理，对人的管理主要是激励问题，对事的管理主要是流程及其优化问题。

2. 项目信息管理系统

项目信息管理为战略性项目管理提供沟通支持。信息管理是以有效开发利用信息资源为目的，以现代信息技术为手段，对信息资源进行计划、组织、领导、协调和控制的一系列活动。随着社会经济的发展，科学技术的进步，企业管理向战略化、项目化的方向演进，多项目管理是战略管理的重要部分，仅凭人的能力去管理一个庞大的系统已经难以胜任，必须借助科技的力量和管理信息系统，才能确保决策科学、行为准确。

3. 项目实施控制系统

项目实施控制系统为战略性项目管理提供有效控制的机制。控制意味着目标主体按照计划所期望的方式保持或者改变组织系统的可变因素，向着预定的理想状态发展。在战略性项目管理中引入项目实施控制系统，一方面保证了组织目标的实现；另一方面保证了其实现途径的科学高效。

### 9.4.5 战略性项目管理文化

企业文化具有五大功能：一是对经营哲学、价值观念和企业目标指引的导向功能；二是通过规章制度与道德指引的约束功能；三是对员工和团队建设的凝聚向心功能；四是通过有效的沟通与反馈机制，维护公司内部员工之间、部门之间以及公司与外部利益相关者之间关系的调节功能；五是形成公众形象，提升影响力和知名度的辐射功能。

战略性项目管理的文化建设，除了要重视企业文化基本功能的发挥之外，还要注重培养团队协作、信息共享以及务实高效的文化。首先，战略性项目管理要求团队精神，这是组织实施的前提；其次，多项目管理关注信息共享，只有有效合作才能获得最大效益；最后，战略性项目管理具有价值链的重要特征，任何一个环节都会影响整个链条，因此务实高效成为战略性项目管理的基本要求。

## ➢ 本章小结

1. 战略性项目管理。战略性项目管理是战略管理与项目管理的结合，处于组织的战略管理与项目管理的中间地带，扮演着连接桥梁的角色。它是多项目管理的新阶段，将组织战略用以指导项目的选择、资源配置、管理决策，并以战略意图的达成作为衡量项目绩效的标准。

2. 项目组合管理。项目组合管理是对项目组合的有效管理，即组织在可利用的资源和战略规划的指导下，进行多个项目或项目集投资的选择和支持的活动。它通过项目评价选择、多项目组合优化，确保项目符合组织的战略目标，从而实现其收益最大化。

3. 项目集管理。项目集是一组相互关联并需要进行协调管理的项目。项目集管理的重点是集成管理，这种集成不是要素之间的简单叠加，而是将多个要素有机组合成一个系统，从而提高系统的整体功能。

4. 战略性项目管理的基本结构。战略性项目管理从传统项目管理发展而来，用于应对不确定环境下的项目管理的新的研究方向。它以组织战略为引领，通过战略管理过程和项目管理过程的有机融合，在全方位的项目组织系统、管理信息系统和项目支持系统的支撑下，利用系统思维方法去解决组织范围内的项目管理问题，使组织战略和项目管理的理念、过程和方法融入企业文化之中。

## ➢ 复习思考

1. 什么是战略管理?
2. 战略管理与项目管理如何匹配?
3. 为什么需要项目集管理?如何有效地进行项目集管理?
4. 项目组合管理过程有哪些阶段?
5. 什么是战略性项目管理?它有怎样的特点?
6. 战略性项目管理系统的基本构成包含哪些部分?其相互关系如何?

## ➢ 能力测试

一、单项选择题

1. 项目组合管理的主要目标是(　)。

A. 正确地完成某个项目

B. 正确地完成一系列相互关联的项目

C. 选择一系列正确的且不一定相互关联的项目,并排定资源分配的优先顺序

D. 选择一系列正确的且相互关联的项目,并排定资源分配的优先顺序

2. 战略最初被应用于以下哪个领域(　)。

A. 政治　B. 经济　C. 军事　D. 科技

3. 战略管理理论包括(　)。

A. 经典战略理论　B. 竞争战略理论

C. 核心竞争力理论　D. 以上都是

4. 项目组合管理可以将组织战略进一步细化到选择哪些项目来实现组织的目标,其选择的主要依据在于(　)。

A. 交付能力和收益　B. 追求人尽其才

C. 追求最低的风险　D. 平衡人力资源专长

5. 项目群是(　)。

A. 一群共享资源的项目　B. 投资在 1 亿美元以上的大型项目

C. 任意 10 个项目的集合　D. 一组被协调管理的且相互关联的项目

6. 为了实现战略目标而组合在一起管理的项目、项目集和运营工作被称作(　)。

A. 过程　B. 项目组合　C. 子项目集　D. 生命周期

7. 实施项目是下列战略原因所致,除了(　)。

A. 社会需求　B. 市场需求　C. 管理层的判断　D. 环境方面的考虑

8. 与传统项目管理不同,战略性项目管理要求项目管理的过程与组织的(　)紧密相连。

A. 项目章程　B. 战略规划　C. 商业需求　D. 产品范围描述

9. 包含确定项目是否值得投资的必要信息,且用于更高管理层决策的文件称作(　)。

A. 项目范围说明书　B. 项目章程　C. 商业论证　D. 个案研究

10. 项目集管理有助于确定管理相关项目的最优方法以获得收益和控制。项目集管理活动可能包括下列所有选项，除了（　）。

A. 整合组织和战略方向　　B. 管理共享的客户关系

C. 解决问题和变更管理　　D. 解决资源约束

二、多项选择题

1. 企业战略项目管理模式将是一个复杂的系统工程，都包括哪些要素？（　　）

A. 项目管理系统　　B. 项目支持系统　　C. 项目管理组织结构

D. 战略项目文化　　E. 战略

2. 战略管理的特点是（　　）。

A. 全局性　　B. 长远性　　C. 改进效能　　D. 对抗性　　E. 静态性

3. 以下哪些选项是从完善企业战略管理角度分析项目管理的必要性？（　　）

A. 战略项目管理有利于形成企业竞争能力

B. 战略项目管理是企业管理发展的必然产物

C. 项目管理具有较强的适应性

D. 项目管理有利于解决信息不对称问题

E. 促进战略意图的实现是衡量项目成功的基础

4. 项目组合管理与传统项目管理的区别表现在哪些方面？（　　）

A. 管理目标　B. 管理方式　C. 管理范围　D. 管理周期　E. 管理决策层

5. 通常，战略性项目管理的绩效评价评分模型应考虑以下几个因素？（　　）

A. 战略一致性　　B. 项目组合财务价值　　C. 非可衡量收益

D. 风险　　E. 其他对于组织较为重要的标准

6. 进行项目组合分析时，要考虑以下哪些因素？（　　）

A. 业务优势、收入　　B. 成本、投资　　C. 风险、成功可能性

D. 创新、可维持性　　E. 定义的项目类别

7. 项目组合管理主要包含以下哪些步骤？（　　）

A. 项目战略定位　　B. 项目分析选择　　C. 项目组合优化

D. 项目组合决策　　E. 项目实施与跟踪管理

8. 项目组合管理办公室的主要职能有哪些？（　　）

A. 为企业项目组合的开发提供支持

B. 为企业项目组合的实施提供专业咨询与指导

C. 开发企业项目组合管理与项目管理的工具、方法、技术与标准

D. 组织企业项目组合管理的相关培训

E. 负责企业项目组合管理人员与项目团队骨干的培养与选择

## ➢ 自主学习

### 华为的项目管理模式

向标杆学习，从实践中获取管理精髓，是企业实践明智的选择。华为一直非常重视

项目管理，项目管理在促进公司发展、实现商业价值、推动人才培养等方面发挥了重要作用。

华为将项目管理视为一种业务运作模式。在华为，“以项目为中心”的运作不仅仅是一组实践或工具，更是一套相对完整的管理体系，包括政策、规则、流程、方法和 IT 工具平台、组织运作和评价等要素。这些要素在项目管理实践中集成应用，并通过一套三层次管控机制，有效开展项目、项目集和项目组合管理，实现其商业价值。

华为首先在营销和研发等体系引入项目管理，并经过多年实践推广至目前的变革、基建等领域。截至 2018 年，华为已拥有各类认证的各级别专职项目经理近 5000 人。

华为的商业实践离不开公司战略的指导，其项目管理体系有效地支撑公司战略落地。该体系不仅包括项目本身的所有运作环节，同时也包括支撑项目运行的管理系统，涉及授权、考核、评价与激励等多个方面。华为真正实现了组织级项目管理体系。

1. 用项目组合管理价值

以项目为中心的项目管理体系，牵引华为组织结构从“以功能为主、项目为辅”的弱矩阵，向“以项目为主、功能为辅”的强矩阵转变，其管理包含项目组合、项目集、项目三个层次，而华为代表处、系统部和项目组分别对项目组合、项目集和项目负责。

代表处是客户组合和产品组合管理的主体，承担华为战略目标实现的责任。代表处以年度预算为基础，在客户与产品组合层面优化资源配置，促进优质资源逐步向优质客户倾斜。系统部是项目集管理的主体，对经营目标的实现和客户满意度负责。项目组是项目管理的主体，基于契约开展优质、高效的交付，对交付进度、质量和客户满意度等项目经营目标负责。

2. 关注商业价值实现

项目概算、预算、核算、决算是项目管理中的关键活动。其中，概算是基于设备、服务成本和相关成本来测算项目损益和现金流，80%的项目成本在概算阶段需要确定；预算基于概算，根据合同确定的交付承诺，结合交付计划和基线对项目执行周期内的收入、成本的现金流设定财务基准；核算是项目管理的“温度计”，准确地记录历史、描述现在，并通过预测来管理未来；作为最后一次项目核算，决算是项目关闭时的“总账”，它通过经验教训总结改善后续运作，刷新基线。

3. 科学度量成熟度

对于项目管理体系的成熟度，华为从组织、项目管理能力中心、项目三个维度来度量。

组织级度量标准从低到高分为五级。

（1）初级：公司不具备或未使用项目管理技能。

（2）推行：公司拥有基本的项目管理技能，偶尔使用，但不连贯，还处于开发过程中。

（3）运行：公司项目管理技能健全并全面运行，具有标准统一的流程。

（4）集成：公司项目管理技能娴熟实用，高度集成，在公司内持续使用，结果可预测。

（5）领先：公司项目管理技能达到世界领先水平，成为业界最佳实践。

4. 培育项目管理文化

德鲁克（Drucker）认为：管理虽然是一门学问，一种系统化的并到处适用的知识，但它同时也是一种文化。华为一直强调，资源总会枯竭，唯有文化生生不息，永不枯竭。

华为的项目管理文化包含如下三种文化。

（1）理念文化，即公司价值观、项目管理价值观、高层领导的支持。

（2）制度文化，即规范的公司项目管理体系、明确的项目管理能力框架、匹配项目管理需要的组织架构。

（3）行为文化，即职业化的项目管理行为，卓越的领导力、战略和商业管理能力，健康的项目管理生态圈。

华为项目管理文化与华为企业文化一脉相承，是华为核心价值观的内涵在项目管理活动中的延伸和丰富，华为项目管理文化的精髓包括如下几个方面。

1）以客户为中心

华为认为客户需求是发展的原动力，为客户服务是其存在的唯一理由。为此，华为实行以客户为中心的运营模式，将项目支点建立在离客户最近的地方。同时，华为通过建设业务、流程、组织保障与信息化系统，建立以客户为中心的管理体系及平台，支撑精兵作战，保障客户价值的成功实现。

2）培育契约精神

华为以诚信这一最重要的无形资产赢得客户，以契约精神赢得客户。契约精神的本质是一种双向的联系和规范，以立约方式确定人与人之间的互动关系。项目管理中的契约精神，就是项目成员拥有一种心理契约，养成按规则办事的习惯。

为确保契约精神得以贯彻执行，华为的具体做法如下。

（1）与公司立约，明确以项目为中心的政策、方法和流程，制定考核机制。

（2）与客户立约，“客户的信任要靠不断的艰苦奋斗得来。没有客户的支持、信任和压力，就没有华为的今天”。

（3）与员工立约，签订项目关键绩效指标（key performance indicator，KPI），实现高质量交付。

3）坚持结果导向

华为建立了以结果为导向的价值评价体系，将项目 KPI 纳入个人绩效承诺书，贯彻结果导向，传递市场压力。同时，华为坚持以奋斗者为本，建立基于给客户、上下游和团队带来贡献和价值，以结果为导向的任职资格制度，使奋斗者获得合理的回报。

4）团队协同作战

在“胜则举杯相庆，败则拼死相救”的团队合作方面，华为有著名的狼性文化，即目标一致、动作协同、同进同退、群狼众心、充分沟通、绝对服从、超强耐力、永不放弃。狼性文化的本质是全面贯彻拼搏和团队意识，因此每个人的适宜角色定位是决定团队狼性的根本。

为此，华为运用马斯洛模型，分析员工需求，引导员工从低层次物质需求转向高层次的文化需求，用制度牵引员工的行为，最终形成公司层面浓厚的项目管理文化氛围，促进公司项目管理的成功，从而保证公司的商业成功。

问题：

1. 华为是如何建立项目管理体系的？
2. 从本案例来看，华为是如何取得商业成功的？
3. 华为公司的成功对你有何启发？

# 第10章

# 项目信息管理

## ➢ 本章提要

在本章中，您将学习到以下主要内容：

1. 项目信息的概念和分类；
2. 项目信息管理的含义及主要内容；
3. 项目信息收集、传递、加工和处理的基本方法；
4. 项目管理信息系统的基本概念和构成；
5. 项目管理信息系统的分析、设计、应用的一般过程和方法；
6. 常用项目管理软件的应用。

## ➢ 案例导入

### 数字化项目管理助力建成高速公路

内蒙古自治区呼和浩特市至广西壮族自治区北海市高速公路荔浦至玉林段（以下简称荔玉路）是广西2010～2020年高速公路网规划中“两横两纵”的重要组成部分，全长261千米。项目建成后，将对改善广西壮族自治区内交通状况、推动西部大开发建设、促进泛珠三角和大西南经济区交流、构建东盟商圈和粤港澳大湾区等具有重大战略意义。由于该项目跨度长、标段多、投资大、作业环境多变、管理体系不标准、业务数据大、流程复杂、信息断链、协调困难，项目专门搭建了一个信息管理平台对全过程信息进行集中管理。

荔玉路工程项目信息管理平台由投资控制、试验管理、质量管理、进度管理、安全与人员管理、交通与征地拆迁管理、合同计划管理、数据大屏、党建之窗及电子档案等模块组成。平台业务主要由PC（personal computer，个人计算机）端的项目管理系统、手机端的现场管理APP（application，应用）、模型端的建筑信息模型（building information modeling，BIM）展示平台、设备端的施工监控系统和大屏端的智慧决策驾驶舱五大业务系统组成。施工监控系统实现对现场试验设备、生产设备以及各类现场作业的监控和数据采集，为各业务系统的智能化管理和决策提供数据支撑；投资、质量、进度、安全、电子档案等构成了项目管理系统，为处理荔玉路项目的业务提供管控手段；现场管理 APP 由质量巡检、安全巡检和各项业务的上报、审批、预警等组成，为各项业务的高效管理提供便捷入口；智慧指挥调度平台、数字化辅助决策平台为业务管控各环节提供风险防控预警和智能决策支持；将 BIM 可视化系统与项目管理系统进行业务互联，通过运用 BIM+GIS（geographic information system，地理信息系统）技术将各类信息进行有效组织和融合，实现可视化交底标准化施工。

荔玉路工程项目信息管理平台的应用可实现对高速公路建设项目安全精细化管控，达到扁平化管理要求；同时，动态化、精细化的质量管控手段有助于打造集质量保证、质量策划、质量管理及统计分析为一体的质量监督体系，对推动整个广西乃至全国的高速公路建设项目的信息化建设、加大项目质量安全监管力度与加强决策指挥具有重要指导意义。

信息是项目沟通的基本前提，是项目管理的基础，对于项目整个寿命周期的各项管理活动起着至关重要的作用。随着项目的日益复杂化，项目信息沟通的数量不断增大，项目信息之间的相互关联更加复杂，从而使得项目管理信息系统（project management information system，PMIS）成为适应项目信息管理新需要的必然手段。以现代信息技术为基础的项目管理信息系统不仅可以帮助项目团队制订项目计划，而且可以帮助其对项目实施过程进行动态管理，并为项目积累可追溯的信息和经验。本章将主要介绍项目信息管理的基本概念，以及项目管理信息系统的构建、运行和应用。

## 10.1　项目信息管理概述

### 10.1.1　项目信息的概念

1. 项目信息的定义

项目信息是指报告、数据、计划、安排、技术文件、会议安排与记录等与项目具有联系的各种信息。这些项目信息在项目组织内部和项目组织与外部环境之间不断流动，构成了项目信息流。项目信息流动是否顺畅，是否能及时有效地传递给项目干系人，在很大程度上决定了项目的成败。

2. 项目信息的分类

1）按信息流向分类

按信息流向划分，项目信息可分为自上而下的信息、自下而上的信息、横向流动信息、项目与环境之间的信息、综合部门信息等。

（1）自上而下的信息主要是指从项目经理流向中低层项目管理人员或具体工作团队的信息，包括管理目标、指令、工作条例、办法、规定和业务指导意见等。

（2）自下而上的信息主要是指由下级向上级传递的信息，包括项目执行记录、报告、建议等。项目运作时，这类信息一般应逐级传递。

（3）横向流动信息主要是指项目管理团队中同一层次的工作部门或工作人员之间的

交流信息，主要包括相关部门之间的信息通报、工作协商等。项目管理的重要功能在于消除横向信息交流的阻隔，促进各相关部门的合作。

（4）项目与环境之间的信息主要是指项目管理团队与上级领导、建设单位、设计单位、供应单位、债权人、咨询单位、质量监督单位、政府主管部门，以及项目周围社区之间的交流信息。这类信息一方面是及时让项目外部利益相关方了解项目进展情况，另一方面是让项目管理团队及时了解外部环境对项目的要求。

（5）综合部门信息主要是指项目综合管理部门通过对各种相关信息进行汇总和分析，从而产生的反映项目综合情况的信息。这些信息一方面为项目经理决策提供依据，另一方面又帮助工作部门进行工作规划、检查任务和控制项目进展等。

2）按信息来源分类

按信息来源划分，项目信息可分为外生信息和内生信息。

（1）外生信息，即产生于项目管理团队之外的信息，包括指令性和指导性信息、市场信息和技术信息等。

（2）内生信息，即产生于项目管理团队之内的信息，包括基层信息、管理信息和决策信息等。基层信息是项目基层工作人员产生的信息，如原始记录和报表等。管理信息是由项目中层管理人员用于计划和控制的信息，包括汇总报表、统计表等。决策信息是高层决策者产生的信息，如项目决策、计划和指令等。

### 10.1.2 项目信息管理的概念和主要内容

1. 项目信息管理的概念

项目信息管理是对项目信息的收集、整理、储存、传递和应用等一系列工作的总和。项目信息管理是以项目信息为管理对象的管理，其目的是促进项目组织信息沟通，确保项目执行，并为项目决策者及时而准确地提供其所需要的信息。

2. 项目信息管理的主要内容

项目信息管理主要包括项目信息的收集、整理、储存、传递和应用等工作内容。以下就项目的信息收集、传递、加工和处理进行介绍。

1）项目信息收集

（1）信息内容：①项目宏观环境信息，包括政治、经济、社会、技术、法律、环境等方面。②项目行业信息，包括市场信息（市场供求关系及其变化趋势，价格及其变化）、竞争信息（如主要竞争者的实力、态度和竞争策略等）、供应信息（如项目所需要的各类资源的供应情况及价格的现状和变动趋势）等。③项目微观信息，包括项目内部执行各个方面的信息。

（2）收集方法：①现场调查研究，包括询问法、观察法和试验法等。②收集现有管理信息，主要是通过公共信息资源，如大众媒体、专业期刊、国家政策法规汇编等，以及专业信息资源，如行业统计数据、专业信息公司、行业协会等，来收集项目所需要的信息。此外，项目本身的内部信息积累也是项目信息收集的基本方法。

2）项目信息传递

及时、高效地将项目信息传递给信息需求者是项目信息管理的重要内容，这就需要建立一套科学合理的项目信息传递制度，并使其标准化。

一般，项目信息传递的主要方式包括专人负责传递、通信方式传递和会议方式传递三种。随着信息技术的发展，项目信息传递更加电子化和便捷化。

3）项目信息加工和处理

对项目信息的加工和处理主要包含以下工作。

（1）判断，即对原始信息进行真伪性判定，以剔除那些不真实、不可靠的信息。

（2）分类，即将分散、无序的信息进行归类整理。进行归类的方法可以是按时间、地点、使用目的、业务类型等，形成一种科学的信息分类和编码系统，利于信息的查询和利用。

（3）分析和计算。利用适用的数学方法或计算机技术方法将信息进行加工，从中获得符合需要的数据或概念。

（4）编辑、归档和保存。信息经过加工后应按一定的方法编辑成册，以各种介质方式（纸、胶卷、磁盘、光盘等）进行妥善保存，以备项目各部门使用。

### 10.1.3　项目管理数据演变

由于大数据时代的来临，传统的项目管理逐渐向数据驱动的项目管理演变，应用到新时代背景下的各行各业当中。

1. 大数据背景

随着时代的进步与科学技术的发展，我们进入信息化社会，特别是互联网和各种社交媒体的出现，如 Twitter、谷歌、百度、淘宝、亚马逊等，在接触和使用它们的过程中，生成了大量的数据，人们由此进入大数据时代。

大数据是一种高容量、高可变性和高速的信息资产，它需要利用高性价比的、形式创新的信息处理方式来帮助管理者提高洞察力，实现决策和流程自动化。

尽管目前学者对大数据的准确定义仍存在争议，但可以肯定的是，大数据不仅仅指的是数据的量，在大数据中，数据的类型和分析的复杂性更加重要。所以在对大数据进行准确定义的时候，不仅要关注数据存储的大小，还要关注大数据的其他方面，如数据的种类与数据产生的速率。

2. 传统项目信息管理数据

与传统的依靠企业信息系统来获取数据相比，随着装备物联网（internet of things，IoT）的发展与企业外部互联网的形成，工程项目管理也进入大数据时代。传统的项目管理过程中，项目经理利用他们的知识和经验，通过制定范围、进度和成本等基线计划管理项目，项目在执行过程中若基线变更得少，则表明项目经理对项目进行了有效的管理。这种管理方式通常基于这样的假设：在项目执行过程中的任何检查点，无论是过去、现在还是将来，基线计划都是一个良好且有效的计划；项目计划的制订者有足够的智慧和远见能够制订一个详细的、可行的计划。

3. 项目信息管理演变

传统项目管理方法强调制订详细的基线（基准）计划，并以此为依据严格控制项目。尽管传统的项目管理方法发挥了巨大的作用，但是我们现在面临一个更加不确定和多变的世界。项目管理的环境已经发生了巨大的变化，主要表现为如下内容。

（1）大型工程项目（尤其是复杂研发项目）处于快速变化和复杂的环境，更加具有动态和不确定性，因此也涉及大量的变更管理。例如，客户需要的不确定性，并由此导致项目范围的变更和项目整体的变更；项目资产信息（asset information）的变更管理，资产信息包括子系统和部件的类型、序列号、设计合理性等，这些资产信息涉及大量数据，传统的配置管理方法不能对其进行有效的管理。

（2）随着工程项目复杂程度的增加，项目中存在大量的、不同类型且快速增加的数据，如设计阶段的3D（three dimension，三维）建模数据，项目在测试、制造、使用和维护过程中的实时监控数据。传统的数据分析和预测方法通常建立在历史数据的基础上，收集数据的方法包括文档、访谈和调查法等，但是这些方法会受到私密性、时间和成本的限制，且常常是一些离散的、非连续的、非实时的数据。因此，对数据的分析和预测会受所收集样本代表性的制约。

采用大数据技术可以自动、连续地获取数据，并动态评估系统的状态，尤其适用于工程项目质量控制、客户需要的变更管理、配置管理等。然而，如何做到在复杂工程项目中应用大数据分析是一个关键的问题。对这些数据做到有效的提取、预处理和处理，并应用这些数据进行预测和优化分析，是大量的数据能够发挥应有的价值的前提。

### 10.1.4 大数据驱动项目管理的意义及内涵

大数据环境下，实现“数据驱动决策”是整个价值链的核心。在大数据背景下，数据驱动的项目管理的出现，让专家和学者开始考虑在项目周期的不同阶段和不同的管理领域，可以采用哪些不同的大数据预测、分析和优化的方法。

1. *大数据应用的层次分析*

在复杂工程项目中应用大数据技术有三个层次。与一般的数据分析方法的不同之处在于，应用大数据方法的基础是要获取各种数据源，这些数据源具有“6V”特征，尤其是它们常常具有不同的数据类型并包含噪声（即冗余、错误的信息）。因此，需要对提取的信息进行预处理和处理，才能够进行预测和优化，为企业和用户创造价值。该金字塔结构的三层含义具体如下所示。

最底部的基础层表示工程项目中产生与利用的各种数据源。学者提出从“6V”方面来描述大数据的基本特征：①数据量大（volume）。大数据的容量巨大，包含着大量的记录，需要巨大的存储空间来进行数据存储。②多样性（variety）。大数据的数据来源复杂，产生的数据类型丰富多样，既包括传统的结构化数据，也包括半结构化数据［如E-mail（电子邮件）、HTML（hypertext mark language，超文本标记语言）、XML（extensible markup language，可扩展置标语言）文件等］和非结构化数据（如文本、视频、音频和社交媒体等）。③高速性（velocity）。大数据产生和累积的速度非常快，需要更快的数据处理速度以方便辅助管理者进行决策。④真实性（veracity）。大数据中往往存在着噪声和异常数据，需要从大量的数据中寻找对管理者有用的数据。⑤可变性（variability）。大数据包含的范围广泛，涵盖了人类和机器的各个方面，与传统数据相比具有更多的可变性。⑥价值性（value）。通过对大量数据的收集与分析，可以挖掘出数据中包含的价值。

中间层表示收集的大数据在预测和优化之前，需要对提取的信息进行预处理和处理。企业在对复杂工程项目中涉及的数据进行分析时，首先要利用各种渠道对项目内外部的原始信息进行收集与提取，将所得信息存入大数据系统中。同时，由于收集与提取到的原始信息在结构上存在着差别，如原有数据库二维表信息、E-mail、工程设计电子图纸、文本、视频等结构化、半结构化和非结构化信息，所以在最终利用数据进行预测与优化分析之前，企业需要通过利用各种分析方法（文本分析、网络分析、移动分析等），对原始数据进行结构上的统一，对其中的有效信息进行筛选与提取，为接下来的预测与优化工作做准备。

金字塔最顶层表示大数据分析的两种主要方法：预测和优化。利用大数据分析方法对经过处理的有效数据进行分析，从基础数据中挖掘新的具有巨大价值的信息，这是传统小数据集根本无法企及的。

2. 基于大数据的工程管理三维结构模型

人们通过建立模型、对数据进行预测与优化，为企业和用户创造价值。通过利用大数据技术对工程项目各阶段中涉及的各种数据进行分析，使管理者可以在进行预测与优化的同时，把控工程项目的整体进度，节约成本，提高项目质量。

著名的系统工程专家 Hall（霍尔）提出了系统工程的三维结构模型，其三维结构由时间维、逻辑维和知识维构成。参照 Hall 的三维结构，可提出基于大数据的工程项目管理的三维结构，如图 10.1 所示，该模型由时间维、方法维和领域维构成。其中，时间维是指项目生命周期的各阶段，方法维是指大数据的各种主要分析、预测和优化方法，领域维是指项目管理的各应用领域，在项目管理十大领域的基础上，领域维增加了需求管理，并突出了配置管理。在时间维，除了包含项目生命周期的各阶段，也涉及产品生命周期的相关工作，如项目的市场调研及后续的使用与维护。

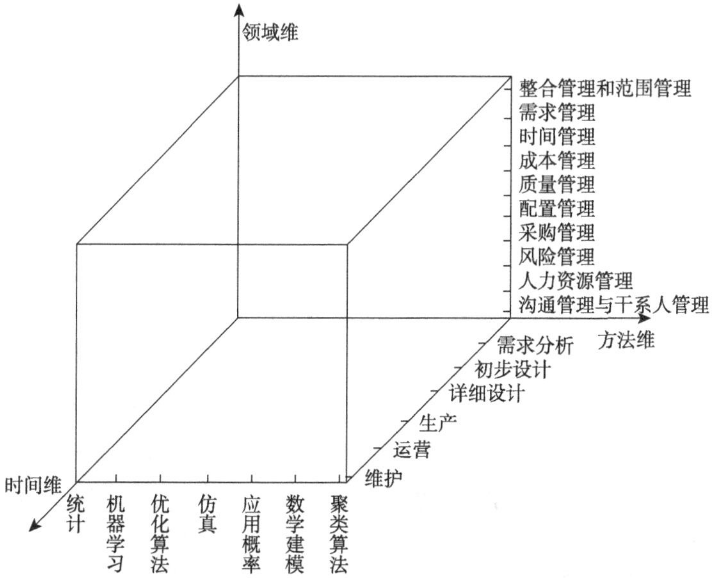


图 10.1　基于大数据的工程项目管理三维结构模型

通过三维模型，我们可以得到在复杂工程项目中开展大数据应用的整体框架，即在项目生命周期的不同阶段和不同的管理领域，可以采取哪些不同的大数据预测、分析和优化的方法。

因此，基于大数据的工程项目管理是指：收集项目内、外部可获取的数据，将大数据技术应用于项目生命周期各阶段和各管理领域，通过采用大数据分析、预测与优化的方法，提高项目质量、成本和时间等方面的绩效。

3. 数据在项目管理各领域的应用

大数据技术在项目管理各领域的应用框架如图 10.2 所示。图 10.2 的中心显示的是项目管理的三个目标：质量、成本和时间。图 10.2 的外层显示了项目管理的各领域，分别包括整合和范围管理、质量管理、需求管理、进度管理、成本管理、风险管理、采购管理、人力资源管理、沟通管理与干系人管理，并列出了在这些领域中可以应用大数据技术的管理活动。这些活动通常会产生大量的数据，通过数据分析驱动这些管理活动，并采用有效的大数据预测和优化方法，以促进项目管理三大目标的实现。

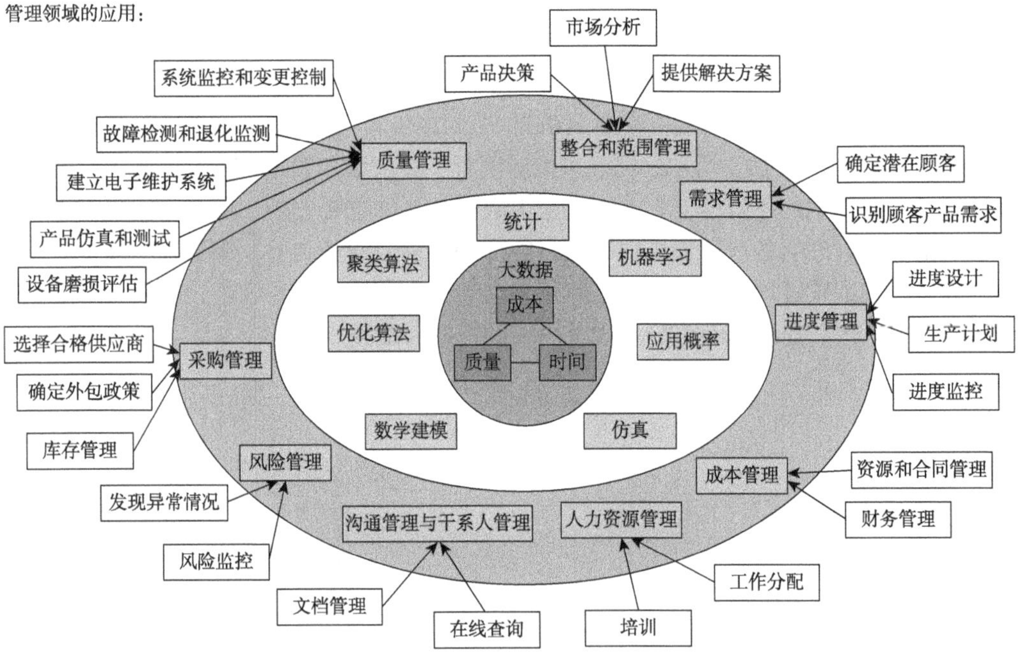


图 10.2 大数据技术在项目管理各领域的应用框架

目前，在工程项目中最有潜力应用大数据的领域是：①项目整合和范围管理，如市场分析、产品决策、提供解决方案等；②项目质量管理，如系统监控和变更控制、建立电子维护系统等；③项目需求管理，如确定潜在顾客、识别顾客产品需求等；④项目采购管理，如选择合格供应商、确定外包政策、库存管理等。下面重点分析大数据在以下管理领域的应用。

1）项目整合和范围管理

项目整合管理包括识别、定义、组合、统一和协调各项目管理过程而开展的过程与活动。项目整合管理涉及选择资源分配方案、平衡相互竞争的目标和方案，以及管理项目与管理知识领域之间的依赖关系。项目范围管理包括确保项目做且只做所需的全部工作，以确保成功地完成项目的各个过程。因此，整合管理和范围管理都涉及对项目整体的把控。由于项目所涉及的数据量大，项目进行过程中产生的数据种类多样、数据产生速度快，所以可以对项目整合和范围管理进行大数据的应用。主要应用如下。

A. 市场分析

每个企业都面临着广阔而又复杂的市场，市场分析的重点就是确定哪些消费者最有可能购买企业产品，以及对顾客进行细分。考虑到数据的大量性，企业需要依靠大数据的分析方法与工具来对顾客进行区分和界定。例如，企业可以根据顾客购买相关产品的花费等销售历史数据，或者依据顾客的购买记录与网站浏览记录等方法，来确定消费者及其需求；建立依据历史数据、市场研究数据来锚定和配置促销费用的系统（targeting and allocation of promotional spend system，TAPS）；运用专家知识与直觉知识支持系统（expert knowledge and intuitive knowledge support system）进行市场分析与决策等。

B. 产品决策

产品决策是项目管理的关键。设计什么样的产品，产品应具有什么功能与外形，一直是产品决策的重点。在大数据时代，企业需要完整的数据存储、分析与使用平台，对大量数据进行处理并获得有价值的信息，从而用于产品决策。例如，企业可以依据顾客对商品的网上评价和网上搜索记录，运用情感分析技术、文本技术和网页技术，来确定顾客对产品的关注焦点及用户需求的优先序。

C. 提供解决方案

概念设计阶段的决策对产品的成本、性能、可靠性、安全性等方面都有重要的影响。但早期的设计阶段，设计要求和约束条件还不确切，因此人们提出了基于网络的工具和技术，来确保设计阶段信息和数据的准确与完备。例如，提供产品设计人员使用的共享和重复利用的分布式产品信息平台，建立基于知识管理系统的模块化产品以实现协同设计的决策支持，开发基于 Web 的决策支持工具，以实现不同背景下的决策支持和开发创意设计工具（creative design tools，CDT）为设计人员提供灵活的创意设计环境。这些工具都为项目生命周期内的大数据研究与应用提供了便利。

2）项目质量管理

A. 系统监控和变更控制

传感器的应用使人们能够更加便捷地获取系统的实时状态数据，数据分析人员通过使用统计的方法，来对系统的大量历史数据进行回归、制作包络图，从而利用包络图对系统进行实时的监控。同时，分析人员依据系统的相关基准，在出现变更的情况下，可以及时确定变更位置与变更内容，分析变更对其他子系统或者组件的影响，从而对变更进行控制。

B. 故障检测和退化监测

射频识别（radio frequency identification，RFID）和物联网的发展，已经使人们可以对产品的状态进行实时的监控，同时结合大数据的分析方法，企业可以根据实时监控的数据来发现是否存在异常数据，分析人员根据传感器的分布，可以快速确定异常数据的产生位置，从而锁定目标，进行故障检测。同时，企业还可以依据大数据的分析技术，对设备实时状态数据进行分析，识别设备的退化模式，如设备组件的老化机制，建立预防性维护计划，实现设备的零故障与安全运行。

C. 建立电子维护系统

基于对复杂工程项目的可靠性、安全性的考虑，对产品的维护愈显重要。纠正性维护是目前采取的主要方式，但是信息与通信技术的发展使电子维护系统成为可能，它集成了现有的基于 Web 服务和电子协作的远程维护。在电子维护系统中，不只是信息，知识和电子情报都可以共享与交换，以实现最好的维护决策。人们在应用大数据技术建立电子维护系统方面已取得显著成效。例如，利用现有的先进技术和分布式资源，构建一个共享、便捷和快速的平台，实现接近于零停机时间的维护服务。

D. 产品仿真和测试

产品测试是复杂工程项目一个不可或缺的环节，特别是对于那些需要各种小的组件来进行组装的大型复杂产品，组件的每个故障都将会影响产品最终的正常运行。在项目生命周期内，自动测试设备所产生的测试数据在不断地增加。产品测试数据量的增加，也为人们有效地利用测试数据带来了挑战。例如，在航空航天工业，巨大的数据量已经成为其数据可视化的限制，因此提出了制造测试环境下的大数据测试算法。

E. 设备磨损评估

项目设备经过长时间运行必然会产生磨损或损耗，需要及时了解其磨损情况。通常，项目设备磨损包括功能性磨损和经济性贬值两个方面，前者关注设备的使用性能，后者关注经济价值。对于设备性能的损耗的评价，主要是基于设备使用工况，确定维护保养、检修大修、更换更新的策略；对于设备经济性的评价，主要是基于设备价值损耗，明确相关固定资产价值。

4. *大数据分析方法概述*

通常来说，大数据分析的主要目的是应用定量与定性方法解决相关的问题和预测结果，其应用方向主要集中在“预测”和“优化”两个方面。分析人员在数据前期处理后，就利用处理后的数据进行深层次的预测和优化，它们是挖掘大数据潜在价值的重要工作。通常，大数据预测方法包括统计、机器学习、应用概率和仿真；大数据优化方法包括在数学建模基础上的优化和聚类。

主要的大数据预测与优化方法如下。

1）统计

统计是一门收集、组织和解释数据的科学，包括调查和实验的设计。统计技术常用于判断哪些变量之间的关系可能是偶然因素，以及哪些变量间的关系可能源于某种潜在的因果关系。

2）机器学习

机器学习的目标是把观测数据转变为一个可以用来预测或解释尚未发现数据的模型。机器学习已经逐渐成为采用数据分析形成见解并优化的核心，得到了广泛的应用。例如，推荐系统驱动着大多数网上商店的销售；分类器使电子邮箱免受垃圾邮件的困扰；

图像分析系统辅助识别出系统风险等。

3）应用概率

应用概率是指将概率论应用于统计问题或者其他的科学和工程领域。利用应用概率的方法，分析人员可以预测数据分析结果在应用过程中可能发生各种情况的概率，进而对各种可能出现的结果进行选择或者预防。

4）仿真

仿真是对复杂系统行为的建模过程，通常用于预测和场景规划。例如，通过刻画项目各领域所涉主体及其交互逻辑建立仿真推演模型，分析不同环境和政策下对项目进度、质量、成本等方面的影响，从而寻找出最佳项目管理策略。

5）数学建模

数学建模是采用数学符号、数学公式、程序、图形等，从实际中抽象、提炼出数学模型的过程。它能解释某些客观现象，或预测未来的发展规律，或能为控制某一现象的发展提供最优策略或较好策略。数学建模就是通过计算得到的结果来解释实际问题，并接受实际的检验。当需要从定量的角度分析和研究一个实际问题时，人们就要在深入调查研究、了解对象信息、做出简化假设、分析内在规律等工作的基础上，用数学的符号和语言作表述来建立数学模型。

6）优化算法

优化算法是一种根据一个或多个客观指标（如成本、性能），来重新设计复杂系统或者流程的数值方法。优化算法可以应用于改善业务流程，如项目进度优化、调度、路径选择、布局。同时，也可以进行战略决策，如产品策略、投资分析和研发投资组合策略等。

7）聚类算法

聚类算法是一种对研究对象进行分组的优化方法，特别是根据研究对象的一些特征进行分类。聚类算法区分研究对象与特定特征，并依据这些特征将研究对象分为一些类别（集群）。这样同一类的研究对象具有较高的同质性，而不同类别的研究对象之间具有较高的异质性。

目前，大数据技术在工程项目管理中应用的主要难点是如何提取、处理不同类型的大量数据，以及如何选择与实际问题需求相对应的预测与优化方法。

## 10.2　项目管理信息系统

### 10.2.1　项目管理信息系统的基本概念

1. 项目管理信息系统的概念

项目管理信息系统是一种基于计算机技术而建立和运行的项目管理系统。它能够帮助项目管理团队进行费用估算、进度管理、资源调度和风险分析等。例如，项目计划图表的绘制、项目关键路线的计算、项目成本的核算、项目计划的调整、资源平衡计划的制订与调整以及动态控制等，都可以借助项目管理信息系统来实现。

通常，项目管理信息系统由两部分组成——计划系统和控制系统。计划系统用来管理与五个系统目标（范围、组织、质量、费用和进度）相关的计划，将其数据转化为结构化的、适时的、准确的信息。控制系统使用这些信息来辅助项目的管理决策和过程管理，为项目经理提供相应的控制手段，帮助其领导和协调项目的各种相关要素，包括人力、工程设计、原材料、财务等各种资源。

2. 项目管理信息系统的建立

1）建立项目管理信息系统的目的

项目管理信息系统能及时、准确地提供施工管理所需要的信息，完整地保存历史信息以便预测未来，为项目经理提供决策的依据，还能借助计算机系统，实现数据的共享和综合应用。

2）建立项目管理信息系统的必要条件

（1）科学的项目管理组织体系，包括完善的规章制度、科学有效的项目管理方法、完善的经济核算基础等，为项目管理信息系统提供准确而完整的输入数据和科学合理的业务流程。

（2）相应的计算机软硬件条件及人员条件。

（3）创新精神和信心。

二维码 10-1：项目管理信息系统的发展

### 10.2.2 项目管理信息系统分析

系统分析设计方法主要包括结构化方法和面向对象方法两种。虽然在商业领域已广泛采用面向对象方法，但结构化方法规则明确，更易于初学者掌握，因此本章在介绍项目管理信息系统分析设计过程时仍采用结构化方法。

1. 系统分析的任务

系统分析是研制管理信息系统的最重要的阶段，也是最困难的阶段。系统分析的困难主要来自三个方面：对问题的理解、人际沟通和环境的不断变化。

系统分析主要完成两项任务：一是可行性研究；二是需求分析。可行性研究是从经济、技术等多方面考察所开发的系统是否可行。需求分析是系统开发工作中最重要的环节之一，它通过对所有细节性需求进行系统调查和分析，解决系统“做什么”的问题，是整个系统开发的基础。这里，需求是指用户要求系统必须满足的所有功能与限制，包括功能要求、性能要求、可靠性要求、安全保密要求，以及开发费用和开发周期、可使用资源等方面的限制。其中，功能要求是最基本的，它包括数据要求和加工要求。系统分析工作通常由用户与系统分析人员协作完成。

2. 结构化分析概述

1）组织结构分析

组织结构指的是一个组织的组成以及这些组成部分之间的隶属关系或管理与被管理的关系。组织结构分析是将被调查的组织结构具体描绘在图上，作为后续分析和设计的参考。虽然信息系统并不一定依赖于组织结构（而应依赖于业务流程），但组织结构分析却常常是弄清组织运作情况唯一可行的切入点，因此该项工作仍具有重要价值。

在项目的生命周期中，项目组织结构将随着项目流程的需要而变化，项目组织中的角色也将随着项目流程的需要而进行相关配置。因此，在对项目组织结构进行分析时尤其要注意组织成分和角色的时间特性。

2）项目系统业务功能分析

组织结构分析反映了项目组织内部结构和上下级关系，但是难以表达组织内部各部分在项目过程中所承担的工作。这将给后续的功能、数据流程分析等带来困难。因此，需要对项目的业务功能和流程进行分析，即从一个实际项目流程的角度分析系统的功能流动情况。

项目流程图是分析项目功能流程的重要工具。它是一种描述系统内各单位、人员之间业务关系、作业顺序和管理信息流向的图表，体现了在项目进展的不同时期所反映出的项目信息和功能效用。

（1）项目功能分析。项目功能分析是建立在详细调查和组织结构分析的基础上的。组织与功能之间是紧密相连的，组织是为了实施项目的功能而成立的，当功能体系和组织体系相一致时，该项目就在功能上组织化了，这种组织体系的合理性是项目顺利开展的前提。项目功能分析是在分析组织与功能关系的同时，找出项目的各个业务功能。例如，常用的项目管理业务功能包括资源管理、计划管理、成本预算和控制、报表与查询、项目执行监督与跟踪、质量安全管理等。

（2）项目流程图。项目流程图应该表达输入、输出、处理以及相关数据文件。图 10.3 为某工程项目流程图。

3）数据流分析

数据流分析（data flow analysis，DFA）方法是一种在业务分析基础上，以数据流技术为基础的、自顶向下、逐步求精的系统分析方法。

数据流分析的核心特征是分解和抽象。分解是指将一个复杂的问题按照内在的逻辑划分为若干个相对独立的子问题，从而简化复杂问题的处理。抽象就是将一些具有某些相似性质的事物的公共之处概括出来，暂时忽略其不同之处，即抽象出事物的本质特性而暂时不考虑它们的细节。

数据流分析常采用数据流图（data flow diagram，DFD）和数据字典（data dictionary，DD）的方法。数据流图是结构化系统分析的主要工具，它能图形化地显示出系统中数据的使用，表达数据在系统内部的逻辑流向以及系统的逻辑功能和数据的逻辑变换。数据字典作为数据流程图的一种补充工具，能对数据流程图中出现的每一个成分都做出定义，从而完整、准确地描述了一个系统。数据字典产生于数据流程图，是对数据流程图中的数据流、数据项、文件加工等描述的产物。

限于篇幅，数据流程图和数据字典的具体编制方法在本章中不做描述，感兴趣的读者可通过相关材料自行学习。

3. 系统分析说明书

系统分析说明书是对系统分析阶段成果的总结，它反映了调查分析的全部情况，是系统分析阶段的最重要的文档。用户可以通过系统分析说明书来验证新系统的开发策略和开发方案，而系统设计师则可以用它来指导系统设计（system design）工作以及设计后期的系统实施标准。

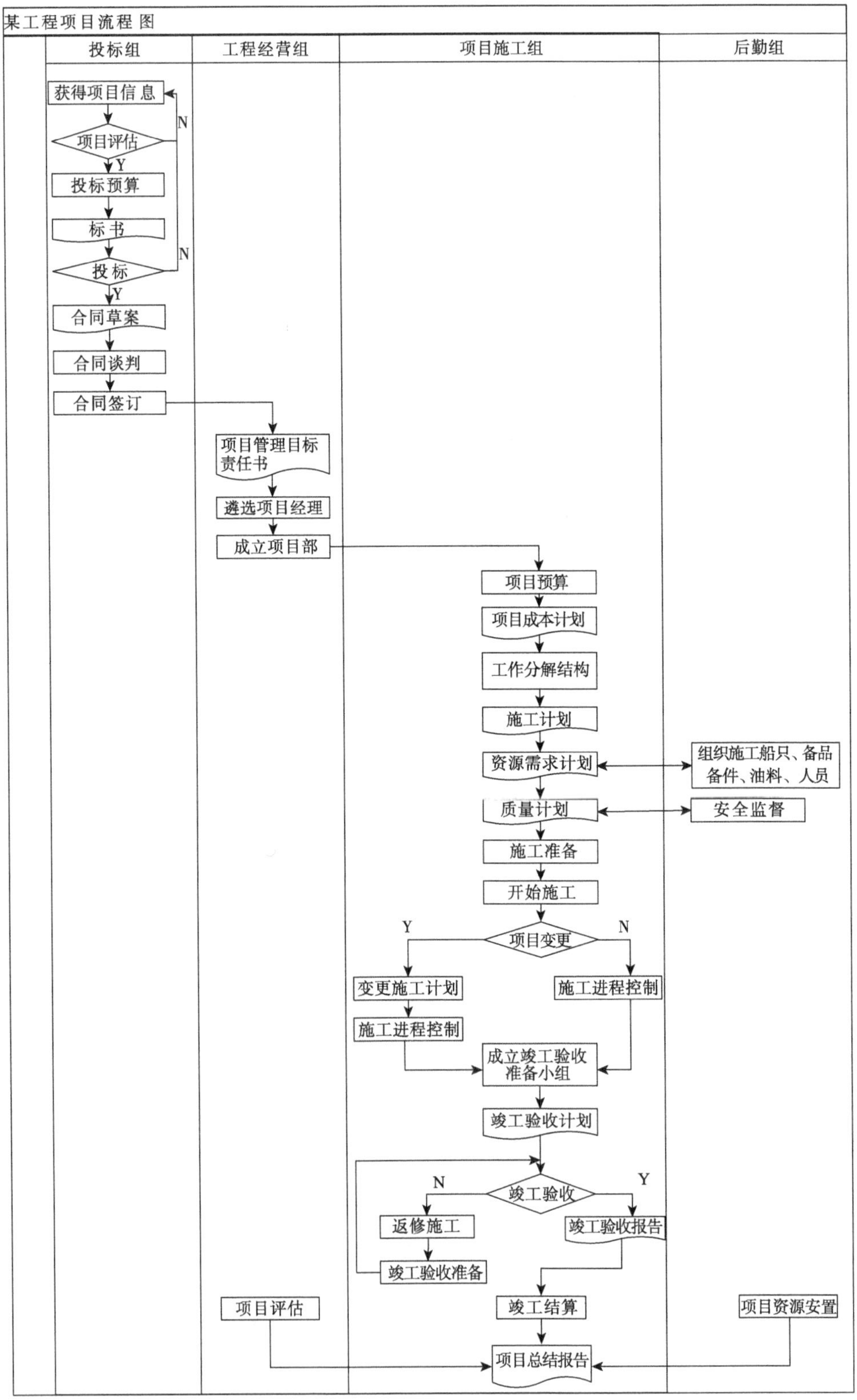


图 10.3　某工程项目流程图

系统分析说明书主要包括以下内容。

1）概述

概述部分需说明新系统的名称，主要目标、功能，新系统开发的有关背景以及新系统与功能系统之间的主要差别等。

2）现行系统概况

用组织结构图、业务流程图、数据流程图、数据字典等工具，详细描述现行组织的目标、系统的主要功能、组织结构、业务流程等。另外，在现行系统概况中也需对各个主要环节，如业务的处理量、总的数据存储量、处理速度要求、处理方式和现有的各种技术手段等内容，作一个扼要的说明。

3）系统需求说明

在掌握了现行系统的真实情况的基础上，针对系统存在的问题，全面了解并阐明组织中各层次用户对新系统的各种需求。

4）新系统的逻辑方案

根据原有系统存在的问题，明确提出更加具体的新系统目标。围绕新系统的目标，确定新系统的主要功能划分、各层次数据流程图、数据字典等，并与原有系统进行比较。

5）系统开发资源与时间进度估计

该部分应给出为系统开发配置的相关资源，包括人力资源、开发平台与设备、空间资源等，并结合项目 WBS 对系统开发进度进行估计，形成系统开发进度计划。

### 10.2.3　系统设计

#### 1. 系统设计概述

系统设计的主要目的是在系统分析阶段所提出的反映用户需求的逻辑方案的基础上，科学合理地将逻辑方案转换成可以实施的物理（技术）方案，即根据系统分析说明书中的系统逻辑模型，综合考虑各种约束，利用一切可用的技术手段和方法，进行各种具体设计，确定新系统的实施方案，解决系统“怎么做”的问题。

系统设计阶段的主要文档是系统设计说明书。

1）系统设计的原则

系统设计阶段的主要任务是：在科学、合理地设计系统总体模型的基础上，尽可能提高系统的运行效率、可变性、可靠性、可控性和工作质量。充分利用并合理投入各类可以利用的人、财、物等资源，使系统获得较高的综合效益。

在系统设计中应遵循以下原则。

（1）简单性。只要能达到预定的目标并实现预定的功能，系统设计就应尽量简单。

（2）系统性。从整个系统的角度进行考虑，系统代码要统一，设计规范要标准，传递语言要一致，采集的数据要能够共享。

（3）灵活性。系统应具有较强的环境适应性、较好的开放性和结构的可变性。

（4）可靠性。系统运行必须具有较高的可靠性，如安全保密能力、检错及纠错能力、抗病毒能力等。

（5）经济性。应尽量避免不必要的复杂化，模块应尽量简洁，流程应尽量缩短，费用应尽量降低。

2）系统结构设计

系统结构设计是根据系统分析的要求和组织的实际情况对新系统的总体结构形式进行的一种设计，它是一种宏观的、总体上的设计和规划。

（1）系统结构化方法。系统结构化方法将一个复杂的系统看成由许多相对独立的部分组成，在进行方法的运用时，则对系统进行层层划分，分解为若干个组成部分进行设计。系统结构化方法主要包含两个方面，即模块化设计和系统结构的设计。

二维码 10-2：模块化设计

模块化设计是以功能分解的思想将系统分成若干模块，每个模块应具有较高的内聚性，并尽可能相对独立于其他模块。在系统设计过程中，往往把系统分成若干层次，并定义每个层次的功能和层次间的信息关系，然后自上而下地划分成相对独立的模块。

一般，项目管理信息系统包括造价管理、进度管理、设备管理、材料管理、合同管理、财务管理、投资控制、档案管理和质量管理九个功能模块。

一个好的系统结构的各个组成部分应是关系明确并且相对独立的，如此在设计时才便于调试、修改和扩充。系统结构一般有三种形式。

（a）线形结构。线形结构简单，用来描述事物之间一对一的关系（图 10.4）。

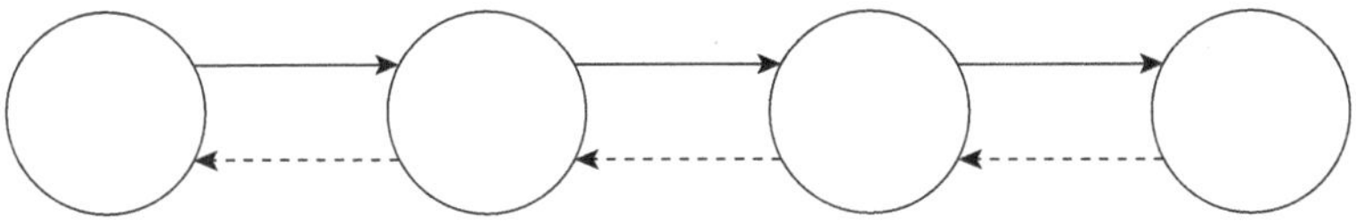

图 10.4 线形结构

（b）树形结构。树形结构所描述的事物之间的关系是：正关系是 1 对 $N$，逆关系为 1 对 1。由根开始向下细分，下层的节点称为叶（图 10.5）。

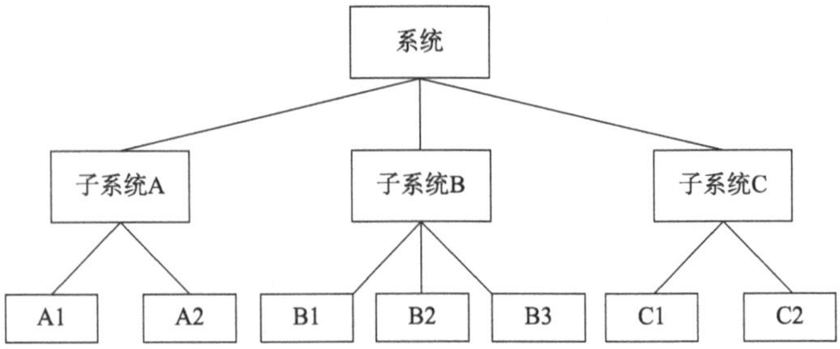


图 10.5 树形结构

（c）网状结构。网状结构用来描述多对多的物体间的关系。当系统过大，层次过多时，信息传递的效率会降低。采用网状结构可以提高系统的效率（图 10.6）。

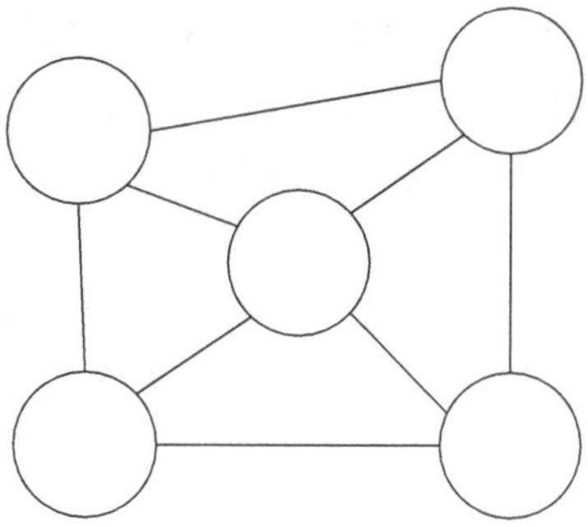

图 10.6　网状结构

（2）系统的结构设计原则。系统的结构设计是按照结构化系统分析与设计的基本思想，根据数据流图和数据字典，借助一套标准的设计准则和图表工具，自上而下逐层把整个系统划分为若干个大小适当、功能明确、具有相对独立性并容易实现的子系统，从而把复杂系统的设计转变为多个简单模块的设计，然后再自下而上地逐步开发实现。组成系统的子模块应彼此独立、功能明确。系统应能够对大部分模块进行单独维护和修改，因此合理地进行系统划分、定义和数据协调是结构化设计的主要内容。

子系统划分的一般原则是：①子系统要具有相对独立性；②子系统之间数据的依赖性应尽量小；③子系统划分的结果应使数据冗余较小；④子系统的设置应考虑今后管理发展的需要；⑤子系统的划分应便于系统分阶段实现；⑥子系统的划分应考虑到各类资源的充分利用。

3）软件系统结构设计

软件系统结构设计要根据系统每一个功能模块内部的功能和处理过程来进行具体的设计。通过系统分析中的系统总体结构划分步骤，整个管理信息系统被划分成若干组成部分，系统结构设计则是要描述各个组成部分具体的功能、处理过程及模块与模块之间的连接方式。

系统结构设计强调将一个系统设计成具有层次式的模块化结构，每个模块完成一个相对独立的特定功能且需保证模块之间的接口相对简单。一般，模块之间的联系越多或越复杂，它们之间的相互依赖程度就越高，独立性就会降低。因此，模块化设计的基本原则是：①所划分的模块内部的凝聚性要好，即模块具有独立性，模块之间的联系要少；②模块之间的联结只能存在上下级之间的调用关系，不能有同级之间的横向联系；③整个系统呈树状结构，不允许有网状结构或交叉调用的关系出现；④所有模块都必须严格地分类编码并建立归档文件。

2. 代码设计

1）代码的作用

代码是代表实体、属性的一种符号，通常是由字母、数字组合而成。它的主要作用如下。

（1）为实体或属性提供了唯一而确定的标识，并便于数据的存储与检索，同时还能节省存储空间。

（2）可用来分类排序。它能按编码对象的某种属性对编码对象进行分类，并对每一类别赋予不同的分类代码，对同一类中的对象赋予不同的顺序代码，从而可将代码作为不同类型对象的标识，以及某一类对象的某种顺序的标识。这样可以提高系统的处理效率，方便检索和统计。

（3）提高数据的全局一致性。对于同一事物，不同的职能部门可能会有不同的命名，可通过编码对其进行统一，如此有利于数据在全局范围内的一致性。

2）编码原则

编码系统设计应遵循以下原则。

（1）一个代码值只能唯一地标识一个实体或某一个属性，而且一个编码对象只能被赋予一个代码。

（2）在代码结构设计时，必须预留足够的码位，以满足编码对象不断增加的需要。

（3）代码结构要简单化、格式化。标识简单便于记忆和理解，格式化可提高代码的全局一致性，并能保持代码系统的稳定性。

（4）代码结构应与分类对象的分类体系相适应，同时又能满足不同模块对该数据进行处理的需求，并能随编码对象的特征或属性以及相互关系出现的变化做方便的修改。

3）编码的方法

常用的代码种类有四种，下面分别介绍其编码方法。

（1）顺序码：用连续的数字或字符来代表编码对象。例如，用01,02,…分别代表项目的各个部门，这是一种无实际含义的代码，不能说明编码对象的任何特征，但其编码方法简单，常用于有含义的其他编码各类别的细分类。

（2）分组顺序码：将代码分成若干组，每一组与编码对象的某一类相对应，而组内可以用数字来表示。这种代码中数字的值与位置都有一定的意义，属于有含义的代码。例如，对用户分类的代码用两位数字，用前一位数字表示用户的类型，如政府部门、文教部门、企业或厂矿等，后一位表示采购的总量，不同的数字表示的采购量的范围不同。

（3）层次码：在代码结构中将代码分成若干层次，每一个层次与编码对象的分类层次相对应。代码自左向右，表示的层次由高至低，每个层次的代码根据每一层分类对象的多少来决定其代码位数，一般采用顺序码或分组顺序码编码。例如，对合同的编码，可以分成合同类别、合同年月、合同流水号以及合同状态码，即合同编号是由四层九位数字组成的层次码表示，这种表示法常用于线分类体系。

（4）特征组合码：用于面分类体系，它将分类对象按其特征或属性分成若干个面，面与面之间彼此无关，对每一个面的对象再进行编码组合就构成了该分类对象的特征组合码。

3. 数据库设计

1）数据库设计的要求

数据库设计的核心是确定一个合适的数据模型，这个数据模型应当满足以下三个要求。

（1）符合用户的要求。既能包含用户需要处理的所有数据，又能支持用户提出的所有处理功能。

（2）能被某个现有的数据库管理系统（database management system，DBMS）所接受，如 SQL Server、Oracle 等。

（3）具有较高的质量，如易于理解、便于维护、没有数据冲突、完整性好、效益高等。

2）数据库设计的方法

管理信息系统中的数据库系统由数据库管理系统、数据库和相关程序等部分组成。一般数据库管理系统可以从现有软件产品中选购，而其他几个部分特别是数据库的建立则必须根据用户的具体要求进行分析和设计。

从软件生命周期的观点来看，数据库设计过程可以分成四个阶段：数据需求分析、概念结构设计、逻辑结构设计、物理结构设计。

数据库概念结构设计与逻辑结构设计的常用方法有实体联系法和关系数据规范化。

（1）实体联系法（entity-relationship approach，E-R）。用 E-R 图设计数据库的基本步骤是：①确定实体类型；②确定联系类型；③设计 E-R 图；④确定属性；⑤从 E-R 图导出数据逻辑结构；⑥设计记录格式。图 10.7 为系统 E-R 图的简化示例。

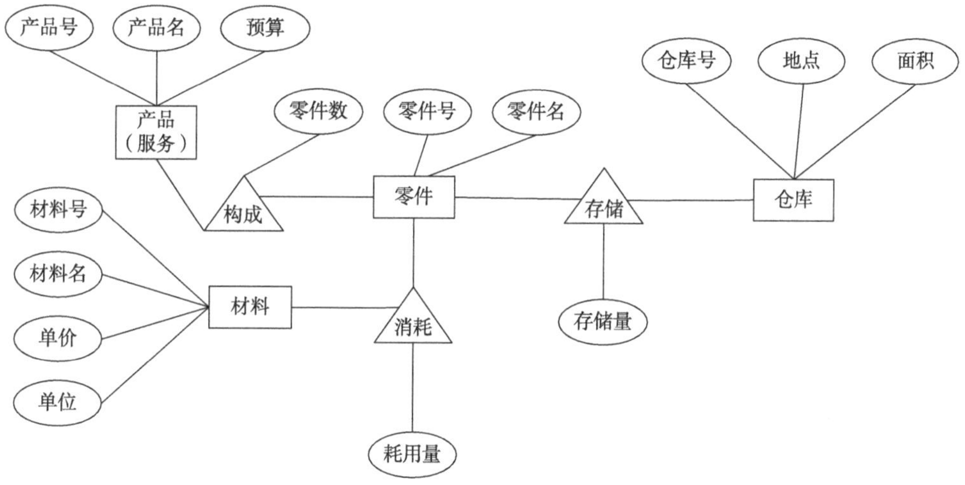


图 10.7　系统 E-R 图

（2）关系数据规范化。任何一个数据库由于应用的需要，都有可能被修改，如增删某些数据项、引进新的数据关系、改变原有数据关系等，在这种情况下，为了方便用户使用，尽量减少对用户程序的影响，在删除、插入数据时不产生异常而破坏数据的完整性和一致性，必须用规范化的方法设计数据的存储结构。关系数据规范化要求数据库的关系模式符合若干范式的要求，在此不再赘述，感兴趣的读者可自行参阅相关资料。

4. 系统配置方案设计

1）系统物理配置方案

系统物理配置设计时应根据系统的吞吐量、系统的响应时间、系统的可靠性、系统的处理方式（集中式/分布式）、系统的地域范围以及数据的管理方式来综合考虑。

A. 硬件设备的选配依据

硬件设备是网络的核心，对管理信息系统的性能影响很大，其技术参数主要包括计算机的 CPU（central processing unit，中央处理器）处理速度、主存（内存）的最大容量和外存的最大容量等。硬件设备的选择要根据实际管理业务和办公室地理位置来考虑，硬件的性能越好，价格就越昂贵。一般来说，应根据实际业务需要考虑各管理岗位需要配置的计算机设备；根据办公室物理位置分布和数据通信要求决定网络连接及连接的方式；根据调查估算的数据容量及未来发展的需要确定网络服务器或主机存储器的下限配置容量；根据新系统拟用的软件考虑计算机的 CPU、内存等硬件配置。

B. 软件及开发工具的选择

（a）系统软件。其配置和开发应根据实际需要和实际可能来确定。一般来说，系统软件采用直接购买商品软件或购买商品软件后加以改造修改的办法进行配置。在配置系统软件时，应考虑以下几个要求：系统软件能充分满足应用开发的要求，具有较强的兼容性；软件具有很好的经济性及发展前景；可提供较好的网络系统工作环境。

（b）操作系统。客户端一般均采用图形用户界面的 Windows 操作系统；而服务器端的操作系统多在 UNIX、Linux 和 Windows Server 间选择。

（c）数据库系统。目前广泛使用的都是关系数据库系统，对于客户机/服务器系统，要选择支持 SQL（structured query language，结构化查询语言）的数据库系统，如 Oracle、DB2 和 SQL Server 等。

（d）语言和其他开发工具。其主要根据开发人员对语言的熟悉程度进行选择，如 Java、C#、C++、VB（Visual Basic）等都是可选的前端开发工具。除了开发语言，还要考虑在办公自动化方面所需的软件，包括文字处理、图形处理、表格处理以及电子邮件收发软件等。

2）系统总体布局设计

（1）总体布局设计方式。从分析项目管理信息系统的构成和应用出发，可将其分成三类：集中式、分散式、分布式。

（a）集中式。集中式项目管理信息系统是在一台计算机单机系统上实现某些目标的信息管理。系统中各节点通过终端与主机相连。这种方式下的数据共享性好，冗余度小，保持数据的一致性相对来说较为容易，数据的安全性和保密性也容易控制，系统中各节点的通信能力好，对功能结构的重新分配适应能力较强。但是系统不灵活，若全部处理仅由一台主计算机完成，一旦主机系统出现故障，所有终端的工作不得不全部停止工作。当用户多时，系统的资源争用会十分严重，必然会造成终端响应缓慢。

（b）分散式。分散式项目管理信息系统是指一个计算机系统只控制或管理一个子系统，每台计算机各有各的目标与运行方式。这种方式由于数据分散在各节点上，因此某台主机停止工作时不影响其他主机的处理，该主机上进行的工作也可以送到其他主机上完成，结构较为灵活。另外，由于系统由多台计算机构成，因此可以根据人、财、物条件分步建设。但分散在各节点的数据的统一管理问题较大，数据的一致性较难维护，节点间的通信能力的强弱及系统对功能变化的适应能力会受到机型等因素的影响。

（c）分布式。分布式和分散式系统一样，各个子系统都由各自的计算机来控制或管理。具有主机所在的节点为主节点，辅助计算机是具有处理能力的智能终端，采用多用户微机局域网，共享数据在主机上集中管理。因而具有集中式结构在数据管理方面的优点。同时，由于辅机之间相对独立，当主机停止工作时，辅机可以照常工作，反之亦然。因而又具有部分完全分散式结构的优点。分布式系统的缺点是由于系统功能分给若干台计算机，因而会产生数据分散、传输系统复杂等问题。

（2）网络设置。根据网络的结构选择相应的网络服务器、网络协议、网络拓扑结构、通信方式、网络安全性及与 Internet（互联网）的连接方式。

5. 输入输出设计

输入输出（input/output，I/O）设计是系统设计的重要部分。系统设计的最终目标是满足用户的要求。一个好的输入设计可以给用户和系统带来良好的工作环境，一个好的输出设计可以为管理者提供简捷、明了、有效的管理和控制信息。

1）输入设计

输入模块承担着将系统外的数据以一定的格式送入计算机的任务。输入设计要考虑以下三个方面的问题。

（1）输入设计的基本原则：①输入形式应尽量接受原始处理的形式。尽量控制数据输入量，输入时只需要输入基本信息，其他的统计、计算由信息系统完成。②可采用周转文件、批量输入等方式减少数据延迟。③采用有效的验证手段，减少输入错误。

（2）输入设备及输入方式的选择。应认真分析输入数据的类型，从方便用户使用的角度选择输入设备。常见的输入设备有键盘、扫描仪、触摸屏、多媒体输入设备（话筒、数字相机、数字摄像机等）和光电阅读器等。

（3）输入格式及数据校验。数据输入格式应尽量与数据库结构、报表输出格式一致。这样可以提高编程效率，降低设计难度。输入格式应尽量符合用户的使用习惯，输入的操作也应简便。

由于管理信息系统中数据输入量往往较大，为了保证数据输入的正确性，一般都会使用输入数据校验功能，对已经输入的数据进行校验。数据校验的常用方法有人工校验、重复校验、数据平衡校验，以及数据类型校验、格式校验、逻辑校验、界限校验、对照校验、校验位校验和顺序校验等。

2）输出设计

（1）输出设计内容。输出设计的主要内容如下。①输出信息的内容：输出数据项、位数和数据形式（文字、数字）。②输出信息的格式：报表、凭证、单据和公文等格式。③输出信息使用方面的内容：使用者、使用目的、报表量、有效期、日期时间、保管方法、密级和复写份数等。④输出设备：打印机、显示终端、绘图仪等。⑤输出介质：磁盘、光盘或输出用纸等。

（2）输出设计的方法与格式。在系统设计阶段，设计人员应根据分析阶段整理出的需求给出系统输出所采用形式的说明。输出可采用报表与图形方式：①以报表的形式提供信息输出，这种方式可以展示详细的数据；②以图形的形式提供信息输出，对于决策者或宏观管理部门，图形信息可以给出比例或综合发展趋势的信息，可以提供比较信息。

（3）用户界面设计。用户界面是人机对话的窗口，设计时应尽可能坚持友好、简便、实用、易于操作的原则，避免烦琐、花哨的界面。用户界面设计包括菜单方式、会话方式、操作提示方式，以及操作权限管理方式等。

6. 系统设计说明书

系统设计阶段的主要成果是系统设计说明书，它既是目标系统的物理模型，也是系统实施的主要依据。系统设计说明书通常由下述内容组成。

1）引言

（1）摘要：系统名称、目标及功能。

（2）背景：项目开发者、用户、涉及的其他系统或机构及其关系。

（3）系统环境及限制：系统软件、硬件及运行环境的限制；保密安全限制；软件文本、网络协议标准文本等。

（4）参考资料及术语说明。

2）系统设计内容

（1）系统总体结构设计方案。

（2）网络设计方案。

（3）代码设计方案。

（4）数据库设计。

（5）输入输出设计方案。

一旦系统设计被审查批准，整个系统开发工作便可进入系统实施阶段。

### 10.2.4 系统实施

系统实施是继系统分析、系统设计之后的又一个重要阶段，也是一个新的管理信息系统开发工作的最后一个阶段。在系统设计完成之后，如何将原来纸面上的、类似于设计图的新系统方案转换成可在计算机上执行的应用软件，将成为系统实施阶段的主要工作。因此，必须制订系统实施计划，确定系统实施的方式、步骤及进度、费用等，以保证系统实施工作的顺利进行。

系统实施工作以系统实施方案为依据，主要包括的任务有物理系统的实施、程序设计、系统测试、系统维护及系统评价。

1. 物理系统的实施

物理系统的实施包括硬件环境、软件环境和网络环境的建立等方面的工作。

1）计算机系统的安装与调试

按照系统物理配置方案的要求，选择购置该系统所必需的硬件设备（计算机系统）和软件系统。硬件设备包括主机、外围设备、稳压电源、空调装置、机房的配套设施以及通信设备等，软件系统包括操作系统、数据库管理系统、各种应用软件和工具软件等。

计算机硬件和软件环境的配置，应当与计算机技术发展的趋势相适应，硬件选型要兼顾升级和维护的要求；软件选择，特别是数据库管理系统，应选择 C/S（client/server，客户端/服务器）或 B/S（browser/server，浏览器/服务器）模式下的主流软件产品，为提高系统的可靠性和可扩展性奠定基础。

2）网络环境

计算机网络是现代管理信息系统建设的基础，网络环境的建立应根据所开发的系统对计算机网络环境的要求，选择合适的网络操作系统产品，并按照目标系统将采用的 C/S 或 B/S 工作模式，进行有关的网络通信设备与通信线路的架构与连接、网络操作系统软件的安装和调试、整个网络系统的运行性能与安全性测试及网络用户权限管理体系的实施等。

2. 程序设计

程序设计的任务就是将系统设计阶段得到的系统物理模型，通过使用某种程序设计语言进行编码，完成每个模块乃至整个系统的代码开发。其主要依据是系统总体结构图、数据库结构设计、代码设计方案等。

在进行程序设计工作中，应尽量采用各种开发工具进行编码，以加快开发进程。

1）程序设计与数据准备

（1）程序设计。由于已在系统设计说明书中规定了系统各模块的功能、要求，所以程序设计人员可以根据系统设计员的要求，利用结构化、模块化方法进行程序的编制工作。结构化编制程序一般采用顺序结构、循环结构或条件结构。程序的编写可以利用最新的技术、软件和方法，也可以采用购买成套软件或平台，再编写一些接口程序的方式。程序完成后，要注意程序的调试工作。

由于一般系统的程序编写工作需由多人完成，因此，要重视程序设计的组织管理工作，进行合理分工。分配任务时，要下达有关的程序设计任务书及有关系统设计资料。结束时要有专人负责验收。

要编写程序设计说明书与操作手册或使用说明书。程序设计说明书的主要内容包括程序概述、程序结构图、程序控制图、算法、程序流程图、源程序和程序注释说明等。

（2）数据准备。基础数据（即在系统运行之前就应存在于数据库中的数据）的收集、整理、录入是一项既烦琐、劳动量又大的工作。一般来说，确定数据库物理模型之后，就应进行基础数据的整理、录入。这样既分散了工作量，又可以为系统调试提供真实的数据。

2）软件工具的选择

随着计算机在信息系统中的广泛应用，各种各样的软件及程序的自动设计、生成工具日新月异，为各种信息系统的开发提供了强有力的技术支持和方便的实用手段。利用这些软件生成工具，可以大量减少手工编程环节的工作，避免各种编程错误的出现，极大地提高系统的开发效率。

目前，比较流行的软件工具有以下几类。

（1）一般编程语言工具：主要指各种常用的程序设计语言，如 Java、C#、C、C++、LISP、Prolog 等，利用这类工具进行程序设计的基本形式是手工编程。

（2）数据库系统工具：指流行的数据库软件产品，可分为微机上的小型数据库管理系统［如 VFP（Visual FoxPro）、Access 等］和大型数据库系统工具（如 Oracle、Sybase、Informix、DB2、SQL Server 等）。前者适用于小型桌面系统的开发，后者则可以支持基于局域网、intranet（内联网）和 Internet 的大型管理信息系统的开发。

（3）程序生成工具：主要指基于常用数据处理功能与程序相对应的自动编程工具，一般称为第四代语言（fourth generation language，4GL）工具，大多结合在流行软件产品中，构成其中的一部分，能实现系统中的某些模块程序代码的自动生成。

（4）专用系统生成工具：指在程序生成工具基础上发展的，除了具有 4GL 的各种功能外，更大、综合化程度更高的、具有图形化及其他功能的集成工具。一般可归为两类：专用功能开发工具（包括各类套装软件、专用图表生成工具等）和综合系统开发工具（如 CASE、Jasmine、Team Enterprise Developer 等）。

（5）客户/服务器型工具：指可进行基于网络环境的系统开发工具，它是完全符合管理信息系统发展趋势和要求的新型系统开发工具，如 WebSphere、Visual Studio.NET、NetBeans 等。

3. 系统测试

系统调试只是确保软件的正确性与有效性，而系统测试则可以进一步发现系统中存在的问题，验证新系统是否达到设计的目标，以便系统在正式投入运行时能正常工作。在测试前，应制定测试大纲，包括测试目的、测试环境、测试内容与步骤、评价指标、确定测试数据、选定测试方法等。对测试的全过程要进行详细记录，形成测试分析报告，并作为软件文档的一部分。系统测试的流程如图 10.8 所示。

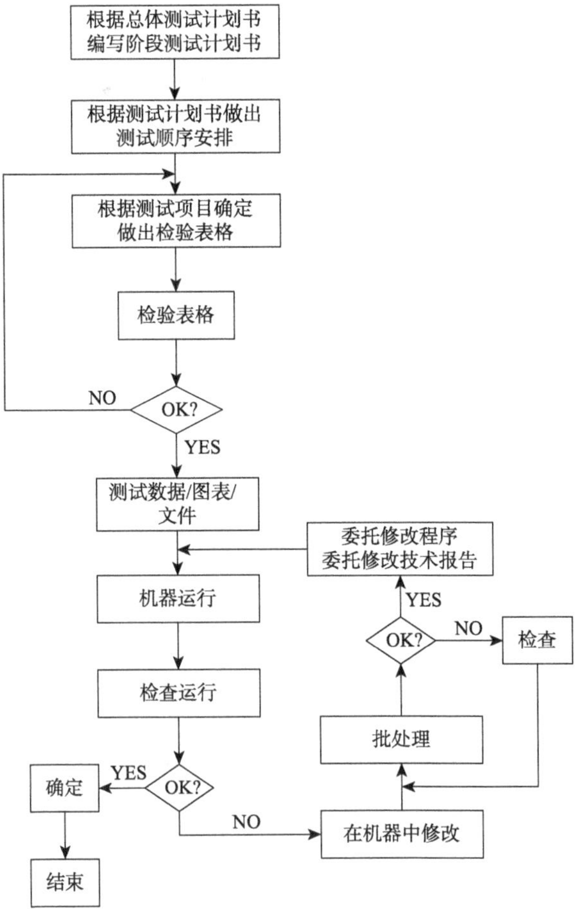


图 10.8　系统测试的流程

1）测试的主要内容

（1）功能测试。对系统所列举的所有功能逐项进行测试，以确定其是否具备规定的各项功能。

（2）性能测试。对系统的数据精确度、时间特性、适应能力是否能满足设计要求进行测试。

（3）可靠性与安全性测试。对系统所提供的防护手段，如密码、授权的有效性及可靠性，以及系统的容错、恢复能力等进行测试，并记录长时间连续运行时的系统故障率等。

2）测试方法

系统测试可以用测试用例作为测试程序，以测试程序是否正确。测试用例的编写常采用下述两种方法。

（1）黑盒法。测试者不关心被测程序中模块内部的结构以及它如何去处理数据，而是把它看成一个黑盒，只检查它是否能完成功能说明所指定的功能。

（2）白盒法。这种方法要求测试者了解程序的内部结构，要将程序中所有可能的路径都执行一次，使得测试能尽可能地覆盖程序中的内部逻辑。

不论是黑盒法或是白盒法，它们都是针对程序的功能进行测试，而对于性能测试、安全可靠性测试则需采用其他方法。

4. 系统维护

管理信息系统在投入正常运行后，就进入了系统运行和维护阶段。在系统的整个使用过程中，都伴随着系统维护工作的进行。系统维护的目的是保证管理信息系统正常而可靠地运行，并能使系统在运行中不断得到改善和提高，以充分发挥作用。

1）系统维护的对象和类型

（1）系统维护的对象。按照维护对象的不同，系统维护的内容可分为以下几类。

（a）应用系统的维护。系统的业务处理过程是通过程序的运行而实现的，因此系统维护的主要活动是对程序进行维护。

（b）数据的维护。业务处理对数据的需求是不断发生变化的，除主体业务数据的定期更新外，还有许多数据需要进行不定期的更新，或随环境、业务的变化而进行调整。此外，数据内容的增加、数据结构的调整和数据的备份与恢复等，都是数据维护的工作内容。

（c）代码的维护。当系统应用范围扩大和应用环境变化时，系统中的各种代码需要进行一定程度的增加、修改、删除以及更新。

（d）文档的维护。根据应用系统、数据、代码及其他维护的变化，对相应文档进行修改，并对所进行的维护进行记载。

（e）硬件设备的维护。这主要指对主机及外设的日常管理和维护，都应由专人负责，定期进行，以保证系统正常有效地运行。

（2）系统维护的类型。按照软件维护的不同性质，系统维护可划分为正确性维护、适应性维护、完善性维护和预防性维护四种类型。

正确性维护用来改正在系统开发阶段已发生的但系统测试阶段未发现的错误。适应性维护是为适应软件的外界环境变化而进行的修改。完善性维护是为扩充功能和改善性能而进行的修改，指对已有的软件系统增加一些在软件需求规范书中没有规定的功能与性能特征，还包括对处理效率和编写程序的改进。预防性维护是为减少或避免以后可能需要的前三类维护而对软件配置进行的修改，从而减少以后的维护工作量、维护时间和维护费用。

2）提高系统可维护性的方法

系统的可维护性对于延长系统的生存期具有决定性的意义，因此必须考虑如何才能提高系统的可维护性，为此需从以下五个方面入手。

（1）建立明确的软件质量目标和优先级。

（2）使用提高软件质量的技术和工具。

（3）进行明确的质量保证审查。

（4）选择可维护的程序设计语言。

（5）改进系统的文档。

完成各项系统维护工作后，应及时提交系统维护报告，就所做的系统维护的具体内容进行总结，加入到系统维护的有关文档中。

5. 系统评价

信息系统的评价就是对系统在运行一段时间后的技术性能及经济效益等方面的评价。其目的是检查系统是否达到预期的目标，技术性能是否达到设计的要求，系统的各种资源是否得到充分的利用，经济效益是否理想，并为以后的系统改进和扩展提出意见。

1）系统评价的方面

系统评价主要包括技术和经济两个方面。

（1）技术上的评价主要针对系统性能，包括技术水平、满足需要的程度、系统质量、系统文件等方面。

（2）经济上的评价主要针对系统效果和效益，包括直接和间接两个方面。

信息系统在运行与维护过程中不断地发生变化，因此系统评价工作不是一项一次性的工作，应定期或当系统有较大改进后进行。评价工作由系统开发人员、系统管理与维护人员、系统用户及系统外专家等共同参与，评审方式可以是鉴定或评审意见。完成系统评价工作后，应提交系统评价报告。

2）项目管理信息系统的评价指标

项目管理信息系统的评价指标包含系统性能指标、与直接经济效益有关指标及与间接经济效益有关指标等三个方面。

（1）系统性能指标。系统性能指标主要包括：①人机交互的灵活性与方便性；②系统响应时间与信息处理速度满足管理业务需求的程度；③输出信息的正确性与精确度；④单位时间内的故障次数与故障时间在工作时间中的比例；⑤系统结构与功能的调整、改进及扩展、与其他系统交互或集成的难易程度；⑥系统故障诊断、排除、恢复的难易程度；⑦系统安全保密措施的完整性、规范性与有效性；⑧系统文档资料的规范、完备与正确程度等。

（2）与直接经济效益有关指标。与直接经济效益有关指标主要包括：①系统的投资额，包括系统硬件及软件的购置、安装，应用系统的开发等所投入的资金、人力、材料等成本；②系统运行费用，包括消耗性材料费用、系统投资折旧费、硬件维护费及电力等其他费用；③系统运行新增加的效益，主要反映在成本降低、库存积压减少、流动资金周转加快与占用额减少、销售利润增加及人力减少等方面；④投资回收期，即通过新增效益逐步收回投入的资金所需的时间，也是反映信息系统经济效益好坏的重要指标。

（3）与间接经济效益有关指标。与间接经济效益有关指标主要包括：①对项目组织为适应环境所做的结构、管理制度与管理模式等的变革会起巨大的作用，这种作用一般无法用其他方法实现；②使管理人员获得许多新知识、新技术与新方法，进而提高他们的技能素质，拓宽思路，进入学习与掌握知识的良性循环；③系统信息的共享使项目各部门间管理人员的联系更紧密，提高他们的协作精神及凝聚力；④能对项目的基础管理产生很大的作用，为其他管理工作提供有利条件。

6. 系统实施阶段的文档

在系统实施阶段，主要的文档有两个：程序设计报告和系统测试报告。另外，还包括系统使用和维护手册中的系统使用说明部分。

（1）程序设计报告。程序设计报告是对系统程序设计过程的总结，包括程序设计的工具和环境的概述，系统程序模块的组成及总体结构描述，程序之间的控制关系及其描述，各模块程序中采用的算法及其描述，各程序流程及其描述，系统各模块程序的源代码清单及有关注释的说明。

（2）系统测试报告。系统测试报告是对系统测试过程的总结，主要包括系统测试的环境，对系统、子系统、模块、程序等的技术性能指标进行测试的方法，选用的测试数据、测试步骤、有关问题的分析和解决方案等，系统测试的结果及分析，对系统的功能、技术性能指标的评价及系统测试结论。

（3）系统使用说明部分。系统使用说明部分是提供给用户的系统操作指南，包括系统的总体介绍，功能、系统运行环境、系统安装等的说明，系统各功能和部分的操作步骤、方法、过程和数据输入输出方式等。

## 10.3　项目管理软件及其应用

自 1982 年第一个基于 PC 的项目管理软件出现至今，项目管理软件已经历了 40 多年的发展历程。据统计，目前国内外正在使用的项目管理相关软件累计已有数千种，限于篇幅，本节将按照综合进度控制管理软件、合同及费用控制管理软件两大类别介绍几种国内外较为流行的项目管理软件。

### 10.3.1　Primavera Project Planner

在国内外为数众多的大型项目管理软件当中，美国 Primavera 公司开发的 Primavera

Project Planner（简称 P3）软件普及程度和占有率是最高的。国内的大型和特大型工程项目几乎都采用了 P3。目前国内广泛使用的 P3 进度计划管理软件主要是指项目级的 P3。

Primavera 公司在项目级的 P3 后又推出了项目管理套件 Primavera Enterprise，该套件的核心 Primavera Project Planner for Enterprise 又称 P3E。与 P3 相比，集成该软件的套装软件 Primavera Enterprise，除了核心部分外，还包括 Primavision（辅助决策信息定制与采集，可以根据管理人员、项目经理和专业人员自定义的视角提供项目的综合信息）、Primavera Progress Reporter（基于网络进行进度/工时数据采集的工具软件）、Primavera Portfolio Analyst（多项目调度/分析工具软件）和 Primavera Mobile Manager（为手持式移动设备提供相关服务的终端工具软件，可以将手持设备与项目数据直接连接，实现双向数据传输），该套装软件所涵盖的管理内容相较以前推出的项目管理软件更广、功能更强大，充分体现了当今项目管理软件的发展趋势。

1. P3 简介

P3 是用于项目进度计划、动态控制、资源管理和费用控制的综合进度计划管理软件，也是目前国内大型项目中应用最多的进度计划管理软件。

P3 拥有较为完善的管理复杂、大型工程项目的手段，同时也拥有完善的编码体系，包括 WBS 编码、作业代码编码、作业分类码编码、资源编码和费用科目编码等，这些编码以及这些编码所带来的分析、管理手段给项目管理人员的管理以充分的回旋余地，项目管理人员可以从多个角度对工程进行有效管理。

2. P3E 的特点

（1）首次在项目管理软件中增加了企业项目结构（enterprise project structure，EPS）（图 10.9），利用 EPS 企业或项目组织可以按多重属性对项目进行层次化的组织，使得企业可基于 EPS 层次化结构的任一层次和任一点进行项目执行情况的财务分析。

（2）提供了完善的编码结构体系。除了提供前文所述的企业项目结构，P3E 还提供了 WBS、组织分解结构、资源分解结构、费用分解结构、作业分类码和报表结构等。所有的结构体系均提供了直观的树形视图。

（3）提供了丰富的图表。P3E 提供了 100 多种标准的报表格式和便利的报表管理方式，同时还提供了报表生成向导功能，以帮助项目管理人员随时定制自己所需要的报表。

（4）支持基于 EPS、WBS 的“自上而下”预算分摊。P3E 支持按项目权重、里程碑权重、作业步骤及其权重进行绩效衡量，这些设置连同多样化的挣得值技术使得“进度价值”的计算方法拟人化而又符合客观实际。

（5）提供了专业的、结合进度的资源分析和管理工具，可以通过资源分解结构对企业的全部资源进行管理，资源还可以按角色、技能、种类划分。使用资源的角色、技能、种类可为资源协调与替代提供方便，从而使资源得到充分的利用。

在 P3E 中除跟踪劳动力和非劳力资源费用外，还可跟踪作业的其他费用，并将实际费用、数量与预算进行对比，可通过图形、表格及报表加以反映。

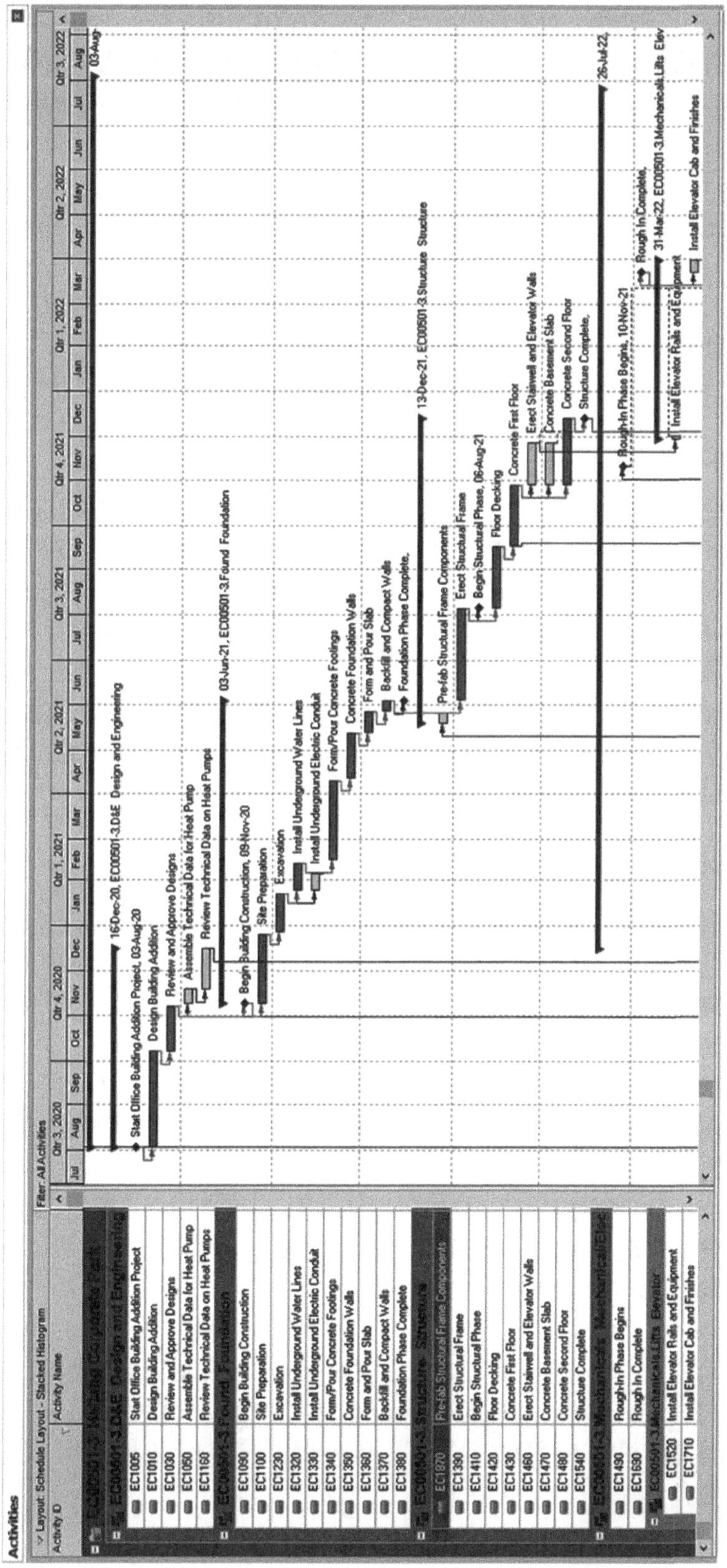


图 10.9　P 系列软件操作界面

（6）内置了风险管理功能。对项目的不确定因素的管理分析，是企业风险控制的基础。P3E 的风险管理功能提供了风险识别、分类、指定影响分析的优先级等功能。用户也可以自行创建风险管理计划，估计并指定发生概率，同时指定组织中特定的人对特定的风险管理工作负责。

（7）内置了临界值管理与问题追踪功能。通过预先设置的费用、进度以及赢得值的临界值及其处理措施，对实施中出现的超临界状态自动通知相关责任人，并可利用问题跟踪功能对问题进行跟踪。

（8）支持大型关系数据库 Oracle、SQL Server，为企业和工程项目管理信息系统的构建提供了极大的便利。

（9）与 P3 相比，P3E 拥有更为直观易用的操作界面和更为全面的在线帮助。

### 10.3.2 Microsoft Project

Microsoft Project 是到目前为止在全世界范围内应用最为广泛的、以进度计划为核心的项目管理软件，Microsoft Project 可以帮助项目管理人员编制进度计划，管理资源的分配，生成费用预算，也可以绘制商务图表，形成图文并茂的报告。

借助 Microsoft Project 和其他辅助工具，可以满足一些要求不是很高的项目管理的需求，但如果项目比较复杂，或对项目管理的要求很高，那么该软件可能很难让人满意，这主要是因为该软件在处理复杂项目的管理方面还存在一些不足的地方，如资源层次划分上的不足、费用管理方面的功能太弱等，但就其市场定位和低廉的价格来说，Microsoft Project 是一款不错的项目管理软件。

### 10.3.3 梦龙智能项目管理集成系统

梦龙智能项目管理集成系统是国内软件公司开发的项目管理软件。该系统由智能项目管理动态控制、建设项目投资控制系统、机具设备管理、合同管理与动态控制、材料管理系统、图纸管理系统和安全管理系统组成，可对工程项目进行全方位的管理。

该软件的典型特点如下。

（1）灵活方便的作图功能。可以在计算机屏幕上直接制作网络图，还可以采用文本输入方式制作网络图，包括双代号输入法、紧前关系输入法和紧后关系输入法。

（2）瞬间即可生成流水网络。

（3）方便实用的网络图分级管理功能（子网络功能）。可以根据工程的实际情况分为多级网络，使不同的管理层对应不同级别的网络，实现分级网络管理。

（4）利用前锋线功能实现对工程的动态控制。

（5）资源费用优化控制。可以将资源按人工、材料、施工机械分开管理，可按不同属性进行分布，还可根据定额分别计算出人工、材料、施工机械费用及总费用；资源可按不同种类管理，可自定义名称，通过网络可做出各种资源的分布曲线及报表；对资源及数据可进行优化计算；根据不同分布曲线可分别做出用工计划、机具安排计划、材料供应计划及费用投资计划等。

（6）综合控制功能。提供了合同、图纸等工程信息的管理，并内置了针对这些信息的自动预警体系。

（7）支持双代号网络。

此外，还有许多项目管理软件，如 Welcom Open Plan 等。

二维码 10-3：其他项目管理软件

### 10.3.4　Worktile

Worktile 是国内软件公司开发的项目管理软件，致力于提升企业员工工作效率，加强团队成员之间协作与沟通，进而提升企业核心竞争力。作为企业协作办公平台，解决了 30～1000 人规模公司的协作、办公和管理需求，帮助企业实施项目管理、规范流程、搭建知识库以及辅助管理决策。主要功能包括项目管理、消息、任务、日历、网盘、工作汇报、审批、目标管理、客户关系管理（customer relationship management，CRM）等应用。Worktile 同时也是将目标与关键成果（objectives and key results，OKR）管理方法以软件形式实施落地的企业协作平台。

该软件的典型特点包括以下方面。

（1）管理层在一个地方看到各项工作进展。

（2）员工不需要在多个不同系统之间切换。

（3）IT 管理人员不用维护多套系统及组织架构和人员信息。

（4）可视化的管理跟踪。

（5）安排每日工作。

（6）了解公司目标。

（7）产生的数据形成企业的沉淀资产。

除此之外，Worktile 支持数据安全，内容如下。

（1）全程 SSL（secure socket layer，安全套接字层）加密。全程 SSL 加密保证通信安全，无须担心密码和数据被第三方恶意监听和窃取。

（2）异地容灾备份。在中国内地和香港、美国三地容灾备份，保证数据安全。

（3）严格的安全制度。所有部署过程需要两位工程师全程结对操作，不允许单独一人操作。

（4）核心数据加密。Worktile 对核心数据基于安全散列算法加密保存。

（5）完善的安全日志。提供个人账户的登录日志，针对团队提供团队内重要操作的安全日志。

Worktile 主要适用的行业为互联网、电商、金融、教育、建筑、外贸、生产制造等。

## ➢ 本章小结

1. 项目信息的概念和分类。项目信息是指报告、数据、计划、安排、技术文件、会议安排与记录等与项目具有联系的各种信息。这些项目信息在项目组织内部和项目组织与外部环境之间不断流动，构成了项目信息流。项目信息流动是否顺畅，是否能及时有效地传递给项目干系人，在很大程度上决定了项目的成败。项目信息主要可按信息流向及信息来源分类。

2. 项目信息管理的含义及主要内容。项目信息管理是对项目信息的收集、整理、储存、传递和应用等一系列工作的总和。项目信息管理是以项目信息为管理对象的管理，其目的是促进项目组织信息沟通，确保项目执行，并为项目决策者及时而准确地提供其所需要的信息。主要内容包括项目信息收集、项目信息传递、项目信息加工和处理。信息内容主要包括项目宏观环境信息、项目行业信息、项目微观信息；搜集方法主要包括现场调查研究法和收集现有管理信息。项目信息传递的主要方式包括专人负责传递、通信方式传递和会议方式传递三种。项目信息加工和处理主要包括判断、分类、分析和计算、编辑、归档和保存的工作。

3. 大数据背景下的数据应用、管理与集成。大数据是一种高容量、高可变性和高速的信息资产，大数据环境下，实现“数据驱动决策”是整个价值链的核心。在项目管理中，采用大数据技术可以自动、连续地获取项目数据，并动态评估项目的状态，其最有应用潜力的领域是项目整合与范围管理、项目质量管理、项目需求管理和项目采购管理，尤其适用于工程项目质量控制、客户需要的变更管理、资源配置的动态管理等。

4. 项目管理信息系统的基本概念和构成。项目管理信息系统是一种基于计算机技术而建立和进行的项目管理系统。它能够帮助项目管理团队进行费用估算、进度管理、资源调度和风险分析等。项目管理信息系统通常由两部分组成：计划系统和控制系统。计划系统用来管理与五个系统目标（范围、组织、质量、费用和进度）相关的计划，将其数据转化为结构化的、适时的、准确的信息。控制系统使用这些信息来辅助项目的管理决策和过程管理，为项目经理提供相应的控制手段，以领导和协调项目的各种相关要素，包括人力、工程设计、原材料、财务等各种资源。

5. 项目管理信息系统分析。系统分析设计方法主要包括结构化方法和面向对象方法两种。系统分析是研制管理信息系统的最重要阶段，也是最困难的阶段。系统分析主要完成两项任务：可行性研究和需求分析。以结构化分析的视角可分为组织结构分析、项目系统业务功能分析和数据流分析。系统分析说明书是对系统分析阶段成果的总结，它反映了调查分析的全部情况，是系统分析阶段的最重要的文档。

6. 项目管理信息系统设计。系统设计阶段的主要目的是在系统分析提出的反映用户需求的逻辑方案的基础上，科学合理地将逻辑方案转换成可以实施的物理（技术）方案。系统结构设计根据系统分析的要求和组织的实际情况对新系统的总体结构形式进行设计。系统结构一般有三种形式：线形结构、树形结构、网状结构。软件设计要根据系统每一个功能模块内部的功能和处理过程来进行具体的设计。代码设计为实体或属性提供了唯一而确定的标识，可用来分类排序并提高数据的全局一致性。常用的代码种类有四种，其编码方法为顺序码、分组顺序码、层次码、特征组合码。数据库设计的核心是确定一个合适的数据模型，数据库概念与逻辑结构设计的常用方法有实体联系法和关系数据规范化法。系统配置方案设计包括系统物理配置方案设计和系统总体布局设计。输入输出（I/O）设计是系统设计的重要部分，一个好的输出设计可以为管理者提供简洁、明了、有效的管理和控制信息。

7. 项目管理信息系统实施。系统实施是一个新的管理信息系统开发工作的最后一个阶段。在系统设计完成之后，如何将原来纸面上的、类似于设计图的新系统方案转换成可在计算机上执行的应用软件，将成为系统实施阶段的主要工作。系统实施工作以系统实施方案为依据，主要包括的任务有物理系统的实施、程序设计、系统测试、系统维护及系统评价。在系统实施阶段，主要的文档有两个：程序设计报告和系统测试报告。另外，还包括系统使用和维护手册中的系统使用说明部分。

8. 常用项目管理软件的应用。Primavera Project Planner（P3）是用于项目进度计划、动态控制、资源管理和费用控制的综合进度计划管理软件，也是目前国内大型项目中应用最多的进度计划管理软件。Microsoft Project 是到目前为止在全世界范围内应用最为广泛的、以进度计划为核心的项目管理软件，可以满足一般要求不是很高的项目管理的需求。但如果项目比较复杂，或对项目管理的要求很高，该软件可能很难让人满意。Worktile 是国内软件公司开发的项目管理软件，是将 OKR 管理方法以软件形式实施落地的企业协作办公平台，致力于提升企业员工工作效率，加强团队成员之间协作与沟通，进而提升企业核心竞争力。

## ➤ 复习思考

1. 什么是项目信息？它包含哪些类型？
2. 项目信息管理的主要内容和作用是什么？
3. 什么是系统？什么是信息系统？有哪几类信息系统？
4. 如何理解项目管理信息系统的含义？
5. 系统分析的主要任务是什么？为什么说系统分析是管理信息开发系统过程中的最重要的一环？
6. 系统分析阶段使用了哪些图表？其作用各是什么？数据流程图与业务流程的联系与区别是什么？
7. 系统设计的原则是什么？
8. 简述系统结构化划分的原则。
9. 简述计算机硬件系统的配置方案的内容。
10. 试举例说明由 E-R 图设计数据库结构的过程和方法。
11. 简述输入输出设计的原则。
12. 系统实施阶段应当包括的主要内容是什么？系统分析设计阶段与系统实现阶段的接口过程中要注意的主要问题是什么？

## ➤ 能力测试

一、判断题

1. 信息的价值关键取决于与事实相符。（ ）
2. 信息是数据的含义，可以帮助人们进行决策。（ ）
3. 建立信息系统一定要改变企业的经营管理模式。（ ）
4. 一个信息系统中最基础的因素是高质量的信息。（ ）
5. 为了开发一个满足企业需求的信息系统，应该尽可能组织所有能收集到的信息。（ ）
6. 在信息系统开发过程中，用户需要参与需求分析与系统设计工作。（ ）

7. 企业的信息主管至少应该兼具业务管理和信息技术两种能力。( )

8. 应用数据库的主要目的是解决数据量大的问题。( )

9. 文档是软件工程实施的重要部分，它不仅是信息系统开发各阶段的重要依据，而且也影响系统的可维护性。( )

10. 数据库管理系统是一个完整的数据库应用系统。( )

二、单项选择题

1. 可靠的信息来源可以保证信息（ ）。

A. 具有价值　　B. 具有时效性

C. 具有可加工性　　D. 与事实相符

2. 信息系统是一个以人为主导，利用计算机硬件、软件、网络通信设备，以及其他办公设备，进行信息的收集、传输、加工、存储、检索、更新和应用，以达到特定目标的（ ）。

A. 自动化系统　　B. 决策支持系统

C. 计算机软件　　D. 人机系统

3. 信息系统建设项目的领导最好由（ ）担任。

A. 组织的领导　　B. 系统分析员

C. 系统管理员　　D. 系统设计员

4. 影响一个信息系统成功实施推广的最重要的因素是（ ）。

A. 重视信息工作的领导　　B. 高效的组织机构

C. 高质量的信息　　D. 功能完备的软件

5. 在设计和开发信息系统时，（ ）。

A. 让计算机自动处理一切事务

B. 根据业务目标，建立人与机器协同工作的环境

C. 系统功能越多越好

D. 应用程序代码量越少越好

6. 信息资源利用的基本手段是（ ）。

A. 购买计算机等设备　　B. 建立有效的信息系统

C. 对信息资源不外泄　　D. 提高用户的计算机水平

7. 信息系统的实施有助于反腐倡廉，主要是由于信息系统中的信息（ ）。

A. 具有时效性　　B. 具有可传递性

C. 可共享　　D. 可查询和追溯

8. 以下（ ）数据管理方式，将数据集中管理，支持各种业务系统应用程序并发访问。

A. 记录　　B. 文件

C. 数据库　　D. 数据仓库

9. 结构化信息系统生命周期法在使用上有一定的局限性，主要是由于（ ）。

A. 需要首先严格定义需求　　B. 开发周期过长

C. 过于严格划分工作阶段　　D. 兼顾数据结构不够

10. 信息主管一般由（　　）担任。
A. 信息技术人员　　B. 系统管理员
C. 组织的高层管理人员　　D. 组织的中层管理人员

三、多项选择题

1. 有价值的信息，应该（　　）。
A. 数据量很大　　B. 具有时效性
C. 与实际情况相符　　D. 对解决问题有帮助

2. 项目信息管理的主要工作包括（　　）。
A. 项目信息收集　　B. 项目信息传递
C. 项目信息加工和处理　　D. 项目信息应用

3. 信息系统的项目管理是对（　　）的过程进行管理。
A.系统分析　　B.系统设计
C.系统实施　　D.系统运行

4. 一个新的信息系统的实施，有可能为企业带来的好处是（　　）。
A. 提供工作效率　　B. 提高管理、决策水平
C. 提高经济效应　　D. 有助于反腐倡廉

5. 信息系统在组织中的应用包括（　　）等多个要素。
A. 人员　　B. 计算机网络
C. 厂房　　D. 数据

6. 信息系统的开发人员是指信息系统建设和开发的参与人员，一般包括（　　）。
A. 每一个用户　　B. 计算机专业人员
C. 组织的管理人员　　D. 组织的业务人员

7. 信息系统相关的伦理道德义务，包括（　　）。
A. 尊重知识和知识产权
B. 个人信息要无私共享
C. 注意搜集和发送信息的可靠性、可信性
D. 与计算机犯罪作斗争

8. 下列选项中，属于系统功能的是（　　）。
A. 信息采集　　B. 信息存储
C. 信息安全　　D. 信息处理

9. 在信息系统开发过程中，使用文档可以（　　）。
A. 提高信息系统运行速度　　B. 保障系统开发质量
C. 规范系统开发过程　　D. 方便用户和开发人员交流

10. 数据库管理系统的功能包括（　　）。
A. 定义数据库　　B. 对已定义的数据库进行管理
C. 数据的安全性控制　　D. 为定义的数据库提供操作系统

## ➤ 自主学习

# N 大学新建校门工程的进度计划编制过程

N 大学为配合城市道路扩建工程，将校门及围墙后移 25 米，并对校门进行了重新设计。经初步设计，新的校门采用钢架结构支撑，上部采用网架结构。经过招标，工程施工图由市政建筑设计院设计；校门的钢架基础由第三建筑公司负责施工；两边钢架由工程机械厂制造，并负责运输至现场，同时，工程机械厂还负责钢架和网架的安装工作；上部网架委托网架工程公司制造，并负责运输到施工现场；大门装饰、照明用灯及霓虹灯由电子霓虹有限公司制作，运输至现场，并负责安装和调试；最后的现场清理工作由第三建筑公司完成。校方委托学校所属的监理公司负责此工程监理工作。学校监理公司根据学校的要求采用项目管理软件管理该工程的进度计划。

根据学校的安排，整个工作从某年 4 月 9 日开始，同年 6 月 20 日完工。

以下是利用项目管理软件对该工程进行管理的过程，整个过程分为计划和控制两个阶段。

1. 计划阶段

1）编码系统规划

监理公司根据各个中标的设计和施工单位上报的进度计划，并考虑到工程的特点和校方对进度计划的要求，建立了如下编码系统。

（1）WBS 及其编码，结构：××.×。编码及编码说明见表 10.1。

**表 10.1　编码表**

| WBS 编码 | 编码说明 |
|---|---|
| GT | 校门工程 |
| GT.1 | 设计 |
| GT.2 | 土建 |
| GT.3 | 制作 |
| GT.4 | 运输 |
| GT.5 | 安装 |

（2）作业分类码结构划分及码值确定。作业分类码结构划分及码值如表 10.2 所示。

**表 10.2　作业分类码结构划分及码值表**

| 代码 | 长度 | 说明 | 码值 | 码值说明 |
|---|---|---|---|---|
| DEPT | 2 | 承包单位 | 001 | 市政三公司 |
| | | | 002 | 市政设计院 |
| | | | 003 | 电子厂 |
| | | | 004 | 机械厂 |

续表

| 代码 | 长度 | 说明 | 码值 | 码值说明 |
|---|---|---|---|---|
| REPT | 3 | 责任人（监理方） | CYM | 陈元名 |
| | | | XZF | 徐志峰 |
| | | | YYX | 于悦宣 |
| | | | FXM | 冯学民 |
| | | | LFG | 李伏甘 |
| LOCA | 1 | 场所 | 1 | 设计院 |
| | | | 2 | 施工现场 |
| | | | 3 | 制作工厂 |
| | | | 4 | 运输途中 |

（3）资源编码结构。资源编码结构如表 10.3 所示。

**表 10.3　资源编码表**

| 资源代码 | 单位 | 代码说明 | 通常限量 | 最大限量 | 单价/元 |
|---|---|---|---|---|---|
| L01 | 工日 | 设计工程师 | 8 | 12 | 150 |
| L02 | 工日 | 建筑工人 | 20 | 25 | 110 |
| L03 | 工日 | 安装工人 | 25 | 25 | 120 |
| M01 | 台班 | 卡车 | 2 | 2 | 400 |
| M02 | 台班 | 铲车 | 1 | 1 | 600 |
| M03 | 台班 | 吊车 | 1 | 1 | 800 |

（4）费用科目结构。本例仅考虑一部分费用科目。费用科目应采用树形层次结构，其示意图见图 10.10。

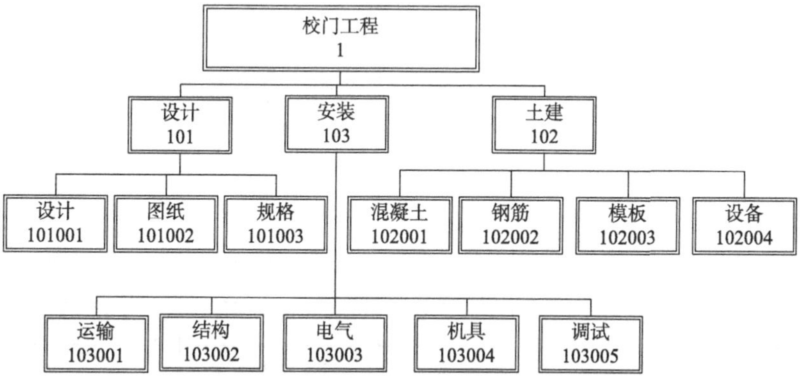


图 10.10　费用科目树形层次结构示意图

2）定义工程日历

根据工程的安排和各个参与方实际情况，需在项目计划中设置两种日历，在工地进行土建和安装工程施工时采用每周七天工作制的日历，而在设计院和各个制作单位内采用每周五天工作制的日历。此外，在工程实施期间，5 月 1 日和 2 日为节假日。

3）作业清单

监理工程师根据各承包单位上报的施工进度计划和校方对工期的要求，制定作业清单（表 10.4）。其中包括作业代码、作业名称、原定工期、作业类型、以紧前作业表示的逻辑关系。

表 10.4　作业清单

| 作业代码 | 作业名称 | 原定工期 | 作业类型 | 紧前作业 |
|---|---|---|---|---|
| 1000 | 项目开始 | 0 | 开工里程碑 | |
| 1010 | 布局设计 | 10 | 任务 | 1000SS |
| 1020 | 网架设计 | 15 | 任务 | 1000SS |
| 1030 | 钢架设计 | 12 | 任务 | 1020 |
| 1040 | 基础设计 | 5 | 任务 | 1020SS6，1030SS7 |
| 1050 | 照明、装饰设计 | 8 | 任务 | 1000SS |
| 1060 | 人员设备进场 | 5 | 任务 | 1000SS |
| 1070 | 破土动工 | 0 | 开工里程碑 | 1010FS2，1040，1060 |
| 1080 | 挖土 | 5 | 任务 | 1070SS |
| 1090 | 支模 | 4 | 任务 | 1080 |
| 1100 | 扎筋 | 5 | 任务 | 1090 |
| 1110 | 浇筑混凝土 | 3 | 任务 | 1100 |
| 1120 | 养护 | 7 | 任务 | 1110SS1 |
| 1130 | 拆模 | 2 | 任务 | 1120 |
| 1140 | 土建完成 | 0 | 完工里程碑 | 1110FF |
| 1150 | 钢架制作 | 25 | 任务 | 1030 |
| 1160 | 钢架运输 | 2 | 任务 | 1150 |
| 1170 | 钢架组对 | 2 | 任务 | 1160 |
| 1180 | 钢架吊装 | 1 | 任务 | 1140，1170 |
| 1190 | 网架制作 | 28 | 任务 | 1020 |
| 1200 | 网架运输 | 1 | 任务 | 1190 |
| 1210 | 网架吊装 | 1 | 任务 | 1180，1200 |
| 1220 | 照明装饰灯制作 | 10 | 任务 | 1050 |
| 1230 | 照明装饰灯运输 | 1 | 任务 | 1220 |
| 1240 | 照明装饰灯安装 | 2 | 任务 | 1210，1230 |
| 1250 | 照明装饰灯调试 | 1 | 任务 | 1240 |
| 1260 | 现场清理 | 2 | 任务 | 1250 |
| 1270 | 项目完成 | 0 | 完工里程碑 | 1260FF |

4）将所定义的内容输入项目管理软件

在项目管理软件中建立新工程（图 10.11）；按照各个编码表格的内容输入各个编码结构和编码值；按照作业清单输入作业及作业的相关内容，同时输入作业间的逻辑关系；将输入的各类编码的码值分配（加载）给每个作业；为每个作业指定日历。具体的操作过程参见图 10.12。

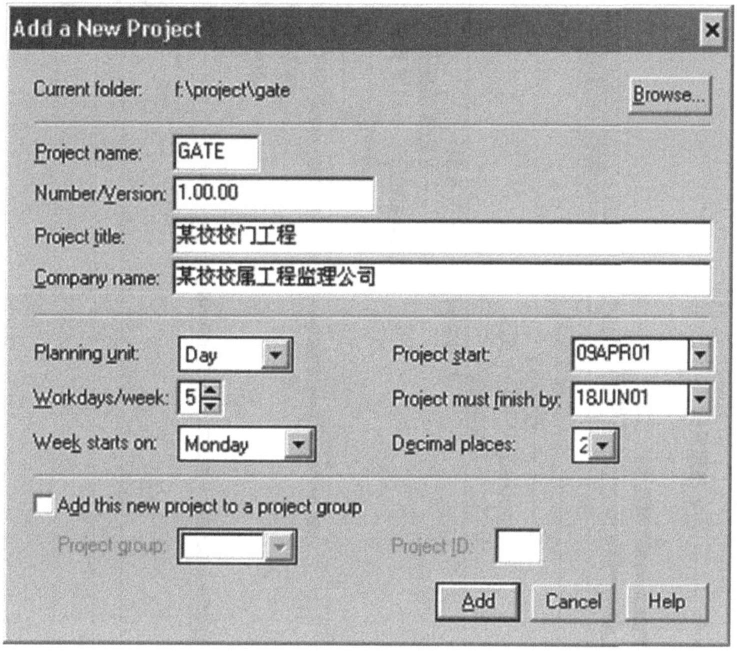


图 10.11　建立新工程

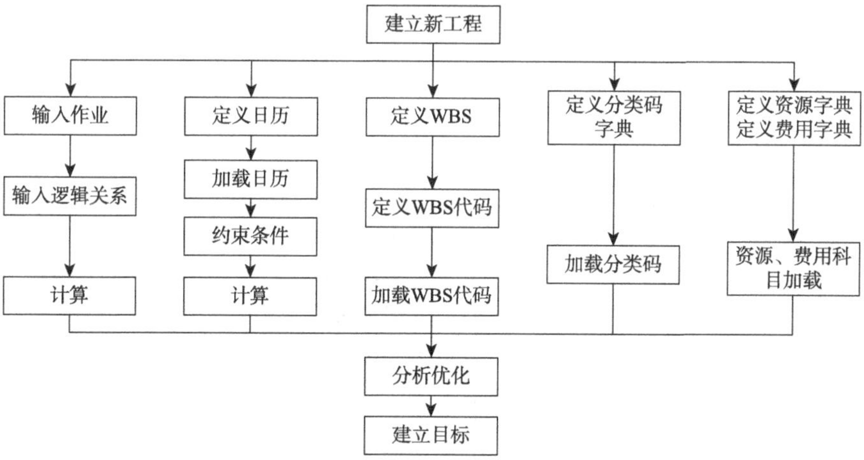


图 10.12　在项目管理软件中建立新项目的操作流程

输入完成后的横道图见图 10.13，图 10.14 是按照责任人分组的横道图，图 10.15 是按照承包单位分组的单代号网络图。

| Activity ID | Activity Description | Orig Dur |
|---|---|---|
| 1000 | 项目开始 | 0 |
| 1010 | 布局设计 | 10 |
| 1020 | 网架设计 | 15 |
| 1030 | 钢架设计 | 12 |
| 1040 | 基础设计 | 5 |
| 1050 | 照明、装饰设计 | 8 |
| 1060 | 人员设备进场 | 5 |
| 1070 | 破土动工 | 0 |
| 1080 | 挖土 | 5 |
| 1090 | 支模 | 4 |
| 1100 | 扎筋 | 5 |
| 1110 | 浇筑混凝土 | 3 |
| 1120 | 养护 | 7 |
| 1130 | 拆模 | 2 |
| 1140 | 土建完成 | 0 |
| 1150 | 钢架制作 | 25 |
| 1160 | 钢架运输 | 2 |
| 1170 | 钢架组对 | 2 |
| 1180 | 钢架吊装 | 1 |
| 1190 | 网架制作 | 28 |
| 1200 | 网架运输 | 1 |
| 1210 | 网架吊装 | 1 |
| 1220 | 照明装饰灯制作 | 10 |
| 1230 | 照明装饰灯运输 | 1 |
| 1240 | 照明装饰灯安装 | 2 |
| 1250 | 照明装饰灯调试 | 1 |
| 1260 | 现场清理 | 2 |
| 1270 | 项目完成 | 0 |

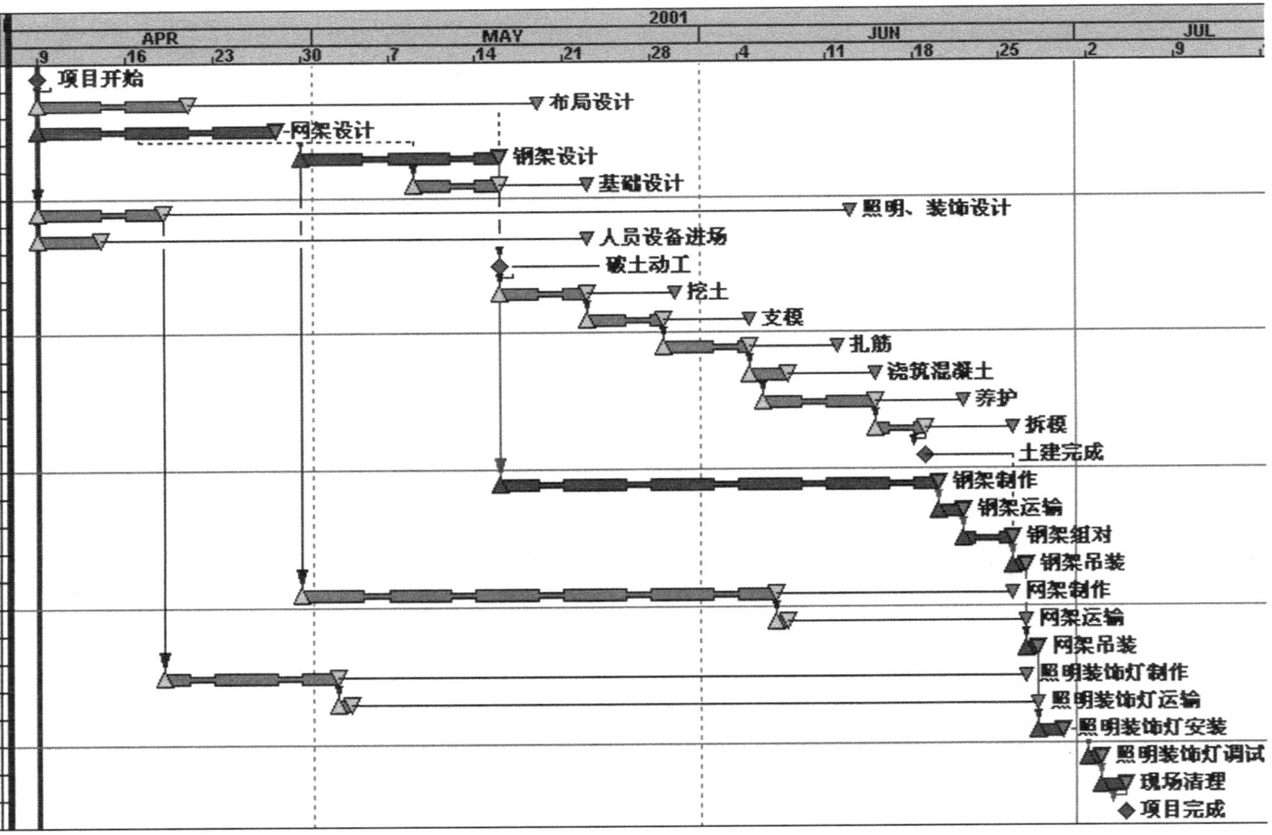


图 10.13　校门工程作业列表和横道图

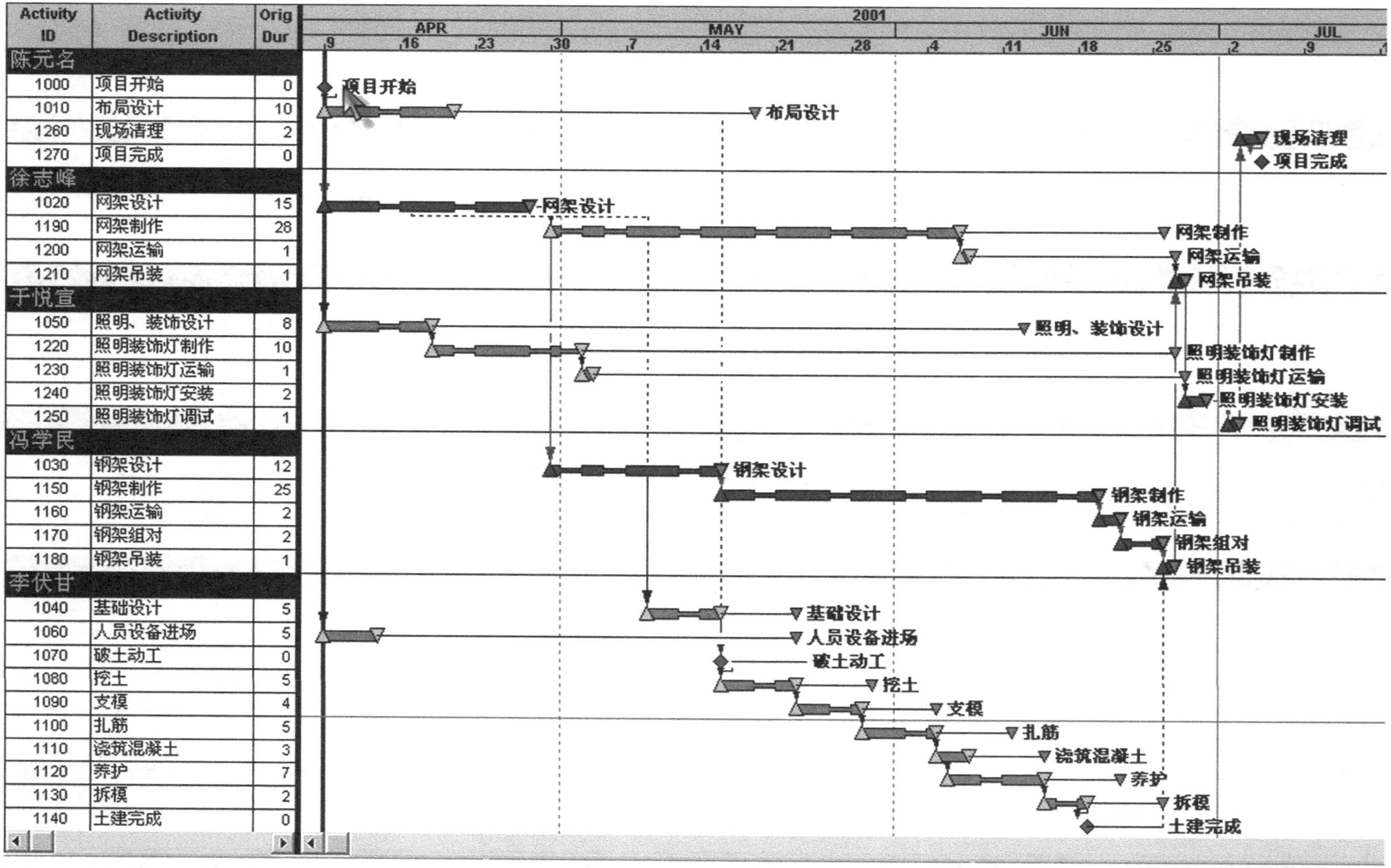


图 10.14　按责任人分组的横道图

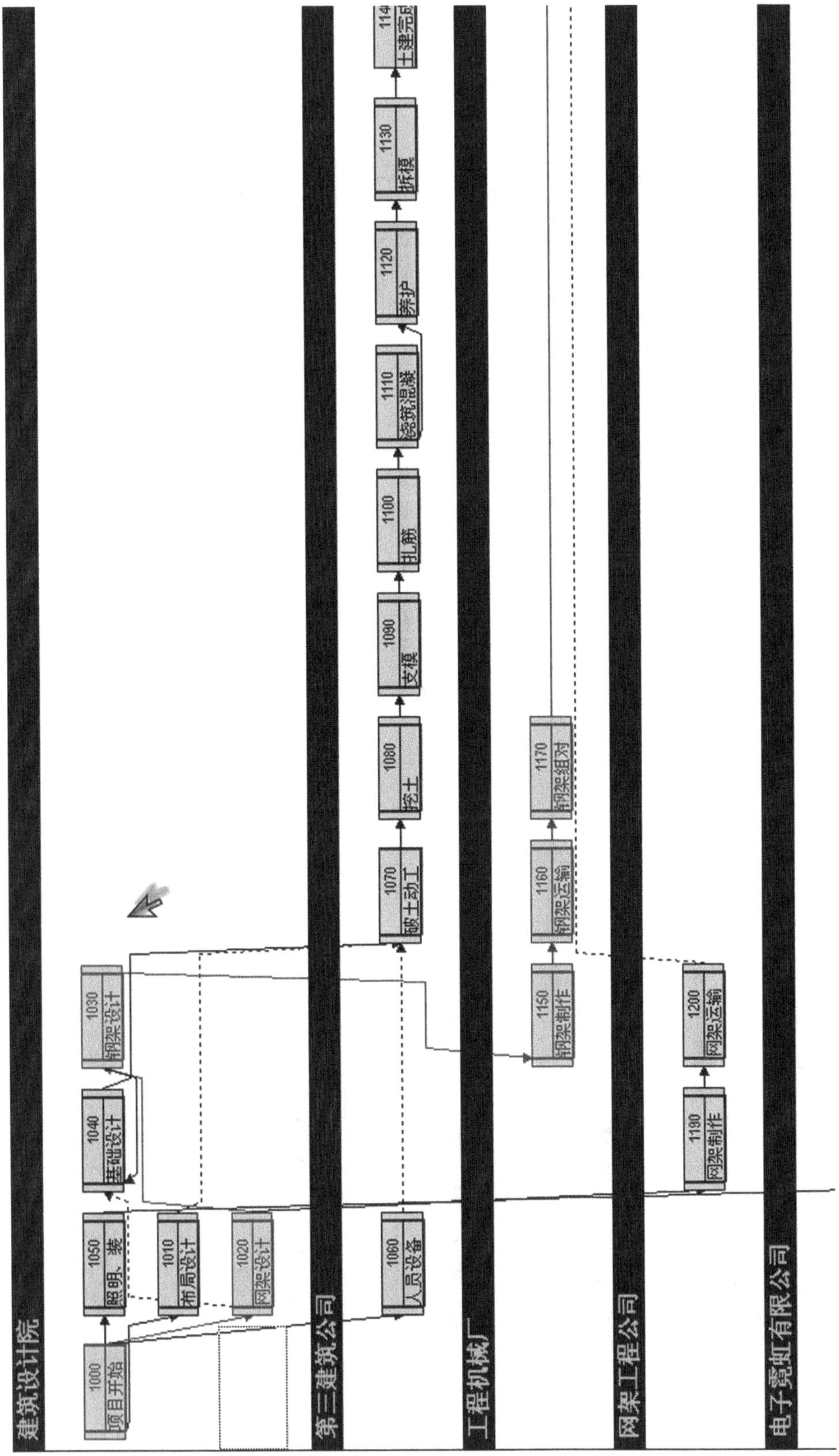


图 10.15 按照承包单位分组的单代号网络图

5）初始计划草案优化

至此，我们已经建立了初始计划的草案，要让这个草案成为具有实施可能的计划，至少还需要做到以下要求。

（1）计划的完工日期应符合业主对工期的要求。

（2）整个工程实施过程中不应出现资源的过分配现象。

针对这两个最基本的要求，还需要进行如下的工作。

一是进度优化。根据工期的要求，工程应在 6 月 20 日前竣工，当前计划草案的完工时间为 7 月 2 日，因此应采取措施压缩工期。

本例的解决方式是将作业 1020 和 1030 之间的逻辑关系由“完成到开始”改为“开始到开始”，同时加入 5 天的延迟时间，即作业 1020 开始 5 天后，作业 1030 就可以开始。结果是计划的完工时间可以提前到 6 月 18 日，可以满足工期的要求。

二是资源优化。由图 10.16 可以看到设计工程师（L01）出现过分配的现象，即该资源的单日用量超过了其最大限量。对此问题，本例采用软件自带的“自动平衡”功能进行处理，处理后的结果见图 10.17。

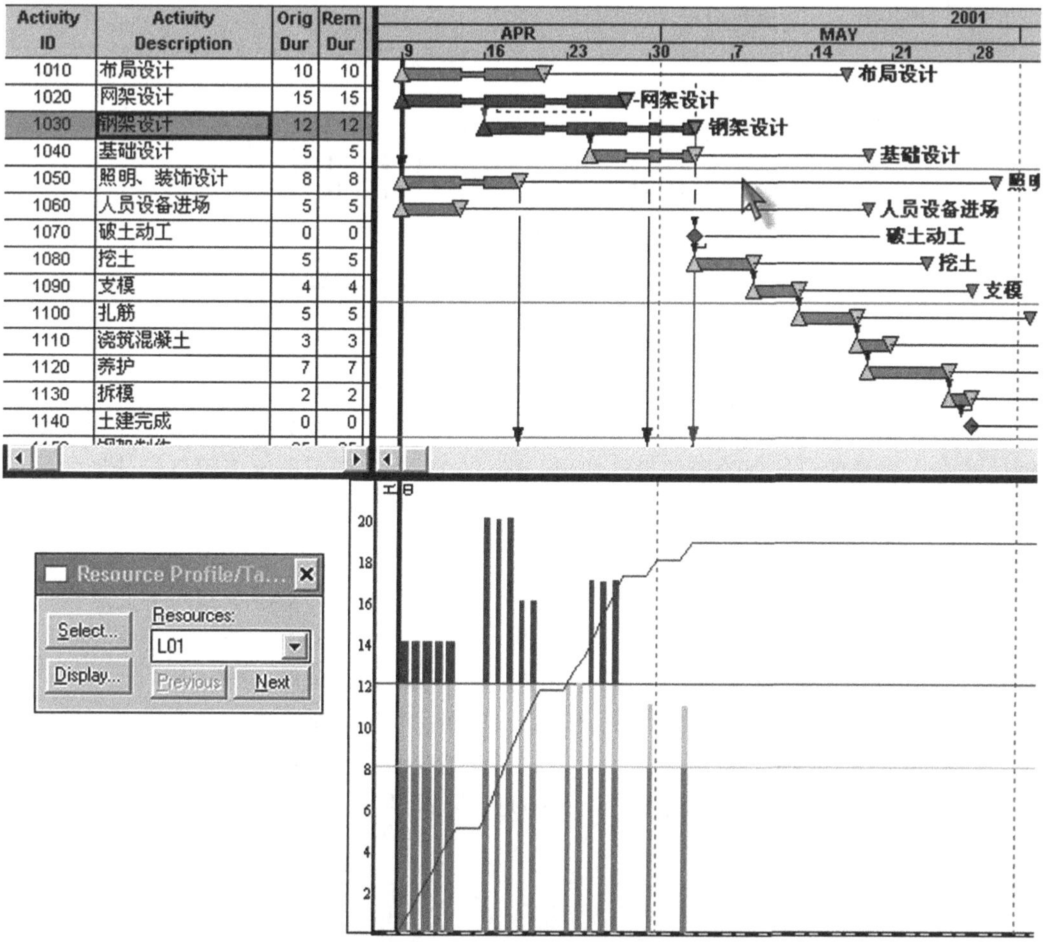


图 10.16 资源过分配示意图

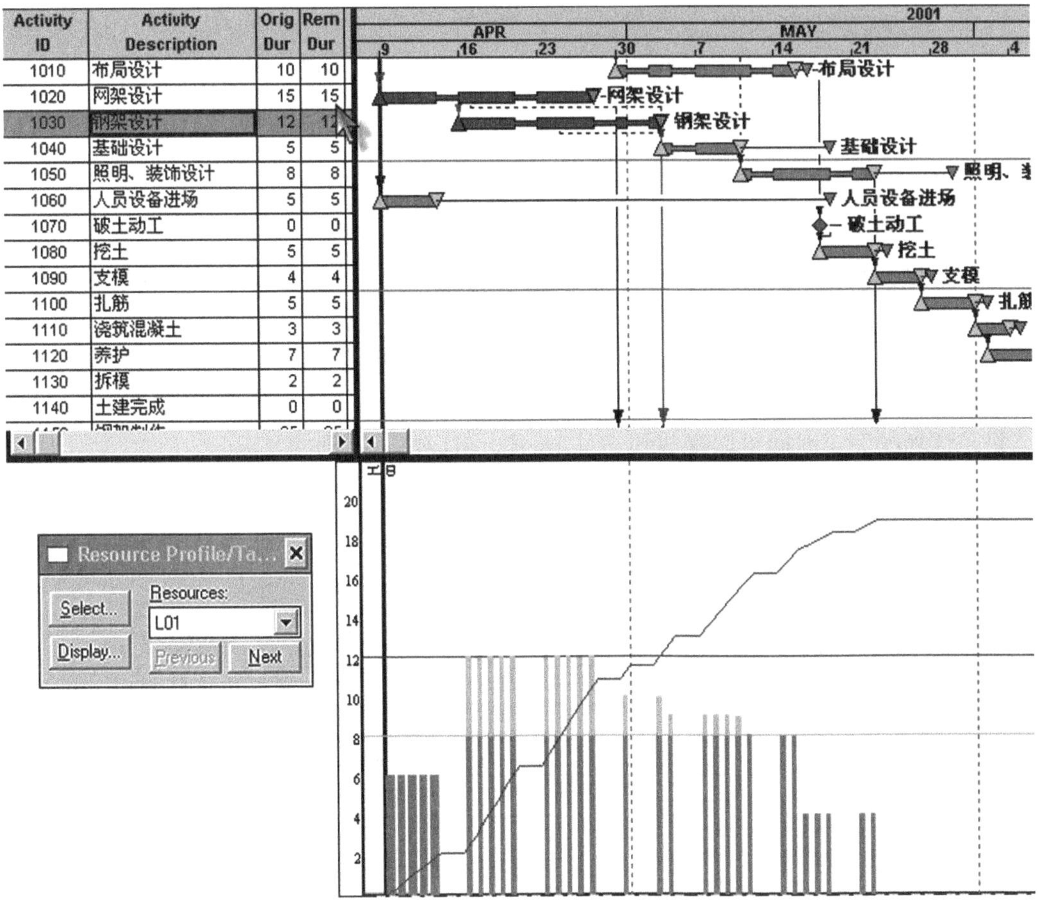


图 10.17　经过资源平衡后的情况

6）建立目标计划

目标计划，也称为基线计划，是经过监理工程师批准后作为施工过程中控制工程进度的基准，也是项目计划阶段的最终成果。图 10.18 是分别根据本工程目标计划的最早时间和最晚时间生成的项目按周发生的费用直方图和费用累计曲线（S 曲线）。

2. 控制阶段

进入计划实施阶段后，采用项目管理软件进行动态控制的基本步骤如下。

（1）根据事先确定的现场数据反馈周期（即计划控制周期），按时收集现场数据，包括进度数据和资源消耗数据，并将这些数据输入项目管理软件。

（2）将实际进度与目标计划进行比较，并根据工程实施情况确定是否需要对目标计划进行调整，图 10.19 是本例在第一个控制周期结束时实际进度与目标计划的进度横道比较，每组横道下方的是目标计划，上方的是实际进度。

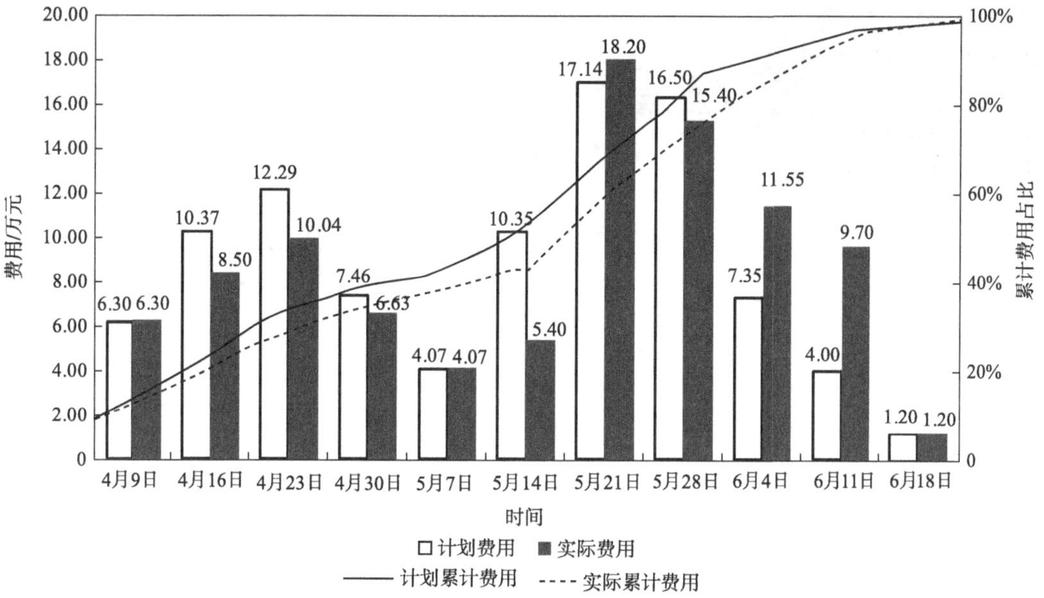


图 10.18　费用直方图和费用累计曲线

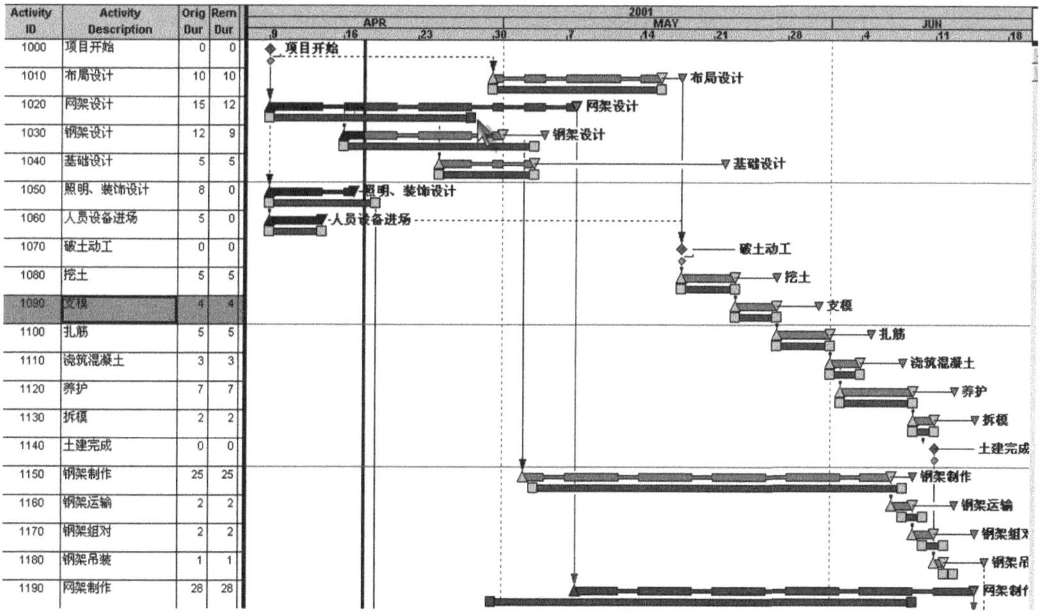


图 10.19　第一个控制周期结束时实际进度与目标计划的进度横道比较

（3）在工程尚未完成的情况下，如果不需要对计划进行调整，则直接进入下一个控制周期，即回到第一步；如果需要调整，则需下发新的目标计划，在下一个控制周期中采用新的计划，直至整个工程完成。

# 第11章

# ICT 项目管理

## ➢ 本章提要

在本章中，您将学习到以下主要内容：

1. ICT 项目的概念、内容及特点；
2. ICT 项目管理的概念及特点；
3. ICT 项目生命周期及其主要模型；
4. 敏捷开发的特点、方法和工具；
5. CMM 的主要特点；
6. CMMI 的概念、结构和实施过程。

## ➢ 案例导入

### A 公司企业网站开发（一）

2020 年初，A 公司拟建企业网站，找到一家著名的开发公司 MSoft 帮助建设。双方经过多轮技术和商务谈判，达成合作协议。项目启动，MSoft 按照以往经验，估计在一个月之内可以完成该项目。

项目的第一个阶段是需求分析。围绕该项目的主要功能，双方的项目团队共同协作，完成了近 50 页的需求文档，但在用户权限方面产生了分歧。客户方是一家大型国有企业，拥有 100 多个部门、多达 15 个管理层级，不同部门和层级使用网站需要进行用户权限管理。客户的要求是层层授权，即上级部门可以也只能给直接下级部门授权，不能越级授权。获得授权的用户可以创建一个产品子类别。然后给子类别指定一个下级部门的管理员，然后再由该下级部门的管理员来创建更深层次的子类别或管理产品信息。开发方认为这种权限管理方法在实际操作中要求对每一个部门的相关员工进行培训，因而增大了项目的应用成本。同时，由于烦琐的授权模式，最终负责产品管理的人员反倒没有充分的权力使用系统，因此希望采取更灵活实用的设计方案。但客户方没有同意，开发方只好妥协。

双方把项目开发时间定为两个月后，项目进入原型系统开发和初步评审阶段。一切都很顺利，原型系统顺利通过初步评审。但开发方经过对原型系统的测试发现，权限部分实用性非常差，因此再次提出了修改意见。而客户则认为如何使用是客户决定的事项，再次否决了修改建议。

项目启动一个半月后，整个系统开发完成。客户方仅仅对系统提出了一些无关紧要的修改意见，修改完善后的系统“顺利”通过了客户的评审，开始部署到服务器上进行试运行。短短一周以后，MSoft 上门为客户提供培训服务的技术支持人员就带回来了一份详细的反馈意见和修改需求，其诉求主要集中在权限系统上，用户对系统提出了各种各样的负面看法。MSoft 陷入两难境地：一是用最短的时间按照客户要求进行修改，保证客户企业新产品发布时，网站能够正式推出，但权限管理对整个系统影响巨大；二是重新做一套新系统来替换现有系统，这不仅将产生巨大成本，而且会影响公司的其他工作安排。为挽救项目，MSoft 该如何抉择？

关于信息通信技术与产业，全球至今尚没有统一的定义。欧盟将信息通信技术（information and communication technology，ICT）定义为与所有信息与通信技术有关，包括互联网、无线网络、智能手机、计算机、软件、中介件、视频会议、社会网络和其他媒介应用及服务，使得用户能够访问、检索、储存、传送和操作数字化信息的技术。

经济合作与发展组织（Organisation for Economic Co-operation and Development，OECD）是较早涉足产业部门内容与分类标准研究的国际组织之一。该组织在《国际标准行业分类》（International Standard for Industrial Classification，ISIC）第三版中首次提出“信息和通信技术”产业部门。2007 年在联合国第四版新修订的《国际标准行业分类》基础之上，OECD 又首次提出信息服务产业的概念，并对信息内容进行了尝试性的定义，指出信息内容服务产业与信息产业有着密不可分的关联关系。在 ISIC 第四版中，联合国将“信息和通信技术”部门（Section J：Information and Communication）定义为“从事以信息和通信技术为核心要素，生产或提供信息和通信产品及服务所形成经济活动的相关部门”。

二维码 11-1：《国际标准行业分类》简介

进入 21 世纪，信息通信产业已经成为全球第一大产业。信息通信类项目在整个项目管理中占据极其重要的地位。由于其巨大的体量和项目过程特殊性，有必要对信息通信技术类项目管理进行深入研讨。

## 11.1 ICT 项目管理概述

### 11.1.1 ICT 项目的概念及特点

#### 1. ICT 项目的概念

ICT 项目是以信息技术为基础，解决信息化需求而产生的与信息通信系统开发、应用、维护与服务等相关的各类项目，如电子商务、企业信息化、电子政务项目等。

常见的 ICT 项目的例子如下。

（1）软件开发团队为财务部门的内部软件应用添加一项新功能。

（2）大学校园升级计算机的技术结构，以便向整个校园提供无线网络。

（3）公司跨职能团队采购并实施互联网语音协议系统。

（4）开发一种新系统以提高销售能力并加强客户关系管理。

（5）电视网络公司安装一个节目观众投票和信息反馈系统。

（6）政府组织开发一个跟踪儿童免疫情况的信息系统。

（7）来自世界各地相关机构的代表自愿为一项新的通信技术制定标准等。

ICT 项目的主要类型包括：计算机、通信及微电子技术研发，网络工程组建和网络系统集成，系统软件研发和应用软件开发，企业信息化、城市数字化、商务电子化、医疗远程化等 ICT 应用型项目，ICT 咨询与服务等。

2. ICT 项目的基本内容

ICT 项目最基本的任务之一是建立信息系统，其中建设是手段，信息系统是目标。从建设手段看，ICT 项目主要使用 ICT 工具。从建设目标和内容看，ICT 项目和一般项目也有所不同，主要体现在该信息系统所涉及的工作内容上，这些工作内容的主要部分如下。

1）硬件系统环境设计

和一般项目不同，ICT 项目将硬件系统作为项目开发的基础和平台。硬件系统环境设计是最基本的任务，内容包括网络环境的设计方案、实施方案、设备选型及采购计划等。

2）软件系统方案设计

选择系统软件，选择或开发应用软件系统等。这是 ICT 项目有别于一般项目的突出之处。

3）系统实施与转换

组织项目实施，进行系统调试和转换，规划并整理数据资源。尤其是帮助客户规划和整理客户的数据资源并应用于其软件系统中，是 ICT 项目与一般项目根本不同之处。

4）后期维护与系统升级

ICT 项目后期维护与系统升级是 ICT 项目生命周期中不可或缺的重要阶段。在这个过程中，要与客户一起建立信息系统的维护运行规则，并组织人员培训，建立知识体系，对系统升级负好责任。

3. ICT 项目的特点

ICT 项目除了拥有一般项目的特点外，还有其特殊性。

1）阶段性

与一般项目类似，ICT 项目呈现出明显的阶段性。例如，软件开发项目一般可分为需求分析、设计、编码、测试、运营和维护等阶段。每个阶段都具有特定的工作任务，呈现出管理的规律性。

2）模式多样性

ICT 项目的多样性主要表现在以下方面。

（1）规模大小不一。小到小型软件开发，大到大型通信系统建设。

（2）硬件软件结合。通常，ICT 项目既包含硬件条件建设，也包含软件系统开发，这就需要两者之间的匹配与协调，给项目管理增加了难度。

（3）参与方众多。例如，一个通信系统平台的开发既涉及投资方、设计方、系统集成商（system integrator，SI）、运营商等，又涉及用户、监管方等。

（4）商业模式众多。现实中，ICT 项目的服务主要通过系统集成商、运营商来实现，不可避免地需要与其达成一致，造成了这类项目商业模式的多样化。

3）高知识密度

一方面，ICT 属于高技术领域，所涉及的技术领域广，知识密度高，项目成果难以预计，客户需求难以准确描述，造成需求不明确，变更频繁。另一方面，这类项目需要高强度的智力活动，对项目团队成员的构成、责任心、工作能力等都有很高的要求，对团队管理的要求也随之提高。

4）高不确定性

与一般项目相比较，ICT 项目呈现出更高的不确定性。这主要是该类项目结果不仅包含有形的硬件部分，还包含无形的软件部分，导致其从需求识别开始到项目执行过程中的不确定性因素增多，因而更具风险性和不确定性。此外，高技术演化速度快也增加了此类项目的风险。多项研究发现，ICT 项目的失败率要远远高于一般项目。

5）项目周期长

ICT 项目一般周期较长，有的长达数年。例如，微软公司 Windows 系统开发经历了 10 年时间。交付周期长，导致不确定性因素影响较大，如政策变化、人事变动、技术更新、货币贬值等，这些都可能导致项目系统大幅变更，直接影响项目成败。

## 11.1.2　ICT 项目管理的概念及特点

### 1. ICT 项目管理的概念

ICT 项目管理是指针对 ICT 项目全生命周期的管理活动。它既遵循一般项目管理的规律，又有其自身的特征。

ICT 项目管理遵循一般项目管理的阶段性、过程性的规律，具体如图 11.1 所示。

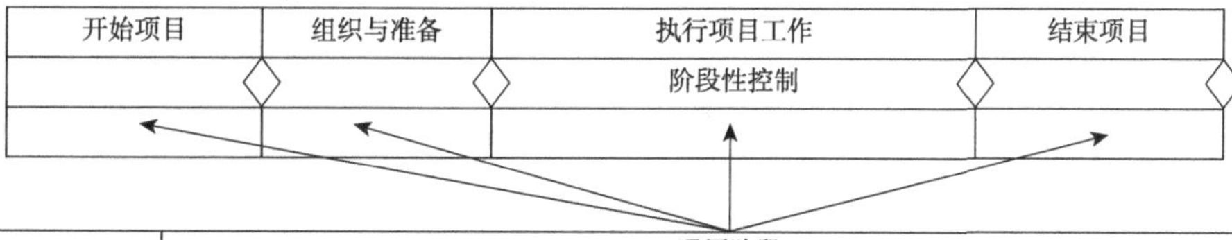


| 知识领域 \ 阶段 | 通用阶段 | | | | |
|---|---|---|---|---|---|
| | 需求分析 | 项目启动 | 项目规划 | 项目执行（执行+监控） | 项目收尾 |
| 整合管理 | | | | | |
| 范围管理 | | | | | |
| 进度管理 | | | | | |
| 成本管理 | | | | | |
| 质量管理 | | | | | |
| 资源管理 | | | | | |
| 沟通管理 | | | | | |
| 风险管理 | | | | | |
| 采购管理 | | | | | |
| 相关方管理 | | | | | |

图 11.1　ICT 项目管理过程

综上，ICT 项目同样呈现出开始项目、项目组织与准备、执行项目工作、结束项目四个阶段，其管理也同样包含启动、规划、执行、监控、收尾五个过程组，其项目管理知识体系包含项目整合管理、范围管理、进度管理、成本管理、质量管理、资源管理、沟通管理、风险管理、采购管理、相关方管理等十大知识体系，但具体过程与管理重点有所区别。

2. ICT 项目管理的特点

ICT 项目的特点决定了其管理的一般特点。

1）实施分阶段管理

基于 ICT 项目的生命周期性，其项目管理也具有明显的阶段性。在 ICT 项目的不同阶段，项目管理者运用不同的管理方法和工具对项目进行管理。

2）采用阶段性评审

与一般项目相同，ICT 项目通常也需要根据其生命周期的不同阶段进行阶段性评审，一方面检查项目计划是否按期执行，另一方面也为是否进入下一阶段的决策提供依据。通常，ICT 项目阶段性评审的情况如图 11.2 所示。

| 项目阶段 | 需求分析 | 项目启动 | 项目规划 | 项目执行 | 项目收尾 |
| --- | --- | --- | --- | --- | --- |
| 管理重点 | 需求排序<br>需求指标 | 项目章程<br>项目团队 | 项目计划文本<br>项目管理计划 | 交付物测试<br>项目执行过程<br>项目报告/监控 | 项目收尾文件<br>项目验收过程<br>项目最终报告 |
| 门径控制 | 需求确认/批准 | 项目评审/批准<br>项目启动会 | 计划评审 | 交付物评审 | 项目验收评审<br>项目总结报告 |
| 标准和产出 | 需求指标及排序<br>项目建议书 | 经批准的项目章程、项目工作指令 | 经批准的项目计划、进度安排、项目管理计划 | 交付物测试结果、试运行结果 | 经批准的项目最终报告 |

图 11.2　ICT 项目阶段性评审

3）应用先进开发工具

由于 ICT 项目需求不确定性高、变更频繁，因此需要有先进的开发工具支撑从需求识别到系统设计、构造、测试再到管理等一系列工作。这些开发工具多数具有可视化功能，一方面有助于项目团队成员之间的交流沟通，另一方面也有助于项目团队与客户或使用者之间的交流沟通。应用先进开发工具可以大大提高项目开发与管理的效率。

4）迭代与持续改进

鉴于 ICT 项目的高度不确定性，多数项目开发与管理需要采用迭代的方法。迭代是重复反馈过程的活动，其目的通常是逼近所需目标或结果。每一次对过程的重复称为一次“迭代”，而每一次迭代得到的结果会作为下一次迭代的初始值。多数 ICT 项目是通过多轮迭代和持续改进才逐步臻于完美。例如，微软 Windows 系统开发花费了十年时间，至今仍在不断完善之中。

## 11.2　ICT 项目生命周期

常用的 ICT 项目生命周期模型有瀑布模型（waterfall model）、V 模型（V-model）、原型模型（prototyping）、螺旋模型（spiral model）、喷泉模型、快速应用开发（rapid application development，RAD）模型、渐进阶段模型、敏捷开发模型（agile development model）、软件包模型、遗留系统维护模型等。本节将主要讨论瀑布模型、V 模型、原型模型、螺旋模型和敏捷开发模型。

### 11.2.1　瀑布模型

瀑布模型是经典的软件生命周期模型，也称为预测型生命周期模型或计划驱动型生命周期模型，如图 11.3 所示。它把 ICT 项目划分为需求分析、架构设计、详细设计、编码、测试、运行等阶段，前一个阶段的成果是后一个阶段的输入，每个阶段的工作成果都应进行相应的评审，以此作为进入下一阶段的条件。如果阶段性工作无法通过评审，则应返回到前面的阶段。

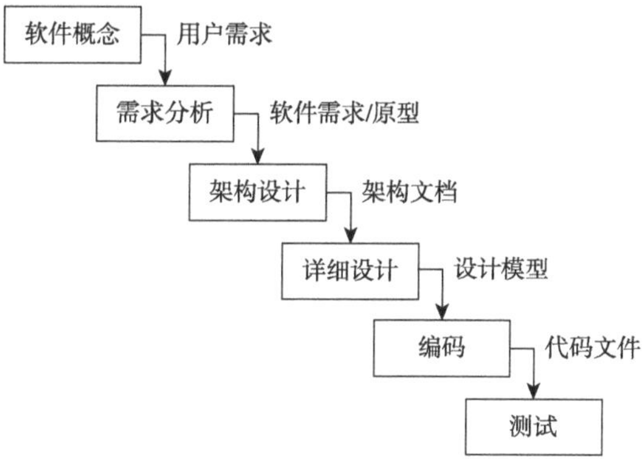


图 11.3　瀑布模型

瀑布模型适用于项目需求和解决方案明确的情况。其优点是阶段性、可控性强；其缺点是阶段之间反馈不足，只有到结果出现才能做出判断，因而需要对各阶段制定强制性的里程碑及其评审标准。

### 11.2.2　V 模型

如图 11.4 所示，V 模型的左边是开发过程的各个阶段，右边则是各阶段对应的测试过程，两者共同构成了“V”字形状，因而称为 V 模型。由于 V 模型在项目开发的每一个阶段都设置了测试环节，因而又被称为测试导向型的开发模型。

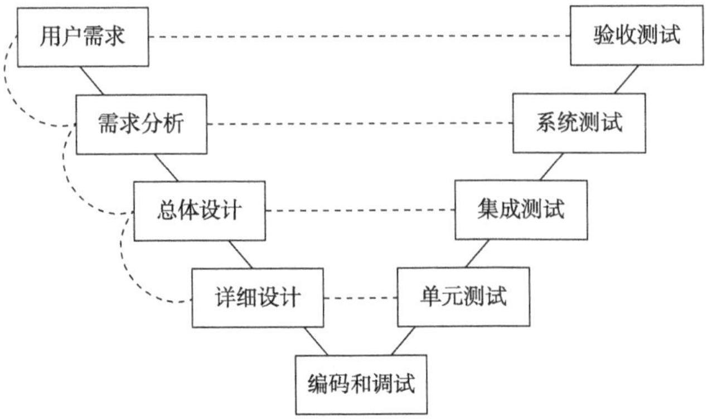


图 11.4 V 模型

V 模型同样适用于需求和解决方案明确且对系统安全性要求较高的项目，如财务系统、航天器智能系统等。V 模型是对瀑布模型的修正，其优点是测试导向、包含了每个层次的测试，安全性高；其缺点是结果性测试，修正工作量大，对需求变化适应性不强。

### 11.2.3 原型模型

原型模型的第一步是建造一个快速原型( prototype ),实现客户或用户与系统的交互，通过与客户或用户的讨论和交流，逐步把握客户或用户需求，再在原型基础上开发出客户或用户满意的产品出来。原型模型如图 11.5 所示。

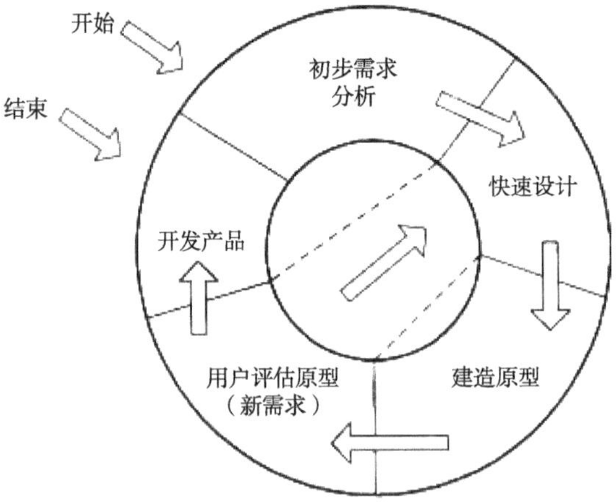


图 11.5 原型模型

原型模型是应瀑布模型的不足而产生的，适用于开始时需求不太明确的项目，或者是客户或用户不足，或者是分析人员不足时，如网站开发、科研项目等。其优点是减少了需求不明带来的风险，利于沟通和持续改进；其缺点是项目范围难以控制，工作定义较为困难。

### 11.2.4 螺旋模型

螺旋模型如图 11.6 所示，是瀑布模型和原型模型的结合，其最重要的改进是增加了风险控制。其中，螺旋线代表时间轴，其开发过程具有周期性；四个象限分别代表制订计划、风险分析、实施工程、客户评论四个阶段。其螺旋性显示了项目逐步优化完善的过程。

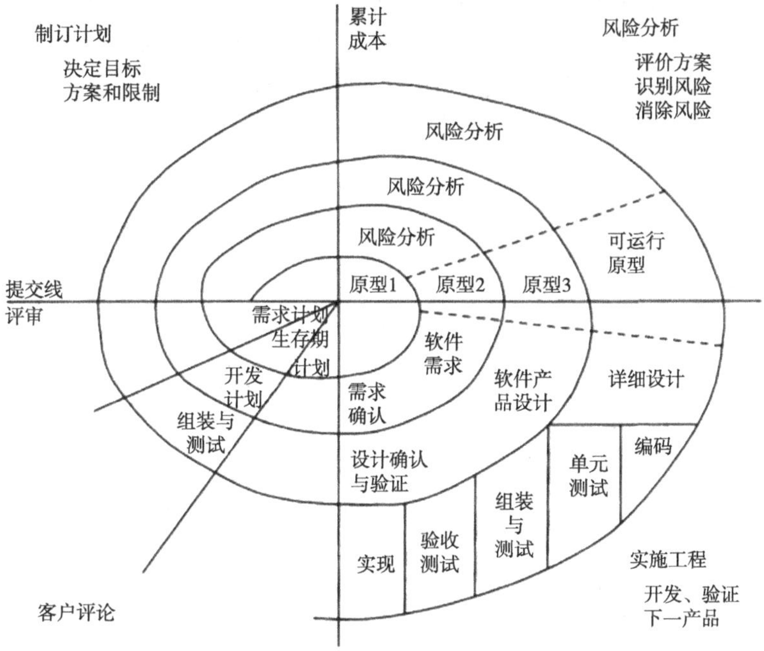


图 11.6　螺旋模型

螺旋模型适用于大型复杂、高风险的项目，如 ERP（enterprise resource planning，企业资源计划）系统等。其优点是客户参与，能够很好地应对需求变化、项目变更，风险控制好；其缺点是周期长，难以适应快速开发的项目。

## 11.2.5　敏捷开发模型

### 1. 敏捷开发的概念

敏捷开发模型以客户需求进化为核心，采用迭代方法进行系统开发，不仅是当前 ICT 项目开发的重要方法，也是一般项目管理的新方法（图 11.7）。

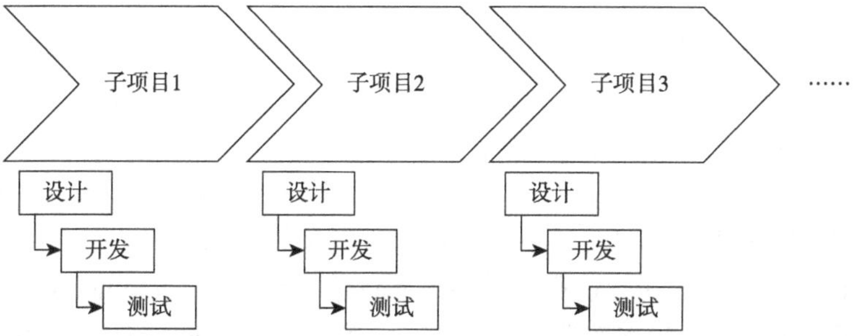


图 11.7　敏捷开发模型

敏捷开发模型在项目初期将其分解为若干个可测试、可管理、可集成、可运行的子项目，即将大项目转换成为多个相对独立又相互联系的小项目，每一个子项目又分别经历设计、开发、测试等项目管理过程，反复快速迭代，最终达到客户满意。

敏捷开发模型的核心是通过快速迭代拥抱变化，即主动接受需求变更，认为“个体交互”胜过“过程和工具”，“可以工作的系统”胜过“面面俱到的文档”，“客户合作”胜过“合同谈判”，“响应变化”胜过“遵循计划”。这种方法使得开发出来的产品更具有灵活性和可扩展性。有研究表明，采用敏捷开发方法，可以使项目的成功率大大提升，问题项目和失败率大大减小。

2. 敏捷开发的特点

（1）Story 细化，即将项目分解为可测试的小功能点。

（2）简单设计。避免过度设计，以节省开发周期。

（3）反复迭代，即承认过程中的需求变更，通过不断的迭代过程，实现优化设计。

（4）客户导向。尽最大可能满足客户需求；最先完成客户最关心的功能；每一次迭代成果都需要得到客户确认，并提出改进意见。

（5）测试驱动，即每一次迭代的成果都是可测试的。

（6）强化沟通。确保所有开发人员对于项目的理解的一致性，并加强团队与客户的沟通。

（7）简化文档，即减少不必要的文档。

（8）强化能力。需要更强的个人和团队能力。

（9）自我管理与服务式管理，即主张团队成员的自我管理和项目经理的服务式管理。

敏捷开发模型的优点是以需求为导向，快速响应变更；实施增量开发，大大缩短了开发周期；采用自动化测试控制开发进度；采用口头沟通、测试和源代码来交流项目意图和结构；测试先行，大大降低了开发风险。其缺点是项目开始时无法准确确定项目范围和成本预算，在技术问题解决之前，无法进行迭代，对团队成员素质要求高等。

3. 敏捷开发的方法与工具

1）敏捷开发方法

敏捷开发是一种项目管理模式，主要有 Scrum、极限编程、动态系统开发方法（dynamic system development method，DSDM）、精益开发（Lean）、水晶方法（Crystal）等。以下以 Scrum 为例说明其基本思想。

Scrum 作为一种敏捷开发方法由杰夫·萨瑟兰（Jeff Sutherland）和肯·施瓦博（Ken Schwaber）于 20 世纪 90 年代提出，并于 1995 年在 OOPSLA（Object-Oriented Programming Systems，Languages，and Applications，面向对象编程系统、语言和应用）大会上向世人介绍。该方法的核心是迭代方法，即将项目划分为若干小的“冲刺”（sprint），每个小“冲刺”又包含了计划、设计、开发、测试、应用等阶段。在预定义的项目范围内，每次迭代都会将新的性能参数指标加入产品/系统中，推动项目不断发展。

图 11.8 显示了 Scrum 迭代过程。其中产品订单（product backlog）即产品/系统的开发目标或任务，进一步产生本次迭代的“冲刺订单”（sprint backlog），又称为任务列表，经过反复迭代过程，最终形成最终产品（final product）。

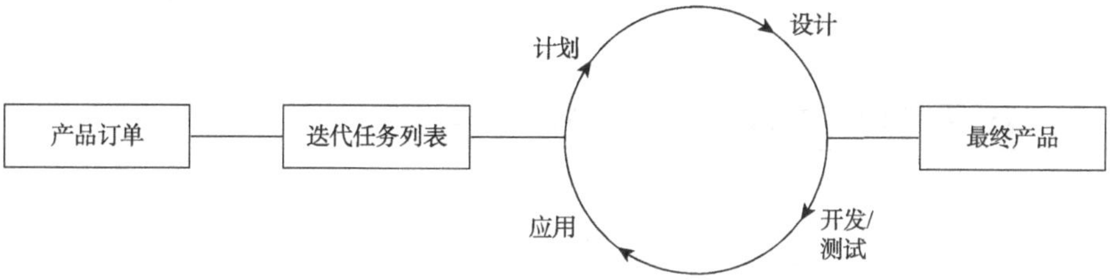


图 11.8 敏捷开发循环

各种常见的敏捷开发方法的比较如表 11.1 所示。

**表 11.1 常用敏捷开发方法比较**

| 特点 | 极限编程 | 水晶方法 | 动态系统开发方法 | 精益开发 | Scrum 方法 |
|---|---|---|---|---|---|
| 用户参与 | √ | √ | √ | √ | √ |
| 最高优先级驱动 | | | | | √ |
| 团队授权 | √ | √ | √ | √ | √ |
| 测试驱动 | √ | | √ | | √ |
| 结对编程 | √ | | | | |
| 团队共享 | √ | √ | √ | √ | √ |
| 简单设计 | √ | √ | | | √ |
| 持续集成 | √ | √ | √ | | √ |
| 小版发布 | √ | | √ | √ | |
| 编码标准 | √ | | | √ | |

2）敏捷开发管理工具

常用的敏捷开发工具包括方法类工具，如看板、Scrum（每日站立会议）、燃尽图（burn-down chart）等；管理类工具，如 Atlassian Jira、Axosoft、LeanKit、Microsoft TFS（Team Foundation Server）、Planbox、Rally Agile Platform、Telerik TeamPulse 等。

4. 敏捷化项目管理

敏捷化项目管理的基本思想起源于软件开发领域。2001 年，软件业思想领袖共同发表《敏捷宣言》(也叫作《敏捷软件开发宣言》, Manifesto for Agile Software Development), 提出了敏捷管理的四个核心价值观和 12 项原则。

二维码 11-2:《敏捷宣言》

在敏捷化项目管理领域,富有影响力的管理实践包括 PMI 和敏捷联盟共同提出的《敏捷实践指南》(*Agile Practice Guide*) 和规模化敏捷公司 SAI (Scaled Agile Inc.) 提出的规模化敏捷框架（Scale Agile Framework, SAFe）。前者重在指导对具体项目的敏捷化管理实践，即单一项目的管理；后者重在企业整体战略层面的敏捷化管理,更加关注项目集、项目组合管理。

二维码 11-3:《敏捷实践指南》简介

二维码 11-4：规模化敏捷框架

## 11.3 ICT 项目管理能力成熟度模型

ICT 项目能力成熟度管理的基本思想来源于软件开发能力成熟度模型，目前比较流行的有 CMM 和 CMMI（capability maturity model integration，能力成熟度模型集成）等。

### 11.3.1 CMM

1987 年，SEI 受美国国防部的委托，率先在软件行业从软件过程能力的角度提出了软件过程成熟度模型——CMM，随后作为在全世界推广实施的一种软件评估标准，用于评价软件承包能力和提高软件开发质量。

CMM 将软件过程能力划分为初始级（initial）、可重复级（repeatable）、定义级（defined）、管理级（managed）和优化级（optimizing）五个层级，各层级均有明确的能力特征要求。组织依据模型要求，不断改进过程能力，依次提高能力层级，以对软件开发过程进行持续改进。

CMM 主要用于软件开发过程和软件开发能力的评价和改进。自 1987 年开始实施认证，并于 20 世纪 90 年代广泛应用于软件过程改进以来，极大地促进了软件开发效率和软件质量的提高，为软件产业的发展和壮大做出了巨大的贡献，现已成为软件业最权威的评估认证体系。

然而，CMM 主要用于软件过程改进和软件企业能力成熟度的提高，它对于系统工程、集成化产品和过程开发、供应商管理等领域的过程改进都存在一定局限性，难以适应 ICT 项目大型化、复杂化、多学科交叉、技术与管理协同等多方面的需要，因而需要开发一种既有统一的过程改进框架又能跨越多种学科的管理工具，导致了 CMMI 的产生。

### 11.3.2 CMMI

1. CMMI 概述

CMMI 是 CMM 的最新版本。早期的 CMMI（CMMI-SE/SW/IPPD）1.02 版本是应用于软件业项目的管理方法，SEI 在部分国家和地区开始推广与试用。随着应用的推广与模型本身的发展，演绎成为一种被广泛应用的综合性模型。

CMMI 是在 CMM 的基础上发展而来的，是由 SEI 组织全世界的软件过程改进和软件开发管理方面的专家开发出来并在全世界推广实施的一种软件能力成熟度评估标准，主要用于指导软件开发过程的改进和进行软件开发能力的评估。

CMMI 与 CMM 最大的不同点在于前者有四个集成应用，其中系统工程 CMMI SE（system engineering）和软件工程 CMMI SW（software）是基本科目，此外还有集成产品和过程开发 CMMI IPPD（integrated product & process development），以及供应商外包管理 CMMI SS（supplier sourcing）。

2. CMMI 的类型

在 CMMI V1.3 版本中，CMMI 有两种表示方法：阶段式表现（staged representation）

方法和连续式表现（continuous representation）方法。这两种表现方法的区别是：阶段式表现方法把 CMMI 中的若干个过程区域分成五个成熟度级别（图 11.9 和表 11.2），以帮助组织发现组织所有过程领域改进的发展道路。而连续式表现方法则将 CMMI 过程领域分为四大类：过程管理（process management）、项目管理（project management）、工程（engineering）以及支持（support）。每个大类中的过程区域又进一步分为不同的能力层级。这样，在按照连续式表现方法实施 CMMI 时，一个组织可以把某个大类的过程改进做到最好，而忽略其他方面的过程领域。

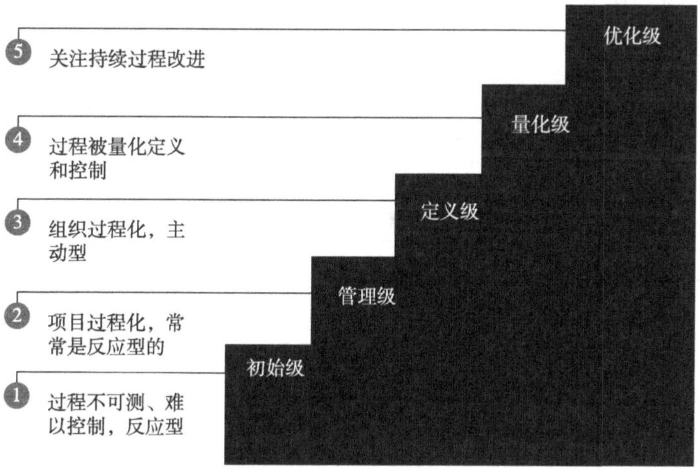


图 11.9　CMMI 的层次结构

**表 11.2　CMMI 的层次和特点**

| 成熟度层次 | 名称 | 主要特征 |
|---|---|---|
| 1 | 初始级（initial） | ①过程是自组织的、混乱的<br>②组织通常没有提供一个稳定的环境支持过程<br>③组织成功依赖于个体能力和努力<br>④项目通常能够获得成功，但常常超出预算和进度<br>⑤组织在危机时倾向于过度使用或放弃过程，因而难以保证项目成功 |
| 2 | 管理级（managed） | ①项目过程有计划有执行，并与组织政策相协调<br>②项目雇用技能员工，拥有足够资源，产生可控成果<br>③项目在压力之下能够保持相同行为<br>④在预设点（里程碑）对工作成果进行可视化管理<br>⑤工作成果满足规定的过程描述、标准和程序 |
| 3 | 定义级（defined） | ①过程通过标准、程序、工具、方法被明确描述和理解<br>②组织建立了标准过程集并不断完善<br>③项目在规范指导下裁剪组织标准过程集以定义其过程<br>④在二级基础上更加详细地定义过程<br>⑤持续培训组织员工 |
| 4 | 量化级（quantitatively） | ①建立定量化的过程和质量目标，并用于管理项目<br>②这些定量目标基于客户、用户、组织和过程实施者<br>③在项目全生命周期以统计方式理解和管理质量和过程<br>④项目过程业绩可预计 |
| 5 | 优化级（optimized） | ①组织应用定量方法理解过程蕴含的变化和导致过程结果的原因<br>②关注通过改进或创新过程，以及技术进步来持续改进过程业绩<br>③从多项目收集数据，关注组织整体绩效 |

1）阶段式表现方法

阶段式表现方法的CMMI共有五个级别，代表软件团队能力成熟度的五个等级，数字越大，成熟度越高，软件综合开发能力越强。每一个级别都是更高一级的基石。组织软件开发能力的构建总是从较低层次逐步发展和成熟，如图11.9和表11.2所示。

2）连续式表现方法

如前所述，CMMI连续式表现方法关注某一过程领域的持续改进，将过程能力水平分为0级，即不完全级（incomplete）；1级，即完成级（performed）；2级，即管理级（managed）；3级，即定义级（defined）。其与阶段式表现方法中各个成熟度层级的对应关系如表11.3所示。

**表11.3 连续式表现方法能力层次和阶段式表现方法成熟度层次的对应关系**

| 层级 | 连续式表现方法 | 阶段式表现方法 |
|---|---|---|
| 0 | 不完全级 | |
| 1 | 完成级 | 初始级 |
| 2 | 管理级 | 管理级 |
| 3 | 定义级 | 定义级 |
| 4 | | 量化级 |
| 5 | | 优化级 |

连续式表现方法各能力层次的特点如表11.4所示。

**表11.4 连续式表现方法各能力层次的特点**

| 层级 | 名称 | 特点 |
|---|---|---|
| 0 | 不完全级 | ①无过程，或实施部分过程<br>②一个或多个过程的目标未能满足<br>③无基本目标，部分实施的过程无须制度化 |
| 1 | 完成级 | ①实施过程完成所需工作并形成工作成果<br>②完成过程领域基本目标 |
| 2 | 管理级 | ①项目过程有计划有执行，并与组织政策相协调<br>②雇用技能员工，拥有足够资源，产生可控成果<br>③过程被监控和评审<br>④在压力之下能够保持相同行为 |
| 3 | 定义级 | ①在规范指导下裁剪组织标准过程集以定义其管理过程<br>②具有保持过程的描述，并对组织过程资源做出贡献 |

3. CMMI的实施

1）实施原则

CMMI的实施应遵循以下原则。

（1）高层管理者支持。过程改进应由高层管理者认识和提出，管理者大力度的支持是过程改进的关键。

（2）仔细确定改进目标。应对给定时间内的改进目标进行正确的估计和定义并制订计划，选择能够达成的目标并对组织产生效益。

（3）选择最佳实践。应基于组织现有产品活动和过程财富，参考其他标准模型，形成新的实践活动模型。

（4）过程改进要与组织战略目标一致，并与发展战略紧密结合。

2）组织结构

CMMI 的组织结构一般是在最高领导下设立工程过程组（engineering process group，EPG）、质量保证组（quality assurance，QA）和工程组（engineering group，EG），这三个组构成了类似于立法、监督和执法的制衡体系。工程过程组源于软件工程过程组（software engineering process group，SEPG），是组织中专职推进 CMMI 过程改进的职能单位。

3）实施流程

CMMI 的实施流程包括以下主要步骤。

（1）CMMI 项目启动会。明确组织实施 CMMI 的商业目标，建立 CMMI 项目实施的沟通机制。

（2）开展 CMMI 基础培训，组建过程改进小组。进行 CMMI 基础概念讲解，指导组织建立核心的过程改进小组。

（3）问题诊断。了解产品研发过程现状，识别组织现有过程与企业现阶段理应达到的 CMMI 成熟度的差距，提交诊断报告，进行过程改进的策划。

（4）开展过程域培训和文件定义。结合过程现状进行 CMMI 过程域培训，通过举例、案例分析等方式，让参与者掌握过程文件定义技巧，结合实际情况有针对性地定义研发过程，并确定过程产出物。

（5）项目试点。选择代表组织核心业务的项目或者典型项目进行试点，进一步完善过程文件，为全面推广过程文件打下基础。

（6）组织推广。全员参与全面导入与执行 CMMI。

（7）预评估。验证推广成果，识别尚存缺陷并制订再次改善方案，为进行正式评估做好准备。

（8）正式评估。由 SEI 授权的主任评估师领导，采用 SCAMPI（standard CMMI appraisal method for process improvement，标准的 CMMI 过程改进评估方法），对组织的能力成熟度进行正式的评估，颁发证书，通过 SEI 网站向全球发布组织信息。

## ➢ 本章小结

1. ICT 项目的概念。ICT 项目是以信息技术为基础，解决信息化需求而产生的与信息通信系统开发、应用、维护与服务等相关的各类项目，通常涉及硬件和软件系统，具有阶段性、模式多样性、高知识密度、高不确定性、项目周期长等特点。

2. ICT 项目的生命周期。ICT 项目具有鲜明的生命周期性。对于不同的项目规模和需求，ICT 项目的生命周期模型有瀑布模型、V 模型、原型模型、螺旋模型、敏捷开发模型等。各个模型都在一定程度上表达了这类项目的周期性特点，但侧重有所不同，因而其适用范围也有区别。

3. 敏捷开发的特点、方法和工具。敏捷开发以客户需求进化为核心，采用迭代方法进行系统开发，不仅是当前 ICT 项目开发的重要方法，也是一般项目管理的新方法。该方法在项目初期将其分解为若干个可测试、可管理、可集成、可运行的子项目，即将大项目转换成为多个相对独立又相互联系的小项目，每一个子项目又分别经历设计、开发、测试等项目管理过程，反复快速迭代，最终达到客户满意。常用的敏捷开发方法有 Scrum、极限编程、DSDM、Lean 等，以及各种方法工具和管理工具等。

4. CMM 的主要特点。将软件过程能力划分为初始级、可重复级、定义级、管理级和优化级五个层级，各层级均有明确的能力特征要求。组织依据模型要求，不断改进过程能力，依次提高能力层级，以对软件开发过程进行持续改进，主要用于软件开发过程和软件开发能力的评价和改进，但它对于系统工程、集成化产品和过程开发、供应商管理等领域的过程改进存在一定局限性。

5. CMMI 的概念、结构和实施过程。CMMI 是一种被广泛应用的综合性能力成熟度模型，包含系统工程、软件工程、集成产品和过程开发、供应商外包管理等四个集成应用。CMMI 有阶段式表现方法和连续式表现方法。阶段式表现方法把 CMMI 中的若干个过程区域分成初始、管理、定义、量化、优化五个成熟度级别，用以发现组织所有过程领域改进的发展道路。连续式表现方法则将 CMMI 过程领域分为过程管理、项目管理、工程、支持四大类，每个大类中的过程区域又进一步分为不完全、完成、管理、定义四个能力层次。CMMI 实施的特点是领导驱动、组织构建、过程改进。

## ➢ 复习思考

1. 什么是 ICT？什么是 ICT 项目？
2. 和一般项目相比，ICT 项目有哪些主要特点？
3. ICT 项目的主要内容有哪些？
4. 什么是 ICT 项目管理？与一般项目管理相比较，它有什么特点？
5. ICT 项目的生命周期主要包含哪些阶段？各阶段的主要工作内容是什么？
6. ICT 项目生命周期模型主要有哪些？各自有什么特点？
7. 什么是敏捷开发？其主要特点有哪些？
8. 什么是 CMM？它包含哪些能力成熟度层次？
9. 什么是 CMMI？其与 CMM 的主要区别是什么？

## ➢ 能力测试

一、判断题

1. 如果你是一个 ICT 项目经理，负责一个安装新的邮件服务器的项目。创建 WBS 的最好方法是与项目团队和关键项目相关方一起创建 WBS。(　)

2. 需求不确定是 ICT 项目的一个重要特征，因而容易产生频繁的项目变更。(　)

3. 在需求分析阶段，项目团队与客户、用户密切合作，就会准确定义需求、消除随后的项目变更。(　)

4. 测试导向的项目开发是指在项目开发前规划好各阶段的测试标准，并以各阶段测试结果指导开发工作。(　)

5. 瀑布模型的优点是各阶段之间联系紧密、开发效率高。(　)

6. 敏捷开发模型的基本假设是承认认知局限，因而需求变更不可避免；可以通过快速迭代不断响应变更、推动项目完成。(　)

7. 如果你是一位项目经理，怀疑一些项目团队成员对项目不感兴趣。此时，激发团

队成员的最佳途径是告诉他们在项目中所犯的错误将会被记录在案。(　)

8. 在 CMMI 阶段式表现方法中，组织的能力成熟度分为初始、管理、明确、量化和优化五个等次。(　)

9. 在 CMMI 连续式表达方法中，组织的能力成熟度也分为初始、管理、明确、量化和优化五个等次。(　)

10. CMMI 的实施通常是一种自下而上的过程改善活动。(　)

二、单项选择题

1. 梅女士是组织中的一位项目经理，正在为一个新项目收集需求。她通过观察最终用户使用当前的软件来定义项目的可交付成果。她向操作者询问了软件行为的各个步骤。梅女士在这个例子中做了什么？（　）

A. 收集项目需求　B. 探求学习曲线　C. 交叉培训　D. 积极观察

2. 王先生是公司的项目经理。管理层希望他提交一个关于使组织内所有工作站和笔记本电脑标准化的解决方案的可行性研究报告，并叮嘱要关注项目实施的总成本。而他则坚持首先与受该项目影响的用户进行讨论。为什么？（　）

A. 确定他们使用产品的意愿　B. 确定有多少用户会使用产品

C. 确定新产品会造成多长的停工期　D. 确定改变或增加技术的有效性

3. 以下不是 ICT 项目的主要特点的是（　）。

A. 高知识密度　B. 高不确定性　C. 软硬件结合　D. 商业模式单一

4. 以下不是 ICT 项目管理的主要特点的是（　）。

A. 分阶段管理　B. 采用阶段评审　C. 应用先进开发工具　D. 组织相对稳定

5. 在 ICT 项目生命周期 V 模型中，与总体设计相对应的测试是（　）。

A. 验收　B. 系统测试　C. 集成测试　D. 单元测试

6. 以下不是敏捷开发的主要特点的是（　）。

A. 客户导向　B. 反复迭代　C. 测试驱动　D. 遵循标准

7. CMMI 阶段式表现方法中，不是初始级成熟度的特点的是（　）。

A. 自组织过程　B. 未形成稳定的组织环境支持过程

C. 组织成功依赖于个体能力和努力　D. 项目过程业绩可预计

8. CMMI 连续式表现方法中，不是管理级成熟度的特点的是（　）。

A. 项目过程有计划有执行　B. 拥有足够资源产生可控成果

C. 工作成果满足规定的过程描述、标准和程序　D. 在压力之下难以保持相同行为

9. 以下不是 CMMI 实施的基本原则的是（　）。

A. 获得高层支持　B. 明确改进目标

C. 关注最佳实践　D. 关注项目过程

10. 以下不是敏捷开发方法的是（　）。

A. Scrum　B. XP　C. Prototyping　D. Lean

三、多项选择题

1. 以下哪些项目属于 ICT 项目？（　）

A. 微电子技术研究　B. 网络系统集成

C. 远程医疗系统开发　　　D. IT 咨询与服务

2. 以下哪些阶段属于 ICT 项目生命周期的主要阶段？（　　）

A. 启动　　B. 组织与准备　　C. 系统设计　　D. 物品采购

3. 螺旋模型是以下哪些模型的结合？（　　）

A. 瀑布模型　　B. V 模型　　C. 原型模型　　D. 敏捷模型

4. 下列属于 ICT 项目管理的特点的是（　　）。

A. 实施分阶段管理　　　　B. 采用阶段性评审

C. 应用先进开发工具　　　D. 迭代与持续改进

5. 以下属于敏捷开发特点的是（　　）。

A. 客户导向　　B. 简单设计　　C. 反复迭代　　D. 自我管理

6. CMMI 的表现方法有（　　）。

A. 阶段式表现　　B. 层次式表现

C. 连续式表现　　D. 螺旋式表现

7. CMMI 过程领域包括（　　）。

A. 过程管理　　B. 项目管理　　C. 工程　　D. 支持

8. 以下属于 CMMI 量化级成熟度特征的是（　　）。

A. 基于客户、用户、组织和过程实施者，建立量化的过程和质量目标用于管理项目

B. 应用定量方法理解过程变化及其原因

C. 在项目全生命周期以统计方式理解和管理质量和过程

D. 项目过程业绩可预计

9. 以下属于 CMMI 完成级能力层次特征的是（　　）。

A. 实施过程完成所需工作并形成工作成果

B. 项目过程有计划有执行，并与组织政策相协调

C. 完成过程领域基本目标

D. 在规范指导下裁剪组织标准过程集以定义其管理过程

10. 下列属于 CMMI 实施原则的是（　　）。

A. 高层管理者支持

B. 仔细确定改进目标

C. 过程改进与战略目标相一致

D. 选择最佳实践

## ➤ 自主学习

### A 公司企业网站开发（二）

针对企业对上线网站系统的修改意见，MSoft 与客户经过进一步协商后，决定重构现有系统，重点重做选线系统，而客户同意承担一半的新增费用。

根据这个目标，MSoft 首先安排开发人员对系统进行修改，砍掉了权限系统，并参考其他项目的成功经验，对多处功能进行了修改。修改完成后的系统虽然缺乏权限管理，

但其他功能经过客户企业员工使用都反映良好。这样简化后的系统大部分功能都可以直接搬到重新开发的新系统中，最大限度地降低了成本。同时，客户企业决定安排专人负责此项目，以保证新系统的开发不至于重蹈覆辙。

下面的重点就是重新设计开发权限系统了。为此，MSoft 决定引入敏捷开发方法。具体措施如下。

1. 讲好“用户故事”

MSoft 首先和客户方代表一起模拟了权限系统的运作方式，最终得到了一个和最初设计功能近似且具备充分实用性的权限系统设计方案。模拟过程类似角色扮演游戏。通过模拟各个部门、各个层次的员工，并将不同角色之间的交互过程记录下来，不但能够真正理清各个角色之间的关系，还能找出实际运用时的不足之处。同时，开发人员则迅速创建一个符合各业务过程的权限系统来验证其可行性。这种方法不仅提高了权限系统开发的效率，而且利于用户体验和学习，取得了很好的效果。

2. 建立快速决策和充分沟通机制

由于客户企业的决策流程较长，为了利于项目开发，客户企业最终派出一位公司领导专门负责该项目的决策事宜，确保了大部分决策可以在较短的时间内获得反馈意见。而客户代表则在整个新系统开发期间，几乎一半时间都在 MSoft 办公，也保证了 MSoft 和客户之间沟通的质量和效率，双方的相互理解进一步增强。

实际上，不管采用何种开发模式，充分沟通都是保障项目成功的关键因素之一。沟通越充分、双方协作程度越高，项目就会进行得越顺利，成功的概率也更大。而在敏捷开发中，由于是通过小步前进的快速迭代来逐步逼近项目最终目标，所以沟通就显得更为重要。

3. 快速迭代与单元测试

持续集成虽然非常有用，但是对于这个项目却不太适合。不过为了保证子系统的修改不至于影响到全局系统，MSoft 由项目负责人设计编写了一些重要的单元测试。准确地讲，虽然这几十个单元测试都不太符合“单元测试”的标准，但考虑到每个测试都要用到子系统的许多接口，而在较大的时间压力下，这些测试既能在很大程度上保证子系统的修改不至于对全局系统产生太大的破坏作用，又不用花太多时间去维护，所以是一个不错的折中方案。

单元测试之所以由项目负责人来编写，而不是由开发人员自己编写，其目的在于更能够反映项目负责人和客户意图。同时，单元测试的重点更加偏重业务领域，而不是程序行为。

4. 使用版本控制系统

虽然敏捷开发没有对版本控制系统进行统一和明确的要求，但使用版本控制系统可以显著提高开发效率。当 MSoft 和客户代表验证一个想法后，发现这个想法并不理想，那么通过版本控制系统，开发人员几分钟之内就可以退回到先前的代码或者切换到其他阶段的代码。

在需求变动激烈的项目中，版本控制系统更是充当了一种保险机制，使得开发人员无意中用错误版本的代码覆盖工作拷贝的事情得到彻底解决。

5. 灵活运用敏捷开发

本案例中，MSoft 公司并未采用完整的敏捷开发模型，但既然敏捷开发本身强调的就是应对变化，那么敏捷开发过程本身也应该是可剪裁的。像结对编程、持续集成等，对公司本身和开发人员的要求相对来说都更高，在本项目中并未采用。根据项目和开发者的实际有选择地实行敏捷开发，也是企业最常用的方式。

由于有效使用了敏捷开发，新系统仅一个月就开发完成，并与原先开发的系统成功集成。虽然在模拟权限系统时花了不少时间，但这样的模拟过程保证整个系统具有充分的可用性。

问题：

1. 在敏捷开发中，为什么“客户故事”十分重要？它与需求分析和快速原型构建之间的关系如何？

2. 这个项目前期失败的主要因素是什么？后期成功的主要原因是什么？

3. 与客户的有效沟通在项目管理中起到什么样的作用？请从本案例中加以分析。

# 第12章

# 公共项目管理

## ➢ 本章提要

在本章中，您将学习到以下主要内容：

1. 公共项目的基本概念、特征和分类；
2. 公共项目管理的概念和特征；
3. 公共项目管理的产生和应用；
4. 公共项目管理的过程；
5. 公共项目策划和立项的概念、过程和方法；
6. 公共项目计划的概念、过程和方法；
7. 公共项目执行和控制的概念、过程和方法；
8. 公共项目收尾和验收的概念和过程；
9. 公共项目后评价的概念、过程和方法。

## ➢ 案例导入

### 上海世界博览会工程建设的项目管理

2010年5月1日～10月31日，第41届世界博览会（简称世博会）在上海市举行。这也是由中国举办的首届世博会。上海世博会以“城市，让生活更美好”为主题，总投资450亿元人民币，创世博会史上最大规模纪录。上海世博会工程建设总体项目也成为公共项目的典型代表。

上海世博会场地位于南浦大桥和卢浦大桥之间，沿黄浦江两岸布局，园区规划用地范围5.28平方千米，总建筑面积约200万平方米。项目主要包括市政及配套工程和场馆及配套服务设施两大部分，所有项目要求在2009年12月31日前全部完工，并在2010年5月1日正式运营。该工程项目是一个集中度高、交叉面广、建设工期紧、涉及层面多且复杂的大型综合工程项目群，其建设过程必将面临诸多挑战。

首先是如何有效地管理项目范围。这需要管理者界定不同类别项目的管理内容和深度，同时对项目范围进行有效的保密。与北京奥运会场馆建设不同，上海世博会的建设很多需求是不明确的，在演绎“城市，让生活更美好”这一主题上也存在很多困难。在这个过程中，需要在不确定的环境下对项目的范围、进度、质量和投资之间进行妥协和平衡。

其次是把世博会建设项目视作为一个系统，必须考虑其诸多影响因素，特别是组织因素。上海世博会工程建设项目群在实施阶段的组织系统不仅包括指挥部办公室本身，还包括各参与建设的设计单位、项目管理咨询单位、施工单位、供货单位等。如何对世博会复杂项目实施的组织结构模式、组织分工、工作流程和信息报告体系等进行优化设计也是摆在组织者面前的重要课题。

最后是建立有效的信息平台和沟通机制。管理如此庞大的项目群，需要对世博会建设中项目信息进行高效存储、利用和管理，同时也要妥善处理园区建设管理、园区运营管理及展后二次开发之间的关系等。

最终，上海世博会工程建设总体项目管理克服了重重挑战，实现了群体工程项目管理化、标准化、流程化与效率之间的妥协与平衡，以及在动态的环境下对项目实施的组织、优化和调整。项目的顺利实施也确保了本次世博会的成功举办。

## 12.1 公共项目概述

### 12.1.1 公共项目的概念

公共项目是指为满足社会公众需要，提供和生产公共物品（包括公共服务）的项目。

公共项目的业主是政府，政府在公共物品供给中起决策和牵头作用。公共项目追求公共利益，具有公共物品和公益性目标，公共项目的狭义理解就是非经营性政府投资项目，即政府是项目的出资人，项目具有公益性质。

从投资项目产出品的属性来看，公共项目本质上是提供公共物品的投资项目。尽管近年来公共项目以及公共物品的供给模式从单一由政府承担，发展为由政府主导、市场机制参与的多元化趋势，但公共物品的非排他性和非竞争性决定了公共项目的主要资金来源仍然是公共财政支出。

从我国的公共项目范围看，公共项目主要包括以下内容。

（1）永久性重大公共工程和国土整治项目，如大型水库、水利枢纽、江河流域治理、防风固沙、重要防护林建设等。

（2）公共性基础设施项目，根据基础设施服务和影响范围的不同，可分为全国性公共基础设施项目和地方性公共基础设施项目，如公路、铁路、港口、桥梁、机场、电网、邮路等。

（3）城市公共基础设施投资项目，如供水、管道煤气、城市道路、污水处理、固体废弃物处理等。

### 12.1.2　公共项目的特征

公共项目作为项目的一种特定类型，其特征与一般项目相比，兼具一般项目的共性和公共项目的特性。其特殊性主要表现为以下方面。

1. 项目目标的公共性

公共项目提供的是满足社会公众消费需要的公共物品，公共物品具有鲜明的非排他性与非竞争性，使其在生产和消费上与私人产品有明显的不同。非排他性是指一个人在消费这类产品时无法排除其他人也同时消费这类产品，如灯塔；非竞争性是指增加一个公共消费者，公共产品供给者并不增加成本，它不仅可以让众人同时消费，还可以重复消费，因而其效率远远高于私人产品，如不收费的公路。项目的公共性决定了这类项目的评价应当特别关注其公共性目标的实现。

2. 项目收益的外部性

外部性是指一个市场主体的行为给其他主体带来的非市场性影响。这种影响可能是积极的，也可能是负面的。积极的影响（收益外部化）称为正外部性（或正外部效应）；负面的影响（成本外部化）称为负外部性（或负外部效应）。

公共项目产出具有明显的正外部性，不仅包括项目的经济效益，更重要的是项目产生的社会效益。公共项目一般不以营利为目的，更多地考虑项目的社会效益。例如，水坝建设项目只有支出没有收入，但建成后会给河流再生产以及附近区域生态环境带来积极影响。因此，公共项目的社会效益往往大于经济效益，有些项目甚至没有直接的经济回报，也不具备还款能力。所以，政府在评价某些公共项目时，不能直接采用财务价格、收益率等指标，而必须采用社会价格（又称影子价格）、社会贴现率等指标进行分析。

此外，公共项目也可能具有一定的负外部性。公共项目涉及面广、包含者众，所以在使一部分人获益的同时也可能会损害另一部分人的利益。例如，高速公路修建对路边的居民产生噪声干扰；水利工程的建设和实施可能使区域自然、社会、人文景观等遭到破坏；公园音乐、人流使附近居民难以清静等。

3. 项目投资规模巨大

公共项目往往投资金额巨大，其核心问题是成本及费用估算。例如，上海市轨道交通明珠二期工程建设投资估算为 132.67 亿元，高速公路网建设的投资估算为 410 亿元。根据交通运输部发布的《2020 年交通运输行业发展统计公报》，2020 年全国完成交通固定资产投资 34 752 亿元，比上年增长 7.1%，增速为 2018~2020 年最高水平。其中高速公路完成投资 13 479 亿元，增长 17.2%。公共资金短缺成为公共项目投资最主要的制约因素。

从投资主体来看，在市场经济条件下，公共物品的供给机制决定了政府和私人资本在公共项目投资机制中各自发挥不同的作用。长期以来，政府都是公共项目最重要的投资主体，非政府投资在公共项目投资中只占较小的比例。近年来，随着吸引私人资本参与公共项目投资机制的不断完善，以及私人资本规模的扩大，公共项目投资结构中私人资本所占的比例有明显的提高。政府有时不再对项目直接投入资金或者投入较少的资金，而仅以建设方的身份出现，在保证对项目所有权的前提下，出让项目的经营管理权以吸引建设资金。根据国家发展和改革委员会 PPP 项目库数据，截至 2021 年 1 月底，库中累计项目数 13 359 个，总投资 193 758.37 亿元，主要投资于城市基础设施、环保、社会事业、农林水利、交通运输等。

4. 项目复杂性和风险性高、影响面广

公共项目多为基础设施建设项目，具有公共性特征，在一个公共项目实施前后往往有相关的前期项目或后续项目，这导致其具有规模大、结构复杂、系统性强、涉及单位多、专业化程度高、风险高等特征。同时，由于公共项目涉及社会文化和生活的各个方面，有的公共项目投资全部或绝大部分来源于国家的公共资金，因此备受公众的关注，影响面广。

### 12.1.3 公共项目的分类

公共项目涉及范围广，分类方法也很多。例如，美国行政管理与预算局（Office of Management and Budget，OMB）按照政府出资方式的不同，把联邦项目划分为七种类型：直接支出项目、竞争性资助项目、分类补助项目、制定规则项目、资产采购项目、信贷项目、研发项目。公共项目按照不同标准可以进行如下划分。

1. 按照提供公共消费品的内容划分

根据提供消费品的内容可分为基础设施项目、公共卫生项目、教育项目、文化项目和体育项目等类型。

（1）基础设施项目，是指为社会生产和居民生活提供一般条件的公共设施，用于保证国家或地区的社会经济活动得以正常进行的公共服务系统的项目，包括公共设施（如电力、电信、自来水、排污等）、公共工程（如公路、铁路、大坝、港口和机场等）等项目，这类公共项目是本书的研究重点。

（2）公共卫生项目，是指以提高人民群众的身体素质和健康水平、改善医疗和生活条件为目的的项目，包括环境卫生项目、劳动卫生项目、营养卫生项目、儿童少年卫生项目、劳动保健项目等。

（3）教育项目，是指以培养和提高受教育者的认知技能、劳动技能、道德水平等为目的的项目，包括高等教育、基础教育、职业教育、岗位培训等各类普通教育和成人教育项目。

（4）文化项目，是指通过文化交流使人民群众能够开阔视野、改善知识结构、陶冶情操、提高文化修养，从而提高全社会文化水平的项目，包括图书馆、博物馆、美术馆、文化宫、展览馆、科技馆、广播电台、电影院等建设项目。

（5）体育项目，是指以增强劳动者体质、促进身体健康、提高劳动生产率为目的的项目，包括群众体育设施、运动训练设施和运动竞赛设施等，如体育场、游泳馆、健身房等。

2. 按照公共项目的资金来源划分

根据项目的资金来源可分为政府投资的公共项目和非政府投资的公共项目两类。政府投资的公共项目是指由政府财政预算拨款建设及运营管理的项目。非政府投资的公共项目是指由非营利组织、企业、个人等多种渠道投资建设及运营管理的公共项目。

项目投资来源不是划分项目是否属于公共项目的基本条件。就公共项目建设和运行的资金来源看，既有可能是来自政府财政预算，也有可能是来自非政府机构、民间企业、个人投资，甚或是两者的合资。随着经济全球化的发展，外资进入公共项目领域进行投资和参与经营的情况越来越多。

3. 按照项目运行机制的特点划分

根据项目运行机制可分为竞争性项目、基础性项目和公益项目三类。竞争性项目主要是指投资收益水平比较高、市场调节比较灵敏、具有市场竞争能力的行业部门的相关项目，如工业、建筑业等；基础性项目主要是指具有自然垄断性、建设周期长、投资额大而收益低的基础设施建设项目，如地铁、高铁、航道等；公益项目是指具有非营利性和社会效益性的项目，如教育、文化、卫生、体育、公检法政权设施和国防设施等。

4. 按照公共项目的收费机制划分

根据项目是否有收费机制（资金流入），可以将公共项目分为经营性公共项目和非经营性公共项目两类。

（1）经营性公共项目主要是指具有天然垄断性质的公共基础设施项目，如城市公共交通、城市公用事业、公路、铁路、航空、管道、通信、电力等设施。这类设施项目既服务于社会公众的共同消费，又服务于直接的个人消费，是共同消费与个人消费的有机结合。这类项目还可以进一步划分为纯经营性公共项目和准经营性公共项目。

纯经营性公共项目是指具有价格机制和资金注入，甚至经营利润的项目，这类项目可以通过市场进行资源配置，其动机与目的是利润最大化，其投资形成过程是价值增值的过程，属于全社会投资范畴，其融资、建设、运营均由投资方自行决策，应有的权益也归投资方所有。典型的纯经营性公共项目如收费的高速公路。

准经营性公共项目是指有价格机制和现金流入，具有潜在的利润，但是由于政策及收费价格未到位等原因，成本无法收回，附带部分公益性的项目。因其具有不够明显的经济效益，需要通过政府适当补贴或政策优惠来维持运营。例如，国家体育场（“鸟巢”）是 2008 年第 29 届夏季奥运会的主体育场。奥运会后即成为面向北京市民的大型体育运动娱乐场所，是北京市地标性的体育建筑和奥运遗产。这一工程是以功能需求以及文化象征为首要目标，具有较大的正外部性，是典型的准经营性公共项目。

（2）非经营性公共项目没有价格机制和现金流入，主要产生社会效益，其资金来源以政府财政支出为主，包括科教文卫体、民政及社会福利等社会事业项目，各行政及司法机关的办公业务用房及培训教育中心，环保、市政道路、水利设施等公用事业项目。由于非经营性公共项目不能获得任何经济收益，一般民间投资不愿意或者不宜涉足，也不宜由民间私人资本全部覆盖，因此通常由政府投资。对于非经营性公共项目，国际上一般采取由政府自行管理、部分委托管理、全部委托管理等方式，其中，委托管理方式是国际上普遍采用的方式。

纯经营性、准经营性和非经营性公共项目的公益性程度不同，采取的投资与管理方式也不同，如表 12.1 所示。

表 12.1 纯经营性、准经营性和非经营性公共项目的区别

| 项目类型 | 项目功能 | 投资主体 | 权益归属 |
| --- | --- | --- | --- |
| 纯经营性 | 以经济效益为主的项目，如收费高速公路、桥梁 | 全社会投资 | 谁投资谁受益 |
| 准经营性 | 既有社会效益又有经济效益的项目，如煤气、地铁、轻轨、自来水 | 政府适当补贴或政策优惠吸纳各方投资 | 谁投资谁受益，政府一般不考虑回报 |
| 非经营性 | 发挥社会效益，基本没有经济效益的项目，如敞开式城市道路 | 政府投资 | 政府 |

值得注意的是，在一定条件下通过制定政策（如设定、取消收费机制）或改变产品价格能使项目的可经营指数发生变化，纯经营性、准经营性和非经营性公共项目即可相互转化。因此，纯经营性、准经营性和非经营性公共项目并没有绝对明确的分界线，唯一的区分依据在于是否具有价格机制和现金流入。

此外，政府采购（government procurement）项目可以视为一类特殊的公共项目。世界贸易组织（World Trade Organization，WTO）《政府采购协议》（Government Procurement Agreement，GPA）对其定义是：成员的中央政府、地方政府，租赁、购买货物、服务，工程及公共设施的购买营造。《中华人民共和国政府采购法》对政府采购的定义是“各级国家机关、事业单位和团体组织，使用财政性资金采购依法制定的集中采购目录以内的或者采购限额标准以上的货物、工程和服务的行为”。其中，采购是指“以合同方式有偿取得货物、工程和服务的行为，包括购买、租赁、委托、雇用等”。

公共项目还可以按项目来源和管理渠道划分为国家重点建设项目、国际金融组织贷款项目、国家银行贷款项目、行业部门和地方项目等；按行业类别划分为交通建设项目、水利建设项目、电力项目等；按产业类别划分为农业项目、工业项目、技改项目等。

## 12.2 公共项目管理的特点

### 12.2.1 公共项目管理的概念和特征

公共项目管理是指通过政府部门、建设单位等各方面的共同努力，运用系统理论和方法对公共项目及其资源进行计划、组织、协调、控制，实现公共项目的建设、维护、运营等目标的管理过程和方法体系。

与一般项目管理相比，公共项目管理具有以下显著特征。

1. 管理目标的多重性

公共项目管理的基本目标与一般项目管理相同，即关注如何在时间-成本-质量的三维约束内达到既定的项目目标。但是与一般的项目管理不同，公共项目管理必须以公共项目目标为前提，充分考虑其公共物品的性质和公益性目标。因此，在对公共项目管理绩效进行评价时，应当更加注重项目满足社会公共需求的优劣程度，更多地从宏观效益、社会效益、生态效益等方面来评价。

2. 以政府为主导进行管理

公共项目的公共性和垄断性决定了其管理不适合由个人、家庭或者企业来管理，而只

能由政府或其他公共组织来经营和管理。虽然公共项目的投资与管理呈现出多元化的趋势，但项目管理的政府主导性是其根本属性。一方面，由于公共项目的目标不是商业利润，且投资周期较长，私人或企业往往不愿涉足，其主要还是依靠政府投资；另一方面，为体现公众利益，即使是由企业或私人投资和管理的公共项目，也要受到政府的严格监管。

3. 项目管理的复杂性和要求更高

公共物品的非排他性和非竞争性决定了公共项目大都是规模巨大、技术复杂、施工难度高、建设风险高的项目，因此需要具有比一般项目更为严格的项目管理程序，也更加强调项目管理的系统性和协调性。例如，由于难以在短期内全部建成整个项目，必须对项目进行科学的、统一的规划和布局，区分轻重缓急逐步建设；要按照国家规定履行报批手续，严格执行建设程序；严禁挤占、挪用政府投资；严禁边勘探、边设计、边施工的“三边”工程等。此外，公共项目涉及的部门及人员众多、关系复杂。通常，主体对象涉及政府、项目公司、项目投资机构、运营公司、项目工程公司等；大型项目可能涉及多个地区，甚至包括国际公司与国际财团的参与。为此，公共项目的建设和运营必须强调通用基准与具体条款、注重国际合作与国际标准、需要跨行业/学科的从业者等。

### 12.2.2　公共项目管理的产生和实践

公共项目的历史可以追溯到很久远的时期，尽管那时的项目管理还没有形成完整的框架和体系，并且更多的是产生在实践过程中，但相关理念和思路都渐成雏形。现代项目管理通常被认为始于 20 世纪 40 年代，其典型案例是美国军方研制原子弹的曼哈顿计划。

二维码 12-1：曼哈顿计划

公共项目管理作为项目管理的重要分支，其产生与演进大大促进了整个项目管理学科的理论构建与实践发展。

1. 国外公共项目管理的实践

公共项目管理的实践可以追溯到古代的一些基础设施或城市标志性建筑的建设。例如，埃及的金字塔、运河、大桥；欧洲的古教堂、道路、城堡等。这些历史“痕迹”凝聚了人类祖先的智慧和汗水，并经一代代人的精心维护而留存至今。无论是创建还是维护，都是项目完成的丰碑。可见，人类社会的活动有许多是按照项目来运作的，项目管理具有悠久的历史。只是在古代，人们主要凭经验完成了一系列伟大的工程，属于经验项目管理时期。

现代项目管理实践始于 20 世纪 40 年代，并在曼哈顿计划实施中加以实践。20 世纪 50 年代，美国在“北极星导弹计划”中利用计算机管理，开发出 PERT，将项目任务之间的关系模型化，使设计完成时间缩短了两年，被认为是现代项目管理的起点。50 年代形成了社会费用效益分析方法这一专门用于公共项目评价的技术。60 年代著名的阿波罗登月计划，采用了网络计划技术，使得耗资 255 亿美元、2 万家企业参加、40 万人参与、700 万个零部件构成的巨型项目顺利完成，并开发出著名的“矩阵管理技术”“国防部规划预算系统”等。美国在 20 世纪七八十年代研制的风险系统费用分析、风险网络仿真技术等，给公共项目管理的发展注入了活力，大大加速了其理论的成熟和完善。这些重要的里程碑事件中涉及的项目都是公共项目。

20世纪90年代，越来越多的有识之士深刻认识到，由于公共项目具有技术复杂、投资巨大、风险较高等特点，必须把“引入项目管理”作为提高其管理水平的重要而有效的途径，越来越多的公共项目采用先进的项目管理方法，取得了巨大成功。例如，美国能源部、交通部等政府部门在项目建设时不但自己使用项目管理软件，而且规定参与方也必须使用项目管理软件对项目进行管理。实际上自1983年以来，美国政府投资的所有项目，不论军用还是民用，都要求用项目管理软件进行管理，效果十分明显，为国家节省了大量的财富及资源。英国、德国、加拿大、法国等国家的政府机构，也纷纷要求使用项目管理软件对其投资的项目进行管理。

2. 我国公共项目管理的实践

我国最早的大型项目可以追溯到2000多年前万里长城的建造，但是真正称得上中国项目管理方法里程碑的，是著名科学家华罗庚和钱学森分别倡导的统筹法和系统工程理论。华罗庚于1964年倡导并开始推广应用的统筹法的核心是：提出了一套较系统的、适合我国国情的项目管理方法，包括调查研究、绘制箭头图、找主要矛盾线以及在设定目标条件下优化资源配置等。这些方法在西南三线建设、修铁路、架桥梁、挖隧道等公共工程项目管理上取得了成功。其后的十多年中，华罗庚带领“推广优选法统筹法小分队”到过全国23个地区进行推广，在各地建筑工程、设备维修、生产组织、生产运作流程重建等诸多领域创造了无数成果，取得了巨大的经济效益。值得指出的是，这一期间开发出了数以百计的作业流程，为进一步实施规范化和标准化奠定了坚实的基础。1980年后，华罗庚和他的助手开始将统筹法应用于国家特大型项目，如1980年中国科学技术协会联合五个部委、七个学会启动的“两淮煤矿开发”项目，1983年启动的“准噶尔露天煤矿煤、电、运同步建设”项目等。

我国于20世纪80年代初引入了项目管理理论和方法，并逐步在水利、电力、国防和航空等公共项目领域推广应用。其中，被认为是我国首次引入现代公共项目管理实践的是20世纪80年代的云南鲁布革水电站项目。该项目利用世界银行贷款，第一次采用了国际招标，中标的日本建筑企业运用项目管理方法，缩短了工期、降低了造价，工程质量优良，取得了明显的经济效益，给当时中国公共项目建设领域带来了很大的冲击。鲁布革水电站项目管理的经验迅速在全国许多大中型工程中推广，取得了良好的效果。1991年，建设部在全行业全面推广项目管理。

20世纪80年代后期，我国已开发出了基于统筹法和网络技术的项目管理软件，并在全国的建筑工程领域大力推广，使各地建筑业的项目管理水平明显提高。目前国内已出现许多项目管理的软件，具备了财务预算与管理、进度控制、风险分析等多项功能，在项目选择、规划、实施、监测和控制以及招投标等方面都发挥了积极的作用。

20世纪90年代，项目管理被广泛应用于公共项目的多个领域，取得了巨大的经济效益。例如，中国铁路系统实施的四次大提速成功的一个关键因素就是铁道部①以项目管理理论为指导，对技术创新工程组织与管理、运输组织与管理和提速安全风险控制管理

① 2013年已撤销。

三个子系统进行了项目管理实践。大亚湾核电站建设运用项目管理技术使工期缩短 10 天，仅利息一项就节约了 1000 万元。在举世瞩目的长江三峡工程中，工程建设委员会运用项目管理理论和方法成功实现了对该大型工程项目的全面管理。

进入 21 世纪以来，随着我国经济社会的快速发展以及扩大内需与西部大开发战略的全面实施，我国公共项目的建设力度日益加大。2020 年 5 月 22 日，2020 年国务院政府工作报告提出，“重点支持既促消费惠民生又调结构增后劲的‘两新一重’建设”①（“两新一重”建设即新型基础设施建设，新型城镇化建设，交通、水利等重大工程建设），拉开了新时期我国基本建设的序幕。未来，将有数以万亿计的资金用于公共项目投资。

现代化、国际化的公共项目建设必须用科学的方法进行管理。当前，我国已经实行政府采购制度、招投标制度、项目监理制度、政府审批制度等，这些都是国家加大监管力度、杜绝暗箱操作、确保公共项目建设质量的具体措施。政府已经把项目管理知识作为保障公共项目实施的重要工具和方法，公共项目管理的大发展时期已经到来。

## 12.3 公共项目管理的过程

### 12.3.1 公共项目管理的基本内容

1. 公共项目管理的过程框架

公共项目管理的过程贯穿公共项目的整个生命周期，关系到项目进展的所有环节，主要包括以下几个阶段（图 12.1）。

图 12.1　公共项目管理过程

1）项目策划

公共项目策划是在准确识别公共需求的基础上，针对特定需求明确公共项目目标、定义项目内容、估算项目成本以及识别风险，进一步通过项目可行性研究确定待选项目的过程。一个好的项目策划是开展项目的前提，也是保证项目顺利进行的关键。

2）项目立项

当公共项目计划书获得政府及有关组织部门的认可，并获得资金、人力和政策等相应保障准备时，就可以称之为项目立项。只有在项目立项工作完成之后，才能正式开始项目规划与实施工作。

3）项目规划

公共项目规划是在项目立项之后进行的，是项目管理者根据项目目标，制订项目范围

---

①《2020 年政府工作报告——2020 年 5 月 22 日在第十三届全国人民代表大会第三次会议上》，https://www.gov.cn/guowuyuan/2020zfgzbg.htm，2023 年 7 月 11 日。

规划、组织计划、进度计划、费用计划、质量计划、沟通计划和采购计划等的过程。它可以帮助项目团队协调资源、统一方法、强化控制等，是项目管理中不可缺少的重要环节。

4）项目实施

公共项目实施包括执行和监控两个方面。其中，项目执行是指项目正式开始后为完成项目规划和目标进行的一系列工作过程。项目最终可交付成果通过项目执行产生。项目监控则能够将执行过程中发现的问题及时解决，是确保项目正常进行的必要手段。

5）项目收尾

项目收尾是项目成果投入使用前的最后一个工作内容，涉及整个项目是否与目标相一致，能否产生一定的社会效益等。公共项目收尾主要包含项目验收、核算、清算、审计、移交等工作。

6）项目后评价

公共项目在完成并运行一段时间后，需要对项目目标、执行过程、社会效益和影响等进行客观和系统的总结分析，确定预期目标是否达到、项目社会效益是否实现，并通过及时有效的信息反馈提出改进建议。

2. 公共项目管理的特殊重点

与一般项目管理相比较，从管理过程看，公共项目具有以下特殊重点。

1）更加关注公共需求

在公共项目策划阶段，重要的任务是准确识别未满足的公共需求。通常，公共投资不应用于满足私人需求，而多样性的公共需求使得公共项目策划在有限公共财政的约束下面临一定选择性的困难。因此，必须制定公共项目策划的一般原则，如依据国家相关法律和政策、满足社会与人民需求、推动现代科技产业发展等。

2）更加关注建设程序

建设程序是指项目全过程中各项工作必须遵循的先后顺序。通常，项目建设过程中各环节、各步骤之间客观存在着不可破坏的先后顺序，反映了建设项目本身的特点和客观规律。因此，建设程序由国家建设行政主管部门和计划主管部门共同制定颁布，建设项目必须遵守建设程序。政府投资项目一般包括规划备选、政府决策、部门审批、资金使用、建设实施、竣工验收、资产移交、后评价、稽查监督等过程，必须对其进行严格管理，特别是对项目的审批程序要严加控制。

3）更加关注采购管理

政府采购是公共项目的特征之一。为了保证政府采购的公正、公平、公开性，便于纳税人监督，政府采购制度的核心是实行竞争性招标制度。1999 年全国人民代表大会常务委员会通过了《中华人民共和国招标投标法》，为规范政府采购制度奠定了法律基础。财政部于同年颁布了《中华人民共和国财政部政府采购管理暂行办法》，针对政府采购的一些普遍性问题做出了明确规定。近年来，我国加大了对政府采购行为的管理，先后出台了《政府采购非招标采购方式管理办法》（2013 年财政部令第 74 号）、《政府采购货物和服务招标投标管理办法》（2017 年财政部令第 87 号）、《政府采购信息发布管理办法》（2019 年财政部令第 101

二维码 12-2：《中华人民共和国招标投标法》简介

号)、《政府采购需求管理办法》(财库〔2021〕22 号)等。

此外,WTO 的《政府采购协议》的核心是公平性和无歧视性,也是其成员国必须遵守的政府采购规则。

二维码 12-3:《政府采购协议》简介

4)更加关注合同管理

为适应社会主义市场经济体制需要,加强政府投资项目管理,保护政府投资项目工程合同双方的合法权益,必须对政府投资项目实施严格的工程合同管理制。通常,公共项目合同管理包括勘察、设计合同管理,总承包合同管理,建设监理合同管理,材料、设备采购合同管理,施工合同管理等内容。公共项目合同管理制的最大难点在于索赔制度的实施。为此,政府各部门对公共项目实施严格的评审制度,审计机关也对项目实施严格的工程预算执行审计,政府对承包商的索赔一般都采取严厉管制。

5)更加关注项目监理

为了保证政府投资项目目标的实现,国家均要求实施工程建设监理。工程建设监理是指监理单位受项目法人的委托,根据国家有关部门批准的工程建设文件、法律法规和工程建设监理合同及其他工程建设合同,对工程建设实施的监理工作。

6)更加关注社会效益

公共项目较少产生直接的财务效益,而更主要的是无形效果。因此公共投资项目的财务评价不采用盈利能力指标,而是采用单位功能(或单位使用效益)的投资及运营成本、运营和服务收费价格等指标。由于无形效果不存在相应的市场和价格,一般很难赋予货币价值,必须寻找其他方法对项目的无形效果进行评价。

### 12.3.2　公共项目策划

1. 公共项目策划的内涵

公共项目策划是指在公共管理基本理论指导下,按照一般项目策划程序对具有公共价值的项目进行发掘、论证、开发、运营等设计和论证的管理过程。

公共项目策划的目的在于发现为社会提供安全、耐用、便捷的公共产品和服务的项目。因此需要特别关注对社会需求的精准识别,树立质量优先的根本原则,鼓励民众广泛参与。

2. 公共项目策划的依据

1)国家相关法律和政策

不论是公共项目还是一般项目,都需要遵守国家相关法律和政策,同时这也是项目顺利开展的前提条件,为项目的实施指明了方向。因此,公共项目策划必须在国家政策法规的规定范围之内,才能称为一份有效的项目策划。

2)社会与人民需求

公共项目实施的目的是为社会提供公共物品,必须坚持社会导向性,根据社会现实需求来开展项目。另外,还要关注公共项目本身的社会引导性,如建设公共文化馆、博物馆、艺术馆等公共文化服务设施,能够促进社会主义精神文明建设、提高国民科学文化素质等。

3)现代科技发展

公共项目的建设应将现实与未来相结合,拓宽思路,创新运作方式。随着现代信息网络等新兴技术的发展，传统公共项目需要融合物联网、互联网、移动通信等各种信息技术，推动公共项目“智能化发展”。例如，搭建智慧便民服务平台、开展智慧社区试点等，实现实体项目与智慧服务互相补充，相辅相成。

3. 公共项目策划的基本程序

（1）明确项目目标。明确公共项目拟解决的关键社会需求，并确定项目目标。

（2）社会调查与信息收集。有目的地围绕公共项目需求和目标，对项目相关要素的信息进行收集、记录、整理，分析社会情况，为拟建公共项目的方案拟订和可行性分析奠定基础。

（3）项目可行性分析。在公共项目内外环境和初步方案拟订的基础上，对其技术可行性、财务绩效、社会效益、环境影响等进行分析，最终确定项目是否可行。

（4）编写建议书。在前期工作的基础上，运用公共管理和项目管理相关理论，理顺思路，形成满足招标要求的项目建议书。

4. 公共项目需求预测

公共项目需求预测是项目可行性分析的重要基础，主要通过调查人们对特定公共服务和产品的需求程度，以明确项目目标和拟建规模、规格等。公共项目需求预测比一般私有项目更难，涉及社会不同层次的各个方面因素，有时会产生截然相反的意见。例如，一些城建项目能够推动城市发展，但也会因项目导致的房屋拆迁、道路施工影响群众正常生活而遭到部分居民的反对。

公共项目需求预测不仅是项目可行性分析的基础，而且对于确定项目规模、编制项目计划、实施项目过程都具有重要的意义。

5. 公共项目策划的方法与工具

公共项目策划与一般项目策划的方法和工具大致相同，包括头脑风暴法（见第2章）、德尔菲法和问卷调查等集体创造的方式，还有SWOT分析法、功能分析法等综合分析方法。图12.2显示了某基层卫生服务项目的SWOT分析矩阵。

二维码 12-4：德尔菲法　　二维码 12-5：功能分析法

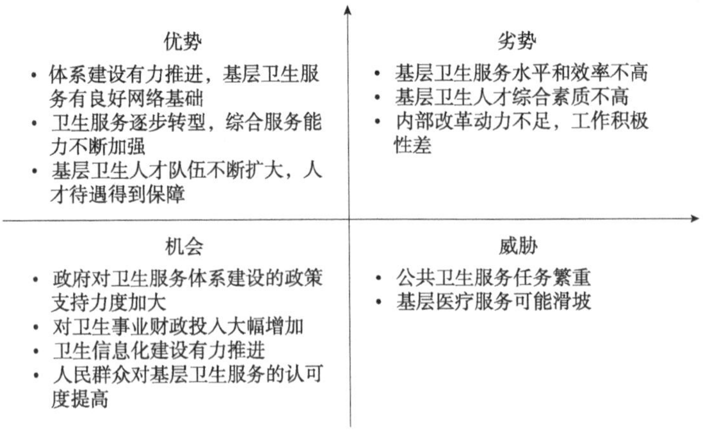


图 12.2　基层卫生服务项目 SWOT 分析

### 12.3.3　公共项目立项

1. 公共项目立项的概念

公共项目立项指的是项目获得国家或有关机构的规划许可，并获得资金和人力等方面的支持和保障。公共项目立项通常由初步立项和正式立项两个步骤组成。初步立项是还未获得正式确认或暂时不具备实施条件的立项认可，正式立项需要通过正式的通知和合同签署。

2. 公共项目立项的途径

（1）公开招标。公开招标是公共项目的主要招标方式，是指按照法定程序，通过发布招标公告面向社会公开招标，运用竞争方式择优评选出中标组织来实施公共项目的过程。

（2）指定机构执行。一些特殊的公共项目，如涉及军事或国家秘密的项目，不宜使用公开招标的方式，需要根据一定程序要求，指定特定的组织和机构来执行。

3. 公共项目的招标和投标

1）公共项目招标的概念和流程

公共项目招标指的是招标方在规定时间内，邀请愿意承担公共项目的组织和机构出价竞争，然后对投标方进行严格审查和评选，以确定项目实施者的过程。公共项目招标应严格执行《中华人民共和国招标投标法》《政府采购协议》等。公共项目招标流程如图 12.3 所示。

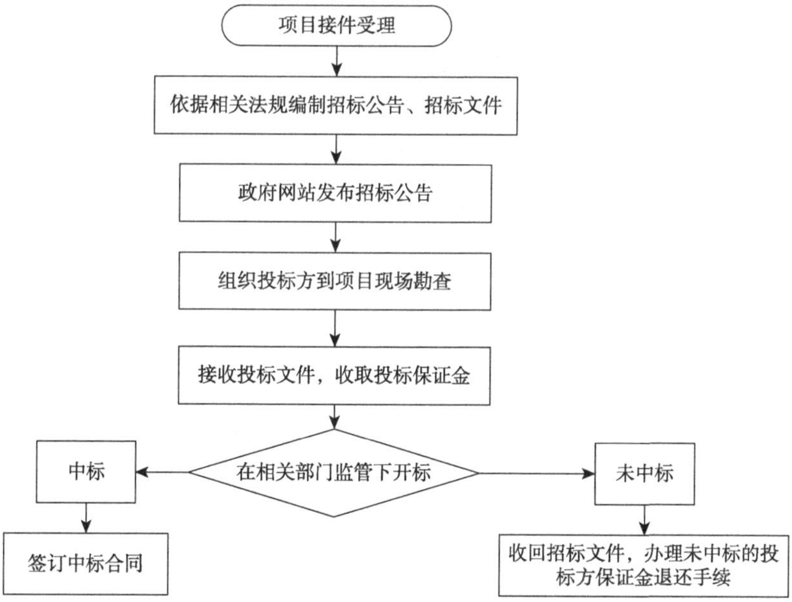


图 12.3　公共项目招标流程

2）公共项目投标

公共项目投标是指在接到招标书后，根据自主要求和有关法律法规编写投标书，并对实施项目提出申请的过程。投标书分为生产经营性投标书和技术投标书。生产经营性投标书包括工程投标书、承包投标书、产品销售投标书、劳务投标书等；技术投标书包括科研课题投标书、技术引进投标书等。图 12.4 绘制了公共项目投标的基本流程。

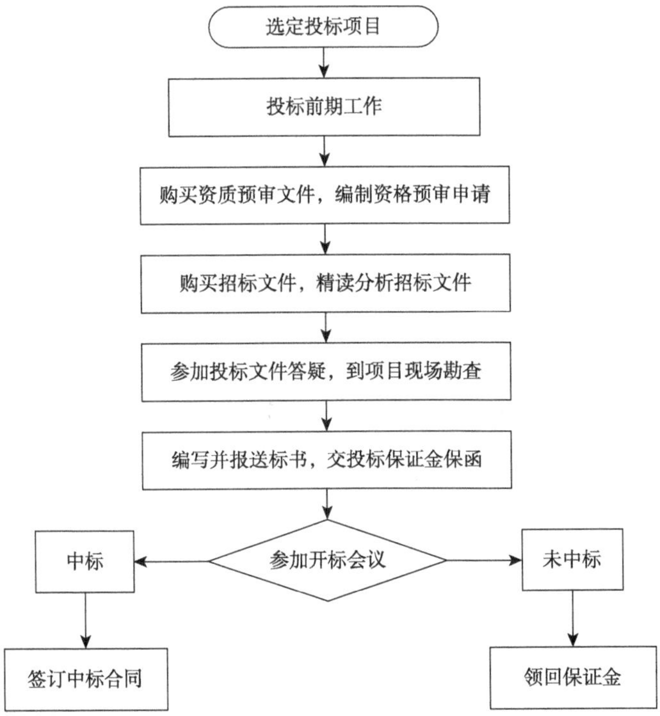


图 12.4　公共项目投标流程

4. 公共项目招投标和一般私有项目的区别

（1）招投标组织者不同。公共项目招投标通常由政府部门或政府委托的相应单位组织。

（2）招投标方式不同。公共项目招投标采用公开招标或邀请招标的方式，若采用邀请招标必须上报相应的部门予以审批；一般私有项目则是根据项目实际需求或私人意愿来实施招标，甚至采用不具有公开性和竞争性的议标方式。

（3）招投标自主权不同。公共项目招投标活动需要按照法律法规的原则采取相应措施，保证招投标的公平、公开与公正，因此招投标的自主权较小。

（4）招投标监管机构不同。公共项目招投标需要由行业相关部门与监管机构进行监管，以防止公共项目招投标过程中的违法、违规行为，监管较为严格，即采用硬性监管方式；而普通项目招投标的监管则大多由投资者来决定，属于软性监管的范畴。

### 12.3.4　公共项目规划

1. 公共项目规划的概念

公共项目规划指的是为完成公共项目任务，基于实施条件安排项目所有工作和活动的过程。项目规划需要列出任务清单，明确项目阶段、工作重点、所需资源、阶段成果及形式、组织与分工、应急预案等。

2. 公共项目规划的结果和形式

公共项目规划的结果是产生项目计划书和项目管理计划。

（1）项目计划书。项目计划书是用文字或图表形式表现的项目计划文本，通常包括项目背景（项目的合理性说明）、项目目标、项目产品清单、项目阶段性成果和辅助说明等。

（2）项目管理计划。项目管理计划包括如何管理和控制项目过程、如何对项目变更进行集成管理等。

3. 公共项目计划编制的方法与工具

（1）WBS。WBS 是为了便于管理和控制将项目工作进行分解的管理技术。具体步骤和结果参考本书 4.2 节。

（2）任务列表。以公共项目 WBS 为依据，将项目任务进一步细分为更加直观的任务列表，如表 12.2 所示。

**表 12.2　某公共项目任务列表**

| 序号 | 任务名称 | 主要建设内容 | 任务类别 | 项目完成时限 | 所需资源 | 负责人 |
|---|---|---|---|---|---|---|
| 001 | …… | …… | 紧急 | 2021 年 5 月 | …… | 张三 |
| 002 | …… | …… | 一般 | 2021 年 10 月 | …… | 李四 |
| 003 | …… | …… | 一般 | 2021 年 12 月 | …… | 王五 |

（3）网络计划技术。通常，公共项目规划需要绘制网络计划图。网络计划的编制过程参见本书 4.3 节。图 12.5 绘制了某公共项目网络计划图。

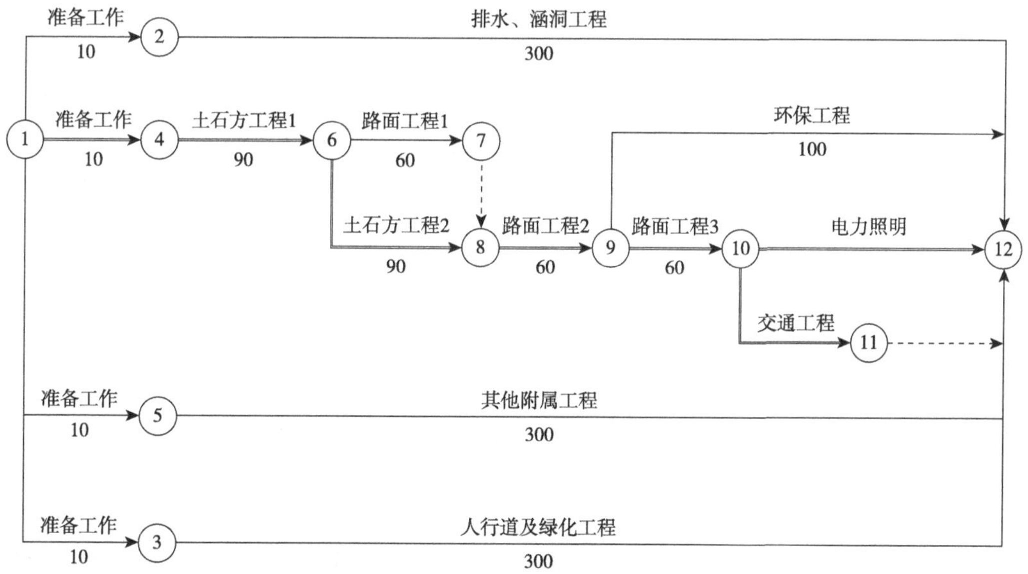


图 12.5　某公共项目网络计划图

## 12.3.5　公共项目实施

与一般项目相同，公共项目实施主要包括项目执行和项目监控两个过程组。

1. 公共项目执行的概念

公共项目执行是指从正式开始公共项目到交付最终成果过程中进行的一系列工作。公共项目执行是公共项目管理的核心内容。

2. 公共项目执行的内容

1）根据项目计划确认任务范围

项目执行工作的主要内容就是实施项目计划的各项内容，而根据项目计划确认任务范围就是进一步明确执行过程中应该做什么、怎样做、何时做、主要交付物及其标准是什么。

2）质量管理

项目质量是公共项目的根本，也是项目执行的重中之重。公共项目在执行的过程中，需要严格执行相关质量标准、质量保证措施和监控措施，保质保量按期完成。

（1）公共项目质量管理的特点。与一般项目不同，公共项目第一位考虑的并不是经济利益，而是更注重社会效益和环境效益，以及是否能够满足社会发展和人民群众的实际需求，能够提高公众福利。因此，公共项目质量管理的核心在于满足公共需求的程度。

（2）公共项目质量管理的主体。对公共项目进行质量监管的主体通常是政府机构、政府所属或授权委托的机构与企业。公共项目的质量管理制度性和公开性较强，除了项目成员外，还需要接受公众的监督，全体公民都可以通过一定的渠道参与到项目监督中来。

（3）公共项目质量管理的流程。首先，根据项目目标提出质量标准，制定业务过程质量标准；其次，制定质量控制流程，并由专人负责各质量目标的落实与监管；最后建立项目质量管理体系并使之有效运行。

3）团队建设

公共项目团队成员大多来自不同职能部门或组织，想要将其发展成为一个高效的团队，尤其需要团队建设的过程。项目团队建设存在于项目执行的整个过程中，好的项目团队是项目顺利开展的重要保障。团队建设不仅包括组建团队和分工合作，更需要关注的是如何进行团队沟通。信息沟通能够使团队成员不仅了解自己的工作，还能够全面把握项目的进展情况，提高项目执行的效率和效果。

（1）公共项目团队建设过程。塔克曼团队发展理论将团队建设过程分为四个阶段：形成、震荡、规范和表现。形成阶段，团队成员对其角色并不清楚，但积极性较强，需要一定的规范和引导来明确目标和任务；震荡阶段，团队成员之间因任务实施困难而产生矛盾，需要加强沟通磨合；规范阶段，经过磨合后团队进入发展的正轨，开始形成团队成员间、项目经理间较为稳定的关系，相互信任，合作意识加强；表现阶段，团队成员工作积极，项目进展加速，团队绩效较高，能够开放、坦诚、及时沟通。

（2）公共项目的项目经理。与一般项目管理相同，公共项目管理采用项目经理负责制。因此，项目经理在项目实施和团队管理过程中起着至关重要的作用，特别是在合同管理、计划管理、过程监控、团队协作等方面，项目经理都是公共项目管理的组织核心。

4）供应链管理

公共需求通常具有长期稳定性，即尽管某个公共项目的建设实施是一次性的，但对于公共项目的提供者来说，需求是长期存在的。因此公共项目组织结构通常是以项目为核心，来满足不断增长和变化的公众需求，具体体现为政府或政府授权的组织与供应商、承包商、分包商等建立长期稳定的战略合作伙伴关系。公共项目的供应链结构如图 12.6 所示。与一般项目不同的是，公共项目的业主是供应链下的项目提供者（一般为政府或其委托者），最终用户为社会公众。而一般项目中的业主通常是最终用户。

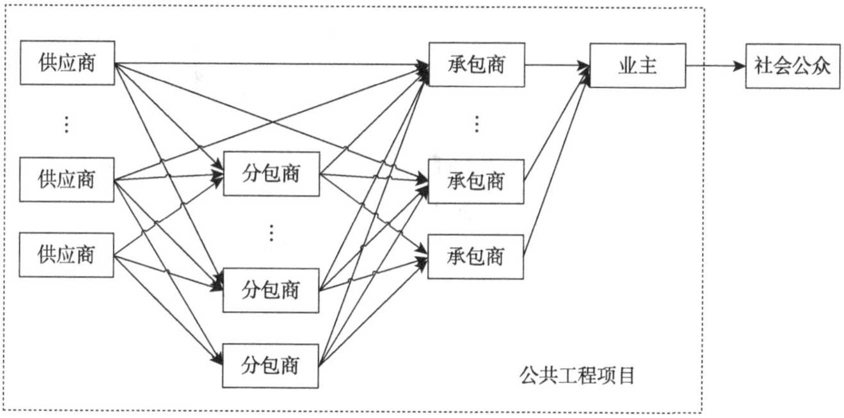


图 12.6　某公共工程项目供应链结构

3. 公共项目监控的概念

公共项目监控是指根据公共项目规划和项目跟踪提供的信息，定期或不定期地对公共项目的实施行为及环境进行调查、诊断、建议与咨询，找出偏差，分析成因，研究纠偏对策，并实施纠偏措施的全过程。

公共项目跟踪是项目监控的基础。它是指项目管理者根据公共项目规划与目标，在项目实施过程中及时而系统地记录并报告项目运行状态和内外部影响因素相关信息的管理行为。

4. 公共项目监控的流程

公共项目监控是为了能够实现项目目标而进行的，是根据项目特点和实际情况对项目实施进行动态控制的过程。具体如图 12.7 所示。

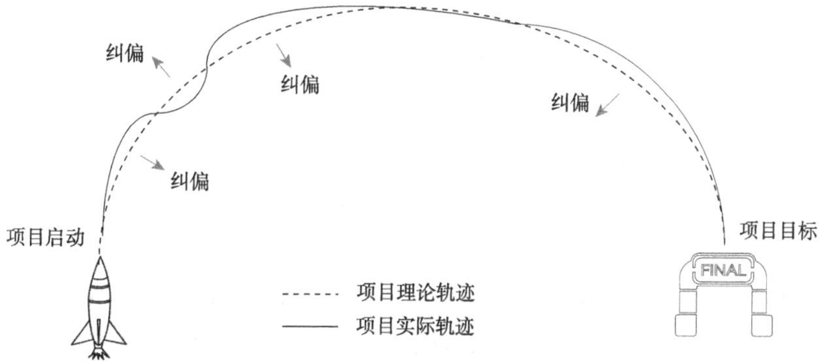


图 12.7　动态控制原理示意图

根据图 12.7，公共项目动态控制需要不断将项目实际实施情况与控制基准进行对比，当发现项目实际情况发生偏差时，需要认真分析导致偏差的原因，识别不同原因的影响程度，制定出有针对性的解决措施，并采取纠偏行动。这是一个持续进行的过程。具体步骤如下。

（1）分解目标，形成基准。将公共项目的进度、成本、质量等目标进行分解，确定控制基准。

（2）收集信息，动态跟踪。将公共项目实际实施情况与控制基准进行定期（每周/月）对比，如果出现偏差，则需要采取纠偏措施。

（3）调整目标，循环控制。当公共项目目标无法实现时，需要对公共项目目标进行调整，并在调整后重新从第一步展开控制过程，继续根据新的控制基准进行跟踪与纠偏。

（4）部门协同，配合行动。公共项目执行与控制需要相关部门的支持和配合，因此需要定期与相关部门沟通，并建立协同机制，以保证项目顺利实施。

## 12.3.6 公共项目收尾

### 1. 公共项目收尾的概念

公共项目收尾是在项目目标已实现或不需要实现时，通过项目移交或者清算来确认项目成果的过程，包括合同收尾和管理收尾两个方面。合同收尾是指依据合同所有要求，对项目成果进行验收、核算、审计、清算等，以结束项目的过程；管理收尾是指对项目文档进行成果验证和归档，并总结经验教训。通常，公共项目收尾总是包含着项目审计。

### 2. 公共项目收尾的主要内容

1）公共项目范围确认

范围确认又称为移交或验收，是指项目阶段结束时，项目团队在将项目最终成果交给使用者或者接收方之前，接收方核查项目计划范围内的各项工作是否已经完成，以及结果是否令人满意。如果项目提前结束，还需要查明已经完成的事项以及完成的程度，将形成文件记录在案。

范围确认过程包括：项目执行方提交项目阶段成果文件，如项目计划、技术要求说明书、技术文件和图纸等，接收方通过观测、测量、考察和试验等方法进行范围确认后，双方人员在验收文件上签字，表示接收方已正式认可并验收全部或阶段性成果。

2）公共项目质量验收

质量验收指的是根据项目合同中的质量条款，遵循相关质量检验评定标准，对项目进行质量认可评定和办理验收交接手续的过程。

在项目规划阶段，质量验收主要是检验设计文件的质量，以及项目的全部质量标准，即最终验收依据。在项目实施阶段，质量验收主要是根据范围规划、工作分解以及质量规划对每道工序进行评定与验收，然后根据每道工序验收结果进行汇总统计（评定等级分为不合格、合格、良好和优秀四级），最终形成全部的质量验收结果。

在项目收尾的质量验收时，验收小组通常根据项目每道工序的质量检验评定报告汇总成的项目技术资料，最终将项目报告的质量估计分为“合格”和“优良”两级，凡是不合格的项目一律不予验收。

3）公共项目交接与清算

公共项目交接是指全部合同收尾后，在政府项目监管部门或社会第三方中介组织协助下，项目业主与全部项目参与方之间进行项目所有权移交的过程。

公共项目清算是项目收尾的另一种结果，即项目非正常终止过程。在正常的公共项目收尾中，竣工验收委员会或验收小组应该由投资方、银行、环保、劳动、消防以及其他相关部门人员组成，验收合格后再组织业主和项目团队双方进行项目交接。项目非正常终止应由项目清算主体（即业主）召集项目团队、工程监理等人员组成项目清算小组，对项目现状和完成的部分进行逐条检查，并对项目中不符合合同目标和造成项目失败的工作进行责任确认，同时就损失估算、拟定、索赔方案等事宜进行协商；协商不成则按照合同约定提起仲裁或提起诉讼。

4）公共项目费用决算与审计

公共项目费用决算是项目从筹建开始到项目结束交付使用为止的所有费用的确定，其结果是经项目各参与方共同签字后的项目决算书。决算书通常由两部分组成：文字说明和决算报表。文字说明包括项目概况、设计概算、实施计划和执行情况、各项技术经济指标的完成情况、项目的成本和投资效益分析、项目实施过程中的主要经验、存在问题和解决意见等。大中型项目决算报表包括项目竣工概况表、财务决算表、交付使用财产表、交付使用财产明细表；小型项目决算报表可按上述内容简化为项目决算总表和交付使用财产明细表。

公共项目费用审计主要是查明项目成本支出情况，监控项目实施，包括项目前期、实施过程以及项目结束的审计。其主要内容包括：审查成本是否超出预计或实际支出偏低，查明发生成本与计划成本偏差幅度以及原因；审查项目成本是否合理，有无因管理不善或乱摊成本出现成本上升；审查成本控制方法、程序是否有效，是否有严密的规章制度；审查有无擅自改变项目范围等。

5）公共项目审计

公共项目审计是指审计机构根据国家法律和财务制度、企业经营方针、管理标准和规章制度等，运用科学方法和程序对公共项目进行审核检查，判断其是否合法、合规、合理和有效的过程。

公共项目审计的内容包括：检查公共项目建设过程是否符合国家法律和规章制度；检查审核公共项目建设过程有无违法乱纪、营私舞弊等现象；检查审核公共项目活动是否合理；检查审核建设公共项目的效益；检查审核公共项目各类报告、财务报表等所有反映项目建设和管理情况的资料的真实性、合理性；在检查审核公共项目建设和管理状况基础上，提出有针对性的改进建议，为决策者提供决策依据，促使项目组织改善管理工作。

### 12.3.7　公共项目后评价

#### 1. 公共项目后评价的概念

公共项目后评价是指对已完成的公共项目目标、实施过程、项目收益和影响等进行系统、客观分析，并通过对项目实施过程的检查总结，来确定项目是否达到预期目标、项目规划是否合理、项目主要效益指标是否实现。

2. 公共项目后评价的内容

公共项目后评价是项目结束后的重要环节，需要从项目经济效益、社会影响、环境影响以及可持续性四个方面来考虑。

1）公共项目经济效益后评价

（1）财务评估。财务评估主要是针对有经营收入的公共项目，如城市供电、供水、供气等能源项目，港口、机场、收费公路等交通运输项目，邮电通信、影剧院等项目，为这些需要企业或集体承担的投资项目做好财务评价，分析项目财务盈利能力和清偿能力。

收益包括销售收入、资产回收、补贴（包括国家为鼓励和扶持某项目的开发所给予的补贴等）等。成本包括投资（固定资产投资、无形资产投资、建设期借款利息等）、销售税、经营成本（经营成本=总成本费用−折旧和摊销费−利息支出）等。

（2）国民经济评价。国民经济评价是公共项目评价的关键。它按照资源合理配置的原则，从国民经济整体角度和社会需要出发，采用影子价格、影子汇率、影子工资、社会折现率等经济评价参数，计算和分析国民经济为投资项目所付出的代价及投资项目对国民经济所做出的贡献，以评价投资项目在经济上的合理性。

2）公共项目社会影响后评价

社会影响后评价是公共项目后评价中非常重要的环节，是指对项目在经济、社会和环境方面产生的有形和无形的效益与结果所进行的一种分析。社会影响后评价主要分析项目对社会发展目标的贡献和影响，主要包括以下内容。

（1）对就业的影响，主要指项目实现对就业的直接影响，包括项目的直接就业效果和间接就业效果。公共项目的就业率指标可以表示为：$\text{PEQ}=\Delta E/\text{TI}$。其中，PEQ 表示单位投资就业人数，$\Delta E$ 表示新增就业人数，包括项目及其相关的新增就业人数，TI 表示项目总投资，包括直接和间接的投资。

（2）对居民生活的影响，包括居民收入的变化、人口和计划生育、住房条件和服务设施、教育和卫生、营养和体育活动、文化历史和娱乐等。

（3）对自然资源的影响，主要分析评价公共项目是否符合国家关于保护开发利用自然资源的相关政策，主要包括：①项目的综合能耗=项目的年综合能耗/项目产值；②单位投资占用耕地=项目占用耕地面积/项目总投资。

（4）对地方社区发展的影响，包括公共项目对当地城镇和社区基础设施建设与未来发展的影响，社区的社会安定、社会福利，社区的组织机构和管理机制等。

3）公共项目环境影响后评价

（1）主要污染物及其控制。检查和审查公共项目的废气、废水、废渣、噪声和粉尘是否在总量和浓度上达到国家和地方标准；项目设备和装置在环保效益方面是否满足要求；项目环保监测是否有效等。

（2）对周边环境的影响。分析对当地环境影响较大的污染物，分析这些污染物与环境背景值的关系，以及与项目的“三废”排放关系。

（3）自然资源的利用和保护。检查项目是否对水、土地、森林、草原、矿产、野生动植物等自然界一切对人类有益的物质和能量进行了合理开发、综合利用以及保护再生。

（4）对地区生态环境的影响。检查项目对当地生态环境的影响，包括对地形地貌等自然环境、草地森林等植被、文物古迹、风景名胜、水源保护区等的影响。

（5）环境管理能力和监测制度。检查项目对环境评价报告的审理、环境监测管理、环保法令和条例的执行情况、环保制度和机构建立等。

4）公共项目可持续性后评价

公共项目可持续性是指在项目的建设资金投入完成之后，是否能够以同样的方式建设同类项目，以及项目可持续发展给国家和社会带来效益的可能性。其主要包括从内部要素和外部条件等方面来评价项目的可持续发展能力，以及评价项目成功度两方面内容。

（1）项目可持续发展能力评价。主要考虑的内部因素有财务状况、技术水平、污染控制、管理体系以及激励机制等；外部条件有资源、文化、环境、物流、政策、市场以及趋势变化等。

（2）项目成功度评价。公共项目是否成功可以分为四个标准等级：完全成功、基本成功、部分成功以及失败。项目成功度测定的主要指标包括宏观环境、项目目标、技术水平、建设条件、资金来源、工程进度、工程质量、财务效益以及社会效益等，具体指标见表 12.3。成功度等级分为 A（完全成功）、B（基本成功）、C（部分成功）、D（失败）四个等级。最后根据项目评价结果，总结经验教训，并提出解决方案与对策建议。

**表 12.3　某公共项目成功度评价表**

| 评价维度 | 评价指标 | 成功度 |
|---|---|---|
| 宏观 | 宏观环境（产业政策等） | B |
| | 社会环境影响 | B |
| 管理 | 项目决策与程序 | A |
| | 项目布局与规模 | B |
| | 项目目标 | B |
| | 项目技术水平 | B |
| | 项目资金来源 | A |
| | 项目建设条件 | B |
| | 项目资源水平 | C |
| | 项目经营水平 | C |
| 工程 | 工程进度与控制 | A |
| | 工程质量与控制 | A |
| | 工程成本与控制 | B |

续表

| 评价维度 | 评价指标 | 成功度 |
|---|---|---|
| 影响 | 财务效益与持续性 | B |
| | 经济效益和影响 | B |
| | 社会效益 | B |
| | 机构持续性 | B |
| | 项目总持续性 | B |
| 总成功度 | | B |

## 12.4 公共项目评价

公共项目评价包括前评价和后评价两个阶段。前评价主要是在可行性研究阶段，对公共项目的技术经济可行性进行评价，目的是判断项目是否可行和选择最佳方案。后评价是在项目结束并运行一段时间以后，目的是判断项目绩效，检讨项目过程得失，以便为未来提高项目管理水平提供经验教训。

本节将主要针对可行性研究阶段，对公共项目经济性评价方法进行介绍。

### 12.4.1 公共项目收益和成本的识别与计量

1. 公共项目收益和成本的分类

按影响范围、投资主体和效果特征的不同，公共项目的收益和成本分为直接收益和成本与间接收益和成本，内部收益和成本与外部收益和成本，有形收益和成本与无形收益和成本。

1）直接收益和成本与间接收益和成本

直接收益和成本（direct benefit and cost）是指项目在整个寿命周期内直接产生的全部收益和成本。例如，公共道路建设项目所获得的公路通行费收入、节省的机动车运行费、增加行车安全、减少车祸损失等都是直接收益；而勘察、设计、筑路、搬迁、维护养路和日常管理费用等都是直接成本。

间接收益和成本（indirect benefit and cost）是指项目直接收益和成本以外的收益和成本。它们从属于直接收益和成本，是由直接收益和成本所引发的。例如，上述公路建设项目还会导致公路沿线土地价值提高、商业活动增加、节省职工上下班时间、居民文化生活改善等间接收益，同时也会产生农产品产出减少、农业设施减效、环境污染等间接成本。

2）内部收益和成本与外部收益和成本

内部收益和成本（internal benefit and cost）是指由项目投资经营主体所获得的收益及承担的成本。例如，建造水厂项目增加水供应量和水费收入是内部收益，而项目研究、勘察、设计、建设和运行费用则是内部成本。

外部收益和成本（external benefit and cost）是指项目以外的收益和成本。外部效果的特点是受益者通常不需要付出任何代价，而受损者也得不到任何补偿，具有偶然的附带性，因而也被称为“伴随效果”。例如，免费通行的公路、桥梁项目，通行者所获得的收益就是外部收益；而城市道路施工给行人带来不便所造成的损失就是外部成本。

3）有形收益和成本与无形收益和成本

有形收益和成本（tangible benefit and cost）是指具有物质形态的收益和成本，一般可以用货币单位或实物单位计量。为便于比较，项目的收益和成本应尽可能用货币单位计量，无法用货币单位计量的可用实物单位计量。实践中，公共项目的投入品（投资和经营费用等）的计量较为方便，而公共项目产出物计量较一般投资项目更为困难。

无形收益和成本（intangible benefit and cost）是指缺乏物质形态的收益和成本。例如，运输项目中乘客的舒适和安全感；保护古代文化遗产的文化历史价值、美学价值等。尽管项目的无形效果通常不能按市场价格或付费来买卖，但仍应尽可能地对无形效果进行定量计量，实在无法计量时，可采用定性分析方法，如用文字、图片、音像等方式予以阐述和评价等。

将项目收益和成本按直接与间接、内部与外部、有形与无形进行分类是项目效果分析的不同分类方法。各类收益和成本的概念不同，但又相互关联，如直接收益和成本同内部收益和成本、间接收益和成本同外部收益和成本有时相互重叠。计量时应选择其中之一进行分类，以免重复或遗漏。

2. 公共项目收益和成本计量的原则

1）以目标为依据

公共项目目标是其收益和成本识别与计量的基本依据。收益是对项目目标实现的贡献，成本是实现项目目标所付出的代价。

公共项目通常具有多目标性。例如，一个大型水利工程项目不仅可提供电力供应，还有灌溉、防洪、航运、旅游等其他目标。收益和成本的识别和计量需要围绕着这些目标而展开分析。公共项目的多目标性使其收益和成本的识别与计量更加复杂。

2）统一计量范围

项目收益和成本在计量时应遵循时间和空间上的一致性。

遵循时间上的一致性，一是要明确计量的时间范围，一般以项目的整个寿命周期为收益和成本计量的时间范围；二是要使收益和成本的计量在同一时间域内，由于公共项目一般寿命周期较长，资金的时间价值是不可忽视的。

遵循空间上的一致性，一是要确定考察项目收益和成本的合理空间；二是要使收益和成本的计量在相同的空间进行，任意扩大或缩小计量的空间范围，或对收益和成本的计量空间不一致，都会造成项目评价的偏差。

3）遵循增量原则

在识别与计量项目的收益和成本时，最终是分析和预测项目本身所带来的收益成本变化，即增量成本和增量收益。可采用有无对比法和前后对比法，而尤以前者为好。

4）避免重复计量

公共项目的内外部双重属性增加了其收益和成本识别与计量的难度。如前所述，项目的直接效果和间接效果、内部效果和外部效果之间是相互关联的，因此，在收益和成本识别与计量时很容易发生重复计量的问题。实践中应明确分类，并运用有无对比法进行仔细甄别，以避免重复计量。

### 12.4.2 公共项目的经济评价方法

公共项目的特点，即投资由政府负担，效益面向社会大众，决定了其评价方法应以国民经济评价为主，并以收益和成本比较为基础。如果项目的收益和成本均采用货币单位计量，其评价可采用收益成本分析法；如果收益不能采用货币单位计量，则相应的评价方法称为成本效能评价法。

1. 收益成本分析法

收益成本分析法（benefit-cost analysis）是在成本与收益的货币计量的基础上，对一个或一系列相互排斥的可行方案，进行比较选优的过程。

1）评价指标和评价准则

收益成本分析法最重要的评价指标是收益成本比，其数学公式如下。

$$(B/C)_j(i)=\frac{\sum_{t=1}^{n}B_{jt}(1+i)^{-t}}{\sum_{t=0}^{n}C_{jt}(1+i)^{-t}} \quad (12.1)$$

其中，$(B/C)_j$ 为项目 $j$ 的收益成本比；$B_{jt}$ 为项目 $j$ 第 $t$ 年的收益，$t$=1,2,⋯,$n$；$C_{jt}$ 为项目 $j$ 第 $t$ 年的成本，$t$=0,1,⋯,$n$；$i$ 为基准收益率；$n$ 为项目 $j$ 的寿命年限。

可行性评价准则为：$(B/C)_j \geqslant 1$，项目可以接受；$(B/C)_j<1$，项目应予拒绝。

也可以用收益成本差评价，公式如式（12.2）所示。

$$(B-C)_j(i)=\sum_{t=0}^{n}(B_{jt}-C_{jt})(1+i)^{-t} \quad (12.2)$$

可行性评价准则为：$(B-C)_j \geqslant 0$，项目可以接受；$(B-C)_j<0$，项目应予拒绝。

对于两个或两个以上互斥方案，可运用增量收益成本比进行比较。首先，将所有方案按成本由小到大排列。其次，按式（12.3）进行两两比较，最终选择增量收益成本比最大的方案。

$$(\Delta B/\Delta C)_{2-1}(i)=\frac{\Delta B_{2-1}(i)}{\Delta C_{2-1}(i)}=\frac{\sum_{t=1}^{n}(B_{2t}-B_{1t})(1+i)^{-t}}{\sum_{t=0}^{n}(C_{2t}-C_{1t})(1+i)^{-t}} \quad (12.3)$$

比选准则为：$(\Delta B/\Delta C)_{2-1} \geqslant 1$，选择收益现值大的方案；$(\Delta B/\Delta C)_{2-1}<1$，选择收益现值小的方案。

也可以用增量收益成本差比较方案，公式如式（12.4）所示。

$$\Delta(B-C)_{2-1}(i)=\sum_{t=1}^{n}(B_{2t}-B_{1t})(1+i)^{-t}-\sum_{t=0}^{n}(C_{2t}-C_{1t})(1+i)^{-t} \quad (12.4)$$

评价准则为：$\Delta(B-C)_{2-1}\geqslant 0$，选择收益现值大的方案；$\Delta(B-C)_{2-1}<0$，选择收益现值小的方案。

完成上述分析之后，还应进行盈亏平衡分析、敏感性分析和风险分析等。由于公共项目的成本和收益具有较大的不确定性，在收益成本分析的基础上进行盈亏平衡分析、敏感性分析和风险分析等，有助于减小不确定性，提高分析的可靠性，确保决策的有效性。

2）收益成本分析法举例

【例 12-1】某城市计划修建一条高速公路以取代原来破旧而危险的普通公路。原公路的长度为 26 千米。方案一计划花费 3000 万元重修路面，随后每 10 年需要花费 2500 万元翻新路面。此外，每年路面的维护费是每千米 10 万元。方案二是建造一条 22 千米的新公路，最初投资 10 000 万元，每 10 年的翻新费为 2250 万元，每年维护费为每千米 10 万元。方案三是建设一条 20.5 千米的直线公路，其最初投资为 18 000 万元，每 10 年的翻新费为 2250 万元，每年维护费为每千米 18 万元。考虑计划期为 30 年，忽略残值，基准折现率为 8%。试选择最佳方案。

解：（1）根据上述条件，可以计算出各方案的投资年值 $AC_i$（$i$=1, 2, 3）。其中，$(P/F, 8\%, 10)$为基准折现率为 8%，折现期为 10 年的终值现值系数；$(P/F, 8\%, 20)$为基准折现率为 8%，折现期为 20 年的终值现值系数；$(A/P, 8\%, 30)$为基准折现率为 8%，折现期为 30 年的年金现值系数。这些系数均可以通过查阅折现系数表获得。

方案一：

$AC_1$=[3000+2500（$P/F$，8%，10）+2500（$P/F$，8%，20）]($A/P$，8%，30)

=(3000+2500×0.4632+2500×0.2145)×0.0888

=416.8（万元/年）

方案二：

$AC_2$=[10 000+2250（$P/F$，8%，10）+2250（$P/F$，8%，20）]($A/P$，8%，30)

=(10 000+2250×0.4632+2250×0.2145)×0.0888

=1023.4（万元/年）

方案三：

$AC_3$=[18 000+2250（$P/F$，8%，10）+2250（$P/F$，8%，20）]($A/P$，8%，30)

=(18 000+2250×0.4632+2250×0.2145)×0.0888

=1733.8（万元/年）

（2）各方案年维护成本如下。方案一：10×26=260（万元）；方案二：10×22=220（万元）；方案三：18×20.5=369（万元）。

因此，从项目内部看，方案一的内部成本现值最低。

但从社会和国家角度看，方案一是否仍是最优方案呢？显然不是。要回答这个问题，还需要对项目的外部公共收益进行分析，才能得出正确的结论。

公路建设项目的外部收益包括：节省机动车的运行费、时间节约和增加行车安全、减少车祸损失等。表 12.4 显示了该公路日均机动车流量及运行成本情况；表 12.5 显示了三个方案的行车速度和年均事故数量等数据。

**表 12.4 公路日均机动车流量及运行成本表**

| 项目 | 轻型卡车 | 重型卡车 | 摩托车 | 轿车 |
|---|---|---|---|---|
| 日均流量/辆 | 3 500 | 2 500 | 800 | 33 200 |
| 运行费用/（元/千米） | 0.50 | 0.85 | 0.15 | 0.30 |

**表 12.5 行车速度、时间成本和事故成本**

| 项目 | | 方案一 | 方案二 | 方案三 |
|---|---|---|---|---|
| 公路长度/千米 | | 26 | 22 | 20.5 |
| 车速/（千米/时） | 重型卡车 | 35 | 40 | 40 |
| | 其他 | 45 | 50 | 50 |
| 年均事故数量/辆 | | 105 | 75 | 70 |

假设商务用车（所有卡车和 25%的轿车）的时间成本为 22 元/小时，非商务用车的时间成本为 8 元/小时；每辆汽车事故成本（包括物质财产损失、医药费、误工费和其他相关费用）为 9000 元，则可以计算出项目各方案的年公共运行成本、时间成本和事故成本。

（3）运行成本如下。

方案一：

(3500×0.50+2500×0.85+800×0.15+33 200×0.30)×26×365=132 432 950（元）

方案二：

(3500×0.50+2500×0.85+800×0.15+33 200×0.30)×22×365=112 058 650（元）

方案三：

(3500×0.50+2500×0.85+800×0.15+33 200×0.30)×20.5×365=104 418 288（元）

（4）时间成本如下。

方案一：

[(3500/45+2500/35)×22+800/45×8+33 200/45×(0.25×22+0.75×8)]×26×365
=113 018 368（元）

方案二：

[(3500/50+2500/40)×22+800/50×8+33 200/50×(0.25×22+0.75×8)]×22×365
=85 752 370（元）

方案三：

[(3500/50+2500/40)×22+800/50×8+33 200/50×(0.25×22+0.75×8)]×20.5×365
=79 905 618（元）

（5）事故成本如下。方案一：105×9000=945 000（元）。方案二：75×9000=675 000（元）。方案三：70×9000=630 000（元）。

将上述计算结果汇总到表 12.6。表中的投资和维护成本为项目的成本方面。而项目的收益方面可以定义为项目方案所带来的运行成本、时间成本和事故成本的节约。但在本例题中没有给出收益的绝对数值，需要将某方案相对于另一方案所带来的外部成本节约作为项目收益，才能进行成本收益分析。

**表 12.6　项目成本汇总表**

| 项目 | | 方案一 | 方案二 | 方案三 |
|---|---|---|---|---|
| 内部成本 | 投资/万元 | 416.8 | 1 023.4 | 1 733.8 |
| | 维护成本/万元 | 260.0 | 220.0 | 369.0 |
| | 内部总成本/万元 | 676.8 | 1 243.4 | 2 102.8 |
| 外部成本 | 运行成本/万元 | 13 243.3 | 11 205.9 | 10 441.8 |
| | 时间成本/万元 | 11 301.8 | 8 575.2 | 7 990.6 |
| | 事故成本/万元 | 94.5 | 67.5 | 63.0 |
| | 外部总成本/万元 | 24 639.6 | 19 848.6 | 18 495.4 |
| 总成本/万元 | | 25 316.4 | 21 092.0 | 20 598.2 |

（6）收益计量如下。

$$\begin{aligned}\Delta B_{2\text{-}1} &= \text{方案一外部总成本} - \text{方案二外部总成本}\\ &= 24\,639.6 - 19\,848.6\\ &= 4791\text{（万元）}\end{aligned}$$

$$\begin{aligned}\Delta C_{2\text{-}1} &= \text{方案二内部总成本} - \text{方案一内部总成本}\\ &= 1243.4 - 676.8\\ &= 566.6\text{（万元）}\end{aligned}$$

$$\begin{aligned}(\Delta B/\Delta C)_{2\text{-}1} &= \Delta B_{2\text{-}1}/\Delta C_{2\text{-}1}\\ &= 4791/566.6\\ &= 8.46\end{aligned}$$

由于收益成本比大于 1，因此，方案二优于方案一。

$$\Delta B_{3\text{-}2} = 19\,848.6 - 18\,495.4 = 1353.2\text{（万元）}$$

$$\Delta C_{3\text{-}2} = 2102.8 - 1243.4 = 859.4\text{（万元）}$$

$$(\Delta B/\Delta C)_{3\text{-}2} = \Delta B_{3\text{-}2}/\Delta C_{3\text{-}2} = 1353.2/859.4 = 1.57$$

可见，方案三优于方案二。因此，应选择方案三。

本题也可以用增量收益成本法来进行选择，可以得出相同的结论。

$$\Delta(B-C)_{2\text{-}1} = \Delta B_{2\text{-}1} - \Delta C_{2\text{-}1} = 4791 - 566.6 = 4224.4\text{（万元）} > 0$$

$$\Delta(B-C)_{3\text{-}2} = \Delta B_{3\text{-}2} - \Delta C_{3\text{-}2} = 1353.2 - 859.4 = 493.8\text{（万元）} > 0$$

因此，方案三为最优选择方案。

表 12.6 的最后一行列出了各方案的年总成本。它等于各方案的内部成本和外部成本之和。以总成本最小作为判别依据也可得出与上述分析完全相同的结论。

3）对收益成本分析中的重要影响因素的讨论

在公共项目的收益成本分析法中，存在着许多相关影响因素，不仅涉及评价思想和方法，而且包括对收益成本比的理解。正确认识这些因素的影响，将有助于我们克服偏见，避免错误，对公共项目进行准确的评价。

（1）考察的视角。对项目成本和收益的考察通常包含四个层次：项目相关者、特定政府组织或部门、地方政府和国家及全社会。项目相关者的个人角度是经济分析中应避免的。但在实践中，评价者或决策者的个人偏好很难被完全排除。一些政府部门和地方政府的公共项目则偏重部门或地方利益，导致其在评价中自觉或不自觉地产生部门或地方主义倾向。不能从国家和全社会角度评价项目经济性，将无法实现社会资源的有效配置和促进社会公平的发展。

（2）基准折现率的确定。公共项目成本和收益的计算与基准折现率或利率有很大关系。与私人项目不同之处在于：私人项目的目标是获利，因此折现率由资金成本或机会成本决定。而公共项目的目标是提供公共物品，其折现率不应由资金成本或机会成本来决定。另外由于资金来源不同，公共项目的折现率也可能不同。一般，公共项目的资金来源于税收、政府债券、建设债券等。由于各种资金的获取所付代价不同，其所要求的项目回报也就不同。

公共项目基准折现率的确定有以下几种不同的方法：①当使用税收作为项目资金来源时，选择零折现率（zero interest rate）。这种方法认为税收的获得既不需要本金，也不需要支付利息，可视为“免费”的金钱。但这将使得许多边际项目（marginal projects）入选，从而剥夺了其他更有效的项目的资金。②基准折现率应反映社会的时间偏好比率（society's rate of time preference，SRTP）。社会的时间偏好比率反映本年度消费的社会偏好，如在美国，对住房的消费偏好比率为7%～13%，对汽车的消费偏好比率为8%～24%等。它反映了政府对社会整体所认为的相对价值分配的判断，或其主张的相对价值分配，代表了未来的边际消费。③如果项目资金为政府借款（如政府债券等），基准折现率应和借款利率相一致。由于税务减免等原因，政府债券的利率通常要比私营债券低。可以用长期政府债券的利率来作为公共项目的折现率。④用私人投资者投资于政府债券的机会成本确定折现率。假设私人投资的平均回报率为$i_1$，消费的平均回报率为$i_2$，私人资金花费政府债券的比例为$\alpha$，则公共项目的期望回报率应为：$i=\alpha i_1+(1-\alpha)i_2$，$0\leqslant\alpha\leqslant 1$。公共项目的期望回报率随着时间的变化而变化。⑤用一定预算限制下的政府投资的机会成本确定折现率。这种方法需要通过模拟资金约束条件来构造反映公共项目的投资回报。逐步增加折现率，淘汰投资回报较低的项目，直到符合$B/C>1$，或$B-C>0$的剩余项目满足预算约束条件为止。

显然，上述方法中的每一种方法都不是普遍适用的。通常，运用私营部门投资的平均回报率来估计折现率（类似方法④）是相对简单而有效的方法。

（3）寿命不等的问题。当比较方案的寿命期不等时，通常取最长寿命期为分析期。当取分析期短于项目寿命期时，必须估计出这些项目的剩余价值，处理方法与残值计算相同。

【例12-2】某公共项目有两个互斥方案A和B。方案A投资200万元，年运营成本30万元，公共收益60万元，寿命15年；方案B投资仍为200万元，年运营成本30万元，公共收益54万元，寿命30年。设折现率为8%，试选择方案。

解：取30年为分析期，则方案A在15年后的公共收益为零。两个方案的净现值为

$$(B-C)_A=-200+(60-30)(P/A,\ 8\%,\ 15)=-200+30\times 8.5595$$
$$=56.785\text{（万元）}$$
$$(B-C)_B=-200+(54-30)(P/A,\ 8\%,\ 30)=-200+24\times 11.2578$$
$$=70.187\text{（万元）}$$

所以，选择方案 B。

（4）征收通行税费和用户费的影响。公共项目有时也是有偿的，如收费公路、桥梁、展览馆、学校等。征收通行税费和用户费会对项目的评价产生一定的影响。通行税费和用户费可以看作用公共项目的收益来抵扣政府的支出，同时它又使用户的支出增加，收益减少。因此会导致收益成本比和收益成本差发生变化。

【例 12-3】假设某公共设施一年接待 10 万人，年运营成本为 40 万元，参观者人均获利 6 元。观察门票收入的影响。

解：收益成本比为 $B/C=(6\times10)/40=1.5$；$B-C=6\times10-40=20$（万元）。

如果每人次征收 3.5 元门票费，则收益成本比为 $B/C=[(6-3.5)\times10]/(40-3.5\times10)=5$；$B-C=(6-3.5)\times10-(40-3.5\times10)=20$（万元）。

更为复杂的情况是通行税费和用户费会导致需求的变化，从而导致项目收益的变化。因此在确定公共项目是否收费时，一定要首先分析其对消费者需求和收益的影响。

（5）多目标问题。多目标是公共项目的特征之一。多目标项目通常是在主要收益目标的基础上适当增加成本以获得更大的收益。因此，在多目标项目评价中，增量成本应至少等于增量收益。

【例 12-4】某灌溉工程可以在未来 50 年内提供现值为 25 000 万元的收益，而建设、运行和维护的总成本现值为 14 500 万元。一个单功能防洪堤坝可提供收益现值 6000 万元，成本现值 9000 万元。而将防洪和灌溉结合起来需要成本现值 18 500 万元。不考虑资金问题，应如何决策？

解：（1）计算灌溉工程的收益成本比。

$$(B/C)_{\text{灌溉}}=25\,000/14\,500=1.72$$

（2）计算防洪堤坝的收益成本比。

$$(B/C)_{\text{防洪}}=6000/9000=0.67$$

（3）计算灌溉防洪综合工程的增量收益成本比。

$$(\Delta B/\Delta C)_{\text{灌溉+防洪}}=6000/(18\,500-14\,500)=1.5$$

因此，应选择灌溉防洪综合工程。

（6）收益成本比的问题。在运用收益成本比进行分析时，有两个问题需要十分关注。

第一，对于某一个现金流入，有时很难分清其属于收益，还是属于成本的节约。对于现金流出也有同样的判断问题。虽然对这些现金流量的判断不会影响净现金流量的数值，但会对收益成本比产生较大的影响。

【例 12-5】假设某个项目产生的年公共收益为 10 万元，公共损失为 6 万元，年运营成本为 1 万元，则项目的收益成本比是多少？

解：（1）将公共损失视为公共收益的减少。则

$$B/C=(10-6)/1=4$$

（2）将公共损失视为是成本的增加。则

$$B/C=10/(1+6)=1.43$$

两者的差别是显而易见的。因此，我们不能仅用收益成本比的大小来选择方案，也可以用计算净收益的方法解决这个问题。通常，净收益（$B-C$）大的方案总是优于净收益小的方案。上述两种情况的净收益应是完全相同的。

$$B-C=10-6-1=3\text{（万元）}$$

第二，在运用增量收益成本比时往往会出现增量收益成本比小于原先的收益成本比，如$(\Delta B/\Delta C)_{\text{灌溉+防洪}}<(B/C)_{\text{灌溉}}$，这是否说明灌溉防洪综合工程不如单项灌溉工程呢？显然不是。事实上，只要增量收益成本比大于 1，就说明增量收益是有效的。在这一点上，增量收益成本比的判别准则与增量投资收益率的判别准则完全相同。

2. *成本效能分析法*

尽管收益成本分析法是公共项目经常采用的评价方法，但当项目的产出无法用货币单位计量时，就必须要用物质单位或其他方法计量。此时，成本效能分析法（cost-effectiveness analysis）就是一种十分有效的评价方法。

1）成本效能分析法的应用条件

（1）必须有共同的、可识别和可实现的目标或目的。

（2）必须有两个或两个以上可以满足目标的、相互排斥的方案。

（3）必须有若干约束条件形成问题的边界，其中成本采用货币单位计量，收益采用非货币单位计量。

2）成本效能分析法的基本程序

工程经济学家 Kazanowski（卡扎诺维斯基）提出了成本效能分析法的十个标准步骤。

（1）确定项目应实现的目标、目的或使命。

（2）表述实现目标所必需的要求，即说明实现目标所必须满足的标准。

（3）设计实现目标的可行方案。

（4）建立评价指标，将方案效能与目标联系起来。

（5）选择评价方法。常用的评价方法有固定效能法（fixed-effectiveness approach）和固定成本法（fixed-cost approach）。固定效能法的判别准则是用最小的成本实现既定目标或效能水平。没有达到既定效能水平的方案或者被拒绝，或者附加上惩罚性成本（penalty cost）。此法适用于目标明确而项目成本允许有一定变动范围的情况。

固定成本法的判别准则是在既定成本水平下实现的效能最高。这里，成本是指项目方案在整个寿命周期内的成本现值或成本年值，一般包含研究与开发费、工程设计费、施工费、运营费、维护费，以及其他贯穿整个寿命周期的费用。固定成本法通常适用于项目成本有严格限定的情况。

（6）按评价指标确定各方案的效能。

（7）以适合的方式表述各方案及其效能。由于多目标量纲不同，无法用同一计量单位度量效能。可采用加权法，对各评价指标求加权值，即为方案的总效能。类似的计量方法有模糊矩阵法、层次分析法等，它们的基本思想都是对目标实现的满意程度加权求和。

（8）根据效能判别准则和成本因素分析各方案。不同项目对效能和成本的约束程度各不相同，该步骤可根据效能和成本的判别准则给待选方案排序，淘汰一些明显处于劣势的方案，也可对项目目标进行修正，或进行必要的补充研究，然后对方案进行比较评价。

（9）进行敏感性分析或其他不确定性分析。

（10）撰写分析或研究报告，比较评价分析及其结论，推荐方案的优劣分析等。

3）成本效能分析举例

【例 12-6】某航空推进系统有四个方案可供选择，各方案的寿命周期成本和效能指标如表 12.7 所示。试选择最优方案。

**表 12.7　推进系统成本和效能参数**

| 推进系统方案 | 寿命周期成本/万元 | 可靠性 |
| --- | --- | --- |
| 1 | 2400 | 0.99 |
| 2 | 2400 | 0.98 |
| 3 | 2000 | 0.98 |
| 4 | 2000 | 0.97 |

解：可以将上述四个方案两两配对比较：方案 1 和方案 2 比较；方案 3 和方案 4 比较。显然，在相同成本下方案 1 的效能优于方案 2；方案 3 的效能优于方案 4。再将方案 2 和方案 3 比较，在相同效能下，方案 3 的成本低于方案 2。则初步入选方案为方案 1 和方案 3。

运用最大效用成本比较法将方案 1 和方案 3 进行比较：

$$(B/C)_{方案1}=0.99/24=0.041$$

$$(B/C)_{方案3}=0.98/20=0.049$$

因此，选择方案 3。

显然，正确的决策不仅要依靠上面的计算，还要考虑其他重要的因素。例如，人的生命是无法用成本来计量的。

3. 收益需求法

对提供公共物品的经营性公司的工程经济评价应采用不同的方法，即所谓的“逆向”方法。提供公共物品的经营性公司主要有水、电、气、通信、有线电视等经营企业。这些企业通常占有确定的经营区域，很少或没有竞争。此时，顾客的自由选择权丧失，无法受竞争的保护。这就需要政府和立法机构通过设置业绩标准和价格管制来保护消费者的权益。

对于企业投资的公共物品项目，基本的目标是提供满足消费者期望的服务，同时获取适当的企业收益。因此，可以采用最小收益需求法（minimum revenue requirements method）来对其项目进行评价。该方法的核心是给企业所有者确定一个公平的回报率，即在成本上再加上一个适当的投资回报率来确定产品或服务的价格。

1）确定最小收益需求

图 12.8 显示企业经营公共物品项目的收益需求有五项：项目年经营成本、账面折旧、支付的利息、支付的所得税和所有者回报。其中，第一项与项目所提供的产品和服务的数量有关，而后四项之和代表项目的固定费用。总收益需求的公式为

$$\begin{aligned}\mathrm{TRR}_t&=C_{经营\,t}+C_{固定\,t}\\&=C_{经营\,t}+\mathrm{Db}_t+r_d\times c\times \mathrm{BV}_t+T_t+r_e\times(1-c)\times \mathrm{BV}_{t-1}\\&=C_{经营\,t}+\mathrm{Db}_t+T_t+[r_d\times c+r_e\times(1-c)]\times \mathrm{BV}_{t-1}\end{aligned} \tag{12.5}$$

其中，$\mathrm{TRR}_t$ 为第 $t$ 年项目总收益需求；$C_{经营\,t}$ 为第 $t$ 年项目年经营成本，即项目除折旧和利息之外的年运营费用；$C_{固定\,t}$ 为第 $t$ 年项目固定费用，包括项目投资年折旧额、借贷利息、所得税和所有者预期回报；$\mathrm{Db}_t$ 为第 $t$ 年项目投资的年折旧额；$r_d$ 为借贷资金的利率；$c$ 为总投资中借贷资金的比率；$\mathrm{BV}_t$、$\mathrm{BV}_{t-1}$ 为第 $t$ 年、第 $t-1$ 年末项目资产净值；$T_t$ 为第 $t$ 年项目应交所得税；$r_e$ 为项目所有者预期回报。

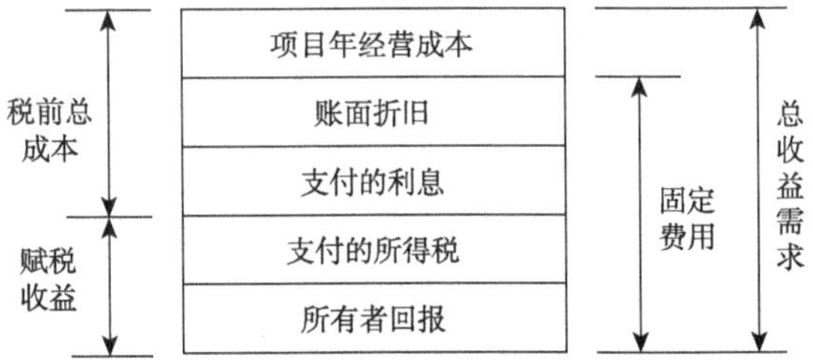


图 12.8　项目收益需求构成

以上各参数除应交所得税 $T_t$ 外均容易获得。$T_t$ 的计算如式（12.6）所示：

$$T_t=t_r\times 应纳税所得额=t_r\times(C_{固定\,t}-D_t-r_d\times c\times \mathrm{BV}_{t-1}) \tag{12.6}$$

其中，$t_r$ 为所得税税率；$D_t$ 为第 $t$ 年税务折旧（tax depreciation）。它是政府许可的与账面折旧不同的另一种折旧方法［如 MACRS-GDS（modified accelerated cost recovery system-general depreciation system），改进的加速成本回收系统-—般折旧制度］所算出的折旧额。

将式（12.5）和式（12.6）联立求解可求出：

$$T_t=[t_r/(1-t_r)]\times[r_e\times(1-c)\times \mathrm{BV}_{t-1}+\mathrm{Db}_t-D_t] \tag{12.7}$$

项目在整个寿命周期内的收益需求需要以一定的折现率折算成为税后现值、年值等。此时就需要计算出税后资金成本作为折现率。由于借贷资金利息可以抵扣所得税，而自有资金的净收益则全部为应纳税收益，因此税后资金成本的表达式为

$$r_0=(1-t_r)\times c\times r_d+(1-c)\times r_e \tag{12.8}$$

在多方案选择时，项目收益需求的税后现值或税后年值最小的方案为最优方案。

2）收益需求法举例

【例 12-7】某电力传输系统需要资金 90 万元，寿命 20 年，账面折旧按平均年限法计算。税务折旧按 MACRS-GDS 计算，折旧期为 20 年，期末残值为零。年经营成本 12 万元。项目资金 40%来源于借贷，利率为 8.5%，60%来源于自有资金。投资者期望回报为 14%。所得税税率为 33%。试确定项目的税后收益需求。

解：税后收益需求计算如表 12.8 所示。税后总资金成本为

$$r_0=(1-0.25)\times0.40\times0.085+(1-0.40)\times0.14=0.1095$$

将表中折现值求和可获得收益需求的现值为 207.69 万元；收益需求年值为 21.95 万元。也可求出资本化收益需求为 207.69 万元/0.1095=1896.71 万元。

**表 12.8　项目税后收益需求计算表**

| 年末 | 年经营成本/万元 | 折旧额/万元 | 资产净值/万元 | 利息额/万元 | 净资产回报/万元 | 所得税/万元 | 年收益需求/万元 | 折现值/万元 |
|---|---|---|---|---|---|---|---|---|
| 0 | | | 90 | | | | | |
| 1 | 12 | 4.5 | 85.50 | 3.06 | 7.56 | 1.89 | 29.01 | 26.15 |
| 2 | 12 | 4.5 | 81.00 | 2.91 | 7.18 | 1.80 | 29.14 | 23.67 |
| 3 | 12 | 4.5 | 76.50 | 2.75 | 6.80 | 1.70 | 28.67 | 20.99 |
| 4 | 12 | 4.5 | 72.00 | 2.60 | 6.43 | 1.61 | 28.17 | 18.59 |
| 5 | 12 | 4.5 | 67.50 | 2.45 | 6.05 | 1.51 | 27.66 | 16.45 |
| 6 | 12 | 4.5 | 63.00 | 2.30 | 5.67 | 1.42 | 27.13 | 14.54 |
| 7 | 12 | 4.5 | 58.50 | 2.14 | 5.29 | 1.32 | 26.59 | 12.85 |
| 8 | 12 | 4.5 | 54.00 | 1.99 | 4.91 | 1.23 | 26.04 | 11.34 |
| 9 | 12 | 4.5 | 49.50 | 1.84 | 4.54 | 1.13 | 25.34 | 9.95 |
| 10 | 12 | 4.5 | 45.00 | 1.68 | 4.16 | 1.04 | 24.63 | 8.71 |
| 11 | 12 | 4.5 | 40.50 | 1.53 | 3.78 | 0.95 | 23.91 | 7.62 |
| 12 | 12 | 4.5 | 36.00 | 1.38 | 3.40 | 0.85 | 23.19 | 6.66 |
| 13 | 12 | 4.5 | 31.50 | 1.22 | 3.02 | 0.76 | 22.48 | 5.82 |
| 14 | 12 | 4.5 | 27.00 | 1.07 | 2.65 | 0.66 | 21.76 | 5.08 |
| 15 | 12 | 4.5 | 22.50 | 0.92 | 2.27 | 0.57 | 21.04 | 4.43 |
| 16 | 12 | 4.5 | 18.00 | 0.77 | 1.89 | 0.47 | 20.32 | 3.85 |
| 17 | 12 | 4.5 | 13.50 | 0.61 | 1.51 | 0.38 | 19.61 | 3.35 |
| 18 | 12 | 4.5 | 9.00 | 0.46 | 1.13 | 0.28 | 18.89 | 2.91 |
| 19 | 12 | 4.5 | 4.50 | 0.31 | 0.76 | 0.19 | 18.17 | 2.52 |
| 20 | 12 | 4.5 | 0.00 | 0.15 | 0.38 | 0.09 | 17.46 | 2.19 |
| NPV | 207.69 | | | | | | | |

## ➢ 本章小结

1. 公共项目的概念与特征。公共项目是指为满足社会公众需要，提供和生产公共物品（包括公共服务）的项目。其狭义理解就是非经营性政府投资项目，即政府是项目的出资人，项目具有公益性质。公共项目兼具一般项目共性与自身特性，其主要的特性包括项目目标的公共性，项目收益的外部性，项目投资规模巨大，项目复杂性和风险性高、影响面广等。

2. 公共项目的分类。按照提供公共消费品的内容可分为基础设施项目、公共卫生项目、教育项目、文化项目和体育项目等类型；按照项目资金来源可分为政府投资的公共项目和非政府投资的公共项目两类；按照项目运行机制可分为竞争性项目、基础性项目和公益项目三类；根据项目是否有收费机制可分为经营性公共项目和非经营性公共项目两类。

3. 公共项目管理的概念与特点。公共项目管理是指通过政府部门、建设单位等各方面的共同努力，运用系统理论和方法对公共项目及其资源进行计划、组织、协调、控制，实现公共项目的建设、维护、运营等目标的管理过程和方法体系。公共项目管理具有管理目标的多重性、以政府为主导进行管理、项目管理的复杂性和要求更高等特点。

4. 公共项目管理的基本内容。公共项目管理的过程贯穿公共项目的整个生命周期，关系到项目进展的所有环节，主要包括项目策划、项目立项、项目规划、项目实施、项目收尾以及项目后评价等。

5. 公共项目策划的概念和程序。公共项目策划是指在公共管理基本理论指导下，按照一般项目策划程序对具有公共价值的项目进行发掘、论证、开发、运营等设计和论证的管理过程。公共项目策划的基本程序包括明确项目目标、社会调查与信息收集、项目可行性分析、编写建议书等。其中，需求识别和预测是其重要的工作，是公共项目可行性分析、确定项目规模、实施项目过程的依据。

6. 公共项目立项的概念和途径。公共项目立项指的是项目获得国家或有关机构的规划许可，并获得资金和人力等方面的支持和保障，通常包含初步立项和正式立项两个步骤。初步立项是还未获得正式确认或暂时不具备实施条件的立项认可，正式立项需要通过正式的通知和合同签署。公共项目立项的途径有公开招标和指定机构执行。

7. 公共项目规划的概念。公共项目规划是指为完成公共项目任务，基于实施条件安排项目所有工作和活动的过程。项目规划应列出任务清单，其内容包括项目阶段、工作重点、所需资源、阶段成果及形式、组织与分工、应急预案等。

8. 公共项目执行的概念和内容。公共项目执行是指从正式开始公共项目到交付最终成果过程中进行的一系列工作，是公共项目管理的核心内容。公共项目执行的内容包括根据项目计划确认任务范围、质量管理、团队建设以及供应链管理等。

9. 公共项目监控的概念。公共项目监控是指根据公共项目规划和项目跟踪提供的信息，定期或不定期地对公共项目实施行为及环境进行调查、诊断、建议与咨询，找出偏差，分析成因，研究纠偏对策，并实施纠偏措施的全过程。其中，公共项目跟踪是项目监控的基础。它是指项目管理者根据公共项目规划与目标，在项目实施过程中及时而系统地记录并报告项目运行状态和内外部影响因素相关信息的管理行为。

10. 公共项目收尾的概念。公共项目收尾是在项目目标已实现或不需要实现时，通过项目移交或者清算来确认项目收益并结束项目的过程，包括合同收尾和管理收尾两个方面。合同收尾是指依据合同所有要求，对项目成果进行验收、核算、审计、清算等，以结束项目的过程；管理收尾是指对项目文档进行成果验证和归档，并总结经验教训，包括项目审计等内容。

11. 公共项目后评价的概念和内容。公共项目后评价是指对已完成的公共项目目标、实施过程、项目收益和影响等进行系统、客观分析，并通过对项目实施过程的检查总结，来确定项目是否达到预期目标、项目规划是否合理、项目主要效益指标是否实现。公共项目后评价是项目结束后的重要环节，需要从项目经济效益、社会影响、环境影响以及可持续性四个方面来考虑。

## ➤ 复习思考

1. 公共项目和一般项目有什么异同点？请举出三个公共项目的案例。
2. 纯经营性、准经营性和非经营性公共项目有哪些区别？
3. 公共项目管理的第一步是什么？最后一步是什么？
4. 公共项目策划的依据有哪些？
5. 为什么要进行公共项目预测？
6. 公共项目的招投标流程是什么？与一般项目的招投标有何异同？
7. 如何撰写公共项目计划书？
8. 公共项目质量管理的特点和基本流程是什么？
9. 如何进行公共项目的控制？动态控制的方法有何优点？
10. 公共项目质量验收的范围是什么？
11. 公共项目如何进行交接与清算？
12. 公共项目后评价中社会影响后评价主要包括哪些内容？请举例对一个公共项目进行可持续性后评价。

## ➤ 能力测试

一、判断题

1. 生产能力利用率越低，表示项目的风险越小，保障程度越高。( )
2. 道路是纯公共物品。( )
3. 公共投资项目主要提供的是公共产品，涉及社会公共利益，更多的是形成并追求一种宏观上的效益。其中不包括成本效益。( )
4. 德尔菲法指采用函询的方式或电话、网络的方式，反复咨询专家们的建议，然后由策划人做出统计，如果结果不趋向一致，那么就再征询专家，直至得出比较统一的方案。( )
5. 关键比值技术也叫挣得值分析法或挣值法，是分析项目成本计划执行情况的一种方法。( )
6. 合同收尾指的是了结合同并结清账目，并对项目文档进行成果验证和归档。( )
7. 费用决算是项目从筹建开始到项目结束交付使用为止的所有费用的确定。( )
8. 与一般项目管理相比，公共项目管理具有目标的单纯性、以政府为主导、管理的复杂性和要求更高的特点。( )
9. 公共项目计划是在项目投标之前进行的，可以帮助项目团队明确项目目标、协调人力和资源、统一方法、强化控制等，是项目管理中不可缺少的重要环节。( )
10. 公共项目质量管理与一般项目不同，第一位考虑的并不是经济利益，而是更注重社会效益和环境效益，以及是否能够满足社会发展和人民群众的实际需求，能够提高

公众福利。( )

二、单项选择题

1. 公共投资项目采购的基本方式是（ ）。

A. 个人采购 B. 非招标采购 C. 集中采购 D. 招标采购

2. 公共投资项目主要提供的是公共产品，涉及社会公共利益，更多的是形成并追求一种宏观上的效益。其中不包括（ ）。

A. 国民经济效益 B. 成本效益

C. 环境效益 D. 社会效益

3. 不以营利为目的，为实现一定的社会职能或满足社会的公共需求及人民福利而进行的投资项目是（ ）。

A. 政府投资项目 B. 基础性投资项目

C. 公益性投资项目 D. 竞争性投资项目

4. 工程类公共项目的总投资包括建设投资和（ ）。

A. 流动资产 B. 流动资金

C. 流动负债 D. 固定资产

5. 在确定公共项目选择模式时，最重要的标准是（ ）。

A. 实用 B. 费用

C. 功能 D. 使用简便

6. 公共项目的特点不包括（ ）。

A. 外部性 B. 公共性

C. 经济性 D. 系统性

7. 公共项目的业主为（ ）。

A. 社会公众 B. 政府 C. 企业 D. 供应商

8. 公共项目团队建设的过程包括（ ）。

A. 形成、震荡和规范 B. 形成、震荡、规范和表现

C. 形成、平稳和表现 D. 形成、规范、震荡和平稳

9. 公共项目的主要招标方式是（ ）。

A. 私人招标 B. 指定机构执行 C. 公开招标 D. 保密招标

10. 项目清算是项目收尾另一种结果，即项目非正常终止过程，需要由（ ）召集项目团队、工程监理等人员组成项目清算小组。

A. 政府 B. 公众 C. 承包商 D. 社会第三方中介组织

三、多项选择题

1. 对公共项目进行质量监管的主体为（ ）。

A. 政府机构 B. 政府所属或授权委托的机构 C. 施工企业 D. 公众

2. 公共项目决算的结果是经项目各参与方共同签字后的项目决算书。决算书由（ ）组成。

A. 决算报表 B. 预算报表 C. 文字说明 D. 项目报告

3. 公共项目的持续发展能力评价主要考虑的内部因素有（　　）。

A. 文化　　B. 财务状况　　C. 技术水平　　D. 管理体系

4. 公共项目管理过程包括（　　）。

A. 项目策划和立项　B. 项目计划和执行　C. 项目控制和收尾　D. 项目后评价

5. 公共项目投标书包括（　　）两大类。

A. 生产经营性投标书　B. 劳务投标书　C. 工程投标书　D. 技术投标书

6. 公共项目动态控制过程中，需要每隔一段时间就进行一次调整和控制，不断循环直到项目完成，具体步骤包括（　　）。

A. 目标调整，循环控制　　B. 收集信息，动态跟踪

C. 定期与相关部门沟通　　D. 分解项目目标

7. 关于公共项目质量管理，以下说法正确的是（　　）。

A. 全体公民都可以通过一定的渠道参与到项目监督中来

B. 项目质量是公共项目的根本，质量管理是项目执行的重中之重

C. 公共项目质量评估计算的是成本和收入

D. 质量管理需要专人负责各质量目标的落实与监管，建立质量保证体系使之有效运行

8. 关于我国公共项目管理的实践，以下说法错误的是（　　）。

A. 2000 多年前万里长城的建造是中国项目管理雏形里程碑

B. 华罗庚教授于 1964 年倡导并开始推广应用的运筹法的核心是提出了一套较系统的、适合我国国情的项目管理方法

C. 我国于 20 世纪 80 年代初引入了项目管理的理论和方法，并逐步在水利、电力、国防和航空等公共项目领域推广应用

D. 进入 21 世纪以来，随着我国经济社会的快速发展以及扩大内需和西部大开发战略的全面实施，我国也逐步重视对公共项目的国民经济评价和社会评价

9. 公共项目策划的基本程序有（　　）。

A. 对所策划的公共项目深入了解

B. 围绕公共项目策划需要获得的信息，收集、记录、整理和分析社会情况

C. 分析公共项目的内外部环境

D. 在前期工作基础上梳理已获得的资料，形成满足招标要求的项目建议书

10. 项目经理参与到项目建设的每个环节，在项目实施过程中需要起到以下作用（　　）。

A. 团队协同　　B. 进度管理　　C. 项目审计　　D. 成本管理

## ➤ 自主学习

### 广州亚运会工程建设项目

为配合 2010 年第 16 届亚运会的举行，广州市从 2004 年获得亚运会举办权以后便陆续地开始了围绕亚运会举办的准备工作，并且开始了一段广州市新千年的城市建设高潮。

关于亚运会的政府建设项目，大致可以分为三种：亚运会比赛场馆及相关功能建筑、亚运会配套设施和城市升级完善建设项目。亚运会比赛场馆及相关功能建筑是指新建和改扩建的亚运会场馆，以及如媒体中心类型的亚运会特定功能配套公共建设项目；亚运会配套设施主要是指亚运城，由于最后以商业手法操作，得以回收建设成本，因此官方将其独立于前一项工程之外；城市升级完善建设项目指的是为提升城市形象，以服务亚运会为目的提出的城市建筑、设施建设项目，或者是由于亚运会需要提前进行的相关建设工程。其中，以亚运会比赛场馆及相关功能建筑为亚运会工程建设项目的核心。

广州亚运会使用 53 个比赛场馆、17 个独立训练场馆；广州亚残运会使用 19 个比赛场馆、7 个独立训练场馆，全部场馆共计 78 个（含备用场馆）。亚运会场馆可分为广州市场馆和协办城市场馆，其中广州市场馆又主要分为四大组团，分别是奥林匹克体育中心场馆群、天河体育中心场馆群、大学城组团与亚运城。在场馆的建设中，本次广州亚运会的新建场馆共 13 个：广州棋院、海珠体育中心、广州体育学院体育馆、广东奥林匹克体育中心游泳跳水馆、广东奥林匹克网球中心、广东重竞技综合馆、黄埔体育中心体育馆、广州自行车轮滑极限运动中心、广州亚运城综合体育馆、亚运城沙滩排球场、广州国际体育演艺中心、南沙体育馆和广州飞碟训练中心。在这 13 个场馆中，除广东重竞技综合馆用作柔道、摔跤训练用途外，其余全部新建场馆均为比赛场馆，且多为如飞碟射击、极限运动等小众竞技项目。另外，还有 63 个改扩建场馆，其中 17 个改扩建规模较大，此类场馆主要分布在广州市的老城区、外围区县，其中佛山、东莞和汕尾的四个场馆全部是改扩建场馆，其中还包括历史悠久且为广大市民所熟知的越秀山体育场和广东省人民体育场等体育建筑。除去这 13 个新建场馆和 17 个较大规模改扩建场馆后，剩余的 48 个亚运场馆则是全部采用已有场馆或小规模修改场馆，实现了亚组委关于场馆建设的节约承诺，既保证了比赛效果又节约了成本，此外对老场馆的修复扩建则是优化了城市体育资源，可谓是一举三得。

本项目不仅要满足 2010 年亚运会和各大庆典活动的需要，还要贯彻和实施广州的城市规划，完善广州市市政配套工程建设，布置城市新中轴线景观和优化 CBD（central business district，中央商务区）整体环境。项目的业主为广州市城市建设投资集团有限公司；建设管理单位为广州新中轴建设有限公司，全面负责项目的各项建设、运营和协调工作；项目资金由市财政和广州市城市建设投资集团有限公司融资解决，资金来源为银行贷款占 70%，自有资金占 30%，自有资金由市财政投入。

问题：

1. 广州亚运会建设项目的项目目标是什么？
2. 该项目的供应链结构是什么？
3. 如何对该项目进行合理有效的控制？
4. 运用网络计划技术对该项目的任务进行工作安排。
5. 应该从哪些方面对该项目进行后评价？

# 参 考 文 献


奥尔巴克 A J，费尔德斯坦 M. 2005. 公共经济学手册（第 1 卷）[M]. 匡小平，黄毅译. 北京：经济科学出版社.

白思俊，王续伯，李随科. 2015. 战略导向下的项目组合管理模式与流程[J]. 项目管理技术，13（1）：9-14.

白思俊. 2012. 现代项目管理[M]. 北京：机械工业出版社.

宾图 J K. 2010. 项目管理[M]. 鲁耀斌，赵玲译. 北京：机械工业出版社.

蔡依平，朱文龙，施国庆. 2004. 工程项目的风险识别与控制[J]. 水利科技与经济，10（3）：129-132.

曹汉平. 2006. 信息系统开发与 IT 项目管理[M]. 北京：清华大学出版社.

陈道探. 2013. 企业战略项目管理模型浅析[J]. 赤峰学院学报（自然科学版），（16）：85-88.

陈洪进. 2011. 战略项目管理——多项目管理的新阶段[J]. 价值工程，30（5）：111-112.

陈科龙. 2019. “陆海新通道”让西部联通全球 重庆代表团提出全团建议，将“陆海新通道”明确为国家战略性项目[J]. 今日重庆，（3）:20-23.

陈旭清，金红磊，吴雅杰. 2010. 公共项目管理[M]. 北京：人民出版社.

成奋华，金敏. 2010. 基于敏捷过程的 IT 项目范围管理的研究与应用[J]. 计算机技术与发展，20（10）：232-236.

程名望，李永奎，马利敏. 2010. 公共项目管理与评估[M]. 上海：同济大学出版社.

池仁勇. 2009. 项目管理[M]. 2 版. 北京：清华大学出版社.

戴大双，朱方伟，宋砚秋. 2014. 现代项目管理[M]. 2 版. 北京：高等教育出版社.

丁荣贵. 2018. 抓好“战略项目管理”和“项目管理战略”[J]. 项目管理评论，（5）：1.

丁荣贵，杨乃定. 2004. 项目组织与团队[M]. 北京：机械工业出版社.

丁锐. 2009. 项目管理理论综述[J]. 合作经济与科技，（7）：50-51.

范黎波. 2005. 项目管理[M]. 北京：对外经济贸易大学出版社.

菲利普斯 J. 2011. 实用 IT 项目管理[M]. 3 版. 崔曼，廖彬山译. 北京：机械工业出版社.

费朵，邹家继. 2008. 项目风险识别方法探讨[J]. 物流科技，31（8）：139-141.

傅鸿源. 1995. 工程项目风险评价方法的研究[J]. 系统工程理论与实践，15（10）：55-58.

高歌，王天勇，杨晔，等. 2006. 敏捷项目管理及实施方案研究[J]. 项目管理技术，（11）：16-21.

高兴夫，胡程顺，钟登华. 2007. 工程项目管理的工期、费用、质量综合优化研究[J]. 系统工程理论与实践，27（10）：112-117.

桂维民，杨乃定，姜继娇. 2004. 基于战略视角的企业项目管理模式研究[J].中国软科学，（5）：73，78-81.

郭俊华. 2014. 公共项目管理[M]. 上海：上海交通大学出版社.

郭宁. 2009. IT 项目管理[M]. 北京：清华大学出版社，北京交通大学出版社.

哈斯 K B. 2014. 复杂项目管理——一个新的模型[M]. 李永奎，宋宇名，陆云波译. 北京：科学出版社.

何勇，熊艳. 2019. 基于战略视角的企业项目管理模式研究[J]. 企业改革与管理，（3）：13-14.

黄琨. 2010. 信息技术外包项目的全生命周期风险管理[J]. 社会科学，（12）：44-49.

《建设工程项目信息管理》编委会. 2007. 建设工程项目信息管理[M]. 北京：中国计划出版社.

江平，张霜. 2014. 项目管理概论[M]. 北京：科学出版社.
蒋国瑞. 2011. IT 项目管理[M]. 北京：电子工业出版社.
柯洪，尹贻林. 2005. 公共工程项目供应链管理理论研究[J]. 科学学与科学技术管理，26（7）：149-152.
克罗彭伯格 D J. 2016. 项目管理现代方法[M]. 杨爱华，等译. 北京：机械工业出版社.
寇静，徐秀艺. 2013. 创新思维[M]. 北京：中国人民大学出版社.
李慧. 2008. 基于复杂网络的复杂项目管理研究框架[J]. 科技进步与对策，25（11）：5-8.
李亮. 2019. 用敏捷项目管理提高管理的灵活性和适应性[J]. 施工企业管理，（10）：95-96.
李默，王祖和，杨彬. 2010. IT 项目组合管理研究综述[J]. 科技管理研究，30（18）：236-238.
李勇，管昌生. 2012. 基于 BIM 技术的工程项目信息管理模式与策略[J]. 工程管理学报，（4）：17-21.
李忠林. 2015. 施工项目质量计划的编制与实施[J]. 质量春秋，（8）：34-36.
刘光富，陈晓莉. 2008. 基于德尔菲法语层次分析法的项目风险评估[J]. 项目管理技术，（1）：23-26.
刘雷. 2020. 基于供应链的项目采购风险管理研究[J]. 中国物流与采购，（7）：30-31.
刘喆，刘志君. 2005. 建设工程信息管理[M]. 北京：化学工业出版社.
卢新元. 2014. IT 项目风险评估与控制研究[M]. 北京：科学出版社.
陆娅. 2019. 企业战略管理与项目管理耦合研究[J].中国管理信息化，22（1）：119-120.
路易斯 J P. 2012. 项目计划、进度与控制[M]. 石泉，杨磊译. 北京：机械工业出版社.
骆汉宾. 2011. 工程项目管理信息化[M]. 北京：中国建筑工业出版社.
吕晓梅. 2013. 工程项目成本预测与控制[J]. 铁路工程造价管理，28（3）：47-50.
马可平. 2008. 项目计划与控制[M]. 北京：电子工业出版社.
毛儒. 2004. 论工程项目的风险管理[J]. 都市快轨交通，17（2）：3-5.
米帅，贾宏俊，吴新华，等. 2010. 浅谈工程项目管理信息化[J]. 项目管理技术，8（5）：86-89.
宁东玲. 2012. 信息系统项目应用效果的评价研究[J]. 项目管理技术，10（10）：52-55.
戚安邦，熊琴琴，杨玉武. 2010. 不同功能的项目工作分解技术方法及其方法论的研究[J]. 项目管理技术，8（1）：13-18.
戚安邦. 2014. 项目管理学[M]. 天津：南开大学出版社.
齐中英，朱彬. 2004. 公共项目管理与评估[M]. 北京：科学出版社.
祁世芳，贾月阳. 2002. 工程项目的风险管理研究[J]. 太原理工大学学报，33（1）：95-99.
乔丹 E，赛尔库克 L. 2006. IT 风险：基于治理的风险管理之道[M]. 汤大马译. 北京：清华大学出版社.
邱菀华. 2003. 现代项目风险管理方法与实践[M]. 北京：科学出版社.
曲晓丹. 2008. 项目后评价在公共项目中的应用[D]. 成都：电子科技大学.
任永昌，邢涛，刘大成. 2011. 基于网络图的软件项目进度计划编制[J]. 吉林大学学报（信息科学版），29（2）：128-134.
邵强，王宏起. 2010. 工程项目风险应对策略选择方法[J]. 东北石油大学学报，34（3）：90-93.
施瓦尔贝 K. 2011. IT 项目管理[M]. 6 版. 杨坤，王玉译. 北京：机械工业出版社.
斯塔维基 J，李志民. 2008. 项目组合管理：关键概念、过程与工具[J]. 项目管理技术，6（11）：70-73.
宋金波，朱方伟，戴大双. 2013. 项目管理案例[M]. 北京：清华大学出版社.
唐少清. 2006. 项目评估与管理[M]. 北京：清华大学出版社.
唐晓波. 2008. IT 项目管理[M]. 北京：科学出版社.
唐月晴. 2010. 施工项目环境管理研究[D]. 天津：天津大学.
王爱民. 2014. 基于网格的复杂项目信息系统研究[J]. 工程管理学报，28（1）：77-81.
王斌来，崔佳，蒋云龙. 2019-04-17. 陆海新通道，西部新风景[N]. 人民日报，（1）.
王惠连，赵欣华，伊嫱. 2004. 创新思维方法[M]. 北京：高等教育出版社.

王兴钊. 2018. 项目管理：促进公司发展，实现商业价值 访华为项目管理能力中心部长易祖炜[J]. 项目管理评论，(5)：12-17.
王元明，赵道致，徐大海. 2008. 基于风险传递的项目型供应链风险控制研究[J]. 软科学，22(12)：1-4，13.
王元明. 2009. 项目型供应链风险传递及其对策研究[D]. 天津：天津大学.
威廉姆斯 T. 2008. 现代信息技术在工程建设项目管理中的应用[M]. 陈勇强，卢欢庆，张浩然，等译. 北京：中国建筑工业出版社.
蔚林巍. 2000. 项目管理的最新进展[J]. 管理工程学报，3：65-69.
徐大海，王元明，赵道致. 2009. 项目供应链风险传递对策之模块化[J]. 工业技术经济，28(4)：101-104.
杨乐东. 2011. 论信息系统项目的质量管理[J]. 信息系统工程，12：65-69.
杨青，李东宇，李永奎. 2013. 项目管理成熟度在建设工程领域的研究综述[J]. 工程管理学报，(6)：65-70.
姚国玉. 2015. 浅谈加强项目安全管理的方法[J]. 中国科技期刊数据库 科研，(10)：112.
殷焕武. 2012. 项目管理导论[M]. 北京：机械工业出版社.
尹贻林，杜亚灵. 2010. 基于治理的公共项目管理绩效改善[M]. 北京：科学出版社.
游静. 2010. IT 项目管理与知识管理[M]. 武汉：武汉大学出版社.
余炳文. 2014. 项目评估[M]. 大连：东北财经大学出版社.
袁荃，余小卉，李松梅. 2013. 敏捷项目管理适用性分析[J]. 商业时代，(24)：100-101.
张友生. 2010. 虚拟项目管理：虚拟团队问题的解决[EB/OL]. http://www.mypm.net/articles/show_article_content.asp?articleID=19351[2010-06-30].
张卓，等. 2011. 管理学[M]. 北京：科学出版社.
张卓，等. 2015. 管理学：原理与实践[M]. 北京：电子工业出版社.
张卓，等. 2017. 项目管理[M]. 3 版. 北京：科学出版社.
章宁，韩文英. 2010. 信息系统开发与项目管理[M]. 北京：高等教育出版社.
朱启超，陈英武，匡兴华. 2005. 复杂项目界面风险管理模型研究[J]. 科研管理，26(6)：149-156.
祝振铎，董雄报. 2011. 信息系统项目工作分解结构(WBS)研究[J]. 硅谷，2(15)：74，78.
Project Management Institute. 2018. 项目管理知识体系指南[M]. 6 版. 北京：电子工业出版社.
Altexsoft. 2019. Agile project management：best practices and methodologies[EB/OL]. https://www.altexsoft.com/whitepapers/agile-project-management-best-practices-and-methodologies/[2023-07-11].
Asian Development Bank. 2008. Public-Private partnership handbook[R].
Information Technology Services. 2019. The IT project management framework[D]. Fairfax County: George Mason University.
International Organization for Standardization. 2011. ISO/DIS 21500：Guidance on Project Management[M]. Geneva：International Organization for Standardization.
International Project Management Association. 2006. IPMA® Four Level Certification for PM Professionals[M]. 3rd ed. Nijkerk：International Project Management Association.
International Project Management Association. 2011. IPMA® Two Level Certification for PM Consultants [M]. Nijkerk：International Project Management Association.
International Project Management Association. 2013. IPMA Delta® Certification for Organizations[M]. Nijkerk：International Project Management Association.
International Project Management Association. 2015. Individual Competence Baseline for Project，Program and Portfolio Management [M]. 4th ed. Zurich：Swaziland.
International Project Management Association. 2021. Compete in the most prestigious award in project

management[R]. 32nd IPMA World Congress, St. Petersburg.

KPMG, AIPM, IPMA. 2019. The future of project management: global outlook 2019[EB/OL]. https://harmonit.se/projekt/wp-content/uploads/future-of-project-management-global-outlook-2019-report.pdf [2023-06-30].

Kumar D T T V, Sowmyavani M. 2012. Agile software development: a case study of web application[J]. Global Journal of Computer Science and Technology Software & Data Engineering, 12 (14): 19-24.

Murray D, Sandford N. 2013. Software engineering project management[D]. London: University of London.

Pricewaterhouse Coopers. 2012. Insights and trends: current portfolio, programm, and project management practices[EB/OL]. https://www.pwc.com.tr/en/publications/arastirmalar/pages/pwc-global-project-management-report-small.pdf[2023-06-30].

Project Management Institute. 2017. A Guild to the Project Management Body of Knowledge (PMBOK® Guild) [M]. 6th ed. Pennsylvania: Project Management Institute.

Project Management Institute. 2019. The future of work: leading the way with PMTQ[R]. Pulse of the Profession.

Scaled Agile Inc. 2020. Agile at scale: making the case for business agility[EB/OL]. https://salsa.scaledagile.com/wp-content/uploads/Making-the-case-for-business-agility.pdf[2023-06-30].

Software Engineering Institute. 2010. CMMI ® for Development, Version 1.3 [M]. Pittsburg: Carnegie Mellon University.

United Nations. 2008. International Standard Industrial Classification of All Economic Activities [M]. 4rd ed. New York: United Nations Publication.

Zarrella E, Tims M, Carr B, et al. 2005. Global IT project management survey [R]. Swiss: KPMG International.